Kontinuität und Zäsur
Ernst von Wettin und Albrecht von Brandenburg

Schriftenreihe der Stiftung Moritzburg,
Kunstmuseum des Landes Sachsen-Anhalt,
herausgegeben von Katja Schneider

Bd. 1: Vorträge der 1. Moritzburg-Tagung (Halle/Saale)
vom 23. bis 25. Mai 2003

Kontinuität und Zäsur

Ernst von Wettin und Albrecht von Brandenburg

Herausgegeben
von Andreas Tacke

WALLSTEIN VERLAG

Lucas Cranach d. Ä. (Werkstatt): Ernst von Wettin und Albrecht von Brandenburg ein Modell der Maria-Magdalenen-Kapelle der Moritzburg (Halle/Saale) haltend, darüber die Stiftspatronin; Holzschnitt, um 1514 (Staatliche Museen zu Berlin, Kupferstichkabinett: Inv.-Nr.: 357-2)

Inhalt

Geleitwort

Mit der neuen Schriftenreihe der Stiftung Moritzburg beginnt das Kunstmuseum des Landes Sachsen-Anhalt eine Publikationsreihe, die sich Themen widmen wird, die nicht in Ausstellungen und Katalogen vorgestellt werden können. Themen, die die Bau- und Nutzungsgeschichte der Burg, die in fünf Jahrhunderten große Wechsel erlebt hat, untersuchen, aber auch die Museums- und Sammlungsgeschichte mit ihren teils dramatischen kulturpolitischen Einbrüchen behandeln werden. Die Moritzburg mit ihren vielschichtigen architektonischen Um- und Ausbauten sowie der spannungsvollen Umnutzung als Museum für moderne Kunst wirft eine Fülle von Fragen auf und verlangt neue, intensive Forschung. Es ist unser Wunsch, diesen Fragen sukzessive nachzugehen, aktuelle Forschungsergebnisse einzubeziehen oder aber neue Untersuchungen anzustoßen.

Schon einmal, in den fünfziger Jahren, gab es eine Schriftenreihe der Staatlichen Galerie Moritzburg Halle, wie das Museum über viele Jahrzehnte hieß. Die 19 Hefte, die zwischen 1955 und 1963 erschienen, waren überwiegend der Burgenforschung in der Region, aber auch den Bauten der Renaissance in Halle gewidmet. Hermann Wäscher zeichnete bei vielen als Autor. In dieser Reihe fand selbstverständlich die Geschichte und Baugeschichte der Moritzburg ihre Würdigung, aber auch die Neue Residenz sowie der Kühle Brunnen oder die Architekturspolien, die bis 1951 im sogenannten Denkmalskeller in den gotischen Gewölben der Moritzburg lagerten und dann beim Ausbau dieser Räume in das Museum integriert wurden. Doch liegt dies lange zurück und mittlerweile gibt es viele neue Erkenntnisse. Die Herausgabe eines Galerie-Spiegels diente dem Museum seit 1976 über fast 15 Jahre als Mitteilungsblatt für laufende Ausstellungen, gelegentlich auch zum Austragen von Diskussionen. Ein Forum zur Veröffentlichung wissenschaftlicher Forschungsergebnisse war es nicht. Beide Publikationsformen hatten einen deutlich anderen Charakter als die nun neu begründete Reihe, die Tagungen und langjährige Forschungsarbeiten vorstellen wird und damit rein wissenschaftlichen Untersuchungen vorbehalten ist.

Den Auftakt der neuen Schriftenreihe bilden die Beiträge der 1. Moritzburg-Tagung, die vom 23. bis 25. Mai 2003 stattfand und die den Erbauern der Moritzburg, Ernst von Wettin und Albrecht von Brandenburg gewidmet war. Anlass für diese Tagung gab die 500jährige Wiederkehr des Bezuges der Moritzburg durch Ernst von Wettin, der im Mai 1503 mit seinem Hofstaat sein neu errichtetes festes Schloß in Besitz nahm. Sie widmete sich nicht der Erforschung der Baugeschichte der Moritzburg, sondern fragte nach ihrer Bedeutung als Residenz und beleuchtete die dynastischen und religiösen Verbindungen ihrer beiden ersten Nutzer, Ernst von Wettin und Kardinal Albrecht. Gemäß dem bedeutungsvollen Jubiläum wurde die Tagung mit einem Grußwort des Kultusministers Prof. Dr. Jan-Hendrik Olbertz und der Oberbürgermeisterin von Halle, Ingrid Häußler, eröffnet.

Die Idee, bei der Betrachtung der Moritzburg verschiedene Forschungsansätze in einer wissenschaftlichen Tagung zusammenzuführen, hatte Prof. Dr. Dr. Andreas Tacke. Er konzipierte und plante die erste Tagung, der zwei weitere folgen werden. Ihm sei an dieser Stelle für die stets anregende und konstruktive Zusammenarbeit, der wir viele Anstöße verdanken, ein ganz besonders herzlicher Dank ausgesprochen. Ebenso herzlich danke ich allen Referenten, die ihre neuesten Untersuchungen für die Tagung und die Publikation zur Verfügung gestellt haben. Ohne eine tatkräftige finanzielle Unterstützung hätte das Museum die Veranstaltung nicht realisieren können. Hier half uns das Unternehmen *envia* Mitteldeutsche Energie AG, das dem Museum seit vielen Jahren nicht nur von Halle sondern auch von Chemnitz aus verbunden ist. Auch der Stadt Halle sei für die gute Kooperation gedankt. Nicht zuletzt geht unser Dank an den Verlag, der der Stiftung Moritzburg in seinem Programm ein neues Forum bietet – wir freuen uns auf die weitere Zusammenarbeit.

Dr. Katja Schneider

Vorwort

Nach einer wechselvollen Baugeschichte, die bis in das Jahr 1479 zurückreicht, war die Hallenser Moritzburg im Mai 1503 schließlich so weit fertiggestellt, daß Erzbischof Ernst von Wettin (1476-1513) mit seinem Hofstaat Einzug halten konnte. Die Tagung nahm die 500. Wiederkehr dieses Ereignisses zum Anlaß, um sich mit der Residenz in der ersten Hälfte des 16. Jahrhunderts und mit ihren beiden Bauherren, Ernst von Wettin und seinem Nachfolger Kardinal Albrecht von Brandenburg (1490-1545), auseinanderzusetzen.

Die Gliederung der Beiträge im vorliegenden Band spiegelt mit wenigen Ausnahmen in etwa den Programmablauf der I. Moritzburg-Tagung (23.-25. Mai 2003) wider; der Festvortrag, den Hans-Joachim Krause zur Eröffnung hielt, sowie der Abendvortrag von Werner Freitag wurden den verwandten Themenschwerpunkten zugeordnet und der Beitrag von Matthias Donath nicht in den Sammelband mit aufgenommen.

Quasi als Signet dient ein Holzschnitt von 1514, den die Cranach-Werkstatt im Auftrag Kardinal Albrechts zu seinem Amtsantritt erstellte (siehe Frontispiz). Sein Vorgänger, der zu diesem Zeitpunkt bereits verstorbene Ernst von Wettin, ist links und Albrecht rechts dargestellt. Gemeinsam halten sie zwischen sich ein Modell der Maria-Magdalenen-Kapelle der Moritzburg, darüber schwebt die Patronin selbst. Diese Graphik sollte wohl zum Ausdruck bringen, daß Albrecht das Werk seines Vorgängers zu vollenden gedachte.

Wenige Jahre später dann ein verwandtes, für das Hallesche Heiltumsbuch (1520) neu geschaffenes Kunstwerk (siehe Seite 55), nun jedoch mit einer ganz anderen Intention: Wiederum präsentieren Ernst und Albrecht ein Modell. Albrecht hat jedoch nun den besseren Platz – vom Betrachter aus gesehen – auf der linken Seite eingenommen und seinen Vorgänger auf die rechte Seite verwiesen. Das Modell zeigt auch nicht mehr die Moritzburgkapelle, sondern Albrechts »Neues Stift«, welches später umgangssprachlich als Dom bezeichnet werden sollte.

Nur diese beiden Kunstwerke stellen die ›Tagungshelden‹ gemeinsam dar. Die Blätter verdeutlichen, daß Albrechts Pläne für Halle weit über die seines Amtsvorgängers hinausgingen; er verwandelte Halle in eine moderne Renaissancemetropole, die durchaus mit größeren Residenzstädten mithalten konnte. Dies fand bekanntlich sein Ende durch die Reformation. Albrecht blieb 1540/41 nichts anderes übrig, als alles, was nicht niet- und nagelfest war, einzupacken und sich nach Mainz zurückzuziehen.

Ernst sollte der letzte Vertreter der alten Kirche der kurfürstlichen Linie des Hauses Wettin sein, denn sein Bruder – Friedrich der Weise – verhalf der Reformation in seinem Land zum Durchbruch. Mit der Übernahme des Bischofsstuhles durch Albrecht von Brandenburg ergaben sich zahlreiche Konfliktfelder zwischen den ernestinischen Wettinern und dem Brandenburger, namentlich in kirchenpolitischen und religiösen wie auch in dynastischen Fragen. Albrecht fand dennoch Verbündete in Sachsen, nämlich beim albertinischen Zweig der Wettiner, genauer bei Georg dem Bärtigen in Dresden, dem sogenannten ›Lutherhasser‹.

Die Tagungsbeiträge behandeln eine Zeit, die von Kontinuität des Althergebrachten, aber vor allem von starken Umbrüchen und Veränderungen, also von Diskontinuität geprägt war. Dabei wird an Hand von Ernst von Wettin vor allem erörtert, was Aufbau und Bewahrung von Herrschaft geistlicher Fürsten ausmacht. Albrecht von Brandenburg dient als Beispiel für ebendiese Herrschaft, welche durch die Epochenzäsur Reformation im mitteldeutschen Raum mehr und mehr in Frage gestellt wurde. Die dicken Mauern der Moritzburg – zu Zeiten des Wettiners noch Ausdruck erzbischöflicher Macht und Unterwerfung der Stadt – konnten den Kardinal nicht mehr schützen. Sein Weggang aus Halle gleicht einer Flucht, einem mehr oder weniger geordneten Rückzug.

Dem Veranstalter – der Stiftung Moritzburg, Kunstmuseum des Landes Sachsen-Anhalt – sowie seinen Mitarbeiterinnen und Mitarbeitern besonders aber der Direktorin der Stiftung – Frau Dr. Katja Schneider – möchte ich auch an dieser Stelle für die sehr schöne und vertrauensvolle Zusammenarbeit bei der Planung und Ausrichtung dieser Tagung ganz herzlich danken. Den Vortragenden und den beeindruckend zahlreichen Gästen, die von nah und fern angereist waren, ist für die lebhafte Diskussion zu danken, die – zusammen mit dem prachtvollen Wetter – von Anfang an eine kollegiale und schöne Atmosphäre zu schaffen vermochte.

Viele habe ich während der Tagungsvorbereitungen um Rat fragen können, alle seien bedankt, besonders Prof. Dr. Werner Freitag sowie Dr. habil. Kerstin Merkel, die immer zu einem Gespräch über unseren gemeinsamen ›Freund Albrecht‹ zu haben war (und ist).

Dem Verlag, insbesondere dem Verleger Thedel v. Wallmoden und Andrea Knigge, danke ich für die schöne Zusammenarbeit, die hoffnungsfroh auf die weiteren, in Planung befindlichen Moritzburg-Tagungsbände blicken läßt.

Meinen Anteil am Zustandekommen der Tagung wie dieses Ergebnisbandes widme ich in Liebe dem Andenken meines Vaters Karl Heinz Tacke (1927-2003) in Erinnerung an einen 3. November.

Andreas Tacke, Schalksmühle

BRIGITTE STREICH

Politik und Freundschaft

Die Wettiner, ihre Bündnisse und ihre Territorialpolitik in der zweiten Hälfte des 15. Jahrhunderts

Die Deutung der Territorialgeschichte des spätmittelalterlichen Deutschen Reichs geht seit etwa drei Jahrzehnten verstärkt von den Keimzellen politischer Herrschaft, den Höfen der weltlichen und geistlichen Territorialherren sowie von deren Dynastien aus[1], die als soziale Systeme den privat-familiären sowie auch den öffentlich-institutionellen Hintergrund herrschaftlicher Existenz bildeten.[2] Der Hof vereinigte den umfangreichen Personenkreis, mit dem und durch den der Herrscher regierte und dem unterschiedliche Aufgaben bei der Bindung zentrifugaler Kräfte zukamen: etwa die Repräsentanz regionaler ständischer Gruppierungen und die Integration der in verschiedenen Graden der Abhängigkeit zur Zentrale stehenden Landesteile.[3]

Bestand demnach eine wesentliche Funktion des Hofes in der Neutralisierung und Konzentration von auseinanderstrebenden Kräften des Landes, so hatten die Mitglieder der Dynastie vor allem den Fortbestand der Familie

1 Vgl. den kurzen Rückblick in dem soeben erschienenen Werk von *Werner Paravicini* (Hrsg.): Höfe und Residenzen im spätmittelalterlichen Reich. Ein dynastisch-topographisches Handbuch. (Residenzen-Forschung, Bd. 15.1, Teilbd. 1.) Ostfildern 2003, S. IXf. (mit Literaturangaben).

2 Die Literatur ist kaum mehr überschaubar. Mit besonderer Berücksichtigung des Hofes Friedrichs III. vgl. z.B. *Paul-Joachim Heinig*: Kaiser Friedrich III. Hof, Regierung, Politik. (Forschungen zur Kaiser- und Papstgeschichte des Mittelalters, Bd. 17.) 3 Bde., Köln/Wien 1997, hier Bd. 1, S. 19 (Einleitung).

3 *Herbert Helbig*: Der wettinische Ständestaat. Untersuchungen zur Geschichte des Ständewesens und der landständischen Verfassung in Mitteldeutschland bis 1485. (Mitteldeutsche Forschungen, Bd. 4.) 2. Aufl. Köln/Wien 1980; *Dietmar Willoweit*: Allgemeine Merkmale der Verwaltungsorganisation in den Territorien, in: Kurt G. A. Jeserich/Hans Pohl/Georg-Christoph von Unruh (Hrsg.): Deutsche Verwaltungsgeschichte, Bd. 1: Vom Spätmittelalter bis zum Ende des Reiches. Stuttgart 1983, S. 300. – Genaueren Aufschluß über den Konnex zwischen ständischem Element und Hofverwaltung im welfischen Herrschaftsbereich erhält man durch eine Untersuchung zur niedersächsischen Landtagsgeschichte; vgl. *Brage Bei der Wieden* (Hrsg.): Handbuch der niedersächsischen Landtags- und Ständegeschichte, Bd. 1: 1500-1806. (Veröffentlichungen der Historischen Kommission für Niedersachsen und Bremen, Bd. 216.) Hannover 2004; *Ernst Schubert*: Fürstliche Herrschaft und Territorium im späten Mittelalter. (Enzyklopädie Deutscher Geschichte, Bd. 35.) München 1996, S. 92ff.

sicherzustellen, darüber hinaus aber ihren Status innerhalb des Fürstenstandes zu wahren und wenn möglich zu verbessern.[4] Der ersten und wichtigsten Aufgabe diente die Erzielung einer ausreichenden Zahl von Nachkommen, die einerseits groß genug sein mußte, um das Aussterben des »Hauses« zu verhindern, andererseits jedoch ein bestimmtes Maß nicht überschreiten durfte, weil sich sonst das Problem der Abschichtung erbberechtigter männlicher Nachkommen und das der Versorgung heiratsfähiger Töchter in einer für den Gesamtbestand der Dynastie überaus gefährlichen Weise stellen konnte. Dem Streben nach Rangerhöhung dienten die Eheabreden.[5] Man trachtete danach, in jeder Generation die Einheirat zumindest des ältesten Sohnes in eine höherrangige Familie zu bewerkstelligen. Die Annahme, die Töchter seien dagegen häufiger auch unter Stand verheiratet worden, womöglich wegen der Höhe der Mitgift, läßt sich für die Wettiner nicht belegen.[6]

Alle diese Erfordernisse im Dienste eines höheren Ganzen bildeten das Muster, das dem Handeln einer Dynastie zugrunde lag. Vor der Folie dieser inneren Gesetzmäßigkeit soll die Politik der Wettiner in der zweiten Hälfte des 15. Jahrhunderts betrachtet werden. Der Zeitrahmen ist weitgehend umrissen durch die Lebenszeit des Magdeburger Erzbischofs Ernst von Wettin[7]: Er umfaßt die Jahre von 1464 bis 1513, zugleich eine Reihe wichtiger Epochenjahre der wettinischen Geschichte. Ernsts Geburtsjahr 1464 markierte den Regierungsantritt seines gleichnamigen Vaters, des Kurfürsten Ernst von Sachsen, und von dessen jüngerem Bruder Herzog Albrecht, die zunächst gemäß dem Willen ihres Vaters Friedrich des Sanftmütigen

4 *Peter Moraw*: Das Heiratsverhalten im hessischen Landgrafenhaus ca. 1300 bis ca. 1500 – auch vergleichend betrachtet, in: Walter Heinemeyer (Hrsg.): Hundert Jahre Historische Kommission für Hessen 1897-1997. (Veröffentlichungen der Historischen Kommission für Hessen, Bd. 61.) Marburg 1997, S. 115-140, hier S. 116.

5 *Karl-Heinz Spieß*: Familie und Verwandtschaft im deutschen Hochadel des Spätmittelalters. (Vierteljahrsschrift für Sozial- und Wirtschaftsgeschichte, Beih. 111.) Stuttgart 1993, S. 398.

6 *Moraw*: Heiratsverhalten (wie Anm. 4), S. 121, deutet dies zwar an, konstatiert aber auf S. 130, dies sei bei den Landgrafen von Hessen nicht der Fall gewesen, vielmehr sei hier »in vielleicht untypischer Weise« der Anteil der fürstlichen Heiraten bei den Töchtern deutlich höher als bei den Söhnen. Auch *Spieß*: Familie (wie Anm. 5) kommt S. 400 zu dem Ergebnis, man könne nicht behaupten, der Adel »habe bei den Ehefrauen grundsätzlich mehr auf den Stand geachtet als bei den Töchtern«.

7 *Jörg Rogge*: Ernst von Sachsen, Erzbischof von Magdeburg und Administrator von Halberstadt (1476-1513), in: Werner Freitag (Hrsg.): Mitteldeutsche Lebensbilder. Bd. 6, Köln/Weimar/Wien 2002, S. 27-68, hier S. 33.

gemeinsam regierten.[8] Beide Fürsten konnten in den 1470er Jahren ihre Herrschaftsbasis mehr und mehr ausbauen. Den Zenit erreichten sie 1482, als mit dem Tod Herzog Wilhelms III. von Sachsen, zugleich Landgraf von Thüringen, eine Vereinigung der beiden seit 40 Jahren getrennten Landesteile Sachsen und Thüringen in greifbare Nähe rückte. Jetzt waren die Wettiner eines der mächtigsten Geschlechter in der kleinen Gruppe der Reichsfürsten[9], doch schon mehrten sich die Zeichen des Niedergangs: Das Jahr 1485 wurde zum »Schicksalsjahr« des Hauses Sachsen. Die in diesem Jahr vollzogene Leipziger Teilung[10] läutete eine dauerhafte Schwächung des Gesamthauses ein und begünstigte den Aufstieg anderer Dynastien im mitteldeutschen Raum, allen voran der Kurfürsten von Brandenburg. Die Rivalität gegenüber den Hohenzollern[11], die mit den Wettinern lange Jahre durch Erbverbrüderungen, Heiraten und vielfältigen diplomatischen Austausch verbunden waren, gewinnt nun eine spezifische Dramatik[12], die sich in der Position des Magdeburger Erzbischofs und im Kampf um die Vorherrschaft im Erzstift Magdeburg – aufgrund seiner nordwestlich an Kur-

8 Ernsts geschichtliche Leistung wird gegenüber der seines Bruders Albrecht des Beherzten in der Literatur bislang eher blaß gezeichnet; eine Biographie zu ihm existiert nicht. Gegenüber Albrechts reichspolitischen Ambitionen wird, z.B. von *Rudolf Kötzschke/Hellmut Kretzschmar*: Sächsische Geschichte. Werden und Wandlungen eines Deutschen Stammes und seiner Heimat im Rahmen der Deutschen Geschichte. 2 Bde., Dresden 1935 (Neudruck in einem Bd.: Frankfurt a.M. 1965), S. 140, seine eher praktische Wirksamkeit insbesondere zum Wohle der Landesverwaltung hervorgehoben.

9 Zu den Rangabstufungen innerhalb dieser Gruppe vgl. *Moraw*: Heiratsverhalten (wie Anm. 4), S. 118f.

10 *F. A. von Langenn*: Herzog Albrecht der Beherzte, Stammvater des königlichen Hauses Sachsen. Eine Darstellung aus der sächsischen Regenten-, Staats- und Cultur-Geschichte des 15. Jahrhunderts, großentheils aus archivalischen Quellen. Leipzig 1838, S. 140ff.; *Ernst Hänsch*: Die wettinische Hauptteilung von 1485 und die aus ihr folgenden Streitigkeiten bis 1491. Leipzig 1909, S. 51, passim. Während die ältere Literatur die Teilung vor allem als Verhängnis begreift und die Schuld daran Kurfürst Ernst zuweist, beschreibt *Jörg Rogge*: Herrschaftsweitergabe, Konfliktregelung und Familienorganisation im fürstlichen Hochadel. (Monographien zur Geschichte des Mittelalters, Bd. 49.) Stuttgart 2002, S. 213ff., sie als notwendige Maßnahme der Friedenssicherung innerhalb der Dynastie und geht ausführlich auf deren Vorgeschichte ein.

11 Vgl. *Reinhard Seyboth*: Hohenzollern, Brandenburgische Linie, in: Handbuch (wie Anm. 1), Bd. 15.1, 1. Teilbd, S. 117-122.

12 Vgl. die Analyse von *Hellmut Kretzschmar*: Die Beziehungen zwischen Brandenburg und den wettinischen Landen unter den Kurfürsten Albrecht Achilles und Ernst 1464-1486, in: Forschungen zur brandenburgischen und preußischen Geschichte 35, 1923, S. 21-44; Bd. 37, 1925, S. 204-244.

sachsen angrenzenden Lage ein natürliches Ziel wettinischen Expansionsdranges – in besonderer Weise fokussieren sollte.[13]

Doch zurück zur Hausmachtpolitik der Wettiner. Um das Geschlecht in seinem reichsfürstlichen Kontext angemessen würdigen zu können, ist es ratsam, einen Blick auf das generative Verhalten der Dynastie insgesamt zu richten.

Dynastie

Als Wieder- bzw. Neubegründer des wettinischen Staates gilt Markgraf Heinrich der Erlauchte, der 1247/63 seinem Haus die Landgrafschaft Thüringen sichern konnte; er dient deshalb als Ausgangspunkt unserer Überlegungen.[14] In den sieben Generationen von Heinrich bis zu Erzbischof Ernst – also von etwa 1230 bis 1470 – sind nach den wettinischen Stammtafeln[15] 69 Personen ehelich geboren worden, 34 männliche und 35 weibliche. Jung verstorben sind zehn männliche und vier weibliche Sprößlinge. 16 zur Regentschaft gelangte Fürsten gingen 23 Ehen ein; zwei erbberechtigte Söhne blieben ehelos. In drei Ehen wurden keine Söhne erzielt. Im Durchschnitt

13 *Karlheinz Blaschke*: Der Fürstenzug zu Dresden. Denkmal und Geschichte des Hauses Wettin. Jena/Berlin 1991, S. 111f.: »Für die sächsische Politik war es ein großer Erfolg, daß ein Wettiner auf dem Stuhl des Magdeburger Erzbischofs saß, denn diese bedeutende Stadt ... kann als der natürliche Scheitelpunkt des wettinischen Herrschaftsgebietes ... angesehen werden ... Das Ringen um Magdeburg wurde jetzt für die nächsten 200 Jahre zu einem dauernden Bestandteil wettinischer Bestrebungen, gleichzeitig brachte es Kursachsen in scharfen Wettstreit mit den Hohenzollern.«

14 Heinrich ist einer der wenigen mittelalterlichen Wettiner, die bislang in einer Biographie gewürdigt wurden; vgl. *Wolf Rudolf Lutz*: Heinrich der Erlauchte (1218-1288), Markgraf von Meißen und der Ostmark (1221-1288), Landgraf von Thüringen und Pfalzgraf von Sachsen (1247-1263). (Erlanger Studien, Bd. 17.) Erlangen 1977. – Zum Übergang Thüringens an die Wettiner vgl. *Stefan Tebruck*: Pacem confirmare – iusticiam exhibere – per amiciciam concordare. Fürstliche Herrschaft und politische Integration: Heinrich der Erlauchte, Thüringen und der Weißenfelser Vertrag von 1249, in: Jörg Rogge/Uwe Schirmer (Hrsg.): Hochadelige Herrschaft im mitteldeutschen Raum (1200 bis 1600). Formen – Legitimation – Repräsentation. (Quellen und Forschungen zur sächsischen Geschichte, Bd. 23.) Stuttgart 2003, S. 243-303.

15 *Otto Posse*: Die Wettiner: Genealogie des Gesamthauses Wettin Ernestinischer und Albertinischer Linie mit Einschluß der regierenden Häuser von Großbritannien, Belgien, Portugal und Bulgarien. Leipzig 1897 (Reprint mit Berichtigungen und Ergänzungen der Stammtafeln bis 1993 von Manfred Kobuch, Leipzig 1994).

zeugte jeder Regent, der durchschnittlich 51 Jahre alt wurde, fünf Kinder. Die Zahl der erbfolgeberechtigten Söhne betrug weniger als zwei (Varianz eins bis vier). Zum Vergleich: die Varianz bei den Welfen betrug eins bis 12, und auch die männlichen Mitglieder des Hauses Brabant-Hessen schöpften mit bis zu 14 Nachkommen »die Möglichkeiten ehelicher Fruchtbarkeit weitgehend aus«.[16]

In nahezu jeder Generation suchte man den Schulterschluß mit dem regierenden Königshaus. So verheiratete Heinrich der Erlauchte seinen Sohn Albrecht mit einer Tochter des Stauferkaisers Friedrich II., Friedrich der Ernsthafte nahm Mechthild, eine Tochter Ludwigs des Bayern, zur Frau. Mehrere Eheprojekte mit der Familie Kaiser Karls IV. zerschlugen sich, doch konnte zuletzt Markgraf Wilhelm der Einäugige Elisabeth von Mähren, eine Nichte des Luxemburgers, heimführen.[17] Um die Mitte des 15. Jahrhunderts schließlich heirateten Kurfürst Friedrich der Sanftmütige und sein Bruder Herzog Wilhelm habsburgische Prinzessinnen: Friedrich führte Margarethe, die Schwester Kaiser Friedrichs III., und Wilhelm Anna, eine Tochter König Albrechts von Habsburg, heim. Auch andere europäische Königshäuser »lieferten« Heiratspartner: Herzog Albrecht der Beherzte heiratete eine böhmische, sein Sohn Georg eine polnische Königstochter.[18] Durch die erste Ehe von Albrechts Tochter Katharina[19] mit Erzherzog Sigmund von Österreich-Tirol wurde die Bindung an das Haus Habsburg erneut bekräftigt, während die eheliche Verbindung mit dem Königshaus Dänemark – die älteste Tochter des Kurfürsten Ernst heiratete 1478 König Johann – eine neue, nach Norden gerichtete Tradition begründete.[20]

16 *Moraw*: Heiratsverhalten (wie Anm. 4), S. 124. *Spieß*: Familie (wie Anm. 5), S. 438, kommt für die von ihm untersuchten hochadeligen Familien auf einen Durchschnittswert von 9,38 bis 9,75 Kindern pro Ehe.

17 *Hans Patze*: Politische Geschichte im hohen und späten Mittelalter, in: Ders./Walter Schlesinger (Hrsg.): Geschichte Thüringens, Bd. II,1. (Mitteldeutsche Forschungen, Bd. 48/II 1.) Köln/Wien 1974, S. 1-214, 383-421; hier S. 46, 75. – *Dieter Veldtrup*: Zwischen Eherecht und Familienpolitik. Studien zu den dynastischen Heiratsprojekten Karls IV. (Studien zu den Luxemburgern und ihrer Zeit, Bd. 2.) Warendorf 1988, S. 436.

18 *Jörg Rogge*: Herrschaftsweitergabe (wie Anm. 10), S. 338.

19 *Margarethe Köfler/Silvia Caramelle*: Die beiden Frauen des Erzherzogs Sigmund von Österreich-Tirol. (Schlern-Schriften, Bd. 269.) Innsbruck 1982.

20 *Heinz-Dieter Heimann*: Zwischen Böhmen und Burgund. Zum Ost-Westverhältnis innerhalb des Territorialsystems des Deutschen Reiches im 15. Jahrhundert. (Dissertationen zur mittelalterlichen Geschichte, Bd. 2.) Köln/Wien 1982, S. 351ff.

Der Anteil dieser überfürstlichen Heiraten liegt mit ca. 15 % deutlich höher als bei den Reichsfürsten insgesamt.[21] Ehen mit mindestens gleichrangigen Fürstengeschlechtern gingen männliche Nachkommen zu 50 %, weibliche zu 80 % ein. Heiraten mit gräflichen, also unterfürstlichen Geschlechtern schlossen Söhne zu 30 %, Töchter zu 12 %. Der geographische Rahmen, innerhalb dessen Heiratspartner gesucht wurden, ging über das Deutsche Reich hinaus und hatte einen europäischen Horizont, wenngleich der Schwerpunkt auf dem Nordosten – Böhmen, Polen, Herzogtum Glogau, Masovien, Piasten – lag.[22] Einige Eheprojekte mit dem westeuropäischen Ausland sind bezeugt, führten jedoch zu keinem Erfolg. Wie selbstbewußt die Dynastie um die Mitte des 15. Jahrhunderts auftrat, zeigt z.B. das Projekt einer Heirat zwischen einer Wettinerin und dem mächtigen burgundischen Herzog Karl dem Kühnen 1453.[23]

Nur acht Frauen und fünf Männer traten im genannten Zeitraum in den geistlichen Stand über. Bei den Frauen standen Versorgungsaspekte im Vordergrund; einige wurden erst im Witwenstand Insassin eines der wettinischen Hausklöster und verbrachten dort ihren Lebensabend. Andererseits kam es auch vor, daß ein bereits bestehendes Verlöbnis gelöst wurde und die Braut den Schleier nahm.[24] Zwei Frauen wurden, nachdem sie bereits einige Zeit als Nonne oder Äbtissin in den von den Wettinern gestifteten Klarissenklöstern Seußlitz und Weißenfels zugebracht hatten, von ihren Gelübden befreit und nachträglich noch verheiratet – ein Zeichen dafür, daß die Zahl der Nachkommen eher knapp kalkuliert war. Während die weiblichen Nachkommen in den Konventen Seußlitz und Weißenfels[25], teilweise mit

21 Der Terminus nach *Moraw*: Heiratsverhalten (wie Anm. 4), S. 133; danach bedeutet »überfürstlich« kaiserlich-königlich. In dem von Moraw angestellten Vergleich wurden für rund 20 Dynastien bzw. Dynastengruppen zu 8 % überfürstliche, zu 59 % fürstliche und zu 33 % unterfürstliche Heiraten errechnet.

22 Diese nordöstlichen Heiratsverbindungen sind nach dem von *Moraw*: Heiratsverhalten (wie Anm. 4) entworfenen Rangschema geringer einzustufen als etwa diejenigen mit dem nordwestlichen, dem burgundisch-französisch-englischen Herrschaftsbereich entstammenden Partnern (Moraw spricht vom »lateinischen« Europa); S. 136, 138f.

23 *Heimann*: Böhmen (wie Anm. 20), S. 305.

24 So Beatrix, die Schwester Markgraf Friedrichs des Ernsthaften, die 1350 in Kloster Seußlitz eintrat und 1365 Äbtissin wurde; vgl. *Reinhardt Butz*: Die Wettiner und das Coburger Land von 1353 bis zum Tode Markgraf Friedrichs III. von Meissen 1381, in: Ders./Gert Melville (Hrsg.): Coburg 1353. Stadt und Land Coburg im Spätmittelalter. Festschrift zur Verbindung des Coburger Landes mit den Wettinern vor 650 Jahren bis 1918. (Schriftenreihe der Historischen Gesellschaft Coburg e.V., Bd. 17.) Coburg 2003, S. 139-157, hier S. 143.

25 Zu Seußlitz vgl. *Paul Markus*: Das Klarissenkloster in Seußlitz, in: Mitteilungen des Vereins zur Geschichte der Stadt Meißen 7, 1907, S. 71-95; *Reinhardt Butz*: Die Anfänge

einem kleineren Hofstaat, ein standesgemäßes Auskommen fanden, war Hedwig[26], der Tante des Magdeburger Erzbischofs, eine wichtige politische Rolle zugedacht: Sie wurde 1458 Äbtissin des Reichsstifts Quedlinburg; 1477 setzten ihre Neffen Ernst und Albrecht mit ihrer Hilfe die Schutzherrschaft über Stadt und Stift durch. Damit waren Steuerleistungen und die Anerkenntnis der wettinischen Oberhoheit verbunden.[27]

Nicht mit allen Söhnen, die ein geistliches Amt übernahmen, hatten die Wettiner Glück. So konnte sich Ludwig, der Bruder der Markgrafen Friedrich, Balthasar und Wilhelm, der 1357 Bischof von Halberstadt, 1366 Bischof von Bamberg und 1373 Erzbischof von Mainz wurde, im Mainzer Bischofsstreit nicht durchsetzen und beschloß seine Laufbahn 1382 als Magdeburger Erzbischof.[28] Zwei Generationen bevor mit Ernst erneut ein Wettiner den Magdeburger Metropolitanstuhl erklomm, nahm es mit Bischof Sigmund von Würzburg ein unrühmliches Ende. Der Wettiner hatte sein Amt nur drei Jahre lang inne und wurde 1442 abgesetzt.[29]

Die Tatsache, daß weniger als zehn Prozent der männlichen Nachkommen des wettinischen Hauses in den geistlichen Stand übertraten, ist Zeichen einer gesunden hochadeligen Familienpolitik: Es waren eher die am unteren Rand der reichsfürstlichen Rangfolge-Skala angesiedelten Dynastien, die für die Vielzahl ihrer männlichen Nachkommen eine Versorgung mit geistlichen Pfründen anstreben mußten.[30]

des Dominikanerinnenklosters in Cronschwitz und des Klarissenklosters in Seußlitz im Spannungsfeld von Eigen- und Fremdbestimmung, in: Gert Melville/Jörg Oberste (Hrsg.): Die Bettelorden im Aufbau. Beiträge zu Institutionalisierungsprozessen im mittelalterlichen Religiosentum. Münster 1999, S. 525-554.

26 *Michael Vollmuth-Lindenthal*: Äbtissin Hedwig von Quedlinburg (1458-1511). Reichsstift und Stadt Quedlinburg am Ende des 15. Jahrhunderts, in: Mitteldeutsche Lebensbilder (wie Anm. 7), S. 69-88; *Kretzschmar*: Brandenburg (wie Anm. 12), T. 2, S. 224.

27 *Kötzschke/Kretzschmar*: Geschichte (wie Anm. 8), S. 143. – Zur Bedeutung des Begriffes Schutzherrschaft im Rahmen fürstlichen Hegemonialstrebens siehe *Dieter Stievermann*: Die Wettiner als Hegemonen im mitteldeutschen Raum um 1500, in: Rogge/Schirmer (Hrsg.): Herrschaft (wie Anm. 14), S. 379-393.

28 *Kötzschke/Kretzschmar*: Geschichte (wie Anm. 8), S. 215; *Walter Zöllner/Helmut Flachenecker*: Ludwig von Meißen (1341-1382), in: Erwin Gatz (Hrsg.): Die Bischöfe des Heiligen Römischen Reiches 1198-1448: ein biographisches Lexikon. Berlin 2001, S. 51f.

29 *Rogge*: Herrschaftsweitergabe (wie Anm. 10), S. 141-157; *Helmut Flachenecker*: Sigmund von Sachsen (1416-1471), in: Gatz (Hrsg.): Bischöfe (wie Anm. 28), S. 905f.

30 *Moraw*: Heiratsverhalten (wie Anm. 4), S. 131f. Bei den weiblichen Nachkommen lag der Anteil hingegen bei 25 %.

Erbverbrüderungen und Territorialpolitik

Als der spätere Erzbischof 1464 geboren wurde, befand sich das Haus Wettin nach der Meisterung einer schweren inneren Krise, des zehn Jahre zurückliegenden sog. Bruderkrieges zwischen Herzog Wilhelm dem Tapferen und Kurfürst Friedrich dem Sanftmütigen[31], in einer Phase anhaltender Stabilität. Ein Eckpfeiler der wettinischen Politik war das durch Heiraten abgesicherte Bündnissystem, das Sachsen mit anderen reichsfürstlichen Geschlechtern verband.[32] So bestand seit 1373 eine Erbverbrüderung mit der Landgrafschaft Hessen[33], die eine deutliche Spitze gegen den Mainzer Erzbischof enthielt. Die Mainzer Herrschaft über das thüringische Erfurt und auf dem Eichsfeld behinderte die wettinischen Territorialisierungsbestrebungen das ganze Mittelalter hindurch, andererseits war Mainz aufgrund seiner Lehnshoheit über die Landgrafschaft natürlicher Feind Hessens. Hauptinhalt des Vertrages war daher die gegenseitige Zusicherung der Nachfolge für den Fall des Aussterbens einer der beiden Familien. Mit einem Konnubium war dieses Bündnis allerdings seit 1436 nicht mehr bekräftigt worden.[34]

In das hessisch-wettinische Bündnis wurde 1431 auch das Haus Hohenzollern aufgenommen, das 1415/17 die Mark Brandenburg erworben hatte und damit nördlicher Nachbar der Wettiner geworden war. Das Verhältnis zu Brandenburg beeinflußte die sächsische Politik des weiteren 15. Jahrhunderts entscheidend, was sich auch in mehreren Eheprojekten manifestierte: 1441 heiratete die Schwester Friedrichs des Sanftmütigen, Katharina, Kur-

31 *Herbert Koch*: Der sächsische Bruderkrieg (1445-1451). (Jahrbücher der königlichen Akademie gemeinnütziger Wissenschaften zu Erfurt, NF Bd. 35.) Erfurt 1910; *Martin Naumann*: Die wettinische Landesteilung von 1445, in: Neues Archiv für sächsische Geschichte 60, 1939, S. 171-213, hier S. 175.

32 Ausführlich dazu *Spieß*: Familie (wie Anm. 5), S. 73ff.

33 Die Erbverbrüderung wurde 1318 mit einer Eheabrede grundgelegt und 1373 durch Erbverbrüderung befestigt. *Patze*: Geschichte (wie Anm. 17), S. 131. *Kötzschke/Kretzschmar*: Geschichte (wie Anm. 8), S. 125, weisen auf das zu diesem Zeitpunkt sehr wahrscheinliche Erlöschen des hessischen Hauses als Grund hin, das nur dadurch abzuwenden war, daß der hessische Landgraf die Erbfolge dem einzig noch vorhandenen Neffen sichern konnte. *Edgar Löning*: Die Erbverbrüderungen zwischen den Häusern Sachsen und Hessen und Sachsen, Brandenburg und Hessen. Frankfurt a.M. 1867.

34 Die hessisch-wettinische Erbeinung wird 1442 von Kaiser Friedrich III. bestätigt; *Patze*: Geschichte (wie Anm. 17), S. 132. – Vom 13. Jh. bis 1500 fanden überhaupt nur zwei wettinisch-hessische Heiraten statt, 1319 und 1436; vgl. *Moraw*: Heiratsverhalten (wie Anm. 4), S. 130.

fürst Friedrich von Brandenburg[35], 1458 verheiratete der Wettiner seine Tochter Anna in zweiter Ehe mit Markgraf Albrecht Achilles. Eine weitere sächsisch-brandenburgische Heirat brachte das Jahr 1476: Markgraf Johann Cicero ehelichte Margarethe, die Tochter Herzog Wilhelms III.[36]

Weitere Erbeinungen und Erbverbrüderungen, in die stets auch die Landgrafschaft Hessen mit einbezogen wurde, flankierten und verstärkten das wettinisch-zollersche Bündnissystem. Seinen praktischen Wert hatte es unter anderem im Bruderkrieg erwiesen, dessen Beilegung 1451 mit Hilfe Brandenburgs erfolgte.[37] Ausdruck großen Einvernehmens war eine 1457 »mit sunderlicher Erleubnisse des Kaisers« abgeschlossene Erbverbrüderung zwischen Kurfürst Friedrich II. und Herzog Wilhelm III. auf der einen und Kurfürst Friedrich und den Markgrafen Johann und Albrecht Achilles von Brandenburg auf der anderen Seite sowie den Landgrafen von Hessen. Dieser Beistandspakt, in dessen Arengentext als Begründung auf die »lange bestehende liebe truwe eynicheidt [und] fruntschaft« verwiesen wird, »die erst kurzlichen mit sunderlicher verbruderung ernuwert ist«, hatte die denkbar festeste Form: Die vereinbarte gegenseitige Unterstützung im Kriegsfall wurde durch keinerlei Einschränkungen und Ausnahmen eingegrenzt; außerdem wurde die Wahrung des gegenseitigen Besitzstandes eingeschärft.[38]

Das Jahr 1464 erweist sich in mancher Hinsicht als Epochenjahr der wettinischen Geschichte: Der Übergang der Herrschaft von Kurfürst Friedrich II. auf seine Söhne Ernst und Albrecht[39] war auch mit einem Politikwechsel verbunden, der sich bald abzuzeichnen begann und der vor allem das Verhältnis zu Brandenburg negativ beeinflußte. Der erste Konfliktpunkt betraf das Bündnissystem: Erstmals seit der Heirat Markgraf Friedrichs des Ernsthaften mit Mathilde, Tochter Kaiser Ludwigs des Bayern, im Jahre 1328 kam es Mitte des 15. Jahrhunderts wieder zu Eheschließungen mit den Wittelsbachern. Kurfürst Ernst heiratete 1460 Elisabeth, die Tochter Herzog Al-

35 *Kretzschmar*: Brandenburg (wie Anm. 11), T. 1, S. 24.

36 *Benno Liebes*: Albrecht Achilles und die Wettiner. Diss. Halle (Saale) 1924; *Ernst Schubert*: Albrecht Achilles, Markgraf und Kurfürst von Brandenburg (1414-1486), in: Fränkische Lebensbilder, Bd. 2, 1971, S. 130-160. – Wie wichtig die Beziehungen zu den Brandenburgern eingestuft wurden, zeigt, daß noch eine weitere Verbindung in Aussicht genommen, jedoch letzten Endes nicht realisiert wurde.

37 *Kretzschmar*: Brandenburg (wie Anm. 12), T. 1, S. 24.

38 Ebd., T. 1, S. 26; *Kötzschke/Kretzschmar*: Geschichte (wie Anm. 8), S. 139.

39 *Max Buchner*: Zur Biographie des Stammvaters des sächs. Königshauses Herzog Albrecht dem Beherzten und Kurfürst Ernst, in: Neues Archiv für sächsische Geschichte 29, 1908, S. 155-162, hier S. 157 Anm. 1.

brechts III. von Oberbayern-München, seine Schwester Amalie 1452 den bayerischen Herzog Ludwig IX. »den Reichen« von Niederbayern-Landshut.[40] Dieses Konnubium, das schon durch Friedrich den Sanftmütigen angebahnt worden war, gewann in dem Moment neue Bedeutung, als sich das Schwergewicht deutscher »Außenpolitik« in den südöstlichen Raum verlagerte: Der 1458 erfolgte Regierungsantritt König Matthias Corvinus' von Ungarn mag hier als Stichwort genügen.[41] Die Verbindung zum Hause Wittelsbach, der Hegemonialmacht im südostdeutschen Raum, zudem neben Habsburgern und Luxemburgern die einzige königsfähige Dynastie[42], eröffnete eine neue Perspektive, welche »die jungen Herren« nach dem Tod ihres Vaters verstärkt zu nutzen gedachten. Diese politisch-dynastische Neuorientierung, zu der die politischen Präferenzen des wichtigsten wettinischen Rates und Chefdiplomaten der zweiten Hälfte des 15. Jahrhunderts, des Obermarschalls Hugold von Schleinitz, wesentlich mehr beigetragen haben dürften, als bislang bekannt ist, erhielt zusätzliche Dynamik durch das 1469 abgeschlossene Bündnis der Herzöge von Bayern mit dem ungarischen König.[43]

Für die Brandenburger war der wettinisch-wittelsbachische Pakt gefährlich, lagen die Hohenzollern doch mit den Wittelsbachern wegen ihrer fränkischen Besitzungen um Brandenburg-Ansbach und wegen ihres Vorgehens gegen die Reichsstadt Nürnberg im Unfrieden.[44] 1462 hatte Markgraf Albrecht Achilles bei Giengen eine schmerzhafte Niederlage durch Herzog Ludwig den Reichen hinnehmen müssen: Die Bemühungen Ernsts und Albrechts, beide Kontrahenten miteinander auszusöhnen, waren daher von vornherein zum Scheitern verurteilt, auch der erstmals 1466 den Branden-

40 *Posse*: Wettiner (wie Anm. 15), Taf. 6.

41 *Jörg K. Hoensch*: Matthias Corvinus. Diplomat, Feldherr und Mäzen. Graz 1998; *Andreas Kraus* (Hrsg.): Handbuch der bayerischen Geschichte, begründet von Max Spindler. Bd. 2, 2. Aufl. München 1988, S. 325.

42 *Volker Press*: Wettiner und Wittelsbacher – die Verlierer im dynastischen Wettlauf des Alten Reiches: Ein Vergleich, in: Sachsen und die Wettiner. Chancen und Realitäten. Dresden 1990, S. 63-71, hier S. 63.

43 *Hoensch*: Corvinus (wie Anm. 41), S. 110: Herzog Ludwig und Herzog Albrecht von Bayern erkennen im Juli 1469 Matthias Corvinus als König von Böhmen an.

44 *Heinz Quirin*: Markgraf Albrecht Achilles von Brandenburg-Ansbach als Politiker. Ein Beitrag zur Vorgeschichte des süddeutschen Städtekrieges, in: Jahrbuch für fränkische Landesgeschichte 31, 1971, S. 261-308; *Erich Frhr. von Guttenberg*: Artikel Albrecht Achilles, in: Neue Deutsche Biographie. Bd. 1, Berlin 1971 (unver. Nachdruck der 1. Aufl. 1953), S. 162.

burgern unterbreitete Plan, eine neue Erbeinung unter Einschluß der Wittelsbacher vorzunehmen, konnte unter diesen Umständen kaum Erfolg haben.[45]

Weitere Rivalitäten und Konflikte ergaben sich vor allem im Bereich der gemeinsamen Interessensphäre im Osten: in Böhmen, Ungarn, Schlesien. Bereits Kurfürst Friedrich II. von Brandenburg hatte seinem Land durch Ankäufe in der Niederlausitz eine neue Ausdehnungsrichtung nach Schlesien gegeben und die Anwartschaft auf die böhmischen Lehen Beeskow und Storkow erlangt. Da auch Sachsen den Besitz der Lausitz erstrebte, waren Streitigkeiten unvermeidbar.[46] 1451 verzichteten die Sachsen zwar zugunsten Brandenburgs auf die Lausitz, steigerten jedoch, unterstützt durch Kaiser Friedrich III., ihre Einflußnahme in Schlesien. Im selben Jahr huldigte Liegnitz den Wettinern; im Mai wurde das piastische Herzogtum Oels an die Kurfürstin-Witwe Margarethe verschrieben.[47]

Das Verhältnis zu Böhmen gestaltete sich unterschiedlich: Bis 1459 sahen Sachsen und Brandenburg ihren gemeinsamen Feind in dem 1458 zum böhmischen König gewählten Georg Podiebrad, der unter anderem Rückhalt bei den bayerischen Herzögen fand. Herzog Wilhelm III. von Sachsen, durch seine Gemahlin Anna mit dem 1457 verstorbenen böhmischen König Ladislaus verschwägert, erhob Ansprüche auf die böhmische Krone, die zunächst von Brandenburg unterstützt wurden.[48] Als jedoch deutlich wurde,

45 Dagegen bemühte sich Albrecht Achilles um eine Erneuerung der Erbeinung in der alten Form; vgl. die ausführliche Schilderung bei *Hubert Ermisch*: Studien zur Geschichte der sächsisch-böhmischen Beziehungen in den Jahren 1464-1468, in: Neues Archiv für sächsische Geschichte 1, 1880, S. 209-266, hier S. 225-227. Erst im Juli 1469 kam eine Einigung zustande; vgl. *Kretzschmar*: Brandenburg (wie Anm. 12), T. 1, S. 33, 38.

46 *Elfie-Marita Eibl*: Die Lausitzen zwischen Böhmen, Brandenburg und Sachsen in der Zeit Kaiser Friedrichs III. (1440-1493), in: Peter Moraw (Hrsg.): Akkulturation und Selbstbehauptung. Studien zur Entwicklungsgeschichte der Lande zwischen Elbe/Saale und Oder im späten Mittelalter. Berlin 2001, S. 311-346, hier S. 323.

47 *Kretzschmar*: Brandenburg (wie Anm. 12), T. 1, S. 25, mit einer Interpretation des sächsischen Nachgebens in der Frage der Niederlausitz; *Eibl*: Lausitzen (wie Anm. 46), S. 324.

48 Wilhelm hatte Anna 1457 verstoßen, um sich einer Frau aus thüringischem Niederadel zuzuwenden; vgl. *Karlheinz Blaschke*: Art. Wilhelm III., in: Lexikon des Mittelalters. Bd. 9, München 2003, Sp. 131; *Kretzschmar*: Brandenburg (wie Anm. 12), T. 1, S. 26; *Jörg Rogge*: Herzog Albrecht von Sachsen und Böhmen – der Tag von Eger (1459) und der Zug nach Prag (1471), in: André Thieme (Hrsg.): Herzog Albrecht der Beherzte (1443-1500). Ein sächsischer Fürst im Reich und in Europa. Weimar/Wien 2002, S. 27-51, hier S. 28ff.

wie wenig Rückhalt Wilhelm im Lande selbst hatte, leitete Markgraf Albrecht Achilles schließlich eine allmähliche Annäherung gegenüber König Georg Podiebrad ein. Diese Kehrtwende vollzogen Wettiner und Hohenzollern gemeinsam, für die Wettiner jedoch zahlte sie sich letzten Endes mehr aus.[49]

Um die gegenseitigen territorialen Ansprüche ein für allemal zu regeln – strittig waren vor allem Lehns- und Besitzverhältnisse im sächsisch-böhmischen Grenzraum –, wurde im April 1459 ein Verhandlungstag zu Eger abgehalten.[50] Er brachte zwar auch ein brandenburgisch-böhmisches Bündnis zustande, das bei dieser Gelegenheit erzielte sächsisch-böhmische Einvernehmen erwies sich jedoch auf lange Sicht als ungleich fester, zumal es zusätzlich bekräftigt wurde durch den Verzicht Herzog Wilhelms III. auf die böhmische Krone und eine doppelte Eheschließung: Die böhmische Königstochter Sidonie wurde mit Herzog Albrecht dem Beherzten, der böhmische Königssohn Heinrich von Münsterberg mit Wilhelms Tochter Katharina vermählt.[51] Ein wichtiger territorialer Zugewinn war die Herrschaft Plauen, mit der Albrecht der Beherzte 1464 von seinem Schwiegervater belehnt wurde[52]; weitere Erwerbungen um Eger wurden ihm in Aussicht gestellt. – Auch nachdem Georg Podiebrad 1466 von Kaiser Friedrich III. für abgesetzt erklärt worden war, hielten die Sachsen ihr Verhältnis zum böhmischen König aufrecht.

Die böhmische Krone blieb für die Wettiner ein Objekt ihrer Begierde, während die Hohenzollern, denen sie 1467 angetragen worden war, darauf verzichteten.[53] Nach dem Tod König Georg Podiebrads 1471 bemühte sich erneut ein Wettiner um den böhmischen Thron: ein Vorhaben, in dem Georgs Schwiegersohn Herzog Albrecht von Sachsen von Brandenburg wohl

49 *Ermisch*: Studien (wie Anm. 45), S. 211f.; *Kötzschke/Kretzschmar*: Geschichte (wie Anm. 8), S. 146.

50 Vgl. zur Beurteilung des auf dem Tag zu Eger erzielten Ausgleichs zwischen Böhmen und Sachsen *André Thieme*: Landesherrschaft und Reichsunmittelbarkeit. Beobachtungen bei den Burggrafen von Meißen aus dem Hause Plauen und anderen Nachfolgefamilien der Vögte von Weida, Gera und Plauen, in: Rogge/Schirmer (Hrsg.): Herrschaft (wie Anm. 14), S. 135-161, der S. 154 in seinem Ergebnis das zentrale »außenpolitische« Ereignis sieht, da hiermit der Ausschaltung der Burggrafen von Plauen der Weg geebnet wurde.

51 Zu den Eheabreden vgl. *Rogge*: Tag (wie Anm. 48), S. 30. Zur Lockerung des Verhältnisses zu Brandenburg siehe *Hubert Ermisch*: Studien zur Geschichte der sächsisch-böhmischen Beziehungen in den Jahren 1468 bis 1471, in: Neues Archiv für sächsische Geschichte 2, 1881, S. 1-49, hier S. 3.

52 Zur Vorgeschichte vgl. *Thieme*: Landesherrschaft (wie Anm. 50), S. 153f.

53 *Seyboth*: Hohenzollern (wie Anm. 11), S. 119.

nicht behindert, aber auch nicht sonderlich gefördert wurde.[54] Als auch Albrechts Bewerbung scheiterte, unterstützten die Sachsen gemeinsam mit Herzog Wilhelm III. fortan die ungarische Position: König Matthias Corvinus war bereits 1469 in Olmütz gegen den vom Papst gebannten Georg Podiebrad zum böhmischen König gewählt worden, konnte sich jedoch gegen einen weiteren Bewerber, König Kasimir von Polen, nur partiell durchsetzen. Für letzteren machte sich nunmehr Brandenburg stark.[55]

In den kommenden Jahren setzten die Wettiner immer stärker auf die ungarische Karte, was ihnen letztlich nur den Ankauf des Herzogtums Sagan als böhmisches Lehen einbrachte, der 1472 unter Vermittlung des Bischofs von Breslau zum Abschluß kam.[56] Vor den Konsequenzen eines im gleichen Zusammenhang geschlossenen Abkommens zwischen Wettin und dem ungarischen König, das militärische Unterstützung gegen jedermann, mit Ausnahme Böhmens und Burgunds auf ungarischer, Brandenburgs und Hessens auf sächsischer Seite vorsah – wobei das Reichsoberhaupt stillschweigend übergangen wurde –, haben sich die »jungen Herren« mehr oder weniger erfolgreich zu drücken versucht.[57]

Bei diesen politischen Verwicklungen ist immer auch die Position des »elder statesman« Herzog Wilhelm III. von Sachsen mit zu bedenken.[58] Von Thüringen aus folgte er der von den traditionellen Leitlinien seines Bruders, des Kurfürsten Friedrich des Sanftmütigen, abweichenden Politik seiner Neffen, die die Nachfolge in der Regentschaft 1464 angetreten hatten, keineswegs geradlinig; seine Ablehnung von deren Haltung wird man auch als eine Art Generationenkonflikt deuten können. An der Reichspolitik zeigte sich der alternde Herzog nicht oder wenig interessiert, die Hinwendung seiner Neffen Ernst und Albrecht zu den bayerischen Wittelsbachern machte er nicht mit.[59] Statt dessen pflegte er die alten Beziehungen Thüringens

54 *Kretzschmar*: Brandenburg (wie Anm. 12), T. 1, S. 37. Vgl. aber *Rogge*: Tag (wie Anm. 48), S. 42ff., der nachzuweisen sucht, daß Albrecht keine Ambitionen auf die Krone hatte, sondern mit seinem Zug nach Prag nur seinen Lehenspflichten nachkommen wollte; *Ermisch*: Studien (wie Anm. 45), S. 48.

55 *Hoensch*: Corvinus (wie Anm. 41), S. 152ff.

56 *Hubert Ermisch*: Die Erwerbung des Herzogtums Sagan durch Kurfürst Ernst und Herzog Albrecht (1472-1475), in: Neues Archiv für sächsische Geschichte 19, 1898, S. 1-50, hier S. 11ff., 40ff., 46ff.

57 *Kretzschmar*: Brandenburg (wie Anm. 12), T. 2, S. 213.

58 Eine Biographie Wilhelms (1425-1482) fehlt; ein Überblick über Bruderkrieg, Charakter und Persönlichkeit Wilhelms bei *Patze*: Geschichte (wie Anm. 17), S. 132ff.

59 *Kretzschmar*: Brandenburg (wie Anm. 12), T. 1, S. 40.

zu Hessen und auch zum Erzbistum Magdeburg. Der Markgraf bzw. seit 1470 Kurfürst Albrecht Achilles von Brandenburg stand ihm näher als seine Neffen, die »jungen Herren«, denen er lange die Erbhuldigung verweigerte.[60] Mit Albrechts Sohn Markgraf Johann Cicero, der nach der Abdankung Kurfürst Friedrichs II. von Brandenburg im Mai 1470 dessen Nachfolge in diesem Landesteil antrat und der den Anschluß an den Herzog besonders in seinen Auseinandersetzungen gegenüber Böhmen suchte, wurde in bewährter Weise ein Ehebündnis ins Auge gefaßt: Zu Beginn des Jahres 1476 fand nach langen Verhandlungen die Hochzeit zwischen Wilhelms Tochter Margarethe und Johann statt.[61] Zwischen Johann Cicero und den »jungen Herren« hingegen gab es vielfältige Spannungen, besonders als die Bestrebungen von Ernst und Albrecht zur Unterwerfung der Stadt und des Bistums Halberstadt deutlicher wurden, das der Brandenburger als seinen Einflußbereich betrachtete. Halberstadt war seit 1479 in Personalunion mit dem Erzbistum Magdeburg verbunden, während die Stadt 1486 die Herrschaft Erzbischof Ernsts anerkennen mußte.[62]

Zu einer Zäsur in der wettinischen Territorialpolitik wurde das Jahr 1475. Nach Jahren der Konzentration auf Ungarn läuteten die Wettiner nun die Wende ein: Zwar begruben sie ihre schlesischen Pläne nicht völlig, richteten ihre Interessen jetzt aber verstärkt auf Norddeutschland.[63] Der erste Schritt in diese Richtung war die Postulierung des zwölfjährigen Ernst zum Erzbischof durch das Magdeburger Domkapitel und sein Regierungsantritt unter Mitwirkung kursächsischer Räte im Oktober 1476.[64] Ein zum selben Zeitpunkt vertraglich fixiertes Eheprojekt zwischen einer Wettinerin und einem Welfen verweist auf dieselbe veränderte Stoßrichtung dieser Politik: Im Gefolge des jungen Administrators befand sich 1476 auch sein drei Jahre jüngerer künftiger Schwager Herzog Heinrich von Braunschweig-Lüneburg, der auf Bitten seiner Mutter mit Ernst gemeinsam erzogen werden sollte; im

60 Nach *Ermisch*: Studien (wie Anm. 45), S. 24f., gibt es für die Verweigerung der Erbhuldigung zwar einige Gründe, so Differenzen in Münzfragen. Überdies schützten die jungen Herren den mit Wilhelm verfeindeten Grafen Ernst von Hohnstein. Die tieferen Ursachen der Verstimmung aber seien letzten Endes nicht aufzuklären.

61 *Ermisch*: Studien (wie Anm. 45), S. 33. Zu dieser Hochzeit vgl. *Brigitte Streich*: Lebensbedingungen thüringischer Fürstinnen im späten Mittelalter, in: Jahrbuch für thüringische Landeskunde 54, 2000, S. 35-75, hier S. 58f.

62 *Kretzschmar*: Brandenburg (wie Anm. 12), T. 2, S. 235.

63 Zur Bedeutung der Elbachse vgl. *Kalheinz Blaschke*: Geschichte Sachsens im Mittelalter. Berlin 1990, S. 326.

64 *Rogge*: Ernst (wie Anm. 7), S. 33; *Rogge*: Herrschaftsweitergabe (wie Anm. 10), S. 227.

November 1476 wurde in Magdeburg der Ehevertrag für ihn und die Schwester des Erzbischofs, Margarethe, unterzeichnet.[65] Der junge Welfe hielt sich, wie später auch seine Söhne, viele Jahre lang am sächsischen Hof auf: Heinrich war der einzige Erbe der Celler Linie des Hauses Braunschweig-Lüneburg – es hätte sich also bei Söhnelosigkeit des künftigen Paares eine günstige Perspektive für die Schwiegerfamilie ergeben können. Doch hatten diese wettinischen Erbambitionen keinen Erfolg.[66]

Bislang ist über die Hintergründe der neuen Stoßrichtung wettinischer Politik wenig bekannt; m.E. ist sie ganz wesentlich auf den Einfluß Herzog Wilhelms zurückzuführen, der sich unter Vermittlung der Kurfürstinwitwe Margarethe zu Beginn der 1470er Jahre der Position seiner Neffen wieder annäherte.[67] Schon das Ehebündnis mit Braunschweig hatte der Herzog angebahnt: 1469 schlossen er und Heinrichs Vater Otto ein Abkommen, das – vermutlich auf dem Hintergrund des sog. Lüneburger Prälatenkrieges – gegenseitige Militärhilfe für den Fall vorsah, daß sie von Feinden oder gardenden Söldnern überrannt würden; innerhalb von 14 Tagen wollten sie mit einer Truppe von 400 bewaffneten Reitern dem anderen zu Hilfe kommen.[68]

65 *Brigitte Streich*: Anna von Nassau und ihre »Schwestern«. Politische Gestaltungsmöglichkeiten fürstlicher Witwen in der Frühen Neuzeit, in: Martina Schattkowski (Hrsg.): Witwenschaft in der frühen Neuzeit. Fürstliche und adlige Witwen zwischen Fremd- und Selbstbestimmung. (Schriften zur sächsischen Geschichte und Volkskunde, Bd. 6.) Leipzig 2003, S. 163-189, hier S. 172.

66 Dieser Hintergrund ist bei der Anbahnung der Ehe sicher mit zu bedenken; vgl. *Ernst Schubert* (Hrsg.): Geschichte Niedersachsens, begründet von Hans Patze, Bd. 2,1: Politik, Verfassung und Wirtschaft vom 9. bis zum ausgehenden 15. Jahrhundert. Hannover 1997, und *Streich*: Lebensbedingungen (wie Anm. 61), S. 49f.; *Dies*: Celle als Residenz der Herzöge von Braunschweig-Lüneburg, in: Dies. (Hrsg.): Stadt – Land – Schloß. Celle als Residenz. (Celler Beiträge zur Landes- und Kulturgeschichte, Bd. 29.) Celle 2000, S. 57-86.

67 Margarethe hatte schon im Bruderkrieg zwischen Wilhelm III. und ihrem Mann vermittelt; vgl. *Brigitte Streich*: Frauenhof und Frauenzimmer, in: Jan Hirschbiegel/Werner Paravicini (Hrsg.): Das Frauenzimmer. Die Frau bei Hofe in Spätmittelalter und Früher Neuzeit. (Residenzenforschung, Bd. 11.) Stuttgart 2000, S. 247-262, hier S. 259f.; *Jörg Rogge*: muterliche liebe mit ganzen truwen alleczit. Wettinische Familienkorrespondenz in der zweiten Hälfte des 15. Jahrhunderts, in: Heinz-Dieter Heimann (Hrsg.): Adelige Welt und familiäre Beziehung. Aspekte der »privaten Welt« des Adels in böhmischen, polnischen und deutschen Beispielen vom 14. bis zum 16. Jahrhundert. Potsdam 2000, S. 203-239.

68 *Streich*: Lebensbedingungen (wie Anm. 61), S. 49; *Wilhelm Havemann*: Geschichte des Landes Braunschweig und Lüneburg. Bd. 1, Lüneburg 1837, S. 262ff.

Das Expansionsstreben der Wettiner in den schlesischen Raum ging trotz dieser politischen Neuorientierung weiter: Im Oktober 1477 erwerben sie die sog. Bibersteinschen Herrschaften Beeskow, Storkow und Sorau in der Niederlausitz auf Wiederkauf. Da schon Kurfürst Friedrich II. von Brandenburg die Anwartschaft auf diese böhmischen Lehen erworben hatte – sowie auch wegen der strategischen Lage dieser Besitzungen – blieb der Vorstoß nicht ohne negative Auswirkungen auf das Verhältnis zu den Hohenzollern.[69]

In dem Krieg, den der ungarische König Matthias Corvinus Anfang 1478 gegen Brandenburg eröffnete, gelang es Sachsen, das ja gegenüber beiden Seiten vertraglich gebunden war, sich neutral zu verhalten: Auf dem Tag von Olmütz im darauffolgenden Jahr, der den seit dem Tod König Georg Podiebrads im Jahre 1471 schwelenden Streit um die Vorherrschaft in Böhmen schlichten sollte, und auf dem die gesamten böhmischen Nebenlande Mähren, Schlesien und die Lausitzen dem Ungarnkönig zugesprochen wurden, vermittelten Wettiner und Wittelsbacher gemeinsam einen Frieden zwischen Ungarn und Brandenburg. Als Erfolg konnten die Sachsen die Bestätigung ihrer Lehen in der Niederlausitz verbuchen.[70]

Brandenburg und Sachsen agierten von nun an vielfach gemeinsam, so auf dem Reichstag zu Nürnberg im Herbst 1480, auf dessen Agenda der sich anbahnende Krieg des ungarischen Königs gegen Kaiser Friedrich III. stand.[71] Auch auf einem Tag zu Schleitz im März 1481 war die ungarische Gefahr Verhandlungsgegenstand: Wettiner und Brandenburger stimmten ein gemeinsames Vorgehen gegen Matthias Corvinus ab. An den Beratungen nahm auch Erzbischof Ernst von Magdeburg teil, um sich im direkten Gespräch mit Markgraf Johann von Brandenburg wegen anhaltender Grenzirrungen zwischen dem Erzstift und Brandenburg zu einigen – an der ungarischen Front sollte Ruhe herrschen![72] Der Abschlußvertrag dieser Schleitzer Verhandlungen bildete etwas qualitativ Neues gegenüber den alten Erbverbrüderungen: Er hielt sich nicht mit der Regelung kleiner Streitigkeiten auf, sondern strebte eine durchgreifende Verständigung zwischen

69 *Rogge*: Herrschaftsweitergabe (wie Anm. 10), S. 214; *Eibl*: Lausitzen (wie Anm. 46), S. 338f.; *Kretzschmar*: Brandenburg (wie Anm. 12), T. 2, S. 226; *Blaschke*: Geschichte (wie Anm. 63), S. 292.

70 *Kretzschmar*: Brandenburg (wie Anm. 12), T. 2, S. 231; *André Thieme*: Herzog Albrecht der Beherzte im Dienste des Reiches. Zu fürstlichen Karrieremustern im 15. Jahrhundert, in: Ders. (Hrsg.): Herzog (wie Anm. 48), S. 73-101, hier S. 91.

71 *Thieme*: Herzog (wie Anm. 48), S. 92.

72 *Kretzschmar*: Brandenburg (wie Anm. 12), T. 2, S. 237.

beiden Dynastien an, die auch die großen politischen Linien mit einschloß. In der Folgezeit blieb bis zum Tod der beiden Kurfürsten Ernst von Sachsen und Albrecht Achilles von Brandenburg im Jahre 1486 das Verhältnis ungetrübt.[73]

Wie sich mehr und mehr zeigte, war hingegen für die Wettiner von Ungarn nichts mehr zu erwarten – das Herzogtum Oels wurde von Matthias Corvinus selbst erkauft, 1481 forderte er überdies die Herren von Biberstein auf, die Kaufverträge wegen Beeskows, Soraus und Storkows nicht zu erfüllen.[74] Sie entschlossen sich daher zur Beteiligung am Reichskrieg gegen den König, den sie zunächst allerdings nur halbherzig durch Entsendung kleinerer Truppenkontingente militärisch unterstützten. 1482 war Herzog Albrecht zum Lohn dafür, daß er als einziger deutscher Fürst eine Hilfsschar für den Krieg gegen die Türken zur Verfügung gestellt hatte, die Anwartschaft auf das Herzogtum Jülich-Kleve-Berg erteilt worden, die er jedoch nicht einzulösen vermochte.[75] Als der Herzog 1487 als Reichsfeldherr in den Kampf gegen Ungarn eintrat, wurde er im Jahr darauf mit seiner Ernennung zum Generalstatthalter in den Niederlanden belohnt und trat damit gleichsam in die Fußstapfen Albrecht Achilles'.[76]

In ihren Bestrebungen um Einflußnahme im Norden kamen die Wettiner in den folgenden Jahren weiter voran: Stichworte sind die Unterwerfung Magdeburgs und die Errichtung der sächsischen Schutzherrschaft über Quedlinburg und Halberstadt 1477, die sächsisch-dänische Heirat des Jahres 1478, die Wiedereingliederung der Stadt Halle in das Magdeburger Erzbistum 1479.[77] Ein weiterer Erfolg war die Ernennung des 1467 geborenen Sohnes des Kurfürsten Ernst, Albrecht, zum Provisor des Eichsfeldes und der Stadt Erfurt 1479, der, nach der persönlichen Intervention seines Vaters bei der Kurie 1482, seine Wahl zum Mainzer Erzbischof folgte.[78] 1489 wurde der Magdeburger Administrator Ernst mit nur 25 Jahren zum Erzbischof

73 Vgl. zur Einschätzung ebd., T. 2, S. 238. Ein weiteres Defensivbündnis der Wettiner mit Brandenburg wurde im Jahr darauf ebenfalls in Schleitz abgeschlossen; *Hoensch*: Corvinus (wie Anm. 41), S. 181.

74 *Kretzschmar*: Brandenburg (wie Anm. 12), T. 2, S. 236.

75 *Patze*: Geschichte (wie Anm. 17), S. 145.

76 *Kötzschke/Kretzschmar*: Geschichte (wie Anm. 8), S. 143; *Thieme*: Herzog (wie Anm. 48), S. 93.

77 *Kretzschmar*: Brandenburg (wie Anm. 12), T. 2, S. 235.

78 *Kötzschke/Kretzschmar*: Geschichte (wie Anm. 8), S. 143; *Franz Thurnhofer*: Die Romreise des Kurfürsten Ernst von Sachsen im Jahre 1480, in: Neues Archiv für sächsische Geschichte und Altertumskunde 42, 1921, S. 1-63; *Patze*: Geschichte (wie Anm. 17), S. 142.

geweiht, zeitiger, als es eigentlich zulässig war.[79] Auch die Übertragung der Generalstatthalterschaft an Herzog Albrecht durch Kaiser Maximilian 1488, der zehn Jahre später noch die Ernennung zum erblichen Gubernator in Friesland folgte, gehört, wenngleich sie dem Inhaber mehr Schulden als Gewinn brachte, noch in diesen Zusammenhang.[80] Inzwischen waren die Wettiner norddeutsche Hegemonialmacht: Ihnen übertrug der Kaiser fortan die Einladung der niederdeutschen Fürsten und Reichsstädte zur Teilnahme an den Nürnberger Reichstagen.[81]

Als 1482 Herzog Wilhelm III. der Tapfere ohne männliche Nachkommen starb und im darauffolgenden Jahr die »jungen Herren«, die doch noch einen Vertrag über die Eventualbelehnung von ihrem Oheim erlangt hatten, durch den Kaiser mit Thüringen belehnt wurden, war ihre territoriale Machtbasis eine der größten des Reichs.[82] Im selben Jahr schlossen sie einen Schutzvertrag mit der Reichsstadt Nordhausen, im Jahr darauf mit dem mainzischen Erfurt und mit der Reichsstadt Mühlhausen ab, ihr Einflußbereich reichte nunmehr vom Rhein bis fast an die Oder. Doch 1484 begann ihr Stern bereits zu sinken: In diesem Jahr stirbt Erzbischof Albrecht von Mainz erst fünfzehnjährig, lange bevor er im Sinne der Familienräson hätte tätig werden können.[83] Das Jahr 1485 bildete dann den wichtigsten Einschnitt der spätmittelalterlichen wettinischen Geschichte: Auf Betreiben des Kurfürsten Ernst erfolgte die Leipziger Teilung und damit die dauerhafte Begründung zweier wettinischer Linien, der Ernestiner und der Albertiner.[84]

79 *Rogge*: Ernst (wie Anm. 7), S. 39; *Blaschke*: Fürstenzug (wie Anm. 13), S. 111.

80 *Paul Baks*: Albrecht der Beherzte als erblicher Gubernator und Potestat Frieslands. Beweggründe und Verlauf seines friesischen »Abenteuers«, in: Thieme (Hrsg.): Herzog (wie Anm. 48), S. 103-141, hier S. 103, 107.

81 *Kretzschmar*: Brandenburg (wie Anm. 12), T. 2, S. 235. – Zu den Strukturelementen, die für die wettinische Hegemonie der Zeit um 1500 wesentlich waren, z.B. der Abschluß von Schutzverträgen mit Reichsstädten wie Mühlhausen und Nordhausen sowie den mitteldeutschen Bistümern, die Einbeziehung des Hochadels in den sich ausbildenden Landesstaat, das Verhalten des Reichsoberhauptes gegenüber der Dynastie etc. vgl. *Stievermann*: Wettiner (wie Anm. 27), passim.

82 *Patze*: Geschichte (wie Anm. 17), S. 141f. – Zur weiteren Entwicklung Thüringens vgl. besonders *Jürgen John*: Kleinstaaten und Kultur oder: der thüringische Weg in die Moderne, in: Ders. (Hrsg.): Kleinstaaten und Kultur in Thüringen vom 16. bis 20. Jahrhundert. Weimar/Köln/Wien 1994, S. XIII-LXI.

83 *Blaschke*: Fürstenzug (wie Anm. 13), S. 112f.; *Patze*: Geschichte (wie Anm. 17), S. 141.

84 Zu den Vorstufen der Teilung seit 1482 vgl. *Langenn*: Herzog (wie Anm. 10), S. 140ff.; *Hänsch*: Hauptteilung (wie Anm. 10), S. 51, passim.; *Rogge*: Herrschaftsweitergabe (wie Anm. 10), S. 213ff.

Ausblick: Die Ernestiner von 1485 bis 1513

Der Landesteil, der 1485 dem Begründer der ernestinischen Linie, Kurfürst Ernst zufiel, umfaßte den Kurkreis um Wittenberg, mit dem die Kurwürde und das Amt des Reichserzmarschalls verbunden waren, sowie die zur Kur gehörige Pfalz Sachsen und die Burggrafschaft Magdeburg. Entgegen seinen ursprünglichen Absichten, die sich auf den wertvolleren meißnischen Landesteil gerichtet hatten, erhielt Ernst sodann den Großteil der Landgrafschaft Thüringen mit den fränkischen und den vogtländischen Besitzungen sowie Teile des Oster- und des Pleißenlandes. Mit dem Erwerb der thüringischen Besitzungen war eine Abfindung von 100.000 Gulden verbunden. Erst später trat Albrecht seinem Bruder die Stadt Jena gegen Zahlung von 50.000 Gulden ab.[85]

Der Kurfürst behielt die Schutzherrschaft über das Hochstift Zeitz-Naumburg, während diejenige über das Hochstift Meißen und eine Anzahl weiterer Besitz- und Herrschaftsrechte gemeinsam ausgeübt wurden. Mit der Leipziger Teilung wurden die Grenzen der alten thüringischen Landgrafschaft gesprengt, indem ein schmaler Streifen thüringischen Gebietes, der von Eckartsberga über Weißensee bis Langensalza reichte, Herzog Albrecht zugesprochen wurde.[86] Die ernestinischen Gebiete waren zu Beginn des 16. Jahrhunderts faktisch zweigeteilt, eine Landverbindung zwischen dem westlichen und dem zentralen Teil des ernestinischen Herrschaftsgebietes konnte auch in den folgenden Jahrzehnten niemals hergestellt werden. Weitere territorialstaatliche Gebilde wie die Grafschaft Henneberg im Süden sowie die zweigeteilte Herrschaft der Grafen von Schwarzburg inmitten Thüringens und die Besitzungen der Reußen im östlichen Teil trugen zur vielfachen Zerklüftung und Zersplitterung Thüringens bei[87]: In dieser Gestalt sollte es die Grundlage für die frühneuzeitlichen sächsisch-ernestinischen Staaten bilden, bis nach ihrer Niederlage im Schmalkaldischen Krieg 1547 Kursachsen abgetrennt wurde und sich sein Aussehen erneut veränderte.[88] Der Kurfürst hat die Teilung noch nicht

85 *Patze*: Geschichte (wie Anm. 17), S. 145.

86 *Matthias Werner*: Artikel Thüringen, in: Lexikon des Mittelalters. Bd. 8, München 2003, Sp. 749-757, hier Sp. 756.

87 *Wieland Held*: Thüringen im 16. Jahrhundert, in: Jürgen John (Hrsg.): Kleinstaaten und Kultur in Thüringen vom 16. bis 20. Jahrhundert. Weimar/Köln/Wien 1994, S. 9-36, hier S. 12f.

88 Vgl. auch die Einschätzung von Moraw: »Die Landgrafschaft Thüringen wurde in West-Ost-Richtung zerlegt und ihr südlicher Hauptteil mit Sachsen-Wittenberg vereinigt in dem irrigen Glauben, eine möglichst widersinnige Teilung werde die Zusammenarbeit

einmal um ein Jahr überlebt, er starb im gleichen Jahr wie sein Rivale Albrecht Achilles.[89]

Die Bedeutung dieser dynastischen Zufälle, die zugleich eine Epochenwende markieren, hat Helmut Kretzschmar in folgende Worte gefaßt:

> »Die Folgezeit sieht sie [Brandenburg und Sachsen] in einem infolge von Gebietsteilung und anders gearteten politischen Interesse der Regenten offensichtlich herabgeminderten Maße von Macht und Bedeutung die Schwelle zur Neuzeit überschreiten.«[90]

Ernsts Nachfolge traten gemäß dem Testament des Vaters seine beiden Söhne Friedrich und Johann gemeinsam an.[91] Friedrich als dem Älteren stand das Kurland zu; er war Nachfolger seines Vaters in der Kurfürstenwürde. 1487 erneuerten sie die Bündnisse mit Brandenburg und dem Landgrafenhaus Hessen. 1489, in dem Jahr, als Ernst sein Amt als Erzbischof antrat, erzwangen Brandenburg und Wettin gemeinsam einen Vergleich mit König Matthias Corvinus, der sein Militär aus den beiderseitigen Gebieten abziehen mußte. 1491/94 wurde aber bereits ein allmählicher Rückzug der Wettiner aus den schlesischen Gebieten eingeleitet, die zunächst zwischen beiden Linien alternierten; 1512 verzichteten die Ernestiner auf ihren Anteil daran.[92]

Durch die Teilung von 1485 waren die Ernestiner in ihren politischen Möglichkeiten von vornherein beschränkt.[93] Um so mehr mußte Friedrich darauf bedacht sein, die Reputation seines Hauses durch eine glanzvolle fürstliche Lebensführung zu erhalten, nicht zuletzt auch in Konkurrenz zu Herzog Albrecht, der 1498 auch zum erblichen Gubernator in Friesland ernannt worden war – im selben Jahr als sein Sohn Friedrich Hochmeister des Deutschen Ordens wurde – und am kaiserlichen Hof hohes Ansehen genoß.[94]

der Teilenden erzwingen.« *Peter Moraw*: Hessen und Thüringen in der deutschen und europäischen Geschichte – Von den Anfängen bis zur Reformation, in: Hessen und Thüringen – Von den Anfängen bis zur Reformation. (Ausstellungskatalog) Marburg/Wiesbaden 1992, S. 17-23, hier S. 22.

89 *Woldemar Lippert*: Genealogie der Wettiner im 15. Jahrhundert, in: Neues Archiv für Sächsische Geschichte 15, 1894, S. 317-327.

90 *Kretzschmar*: Brandenburg (wie Anm. 12), T. 2, S. 244.

91 *Rogge*: Herrschaftsweitergabe (wie Anm. 10), S. 243.

92 *Thomas Klein*: Politik und Verfassung von der Leipziger Teilung bis zur Teilung des ernestinischen Staates (1485-1572), in: Hans Patze/Walter Schlesinger (Hrsg.): Geschichte Thüringens, Bd. 3. (Mitteldeutsche Forschungen, Bd. 48/II 1.) Köln/Graz 1967, S. 146-294, hier S. 185.

93 *Held*: Thüringen (wie Anm. 87), S. 10.

94 *Thieme*: Herzog (wie Anm. 48), S. 80.

Auf seiner exzellenten Erziehung, der Beherrschung ritterlich-höfischer Umgangsformen und einer glänzenden Hofhaltung beruhte das große persönliche Prestige Friedrichs des Weisen, das ihn für die Rolle eines Mittlers und Schiedsrichters in zahlreichen fürstlichen Ehren- und Rangstreitigkeiten prädestinierte und ihn bis zum Bruch mit den Habsburgern zur »repräsentativen Figur an der Spitze des Reiches hinter dem Kaiser und Könige« (Thomas Klein) werden ließ.[95] Friedrich amtierte 1493 als Reichsvikar; 1497 übertrug ihm König Maximilian den Vorsitz im Reichshofrat und damit die Funktion eines Reichsstatthalters, die Friedrich bis November 1498 ausübte. Im Jahre 1500 wurde er zum Statthalter des Königs im Reichsregiment ernannt (bis 1502); während des 1507 beginnenden Italienzuges Maximilians übte er das Amt des Generalstatthalters im Reiche aus: »Zweiter Mann hinter König bzw. Kaiser« (Klein), brachten diese Ämter ihm außer der Reputation nur hohe Schulden ein.[96]

Trotz seiner unbestrittenen reichspolitischen Bedeutung – seine Religionspolitik und seine Rolle als Kandidat in der Königswahl von 1519 liegen jenseits des hier gewählten Zeitrahmens – waren Friedrichs Erfolge in der Territorialpolitik gering. Sein unbedingter Friedenswille, sein ausgeprägtes Rechtsbewußtein, aber auch Unentschlossenheit und in späteren Jahren Bequemlichkeit gaben vielfach den Ausschlag für politische Entscheidungen, denen letztlich, vor allem gegenüber seinem großen Gegenspieler Kaiser Maximilian, kein Erfolg beschieden war. Einen Affront bedeutete es bereits, wenn der Mainzer Erzbischof Berthold von Henneberg 1494 Friedrich, den Sohn Herzog Albrechts des Beherzten, zum Oberamtmann auf dem Eichsfeld und Provisor in Erfurt ernannte, denn das Verhältnis zu den Albertinern gestaltete sich zunehmend schwierig.[97]

Vor allem in seiner Vorgehensweise gegenüber Erfurt und in der Frage der hessischen Vormundschaft sah sich Friedrich durch die Spannungen mit dem albertinischen Vetter Herzog Georg beeinträchtigt.[98] Die Chance zur Eingliederung Erfurts in das ernestinische Machtgefüge, für welche die

95 *Klein*: Politik (wie Anm. 92), S. 229.

96 Zu Friedrich dem Weisen noch immer unverzichtbar die Biographie von *Ingetraut Ludolphy*: Friedrich der Weise, Kurfürst von Sachsen 1463 – 1525. Göttingen 1983.

97 *Rogge*: Herrschaftsweitergabe (wie Anm. 10), S. 265ff.

98 *Heinrich Virck*: Die Ernestiner und Herzog Georg von 1500 bis 1508, in: Neues Archiv für Sächsische Geschichte 30, 1909, S. 1-75; *Walter Heinemeyer*: Landgraf Philipps Weg in die Politik, in: Hessisches Jahrbuch für Landesgeschichte 5, 1955, S. 176-192, hier S. 180f. Heinemeyer verweist auf die tiefen Gegensätze zwischen Albertinern und Ernestinern und auf die Freundschaft, die Philipps Mutter mit Herzog Georg pflegte.

Voraussetzungen zwischen 1508 und 1516 außerordentlich günstig waren, ließ Friedrich ungenutzt verstreichen: Seit 1483 übten die sächsischen Fürsten die Schutzherrschaft über die thüringische Wirtschaftsmetropole aus, während die Landesherrschaft dem Mainzer Erzbischof zukam. In den schweren Auseinandersetzungen, die 1508 zwischen der Erfurter Bevölkerung und dem Magistrat entbrannten, wurde das Volk von Mainz unterstützt, die städtische Oligarchie dagegen suchte Anlehnung bei dem Ernestiner. Daher war die Gelegenheit günstig, die Stadt mit einem militärischen Gewaltstreich dem wettinischen Gebiet einzugliedern, doch Friedrich scheute hiervor zurück und legte den Konflikt 1516 gütlich bei.[99] Auch die hessische Karte stach nicht: Die aufgrund der Erbverbrüderung mit Hessen beanspruchte Vormundschaft über den minderjährigen Landgrafen Philipp von Hessen mußte Friedrich 1514 an die Landgräfinwitwe abtreten.[100] Die von Friedrich angestrebte Wahl seines Bruders Ernst auch zum Metropoliten von Mainz mißlang 1504, eine 1507 erteilte Anwartschaft auf Sachsen-Lauenburg konnte nicht eingelöst werden. Die Hoffnungen, die sich mit der Heirat Margarethes von Sachsen mit Heinrich von Braunschweig verbunden hatten, erfüllten sich nicht, die Ehe war zwar unglücklich, aber keineswegs kinderlos.

Das Verhältnis zu den albertinischen Verwandten wurde insbesondere durch die Gründung der Universität Wittenberg im Jahre 1502, die als Konkurrenzgründung zur alten Landesuniversität Leipzig betrachtet wurde, belastet. Maximilians 1507 erteiltes Messeprivileg für das albertinische Leipzig war eine Provokation der anderen Seite. Die Auseinandersetzungen um das ehemals Querfurter Amt Allstedt, um den Silberbergbau und um Geleitsrechte im sächsisch-böhmischen Grenzgebiet trugen zu den immer hitzigeren Spannungen zwischen beiden Linien bei, in denen Erzbischof Ernst von Magdeburg sich mehrfach vergeblich um Vermittlung bemühte.[101]

Der Verlust an Einfluß, der für den ernestinischen Landesteil seit der Leipziger Teilung zu beobachten ist, spiegelt sich auch in der ernestinischen

99 *Klein*: Geschichte (wie Anm. 92), S. 236; *Friedrich Hermann Schubert*: Artikel Friedrich III. der Weise, Kurfürst von Sachsen, in: Neue Deutsche Biographie. Bd. 5, Berlin 1971 (Nachdruck der 1. Aufl. 1961), S. 568-572, hier S. 569; *Ulmann Weiss*: Von der frühbürgerlichen Revolution bis zur völligen Unterwerfung durch Kurmainz vom Ende des 15. Jahrhunderts bis 1664, in: Willibald Gutsche (Hrsg.): Geschichte der Stadt Erfurt. Weimar 1986, S. 103-144.

100 *Heinemeyer*: Landgraf (wie Anm. 98), S. 180.

101 *Virck*: Ernestiner (wie Anm. 98), S. 41ff.; *Rogge*: Herrschaftsweitergabe (wie Anm. 10), S. 265ff., 291ff.

Heiratspolitik wider, die zunehmend an Konturen verlor: Friedrich selbst blieb trotz verschiedener Projekte ehelos, sein Bruder Johann wurde 1500 durch Erzbischof Ernst mit Sophie von Mecklenburg getraut.[102] Seine zweite »unterfürstliche« Ehe mit Margarethe von Anhalt wurde von Friedrich entschieden mißbilligt, sie führte 1513 zu einer Mutschierung des ernestinischen Territoriums.[103] Diese Mutschierung war die erste von zahlreichen Teilungen, die ein Wesensmerkmal des ernestinischen Staatscharakters der frühen Neuzeit werden sollte, deren territoriale Zersplitterung durch die militärisch-politischen Niederlagen der Ernestiner seit 1547 noch beschleunigt wurde. Die Zeit der thüringischen Zwergstaaten war nicht mehr fern.[104]

102 *Carl August Hugo Burkhardt*: Die Vermählung des Herzogs Johann von Sachsen 1. bis 5. März 1500, in: Neues Archiv für Sächsische Geschichte 15, 1894, S. 283-298.

103 *Hans Herz*: Zu einigen Problemen der Landesteilungen in Thüringen vom 16. bis zum Beginn des 19. Jahrhunderts, in: Zeitschrift des Vereins für Thüringische Geschichte 46, 1992 (1993), S. 147ff.

104 *Moraw*: Hessen (wie Anm. 88), S. 73.

MICHAEL SCHOLZ

»... und wirdett alles ordentlich vortzeichentt«
Alltag am erzbischöflich-magdeburgischen Hof im Spiegel der Hofordnungen des 15. und 16. Jahrhunderts

»Wyr werden glaublich bericht«, so schrieb am 13. Dezember 1526 der Kardinal Albrecht von Brandenburg, Erzbischof von Mainz und Magdeburg sowie Administrator des Bistums Halberstadt, aus Eßlingen an seinen magdeburgischen Hofmeister,

> »daß unßere hoffordenunge, ßo wyr hievor auffrichten haben laßen, auff Sanct Moritzburgk zu Halle gar nicht gehalten, sunder durch dye jhenigen, dye eß zufordern vorpflicht, ehr dan andere gebrochen. Welche unordnung uns zu mergklichem nachteyl reichet, sunderlich in dem, das unßers auslendischen abweßens eynn tisch in der kuchen, eyner ins cammermeysters stuben und auch im keller gehalten, welche drey tische alßo zu ordenen ßeyn konthen, daß wyr dormit vorschonet und dye personen yre mahlzeyt neben anderm unßerm hoffgesinde nehmen mußten«.[1]

Drei Aussagen können im Zusammenhang mit unserem Thema diesem besorgten Briefausschnitt ohne größeren interpretatorischen Aufwand entnommen werden: Zum einen existierte am magdeburgischen Hof zur Zeit Albrechts von Brandenburg eine geschriebene Hofordnung. Zum anderen nahm die leibliche Versorgung in ihr offenbar einen nicht unwesentlichen Raum ein, und zum dritten gab es in Abwesenheit des Erzbischofs erhebliche Probleme bei der Umsetzung der Ordnung.

Am Phänomen der Hofordnungen wird sinnvollerweise niemand vorbeigehen können, der sich mit fürstlichen Höfen und Residenzen des 15. und 16. Jahrhunderts beschäftigt. Dies gilt nicht nur, wenn es darum geht, Probleme der Hofhaltung wie die soeben geschilderten aufzudecken. Besonders wenn – wie in zahlreichen kleinen und mittleren Territorien – die Quellen über Hof und Hofhaltung nur dünn gesät sind und wie auch immer geartete Rechnungen der Hofverwaltung nicht zur Verfügung stehen, werden die Hofordnungen auch zu einer Ersatzüberlieferung, die oft die

1 Landeshauptarchiv Sachsen-Anhalt, Abt. Magdeburg (künftig: LHASA, MD): Rep. A 2 Nr. 66, Bl. 10r.

einzigen detaillierten Aussagen über die Ämterverteilung und den »Alltag bei Hofe« liefern kann.

So erfolgte ein spürbarer Anstoß für die Hofforschung auch durch die zweibändige Ausgabe der »Deutschen Hofordnungen des 16. und 17. Jahrhunderts« von Arthur Kern aus den Jahren 1905 bis 1907[2], obwohl oder vielleicht auch gerade weil dieses Werk keine wissenschaftliche Edition im strengen Sinne darstellt. Nachdem das Thema im Gefolge des Ersten Weltkrieges in Deutschland für längere Zeit aus der Mode gekommen war[3], zeigen sich seit den achtziger Jahren des 20. Jahrhunderts im Zusammenhang mit der Erforschung spätmittelalterlicher Residenzen wieder neue Ansätze.[4] Im Oktober 1996 fand schließlich eine Tagung der Residenzen-Kommission der Göttinger Akademie der Wissenschaften zum Thema »Hofordnungen« in Sigmaringen statt, deren 1999 erschienener opulenter Tagungsband einen eindrucksvollen Überblick über den Stand der Forschung nicht nur für deutsche Höfe bietet.[5]

Wenn ich mich im folgenden mit verschiedenen Hofordnungen aus dem Erzstift Magdeburg des 15. bis 17. Jahrhunderts beschäftigen möchte – die auf dem genannten Symposium nicht und in der bisherigen Literatur eher beiläufig behandelt wurden[6] –, wird im besonderen die Frage nach ihrem Inhalt und dessen Wandlungen im Mittelpunkt stehen. Etwas im Hinter-

2 *Arthur Kern*: Deutsche Hofordnungen des 16. und 17. Jahrhunderts. (Denkmäler der deutschen Kulturgeschichte, Bd. II,1-2.) 2 Bde., Berlin 1905-07.

3 Vgl. auch *Peter Moraw*: Was war eine Residenz im deutschen Spätmittelalter? in: Zeitschrift für Historische Forschung 18, 1991, S. 461-468, hier S. 462.

4 Einen Mangel an Interesse an dem deutschen Fürstenhof der Frühen Neuzeit beklagt noch *Rainer A. Müller*: Der Fürstenhof in der Frühen Neuzeit. (Enzyklopädie deutscher Geschichte, Bd. 33.) München 1995, S. 88f.

5 *Holger Kruse/Werner Paravicini* (Hrsg.): Höfe und Hofordnungen 1200-1600. 5. Symposium der Residenzen-Kommission der Akademie der Wissenschaften in Göttingen, Sigmaringen, 5. bis 8. Oktober 1996. (Residenzenforschungen, Bd. 10.) Sigmaringen 1999. Eine Einordnung der Hofordnungen in die Gruppe der Verwaltungsordnungen bietet *Dietmar Willoweit*: Die Verwaltungsordnungen des frühneuzeitlichen Fürstenstaates: Quellentypen und Regelungsbereiche, in: Deutsche Verwaltungsgeschichte, hrsg. von Kurt G. A. Jeserich/Hans Pohl/Georg-Christoph von Unruh, Bd. 1: Vom Spätmittelalter bis zum Ende des Reiches. Stuttgart 1983, S. 292-298.

6 Die Hofordnungen wurden insbesondere herangezogen an verschiedenen Stellen der größeren Arbeit des Verf., siehe *Michael Scholz*: Residenz, Hof und Verwaltung der Erzbischöfe von Magdeburg in Halle in der ersten Hälfte des 16. Jahrhunderts. (Residenzenforschung, Bd. 7.) Sigmaringen 1998. Unter Hinweis auf diese Arbeit werden die magdeburgischen Ordnungen von *Ellen Widder*: Hofordnungen im Niedersächsischen Reichskreis, in: Kruse/Paravicini (Hrsg.): Höfe (wie Anm. 5), S. 457-495, nicht behandelt (ebd., S. 462).

grund bleiben wird die Frage nach der Rezeption der Ordnungen bei Hofe, nach Anerkennung und Widerständen gegen die Reglementierungen, die für Magdeburg anhand der archivalischen Überlieferung noch näher geklärt werden müßte. Zum Vergleich sollen auch andere Hofordnungen herangezogen werden, in erster Linie die recht gut überlieferten und aufgearbeiteten des kurbrandenburgischen Hofes.

Hofordnungen im spätmittelalterlichen Sinne des Wortes sind seit der Mitte des 13. Jahrhunderts von den königlichen Höfen Frankreichs, Aragons und Englands bekannt.[7] Ab 1407 folgte das herzogliche Burgund mit einer eindrucksvollen Serie von Ordnungen.[8] In den Territorien des Deutschen Reiches setzen die Reihen der Hofordnungen – nach einigen Vorläufern bereits um die Wende zum 14. Jahrhundert, die zumeist anläßlich von Herrschaftsverträgen entstanden waren[9] – verstärkt seit der Mitte des 15. Jahrhunderts ein.[10] Aus dem Jahr 1448 stammt die erste klevische Ordnung[11]; es folgten Kursachsen (1456)[12], Bayern-München

7 Vgl. *Karl-Heinz Ahrens*: Hofordnung, in: Lexikon des Mittelalters 5, 1991, Sp. 74-76, hier Sp. 75; *Werner Paravicini*: Europäische Hofordnungen als Gattung und Quelle, in: Kruse/Paravicini (Hrsg.): Höfe (wie Anm. 5), S. 13-20, hier S. 14.

8 *Werner Paravicini*: Die Hofordnungen Herzog Philipps des Guten von Burgund, in: Francia 10, 1982, S. 131-166; Bd. 11, 1983, S. 257-301; Bd. 13, 1985, S. 191-211 und Bd. 15, 1987, S. 183-231; *Ders.*: Soziale Schichtung und soziale Mobilität am Hof der Herzöge von Burgund, zuletzt in: Ders.: Menschen am Hof der Herzöge von Burgund. Gesammelte Aufsätze. Stuttgart 2002, S. 371-426; *Holger Kruse*: Die Hofordnungen Herzog Philipps des Guten von Burgund, in: Kruse/Paravicini (Hrsg.): Höfe (wie Anm. 5), S. 141-165.

9 So etwa die niederbayerischen Hofordnungen von 1293 und 1294 (Landshuter Urkundenbuch, bearb. von Theo Herzog. [Bibliothek Familiengeschichtlicher Quellen, Bd. 13.] Neustadt a.d. Aisch 1963, Nr. 157 und 162; vgl. *Karl-Ludwig Ay*: Altbayern von 1180 bis 1550. [Dokumente zur Geschichte von Staat und Gesellschaft in Bayern, Bd. 1,2.] München 1977, Nr. 487f., S. 610-614). 1321 einigen sich die pommerschen Herzöge Otto I. und Wartislaw IV. über eine gemeinsame Hof- und Landesverwaltung und beschränken ihren Hofstaat (Pommersches Urkundenbuch, Bd. 6: 1321-1325, bearb. von Otto Heinemann. [Veröffentlichungen der Historischen Kommission für Pommern, Reihe 2, Bd. 6.] Stettin 1907 [Nachdruck: Aalen/Köln/Graz 1970], Nr. 3541; vgl. *Fritz Hasenritter*: Die pommerschen Hofordnungen als Quellen für die Hof- und Landesverwaltung, in: Baltische Studien NF 29, 1937, S. 147-182, hier S. 148).

10 Vgl. *Ahrens*: Hofordnung (wie Anm. 7), Sp. 75.

11 *Klaus Flink*: Die klevischen Hofordnungen. Von der Kostliste bis zur Regiments-Ordnung, in: Kruse/Paravicini (Hrsg.): Höfe (wie Anm. 5), S. 401-420. Der eigentlichen Hofordnung (»Ordinanz«) vorangegangen waren seit 1411 drei sogenannte Kostlisten und eine Spezialordnung für die Küche (ebd., S. 419).

12 *Otto Mörtzsch*: Das kurfürstliche Hoflager zu Meißen nach dem Prinzenraub, in: Mitteilungen des Vereins für die Geschichte der Stadt Meißen 10, 1919, S. 252-255. Vgl. *Brigitte*

(um 1464)[13], Tirol (1466)[14], Kurköln (1469)[15], Kurbrandenburg (1470)[16], Jülich (1479)[17], Pommern (1487)[18] u.a.

Die Entdeckung der Hofordnungen als historische Quellen zu Beginn dieses Jahrhunderts löste vereinzelt geradezu euphorische Erwartungen in ihren Quellenwert aus. »Unter den vielen Arten dieser Schriftstücke [gemeint war damit die Aktenüberlieferung, M.S.]«, bemerkte im Jahr 1910 Martin Hass in seiner Einleitung zur Edition der brandenburgischen Hofordnung des Kurfürsten Joachim II. von 1537,

> »dürften nun wenige sein, bei denen der ursprüngliche, rein praktische Zweck so vollständig, ja restlos der historischen Forschung zustatten kommt wie eben bei den Hofordnungen. Bestimmt, dem Personal des Hofstaats genaue Vorschriften für das Verhalten am Hofe und für die Besorgung der Hofwirtschaft zu erteilen, geben sie uns von dem Leben

Streich: Zwischen Reiseherrschaft und Residenzbildung: Der wettinische Hof im späten Mittelalter. (Mitteldeutsche Forschungen, Bd. 101.) Köln/Wien 1989, S. 404; *Reinhardt Butz*: Die Stellung der wettinischen Hofräte nach Ausweis der Hofordnungen des ausgehenden Mittelalters, in: Kruse/Paravicini (Hrsg.): Höfe (wie Anm. 5), S. 321-336, bes. S. 322-326.

13 Teildruck bei *Ay*: Altbayern (wie Anm. 8), Nr. 491, S. 615f. Vgl. *Wilhelm Störmer*: Hof und Hofordnung in Bayern-München (15. und frühes 16. Jahrhundert), in: Kruse/Paravicini (Hrsg.): Höfe (wie Anm. 5), S. 361-381, bes. S. 366.

14 *Michail A. Bojcov*: Sitten und Verhaltensnormen am Innsbrucker Hof des 15. Jahrhunderts im Spiegel der Hofordnungen, in: Kruse/Paravicini (Hrsg.): Höfe (wie Anm. 5), S. 243-283, bes. S. 244. Den eigentlichen Hofordnungen vorausgegangen war schon in der ersten Hälfte des 15. Jh.s eine sog. »Tischordnung«, die wohl 1431/32 entstanden ist.

15 Vgl. *Wolf-Dietrich Penning*: Die weltlichen Zentralbehörden im Erzstift Köln von der ersten Hälfte des 15. bis zum Beginn des 17. Jahrhunderts. (Veröffentlichungen des Historischen Vereins für den Niederrhein, Bd. 14.) Bonn 1977, S. 47-53; *Klaus Militzer*: Die kurkölnischen Hofordnungen und die Ausformung Brühls zu einer Residenz, in: Kruse/Paravicini (Hrsg.): Höfe (wie Anm. 5), S. 301-314, bes. S. 301-309.

16 Edition bei *Adolph Friedrich Riedel* (Hrsg.): Codex diplomaticus Brandenburgensis. Bd. C II, Berlin 1860, S. 115-128. Vgl. *Gerhard Schapper*: Die Hofordnung von 1470 und die Verwaltung am Berliner Hofe zur Zeit Kurfürst Albrechts. (Veröffentlichungen des Vereins für Geschichte der Mark Brandenburg.) Leipzig 1912.

17 *Brigitte Kasten*: Residenzen und Hofhaltung der Herzöge von Jülich im 15. und beginnenden 16. Jahrhundert, in: Wilhelm G. Busse (Hrsg.): Burg und Schloß als Lebensorte in Mittelalter und Renaissance. (Studia humaniora, Bd. 26.) Düsseldorf 1995, S. 35-82, hier S. 58-82. Vgl. *Dies.*: Überlegungen zu den jülich-(klevisch-)bergischen »Hofordnungen« des 15. und 16. Jahrhunderts, in: Kruse/Paravicini (Hrsg.): Höfe (wie Anm. 5), S. 421-455.

18 *Hasenritter*: Hofordnungen (wie Anm. 8), S. 149.

und Treiben an den Höfen ein reiches und farbiges Bild, das um so lebendiger wirkt als in jener Zeit auch die Aktensprache noch Frische und Lebendigkeit besitzt. Sie zeigen uns, wie es am Alltag und bei festlichen Gelegenheiten im Schloß, zumal in der fürstlichen Kammer, in der Ritterstube und im Frauenzimmer herging, was es in Küche, Keller, Silberkammer, Torstube und Marstall zu tun gab, wie und was man zu essen und zu trinken pflegte, wie der Hausbedarf und die Lebensmittel beschafft und vor allem wie der ganze Apparat des fürstlichen Haushalts nach der finanziellen Seite hin verwaltet wurde.«[19]

Wahrlich eine umfassende Quellengattung – und in der Tat kommt die von Hass edierte brandenburgische Ordnung diesem Anspruch recht nahe, bietet sogar noch mehr, als der Titel »Ordenung des hoffs« erwarten läßt.

Zeigt sich hier also eine Hof- und Verwaltungsordnung in ihrer voll ausgebildeten Form, so waren die Anfänge im 15. Jahrhundert bedeutend bescheidener. Die sächsische Ordnung von 1456 bestand aus sieben kurzen Bestimmungen und einer Personalliste. Ähnlich sahen die frühen burgundischen Ordnungen aus. Auch in Brandenburg war man in der zweiten Hälfte des 15. Jahrhunderts noch nicht so weit fortgeschritten wie zwei Generationen später. Immerhin umfaßt aber die von Gerhard Schapper auf 1470 datierte erste Ordnung des kurfürstlichen Hofes schon 14 handschriftliche Blätter.[20]

In etwa dieselbe Zeit führt uns die älteste überlieferte magdeburgische Hofordnung. Sie liegt – wie auch die genannte brandenburgische – undatiert vor.[21] Anders als diese kann sie auch nicht auf indirektem Wege einem bestimmten Jahr zugeordnet werden. Der offenbar erst im Archiv gebildete Titel der Akte, in der sie enthalten ist, schreibt sie Erzbischof Ernst von Sachsen zu, und in der Tat hat diese Zuweisung einiges für sich. Auf den ersten Blick scheint sie vor 1478 entstanden zu sein, denn sie kennt noch nicht das Amt des Hofmeisters, das seit 1478 bis kurz nach der Jahrhundertwende durchgängig besetzt war.[22] Unklar ist ferner, ob diese Ordnung vollständig auf uns gekommen ist sowie ob ein Abschnitt über die Verwaltung der Burg Giebichenstein bei Halle, der zusammen mit ihr überliefert ist[23], ursprünglicher Bestandteil der Gesamtordnung war oder ob es sich um eine

19 *Martin Hass*: Die Hofordnung Kurfürst Joachims II. von Brandenburg. (Historische Studien, Bd. 87.) Berlin 1910, S. 8.
20 *Schapper*: Hofordnung (wie Anm. 16), S. 1.
21 LHASA, MD: Rep. A 2 Nr. 4, Bl. 1r-4r.
22 Zu den einzelnen Amtsinhabern vgl. *Scholz*: Residenz (wie Anm. 6), S. 327-329.
23 LHASA, MD: Rep. A 2 Nr. 4, Bl. 6r-v.

Spezialordnung handelt, die erst nachträglich mit dem Rest zusammengefügt wurde. Der hier erwähnte Burghauptmann Otto von Dieskau ist zwischen 1486 und 1488 in diesem Amt nachweisbar[24], so daß zumindest dieser Teil aus den achtziger Jahren zu stammen scheint.

Rein äußerlich betrachtet gliedert sich die magdeburgische Ordnung (ohne den Teil über die Burg Giebichenstein) in drei Abschnitte mit 22 Artikeln: Behandelt werden die Aufgaben des Kammermeisters, des Marschalls und des Küchenmeisters, wobei den Aufgaben des Kammermeisters der umfangreichste Platz eingeräumt wurde. 15 der 22 Artikel beschäftigen sich mit dieser Materie. Jeden Abend sollte der Kammermeister zusammen mit dem Küchenmeister und dem Geleitsmann, dem Finanzverwalter der erzbischöflichen Burg, auf der sich der Hof gerade aufhielt, den täglichen Verbrauch der Küche aufzeichnen. Jeweils am Ende der Woche wurde dieses Register mit dem des Geleitsmannes verglichen und das Ergebnis der Prüfung in Anwesenheit der Räte dem Erzbischof vorgelegt.[25] Auf dieselbe Weise wurde der Verbrauch an Getränken, Brot und Futter täglich aufgezeichnet und abgerechnet. Hierzu hatte er auf ausdrücklichen erzbischöflichen Befehl Einsicht in alle Küchen, Keller, Backhäuser und Futterstuben. War der Erzbischof auf Reisen, hatte der Kammermeister auch die Aufgabe, für die Bezahlung des Quartiers zu sorgen.[26]

Ein- bis zweimal im Jahr hatte er Gewürze, Zucker, Wachs »und ander spitzerey« einzukaufen.[27] Zentral beschafft werden sollten auch besondere Speisen, Fisch, Feigen, Rosinen und ähnliche Dinge, die der Kammermeister dann wiederum – je nach Bedarf – an die einzelnen Ämter abzuliefern hatte. Das umständliche Verfahren sollte der Kostenersparnis dienen, »also das man nicht bedurffe an iglichen enden sunderlich kouffen und tzu dem theuersten kouff«.[28] Im Beisein des erzbischöflichen Schneiders sollte der Kammermeister »gewandt, lynen und wullen, auch parchen« kaufen und gemeinsam mit dem Schneider die Kosten niederlegen.[29] Über jede Ent-

24 LHASA, MD: Rep. Cop. Nr. 68, Bl. 469f., 480f.

25 LHASA, MD: Rep. A 2 Nr. 4, Bl. 2r.

26 Ebd.

27 LHASA, MD: Rep. A 2 Nr. 4, Bl. 2v. Aufgrund ihres hohen Wertes wurden die Gewürze in der Silberkammer aufbewahrt. So befanden sich in der Silberkammer des Schlosses Calbe 1464 u.a. Säcke mit Pfeffer, Ingwer, Kümmel, Nelken und Safran (*F. Schultz*: Die Inventare der Erzbischöfe Friedrich III. und Friedrich IV. von Magdeburg, in: Geschichts-Blätter für Stadt und Land Magdeburg 44, 1909, S. 193-237, hier S. 204).

28 LHASA, MD: Rep. A 2 Nr. 4, Bl. 2v.

29 Ebd.

nahme an Lebensmitteln oder Stoffen hatte er Buch zu führen und sie gegebenenfalls mit den einzelnen Amtshaushalten abzurechnen.[30]

Geht es also im Abschnitt über den Kammermeister vor allem um die Details der Wirtschaftsführung, so gilt dies für den Abschnitt über den Marschall nur bedingt. Als Vorsteher der erzbischöflichen Hofhaltung hatte er für die Einquartierung und Beköstigung der erzbischöflichen Gäste zu sorgen und führte die Aufsicht über das gesamte Hofpersonal. Gleichzeitig aber fungierte er – wie später der Hofmeister – als oberster Rat des Landesherrn. Die Hofordnung weist ihn an zu entscheiden, welche Klagen vor das Hofgericht der Räte kommen sollten, und zusammen mit diesen zu befinden, welche Fälle dem Erzbischof vorzulegen waren. Jeden Morgen um sieben Uhr sollte er sich mit den übrigen Räten beraten und insbesondere bei Gebrechen in der Landesverwaltung Abhilfe zu schaffen versuchen.[31]

Recht knapp ist der Abschnitt über den Küchenmeister gehalten. Seine Aufgaben waren es, dem Erzbischof und seinem Hof das Essen zu bereiten, dafür zu sorgen, daß kein Unbefugter in die Küche käme, und die Aufsicht über das Küchenpersonal zu führen. Interessanterweise wurde ihm auch eine Art Aufsicht über das sonstige Personal zugesprochen: »Ob auch eyniche tzweytracht under myns gnedigen hern hofgesinde were ader ufferstunden, sal er tzum besten ynereden, die selben understen gutlich nydertzulegen«, notfalls aber den Marschall heranziehen.[32] Während der Kammermeister für alle Angelegenheiten finanzieller Art verantwortlich war, besaß also der Küchenmeister übergreifende Funktionen in der disziplinarischen Überwachung des Personals.

Mit diesen Bestimmungen bricht die Hofordnung bereits ab. Im Gegensatz zu der brandenburgischen Hofordnung von 1470, die bereits bemüht war, Bestimmungen für alle Bereiche des höfischen Lebens zu treffen, hat sie eher einen fragmentarischen Charakter, ohne daß es dadurch erlaubt wäre, den Schluß zu ziehen, sie sei unvollständig überliefert. Nicht einmal das Fehlen des für viele Ordnungen so charakteristischen Teiles, der gleichsam ihren Ursprung bildete, nämlich der Liste der Hofpersonen mit ihren Pferden, weist in diese Richtung. Denn schon die Betrachtung der vergleichsweise wenigen Bestimmungen der magdeburgischen Ordnung zeigt, was auch ein Vergleich mit anderen Ordnungen derselben Zeit erweist: Es handelt sich nicht um eine abstrakte Regelung, sondern um eine situative.

30 Ebd. Vgl. auch *Scholz*: Residenz (wie Anm. 6), S. 78.

31 LHASA, MD: Rep. A 2 Nr. 4, Bl. 3r-v; vgl. *Scholz*: Residenz (wie Anm. 6), S. 52.

32 LHASA, MD: Rep. A 2 Nr. 4, Bl. 3v; vgl. *Scholz*: Residenz (wie Anm. 6), S. 88.

Allerdings sind alle Artikel vom selben Grundgedanken durchdrungen, dem Wunsch nach einer geordneten und sparsamen Verwaltung und Haushaltsführung. Fragen der Etikette bei Hofe klingen noch nicht an, anders als in der brandenburgischen Ordnung, wo es heißt, das Hofgesinde solle »alle mit iren hämisch uff das fertigste gesmuckt sein, wan sein gnad über landt reyt, das man sie nicht ansehe fur kaufleute«.[33] Offensichtlich war der Prozeß der Binnendifferenzierung innerhalb der Hofgesellschaft noch nicht so weit fortgeschritten, daß hier detaillierte Regelungen notwendig waren, und noch war auch die Anzahl der Personen am Hof überschaubar, so daß sich allgemeine Regelungen erübrigten. »Hofordnungen sind verkappte Sparsamkeitserlasse«, formulierte es der Göttinger Landeshistoriker Ernst Schubert, »sind in dem Zwang begründet, die Ausgaben des Fürsten zu begrenzen.«[34] Die magdeburgische Hofordnung Erzbischof Ernsts ist allerdings kein ›verkappter‹ Sparsamkeitserlaß, sie ist ein offener – und sie steht damit in einer Reihe mit vielen anderen ihrer Zeit.

Werfen wir nun auch noch einen Blick auf die Ordnung des Amtes Giebichenstein. Sie ist insofern von Bedeutung, als der Giebichenstein, wenige Kilometer nördlich der Stadt Halle gelegen, im 15. Jahrhundert die wichtigste Residenzburg der Erzbischöfe im südlichen Erzstift war und dementsprechend häufig besucht wurde. Gleichzeitig war das Amt Giebichenstein das größte Amt des magdeburgischen Territoriums und für die Versorgung des Hofes, die aus den Ämtern erfolgte, von erheblicher Bedeutung.[35] An der Spitze des Amtes stand der Hauptmann, zur Zeit der Abfassung der Ordnung Hans von Dieskau, der »macht haben [sollte] ober alle, die uff der borg seyn, di zu segenn und zu entsegenn, und sie sullen alle gehorsam sein«.[36] Auch gehörte zu seinen Aufgaben, die Einkünfte aus Zöllen und Geleiten sowie aus dem Verkauf von Wolle und Hammeln einzunehmen und dem Erzbischof zu überantworten, während er die Einnahmen aus den Gerichtsbrüchen dem Geleitsmann zu übergeben hatte. In der Hauptsache war der Hauptmann jedoch Diener des Erzbischofs von Haus aus. Als solcher unterhielt er vier Pferde mit zwei Knechten und zwei Jungen und be-

33 *Riedel*: CDB (wie Anm. 16), Bd. C II, S. 115.

34 *Ernst Schubert*: Steuer, Streit und Stände. Die Ausbildung ständischer Repräsentation in niedersächsischen Territorien des 16. Jahrhunderts, in: Niedersächsisches Jahrbuch für Landesgeschichte 63, 1991, S. 1-58, hier S. 8f.

35 Zur Bedeutung des Amtes Giebichenstein für die erzbischöfliche Hofhaltung vgl. auch *Scholz*: Residenz (wie Anm. 6), S. 122-133, 167-171.

36 LHASA, MD: Rep. A 2 Nr. 4, Bl. 6r.

kam dafür jährlich 100 Schock alte Groschen, freien Hufschlag sowie Entschädigung für Auslagen und Schäden im Dienste des Landesherrn.[37]

Die eigentliche Verwaltungstätigkeit lag in den Händen der drei Unterbeamten. Die Abhaltung der anstehenden Gerichtstage oblag dem Vogt. Er sollte »die gerichte personlich sitzen und sunderlich das gerichte yn der stat Halle nicht versumen«. Für seine Tätigkeit erhielt er eine Entlohnung von 20 Schock alten Groschen und war berechtigt, ein Pferd zu halten.[38] Im 16. Jahrhundert, als der Burghauptmann seinen Sitz auf der Moritzburg genommen hatte, war der Vogt auch dafür zuständig, die Burg am Abend ordnungsgemäß zu verschließen und dafür zu sorgen, daß durch die offenen Lichter kein Brand verursacht würde.[39]

Für die Führung des Amtshaushaltes wichtiger als der Vogt war allerdings der Geleitsmann, den wir bereits im Zusammenhang mit dem Kammermeister kennengelernt haben. Ursprünglich – wie aus der Amtsbezeichnung ersichtlich – nur für das Einnehmen der anfallenden Zölle und Geleitsgelder verantwortlich, hatten sich seine Aufgaben auf die Einziehung aller dem Amte zustehenden Renten, Zinsen und anderen Zubehörungen erweitert, worüber er die Register zu führen hatte.[40] Damit nicht genug, war er auch der Leiter des Amtshaushaltes, der den wöchentlichen Verbrauch für Küche und Keller abzurechnen hatte.[41]

Die Aufzeichnung der Naturaleinkünfte aus Eigenwirtschaft, Zehnten und Kornrenten war dagegen Aufgabe des Kornschreibers. Mit dieser Tätigkeit war er aber offenbar noch nicht ausgelastet, denn gleichzeitig fungierte er auch als Schreiber auf den vom Vogt abgehaltenen Gerichtstagen. Ebenso wie der Vogt hatten Geleitsmann und Kornschreiber Anspruch auf je ein Pferd.[42]

Wie in der eigentlichen Hofordnung, so ist auch in der Giebichensteiner Ordnung der bereits genannte Hauptzweck deutlich erkennbar, nämlich Einkünfte zu sichern und verschwenderischem Verhalten Einhalt zu gebieten. Daß hierbei Küche und Keller eine herausgehobene Bedeutung be-

37 Ebd. Hierzu und zum folgenden vgl. auch *Michael Scholz*: Die landesherrliche Lokalverwaltung im Erzstift Magdeburg im Spätmittelalter, in: Jahrbuch für die Geschichte Mittel- und Ostdeutschlands 45, 1999, S. 99-132, hier S. 121f.

38 LHASA, MD: Rep. A 2 Nr. 4, Bl. 6r.

39 Eid des Amtsvogts Hans Schlegel aus dem Jahr 1544 (LHASA, MD: Rep. Cop. Nr. 73, Bl. 202r-v).

40 Vgl. hierzu auch den Eid des Geleitsmanns Simon Rothe zu Calbe aus dem Jahr 1537 (LHASA, MD: Rep. Cop. Nr. 73, Bl. 82f.).

41 LHASA, MD: Rep. A 2 Nr. 4, Bl. 6r-v.

42 LHASA, MD: Rep. A 2 Nr. 4, Bl. 6v.

anspruchten, wundert nicht, war es doch gerade der Verbrauch an Lebensmitteln, der einen Hauptposten der fürstlichen Hofhaltung ausmachte. Und so erklärt sich auch das häufige Vorkommen von Listen der Personen am Hof und ihrer Pferde, die in der Giebichensteiner Ordnung immerhin andeutungsweise vorhanden ist. Man wollte die Zahl der teuren Kostgänger, seien es Menschen oder seien es Pferde, beschränken.

Auch wenn die magdeburgische Ordnung kein vollständiges Bild des Hoflebens gibt, so kann sie dennoch nicht als rückständig betrachtet werden. Zum einen ist in ihr im Vergleich zu der ausführlichen brandenburgischen Ordnung eine höhere Abstraktionsfähigkeit feststellbar, d.h., sie ist etwas weniger auf eine konkrete Situation hin formuliert, was u.a. dadurch zum Ausdruck kommt, daß die Amtsträger (von dem Hauptmann des Giebichenstein abgesehen) in den Einzelbestimmungen nicht beim Namen genannt werden. Zum anderen enthält sie in der Beschreibung der Aufgaben des Marschalls bereits die Grundzüge einer Ordnung des landesherrlichen Rates – ein Bereich, dem in einigen Ordnungen des frühen 16. Jahrhunderts noch größere Bedeutung zukommen sollte.

Wenden wir uns nun den Ordnungen dieses Jahrhunderts zu. Am Beginn unserer Betrachtungen soll hier die Hofordnung des Erzbischofs Albrecht von Brandenburg stehen. Diese liegt in drei handschriftlichen Fassungen vor, von denen die erste mit Hilfe indirekter Hinweise im Text in die Zeit nach 1518, die zweite auf etwa 1530 und die dritte wohl ins Jahr 1538 zu setzen ist.[43] Diese Tatsache weist noch einmal darauf hin, daß eine Hofordnung keineswegs als etwas Statisches angesehen wurde, sondern sich weiterentwickelte, immer wieder in einzelnen Punkten verändert wurde, ohne daß man an eine vollständige Neufassung dachte. Die Hofordnung war eben zunächst kein Edikt, das ausgefertigt und verkündet wurde, sondern eine Anweisung für den Gebrauch bei Hofe. Sie trägt daher – wie auch hier – häufig kein bestimmtes Datum, und datierte man sie doch, behielt man sich dabei vor, »diese unsere ordenunge nach unser gelegenhait zu mheren,

43 Da die erste Fassung von Erzbischof Albrecht bereits als »unserm gnedigsten hern, den Cardinal« spricht, ist sie nach Verleihung dieser Würde auf dem Augsburger Reichstag am 1. 8. 1518 niedergeschrieben worden (LHASA, MD: Rep. A 2 Nr. 4, Bl. 21r-26r). Die zweite, mit dieser bis auf wenige Punkte identische Version nimmt Bezug auf die 1530 erlassene Reichspolizeiordnung und ist somit in die Zeit kurz nach dem Augsburger Reichstag dieses Jahres zu datieren (LHASA, MD: Rep. A 2 Nr. 4, Bl. 9r-17r). Eine dritte, in einer Reihe von Artikeln erweiterte Fassung, deren Anfang allerdings verloren ist, dürfte etwa gleichzeitig mit der Kanzleiordnung vom 30. 6. 1538 entstanden sein, auf die sie Bezug nimmt (LHASA, MD: Rep. A 2 Nr. 68, Bl. 129r-138v).

zu mindern und zu endern«, wie es beispielsweise Landgraf Wilhelm von Hessen im Jahr 1570 formulierte.[44]

Die Bekanntmachung der Hofordnung erfolgte in der Regel durch Verlesung vor der Bedienstetenschaft. Kurfürst Christian I. von Sachsen verfügte 1586 gar, daß seine Hofordnung »uff den Reisen stets mitgenommen, uff unsern Heußern in der Hoffstube angehangen und alle Vierteljhar einmahl dem ganzen Hofgesinde vorgelesen« werde.[45] Die Funktion als »Gebrauchstext« brachte es jedoch auch mit sich, daß einer überholten Ordnung kein allzu großer Wert mehr zugemessen wurde, mithin die Überlieferung in den einzelnen Territorien höchst unterschiedlich ist.

Doch zurück zur Hofordnung Erzbischof Albrechts von Magdeburg: Sie gliedert sich in die Abschnitte Küche, Keller, Speisekammer, wobei unter dieser Überschrift auch die Bestimmungen über den Marstall zu finden sind. Im Vergleich mit ihrer Vorgängerin aus dem 15. Jahrhundert fällt auf, daß die ausführlichen Anweisungen zur fiskalischen Verwaltung weitgehend fehlen. Es ging dem Erzbischof augenscheinlich nicht darum, diese neu zu ordnen, sondern mit einer Reihe von Einzelbestimmungen sollte Mißständen Einhalt geboten werden, ohne daß man auf übergroße Systematik Wert legte. So befindet sich die Bestimmung über die tägliche Beratung der Räte (die derjenigen in Ernsts Ordnung ähnelte) im Abschnitt über den Keller, direkt hinter den Paragraphen zur Einschränkung des Zechens, was sicherlich keine Anspielung bedeuten sollte. Vielmehr weist es auf die Art der Zusammenstellung der Ordnung hin: Man reihte die Einzelbestimmungen assoziativ hintereinander. Ging es in der einen um die Eindämmung des Zechens, so folgte in der nächsten die Regelung des Bier- und Weinkonsums auf der Kanzlei. In der dritten wurde Unbefugten deren Betreten verboten, und so war es nicht mehr weit zur Regelung der täglichen Beratung in der Ratsstube. Ein ähnliches Vorgehen läßt sich auch an anderen Stellen derselben Ordnung feststellen. In späteren Fassungen wurden neue Paragraphen häufig nicht in das Ganze eingepaßt, sondern einfach am Schluß angefügt.

Auch die Hofordnung Albrechts ist gekennzeichnet vom Drang zur Sparsamkeit, insbesondere zur Vermeidung überflüssigen Lebensmittelverbrauches. Diesem Zweck diente nicht zuletzt die immer wieder eingeschärfte

44 *Ludwig Zimmermann* (Bearb.): Der ökonomische Staat Wilhelms IV., Bd. 2. (Veröffentlichungen der Historischen Kommission für Hessen und Waldeck, Bd. 17,2.) Marburg 1934, S. 171-177, hier S. 177. Vgl. auch *Kern*: Hofordnungen (wie Anm. 2), Bd. 2, S. 87-93, hier S. 93.

45 *Kern*: Hofordnungen (wie Anm. 2), Bd. 2, S. 56.

Bestimmung, ein jeder solle »zu yeder maltzeith in die hoffe stube zu tysche kommen und hinfurder kein winckelessen suche[n]«[46], sowie das strikte Verbot, Lebensmittel aus der Residenzburg zu schaffen. Auch wurden die Bediensteten in Küche, Keller und Speisekammer immer wieder angehalten, Verschwendung unter allen Umständen zu vermeiden. Daß der Erfolg sich dabei allerdings gelegentlich in Grenzen hielt, zeigt der eingangs zitierte Brief des Erzbischofs aus dem Jahr 1526.

Nicht bzw. nur bedingt unter das Stichwort ›Sparsamkeit‹ einzureihen sind einige Bestimmungen der Hofordnung, die ebenfalls im Zusammenhang mit den Mahlzeiten aufgeführt werden. Läßt die ursprüngliche Formulierung – der Erzbischof wünsche, daß »sich das gesellich des halben und gantzen zutrinckenß als viel möglich … enthilde und messigte«[47] – noch zur Not im Sinne eines Sparsamkeitserlasses verstehen, so wird die zweite Fassung der Hofordnung deutlicher: Unter Bezug auf die auf dem Augsburger Reichstag von 1530 verabschiedete Reichspolizeiordnung verfügte Albrecht, »das sich ein jeder … gentzüch enthalte, Got unsern schepffer, Maria sein außerweite mutter unnd gottes heyligen zu lestern oder bey yrem heyligen nahmen zu schweren und zu fluchen«.[48] In dieselbe Richtung ging das Gebot an die Hofdiener, sich des übermäßigen Trinkens gänzlich zu enthalten, »nachdem auß trunckenhayt, wie man teglich befindet, viel lasten, ubels und unraths entstehet«[49], ebenso das Verbot, »untzuchtige frawen inn unnsers gnedigisten Herren schloß oder behawsung [zu] fuhren«.[50]

Auf disziplinarische Probleme weist auch die Bestimmung hin, es sollten

> »auch die edelleutte unnd knechte hinfurder dem Marschalck mehr gehorsam sein, dan bißher geschehen in sachen, so ehr mit yhnen vor unsers gnedigen herren wegen schaffen wirdett, es sey yn der behawsung ader ym felde. So aber yemants bemelten Marschalck vorachten unnd yme in solchen ader andern seiner churfurstlichen gnaden geschefften widersetzigk ader ungehorsam befunden wurde, den wirtt unnser gnedigister herre vor ungehorsam erkennen unnd mit straff der gebur sich gegen yme halten.«[51]

46 So LHASA, MD: Rep. A 2 Nr. 4, Bl. 10v.
47 LHASA, MD: Rep. A 2 Nr. 4, Bl. 23r.
48 LHASA, MD: Rep. A 2 Nr. 4, Bl. 11r.
49 LHASA, MD: Rep. A 2 Nr. 4, Bl. 11v.
50 LHASA, MD: Rep. A 2 Nr. 4, Bl. 15v.
51 LHASA, MD: Rep. A 2 Nr. 4, Bl. 16r.

Die letzte Fassung der Ordnung fügte noch hinzu, es solle »hirinne wider cammerjunckern noch niemants ausgeslossen sein«.[52] Offenbar galten die adligen Junker hier als besonders undisziplinierte Gruppe. Immerhin hatten sie unmittelbaren Zugang zum Fürsten, und neben Räten und Kanzlei besaßen sie als einzige das Privileg, alkoholische Getränke auch außerhalb der Mahlzeiten zu erhalten. Mißtrauen sprach jedoch aus der Formulierung der zweiten Fassung der Hofordnung, als man drohte, dieses Privileg bei Mißbrauch wieder zu entziehen, »sonderlich den cammerjunckern«.[53] Über Zusammensetzung und Aufgaben der Junker am Hofe ist kaum etwas bekannt.[54] Zu vermuten ist aber, daß zum einen die adlige Herkunft ein gewisses Überlegenheitsgefühl hervorgerufen haben könnte, zum anderen handelte es sich offenbar um junge Leute, die sich vor allem zum Zwecke der Ausbildung am Hof aufhielten.[55]

In den eben zitierten Bestimmungen findet sich bereits die deutliche Tendenz, die Hofordnung zu einer Regelung des Verhaltens bei Hofe zu machen – eine Tendenz, die – wie das oben genannte Beispiel neben anderen zeigt – unmittelbar aus den Erlassen zur Vermeidung von Verschwendung hervorgegangen ist, nun aber beginnt, sich zu verselbständigen. Dagegen diente der zweite größere Themenkreis der Hofordnung, die Begutachtung der angeschafften Pferde sowie die Regulierung von Pferdeschäden, wieder eindeutig der Kostenvermeidung.

Wie in der Hofordnung Erzbischof Ernsts finden sich auch unter Albrecht Bestimmungen über die Beratungen der Räte; offenbar gehörten

52 LHASA, MD: Rep. A 2 Nr. 68, Bl. 137r.

53 LHASA, MD: Rep. A 2 Nr. 4, Bl. 12r-v; vgl. *Scholz*: Residenz (wie Anm. 6), S. 83f.

54 Zu den Kammer- und Hofjunkern am brandenburgischen Hof vgl. *Hass*: Hofordnung (wie Anm. 19), S. 176-192; *Karl-Heinz Ahrens*: Residenz und Herrschaft. Studien zu Herrschaftsorganisation, Herrschaftspraxis und Residenzbildung der Markgrafen von Brandenburg im späten Mittelalter. (Europäische Hochschulschriften, Reihe III, Bd. 427.) Frankfurt a.M. u.a. 1990, S. 171-173. Ob die in den Hofordnungen genannten Kammer»junker« mit den bestallten Kammer»dienern« gleichzusetzen sind, wie es Hass und Ahrens für den brandenburgischen Hof nahelegen, ist für den magdeburgischen Hof nicht ausgemacht. 1552 sind sieben adlige Kammerjunker namentlich genannt (LHASA, MD: Rep. A 2 Nr. 4, Bl. 28r).

55 Zum Aufenthalt junger Adliger am Hof eines geistlichen Fürsten vgl. auch *Bernhart Jähnig*: Junge Edelleute am Hof des Hofmeisters in Marienburg um 1400, in: Werner Paravicini/Jörg Wettlaufer (Hrsg.): Erziehung und Bildung bei Hofe. Symposium der Residenzen-Kommission der Akademie der Wissenschaften in Göttingen. (Residenzenforschung, Bd. 13.) Stuttgart 2000, S. 21-42. Auch am hochmeisterlichen Hof sind konkrete Aufgaben oder Ausbildungsinhalte der jungen Adligen nicht bekannt (ebd., S. 37).

diese Dienstreglements nun zu den festen Bestandteilen der magdeburgischen Ordnungen. Hofmeister und Räte sollten im Sommer morgens um sechs Uhr die Messe hören und sich um sieben in der Ratsstube einfinden »ane allen lengern vortzugk ader vorsewmen«, im Winter jeweils eine Stunde später. Supplikationen und andere angefallene Angelegenheiten sollten von Hofmeister oder Kanzler den Räten vorgetragen und durch diese beraten und beschlossen werden. Die Beschlüsse wiederum sollten dem Erzbischof durch Hofmeister oder Kanzler »zu gelegener zeith« vorgelegt werden.[56]

Offenbar ging man davon aus, daß der Erzbischof sich im Lande befand, und das erwies sich angesichts der langen Abwesenheitszeiten Albrechts, der sich etwa die Hälfte seiner Regierungszeit im Erzstift Mainz oder auf Reichstagen aufhielt[57], mehr und mehr als unpraktikabel. Als sich der Erzbischof 1538 für längere Zeit ins Mainzische begab, wurde daher die Landesverwaltung durch eine gesonderte Kanzleiordnung geregelt, die gleichzeitig auch eine Ordnung des landesherrlichen Rates war und deutliche Züge eines ständischen Regiments (allerdings ohne Beteiligung der Städte) aufweist.[58] Die Kanzleiordnung zeigt erstmals ansatzweise eine Trennung zwischen Verwaltung und Gerichtsbarkeit sowie zwischen den einzelnen Ressorts der Verwaltung. Jeden Dienstag sollte »vonn unsern und unserer stiefte sachen und anliegen« gehandelt werden, »das betreffe das regiment, gehorsam ader ungehorsam der unterthanen, handhabung, eynickeit, frieden und rechtens, hoffordnung, haltung und furruckung unsers hofelagers und dergleichen sachen«.[59] Der Donnerstag blieb anderen Gegenständen vorbehalten: den Stiftsprivilegien und -gerechtigkeiten, der Haushaltsbesserung, den Amtsrechnungen und Münzangelegenheiten. Hierzu wurden besondere Räte bestimmt, denen auch Grenzangelegenheiten und Steuer- und Folgesachen überwiesen wurden.[60] Einer gesonderten Abordnung wurde auch die Prüfung der Amtsrechnungen anvertraut.[61] In der Kanzleiordnung wurde noch

56 So etwa die zweite Fassung der Hofordnung, siehe LHASA, MD: Rep. A 2 Nr. 4, Bl. 13r.

57 Vgl. *Scholz*: Residenz (wie Anm. 6), S. 358-387.

58 LHASA, MD: Rep. A 2 Nr. 93. Die ständische Komponente zeigt sich in der Zusammensetzung des Rates, der aus zwei Magdeburger und einem Halberstädter Domherrn, dem Halberstädter Stiftshauptmann, dem Hofmarschall sowie vier adligen und zwei gelehrten Räten bestand (ebd., Bl. 11r-v). Zur Kanzleiordnung vgl. auch *Georg Liebe*: Die Kanzleiordnung Kurfürst Albrechts von Magdeburg, des Hohenzollern (1538), in: Forschungen zur brandenburgischen und preußischen Geschichte 10, 1898, S. 31-54.

59 LHASA, MD: Rep. A 2 Nr. 93, Bl. 8r-v; vgl. auch *Scholz*: Residenz (wie Anm. 6), S. 69.

60 LHASA, MD: Rep. A 2 Nr. 93, Bl. 8v-9r, 12r-v.

61 LHASA, MD: Rep. A 2 Nr. 93, Bl. 10v.

einmal auf die Einhaltung der Hofordnung gedrängt, »und domit sich unwissenheit halber dovonn niemant zu entschuldigen, sol dieselbig hofordnung alle Quatember ein mahl offentlich allem hoffgesynde vorlesen werden«.[62]

Betrachten wir zum Vergleich wiederum eine brandenburgische Hofordnung, nämlich die von Albrechts Neffen Joachim II. in den dreißiger Jahren des 16. Jahrhunderts erlassene.[63] Eine gegenseitige Beeinflussung der Ordnungen, die man angesichts der nahen Verwandtschaft der beiden Fürsten vermuten könnte, ist nicht nachweisbar. Gegenüber ihrem magdeburgischen Pendant ist in der brandenburgischen Ordnung ein größerer Umfang und eine sauberere Gliederung feststellbar. Nicht nur aktuelle Probleme sollten geregelt werden; hier ging es darum, ein möglichst alle Bereiche der Hof- und Landesverwaltung umfassendes Regulativ zu schaffen.[64]

Gehandelt wird von der Ordnung der Räte – so die Überschriften der einzelnen Abschnitte –, der Ordnung der Kanzlei, der fürstlichen Kammer, des »dinstes« der Hofjunker, des Marschalls, Haushofmeisters, Hausvogts, des Mühlenhofs in Berlin, der Küche, des Kellers, der Silberkammer, des Stalles und des Frauenzimmers. Über eine reine »Hof«ordnung hinaus gehen die Abschnitte über die Aufgaben des Rentmeisters und die Verwaltung der landesherrlichen Ämter.

Während man in Magdeburg den Bereich der Zentralverwaltung 1538 aus der Hofordnung herauslöste, ging man in Brandenburg also zunächst den anderen Weg: Hof und Verwaltung blieben in einer Ordnung vereinigt; die Bestimmungen über Rat und Kanzlei wurden aber erheblich ausgeweitet und systematisiert. Ziel war es, eine größere Effektivität der Verwaltung zu erreichen. Den Zugang zum Fürsten regelte die »Ordnung der Kammer«; in der Ordnung des Dienstes ging es zum einen um die Anwesenheitspflicht der Diener während des Tages, zum anderen sind die Bestimmungen über die Regulierung von Pferdeschäden schon wieder ein klassischer Sparsamkeitserlaß.[65]

Hauptziel der Abschnitte über die Ordnung des Marschalls, des Haushofmeisters, des Hausvogts, der Küche und des Kellers ist wieder einmal die Vermeidung übermäßigen Lebensmittelverbrauchs. Es geht hier in aller Ausführlichkeit um die nun schon bekannten Themen wie Abrechnung der

62 Ebd.

63 Zur Entstehung und Überlieferung vgl. *Hass*: Hofordnung (wie Anm. 19), S. 16-20.

64 Edition bei *Kern*: Hofordnungen (wie Anm. 2), Bd. 1, S. 1-34, und bei *Hass*: Hofordnung (wie Anm. 19), S. 31-88.

65 Ebd., S. 36f.

verzehrten Speisen, Einkauf von Speisen und Getränken, Vermeidung von »Winkelessen« und »Abschleppen« von Lebensmitteln, Fernhalten von Fremden von der Tafel und anderes mehr.

Auch hier finden sich nun eine Reihe von Verhaltensvorschriften, wenn auch kein Hinweis auf die Reichspolizeiordnung. Besonderheiten eines weltlichen Hofes, die natürlich in Magdeburg nicht erscheinen, zeigen sich in den Bestimmungen über den Besuch der Höflinge bei den »Jungfrauen« im »Frauenzimmer«. Zwischen der Mittagsmahlzeit und der Vesperzeit konnte man sich in der sogenannten »Langen Stube« treffen, nach der Abendmahlzeit dann noch einmal bis um acht Uhr »und nicht lenger. Wan aber solchs geschieht, so wollen wir, das unser hoffmeisterin mit den Jungfrauen in die langenstube hineingehe und dorob und an sey, das die Jungfrauen alle auff einer rige beieinannder sytzen, sich allenthalben sampt dem gesellich zuchtiglichen halten«. Kämen junge Adlige ins Frauenzimmer, so sollten sie ihre Knechte und Jungen draußen lassen.[66]

Es erstaunt schon etwas, in der brandenburgischen Hofordnung keine Bestimmungen gegen das Zechen oder Verfügungen über das Benehmen in der Hofstube und bei Tische zu finden, sieht man einmal von dem allgemeinen Hinweis ab, das Hofgesinde solle sich »zuchtigk und stille« halten.[67] Bildeten diese Themen am Berliner Hof etwa kein Problem? Davon ist kaum auszugehen, vielmehr müssen wir annehmen, daß auch hier neben einer ausführlichen Ordnung noch gesonderte Spezialbestimmungen existierten, nicht nur für den brandenburgischen, sondern auch für den Magdeburger Hof.

Das folgende Stück in der Akte über die magdeburgischen Hofordnungen ist überschrieben als »hoffhaltungsordnung tempore Archiepiscopi Friderici« und dürfte aus dem Jahr 1552 stammen.[68] Die Hofhaltungsordnung präsentiert sich als Vertrag zwischen dem magdeburgischen Domkapitel und dem Kurfürsten von Brandenburg wohl anläßlich des bevorstehenden selbständigen Regierungsantrittes Erzbischof Friedrichs, für den das Kapitel bisher die Regentschaft geführt hatte und für den nun ein eigener Hof eingerichtet werden mußte.[69] Die Ordnung unterscheidet sich erheblich von

66 Ebd., S. 77f.

67 Ebd., S. 38.

68 LHASA, MD: Rep. A 2 Nr. 4, Bl. 27r-28v.

69 Zu Erzbischof Friedrich vgl. *Eike Wolgast*: Hochstift und Reformation. Studien zur Geschichte der Reichskirche zwischen 1517 und 1648. (Beiträge zur Geschichte der Reichskirche in der Neuzeit, Bd. 16.) Stuttgart 1995, S. 131f. Friedrich wurde im März 1552 ins Erzstift eingeführt (Schreiben Kurfürst Joachims II. von Brandenburg an seinen Rat Matthias von Saldern vom 9. 3. 1552, siehe Geheimes Staatsarchiv Preußischer Kulturbesitz: I. HA, Rep. 52 Nr. 4).

den bisher vorgestellten Stücken, denn nun haben wir es im Kern mit einem Verzeichnis der Hofpersonen zu tun, ähnlich den frühen Ordnungen anderer Höfe, etwa des burgundischen. Festgeschrieben wurde die Zahl der Räte, neben Hofmeister, Kanzler und Hofmarschall vier domkapitularische, zwei adlige und drei gelehrte sowie zwei Räte von Haus aus. Für Kanzlei, Küche und Keller wurden nur allgemeine Bestimmungen erlassen. Die Ordnung weist einen geringen Abstraktionsgrad auf, die Personen werden namentlich benannt, was darauf hinweist, daß es sich hier um eine Regelung in einer konkreten Situation handelte und nicht um einen normativen Text. Die Hofhaltungsordnung, der ebenfalls die Tendenz zur Beschränkung der Zahl des Personals und zur Reduzierung des Aufwandes innewohnt – schließlich wollte das Kapitel die Belastung für das Stift möglichst gering halten –, ersetzte also keine andere Hofordnung, sondern könnte neben einer älteren existiert haben. Eine brandenburgische Parallele und vielleicht auch ein Vorbild bildeten zwei Listen der Personen des Hofstaates aus der mittleren Regierungszeit Kurfürst Joachims. Eine von ihnen, einige Jahre nach der brandenburgischen Hofordnung entstanden, nennt 308 Teilnehmer an den gemeinsamen Mahlzeiten und 147 Empfänger von Kostgeld.[70] Der magdeburgische Hof mit 130 Personen und 70 Pferden mutet dagegen äußerst bescheiden an, eben der Haushalt eines jüngeren Prinzen, der weitgehend von seinen Verwandten abhängig war. Der Hof Erzbischof Albrechts war zweifellos größer gewesen, doch fehlen uns konkrete Angaben, wenn man einmal von der Nachricht absieht, daß man im August 1515 mit 150 Pferden von Aschaffenburg nach Halle aufbrach.[71]

Ob alle magdeburgischen Hofpersonen in der Jahrhundertmitte noch an den gemeinsamen Mahlzeiten teilnahmen, muß letztlich offenbleiben. Die Hofordnungen Albrechts setzen es voraus. In Brandenburg war man angesichts der hohen Zahlen der Hofbediensteten gezwungen, neue Wege zu gehen. So hatte man einige Bedienstetengruppen vom gemeinsamen Tisch ausgenommen und war zu Geldzahlungen übergegangen, etwa bei Hofräten und dem Kanzleipersonal. Die Maßnahme verdeutlicht, welch großes Problem die Naturalversorgung des gesamten Hofes um die Mitte des 16. Jahrhunderts bildete, so daß es durchaus wirtschaftlich erschien, mit der Zahlung von Kostgeld die Hofküche zu entlasten. Es zeigt sich auch, daß die Bestimmungen über die leibliche Versorgung, die einen Großteil der Hofordnungen ausmachten, keineswegs anachronistisch waren oder eine

70 *Hass*: Hofordnung (wie Anm. 19), S. 89-95.

71 Bayerisches Staatsarchiv Würzburg: Mainzer Ingrossaturbücher Nr. 52, Bl. 32v-34r.

Skurrilität darstellten. Vielmehr waren sie im Grunde der verzweifelte Versuch, dem ›Massenproblem‹ bei der Verköstigung Herr zu werden.

Probleme ergaben sich – wie bereits gezeigt – immer wieder durch die Abwesenheit des Fürsten, und von solchen Phasen waren die fünfziger Jahre des 16. Jahrhunderts in Magdeburg geprägt, als nachgeborene, teilweise noch minderjährige brandenburgische Prinzen den Erzstuhl innehatten.[72] Immerhin kümmerte sich Friedrichs Nachfolger Sigismund 1558 auch von Köpenick aus um die Einhaltung der Hofordnung. Auf ein verlorenes Schreiben des Erzbischofs hin sahen sich der Hauptmann der Moritzburg Moritz von Arnim, Hofmarschall Hieronymus von Breitenbach und Kammermeister Franz Puchbach (letzterer war schon unter Albrecht im Amt gewesen[73]) veranlaßt, sich in einem längeren Schreiben zu rechtfertigen und darzulegen, daß sie das Personal in Küche und Keller anhand der geltenden Ordnung ermahnt hätten.[74]

Die Probleme waren die alten: Angesprochen wurden die Verwahrung von Rheinwein und Einbecker Bier und der Schlaftrunk. Einem von der Schulenburg wurde das Futter für fünf Pferde gestrichen, die er bei seiner Abreise in persönlichen Angelegenheiten im Marstall zurückgelassen hatte, offenbar kein Einzelfall. Der Marschall versicherte, daß er nach altem Herkommen den Verbrauch in Keller und Küche aufzeichnete, und schickte dem Erzbischof zwei Abrechnungen. Allzu viel hatte sich also seit den Zeiten Erzbischof Ernsts nicht an der Hofverwaltung geändert. Mochte auch die Landesverwaltung während der Regierung Albrechts einige Fortschritte gemacht haben (mehr allerdings im Erzstift Mainz als in Magdeburg)[75] – die Hofverwaltung blieb davon größtenteils unberührt.

72 Nach dem frühen Tod Erzbischof Friedrichs (gest. 3. 10. 1552) folgte sein Bruder Sigismund (geb. 1538, 1552-1566), der 1554 für volljährig erklärt wurde. Vgl. *Josef Pilvousek*: Sigismund, Markgraf von Brandenburg, in: Erwin Gatz (Hrsg.): Die Bischöfe des Heiligen Römischen Reiches 1448 bis 1648. Ein biographisches Lexikon. Berlin 1996, S. 665.

73 Vgl. *Scholz*: Residenz (wie Anm. 6), S. 346.

74 LHASA, MD: Rep. A 2 Nr. 4, Bl. 29r-30r.

75 Vgl. hierzu *Günter Christ*: Albrecht von Brandenburg und das Mainzer Erzstift, in: Friedhelm Jürgensmeier (Hrsg.): Erzbischof Albrecht von Brandenburg (1490-1545). Ein Kirchen- und Reichsfürst der Frühen Neuzeit. (Beiträge zur Mainzer Kirchengeschichte, Bd. 3.) Frankfurt a.M. 1991, S. 223-256; *Michael Scholz*: Albrechts Reich. Die geistlichen Territorien Mainz, Magdeburg und Halberstadt am Beginn des 16. Jahrhunderts, in: Rainhard Rieperdinger u.a. (Hrsg.): Das Rätsel Grünewald. Katalog zur Bayerischen Landesausstellung 2002/03, Schloss Johannisburg, Aschaffenburg. (Veröffentlichungen zur Bayerischen Geschichte und Kultur, Bd. 45/02.) Augsburg 2002, S. 96-104.

Der Frage, inwieweit es in der zweiten Hälfte des 16. Jahrhunderts nicht doch zu Veränderungen gekommen ist, und seien es schleichende, müßte anhand der archivalischen Quellen noch nachgegangen werden. Die bereits vielfach zitierte Akte über die Hofordnungen zeigt immerhin ein Ergebnis: Auch im Erzstift Magdeburg ging man schließlich dazu über, den höheren Bediensteten Kostgelder zu zahlen und sie damit von der Pflicht zur Teilnahme am gemeinsamen Tisch zu befreien. 1624 forderte der Administrator des Erzstiftes Magdeburg, Markgraf Christian Wilhelm von Brandenburg, von seinem Futtermarschall ein Verzeichnis der Teilnehmer an den gemeinsamen Mahlzeiten. Es zeigte sich darin, daß der Hofadel nun überhaupt nicht mehr in der Hofstube aß: Neben zwei Küchentischen fanden sich ein Ämtertisch (für die mittleren Bediensteten) sowie je ein Tisch für die Hofmusikanten, »Trabanten« (Leibwächter), Trompeter, das Stallgesinde, den Apotheker mit seinem Gesinde, die Kutscher, Offiziersdiener, »gemeinen Diener«, Jäger, Türknechte, Büchsenwärter und »Balger«(?).[76] Der gemeinsame Tisch war zur Speisung der niederen Hofbediensteten abgesunken. Der fürstliche Tisch hatte sich ohnehin schon seit längerem von der gemeinen Tafel separiert.[77]

Der Gang durch die magdeburgischen Hofordnungen des 15. bis 17. Jahrhunderts brachte zweierlei: einerseits einen Einblick in die alltäglichen Probleme des Hofes, andererseits aber auch eine gewisse Ernüchterung angesichts ihrer Banalität und Gleichförmigkeit. Gewiß, Hofordnungen sind normative Quellen und damit mit Vorsicht zu betrachten, will man aus ihnen Rückschlüsse auf den Alltag bei Hofe ziehen. Auf der anderen Seite war aber auch zu beobachten, daß sie den tatsächlichen Situationen angepaßte Gebrauchstexte darstellen, die nicht einfach abgeschrieben und tradiert wurden. Somit benennen sie reale Probleme und werfen wenigstens Schlaglichter auf den Alltag, der für den magdeburgischen Hof durch das Fehlen jeglicher Rechnungsüberlieferung ohnehin nicht gut dokumentiert ist. Die eingangs zitierte Euphorie eines Martin Hass können wir nach Betrachtung der magdeburgischen Ordnungen nicht teilen, ein vollständiges Bild des Hofes darf angesichts der vorherrschenden Kasuistik und der für die Zeit typischen Unfähigkeit, eine klare Gliederung durchzuhalten, nicht erwartet werden, doch wäre auch eine Geringschätzung des Quellenwertes nicht angebracht.

76 LHASA, MD: Rep. A 2 Nr. 4, Bl. 33r-38v.

77 Vgl. hierfür in Ermangelung einer magdeburgischen Quelle die Küchenordnung Kurfürst Christians I. von Sachsen, wo bereits mit der Einnahme der Mahlzeiten »in der Cammer« gerechnet wurde (*Kern*: Hofordnungen [wie Anm. 2], Bd. 2, S. 59).

Offen bleibt noch die Frage nach der Fortentwicklung der Gattung »Hofordnung« während des 15. und 16. Jahrhunderts. Gab es eine Tendenz vom ›Sparsamkeitserlaß‹ zur ›Verhaltensmaßregel‹, gar zur Rangliste der Hofpersonen? Anhand des magdeburgischen Materials lassen sich nur schwache Spuren ausmachen, etwa wenn in den verschiedenen Fassungen der Ordnung Erzbischof Albrechts Verhaltensmaßregeln langsam etwas mehr Gewicht gewinnen. Dabei aber bleibt es mindestens bis zur Mitte des 16. Jahrhunderts. Die eigentliche Entwicklung scheint allerdings erst im 17. Jahrhundert stattgefunden zu haben, als verschiedene Einzelordnungen sich aus der allgemeinen Hofordnung herausgelöst hatten und diese gleichsam auf den Kern beschränkt wurde: die Aufforderung an das Hofgesinde, den Gottesdienst und die Predigt regelmäßig zu besuchen, Bestimmungen zur Vermeidung von Streit unter dem Hofgesinde bzw. zur Bestrafung von Übeltätern unter den Bediensteten, »Dienst und Aufwartung« der unmittelbaren persönlichen Bedienstetenschaft des Fürsten, ihr Verhalten im kurfürstlichen Gemach oder an der Tafel, wie es beispielsweise die Hofordnung des Kurfürsten Johann Georg I. von Sachsen aus dem Jahr 1637 beschreibt.[78] Die Ordnungen verfestigten sich, ließen aber trotzdem an vielen Stellen noch ihre Herkunft aus den ›Sparsamkeitserlassen‹ des Spätmittelalters erkennen. Gleichzeitig erscheinen an vielen Höfen umfangreiche Ranglisten, die ebenfalls als Hofordnungen bezeichnet wurden.[79] Aber dies ist am magdeburgischen Hof nicht mehr nachzuweisen und eigentlich schon ein anderes Thema.

Letztlich wird anhand der magdeburgischen Beispiele auch deutlich, daß die Hofordnung für die Disziplinierung der Hofgesellschaft immer nur ein beschränktes Hilfsmittel sein konnte. Die wirksamste Abwehr von Verschwendung und Disziplinlosigkeit war zweifellos – so sahen es jedenfalls im 16. Jahrhundert die Zeitgenossen – die Wachsamkeit eines mit patriarchalischer Strenge und hausväterlicher Sparsamkeit regierenden, im Lande präsenten Fürsten.[80]

78 Ebd., Bd. 2, S. 66-79; vgl. auch *Dietmar Willoweit*: Der Hof, in: Deutsche Verwaltungsgeschichte (wie Anm. 5), Bd. 1, S. 300-307, hier S. 302, die auf die Entwicklung zu Hofpolizeiordnungen hinweist.

79 Als Beispiel kann hier die »Hoff-Ordnung Anno 1712« des sächsischen Kurfürsten August der Starke dienen; vgl. hierzu *Karl Czok*: Am Hofe Augusts des Starken. Leipzig 1989, S. 77f.

80 Vgl. hierzu etwa den eindringlichen Appell Landgraf Wilhelms IV. von Hessen-Kassel an seinen Bruder Philipp II. von Hessen-Rheinfels vom 4. 3. 1575 (abgedruckt bei *Christoph von Rommel*: Geschichte von Hessen. Teil IV, I. Abt. [Bd. 5], Cassel 1835, S. 740-745).

JÖRG ROGGE

Zum Amts- und Herrschaftsverständnis von geistlichen Fürsten am Beispiel der Magdeburger Erzbischöfe Ernst von Wettin und Albrecht von Brandenburg (1480 bis 1540)*

Im Halleschen Heiltumbuch von 1520 sind Albrecht von Brandenburg und Ernst von Wettin als Stifter des »Neuen Stifts« in Halle (Abb. 1) dargestellt.[1] Die beiden geistlichen Fürsten hatten also etwas gemeinsam – ihre Vorliebe für Halle, ihre Residenzstadt, die sie städtebaulich durch die Anlage und den Ausbau der Moritzburg ebenso gestaltet haben wie durch die Optimierung der städtischen Sakrallandschaft. Das Bild bringt aber auch einen Aspekt des Herrschaftsverständnisses dieser geistlichen Fürsten zum Ausdruck, nämlich die Vorstellung von der Verpflichtung des Nachfolgers auf die Maßnahmen seines Vorgängers. Diese von Albrecht von Brandenburg inszenierte Darstellung von Gemeinsamkeit mit seinem Amtsvorgänger auf der erzbischöflichen Kathedra in Magdeburg ist der Anlaß für die folgenden Überlegungen darüber, in welchen Bereichen die beiden geistlichen Fürsten weitere Gemeinsamkeiten hatten. Dazu wird nach den Leitvorstellungen und Werten gefragt, um die sie ihr Amtsverständnis ausgebildet haben, und danach, wie sie dieses zum Ausdruck gebracht haben. Wie stellten sich die beiden Fürsten in der Öffentlichkeit dar? Wie wollten sie gesehen werden?[2]

Antworten auf diese Fragen erhält man jedoch nicht auf direktem Wege, d.h., weder Ernst noch Albrecht haben sich programmatisch in Rede oder Schrift über ihr Amtsverständnis als geistliche Fürsten geäußert. Aber es gibt Nebenwege, die auch zum Ziel, d.h. in unserem Zusammenhang zu Antworten auf die formulierten Fragen, führen. Ernst und Albrecht haben nämlich Aspekte und Elemente ihres Herrschafts- und Amtsverständnisses in konkreten Situationen – als Reaktion auf Probleme und Herausforderungen –

* Leicht überarbeitete und mit Anmerkungen ergänzte Fassung meines Vortrags.

1 Das Hallesche Heiltumbuch von 1520. Nachdruck zum 450. Gründungsjubiläum der Marienbibliothek zu Halle, hrsg. und mit einem Nachwort versehen von Heinrich L. Nickel. Halle (Saale) 2001, Bl. 2r.

2 Nicht berücksichtigt werden in dieser Perspektive die Fremdzuschreibungen und Wertungen ihres Handelns durch ihre Zeitgenossen und die Geschichtsschreibung.

Abb. 1: Albrecht von Brandenburg und Ernst von Wettin mit Stiftskirchenmodell und -heiligen, Frontispiz aus dem Halleschen Heiltumbuch, Holzschnitt, 1520.

offengelegt. In Form von Gesetzen und Mandaten, in Briefen an ihre Amtsträger oder Stellvertreter sowie an ihre Familien. Weiterhin durch die Gestaltung von Kirchenräumen wie auch profanen Räumen, die sie mit Wappen, Altarbildern und Inschriften markiert haben, sowie durch bauliche Eingriffe in den Stadtraum. Und nicht zuletzt kann man auch ihr konkretes politisches Handeln als einen Ausdruck ihres Herrschaftsverständnisses analysieren. Diese Formen und Symbole, mit denen die beiden Fürsten ihren Macht- und Herrschaftsanspruch wie auch ihr fürstliches Selbstverständnis kommuniziert haben, dienen als Grundlage für die folgende Skizze ihres Amts- und Herrschaftsverständnisses.[3] Im einzelnen betrachte ich dazu jeweils kursorisch 1. ihre Herkunft und Ausbildung, 2. ihren Umgang mit Reliquien, 3. ihre höchsten Ämter, 4. ihre legislative Tätigkeit, 5. ihr Konfliktverhalten und 6. die von ihnen benutzten Formen zur Darstellung ihrer fürstlichen Würde.

1. Herkunft und Ausbildung

Einfluß auf ihr Amtsverständnis hatte zuerst ihre Herkunft, Erziehung, Ausbildung und Vorbereitung auf ihr hohes geistliches Amt. Ernst und Albrecht waren Söhne von Familien des fürstlichen Hochadels, die politisch ambitioniert waren: Ernst war ein Sohn des sächsischen Kurfürsten Ernst von Sachsen und Albrecht ein Sohn des brandenburgischen Kurfürsten Johann Cicero.[4] Beide waren keine erstgeborenen Söhne und deshalb nicht

3 *Wolfgang Reinhard*: Geschichte der Staatsgewalt. Eine vergleichende Verfassungsgeschichte Europas von den Anfängen bis zur Gegenwart. 2. Aufl. München 2000, S. 80: Macht ist ein Kommunikationsmedium und mit Hilfe von Symbolen und Formen zu ordnen (d.h. zu stabilisieren). Diese Formen und Symbole sind Teil der monarchischen Macht, sie stellen sie nicht nur dar.

4 *Jörg Rogge*: Ernst von Sachsen, Erzbischof von Magdeburg und Administrator von Halberstadt (1476-1513), in: Werner Freitag (Hrsg.): Mitteldeutsche Lebensbilder. Menschen im späten Mittelalter. Köln/Weimar/Wien 2002, S. 27-68; *Friedhelm Jürgensmeier*: Kardinal Albrecht von Brandenburg (1490-1545). Kurfürst, Erzbischof von Mainz und Magdeburg, Administrator von Halberstadt, in: Horst Reber: Albrecht von Brandenburg. Kurfürst, Erzkanzler, Kardinal, 1490-1545. Hrsg. von Berthold Roland, mit Beiträgen von Friedhelm Jürgensmeier/Rolf Decot/Peter Walter. (Ausstellungskatalog) Mainz 1990, S. 22-41; *Gerd Heinrich*: Kardinal Albrecht von Brandenburg und das Haus Hohenzollern, in: Friedhelm Jürgensmeier (Hrsg.): Erzbischof Albrecht von Brandenburg (1490-1545): ein Kirchen- und Reichsfürst der Frühen Neuzeit. (Beiträge zur Mainzer Kirchengeschichte, Bd. 3.) Frankfurt a.M. 1991, S. 17-36.

für die Übernahme des Herrschaftsbereiches ihrer Väter vorgesehen. Gleichwohl wurden sie als Fürstensöhne mit den Zielen der Politik ihrer Familien vertraut gemacht: Wahrung und Ausbau von Macht, Verbesserung der persönlichen Position, Vergrößerung des Ansehens und Ranges der Dynastie. Ernst und Albrecht sollten durch die Übernahme von hohen geistlichen Ämtern ihren Teil dazu beitragen. Außerdem konnte so der Kreis der Erben verkleinert und die Gefahr von Erbstreitigkeiten eingedämmt werden.[5]

Über die Inhalte der Ausbildung des 1464 geborenen Ernst von Wettin ist nichts bekannt. Er ist vermutlich zusammen mit seinen Brüdern von Hoflehrern unterrichtet worden und erhielt noch nach seiner Postulation als Erzbischof in Magdeburg 1476 Unterricht – er war zu diesem Zeitpunkt ja auch erst elf Jahre alt.[6] Etwas mehr wissen wir von der Ausbildung des eine Generation jüngeren Albrecht (* 1490). Er wurde am Berliner Hof erzogen und war formal Mitregent seines Bruders Kurfürst Joachim I. Wahrscheinlich studierte er nicht in Frankfurt/Oder, wie lange angenommen wurde, sondern erhielt eine gediegene humanistische Ausbildung – einschließlich der Einführung in das weltliche Recht, aber wohl ohne Theologie – durch Hoflehrer.[7] Albrecht wurde zunächst nicht eingleisig auf eine Kirchenkarriere vorbereitet. Doch mit der Geburt von Kurfürst Joachims I. Sohn 1505 waren die Weichen für Albrecht in Richtung geistliche Laufbahn gestellt. 1506 erhielt er die niederen Weihen, im Jahr 1508 versuchte die Dynastie erfolglos, das Bistum Uetrecht für Albrecht zu erwerben, aber 1510 gelangte er auf Kanonikate in Magdeburg und Mainz.[8]

Der Erwerb von Bistümern für nachgeborene Söhne hatte bei den Wettinern schon Tradition: im 14. Jahrhundert war Ludwig Bischof in Halberstadt und Bamberg, wurde sogar zum Erzbischof von Mainz providiert – konnte sich aber nicht durchsetzen – und starb 1381 als Erzbischof von Magdeburg. Von 1440 bis 1442 war Sigismund Bischof von Würzburg, und Ernsts Bruder Albrecht war von 1482 bis 1484 Administrator des Erzbistums

5 Zur kirchenpolitischen Strategie der Wettiner im 15. Jh. zuletzt *Jörg Rogge*: Herrschaftsweitergabe, Konfliktregelung und Familienorganisation im fürstlichen Hochadel. Das Beispiel der Wettiner von der Mitte des 13. bis zum Beginn des 16. Jahrhunderts. (Monographien zur Geschichte des Mittelalters, Bd. 49.) Stuttgart 2002, S. 226, S. 331-332.

6 *Rogge*: Ernst (wie Anm. 4), S. 29.

7 *Ingrid Heike Ringel*: Nunquam in aliquo studio generali seu privilegiato ... studuisti. Eine Studiendispens für Albrecht von Brandenburg, in: Jürgensmeier (Hrsg.): Erzbischof (wie Anm. 4), S. 37-48.

8 *Heinrich*: Albrecht (wie Anm. 4), S. 21.

Mainz.[9] Die Hohenzollern dagegen hatten bis zum Beginn des 16. Jahrhunderts nur Familienmitglieder als Kanoniker in Domkapiteln untergebracht. Die Hoffnungen auf die Übernahme von Bistümern – insbesondere Mainz, Würzburg oder wie schon erwähnt Uetrecht – erfüllten sich nicht.[10] Erst 1511 erreichte mit Albrecht von Brandenburg-Ansbach ein Hohenzoller als Hochmeister des Deutschen Ordens eine bedeutende und einflußreiche geistliche Würde. Während sich der fränkische Zweig der Hohenzollern mit wenig Erfolg um herausragende geistliche Positionen bemühte, gelang es Kurfürst Joachim I. von Brandenburg, seinen Bruder Albrecht in geradezu atemberaubender Weise auf hohen kirchlichen Posten zu plazieren: 1513 wurde er als Erzbischof in Magdeburg und Administrator in Halberstadt Nachfolger des Wettiners Ernst, und im März 1514 postulierte ihn das Domkapitel von Mainz zum Erzbischof in Mainz.[11]

Die Familien der beiden geistlichen Fürsten zeigten vollen diplomatischen und finanziellen Einsatz, um ihre Söhne den Domkapiteln als beste Kandidaten zu präsentieren. Außerdem verhandelten sie an der Kurie in Rom, weil die beiden Fürstensöhne zum Zeitpunkt ihrer Erhebung bestimmte Qualifikationen, die zur Übernahme eines hohen kirchlichen Amtes eigentlich vorausgesetzt wurden, nicht erfüllten. Ernst und Albrecht hatten noch nicht das kanonisch vorgeschriebene Alter für die Amtsübernahme erreicht. Deshalb waren dafür Dispense ebenso notwendig wie für die Kumulation von geistigen Ämtern. Albrecht mußte 30.000 Gulden allein dafür entrichten, daß Papst Klemens VII. die Konfirmation für Mainz erteilte und die Inbesitznahme von Magdeburg und Halberstadt bestätigte.[12]

Der Erwerb der Bischofsstühle eröffnete den Dynastien auch die Möglichkeit, in den ihnen benachbarten Territorien ihre politischen Ziele einfacher zu erreichen. Die Wettiner installierten deshalb für den jungen Erzbischof Ernst einen Regentschaftsrat, der ihn in den ersten acht bis zehn Jahren seiner Regierung unterstützt oder besser gelenkt hat. Ernst führte während dieser Zeit als Landesherr im Hochstift Magdeburg die politischen Pläne und Absichten seines Vaters, des Kurfürsten Ernst, und seines Onkels,

9 Zu den Karrieren dieser Wettiner ausführlich *Rogge*: Herrschaftsweitergabe (wie Anm. 5), S. 61f. (Ludwig), S. 148-155 (Sigismund), S. 227 (Albrecht).

10 Zuletzt *Cordula Nolte*: Familie, Hof und Herrschaft. Das verwandtschaftliche Beziehungs- und Kommunikationsnetz der Reichsfürsten am Beispiel der Markgrafen von Brandenburg-Ansbach (1440-1530). Habilitationsschrift Greifswald 2002, S. 134-150.

11 *Heinrich*: Albrecht (wie Anm. 4), S. 21f.

12 *Jürgensmeier*: Kardinal (wie Anm. 4), S. 27.

des Herzogs Albrecht, aus – dazu gehörte insbesondere die Unterwerfung von Halle 1478/79 unter den Willen des Landesherrn.[13]

Aber nicht nur ihre fürstliche Herkunft, sondern auch die Tradition des von ihnen versehenen hohen geistlichen Ranges floß in ihr Amtsverständnis ein. In ihren Mandaten und Testamenten wiesen Ernst und Albrecht explizit darauf hin, daß sie ihren Vorgängern und Nachfolgern im Amt verbunden und verpflichtet waren. Außerdem legte der Brandenburger Wert darauf, seine Verbindung zu den Vorgängern – und den gemeinsamen Wirkungszusammenhang, in dem sie standen – auch bildlich zu dokumentieren. Ernst, seinen Vorgänger in Magdeburg und Halberstadt, ehrte Albrecht durch das schon erwähnte Bild im Halleschen Heiltumbuch. In Mainz veranlaßte er die Errichtung eines Grabmonuments für seinen direkten Vorgänger im Amt, Uriel von Gemmingen, mit der Inschrift: »ALBERT. MARCH. BRAND. ARCHPS. MOG. SVCCESSOR. MORTVO. P.« (Albrecht Markgraf von Brandenburg, Erzbischof von Mainz, setzte dies als Nachfolger dem Toten).[14] Weiter betonte Albrecht, daß er sich bewußt in der Tradition der Mainzer Bistumsheiligen Martin und Bonifazius sah, dadurch, daß er sich z.B. als hl. Martin malen ließ.[15]

2. Umgang mit Reliquien

Die Erzbischöfe Ernst und Albrecht teilten die Begeisterung für die Überreste von Heiligen. Ernst sammelte wie sein Bruder Kurfürst Friedrich III. von Sachsen im großen Stil Reliquien. Seine Sammlung wuchs jedoch nicht nur durch seine eigenen Aufträge, sondern er profitierte auch von Schenkungen seiner Verwandten. Von seinem Bruder erhielt er eine Statuette von Jacobus d. J., von seiner Tante Margarete von Brandenburg (der Schwester seines Vaters) erhielt er eine Figur des hl. Petrus, seine Schwester, die Herzogin von Braunschweig-Lüneburg steuerte einen Apostel Paulus bei. Die

13 *Rogge*: Ernst (wie Anm. 4), S. 34; *Matthias Meinhardt*: Die Residenzbildung in Halle in der Residenzenlandschaft Mitteldeutschlands. Beobachtungen zum Verhältnis zwischen Stadt und Stadtherr im 15. und 16. Jahrhundert, in: Michael Rockmann (Hrsg.): Ein »höchst stattliches Bauwerk«. Die Moritzburg in der hallischen Stadtgeschichte 1503-2003. (Forschungen zur hallischen Stadtgeschichte, Bd. 5.) Halle (Saale) 2004, S. 19-42.

14 *Horst Reber*: Einführung, in: Ders.: Albrecht (wie Anm. 4), S. 9-21, hier S. 11.

15 *Horst Reber*: Die Bildnisse des Kardinals Albrecht von Brandenburg, in: Ders.: Albrecht (wie Anm. 4), S. 83-98, hier S. 90.

Herzogin Sidonia, Gemahlin seines Onkels Herzog Albrecht, schenkte einen Philippus und ihr Sohn Herzog Georg einen hl. Simon.[16]

Der Erzbischof vergrößerte auch den Reliquienschatz der Magdeburger Domkirche, indem er 61 silberne Bilder und Kleinodien stiftete, die auch für die mit der Gewährung von Ablaß verbundenen Heiltumsweisungen (›ostensio reliquiarum‹), die jährlich am Sonntag nach Fronleichnam und am Tag nach dem Mauritiusfest an der Nordseite der Domkirche stattfanden, eingesetzt wurden.[17] Die Magdeburger Schöffenchronik berichtet, daß eine außerordentliche Weisung im Juni 1490 stattfand, die mit einem höfischen Fest (einschließlich Turnier) verbunden wurde.[18] Deutlicher hätte Ernst kaum sein Verständnis von der Doppelpoligkeit seines Amtes, das sowohl geistliche wie weltliche Dimensionen hatte, öffentlich inszenieren können.

Erzbischof Ernst beauftragte 1501 den Magdeburger Domprediger Sebastian Weynmann, ein Buch über die Magdeburger Reliquien und ihre Weisung zu verfassen. Die von Ernst für sein in der Residenz in Halle geplantes Kollegiatstift gesammelten Reliquien (bei seinem Tod wurden 95 Reliquiare in der Magdalenenkapelle aufbewahrt) sollten in die Magdeburger Weisung einbezogen werden, wenn die Errichtung des Stiftes in Halle nicht möglich sein sollte.[19] An diese Maßnahmen knüpfte sein Nachfolger Albrecht an, vergrößerte die Sammlung erheblich, gab ein Heiltumbuch in Auftrag und ließ für die Weisung in Halle das Neue Stift ausbauen. Als die erste Weisung der Reliquien schließlich im September 1520 in Halle durchgeführt wurde, forderte sie die Kritik der Lutheraner heraus, weil damit auch der Erwerb von Ablaß verbunden war. So wurde ein während der Amtszeit von Ernst probates liturgisches Mittel und Medium, um die Gläubigen zu erreichen, für Albrecht bei veränderten Rahmenbedingungen zu einem liturgischen und politischen Debakel. Aber das hat er nicht gesehen oder sehen wollen. Aus seinem Amtsverständnis heraus konnte er aber wohl nicht anders, als sich mit den in seinen Augen bewährten Mitteln (und ihrem massiven Einsatz) gegen die Kritik der Radikal-

16 *Michael Scholz*: Residenz, Hof und Verwaltung der Erzbischöfe von Magdeburg in Halle in der ersten Hälfte des 16. Jahrhunderts. (Residenzenforschung, Bd. 7.) Sigmaringen 1998, S. 226.

17 *Hartmut Kühne*: Ostensio reliquiarum. Untersuchungen über Entstehung, Ausbreitung, Gestalt und Funktion der Heiltumsweisungen im römisch-deutschen Regnum. New York/Berlin 2000, S. 239.

18 Magdeburger Schöffenchronik, in: Die Chroniken der deutschen Städte vom 14. bis ins 16. Jahrhundert. Bd. 7, Leipzig 1869, S. 418: »Im jar 1490 montags nach trinitatis (7. Juni), wie man das ablas (d.s. die Reliquien) geweiset hatte, war hir grosser hoff, und des bischoves volck samb andern hern ranten scharf auf dem Breiten Wege«.

19 *Kühne*: Ostensio (wie Anm. 17), S. 427.

reformer zu wehren.[20] Albrecht meinte mit der prunkvollen Darstellung die einfachen Seelen fangen zu können; tatsächlich gab er seinen Kritikern damit jedoch Anlaß zu Hohn und Spott über den von Martin Luther als »Abgott zu Halle« gebrandmarkten Reliquienschatz und den damit verbundenen Ablaßhandel.[21] Er rief ähnliche Reaktionen wie auf die Heiligsprechung von Bischof Benno von Meißen, die 1524 auf das Betreiben von Herzog Georg von Sachsen erfolgte, hervor.[22] Aber trotz aller Anwürfe und Kritik hat Albrecht vermutlich bis 1539 die Weisung der Reliquien in Halle unverdrossen fortgesetzt.[23]

Für Ernst und Albrecht war es selbstverständlich, bei den Klerikern und geistlichen Institutionen ihrer Sprengel durch Reformen und Visitationen die Zucht und Ordnung aufrechtzuerhalten, die kirchlichen Strukturen und die geistliche Gerichtsbarkeit – wie Ernst in den 1490er Jahren in Halberstadt[24] – zu verbessern. Sie sahen sich außerdem in einer Vorbildfunktion für ihren Klerus und haben dementsprechend ihr Amt als geistliche Oberhirten ausgeübt. Ihre Reformbemühungen waren keine Pflichtübungen, sondern entsprangen ihren Vorstellungen von einem Klerus, der durch innere Reformen der Kritik von außen die Grundlage entzog. Im September 1526 schrieb Erzbischof Albrecht an Bischof Adolf von Merseburg, daß jeder Erzbischof und Bischof seine geistlichen Untertanen reformieren solle, um keinen Anlaß für Kritik am Verhalten des Klerus mehr zu bieten. Die Geistlichen sollten »ire leben erlich zuchtig und priesterlich furen«, um so ein Beispiel geben zu können.[25]

20 Weil Luther die Rechtfertigung allein aus dem Glauben, der von jedermann aus der allgemein zugänglichen Heiligen Schrift begründet werden konnte, forderte, wurde der gesamte kirchliche Apparat professioneller Heilsvermittlung (einschließlich Sakramente und guter Taten, Ablaß etc.) überflüssig.

21 *Andreas Tacke*: Das Hallenser Stift Albrechts von Brandenburg. Überlegungen zu gegenreformatorischen Kunstwerken vor dem Tridentinum, in: Jürgensmeier (Hrsg.): Erzbischof (wie Anm. 4), S. 357-380.

22 *Christoph Volkmar*: Die Heiligenerhebung Bennos von Meißen (1523/24). Spätmittelalterliche Frömmigkeit, landesherrliche Kirchenpolitik und reformatorische Kritik im albertinischen Sachsen in der frühen Reformationszeit. (Reformationsgeschichtliche Studien und Texte, Bd. 146.) Münster 2002.

23 Das vermutet *Kühne*: Ostensio (wie Anm. 17), S. 438 mit Hinweis auf den Prachtkodex von 1526 und einen Weisungsordo von 1532.

24 *Rogge*: Ernst (wie Anm. 4), S. 41f.

25 Der Brief ist gedruckt bei *Franz Schrader*: Kardinal Albrecht von Brandenburg, Erzbischof von Magdeburg, im Spannungsfeld zwischen alter und neuer Kirche, in: Ders.: Reformation und katholische Klöster. Beiträge zur Reformation und zur Geschichte der klösterlichen Restbestände in den ehemaligen Bistümern Magdeburg und Halberstadt. (Studien zur katholischen Bistums- und Klostergeschichte, Bd. 13.) Leipzig 1973, S. 11-

3. Ihre höchsten Ämter: Primat von Germanien und Reichskanzler

Das Herrschafts- und Amtsverständnis von Ernst und Albrecht wurde auch gespeist durch den hohen Rang, den sie in der Fürstenhierarchie des Reiches innehatten. Als Erzbischöfe von Magdeburg waren Ernst und Albrecht jeweils auch »Primas von Germanien«.[26] Der Wettiner Ernst machte aus dem Ehrentitel in den 1490er Jahren einen Leitbegriff für sein politisches Handeln auf der Reichsebene und verband mit dem Titel konkrete Ansprüche. Er propagierte den grundsätzlichen Vorrang der Geistlichkeit in der Gesellschaftsordnung vor den weltlichen Fürsten und beanspruchte aufgrund des Primats für den Magdeburger Erzbischof den ersten Platz in der Hierarchie der Geistlichen des Reiches; er strebte außerdem die Präzedens vor dem Kurfürsten an. Sein Argument war: der Primas ist der höchste geistliche Würdenträger im Reich, die geistlichen Fürsten stehen über den weltlichen Fürsten, also folgt daraus, daß er nach dem König der hochrangigste Fürst ist. Damit unternahm er nichts anderes, als die Rang- und Würdehierarchie im Hochadel des Reiches in Frage zu stellen. Wenig überraschend, daß negative und ablehnende Reaktionen auf seinen Vorstoß überwogen. Auch das Verhältnis zu seinem Bruder Kurfürst Friedrich III. wurde dadurch getrübt.[27]

Ernst wollte mit dem Rekurs auf seine Würde als Primas von Germanien seine Position in der Adelshierarchie des Reiches verbessern. Albrecht hingegen war nicht darauf angewiesen auf dieser Ebene Konflikte auszutragen, denn aufgrund seiner Ämter und Würden – Primas von Germanien (Magdeburg), Kurfürst und Reichskanzler (Mainz) – war er de jure und de facto der zweite Mann im Reich nach dem Kaiser.[28] Das enge Verhältnis Albrechts

34, hier S. 18-20, Zitat S. 18. Zu den Reformen von Erzbischof Albrecht 1514, in den 1520er und 1540er Jahren siehe auch *Walter Delius*: Reformationsgeschichte der Stadt Halle. (Beiträge zur Kirchengeschichte Deutschlands, Bd. 1.) Berlin 1953, S. 45; *Rolf Decot*: Das Erzbistum im Zeitalter von Reichsreform – Reformation – Konfessionalisierung (1484-1648), in: Friedhelm Jürgensmeier (Hrsg.): Handbuch der Mainzer Kirchengeschichte, Bd. 3, 1. (Beiträge zur Mainzer Kirchengeschichte, Bd. 6.) Würzburg 2002, S. 21-232, hier S. 78-80.

26 *Thomas Willich*: Der Magdeburger Primas Germaniae. Fiktion und Wirklichkeiten eines Kirchenamtes, in: Peter Moraw (Hrsg.): Akkulturation und Selbstbehauptung. Studien zur Entwicklungsgeschichte der Lande zwischen Elbe/Saale und Oder im späten Mittelalter. Berlin 2001, S. 347-389.

27 *Rogge*: Ernst (wie Anm. 4), S. 51-55.

28 *Michael Scholz*: Albrechts Reich. Die geistlichen Territorien Mainz, Magdeburg und Halberstadt am Beginn des 16. Jahrhunderts, in: Rainhard Riepertinger u.a. (Hrsg.): Das

zu Karl V. ist auf der 1522/23 entstandenen Erasmus-Mauritius-Tafel von Matthias Grünewald (Alte Pinakothek, München) visualisiert worden. Die Darstellung von Albrecht als Erasmus (dem Hausheiligen der Kurfürsten von Brandenburg) und Karl V. als Reichsheiligen Mauritius ist gedeutet worden als eine Huldigung des Hohenzollern an den Habsburger, die gleichzeitig aber auch für die enge Verbindung von Kirche und Reich steht, die hier durch die Verbundenheit der beiden jeweils höchsten Repräsentanten inszeniert wird.[29] Überhaupt hat sich Albrecht oft auf Bildern darstellen lassen, er gehörte zu den meistporträtierten Persönlichkeiten seiner Zeit. Seine Amtsauffassung und seine politischen Grundeinstellungen kann man zu einem guten Teil diesen Darstellungen entnehmen, auf denen er sich in verschiedenen Rollen hat malen lassen. Von Ernst ist dagegen nur eine Darstellung bekannt, die zu seinen Lebzeiten angefertigt wurde. Im Mittelteil des Dreikönigsaltares (Staatliche Museen zu Berlin, Gemäldegalerie) von Hans Baldung Grien aus dem Jahre 1506/07 ist er als einer der drei Könige zu erkennen.[30]

Rätsel Grünewald. Katalog zur Landesausstellung 2002/03 Schloss Johannisburg, Aschaffenburg. (Veröffentlichungen zur bayerischen Geschichte und Kultur, Bd. 45/02.) Augsburg 2002, S. 96-104; *Rolf Decot*: Albrecht von Brandenburg als Reichskanzler, in: Peter Claus Hartmann (Hrsg.): Kurmainz, das Reichskanzleramt und das Reich am Ende des Mittelalters und im 16. und 17. Jahrhundert. (Geschichtliche Landeskunde, Bd. 47.) Stuttgart 1998, S. 45-67.

29 *Ulrich Steinmann*: Der Bilderschmuck der Stiftskirche zu Halle. Cranachs Passionszyklus und Grünewalds Erasmus-Mauritius-Tafel, in: Staatliche Museen zu Berlin. Forschungen und Berichte, Kunsthistorische Beiträge 11, 1968, S. 69-104; *Andreas Tacke*: Der katholische Cranach. Zu zwei Großaufträgen von Lucas Cranach d. Ä., Simon Franck und der Cranach-Werkstatt (1520-1540). (Berliner Schriften zur Kunst, Bd. 2.) Berlin 1992, S. 86-91; *Katharina Heinemann*: Erasmus-Mauritius-Tafel, in: Riepertinger u.a. (Hrsg.): Rätsel (wie Anm. 28), S. 268f. Albrecht hat schon im Juni 1519, in der Kurfürstenversammlung direkt vor der Wahl des neuen Königs, gegen Franz I. von Frankreich und für den Habsburger Karl offenkundig (Rede) Partei genommen; die Rede ist abgedruckt bei *Jacob May*: Der Kurfürst, Cardinal und Erzbischof Albrecht II. von Mainz und Magdeburg, Administrator von Halberstadt, Markgraf von Brandenburg, und seine Zeit. 2 Bde., München 1865-75, hier Bd. 1, 1865, S. 247-253.

30 *Gert von der Osten*: Hans Baldung Grien. Gemälde und Dokumente. Berlin 1983, S. 42-47 Nr. 3, Taf. 3-8, bes. Taf. 8 (Detail).

4. Gesetzgebung und Verwaltung

Die weltliche Gesetzgebung von Ernst und Albrecht genauso wie ihre politische Praxis in ihren Herrschaftsgebieten zielte auf die Intensivierung ihrer Macht und die Durchsetzung des frühmodernen Fürstenstaates. Insbesondere Albrecht ist bescheinigt worden, durch seine Gesetzgebung in Mainz (Stadt- und Landesordnungen zwischen 1526 und 1532, Hofgerichtsordnung 1516/21, Hofordnung 1532, 1538, Untergerichtsordnung 1534, Ordnung für Rat und Kanzlei 1541) eine »bahnbrechende Leistung« bei der Neuorganisation des Territoriums und der Straffung der landesherrlichen Leitungsgewalt erbracht zu haben.[31] Aber auch Ernst entfaltete in Magdeburg und Halberstadt eine rege legislative Tätigkeit, die ihren Niederschlag in Ordnungen für das Stadtgericht in Halberstadt 1486 und 1491 in einer Polizeiordnung sowie 1511 in einer Münzordnung für Magdeburg fand.[32]

Hier interessieren die Gesetze, Mandate und Ordnungen der beiden Fürsten im Hinblick auf die Auskünfte, die sie für ihr Herrschaftsverständnis liefern. Ernst und Albrecht sahen sich in der Pflicht, neben der geistlichen Versorgung auch das Wohlergehen und den gemeinen Nutzen ihrer Untertanen zu fördern. Diese Fürsorgepflicht ergab sich für Ernst nach eigener Aussage aus seinem geistlichen Amt und seinem fürstlichen Rang. Er fühlte sich verpflichtet, keine Mühe zu scheuen, um seinen Untertanen Gerechtigkeit widerfahren zu lassen und ihr Gedeihen zu fördern. Diese Fürsorge war aber gebunden an die Unterordnung unter den fürstlichen Willen und die Befolgung seiner Ordnungen und Mandate. Aus der »volstreckung unsers willens« ergebe sich die »furderung gemeyns nutzes« und die Vermeidung von ihrem »eygen und ander lantsessen sunderlichen schaden« heißt es in seiner Münzordnung von 1511. Ernst erhob den Anspruch, mit seinen Befehlen sowohl dem einzelnen wie auch der Wohlfahrt des Gemeinwesens zu nutzen. Aber allein er konnte durch seine Anordnungen das Verhalten der Untertanen in die dafür notwendigen, »richtigen« Bahnen lenken.

Fürsorge für seine Untertanen verstand auch Albrecht hauptsächlich als eine Beschränkung und Reglementierung des Zusammenlebens, zumal der Fest- und Volkskultur. Insbesondere der Aufwand bei den Lebensfesten (Geburt, Taufe, Hochzeiten) wurde durch seine Ordnungen eingeschränkt (Zahl der Musiker und Gäste, Zutrinken), um wenig Gelegenheit für un-

31 *Günter Christ*: Albrecht von Brandenburg und das Mainzer Erzstift, in: Jürgensmeier (Hrsg.): Erzbischof (wie Anm. 4), S. 223-256, Zitat S. 255.

32 *Rogge*: Ernst (wie Anm. 4), S. 45-48.

sittliche Aktivitäten zu geben.[33] Parallel dazu wurde der Besuch von Gottesdiensten eingeschärft und moralisch einwandfreies Verhalten gefordert. Die beiden Fürsten wollten mit ihren Polizeimaßnahmen vor allem einen disziplinierten Untertanenverband schaffen. Sie sahen es als ihre Herrscheraufgabe und Fürstenpflicht an, neben dem Erhalt des Friedens und der Wahrung der Gerechtigkeit auch bei den Laien eine christliche, an den beiden Leitbegriffen Frömmigkeit und Sittlichkeit orientierte Lebensführung durchzusetzen.

5. Konfliktverhalten: Gerechtigkeit, Strafe und Milde

Die bei der Gesetzgebung erkennbare Auffassung über ihr Verhältnis zu den Untertanen wird noch deutlicher im Fall von Konflikten mit ebendiesen Untertanen. Im Konfliktverhalten der beiden Fürsten sind wiederum Übereinstimmungen zu erkennen. Insbesondere in den Fällen, in denen sie als Landesfürsten herausgefordert wurden. Ernst trug in den Jahren 1485/86 einen Konflikt mit Halberstadt wegen der Besetzung des weltlichen Gerichts aus. Er hatte es nämlich vom Rat für 500 Gulden am 12. April 1485 ausgelöst. Damit verfügte er nach seiner Auffassung über das Besetzungsrecht des Stadtgerichts und präsentierte dem verdutzten Rat am 1. Mai einen Richter und sechs Schöffen. Den Protest der Ratsherren wies er mit dem Hinweis darauf, daß er mit dem Gericht nach seinem Willen verfahren könne, ab. Doch die Halberstädter gaben sich damit nicht zufrieden und verweigerten Ernst de facto die Nutzung des Gerichts, obwohl sie das Geld kassiert hatten. Doch damit nicht genug: sie appellierten auch in weltlichen Sachen an den Erzbischof von Mainz, versuchten, das Domkapitel in Halberstadt zum Ungehorsam gegen Ernst aufzustacheln, und verspotteten seine Gesandten in Halberstadt öffentlich.[34] Ernst demonstrierte daraufhin, daß er in der Lage war, sich durchzusetzen. Im Juli 1486 zog er mit 12.000 Mann einen Belagerungsring um die Stadt. Vier Wochen hielten die Verteidiger stand, dann waren die Lebensmittel genauso aufgebraucht, wie die Hoffnung auf Entsatz geschwunden war. Am 22. und 23. August fanden Ver-

33 *Karl Härter*: Fastnachtslustbarkeiten, Hochzeitsfeiern, Musikantenhalten und Kirchweih: Policey und Festkultur im frühneuzeitlichen Kurmainz, in: Mainzer Zeitschrift 92/93, 1997/98, S. 57-87. Noch 1543 erließ Albrecht eine Ordnung für Hochzeiten und Taufen, siehe *May*: Kurfürst (wie Anm. 29), Bd. 2, 1875, S. 530-532.

34 *Gustav Schmidt* (Bearb.): Urkundenbuch der Stadt Halberstadt. Bd. 2, Halle (Saale) 1879, Nr. 1131.

handlungen statt, in denen über das weitere Schicksal der Stadt entschieden wurde. Wegen der ihm zugefügten Beleidigungen und Schmähungen verlangte Ernst eine demonstrative Bußleistung des Rates. Die Ratsherren mußten ihn vor dem Johannistor empfangen und um Gnade anflehen. Auf dem Rathaus erfolgten die Huldigung und die Übergabe der Schlüssel zu sämtlichen Toren der Stadt an Ernst, womit symbolisiert wurde, daß die Stadt dem Administrator völlig offenstand. Dann wurde der Anlaß für den Konflikt im Sinne des Administrators geregelt. Die Besetzung des Gerichts wurde Ernst überlassen, und künftig mußten sich die gewählten Ratsherren von ihm im Amt bestätigen lassen. Als Entschädigung für seine Kriegskosten und die ihm bisher vorenthaltenen Gerichtsgefälle verlangte er 10.000 Gulden, die innerhalb von zwei Jahren bezahlt werden sollten. Danach aber zeigte sich Ernst als milder und gnädiger Fürst und Stadtherr. Er bestätigte die übrigen Rechte und Freiheiten der Stadt und gab den Ratsherren auf ihre Bitte hin, aus fürstlicher Milde die Stadtschlüssel wieder zurück.[35]

Ähnlich agierte auch Albrecht bei Konflikten. So z.B. bei den Verhandlungen im Jahr 1526, als Vertreter der Stadt Mainz und aus dem Rheingau um die Minderung bzw. Aufhebung der ein Jahr zuvor wegen ihrer Teilnahme am Bauernkrieg gegen sie verhängten Strafen baten. Der Kardinal antwortete auf beide Eingaben in ähnlichem Tenor. Zunächst stellte er klar, daß sie keinen Grund zu einem Aufstand gehabt hatten, denn die Mainzer hätten unter seiner Herrschaft ihre Freiheiten genossen, ja geradezu »leicht und unbeschwerlich« gelebt.[36] Die Rheingauer Delegation belehrte er, daß es immer seine höchste Sorge gewesen sei, sie, die Untertanen, in »auffnemen, gedeyhen, friedt und einigkeit zu setzen und zu behalten«. Nie habe er daran gedacht, sie zu beschweren, vielmehr sogar Maßnahmen zu ihrem Schutz und Nutzen aus seiner Kammer bezahlt und sie nicht mit Abgaben belastet. Nach diesen Mahnungen und Erklärungen zeigt er sich als ein »milter, gnediger churfurst und herr« und erhört das Flehen und die Bitten der Bürger und Bauern. Abschließend schärft er noch einmal ein, Beschwerden an ihn oder seine Amtsträger schriftlich zu richten; er sei offen für ihre Anliegen und ein Aufstand gegen ihn nicht nötig.[37] Dieses Verhalten prak-

35 *Schmidt*: Urkundenbuch (wie Anm. 34), Nr. 1143, S. 376: »furstlicher myldigkeit und uf yre bete«. Allerdings legte er nach seinem Abzug eine Besatzung von fünfhundert Mann in die Stadt, um den Bürgern seine Macht als Stadtherr zu demonstrieren.

36 Druck des Mandats bei *Wolf-Heino Struck*: Der Bauernkrieg am Mittelrhein und Hessen, Darstellung und Quellen. (Veröffentlichungen der Historischen Kommission für Nassau, Bd. 21.) Wiesbaden 1975, Zitate S. 150f.

37 Druck bei *Struck*: Bauernkrieg (wie Anm. 36), S. 260f.

tizierte er auch noch im März 1531, als er nach fünf Jahren wieder in Halle einzog. Albrecht war darüber verärgert, daß der Rat den Augsburger Reichstagsbeschluß nicht veröffentlicht hatte. Er erklärte, dafür die Ratsherren eigentlich bestrafen zu müssen, aber er wolle Gnade walten lassen. Sollte sich die Stadt aber weiterhin ungehorsam verhalten, würde sie spüren, daß sie eher einen Tyrann als einen Herrn über sich habe.[38]

Gewaltsamen Widerstand gegen ihre Herrschaft oder Herrschaftsansprüche nahmen weder Ernst noch Albrecht hin, aber sie waren immer bereit, nach der strengen, aber – in ihren Augen – gerechten Bestrafung des Ungehorsams ihre Untertanen wieder in ihre obrigkeitliche, landesherrliche Fürsorge zu nehmen. Einerseits demonstrierten die Fürsten bei Ungehorsam ihrer Untertanen ihre Stärke und landesherrliche Autorität, insbesondere gegen die Städte. Andererseits waren sie zum Dialog mit ihren Untertanen bereit und zeigten sich offen für ordnungsgemäß vorgebrachte Beschwerden. Dieses Verhalten der beiden Fürsten entspricht genau der traditionellen Herrschaft mit ihrem Spannungsfeld zwischen ›iustita‹ und ›gratia‹.[39] Strenge und Milde als handlungsleitende Werte konstituierten also das Herrschaftsverständnis der beiden geistlichen Fürsten. Auch in dem Bildprogramm des Marktbrunnens, den Albrecht 1526 den Bürgern von Mainz übergab, kommt in den Sinnzeichen für das Gericht die Auffassung des Landesherrn von Gerechtigkeit zum Ausdruck.[40] Trotz des Ungehorsams der Bürger und Bauern, die 1525 seine Rechte angegriffen hatten, wollte er sich als ein Landesherr erweisen, der gerecht war und nicht aus Wut oder gekränkter Ehre heraus harte Strafen verhängte und exekutierte. Insoweit stimmt die Repräsentation seiner Herrschaftsauffassung in der Ikonographie des Mainzer Marktbrunnens mit seiner politischen Praxis überein.[41] Milde bestimmte noch 1534 Albrechts Vorgehen gegen lutherische Ratsherren in Halle. Er zwang zwar alle Ratsherren, die Luthers Lehre und liturgischer Praxis anhingen, die Stadt zu verlassen, aber lehnte den Vorschlag von Ratgebern, härtere Maßnahmen zu ergreifen, ab. Dr. Novenianus, der ihm

38 *Delius*: Reformationsgeschichte (wie Anm. 25), S. 47. In Halle will der Rat in weltlichen Sachen Albrecht gehorsam sein, in Glaubensfragen jedoch nicht. Aber diese Trennung kann Albrecht nicht mitgehen, denn seine landesherrliche Gewalt ist untrennbar mit seinem geistlichen Amt verbunden.

39 *Reinhard*: Geschichte (wie Anm. 3), S. 127.

40 *Irnfriede Lühmann-Schmid*: Der Mainzer Marktbrunnen, seine Denkmals- und Bildideen, in: Mainzer Zeitschrift 69, 1974, S. 180-186, hier S. 184.

41 Siehe den Beitrag von Stefan Heinz in diesem Band.

vorschlug, acht oder zehn Bürger über die Klinge springen zu lassen, um die Ausbreitung der Lutherei zu stoppen, gab der deshalb erboste Albrecht keine Antwort, sondern entfernte ihn aus dem Ratsgremium.[42]

6. Fürstliche Würde und ihre Darstellung

Halle war die Lieblingsresidenz von Ernst. Auf seine Initiative wurde die neue Moritzburg mit der Maria-Magdalenen-Kapelle als liturgisches Zentrum geplant und gebaut. Die in Halle von Ernst angelegte Zwingburg war ein Ausdruck der 1478 erneuerten erzbischöflichen Stadtherrschaft und deren nachdrückliche Vergegenwärtigung. Daran knüpfte Albrecht an, vollzog aber einen Qualitätssprung, indem er innerhalb von zwanzig Jahren die Stadt in eine Renaissancemetropole verwandelte. Die Bauten (Moritzburg, Neues Stift, Residenz) stehen auch für das Herrschaftsverständnis von Ernst und Albrecht.[43] Dauerhafte Präsenz in ihren Hochstiften streben sie nicht nur durch die Architektur an, sondern auch durch die Markierung von Räumen mit ihrem Wappen. Umbauten und Ausbesserungen, die sie in ihren Bischofskirchen finanzierten, sollten mit ihren Wappen versehen werden. Dadurch wollten sie als Stifter über den Tod hinaus präsent sein. Noch mehr als die Wappen dienten aber ihre Grabdenkmäler der Memoria wie dem Nachruhm. Ernsts Grabtumba und ihr Aufstellungsort unter den Westtürmen des Magdeburger Domes ist der Ausdruck seiner Memoria als Erzbischof und Teil der Magdeburger Bischofsreihe. Aber er demonstrierte seine Überlegenheit über seine Vorgänger, die unter der Erde lagen, indem er sein Grabmal über dem Boden errichten ließ. Der Aufstellungsort korrespondierte zudem mit dem Ostchor, in dem der Sarkophag von Kaiser

42 *Delius*: Reformationsgeschichte (wie Anm. 25), S. 54; *Schrader*: Albrecht (wie Anm. 25), S. 25; schon 1527 (ebd., S. 21) hatte er die Reichsacht für Magdeburg erwirkt, verzichtete dann aber auf ihre Vollstreckung um »veruttung willenn viehles vbels so dorauß hett entstehen mogen«. Weitere Beispiele für seine Praxis aus Strenge und Milde: 1527 gegen den in Halle lutherisch predigenden Georg Winkler, siehe *Delius*: Reformationsgeschichte (wie Anm. 25), S. 41-42 oder 1530 der Ausgleich mit dem ehemaligen Mainzer Domdekan Pommersfelden, der 1528 von Albrecht in Arrest genommen worden war; siehe *Johann B. Kissling*: Lorenz Truchsess von Pommersfelden (1473-1543), Domdechant von Mainz. Mainz 1906, S. 72-80; *Fritz Herrmann* (Hrsg.): Die Protokolle des Mainzer Domkapitels. Bd. 3,1, Darmstadt 1974, S. 372-374.

43 *Hans-Joachim Krause*: Albrecht von Brandenburg und Halle, in: Jürgensmeier (Hrsg.): Erzbischof (wie Anm. 4), S. 296-356; siehe auch seinen Aufsatz in diesem Band.

Otto I. steht.[44] Auch Albrecht führte einen neuen Typ der Mainzer Grabplastik ein – wie schon erwähnt für Uriel von Gemmingen. Diese Entscheidungen sind der Ausdruck von fürstlichem Selbstbewußtsein und dem Willen zur Repäsentation.[45] Die Figuren auf den Grabmonumenten drücken aus, wie die beiden Fürsten sich sahen und in ihrem Amt gesehen werden wollten: als Personifizierungen von fürstlicher Würde und priesterlicher Milde.

7. Fazit

Bei ihrer Amtsführung und Herrschaftspraxis orientierten sich Ernst und Albrecht nach einer ersten Phase, in der sie wegen ihrer Jugend und der Weihehindernisse auf die Unterstützung ihrer Familien angewiesen waren, vor allem an den Belangen ihres Amtes als geistliche Fürsten. Beide hatten keine Schwierigkeiten, den Widerspruch von weltlicher Herrschaftstätigkeit und geistlichem Stand, von Regentenpflichten und christlicher Frömmigkeit zu überbrücken – wie etwa der Magdeburger Dompropst Fürst Magnus von Anhalt (1455-1524).[46] Sie hoben diesen Widerspruch in ihrer politischen Praxis zum Teil auf und integrierten ihn in ihr Herrschaftsverständnis. Ernst und Albrecht sahen es als ihre Aufgabe an, Frieden zu wahren, Recht zu gewährleisten und ihren Untertanen durch Sittenmandate und Aufwandsordnungen den Weg zum individuellen Seelenheil zu eröffnen. Sie waren eben in jeder Hinsicht für ihren Adel, ihre Bürger und Bauern verantwortlich. Dieser Verantwortung waren sie sich bewußt und haben sich entsprechend verhalten. Sie inszenierten ihre landesherrliche Autorität und forderten den Gehorsam ihrer Untertanen ein. Diese Strenge trat jedoch in einer Synthese mit geistlicher Milde und väterlicher Fürsorge auf, wohl auch deshalb, weil es ihnen um ihr eigenes Seelenheil ging. Das scheint mir der gemeinsame Kern ihres Amts- und Herrschaftsverständnisses gewesen zu sein. Dazu kommt bei Ernst, daß er von der Vorstellung durchdrungen war, als Primas von Germanien der hervorragendste Fürst im Reich zu sein. Er versuchte auch, diese Vorstellung zu realisieren. Was Ernst anstrebte, das war Albrecht. Er war nach dem König/Kaiser der erste Fürst im Reich. Mehr Ansehen, Prestige und Ehre als er als Inhaber von einem Hoch- und zwei

44 *Rogge*: Ernst (wie Anm. 4), S. 40.

45 Siehe die Beiträge von Sven Hauschke und Kerstin Merkel in diesem Band.

46 *Michael Thomas*: Magnus von Anhalt, Fürst und Magdeburger Dompropst, in: Freitag (Hrsg.): Lebensbilder (wie Anm. 4), S. 89-111.

Erzstiften, dem Amt des Primas und dem Amt des Erzkanzlers sowie der Kardinalswürde hatte, war kaum zu erlangen. Doch das war auch eine Verpflichtung zur standesgemäßen Repräsentation, d.h. zum Geldausgeben – und zwar auch von Geld, das er nicht hatte. Seine fürstliche Würde und sein Rang sollten Gestalt annehmen, sich regelrecht materialisieren. Es scheint fast so, als ob er glaubte, dadurch Angriffe auf seine Person abwehren zu können. So schrieb er im Mai 1531 an seinen Finanzberater Hans von Schönitz: »denn sollt ich davon lassen müssen, gedenk doch, was schimpfliche Rede, Hohn und Spott Herrn und Knecht daraus folgen würde«.[47]

In der Quantität und auch Qualität der Repräsentation ihrer in vielem übereinstimmenden Herrschaftsauffassungen sind große Unterschiede zwischen ihnen festzuhalten. Zwar gab auch Ernst Geld aus, um seinen Rang und seine Würde öffentlich zu demonstrieren und seinen Nachruhm zu sichern, aber er agierte dabei im Rahmen des Finanzierbaren, so wie die Moritzburg weitgehend aus seinen eigenen Mitteln errichtet wurde. Es ist schwer zu entscheiden, ob dies eine bewußte Entscheidung war, die sich an den finanziellen Möglichkeiten der Territorien orientierte, oder ihm der humanistisch-mäzenatische Impetus im Vergleich zu Albrecht abging – allerdings hatte er leichtere Rahmenbedingungen als geistlicher Fürst. Es fehlt zwar eine Untersuchung der Finanzen des Erzbistums Magdeburg, aber es ist bisher anzunehmen, daß bei Ernsts Tod die Finanzen in Ordnung waren. Unter Albrecht war das dann ganz anders (immense Schulden 1541 in Magdeburg). Aber es entsprach wohl seinem Herrschaftsverständnis, auf die reformatorische Herausforderung aus Wittenberg mit dem Ausbau von Halle zu einer prächtig ausgestatteten römischen »Trutzburg« zu reagieren. Gegen die Propagierung des »reinen« Wortes Gottes setzte er die Optimierung und Überhöhung der traditionellen Glaubensvermittlung und Liturgie.

Abbildungsnachweis:
1: Archiv des Herausgebers

47 Zitat bei *Delius*: Reformationsgeschichte (wie Anm. 25), S. 66.

WILHELM ERNST WINTERHAGER

Aus dem Schatten des großen Bruders
Zur Entwicklung der politischen Persönlichkeit Erzbischof Albrechts von Brandenburg

»Deus pro nobis, quis contra nos« (Gott für uns, wer mag wider uns sein). Triumphgefühl schwang in den Worten, die Kurfürst Joachim im Frühjahr 1514 seinem Bruder Albrecht schrieb[1], als dieser soeben in Mainz zum Erzbischof gewählt worden war. Gut ein halbes Jahr zuvor hatte man die Wahl des erst 23jährigen Albrecht zum Erzbischof von Magdeburg und Bischof-Administrator von Halberstadt erreicht – und nun dieser neue, gewaltige Erfolg. In zähen Verhandlungen gelang es den brandenburgischen Gesandten in Rom, die erstrebten päpstlichen Dispense zu erlangen, durch die Albrecht beide Erzbistümer gleichzeitig behalten durfte.[2] Freilich, Papst Leo X. ließ sich teuer dafür entlohnen. Neben den regulären Konfirmationsgebühren und Annaten mußten hohe Dispenssummen an die Kurie gezahlt werden, die nur durch Kredite des Bankhauses Fugger aufgebracht und zum Teil durch den von Albrecht übernommenen Vertrieb des St. Petersablasses in Deutschland gedeckt werden sollten. Die verhängnisvollen Folgen dieses Geschäftes sollten sich für das Haus Brandenburg erst Jahre später offen-

1 Kurfürst Joachim I. von Brandenburg an Erzbischof Albrecht, Cölln a.d. Spree 6. 6. 1514, gedruckt in *Aloys Schulte*: Die Fugger in Rom 1495-1523, Bd. 1 (Darstellung) und Bd. 2 (Urkunden). Leipzig 1904, hier Bd. 2, S. 232. Vgl. die biblische Referenz Römer 8,31 (Vulgata). Erzbischof Albrecht hat später den Parallelspruch »Dominus mihi adiutor, quem timebo?« (nach Psalm 27,1 bzw. Hebräer 13,6) als Wahlspruch auf Münzen prägen lassen, siehe *Max Löbe*: Wahlsprüche. Devisen und Sinnsprüche deutscher Fürstengeschlechter des 16. und 17. Jahrhunderts. Berlin 1984, S. 25. Scharf kritisch dazu *Martin Luther*: Werke. Kritische Gesamtausgabe (Weimarer Ausgabe). Weimar 1883-1984, hier Abt. Tischreden, Bd. 4, S. 392 (Nr. 4591) und Bd. 5, S. 670 (Nr. 6454). In der Folgezeit wurde der Bezug auf Römer 8,31 eine häufig im evangelischen Lager auf die göttliche Bewahrung des eigenen Bekenntnisses bezogene Parole, vgl. etwa: Herzog Johann von Sachsen an seinen Bruder Kurfürst Friedrich von Sachsen, Weimar 15. 2. 1524, in: *Adolf Wrede* (Bearb.): Deutsche Reichstagsakten unter Kaiser Karl V. (Jüngere Reihe), Bd. 4, Gotha 1905, S. 681f.

2 Zu den Verhandlungen von 1514 siehe *Schulte*: Fugger (wie Anm. 1), Bd. 1, S. 97-124, 133-141 und Bd. 2, S. 86-120, 230-233; *Götz Freiherr von Pölnitz*: Jakob Fugger. Kaiser, Kirche und Kapital in der oberdeutschen Renaissance. Tübingen 1949-51, Bd. 1, S. 306-311 und Bd. 2, S. 323-327.

baren. Einstweilen stand nur der Erfolg vor Augen, das für die Zeitgenossen Unerhörte[3] geschah: Dem jugendlichen Albrecht von Brandenburg wurde die Kumulation dreier Bistümer gewährt. Als Erzbischof von Mainz und Magdeburg war er von nun an Metropolit zweier riesiger Kirchenprovinzen, die nahezu die Hälfte des Reichsgebiets umschlossen. Auch Kaiser Maximilian hatte sich nach anfänglichem Widerstand dieser Entwicklung nicht mehr widersetzt. Der Landbesitz der Zollernbrüder erstreckte sich nunmehr von links des Rheins bis an die Warthe (flankiert noch von den fränkischen Vettern mit ihren Stammlanden und jüngstem Machtzuwachs in Preußen, bald auch in Schlesien), im Kurkollegium des Reiches verfügten die Brüder über zwei der sieben bzw. (ohne Böhmen) sechs Stimmen. Innerhalb kürzester Frist war das Haus Brandenburg – Wettiner und Wittelsbacher überflügelnd – zur zweitmächtigsten Dynastie in Deutschland hinter den Habsburgern, zu einer mittleren Macht europäischen Ranges, emporgestiegen.

1. Aufstieg im Schlepptau des großen Bruders

»Deus pro nobis«: Ein gehörig Stück Hybris lag in der Art, wie Joachim I. das biblische »Gott mit uns« im eigennützig-machtpolitischen Sinne für den Aufstieg der Hohenzollernbrüder in Anspruch nahm. Doch was im Hochgefühl des Erfolges 1514 den Brüdern als göttlicher Segen über ihrem gemeinschaftlichen Streben erscheinen mochte – schon bald war hiervon keine Rede mehr, war die fromme Verklärung ihrer dynastischen Eintracht zerstoben. Nur fünf Jahre sollten vergehen, da schrieben Joachim und Albrecht sich in ganz anderem Tone: Damals, 1519, kam es zu groben Vorwürfen der Brüder gegeneinander, zu weithin sichtbarer politischer und persönlicher Entfremdung, die in regelrechten Beschimpfungen gipfelte.[4] So fand die anbrechende Reformation – jene Umwälzung, die in Anlaß und Wirkung so eng mit dem Gebaren der Hohenzollernfürsten verknüpft war – die Brüder alles andere als solidarisch vereint. Im Gegenteil: Gerade als die von Luther entfachte Bewegung ihren Sturmlauf begann, als überdies 1519 die Kurfürsten mit der Wahl eines neuen Kaisers die Weichen für die Zukunft des Reiches stellten, kam das potentielle Schwergewicht der Blockbildung

3 Beispielhaft für die anfängliche Entrüstung hierüber in gebildet-humanistischen Kreisen die Äußerung des Mutianus Rufus vom Herbst 1514: *Karl Gillert* (Bearb.): Der Briefwechsel des Conradus Mutianus, Bd. 1. (Geschichtsquellen der Provinz Sachsen und angrenzender Gebiete, Bd. 18.) Halle 1890, S. 104.

4 Siehe dazu weiter unten mit den Belegen in Anm. 43 bis 45.

zweier Kurstimmen ›nicht‹ zum Tragen, weil Erzbischof Albrecht zum ersten Mal in Konfrontation zu dem Bruder eigene politische Wege ging.

Seit Kain und Abel hat das Motiv des Bruderzwistes und der Bruderliebe in Literatur, Kunst und Geschichtsschreibung seinen besonderen Rang. Im kontrastierenden Vergleich von Brüdern, von Geschwistern – bis hin zur modernen Zwillingsforschung – lassen sich die Eigenheiten der jeweiligen Veranlagung, Charakter- und Persönlichkeitsentwicklung besonders scharf herausarbeiten. »Deutsche Brüder«: so hieß ein vor zehn Jahren erschienener Sammelband, der in zwölf »Doppelporträts« berühmte Brüderpaare der deutschen Geschichte präsentiert. Aus dem 16. Jahrhundert finden sich allein Karl V. und Ferdinand I. hier aufgenommen, die beiden Habsburger, die auf dem Kaiserthron einander folgten und für ein halbes Säkulum die Geschicke Deutschlands, ja Europas wesentlich bestimmten.[5] Indes, Karl und Ferdinand bilden mitnichten das einzige Brüderpaar, das in jener bewegten Epoche politisch prägend wurde. Gerade die drei Wettinerbrüder Ernst, der Magdeburger Erzbischof – die andere Hauptgestalt unserer Tagung –, Ernst also und seine Brüder Friedrich, genannt »der Weise«, und Johann, »der Beständige«, wären hier in erster Linie zu nennen.[6] Für eine Untersuchung ihres Verhältnisses ist dabei zweifellos die Quellenlage – angesichts der reichen Weimarer Bestände – deutlich besser geeignet als für die beiden Hohenzollernbrüder, für die der Mangel an archivalischer Überlieferung so schmerzlich zu beklagen ist. Um so mehr freilich mag hier der Brüdervergleich als methodisches Hilfsmittel dienen, um Züge aufzuhellen, die ansonsten weniger scharf ins Blickfeld geraten.

Bei seinem frühen Tode 1499 hinterließ Kurfürst Johann von Brandenburg zwei minderjährige Söhne, den 1484 geborenen, kaum fünfzehnjährigen

5 *Thomas Karlauf* (Bearb.): Deutsche Brüder. Zwölf Doppelporträts. Berlin 1994, darin: *Ferdinand Seibt*, Karl und Ferdinand [von Habsburg], S. 7-28, 398. Zum Brüder-Motiv aus kunstgeschichtlicher Sicht vgl. den erhellenden (noch ungedruckten) Kasseler Habilitationsvortrag (2003) von Kerstin Merkel (Nassenfels). Zur zeitgenössischen Klage des 16. Jh. über die Seltenheit von »brüederlicher liebe und ainigkait« unter dynastischen Brüdern siehe *Hansmartin Decker-Hauff* (Hrsg.): Die Chronik der Grafen von Zimmern. Bd. 1-3, Darmstadt 1964-72, hier Bd. 2, 1967, S. 115.

6 *Ingetraut Ludolphy*: Friedrich der Weise. Kurfürst von Sachsen 1463-1525. Göttingen 1984; *Thomas Klein*: Johann der Beständige, Herzog, seit 1525 Kurfürst von Sachsen, in: Neue Deutsche Biographie, Bd. 10, Berlin 1974, S. 522-524; *Helmar Junghans*: Johann von Sachsen, in: Theologische Realenzyklopädie, Bd. 17, Berlin 1988, S. 103-106; *Jörg Rogge*: Ernst von Sachsen, Erzbischof von Magdeburg und Administrator von Halberstadt (1476-1513), in: Mitteldeutsche Lebensbilder, Bd. 1, Köln 2002, S. 27-68.

Joachim sowie den achtjährigen Albrecht, den späteren Erzbischof. Unterstützt von seinen Berliner Räten übernahm der tatkräftige Joachim[7] – gegen die Regentschaftsansprüche seines fränkischen Onkels, Markgraf Friedrich[8] – sogleich die Regierung der Mark und 1501 auch die Ausübung der Kurwürde. Schon in diesen frühen Jahren bewies Joachim gegen alle Anfechtungen von innen wie außen sein Durchsetzungsvermögen. Gebildet gewiß, sprachbegabt und weltgewandt, ließ er oft gegenüber Untertanen, aber auch Standesgenossen ein schroffes, bis zum Jähzorn hochfahrendes Herrscherbewußtsein hervortreten. Den sechseinhalb Jahre jüngeren Bruder Albrecht[9]

7 Für Joachim I. wie für Erzbischof Albrecht fehlt eine moderne, wissenschaftlich-kritische Biographie. Zu Joachim siehe bes. *Georg Schuster/Friedrich Wagner*: Die Jugend und Erziehung der Kurfürsten von Brandenburg und Könige von Preußen, Bd. 1 (Monumenta Germaniae Paedagogica, Bd. 34.) Berlin 1906, S. 245-343; *Johannes Schultze*: Die Mark Brandenburg. Bd. 3, Berlin 1963, S. 173-230; *Gerd Heinrich*: Kurfürst Joachim I. von Hohenzollern, Markgraf von Brandenburg, in: Fritz Reuter (Hrsg.): Der Reichstag zu Worms von 1521. Reichspolitik und Luthersache. Worms 1971, S. 336-351; *Walter Delius*: Die Kirchenpolitik Joachims I., in: Jahrbuch für Berlin-Brandenburgische Kirchengeschichte 49, 1974, S. 7-41; *Karl Heinz Hammer*: Kurfürst Joachim I. von Brandenburg auf dem Reichstag zu Augsburg, in: Wichmann-Jahrbuch 1, 1930, S. 116-133; *Wilhelm Ernst Winterhager*: Kurbrandenburg als Zentrum des Kampfes gegen Luther. Die Entwicklung der frühen Jahre und ein Quellenfund aus dem März 1518, in: Wichmann-Jahrbuch N.F. 3, 1994/95, S. 113-140.

8 *Reinhard Seyboth*: Die Markgraftümer Ansbach und Kulmbach unter der Regierung Markgraf Friedrichs des Älteren (1486-1515). (Schriftenreihe der Historischen Kommission bei der Bayerischen Akademie der Wissenschaften, Bd. 24.) Göttingen 1985, zum Konflikt mit Joachim S. 95-101; ferner siehe *Schuster/Wagner*: Jugend (wie Anm. 7), S. 280-308.

9 Zu Erzbischof Albrecht grundlegend jetzt der aus Anlaß seines 500. Geburtstages entstandene Tagungsband von *Friedhelm Jürgensmeier* (Hrsg.): Erzbischof Albrecht von Brandenburg 1490-1545. Ein Kirchen- und Reichsfürst der Frühen Neuzeit. (Beiträge zur Mainzer Kirchengeschichte, Bd. 3.) Frankfurt a.M. 1991. Dazu der bei gleicher Gelegenheit vorgelegte Ausstellungskatalog von *Horst Reber*: Albrecht von Brandenburg. Kurfürst, Erzkanzler, Kardinal, 1490-1545. Hrsg. von Berthold Roland, mit Beiträgen von Friedhelm Jürgensmeier/Rolf Decot/Peter Walter. Mainz 1990. Eher populär gehalten, z.T. fehlerhaft *Manfred von Roesgen*: Kardinal Albrecht von Brandenburg. Ein Renaissancefürst auf dem Mainzer Bischofsthron. Moers 1980. Weitgehend überholt, aber wegen ihres Materialreichtums weiter heranzuziehen sind die älteren Biographien von *Johann Heinrich Hennes*: Albrecht von Brandenburg. Erzbischof von Mainz und von Magdeburg. Mainz 1858; *Jakob May*: Der Kurfürst, Kardinal und Erzbischof Albrecht II. von Mainz und Magdeburg, Administrator des Bistums Halberstadt, Markgraf von Brandenburg und seine Zeit. Ein Beitrag zur deutschen Kultur- und Reformationsgeschichte 1514-1545. Bd. 1-2, München 1865/75. Treffender Abriß über Albrecht von *Gustav Adolf Benrath* in: Theologische Realenzyklopädie, Bd. 2, Berlin 1978, S. 184-187. Als weitere Einzelstudien

finden wir dabei zunächst ganz im Kielwasser des älteren Bruders.[10] Von Anfang an wurde Albrecht formal an der Regierungsausübung beteiligt; bis Juni 1513 erscheint er regelmäßig neben Joachim als Mitaussteller der Herrscherurkunden in Brandenburg. Nachdem auch die Kurfürstinwitwe Margarete von Sachsen, die Mutter der beiden, schon 1501 verstorben war, lag der Ersatz der elterlichen Autorität für Albrecht allein bei Joachim, dem die Leitung der Erziehung des Jüngeren und die Planung seiner Zukunft oblag. Auf der Basis gediegener Ausbildung mit schöngeistig-humanistischem Einschlag wurde Albrecht frühzeitig auf die geistliche Laufbahn vorbereitet. Bereits 1506 empfing er die ersten kirchlichen Weihen, und in der Folge gelang es Joachim, den Bruder in verschiedenen Domkapiteln zu plazieren, mit Kanonikaten namentlich in den Erzstiften Magdeburg und Mainz. Nach Priesterweihe und Primiz zu Ostern 1513 folgten sodann binnen eines Jahres die Triumphe der Bischofswahlen in Magdeburg, Halberstadt und Mainz.

Auf jenem steilen Weg nach oben war Joachim ganz als der Protektor und Promotor des jungen Bruders aufgetreten. Für Albrecht hatte diese Rollenverteilung mitunter demütigende Formen annehmen können. Ein Beispiel dafür: Da Albrecht schon in jungen Jahren zu renaissancefürstlicher Verschwendung neigte, griff Joachim im September 1509 zu dem ungewöhnlichen Mittel, den Bruder im Rahmen einer Vergleichsverhandlung durch die Berliner Räte urkundlich zu binden. Zur »erhaltung bruderlichen willens«,

sind nennenswert *Paul Redlich*: Kardinal Albrecht von Brandenburg und das Neue Stift zu Halle 1520-1541. Eine kirchen- und kunstgeschichtliche Studie. Mainz 1900; *Walter Delius*: Kardinal Albrecht und die Wiedervereinigung der beiden Kirchen, in: Zeitschrift für Kirchengeschichte 62, 1943/44, S. 178-189; *Hans Volz*: Erzbischof Albrecht von Mainz und Martin Luthers 95 Thesen, in: Jahrbuch der Hessischen Kirchengeschichtlichen Vereinigung 13, 1962, S. 187-228; *Anton Philipp Brück*: Kardinal Albrecht von Brandenburg, Kurfürst und Erzbischof von Mainz, in: *Reuter* (Hrsg.): Reichstag 1521 (wie Anm. 6), S. 257-270; *Franz Schrader*: Kardinal Albrecht von Brandenburg, Erzbischof von Magdeburg, im Spannungsfeld zwischen alter und neuer Kirche, in: Remigius Bäumer (Hrsg.): Von Konstanz nach Trient. Beiträge zur Geschichte der Kirche von den Reformkonzilien bis zum Tridentinum. Festgabe für August Franzen. Paderborn 1972, S. 419-445; *Hans Wolter*: Kardinal Albrecht von Mainz und die Anfänge der katholischen Reform, in: Theologie und Philosophie 51, 1976, S. 496-511; *Scott H. Hendrix*: Martin Luther und Albrecht von Mainz. Aspekte von Luthers reformatorischem Selbstbewußtsein, in: Luther-Jahrbuch 49, 1982, S. 96-114.

10 Grundlegend zum nachfolgend behandelten frühen Verhältnis (bis 1515) zwischen Joachim I. und Albrecht siehe *Gerd Heinrich*: Kardinal Albrecht von Brandenburg und das Haus Hohenzollern, in: Jürgensmeier (Hrsg.): Erzbischof (wie Anm. 9), S. 17-36, hier S. 17-27.

hieß es da, hätten die Räte zwischen Joachim und Albrecht verhandeln müssen. Es sei vereinbart worden, daß Joachim die bis dahin angelaufenen, offenbar erheblichen Schulden des Bruders begleichen und ihm die anstehende einjährige Pflichtresidenz als Domherr zu Mainz mit 16.000 Gulden finanzieren wolle. Im Gegenzug aber mußte Albrecht feierlich versprechen, darüber hinaus den Berliner Hof nicht mit weiteren Geldforderungen zu beschweren oder gar wieder bei Dritten Schulden aufzunehmen. Für das Residenzjahr in Mainz wurde Albrecht mit Dietrich von Diskau einer der kurbrandenburgischen Räte beigegeben, ohne dessen »that, wissen und willen« Albrecht nichts »thun oder handeln« sollte, der den Hofstaat des 20jährigen leiten und Vollmacht über seine Apanage haben sollte. Im Grunde, so urteilt Gerd Heinrich, sei Albrecht damals wegen seines leichtfertigen Umgangs mit Geld »unter Kuratel« gestellt worden, und in der Tat zeugt die Berichterstattung Diskaus von der ständigen Kontrolle durch Joachim.[11]

Vor allem in politischer Hinsicht stand hinter dem Aufstieg Albrechts ganz die lenkende Hand Joachims. Das galt sowohl für die Erzbischofswahl in Magdeburg, wo der kurbrandenburgische Einfluß die bis dahin überragende wettinische Machtstellung zurückgedrängt hatte, als auch, mindestens ebensosehr, für die Erhebung Albrechts auf den Mainzer Stuhl. Das Mainzer Domkapitel hatte sich bekanntlich im März 1514 gegen potente Mitbewerber und gegen kaiserlichen Rat für Albrecht entschieden, weil man in dem akuten Streit, den Kurmainz mit den sächsischen Wettinern um die Hoheit über Erfurt austrug, einzig vom Hause Kurbrandenburg als dem alten nordmitteldeutschen Rivalen der Wettiner sich wirksame Unterstützung erhoffte – zumal jetzt, da die Brandenburger mit dem Besitz von Magdeburg engstens an die thüringische Konfliktsphäre herangerückt waren. Joachim I. hatte dem Mainzer Domkapitel zugesagt, im Fall der Wahl seines Bruders das Mainzer Erzstift in dessen Rechten auf seine, Joachims, Kosten zu schützen – eine Zusage, die sich ganz deutlich auch auf die Sicherung der Erfurter Rechte bezog.[12] In seiner Wahlkapitulation mußte Albrecht versichern, nichts unversucht zu lassen, die »herrlichkeit und ober-

11 *Adolph Friedrich Riedel* (Hrsg.): Codex diplomaticus Brandenburgensis. Sammlung der Urkunden, Chroniken und sonstigen Quellenschriften für die Geschichte der Mark Brandenburg und ihrer Regenten. 41 Bde., Berlin 1838-69, hier Bd. III/3, 1861, S. 204f., 231f.; *Fritz Mehl*: Die Mainzer Erzbischofswahl vom Jahre 1514 und der Streit um Erfurt in ihren gegenseitigen Beziehungen. Diss. phil. Bonn 1905, S. 66-73, 92-97; *Heinrich*: Kardinal (wie Anm. 10), S. 21.

12 *Fritz Herrmann* (Hrsg.): Die Protokolle des Mainzer Domkapitels. Bd. 3/1, Paderborn 1932, S. 6f., 11; *Mehl*: Erzbischofswahl (wie Anm. 11), bes. S. 58-82.

keit« in Erfurt wiederherzustellen.[13] Sobald die Kumulation der Erzstifte Mainz und Magdeburg in Rom gesichert war – wobei auch hier das Argument des Schutzes für Erfurt als Begründung der Kumulation eine wichtige Rolle spielte –, erwartete man von dem neuen Erzbischof rasches, entschlossenes Handeln zur Rückgewinnung der realen Herrschaft über Erfurt. Doch Albrecht zögerte und zauderte.

2. Mißerfolge und Demütigungen 1516/17

Wiederholt machte der junge Erzbischof Anstalten, zur Huldigung und Regierungsübernahme in Erfurt einzuziehen, doch als die Ernestiner, Kurfürst Friedrich und Herzog Johann, militärische Gegenmaßnahmen ergriffen, gab Albrecht nur allzurasch nach. Vor einer kriegerischen Konfrontation mit Sachsen wich er zurück. Als dann im Oktober 1516 die Erfurter Stadtväter umschwenkten und die Wettiner vertraglich als ihre Schutz- und Schirmherren anerkannten, war der ›kairos‹ zur Regelung der Erfurter Frage im Mainzer Sinne vertan.[14] Albrecht hatte in Kurmainz politisch den denkbar schlechtesten Einstand gehabt, der Prestigeverlust war auf lange Zeit nicht auszugleichen.

So weit wie bisher ausgebreitet, sind die Vorgänge bekannt – und daraus folgernd ergibt sich auch fast schon abgerundet das vertraute Bild, das uns von Albrecht in der Literatur zumeist entgegentritt: überspitzt gesprochen, ein verschwenderischer Lebemann, ein politischer Zauderer, ja entschlußloser Weichling, wankelmütig, schwankend, prinzipienlos, kein wirklich bedeutender Kopf, unselbständig und abhängig vom Rat derer, die ihn jeweils umgaben, kurz: ein Mann, der im Grunde nicht würdig war, den ersten Rang unter den deutschen Fürsten und das Amt des Reichserzkanz-

13 Staatsarchiv Würzburg: Mainzer Domkapitel/Urkunden, Libell 9, Bl. 2-9, hier Bl. 7v. Für die Überlassung einer Abschrift dieses Dokuments bin ich Alexander Jendorff (Wetzlar) zu herzlichem Dank verpflichtet. Vgl. *Manfred Stimmig*: Die Wahlkapitulationen der Erzbischöfe und Kurfürsten von Mainz (1233-1788). Göttingen 1909, S. 51.

14 Zur Entwicklung des Konflikts um Erfurt 1514-16: *Herrmann* (Hrsg.): Protokolle (wie Anm. 12), S. 30, 40f., 47-94, 97, 99f.; *Mehl*: Erzbischofswahl (wie Anm. 11), S. 83-91; *Carl August Hugo Burkhardt*: Das tolle Jahr zu Erfurt und seine Folgen, in: Archiv für sächsische Geschichte 12, 1874, S. 337-426, hier S. 410-422; *Ulman Weiß*: Erwartung und Enttäuschung. Erzbischof Albrecht im Urteil des Erfurter Rates, in: Jürgensmeier (Hrsg.): Erzbischof (wie Anm. 9), S. 156-178, hier S. 158-170. Von der Forschung bislang unausgewertete erzbischöfliche Akten zu dem Komplex in: Landeshauptarchiv Magdeburg, Nebenstelle Wernigerode: Rep. A 37b I, Abt. I, Tit. 3, Nr. 4, 6, 7a, 8 und 14.

lers einzunehmen. Und zunächst ist auch im weiteren kaum etwas zu berichten, wodurch das Bild wesentlich korrigiert würde.

Im Gegenteil: Das Jahr 1517 (das erst im nachhinein uns ja als Epochenjahr erscheint) war für Albrecht noch einmal ein Jahr besonderer Rückschläge und Demütigungen. Auf Betreiben der Fugger wurde der Erzbischof im Mai 1517 von Papst Leo X. in strenger Form angewiesen, bei seiner großen Ablaßaktion, bei der Sammlung und Verrechnung der Ablaßgelder, sich der ständigen Mitaufsicht des Augsburger Bankhauses zu unterwerfen.[15] Man war mit den Erträgen des Unternehmens höchst unzufrieden. Statt der erhofften großen Gewinne brachte der Ablaßhandel dem Erzbischof eher Kritik, ja Spott bei Gelehrten und gemeinem Volk – eine Stimmung, die im Folgejahr, 1518, sich durch Luthers Ablaßthesen zu massivem Verweigerungsprotest steigern sollte.[16] Auch politisch gab es weiter nur Mißerfolge. In Reaktion auf den antimainzischen Vertrag zwischen Sachsen und Erfurt vom Herbst 1516 plante Albrecht Anfang 1517 persönlich in die Niederlande zu reisen, um hier der geplanten Verhandlung des Streites vor dem Kaiser beizuwohnen. Das Domkapitel stimmte zu, war aber nicht bereit, der notwendigen neuen Kreditaufnahme zur Finanzierung der Reise zuzustimmen. So unterblieb die Fahrt, und Albrecht fühlte sich von den eigenen Kapitelsherren im Stich gelassen.[17] Allein sein Bruder Joachim reiste damals zum Kaiser[18], zu spät aber, um zu verhindern, daß Maximilian im März 1517 ein im ganzen neutrales, relativ sachsenfreundliches Mandat in der Erfurter Sache erließ.[19] Auf dem Rückweg von Flandern erschien Joachim in Mainz,

15 *Schulte*: Fugger (wie Anm. 1), Bd. 2, S. 177f., vgl. Bd. 1, S. 143f.

16 Insgesamt hierzu siehe *Wilhelm Ernst Winterhager*: Ablaßkritik als Indikator historischen Wandels vor 1517: Ein Beitrag zu Voraussetzungen und Einordnung der Reformation, in: Archiv für Reformationsgeschichte 90, 1999, S. 6-71.

17 *Herrmann* (Hrsg.): Protokolle (wie Anm. 12), S. 101-103, 106f.; *Eduard Jacobs* (Hrsg.): Briefwechsel Kardinal-Erzbischof Albrechts mit seinem Hofmeister Botho, Grafen zu Stolberg-Wernigerode, aus dem Jahre 1517, in: Geschichtsblätter für Stadt und Land Magdeburg 10, 1875, S. 286-302, hier S. 289. Die von *Horst Reber*: Albrechts Begegnungen mit der Kunst, in: Jürgensmeier (Hrsg.), Erzbischof (wie Anm. 9), S. 277-295, hier S. 277-279, mit weitreichenden Schlußfolgerungen vertretene These, daß Albrecht im Frühjahr 1517 in der Tat in den Niederlanden gewesen sei, ist auf Grund der vorgenannten Quellen schlüssig zu widerlegen.

18 *Herrmann* (Hrsg.): Protokolle (wie Anm. 12), S. 117; *Jacobs* (Hrsg.): Briefwechsel (wie Anm. 17), S. 291; *Riedel* (Hrsg.): Codex (wie Anm. 11), Chronologisches Register Bd. 2, Berlin 1869, S. 29, 33f.

19 Erklärung Kaiser Maximilians, Dendermonde 19. 3. 1517: Hauptstaatsarchiv Weimar: Reg. G 239, unfoliiert, sowie Landeshauptarchiv Magdeburg, Außenstelle Wernigerode: Rep. A 37b I, Abt. I, Tit. 3, Nr. 6, Bl. 63-64v.

erneuerte dort das Versprechen aktiver Unterstützung für die Restitution der mainzischen Herrschaft in Erfurt und mahnte zugleich das Domkapitel und seinen Bruder zur »eynigkeit«, zur Überwindung ihres »unwillens«.[20] Wieder trat Joachim hier wie der Protektor des Bruders auf, als die eigentlich treibende Kraft. Den Heimreiseweg von Mainz nach Berlin wählte Joachim im Juli 1517 bewußt via Erfurt, freilich ohne dort einzukehren oder gar zu übernachten. Demonstrativ durchritt er, auf dem Wege von Gotha nach Weimar, das Stadtgebiet Erfurts, ohne vom Pferde abzusteigen, die Willkommensgesten der Ratsherren – Speisen und Getränke – brüsk zurückweisend, um so die Erfurter seine kurfürstliche Ungnade unmißverständlich spüren zu lassen: ein geradezu theaterreifer Auftritt![21] Massiv drängte Joachim in der Folge bei den sächsischen Wettinern immer wieder auf Verhandlungen und Revision der bestehenden Verhältnisse in Erfurt.

Albrecht seinerseits leitete im Sommer 1517 einen Reichstag in den Mauern seiner eigenen Bischofsstadt Mainz[22]; im September lud er den großen, von ihm bewunderten Humanistenfürsten Erasmus von Rotterdam zum ständigen Aufenthalt an seinen Aschaffenburger Hof ein.[23] Mit seinem eigenen Domkapitel aber lebte Albrecht zunehmend im Unfrieden. Immer wieder hielt das Kapitel dem Erzbischof die drückende Finanzlage des Stiftes vor, forderte von ihm drastische Einsparungen in der Hofhaltung und eine durchgreifende Neuordnung der wirtschaftlichen Verwaltung.[24] Auf der anderen Seite stieß der Erzbischof mit seinen Appellen zu wirksamer Klerusreform bei der Kapitelsmehrheit, die einen ritterlich-rauhen Lebensstil pflegte, auf taube Ohren. Schon bei seiner Domherrenresidenz 1510 hatten nicht wenige unter den Mitkanonikern zu monieren gehabt, daß Albrecht »zu vill geistlich« sei[25]: Der gleiche Albrecht, der im Urteil der Reformation

20 *Herrmann* (Hrsg.): Protokolle (wie Anm. 12), S. 121, vgl. S. 117, 119.

21 *Richard Thiele* (Bearb.): Erphurdianus Antiquitatum Variloquus Incerti Auctoris. (Geschichtsquellen der Provinz Sachsen und angrenzender Gebiete, Bd. 42.) Halle 1906, S. 245f.

22 Zum Mainzer Reichstag von 1517 fehlt bislang eine Aktenedition. Wichtige Stücke in: *Johannes Janssen* (Hrsg.): Frankfurts Reichskorrespondenz nebst anderen verwandten Aktenstücken von 1376-1519. Bd. 2/II, Freiburg i.Br. 1872, S. 903-956.

23 *Peter Walter*: Albrecht von Brandenburg und Erasmus von Rotterdam, in: Jürgensmeier (Hrsg.): Erzbischof (wie Anm. 9), S. 102-116, hier S. 104-106.

24 *Herrmann* (Hrsg.): Protokolle (wie Anm. 12), S. 42, 136 u.ö. mit bitteren Klagen des Kapitels über die Mängel (»deordinationes et defectus«) des erzbischöflichen Regiments. Vgl. *Günter Christ*: Albrecht von Brandenburg und das Mainzer Erzstift, in: Jürgensmeier (Hrsg.): Erzbischof (wie Anm. 9), S. 223-256, hier S. 224-232.

25 *Mehl*: Erzbischofswahl (wie Anm. 11), S. 71.

und der Nachwelt als ungeistlich-leichtfertiger Renaissancefürst fortlebt, galt seinen eigenen Domkapitularen als gar zu fromm und eifervoll, als ein Mann, der in unbequemer Weise auf die Einhaltung der tradierten kirchlichen Regeln bei den hartgesottenen Adelsherren drängte. Auch in dieser Beziehung kam 1517 der latente Konflikt offen zum Ausbruch, als Albrecht gegen einen der besonders zügellosen Domherren durchgriff, indem er dessen als Gewalttäter überführten Diener festnehmen und in Aschaffenburg einkerkern ließ. Mit seinem Einschreiten gegen derart skandalöse Erscheinungen fand der Erzbischof indes bei dem vorrangig um seine Privilegien besorgten Domkapitel wenig Verständnis. In einem Brief an seinen vertrauten Magdeburger Hofmeister Botho Graf Stolberg klagte Albrecht, daß die Mainzer Domherren, »so der andacht warten solten, reutter sein wollen« und sich Knechte hielten, die aus ihren Häusern heraus »die leut berauben« und die Straßen unsicher machten.[26] Im Sommer 1517 eskalierte das Ganze: Offenbar während des Mainzer Reichstages kam es am Rande einer Meßfeier im Mainzer Dom zu einem Eklat, an den Albrecht sich später jahrzehntelang noch erinnern sollte: Der Dekan und unbestrittene Führer des Mainzer Kapitels, Lorenz Truchseß von Pommersfelden – so Albrecht –, habe seinerzeit ihn »mit hochmutigen stolzen schmachworten angetast«; als man damals vor dem Gottesdienst gefragt habe, »was man fur ein responsorium soll singen«, habe der Dekan geantwortet: »Ingressus Pilatus, denn er sey ein narr etc., trag ein weyßes hemd an, gee wie ein nonn, mit andern dergleichen spotworten mer«.[27] Der Vorwurf weibischen Auftretens war in diesem Kontext gewiß die niederträchtigste Beleidigung, die der Erzbischof sich gefallen lassen mußte. Als Albrecht Anfang Februar 1518 das Mainzer Stift verließ, um für die folgenden Monate in Halle zu residieren[28], mußte

26 *Jacobs* (Hrsg.): Briefwechsel (wie Anm. 17), S. 290 (Erzbischof Albrecht an Graf Stolberg, Aschaffenburg 6. 2. 1517); *Herrmann* (Hrsg.): Protokolle (wie Anm. 12), S. 106f., 111, 113, vgl. S. 134, 143, 372.

27 *Herrmann* (Hrsg.): Protokolle (wie Anm. 12), S. 372f., mit rückschauender, aber unsicherer Datierung auf 1517 (Vigilia Visitationis Mariae = 1. Juli). Bereits im April und Juli 1515 war es zu erregten Ausbrüchen des Domdekans gegen Albrecht gekommen, siehe ebd. S. 33, 45-47, vgl. S. 42. Zur Person siehe *J. B. Kißling*: Lorenz Truchseß von Pommersfelden (1473-1543), Domdechant zu Mainz. Ein Zeit- und Lebensbild aus der Frühzeit der Kirchenspaltung, in: Der Katholik 86, 1906, S. 1-27, 93-124, 167-201.

28 Vgl. das (stark ergänzungswürdige) Itinerar bei *Michael Scholz*: Residenz, Hof und Verwaltung der Erzbischöfe von Magdeburg in Halle in der ersten Hälfte des 16. Jahrhunderts. (Residenzenforschung, Bd. 7.) Sigmaringen 1998, S. 360f. Aus Würzburger Akten läßt sich die Abreise des Erzbischofs aus Aschaffenburg (mit der Reiseroute über Hessen und das Eichsfeld) ins Erzstift Magdeburg auf den 3.2.1518 datieren.

er gleichwohl gerade den Domdekan zum Statthalter in Mainz ernennen.[29] Noch bei der ersten Absenz aus Kurmainz 1515/16 hatte der Erzbischof mit Graf Eberhard von Königstein einen weltlichen Statthalter einzusetzen vermocht[30], so wie er stets und ganz selbstverständlich im Erzstift Magdeburg bei seiner Abwesenheit den Grafen Stolberg, den Schwager des Grafen Königstein, die Regierung führen ließ.[31] Inzwischen aber hatte das Mainzer Domkapitel durchgesetzt, daß nur ein geistlicher Herr, einer der Ihren, die Statthalterschaft übernehmen dürfe. Nolens volens mußte Albrecht sich fügen. Bald darauf sogar opponierte das Mainzer Kapitel gegen die Kardinalserhebung seines eigenen Erzbischofs – die Albrecht seinerseits so sehr erstrebte und die im Sommer 1518 ihm vom Papst gewährt wurde –, nur weil man dadurch neue Lasten, neue Schulden für das Mainzer Stift fürchtete.[32]

3. Anfänge einer eigenen Politik 1518/19 – Ausgleich mit Sachsen

Mit dem Eintreffen Albrechts im Erzstift Magdeburg Ende Februar 1518 gerät er unter andere Einflüsse, und es werden Ansätze einer veränderten Politik erkennbar. Die magdeburgisch-hallenser Räte, die meisten von ihnen später aktive Anhänger der Reformation, raten dem Erzbischof offenbar nicht nur zur Zurückhaltung in dem aufbrechenden Lutherstreit; generell sind sie aus politischer Tradition und persönlicher Herkunft eher auf Zusammenarbeit mit dem wettinischen Sachsen orientiert.[33] Bald zeigen sich erste Anzeichen von Dissens zwischen Berlin und Halle. In einem erst neuerdings der Forschung bekannt gewordenen Brief mahnt Joachim den bischöflichen Bruder Anfang März 1518 zu schärferem Vorgehen gegen den Ablaßstörer aus Wittenberg.[34] Vor allem aber in der damals virulenten Frage der Königswahl, der

29 Staatsarchiv Würzburg: Mainzer Ingrossaturbücher 52, Bl. 107-108v, 211v-212.

30 *Christ*: Erzstift (wie Anm. 24), S. 227f.

31 *Jacobs* (Hrsg.): Briefwechsel (wie Anm. 17), passim.

32 *Herrmann* (Hrsg.): Protokolle (wie Anm. 12), S. 151. Vgl. allgemein zu Albrechts schwieriger Stellung im Kurerzbistum das Urteil des wohlinformierten Nürnberger Syndikus Christoph Scheurl vom Herbst 1518, wonach der Erzbischof bei den Seinen in Mainz keine besonders große Autorität besitze, siehe *Christoph Scheurl*: Briefbuch, hrsg. von Franz Freiherr von Soden/Joachim Karl Friedrich Knaake. Bd. 1-2, Potsdam 1867/72, hier Bd. 2, S. 56.

33 An erster Stelle sind hier zu nennen der magdeburgische Kanzler Lorenz Zoch, der Altkanzler Erhard Milde, der Hofmeister Graf Botho Stolberg und der Hauptmann auf Halle-Moritzburg Hans von Pack.

34 *Winterhager*: Kurbrandenburg (wie Anm. 7), mit Abdruck des Briefes S. 127-129.

Nachfolgeregelung für den alternden Kaiser Maximilian, tritt der Widerspruch hervor.[35] In Abkehr von der altbewährten kaiser- und habsburgfreundlichen Politik, der das Emporstreben des Hauses Brandenburg wesentlich zu danken war, hatte Kurfürst Joachim seit 1517 die Wendung zu Frankreich vollzogen und favorisierte jetzt Franz I. als römisch-deutschen König. Als er für diese Option auch Erzbischof Albrecht im geheimen zu gewinnen suchte, erhielt er vom Bruder indes im März 1518 eine klare Absage. So scharf muß das Antwortschreiben Albrechts gewesen sein, daß Joachim klagte, er habe sich »solchs stumpfen und unfruntlichen abslahes« von seinem Bruder nicht versehen.[36] Auf dem Augsburger Reichstag im Sommer 1518 jedoch mußte Kurfürst Joachim unter dem Druck der politischen Verhältnisse vorerst nachgeben und sich zusammen mit Albrecht zugunsten Karls von Spanien, des Habsburgers, erklären – freilich ohne innere Überzeugung.[37]

Inzwischen ging Albrecht auch in anderen Fragen auf Distanz zu dem Bruder. Gerade damals herrschte – wie die ernestinischen Akten belegen – zwischen Kurbrandenburg und Kursachsen eine besonders frostige Eiszeit. Neben der Fehde um Erfurt gab es diverse andere Streitgegenstände, allen voran den großen Münzkonflikt jener Jahre. Angesichts des unkontrollierten Einströmens fremder, minderwertiger Münzen hatten – nachdem alle früheren Anläufe zum Schutz des sächsischen Geldes nicht gefruchtet hatten – die Wettiner 1517/18 als letztes Mittel die Aussperrung dieser »falschen«, unterwertigen Münzen beschlossen. Vor allem die im Metallwert stark abfallenden böhmischen, märkischen und mansfeldischen Münzen sollten davon betroffen sein, sofern nicht die jeweiligen Landesherren durch eine veränderte Münzprägepolitik Abhilfe schufen. Joachim I. war erbost über dieses für die märkische Wirtschaft so schädliche Vorgehen. Während für ihn im Münzstreit ein Nachgeben nicht in Frage kam, schwenkte indes die Magedeburger Regierung unter Albrecht zusammen mit den Mansfelder Grafen auf eine Kompromißlinie ein. Seit Mitte Mai 1518 wurde über eine

35 Zum Folgenden siehe *Wilhelm Ernst Winterhager*: Das Haus Brandenburg und die französische Kaiserkandidatur 1519. Neue Dokumente zur Rolle der Kurfürsten von Brandenburg und Mainz im Kaiserwahlkampf zwischen Habsburg und Frankreich, in: Sven Externbrink/Jörg Ulbert (Hrsg.): Formen internationaler Beziehungen in der Frühen Neuzeit. Frankreich und das Alte Reich im europäischen Staatensystem. Festschrift für Klaus Malettke zum 65. Geburtstag. (Historische Forschungen, Bd. 71.) Berlin 2001, S. 299-334, hier S. 303-306.

36 *Kluckhohn* (Bearb.): Reichstagsakten (wie Anm. 1), Bd. 1, 1893, S. 45-47.

37 Ebd., S. 109-113: Augsburger Fünferabrede zur Wahl Karls von Spanien zwischen den Kurfürsten von Mainz, Köln, Böhmen, Pfalz und Brandenburg. Nur die Kurfürsten von Trier und Sachsen blieben abseits.

Münzkonvention mit den Sachsen verhandelt, die schließlich Anfang Januar 1519 zustande kam und durch welche die märkische Münze nun auch im Erzstift Magdeburg zum größten Teil ausgeschlossen wurde.[38] Parallel zu diesen Verhandlungen kam es am Rande des Augsburger Reichstages im Sommer 1518 auch in anderen Fragen zur Annäherung zwischen Magdeburg und Kursachsen, zwischen Erzbischof Albrecht und Kurfürst Friedrich. Ihre Krönung und öffentliche Bekräftigung erfuhr die neue Entente zwischen Albrecht und Friedrich durch einen fünftägigen, von Festlichkeiten umrahmten Besuch des Erzbischofs bei dem Sachsenkurfürsten vom 15. bis 20. Januar 1519.[39] Der überaus herzliche Umgangston bei jenem Treffen ist aus verschiedenen Quellen ablesbar, man tauschte sich aus über die Wittenberger Reliquien und Kunstwerkstätten des Sachsen in Verbindung mit dem großen Plan Albrechts zur Errichtung des »Neuen Stifts« in Halle. Auch in den folgenden zwei Jahren sprach Friedrich stets warmherzig über den jungen Hohenzollernsproß, an dem er großen »gefallen« hatte, von dem er erwartete, daß er »ein tröstlicher Fürst dem Reich sein« würde.[40]

Die Bedeutung jener Begegnung vom Januar 1519 ist bisher in der Literatur kaum recht erkannt worden. Tatsächlich hatte Erzbischof Albrecht hiermit eine ganz eigene politische Linie, abseits vom eifernden Konfrontationskurs des Bruders in Berlin, eingeschlagen. Auch im Hinblick auf den Erfurter Streit bedeutete dies naturgemäß Entspannung und Einlenken[41] –

38 Zu den Münzverhandlungen die ernestinischen Akten im Hauptstaatsarchiv Weimar: Reg. A 214-215, A 217-218, A 257a; *Woldemar Goerlitz*: Staat und Stände unter den Herzögen Albrecht und Georg 1485-1539. (Sächsische Landtagsakten, Bd. 1.) Berlin 1928, S. 303-320; *Georg Wilhelm von Raumer* (Hrsg.): Codex diplomaticus Brandenburgensis continuatus. Sammlung ungedruckter Urkunden zur brandenburgischen Geschichte. Bd. 1-2, Berlin 1831/33, hier Bd. 2, S. 224-226.

39 *Georg Spalatin*: Chronik für die Jahre 1513 bis 1520. Hrsg. von Alfred Kleeberg als Diss. phil. Jena 1919, S. 20f., 54; *Georg Spalatin*: Historischer Nachlaß und Briefe, Bd. 1. Hrsg. von Chr. Gotth. Neudecker/Ludwig Preller. Jena 1851, S. 46, 58, 162. Dazu die eigenhändigen Briefe Erzbischof Albrechts an Kurfürst Friedrich zwischen 20. 1. und 7. 2. 1519 im Hauptstaatsarchiv Weimar: Reg. B 523, Bl. 3-8, vgl. Bl. 2; *Kluckhohn* (Bearb.): Reichstagsakten, Bd. 1, 1893, S. 151f., 156f., 198.

40 Äußerung Friedrichs Anfang 1520 nach *Luther*: Werke (wie Anm. 1), Bd. 51, 1914, S. 537f. Zum politischen Kontext (Konferenz von Zerbst Januar 1520) vgl. *Spalatin*: Chronik (wie Anm. 39), S. 30f., 58, und *Spalatin*: Nachlaß (wie Anm. 39), S. 165. Zum regen persönlich-politischen Austausch zwischen Albrecht und Friedrich in jener Phase Belege u.a. im Hauptstaatsarchiv Weimar: Reg. B 521 und B 523.

41 Die Akten zu den sächsisch-mainzischen Ausgleichsversuchen 1519/20 im Hauptstaatsarchiv Weimar: Reg. G 240 sowie im Hauptstaatsarchiv Dresden: Loc. 9847 (Erfurtische Händel) und Loc. 9848 (Handlung ... 1520, Erfurt belangend).

ein Verhalten, für das auch aus Mainzer Sicht alle Vernunft inzwischen sprechen mußte: Wollte man nicht Erfurt sich völlig entfremden lassen und mit der Zeit, bei fehlender Unterstützung durch den Kaiser, auch die verbliebenen mainzischen Rechte hier noch verlieren, dann war die Suche nach einem Arrangement mit dem vor Ort dominierenden Kursachsen unumgänglich. Die langfristigen Mainzer Ziele verlor Albrecht dabei nicht aus den Augen.

4. Konflikt mit dem Bruder und politische Emanzipation im Kaiserwahlkampf 1519

Für Joachim war schon der sachsenfreundliche Alleingang Albrechts unerfreulich genug, doch der Höhepunkt brüderlicher Entfremdung sollte erst kommen.[42] Bereits seit Ende 1518, verstärkt dann seit dem Tod Kaiser Maximilians im Januar 1519, arbeitete der Berliner Kurfürst wieder zugunsten der Kandidatur des französischen Königs für die römisch-deutsche Königs- bzw. Kaiserkrone. Da Franz I. inzwischen im Falle seiner Wahl ihm, Joachim, die Statthalterschaft im Reich versprochen hatte, hielt Joachim es für selbstverständlich, daß auch Albrecht sich um des dynastischen Gesamtinteresses der Brandenburger willen nun dem französischen Lager anschließen müsse – gleichsam in Rückzahlung all der loyalen Förderung, die Albrecht bisher von seiten des Bruders als Chef des Hauses zuteil geworden war. Ende Januar/Anfang Februar 1519, kurz nach Albrechts Besuch in Torgau bei Kurfürst Friedrich, trafen die Brüder in Halle zusammen, um die Wahlfrage zu bereden. Albrecht wollte von der Wahlzusage für den Habsburger Karl nicht ablassen, und so kam es nach zähem Ringen zu einem Kompromiß: Da von den sieben stimmberechtigten Kurfürsten der Trierer Erzbischof eindeutig zu Frankreich neigte, Böhmen aber ebenso klar zu Habsburg und der sächsische Kurfürst sich neutral verhielt, sollte die Stellung der beiden Hohenzollernkurfürsten von der Haltung des Pfälzer und des Kölner Kurfürsten abhängig sein: Sofern diese beiden sich für Frankreich entschieden, wollte auch Albrecht zusammen mit Joachim auf diese Seite treten. Wenn dagegen Pfalz und Köln bei Habsburg blieben, sollte auch Joachim – wie schon auf

42 Zu dem ganzen folgenden Abschnitt siehe eingehend *Winterhager*: Haus Brandenburg (wie Anm. 35), passim. Ausdrücklich sei verwiesen auf die dort in extenso gegebenen Einzelbelege, auf deren Wiederholung (außer im Falle wörtlicher Zitate) hier aus Platzgründen verzichtet wird.

dem Augsburger Reichstag 1518 – gemeinsam mit Albrecht bei dieser Gruppe bleiben.

Während Joachim darauf baute, daß nach Maximilians Tod die französischen Gelder ihre Wirkung tun würden, tat sein Bruder alles, dies zu verhindern. Gleich nach dem Hallenser Treffen reiste der Kardinal nach Westen, nach Kurmainz, um hier als Reichserzkanzler die Vorbereitungen für die Kaiserwahl in Frankfurt einzuleiten. Noch von der Fahrt aus arrangierte er ein persönliches Treffen mit dem Pfälzer Kurfürsten Ludwig, zu dem es schon um den 22. Februar 1519 in Mainz kam. Ebenso nahm Albrecht durch einen Vertrauensmann, Graf Eberhard von Königstein, Kontakt zum Kölner Erzbischof auf. Mit beiden, dem Pfälzer und dem Kölner, war er sich rasch in der fortgesetzten Unterstützung für Karl von Habsburg einig, so daß alle weiteren Versuche Joachims, die beiden Mitkurfürsten doch noch für Frankreich zu erwärmen, zum Scheitern verurteilt waren. Entgegen anderslautenden Zusagen – er hatte Joachim und Friedrich von Sachsen ein allgemeines Beratungstreffen der Kurfürsten vor der Wahl in Aussicht gestellt – lud Albrecht tatsächlich Ende März nur zu einem separaten Treffen der vier rheinischen Kurfürsten in Oberwesel, bei dem – unter Ausscheren allein des Trierer Erzbischofs – der Mainzer, Kölner und Pfälzer ihren Wahlbund zugunsten Karls nur um so fester knüpfen konnten. Zwar gab es danach bis zum Vollzug der Wahl im Juni noch einiges Taktieren, weil alle drei, Mainz, Pfalz und Köln, für ihre Stimme von den Habsburgern möglichst viel an barer Münze herausschlagen wollten (es ging damals nicht anders zu als heutzutage beim Erschachern von Landesstimmen im deutschen Bundesrat), doch im Prinzip war der Wahlausgang seither klar, da mit Böhmen die vierte Kurstimme für Karl ohnehin gegeben war. Und es war vor allem der Mainzer Erzbischof gewesen, der durch rasch zupackende, zugleich weitschauende, rational überlegene Diplomatie dies Ergebnis zuwege gebracht hatte.

Kurfürst Joachim aber sah sich durch seinen Bruder ausmanövriert, ja getäuscht, und reagierte mit scharfem Gegenkurs. Wegen angeblichen Vertragsbruches der Habsburger war Joachim entgegen den Hallenser Vereinbarungen Mitte März eigenmächtig zu Frankreich übergetreten, ja mehr noch: auch im Namen seines Bruders Albrecht hatte er – unter Verwendung der vom Erzbischof vorsorglich nur für den äußersten Eventualfall ihm überlassenen Vollmachten – mit Frankreich abgeschlossen, so daß auch Albrecht sich vom Bruder gröblich hintergangen und betrogen fühlte. Da Albrecht nun sowohl mit den Habsburgern als auch – scheinbar jedenfalls – mit Frankreich abgeschlossen hatte, geriet er in eine peinliche Lage. Allzuleicht konnte der Erzbischof in den Geruch perfiden Doppelspiels kommen und alle politische Glaubwürdigkeit verlieren; er hatte guten Grund, Joachim zu zürnen. Wochenlang eilten nun zwischen beiden Brüdern die Depeschen und prominenten Gesandten hin und her. Albrecht erhob schärfsten Protest und widerrief alle von Joachim für ihn mit Frankreich getroffenen Vereinbarungen. Offen bezichtigte der Erzbischof seinen Bruder der Lüge und Verdrehung. In Oberwesel fing Albrecht Briefe Joachims an den Pfälzer und den Kölner Kurfürsten ab, um sie kurzerhand zu verbrennen. Joachim seinerseits klagte leidenschaftlich den Bruder an, daß dieser solch ungeheuren Vertrauensbruchs sich entblöde und vor allem ihn, Joachim, gegenüber Frankreich derart »in schimpf« und »spott« habe stecken lassen, nachdem er erst doch seine Vollmacht ihm gegeben habe.[43] Politisch appellierte Albrecht an den Berliner Kurfürsten, sich mit seinem verfehlten, unsinnigen Festhalten an Frankreich nicht völlig ins politische Abseits zu begeben; »mein bruder«, schrieb der Kardinal an Botho Graf Stolberg, »der will den holtzweg und handelt ubel an im selbs, deßgleichen an mir«. Gegen den Vorwurf der Überreaktion verwahrte Albrecht sich mit den für das brüderliche Verhältnis bezeichnenden Worten: Nachdem Joachim oft genug in der Vergangenheit gegen ihn, den Jüngeren, ähnliche Scheltworte gebraucht habe, meine er, Albrecht, sich in der jetzigen Lage doch einmal entsprechende Freiheiten nehmen zu dürfen. »Wiewol ich jungk und unvorstendig«, schrieb Albrecht unter Anspielung auf die steten Bevormundungsansprüche des älteren Bruders, wolle er mit Gottes Hilfe nie ehrlos handeln; »aber ein ander kehre fur seiner thur«. Von seinem hohen Roß sah der Mainzer den Bruder schon bald herabstürzen: Joachim möge sehen, »das im nicht geschee als den reutern, wenn sie meyne, sy haben den czugel ader czaum in der handt, das sy schon hinder dem gaul lygen uf der erden und haben das pferdt bei dem swantz«.[44]

Der Riß zwischen den Brüdern war bis zum Wahltag nicht mehr zu kitten. Schon bald war die hochpolitische Familienfehde im Haus Brandenburg weithin bekannt. Dabei hielt vor allem Albrecht mit seiner Polemik gegen Joachim nicht hinter dem Berg. Sowohl im Gespräch mit dem päpstlichen Nuntius als auch brieflich an Papst Leo X. selbst meinte Albrecht, sein Bruder sei ein »Narr« und werde am Ende mit beiden, mit Karl wie auch mit Franz, verfeindet sein.[45] Als im Juni 1519, im Lichte des sicheren

43 *Kluckhohn* (Bearb.): Reichstagsakten, Bd. 1, 1893, S. 576-578.

44 Erzbischof Albrecht an Graf Stolberg, Aschaffenburg 1. 5. 1518 (zum mündlichen Vortrag bei Joachim I.), abgedruckt bei *Winterhager*: Haus Brandenburg (wie Anm. 35), S. 331-334, vgl. S. 327.

45 Quellenbelege in *Winterhager*: Haus Brandenburg (wie Anm. 35), S. 328, Anm. 84.

Scheiterns der französischen Kandidatur, die mögliche Aufstellung Joachims lanciert wurde, arbeitete der Mainzer auch hier seinem Bruder entgegen; eher noch wollte er Kurfürst Friedrich von Sachsen oder Pfalzgraf Friedrich als deutschen Kandidaten akzeptieren. Derart ungewöhnlich schien den Zeitgenossen die Zwietracht zwischen den Brüdern, daß bei Papst Leo gar der Verdacht aufkam, es könne sich hier um eine Finte, um ein Täuschungsmanöver handeln. Blickt man freilich auf die jetzt genauer überschaubare Entstehungsgeschichte des Streits und stellt man die Hintergründe in Rechnung – die tiefergehenden, weit in die Jugendjahre zurückreichenden verletzten Empfindungen, den angestauten Widerwillen Albrechts gegen die herrische Dominanz des über sechs Jahre älteren Bruders –, so wird das Ganze verständlicher. Es war ein Konflikt, der schließlich im Verhältnis der Brüder neue Gewichte schuf und für die Zukunft ein eher gleichberechtigtes Verhältnis anbahnte.

Der Ausgang der Kaiserwahl bedeutete den Triumph der von Beginn an mit Nachdruck und Konsequenz von Erzbischof Albrecht verfochtenen Linie, einer alles andere als entschlußlos schwankenden, vielmehr prinzipientreu-rationalen, zielstrebigen Politik (– entgegen übrigens allen populären Vorurteilen von der Kaiserwahl 1519 als bloßem Bestechungspoker). Gegen das unkalkulierbare Risiko der Frankreich-Bindung hatte Albrecht frühzeitig erkannt, daß er zur Sicherung seiner exponierten, stets gefährdeten Herrschaft – schon um den starken, prohabsburgischen Reichs- und Stiftsadel der Grafen, Freiherren und Ritter nicht gegen sich aufzubringen – nur auf die Habsburger Karte setzen konnte. Durch die frühe, entschiedene Festlegung und das umsichtige Wirken für Karl hatte Albrecht sich den neuen Herrscher bleibend verpflichtet. Und Karl wußte sehr gut (wie die finanzielle Honorierung, aber auch seine Äußerungen aus der Folgezeit zeigen), daß er vor allem dem Mainzer und dem Pfälzer den glücklichen Ausgang der Wahl zu verdanken hatte. Im weiteren Verlauf dann war es Albrecht, der durch Fürsprache bei Karl V. dessen Ungnade gegen Joachim I. und sein französisches Abenteuer zu überwinden half. Die Rollen waren jetzt vertauscht, der früher so hochfahrende Joachim war gedemütigt und bedurfte der Vermittlung des jungen Bruders, um seinen Platz in der Reichspolitik wiederzufinden.[46] Albrecht hatte die Chance der Kaiserwahl 1519

46 *Wrede* (Bearb.): Reichstagsakten (wie Anm. 1), Bd. 2, Gotha 1896, S. 32f., 105f. Das Verhältnis zwischen Albrecht und Joachim I. blieb – bei steter Wahrung der dynastischen Grundsolidarität – auch weiterhin ein eher gespanntes; vgl. Joachims Seitenhieb (Dezember 1522) auf seinen Bruder als schwächlichen Ja-Sager, mit dem man politisch »nichts auszurichten« vermöge: *Wrede* (Bearb.): Reichstagsakten (wie Anm. 1), Bd. 3,

und die ihm hierbei als Reichserzkanzler gebotenen Handlungsmöglichkeiten glänzend genutzt: Durch souveränes Agieren war er vom wenig ernstgenommenen politischen Leichtgewicht zur politisch anerkannten Größe herangereift.

5. Ausblick: Die 1520er Jahre – Herrschaftssicherung als zentrales Ziel

Unsere Miniatur mag soweit genügen, um den Sinn des Unterfangens vor Augen zu halten: zu zeigen nämlich, daß unser Bild von Albrecht, seiner Politik und Persönlichkeit, doch wohl noch vielfältigerer Quellenerschließung und genauerer Analyse bedarf, ehe es in schärferen Konturen zu zeichnen ist.[47] Nur zwei kurze Schlaglichter als Ausblick noch, um den Facettenreichtum, die Widersprüchlichkeit zu unterstreichen. Noch auf dem Wormser Reichstag 1521 hatte das herzliche Einvernehmen zwischen Kardinal Albrecht und Kurfürst Friedrich von Sachsen Bestand; der päpstliche Legat Hieronymus Aleander stellte in jenen Monaten verwundert fest, daß Albrecht und Friedrich wie zwei zärtliche Brüder (»carissimi fratelli«) miteinander verkehrten.[48] In dieser Atmosphäre war auf der Reichsversammlung die endgültige Beilegung des Streites um Erfurt Gegenstand von Verhandlungen zwischen Sachsen und Mainz.[49] Doch kaum war Friedrich aus Worms abgereist und bot sich dem Mainzer die Möglichkeit, bei Karl V. ein schroff antisächsisches Mandat mit dem Befehl zur Wiederherstellung der Mainzer Rechte in Erfurt zu erlangen, da griff Albrecht zu.[50] Seine Unter-

Gotha 1901, S. 874. – Ein innigeres Verhältnis hatte Albrecht dagegen zu seinem Neffen, dem späteren Kurfürsten Joachim II., siehe *Schuster/Wagner*: Jugend (wie Anm. 7), S. 340-343.

47 Zu dem dringlichen Desiderat, als Grundlage für weitere Forschungen über Erzbischof Albrecht zunächst die in zahlreichen Archiven trümmerhaft zerstreuten Überreste seiner Korrespondenz zusammenzutragen, siehe *Jürgensmeier* (Hrsg.): Erzbischof (wie Anm. 9), S. 30, 56, 498.

48 *Theodor Brieger*: Aleander und Luther 1521. Die vervollständigten Aleander-Depeschen. Nebst Untersuchungen über den Wormser Reichstag. (Quellen und Forschungen zur Reformationsgeschichte, Bd. 1.) Gotha 1884, S. 26.

49 Vertragsentwürfe in: Hauptstaatsarchiv Weimar: Reg. G 240; vgl. *Burkhardt*: Erfurt (wie Anm. 14), S. 425.

50 Mandat Karls V. vom 29. 7. 1519, vgl. dazu *Weiß*: Erfurter Rat (wie Anm. 14), S. 172-174; *Herrmann* (Hrsg.): Protokolle (wie Anm. 12), S. 202f., 206, 211, 219; *Hans von der Planitz*: Des kursächsischen Rates Berichte aus dem Reichsregiment in Nürnberg 1521-1523. Bearb. von Ernst Wülcker/Hans Virck. (Schriften der Königlich Sächsischen Kommission für Geschichte, Bd. 3.) Leipzig 1899, S. 34, 116, 125f.

stützung für Karl begann sich hiermit auszuzahlen, während Friedrich von Sachsen außer sich war, bis an sein Lebensende entrüstet über die Treulosigkeit, die Verschlagenheit des Mainzers, in dem er sich so getäuscht habe: »Nu hat mich mein lebenlang«, klagte er über den Erzbischof, »kein mensch also beschissen als der pfaff«.[51] – Wir sehen: Auch zum kühl kalkulierenden Machiavellisten taugte Albrecht, wenn es nötig schien, sehr wohl.[52]

Innenpolitisch, in Kurmainz, hatte der Erzbischof sich weiterhin der Opposition des Domkapitels zu erwehren; über die Frage der Statthalterschaft und das 1522 eingesetzte Regiment gab es immer wieder neuen Hader.[53] Hier wie auch außenpolitisch und ebenso im Lutherstreit operierte Albrecht zumeist defensiv und risikoscheu, stets nur die Sicherung seiner Herrschaft im Blick. Jedoch er konnte auch zuschlagen. Vierzehn Jahre lang hatte er sich die oft scharfe Opposition und beißende Kritik des Domdekans Truchseß von Pommersfelden gefallen lassen[54], doch als dieser 1528 den Hitzfelder Vertrag mit Hessen zu sabotieren schien, war für den Erzbischof das Maß voll. Er ließ den Domdekan im Kreuzgang des Mainzer Domes, im geweihten Kirchraum, kurzerhand verhaften und zwang ihn in der Folge – gegen alle Proteste des Kapitels – zum Rücktritt. Ausdrücklich ließ dabei der Erz-

51 *Luther*: Werke (wie Anm. 40), Bd. 51, S. 538. Vgl. auch *Luther*: Werke, Abt. Tischreden (wie Anm. 1), Bd. 4, S. 392 (Nr. 4591) und Bd. 5, S. 670 (Nr. 6454).

52 In einem Schreiben an Kurfürst Friedrich vom 6. 8. 1521 aus Halle entschuldigte sich Albrecht für die Wendung vom Juli 1521 damit, daß sein Mainzer Domkapitel in das in Worms zunächst vorgesehene Ausgleichsabkommen mit Sachsen über Erfurt nicht gewilligt habe, und versicherte seinerseits weiter guten Willen, siehe Hauptstaatsarchiv Weimar: Reg. G 240, Bl. 9-9v. Bei Friedrich verfing diese Ausrede naturgemäß nicht, doch Albrecht scheint auch weiterhin die Schuld für den damaligen jähen Bruch mit dem sächsischen Kurfürsten seinem Domkapitel und speziell dem Domdekan als dessen politischem Führer zugeschoben zu haben, vgl. den – allerdings etwas dunklen – Vorwurf in der nachstehend (mit Beleg in Anm. 55) erörterten Generalabrechnung Albrechts mit Lorenz Truchseß 1528, wonach man sehr wohl sich noch der Pfeile entsinne, »domit der herz[og] von Sachsen erschossen« worden sei: *Herrmann* (Hrsg.): Protokolle (wie Anm. 12), S. 372.

53 Vgl. *Christ*: Erzstift (wie Anm. 24), S. 224-232.

54 Durch mancherlei Gnadenbeweise suchte Albrecht den widerspenstigen Domdekan immer wieder vergeblich für sich einzunehmen, siehe *Kißling*: Truchseß (wie Anm. 27), S. 24-27, 180. Einen Höhepunkt der inneren Gegensätze brachte schon die Sickingen-Fehde 1522/23, in deren Verlauf die ritterliche Partei um Truchseß das Mainzer Erzstift in arge Bedrängnis brachte; vgl. u.a. *Planitz*: Berichte (wie Anm. 50), S. 240. Über die von Erzbischof Albrecht nach der Niederlage Sickingens geäußerte schroffe Kritik am ritterlichen Adel und seiner Treulosigkeit berichtet *Decker-Hauff* (Hrsg.): Chronik (wie Anm. 5), Bd. 3, S. 50.

bischof das Domkapitel wissen, er habe »solchs für sich selbst und on rat getan«, die schwerwiegende Entscheidung zur Gefangennahme des Dekans also persönlich getroffen, ohne Befragung seiner Räte, die ihrerseits solcher Handlung gewiß »widerraten hetten«.[55] Nach dem Prozeß der Ablösung vom großen Bruder 1518/19 will der spektakuläre Gewaltakt, der »Befreiungsschlag« vom Juli 1528 fast wie eine zweite, diesmal ›innen‹politische Emanzipation des Hohenzollernbischofs erscheinen.

Welch ein reiches, widerspruchsvolles, bedeutsames politisches Leben, für das hier nur wenige Mosaik-Bausteine zu liefern waren. Wie kaum ein zweiter wäre Albrecht es wert, endlich – am besten im Zugriff interdisziplinärer Gemeinschaftsarbeit – zum Gegenstand einer umfassenden politischen Biographie zu werden.

55 *Herrmann* (Hrsg.): Protokolle (wie Anm. 12), S. 372-374; vgl. *Kißling*: Truchseß (wie Anm. 27), S. 174-196.

WERNER FREITAG

Residenzstadtreformation?
Die Reformation in Halle zwischen kommunalem Selbstbewußtsein und bischöflicher Macht*

Als im Jahre 1841 die 300. Wiederkehr der ersten lutherischen Predigt in der Marienkirche anstand, ließ es sich das hallische Bürgertum nicht nehmen, die Ereignisse des Jahres 1541 groß zu feiern. Viele Elemente, die zu einem bürgerlichen Fest des 19. Jahrhunderts dazugehörten, sind nachzuweisen: Vorbereitung durch ein Festkomitee, an dessen Spitze Ludwig Wucherer stand, Festakt in der Universität und ein Festzug mit über 1.000 Teilnehmern zur Marktkirche. Im anschließenden Gottesdienst machte der Bischof der Provinz Sachsen Dräseke deutlich, daß durch das Wirken von Justus Jonas Gott der Stadt Halle sein »Gnadenantlitz« zugewandt habe. Die »uralte weitberühmte Stadt« empfing vor dreihundert Jahren »zu dem Salz aus der Tiefe das Salz aus der Höhe ..., damit sie leuchte unter den Hauptsitzen des wiederhergestellten Evangeliums, wie eine Stadt auf dem Berge«.[1] Nach diesem Lob der Reformation aus berufenem Munde, mit dem Halle in den Worten der Offenbarung des Johannes mit dem himmlischen Jerusalem gleichgesetzt wurde, versammelte sich die Stadt Gottes auf dem Marktplatz, um den Choral von Leuthen »Nun danket alle Gott« zu singen; es folgten am nächsten Tag die Aufführung von Händels Messias und am Abend der profane Teil: ein großes Festmahl. Für die festliche Vergewisserung, daß Stadt und Reformation zusammengehörten, sorgte auch die Geschichtsschreibung: 1841 erschien das bis heute maßgebliche Werk zur Reformation von Pfarrer Karl Franke.[2]

Der Rückblick auf das Jahr 1841 fungiert, Sie werden es schon erahnt haben, als mehr oder weniger gelungenes rhetorisches Mittel, um zur aktu-

* Um Anmerkungen ergänzte Fassung meines Abendvortrags am 24. Mai 2003 im Rahmen der I. Moritzburg-Tagung in Halle (Saale). Der Vortragsstil ist beibehalten worden.

1 Die Predigt von Dräseke findet sich in: Das dritte Reformations-Jubelfest der Stadt Halle. Predigten und Reden nebst einer Beschreibung der Jubelfeier. Halle (Saale) 1841, S. 132-146, Zitat S. 146. Vgl. *Martin Schellbach*: Kampf und Sieg der Reformation in Halle. Festschrift zur 400-Jahr-Feier der Einführung der Reformation 1541-1941. Halle (Saale) 1941, S. 36-38; *Veit Mühlbach*: Die Reformationsfeiern von 1817 und 1841 als bürgerliche Erinnerungsfeste, in: Werner Freitag/Katrin Minner (Hrsg.): Vergnügen und Inszenierung. Stationen städtischer Festkultur in Halle. Halle (Saale) 2004, S. 89-98.

2 *Karl Christian Leberecht Franke*: Geschichte der hallischen Reformation. Halle (Saale) 1841.

ellen Erinnerung an die hallische Reformation und zur Forschungslandschaft überzuleiten. In der städtischen Erinnerungskultur des Jahres 2003 spielt die Reformation kaum noch eine Rolle; lediglich Ausstellung und Katalog »450 Jahre Marienbibliothek« haben in jüngster Zeit in adäquater Weise an die Epochenzäsur Reformation erinnert, wenn auch nur Teilaspekte beleuchtet.[3] Auch die hiesige stadtgeschichtliche Forschung hat sich mit der Reformation nur unzureichend auseinandergesetzt; die letzte umfassende Studie von Walter Delius stammt aus dem Jahre 1953.[4] Die Darstellungen zur Stadtgeschichte folgen nach wie vor den Mustern, wie sie die lutherisch geprägten Chroniken des 16. Jahrhunderts vorgaben[5] und 1841 von Franke erneut konturiert wurden: Konstatiert wird zwar der Übergang zum Luthertum, doch bleibt die späte Durchsetzung im Jahre 1541 erklärungsbedürftig, denn in Magdeburg war schon 1524 das erreicht, was in Halle 1541, ja teilweise erst 1546 und 1565 zum Tragen kam.[6] Und für diese späte Reformation wird dann auf einen Schuldigen verwiesen, mit dem sich die Moritzburg-Tagung beschäftigt: Kardinal Albrecht!

3 450 Jahre Marienbibliothek zu Halle an der Saale. Kostbarkeiten und Raritäten einer alten Büchersammlung. Hrsg. von Heinrich L. Nickel, mit Beiträgen von (...). Halle (Saale) 2002. Zu erinnern ist auch an den Katalog Luther und Halle. Ausstellung der Marienbibliothek und der Franckeschen Stiftungen zu Halle im Luthergedenkjahr 1996. Halle (Saale) 1996.

4 *Walter Delius*: Die Reformationsgeschichte der Stadt Halle an der Saale. Berlin 1953.

5 Es handelt sich um die »Summarische Beschreibung de anno 1514-1541«, Hauptstaatsarchiv Dresden: Loc. 8948, die ein »erbitterter« Gegner Albrechts verfaßte (*Paul Redlich*: Cardinal Albrecht von Brandenburg und das Neue Stift zu Halle. Eine kirchen- und kunstgeschichtliche Studie. Mainz 1900, S. 323 Anm. 1.), die Chronik des lutherischen Ratsherrn und Schöffen Ignatius Leuder (ebd., S. 321 Anm. 4), Marienbibliothek Halle: Hs. 155, und die Cresseschen Annalen, die der Syndikus Thomas Cresse (gest. 1636) kompilierte, Stadtarchiv Halle: Hs. A.

6 Eine neue Darstellung der Reformation in Magdeburg fehlt. Nach wie vor für die Geschehnisse 1524 von Belang *Friedrich Hülße*: Die Einführung der Reformation in der Stadt Magdeburg. Magdeburg 1883. Die grundlegende Quelle ist ediert von *Gustav Hertel*: Die ›Historia‹ des Möllenvogtes Sebastian Langhans, betreffend die Einführung der Reformation in Magdeburg (1524), in: Geschichtsblätter für Stadt und Land Magdeburg 28, 1893, S. 283-347; *Becker*: Reformationsgeschichte der Stadt Zerbst, in: Mitteilungen des Vereins für Anhaltische Geschichte und Altertumskunde 11, 1908, S. 1-220. Als erster Versuch, die Reformation in den Städten Albrechts zu beleuchten, kann angeführt werden *Ilonka Egert*: Städtische reformatorische Bewegungen in Mitteldeutschland, in: Friedhelm Jürgensmeier (Hrsg.): Erzbischof Albrecht von Brandenburg (1490-1545). Ein Kirchen- und Reichsfürst der Frühen Neuzeit. (Beiträge zur Mainzer Kirchengeschichte, Bd. 3.) Frankfurt a.M. 1991, S. 196-211.

Während er für Kirchen-, Kunst- und Landeshistoriker als Mäzen und Territorialfürst im Vordergrund steht, der mit der Residenz in Halle Kunst, Kultur, Stadt- und Sakraltopographie prägte[7], ist er aus Sicht der lokalen und regionalen Geschichtsschreibung derjenige, welcher der lutherisch gesonnenen Bürgerschaft entgegenstand.

Der Blick in die vergleichende Stadt- und Reformationsgeschichtsschreibung modifiziert dieses schematische Bild, denn diese Forschungszweige richten den Blick in die Stadt. Man stellt schnell fest, daß die späte Einführung und die langsame Institutionalisierung der Reformation in Halle keineswegs einen Sonderfall darstellen. Der Grund für diese Lesefrüchte ist, daß sich die neuere Forschung zunehmend von dem überkommenen Zugriff auf die Reichsstädte, für welche die frühe Reformation zum Normalfall stilisiert wird, löst. Schon Scribners Studie: »Warum gab es in Köln keine Reformation« von 1974 hat den Blick auf andersartige Prozesse gelenkt.[8] Ähnlich erhellend sind Studien zur Hansestadtreformation, die das Taktieren des Rates und der städtischen Eliten für die späte Einführung verantwortlich machen; jüngst hat sich Merz den Landstädten zugewandt, also jenen Städten, in denen Territorialfürsten Herrschaftsrechte ausübten.[9] Be-

7 Vgl. zu Residenz und Territorium *Michael Scholz*: Geistliche Landesherrschaft zwischen Kurbrandenburg und Kursachsen. Das Erzstift Magdeburg vom 14. bis zum 16. Jahrhundert, in: Jörg Rogge/Uwe Schirmer (Hrsg.): Hochadelige Herrschaft im mitteldeutschen Raum. Formen – Legitimation – Repräsentation. Stuttgart 2003, S. 443-465; *Ders.*: Residenz, Hof und Verwaltung der Erzbischöfe von Magdeburg in Halle in der ersten Hälfte des 16. Jahrhunderts. Sigmaringen 1988. Zu Albrecht nun auch *Ders.*: Kardinal Albrecht von Brandenburg (1490-1545). Erzbischof von Madgeburg, Administrator von Halberstadt. Renaissancefürst und Reformer?, in: Werner Freitag (Hrsg.): Mitteldeutsche Lebensbilder. Menschen im Zeitalter der Reformation. Köln 2004, S. 71-95. Vgl. zur Sozial- und Verfassungsstruktur der Bischofsstädte den Überblick bei *Franz Petri* (Hrsg.): Bischofs- und Kathedralstädte des Mittelalters und der frühen Neuzeit. Köln/Wien 1976.

8 *Robert W. Scribner*: Why was there no Reformation in Cologne?, in: Bulletin of the Institute of Historical Research 49, 1976, S. 217-241.

9 *Heinz Schilling*: Die politische Elite nordwestdeutscher Städte in den religiösen Auseinandersetzungen des 16. Jahrhunderts, in: Wolfgang J. Mommsen (Hrsg.): Stadtbürgertum und Adel in der Reformation. Studien zur Sozialgeschichte der Reformation in England und Deutschland. Stuttgart 1979, S. 235-289; *Olaf Mörke*: Rat und Bürger in der Reformation. Soziale Gruppen und kirchlicher Wandel in den welfischen Hansestädten Lüneburg, Braunschweig und Göttingen. Hildesheim 1983; *Werner Troßbach*: Unterschiede und Gemeinsamkeiten bei der Durchsetzung der Reformation in den Hansestädten Wismar, Rostock und Stralsund, in: Archiv für Reformationsgeschichte 88, 1997, S. 118-165; *Johannes Merz*: Landstädte und Reformation, in: Anton Schindling/Walter Ziegler (Hrsg.): Die Territorien des Reichs im Zeitalter der Reformation und Konfessionalisierung, Bd. 7: Bilanz – Forschungsperspektiven – Register. Münster 1997, S. 107-135.

sonders dort, wo die Herrscher ihre Residenz, Hofhaltung und Verwaltung aufbauten, taten sich Schwierigkeiten auf. Eine eigenständige Reformation habe dort nicht stattgefunden. Diese Problematik stellt sich insbesondere für Bischofsstädte in Hochstiften, also jenen Bistümern, in denen der Bischof auch die weltliche Herrschaft, allerdings austariert mit dem Domkapitel, beanspruchte. Für die Bischofsstädte Bamberg und Würzburg in den süddeutschen Hochstiften konstatiert Hans-Christoph Rublack, daß aufgrund der scharfen antireformatorischen Politik der Bischöfe die reformatorische Bewegung in Klerus und Bürgerschaft unterdrückt worden und dem Rat keinerlei Handlungsspielräume verblieben seien.[10] Für die Bischofsstädte der westfälischen Hochstifte Minden, Münster und Osnabrück kann Eike Wolgast demgegenüber zeigen, daß die dortige Reformation sich zumindest phasenweise durchsetzen konnte; allerdings stand Bischof Franz von Waldeck der Reformation nahe.[11]

Damit wird deutlich, daß der Fall Halle, nämlich der einer verspäteten Reformation in einer Residenz- und Bischofsstadt, für die vergleichende Städtegeschichte von Relevanz ist. Um den in unserer Tagung so unterbelichteten Blick in die Stadt zu wagen, lauten die Leitfragen: Warum konnte sich die Reformation »nur« verspätet durchsetzen? Was waren die institutionellen Folgen der verzögerten Reformation?

Die nachfolgenden Ausführungen sind in drei Teile gegliedert. Zunächst geht es um die Analyse der gemeinhin für die städtische Reformation bzw. für Altgläubigkeit verantwortlich gemachten Gruppen: Rat, Bürgerschaft, »Volk« und Klerus.[12] Hierbei soll geklärt werden, warum es bis 1541 keine Durchsetzung der Reformation in der Stadt gab. Im zweiten Teil werden dann die Vorgänge des Jahres 1541 betrachtet; d.h., es geht um Abläufe und Motivstränge der verspäteten Ratsreformation. Wichtig ist hierbei ein Dreiecksverhältnis, das von der Forschung immer wieder bemüht wird: Rat, Ausschuß der Bürgerschaft und reformatorische Prädikanten. Im dritten Teil geht es um einen Ausblick bis in die 1560er Jahre, dem Abschluß der Reformation. Die Schlußbetrachtung ist als Versuch konzipiert, das Phänomen Residenzstadt auch unter dem Gesichtspunkt Reformationsgeschichte typologisch stark zu machen.

10 *Hans-Christoph Rublack*: Gescheiterte Reformation. Frühreformatorische und protestantische Bewegungen in süd- und westdeutschen geistlichen Residenzen. Stuttgart 1978.

11 *Eike Wolgast*: Hochstift und Reformation. Studien zur Geschichte der Reichskirche zwischen 1517 und 1648. Stuttgart 1995, hier S. 100-109. Eine genaue Handlungsanalyse und insbesondere der Blick in die Städte erfolgten aber bei Wolgast nicht, da er den Überblick über alle Hochstifte des Alten Reiches in den Mittelpunkt stellt.

12 Vgl. zu diesen Akteuren die pointierte Zusammenfassung in *Stefan Ehrenpreis/Ute Lotz-Heumann*: Reformation und konfessionelles Zeitalter. Darmstadt 2002, S. 29-39.

I. Die sozialen Gruppen, der Rat und die Hindernisse für die Reformation

1. Klerus und Antiklerikalismus

Dezidiert oder implizit wird dem Klerus in der Stadt eine große Rolle bei der Einführung der Reformation zugewiesen. Als Promotoren der Reformation gelten, so kann man der Literatur entnehmen, die Pfarrer herausragender Bürgerkirchen und natürlich die Mönche bestimmter Klöster. Als zweite Gruppe verweist man auf die Gebildeten in der Stadt, also Humanisten oder Theologen der Universität oder anderer Bildungseinrichtungen. In diesem Zusammenhang werde ich ein weiteres Problem ansprechen: Wenn der Klerus katholisch blieb, könnte sich die Frage nach dem Antiklerikalismus in der Stadt stellen.

Ein Blick in die Stadtgeschichte von 1517 bis 1541 zeigt, daß unter Pfarrklerus und Mönchtum die evangelische Bewegung und später das Luthertum nur wenige Anhänger fand. Während in Magdeburg die Augustinereremiten und Teile des Pfarrklerus schon an der Abfassung der an den Rat adressierten Reformationsartikel 1524 teilnahmen und an der Formulierung der Kastenordnung beteiligt waren[13], ergibt sich für Halle ein anderes Bild: Die dezidiert lutherische Predigt, die zum Handeln aufforderte, die Abschaffung der Messe, die Propagierung des Gemeinen Kastens oder die Spendung des Abendmahls unter beiderlei Gestalt sind – bis auf eine Ausnahme (s.u.) – für die Pfarrkirchen nicht nachzuweisen!

Zwar berichten die hallischen Stadtgeschichten von einigen reformatorisch gesonnenen Predigern, doch ihr Wirken zeitigte keine langfristigen Folgen: Als Märtyrer der hallischen Reformation gilt der Prediger am Neuen Stift Georg Winkler, der von 1523 bis zu seiner Ermordung bei Aschaffenburg im Mai 1527 evangelisch, d.h. Schriftprinzip und allgemeines Priestertum, predigte. Auch spendete er den Hofbeamten die Kommunion unter beiderlei Gestalt. Doch eine Verbindung von Predigt und bürgerlichem Aufruhr ist nicht festzustellen. In dieser Phase tolerierte Albrecht auch Predigten, die nicht mit Kirchenkritik einhergingen.[14] Gerne wird in der Lite-

13 Führende Gestalt der reformatorischen Bewegung war der Propst des Augustinereremitenklosters Dr. Melchior Mirisch. Die Artikel und die Kastenordnung sind abgedruckt in *Emil Sehling* (Hrsg.): Die evangelischen Kirchenordnungen des XVI. Jahrhunderts, Sachsen und Thüringen nebst angrenzenden Gebieten. 2. Halbbd., Leipzig 1904, S. 448-450.

14 *Redlich*: Cardinal (wie Anm. 5), S. 319.

ratur auch auf Thomas Müntzers Wirken im Glauchaschen Zisterzienserinnenkloster verwiesen, doch zog er schon 1523 aus der Stadt.[15] Berühmte Reformatoren waren nicht in der Stadt tätig, und Luther, der im Juni 1524 in Magdeburg die Reformation mit in gemäßigte Bahnen zurückgeführt hatte, predigte in Halle erstmals am 5. August 1545.[16] Vordem hatte er sich vorrangig mit den Aktivitäten Albrechts, etwa dem Heiltum oder dem vermeintlichen Justizmord an Hans Schenitz, beschäftigt.[17] Auch seine Trostschrift an die Hallenser nach der Ermordung Winklers richtete sich vor allem gegen Albrecht.[18] Die Pfarrer der vier Pfarrkirchen blieben bis 1541 katholisch, ja der altgläubige Pfarrer Dr. Metz und der katholische Pfarrer von St. Ulrich Sauer sind bis zum Wittenberger Vertrag 1546 nachweisbar!

Entscheidend sind auch die intellektuellen Speerspitzen: War es in Köln die Universität, so in Halle das 1520 gegründete Neue Stift, das, sieht man von Winkler ab, tendenziell altgläubig blieb. Der Propst des Neuen Stifts Vehe bot sowohl als Prediger als auch als Verfechter moderater Veränderungen im Sinne humanistischer Kirchenreform, etwa der Aufnahme der Volkssprache, den Ideen Luthers Paroli.[19] Auffällig ist dabei, daß er – auch auf Geheiß Albrechts – von radikaler Polemik und Perhorreszierung der Gegenpartei Abstand nahm.

Fragt man nach den anderen religiösen Zentren der Stadt, so ist festzuhalten, daß die Bettelordensklöster der Dominikaner und Franziskaner bis 1561 Bastionen der Altgläubigkeit blieben: Von ihnen gingen keine Impulse aus. Das Diktum von Johannes Schilling »Ohne Mönchtum keine Reformation« läßt sich auf Halle nicht anwenden.[20] Diejenigen der Mönche und Stiftsherren, die mit der Kritik Luthers an außerweltlicher Askese und stellvertretendem Gebet konform gingen, wirkten nicht in Kloster und Stadt weiter, sondern zogen aus: 1523 floh der lutherisch gesonnene Propst Niko-

15 *Erich Neuß*: Entstehung und Entwicklung der Klasse der besitzlosen Lohnarbeiter in Halle. Eine Grundlegung. Berlin 1958, S. 76f.

16 Predigt vom 5. 8. 1545, in: Martin Luthers Werke, Weimarer Ausgabe (= WA). Bd. 51, Weimar 1914, S. 1-11.

17 Wider den Bischof zu Magdeburg Kardinal Albrecht (wg. Schenitz), in: ebd., Bd. 50, S. 395-431.

18 Tröstung an die Christen zu Halle über Herr Georgen ihres Predigers Tod (1527), in: ebd., Bd. 23, Weimar 1964, S. 402-431 (Drucke und Handschrift).

19 *Franz Schrader*: Michael Vehe OP (gest. 1539), in: Erwin Iserloh (Hrsg.): Katholische Theologen der Reformationszeit. T. 4, Münster 1987, S. 15-28.

20 *Johannes Schilling*: Gewesene Mönche. Lebensgeschichten in der Reformation. München 1990, S. 33.

laus Demuth aus dem Stift Neuwerk, 1526 traten weitere sechs Konventualen aus dem Augustinerchorherrenstift aus. Schon 1525 beklagten Propst und Konvent, daß »etzliche unnsers Closters personen ... zu leichtfertigen Leben unnd Ablegung geburlichs Gehorsams« durch »Irthumb, Uffrur« angeregt worden seien.[21] Das Stift wurde dann 1530 von Albrecht geschlossen. Ob die Selbstauflösung des Servitenklosters 1527 ebenfalls mit Austritten zu tun hatte oder in der desolaten Finanzlage begründet war, soll in bezug auf den Antiklerikalismus geklärt werden.

Die Reformationsforschung hat auch der Kritik am Klerus und an überkommenen katholischen Frömmigkeitsformen eine große Bedeutung für den Beginn der Reformation zugewiesen: Störung der Predigt, karnevaleske Karikatur des Gegners, verbale und gewalttätige Übergriffe sowie Spottlieder und -verse sind einige der Manifestationen, die für die »heiße« Phase der Reformation nachzuweisen sind. Vor diesem Hintergrund fällt für die Saalestadt sofort das Hallesche Heiltum ins Auge, jener Schatz von Reliquien, dessen Weisung 39 Millionen Jahre Ablaß verhieß. Zwar ist es richtig, daß nach den ersten großen Heiltumsweisungen zu Beginn der 1520er Jahre eine solch dezidiert katholische Manifestation unterblieb[22], doch war dies den Protesten Luthers und nicht etwa denen aus der Stadt geschuldet.[23] In der Stadt hören wir nichts von Widersprüchen; sie wird von der Weisung profitiert haben: Immerhin fand diese zeitgleich mit dem großen Jahrmarkt am Fest Mariä Geburt statt. Ferner gab es in Halle weder Bilder- und Klosterstürme noch tätliche Angriffe auf den Klerus, ganz im Unterschied zu Magdeburg, wo es am Festtag Mariä Himmelfahrt 1524 zum Sturm auf den Dom und zur Zerstörung von Bildern kam.[24] Lediglich einige Anek-

21 Abtretung der drei Pfarren an Kardinal Albrecht vom 29. 9. 1525, in: *Johann Christoph von Dreyhaupt*: Pagus Neletici et Nudzici oder Ausführliche diplomatisch-historische Beschreibung des ... Saal-Creyses und aller darinnen befindlichen Städte, Schlösser, Aemter etc. Halle (Saale) 1750, S. 733-735.

22 Vgl. Das Hallesche Heiltumbuch von 1520. Nachdruck zum 450. Gründungsjubiläum der Marienbibliothek zu Halle, hrsg. und mit einem Nachwort versehen von Heinrich L. Nickel. Halle (Saale) 2001, Nachwort; zu den Weisungen mit Ablaßverkündung 1520, 1521 und weiteren Weisungen 1522 und 1523 (?), bei denen aufgrund der Intervention Luthers der Kardinal auf die Ablaßverheißung verzichtete, *Scholz*: Residenz (wie Anm. 7), S. 219-222.

23 Wie bekannt unterließ es aber Luther, die Schrift »Wider den Abgott zu Halle« zu publizieren. Vgl. seinen Brief an Albrecht vom 1. 12. 1521, in: WA, Briefwechsel. Bd. 2, Weimar 1931, Nr. 442, und ebd. die Antwort Albrechts, Nr. 448.

24 Beschreibung in *Hertel*: Historia (wie Anm. 6), S. 316-320.

doten werden für die spätere Zeit in den Chroniken berichtet, die aber vielleicht auch der Siegerperspektive geschuldet sind.[25] Ob die in der Stadt verkauften Flugschriften tatsächlich den Klerus verächtlich machten, muß offenbleiben. Viele werden es nicht gewesen sein, denn Halle war kein Druckort von Flugschriften, ganz im Gegensatz zu Magdeburg, wo die in der Stadt hergestellten Schriften den Prozeß der Reformation beflügelten.[26] Immerhin warf Kanzler Türk 1531 dem Rat vor, in der Stadt den Verkauf »leichtfertiger« Drucke und schändlicher Gemälde zu dulden, worunter sich u.a. ein Gemälde befand, das Papst und Kardinal als reißende Wölfe darstellte.[27]

Statt vom Antiklerikalismus zu sprechen, müssen wir seit den späten 1520er Jahren eine allmähliche, schleichende Abkehr von einzelnen Elementen des alten Glaubens konstatieren, etwa wenn es um Meßstiftungen, gute Werke und stellvertretendes Gebet der Mönche ging. Auf dieses allmähliche Verdunsten des Katholischen deutet die Verkaufsurkunde des Servitenklosters hin. In ihr beklagten sich 1527 die Neuen Brüder, daß ihnen der Unterhalt des Klosters unmöglich gemacht werde, da Schenkungen und Almosen ausgeblieben seien. Aufgrund dieser Notlage habe man sich entschlossen, das Kloster an Albrecht zu verkaufen, der dann den Mönchen erlaubte, im Mönchshabit des Ordens und ohne Heiratsabsichten in der Diözese Magdeburg Pfarrstellen einzunehmen.[28] In den frühen 1530er Jahren wird zudem deutlich, daß offensichtlich ein Teil der Bürgerschaft lutherisch geworden war, denn man lief in benachbarte Gemeinden – Bennstedt, Brehna und Eisleben – aus, um dort das Abendmahl zu empfangen.

Halten wir fest: Einen dezidierten Antiklerikalismus gab es ebensowenig wie eine frühe Trägergruppe der Reformation innerhalb der Geistlichkeit. Deshalb nun zur Rolle von »Volk«, »Bürgerschaft« und Rat.

25 In den Forderungen der Pfarreien an Kardinal Albrecht vom Mai 1525 finden sich einige Artikel, welche die Privilegien des Klerus thematisieren. So forderte man in der Ulrichspfarre die Aufhebung der Steuerfreiheit des Klerus. Vgl. das Bekenntnis des Fechtmeisters Leonhard Ulrich zu Halle, in: *Walter Peter Fuchs*: Akten zur Geschichte des Bauernkrieges in Mitteldeutschland. Bd. 2, Jena 1942, S. 750f., hier Anm. 4 Nr. 9.

26 *Friedrich Hülße*: Beiträge zur Geschichte der Buchdruckerkunst in Magdeburg (Fortsetzung 1524/25), in: Geschichts-Blätter für Stadt und Land Magdeburg 14, 1879, S. 275-295.

27 *Franke*: Geschichte (wie Anm. 2), S. 251.

28 Ebd., S. 79f.

2. *Das Volk*

Das sogenannte Volk wird gerne als Antreiber der Reformation gesehen; ja dieses Ereignis wird bisweilen als Klassenauseinandersetzung dargestellt. Doch eine »Radikale Reformation«, die auf den Sturz des Ratsregiments abzielte und/oder chiliastische Elemente aufwies wie etwa die Täufer in Münster, gab es in Halle nicht.[29]

Die entscheidende Gruppe, die in Halle als »Volk« aufgefaßt werden kann, ist das Talvolk, d.h. jene ca. 600 bis 800 Personen umfassende Arbeiterschaft, die in den Siedekoten und an den Brunnen im Tal durch ihrer Hände Arbeit Geld und Solebezüge erwarb. Dieses Talvolk war kein einheitliches soziales Gebilde – zwischen dem Meister, der den Siedebetrieb in einem der Kote organisierte und z.T. Bürgerrecht besaß, und dem Arbeiter, der per Muskelkraft die Sole aus dem Brunnen zog, die Wagen der Salzgäste belud oder im heißen Siedekot das Salz gewann, bestand eine Kluft. Doch alles in allem: Aus dem Tal kamen keinerlei Impulse, obwohl das Hallvolk immer für bewaffnete Auseinandersetzungen gut war. Dies wußte schon Justus Jonas, der 1542 in seinem Gutachten betr. Auflösung der Klöster von dem Hallvolk als Unruheherd sprach.[30] Wir hören bis 1541 nur von dem Tumult eines Teils des Hallvolks vor der Moritzburg im Dezember 1523. Dieser Aufruhr scheint auch gegen den Rat gerichtet gewesen zu sein, weist aber keine explizit reformatorischen Bezüge auf.[31] Ansonsten sind lediglich anekdotenhafte Begebenheiten zu vermelden, die das Hallvolk mit der Reformation in Zusammenhang bringen. Es ging um die Rüge einzelner Pfarrer, aber nicht um eine Vermischung von religiöser und sozialer Bewegung.[32] 1541 fiel ein Salzwirker in Ungnade, weil er dem katholischen Pfarrer von Liebfrauen, von dem wir noch hören werden, einen Strohkranz aufs Haupt gesetzt hatte. Die Dominikanermönche zogen

29 Auch in Magdeburg gab es diesen radikalen Flügel, angeführt von dem ehemaligen Franziskaner Grauert, dem Arzt Cylops und dem Pfarrer der Ulrichkirche Dr. Weidensee. Die Pazifizierung dieser Bewegung beruhte auf dem Bündnis von Rat und lutherisch gesonnenen Pfarrern/Mönchen. Vgl. hierzu aus marxistischer Perspektive *Hans Otto Gericke*: Städtische Volksbewegungen in Magdeburg 1524/25, in: Nordharzer Jahrbuch 7, 1978, S. 27-31.

30 D. Justi Jonae Bedencken: Ob die Clöster zu Halle abzuschaffen oder nicht?, in: *Dreyhaupt*: Pagus (wie Anm. 21), T. 1, S. 982-986, hier S. 983f.

31 *Neuß*: Entstehung (wie Anm. 15), S. 79; *Ders.*: Ein Aufstand der halleschen Bürger im Jahre 1521, in: Hallesches Monatsheft August 1954, S. 20-25. Vgl. die Verhörprotokolle über den Aufstand vom 28. 12. 1523, in *Fuchs*: Akten (wie Anm. 25), S. 218 Anm. 1.

32 Noch 1524 kam es zur Gründung einer Marienbruderschaft der Salzwirker an St. Moritz; *Neuß*: Entstehung (wie Anm. 15), S. 83.

nach der Schließung des Neuen Stiftes mit Freude wieder zurück in ihre Kirche, weil an der Moritzkirche der Spott der Talarbeiter zu groß war.

Entscheidend dafür, daß im Unterschied etwa zu Magdeburg und Zerbst das Volk nicht in Erscheinung trat, ist der Einklang von Talarbeiterschaft und Pfännerschaft. Dies war im Rahmen des Stadtkonflikts 1478 deutlich geworden, als das Hallvolk die Pfänner gegen Innungen und Gemeinheiten mit Waffengewalt verteidigte.[33] Solange also die Pfänner katholisch blieben bzw. taktisch zur Ruhe gemahnten, fiel das Hallvolk als Speerspitze der sozialen und reformatorischen Bewegung aus.

3. Die Bürgerschaft: Patriziat, Innungen und Gemeinheit

Der Begriff der Bürgerschaft kann rechtlich verstanden werden, mir geht es aber um die sozialen Gruppen, die sich unter Patriziat und Mittelschicht, etwa Handwerker und Händler, fassen lassen.

Schauen wir uns die Spitze der hallischen Stadtgesellschaft an: Die Oberschicht in Halle erlebte seit den 1480er Jahren und dann nochmals seit Einrichtung der Residenz charakteristische Wandlungen. Das Ende des Stadtkonfliktes 1478 bedeutete, daß die soziale, ökonomische und politische Vorherrschaft des Salzpatriziats, das sich in Halle Pfännerschaft nannte, ihr vorläufiges Ende fand. Die Pfänner verloren ihre Sitze im Rat, hatten erhebliche Vermögensabgaben an den Erzbischof Ernst zu zahlen, womit dieser wie bekannt die Moritzburg finanzierte. Doch schon wenige Jahre später sehen wir die Pfänner wieder im Besitz ihres Siedemonopols und finden sie im Zwölferrat, dem engen Rat, vertreten. Auch stellten sie wieder einen der zwei Ratsmeister.[34] Für die Patrizier waren jedoch die Geschehnisse von 1478 insofern traumatisch, als Ernst sie wegen Felonie angeklagt und zur Abgabe eines Viertels ihrer Lehnsgüter gezwungen hatte.

33 Ein Sachverhalt, der bisher nicht berücksichtigt worden ist. Vgl. die Beschreibung bei *Julis Opel* (Bearb.): Denkwürdigkeiten des Hallischen Rathsmeisters Spittendorff. Halle (Saale) 1880, S. 385, 389. Vgl. auch *Gustav Friedrich Hertzberg*: Geschichte der Stadt Halle an der Saale im Mittelalter. Halle (Saale) 1889, S. 471f.

34 Dieses Wiedererstarken der Pfännerschaft betont auch *Manfred Straube*: Lehensträger und Eigentümer von Solegütern der Salinen zu Halle, vornehmlich im 16. Jahrhundert, in: La sal: del gusto alimentario al arrendamiento de salinas. Congreso international de la CIHS Granada, 7.-11. Septiembre 1995, o.O. 1995, S. 343-358; vgl. auch *Werner Freitag*: Halle: eine Salzstadt des Mittelalters, in: Ders./Heiner Lück (Hrsg.): Halle und das Salz. Eine Salzstadt in Mittelalter und Früher Neuzeit. Halle (Saale) 2002, S. 15-36.

Auffallend ist, daß wiederholt Patrizier anderer Städte nach Halle zogen und in die Pfännerschaft aufstiegen, d.h. das Siederecht beanspruchen konnten und Ehrenämter in der Talverwaltung einnahmen. Die Familie des Hans von Schenitz ist hierfür das berühmteste Beispiel. 1481 erwarb Martin von Schenitz, Sohn eines Leipziger Kaufmanns, das hallische Bürgerrecht, verheiratete sich in zweiter Ehe mit Katharina Drachstedt, einer Tochter eines ehrwürdigen Pfännergeschlechts. Der Blick in die Genealogie der Schenitz macht aber noch einen zweiten Wandlungsprozeß deutlich, denn Gelehrtentum und Pfännerschaft verschmolzen und machten sich auch in der Stadtverwaltung bemerkbar[35]: Der Onkel von Hans, Johann, zog ebenfalls nach Halle. Der Jurist wurde Syndikus der Stadt Halle und heiratete mit Cordula Prellwitz eine Pfännertochter. Das Studium von Hans Schenitz veranschaulicht, daß aus der Stadt der Weg in Hof- und Verwaltungsdienst der Erzbischöfe gesucht wurde; Loyalitäten zu Albrecht werden so gewachsen sein. Der erste Kanzler Albrechts war der Pfännersohn Dr. Laurentius Zoch, 1514 bis 1524 im Amt. Dr. Philipp Drachstedt steht ebenfalls für den Weg zum Hof, denn er war von 1535 bis 1540 erzbischöflicher Rat von Haus aus. Auch Dr. Heinrich Ebershausen, bis 1528 Syndikus der Stadt Halle und in den 1530er Jahren gelehrter Rat, changierte zwischen Stadt und Residenz. Auch eine weitere soziale Spitzengruppe der Stadt wird wegen ihrer Verflechtungen mit dem katholischen Erbauer der Residenz ein Hemmnis der Reformation gewesen sein: Spitzen der Albrechtschen Verwaltung bezogen Wohnung in der Stadt, sie selbst oder ihre Kinder erhielten Bürgerrecht. Dr. Christoph Türk, seit 1524 Kanzler, kaufte sich 1527 ein Haus in Halle; er erhielt als Dienstlehen Sole, für deren Versiedung er die Dienste der Pfänner in Anspruch nehmen mußte.[36] Natürlich zählten auch Hofbedienstete zu dieser neuen Gruppe. Hier kann auf die Ärzte, Musiker und Künstler hingewiesen werden. Der Seidensticker Hans Plock, gebürtig aus Mainz, soll hier stellvertretend erwähnt werden. Zusammen mit seinem Bruder Peter, einem Goldschmied, zog er von Mainz, wo er schon in Diensten Albrechts stand, nach Halle, beide erwarben 1525 das Bürgerrecht. Seine Perlenstickereien – zu sehen auf Grünwalds Erasmus-Mauritius-Tafel – und sein Perlenaltar für das Neue Stift sind berühmte Zeugnisse für seine Kunstfertigkeit.[37]

35 *Hermann Rauchfuß*: Hans von Schenitz, in: Hallischer Kalender 1917/18, S. 42-52.

36 Zu all diesen Personen vgl. *Scholz*: Residenz (wie Anm. 7), S. 56-65.

37 *Konrad von Rabenau*: Der Seidensticker Hans Plock und seine deutsche Bibel von 1478 in der Marienbibliothek, in: Marienbibliothek (wie Anm. 3), S. 81-93.

Halten wir fest, daß es, solange wir auf der sozioökonomischen Ebene argumentieren, handfeste Gründe für die soziale Spitzengruppe der Stadt, Pfänner, Kaufleute, Juristen und Hofbediente, gab, Loyalität gegenüber dem Erzbischof zu zeigen, dem man ja auch in der Huldigung entsprechende Zusagen gemacht hatte.

Demgegenüber fällt es für Halle schwer, die Mittelschicht, organisiert in Innungen und Gemeinheit, zu bestimmen. Hinzu kommt, daß die hallische Gemeinheit nach 1478 auch Salzpatrizier umfaßte. Erst 1541 geraten die Innungen und die Gemeinheit als handelnde Partei in den Blick. Den Handlungs- und Organisationsrahmen gaben dabei die vier Kirchspiele der Stadt ab. Doch ist festzuhalten, daß es in den 1520er und 1530er Jahren mit einer Ausnahme keine Aktivitäten gab: Im April und Mai 1525 richteten die Pfarren an Kardinal Albrecht, der in der Moritzburg weilte, Artikel, die das religiöse Leben betrafen. Die Pfarre Unser Lieben Frauen forderte, »das diesse gemeine der stadt Halle zusampt allen iren inwohnern nicht furder ader wider das gebott gottes und alle biblischen lere belestiget ader gedrungen were«. Ferner ging es um das Pfarrwahlrecht, »christlich schulen« und die Kommunion »in beider Gestalt«. Die Ulrichspfarre verlangte zudem einen Gemeinen Kasten.[38] Diese Punkte waren verknüpft mit sozialen Forderungen, etwa daß die reichen Pfänner nicht mehr brauen durften. Entscheidend ist nun, daß der Ansprechpartner der Forderungen und des Protestes Kardinal Albrecht und eben nicht der Rat war. Dieses beruhte auf einem geschickten Schachzug Albrechts, denn er ließ die »gemeine beider pfarren« von St. Gertrud und Unser Lieben Frauen auf dem Kirchhof zusammenkommen, beteuerte zunächst, daß er trotz der Bedrohung durch die Bauernheere in Halle bleiben werde, und ließ Kanzler Dr. Laurentius Zoch, Sohn eines Pfänners, empfehlen, daß Innungen und Gemeinheit sich beraten sollten. Nach dem Erhalt der religiösen Forderungen spielte Albrecht auf Zeit und konnte nach der Niederlage der Bauern bei Frankenhausen ablehnend reagieren und einige der Aufrührer von 1523, aber auch der Wortführer von 1525 verhören und z.T. bestrafen.[39]

38 *Fuchs*: Akten (wie Anm. 25), Nr. 1345, Forderungen der Marienkirche, Nr. 1345 S. 216f.; Ulrichskirche, Nr. 1962 Anm. 1. Über die Forderungen der Gertrauden- und Moritzpfarre gibt es Hinweise in dem Verhör des Baccalaures Erbesmann aus der Gertraudenpfarre. Ebd., Nr. 1989.

39 *Neuß*: Entstehung (wie Anm. 15). S. 81f.; *Delius*: Reformationsgeschichte (wie Anm. 4), S. 37f. Vgl. die Verhörprotokolle in *Fuchs*: Akten (wie Anm. 25), Nr. 1956-59, 1961-3, 1988f.

In der Folgezeit verloren Innungen und Gemeinheit die Fähigkeit zu kollektivem Handeln. Dies war aber nicht nur der Repression Albrechts geschuldet. Vielmehr bestand in Halle ein außerordentlich flexibler Rahmen für die Teilhabe von Innungen und Gemeinheit am politischen Geschehen, so daß potentielle Forderungen direkt in den Rat einflossen. Denn die Meister der Innungen und die Bürger, die nicht Mitglied der Innungen waren und sich in Form der vier Kirchspiele als Gemeinheit organisierten, waren seit den sozialen Auseinandersetzungen 1427/34 und 1478 am Rat beteiligt: Zum Zwölferrat, dem ja auch Innungsmeister und Gemeinheitsbürger angehörten, kamen aus den vier Vierteln je zwei Vertreter und aus den sechs Innungen je ein Meister hinzu, um bei »merklichen Sachen« gehört zu werden. Sie sollten für der Stadt Bestes, allerdings »niemals wieder unseren herrn«, so die Willkür von 1482, handeln.[40] Und die nachfolgend skizzierten Übereinkünfte mit Albrecht waren dann auch von Innungen und Gemeinheit gestützt.

Erst allmählich wurde der Rat, d.h. auch der weite Rat, mit lutherischen Ratsherren besetzt, d.h., Innungen und Gemeinheit konnten so Mitsprache in religiösen Streifragen ausüben. So scheinen bei der Kooptation 1533 sechs von 26 und 1534 bereits 17 von 26 Ratsherren Lutheraner gewesen zu sein. Doch Albrecht verwies einige von ihnen aus der Stadt, im übrigen ein für Landesherren nicht untypisches Mittel, wie Rublack für andere Bischofsstädte nachweist.[41]

4. Der Rat

Unabhängig von dem Eingreifen des Erzbischofs ist die Frage zu stellen, warum der Rat bis 1541 keinerlei Initiative zur Einführung der Reformation unternahm. 1523 und 1525 war ja, wie erinnerlich, der Rat nicht Ansprechpartner, sondern der Erzbischof.

Die Positionen, aus denen die Forschung die Stellung des Rates und die Motive der sog. Ratsreformation beleuchtet, sind naturgemäß verschieden. Die Forschung zur Reformation in den Reichsstädten konstatiert jedoch übereinstimmend für den Rat das Bemühen, die Sakralgemeinschaft des Spätmittelalters zu erneuern oder erst zu vollenden. Wendet man das

40 Abdruck der Willkür in *Dreyhaupt*: Pagus (wie Anm. 21), T. 2, Nr. 427 S. 310-321, hier S. 311.

41 Schilderung bei *Franke*: Geschichte (wie Anm. 2), S. 113-119.

Argument auf die Residenzstadt eines Hochstiftes an, so wird deutlich, daß der Einsatz des Rates in der ersten Phase geradezu von dem Bemühen gekennzeichnet, die Sakralgemeinschaft zu optimieren, d.h., kirchliche Privilegien zu mindern und Patronate zu kommunalisieren. Struktureller Widerpart der Stadt war das Kloster Neuwerk, dem drei der vier Pfarrkirchen inkorporiert waren, das die Patronatsrechte und die Schulhoheit besaß, mit Mühlen in der Stadt den Mühlenbann ausübte sowie die geistliche Iurisdiktion innehatte. Noch 1524 stritten die Neuwerker Augustiner-Chorherren mit dem Rat, weil ein Kaplan des Klosters vom Stadtknecht ins Rathaus gefordert und dort in das Stadtgefängnis geworfen wurde; eine »ungesetzliche und unerhörte Gewalt wider alle Privilegia«, so die Neuwerker.[42]

Die Maßnahmen, die Kardinal Albrecht im Zuge seines Ausbaus der Residenz traf, berührten auch Kernanliegen der Stadt. Das Neue Stift schränkte die überkommenen Rechte von Neuwerk ein. Schon bei Errichtung des Stifts 1520 gab es Unterstützung seitens des Rates: Der Zuschuß, den die Stadt dem Neuen Stift am 14. Juli 1520 zu gewähren versprach, führte zu handfesten Vorteilen, die wir aus der vergleichenden Städtegeschichte des Spätmittelalters kennen: Die Stadt erhielt das Präsentationsrecht für die sechzehn geplanten Vikarien, von denen sie acht mit »Burgern und iren Kindern« besetzen durfte. Ferner bestätigte Albrecht, daß die neue Einrichtung dem städtischen Gewerbewesen keine Konkurrenz machen werde. So durften die Stiftsangehörigen weder brauen noch ausschenken, keine Häuser erwerben und kein Getreide verkaufen.[43] 1525 übertrug das Kloster Neuwerk dem Neuen Stift die Archidiakonatsrechte in der Stadt und im Saalkreis sowie die Patronatsrechte an den hallischen Pfarrkirchen.[44] So war es folgerichtig, daß der Rat am 26. Juli 1529 erklärte, er werde die Stiftskirche als oberste Kirche der Stadt halten.[45] Sie sei »eyne Muter und oberst Heuptkirche aller Kirchen und Closter zu Halle«. Dieser Wechsel wurde positiv bewertet. Denn die Pfarrer der drei Kirchen sollten zwar Mitprälaten und Kanoniker des Stifts sein, aber für die Seelsorge weiterhin zur Verfügung stehen. Ferner gelobten die Ratsherren, daß sie »nach todtlichen Abgangk unser begrebnus bey derselben haben«. In diesem Zusammenhang erteilte

42 Ebd., S. 63f., Zitat S. 64 Anm. 1.

43 Vertrag zwischen Kardinal Albrecht und dem Rat vom 14. 7. 1520, in: *Dreyhaupt*: Pagus (wie Anm. 21), S. 888-891.

44 Ebd., S. 733-735 (Abtretung vom 29. 9. 1525).

45 Des Raths zu Halle Verschreibung, dass die neufundierte Stiffts-Kirche für die Haupt und oberste Kirche soll gehalten werden, 26. 7. 1529, in: *Dreyhaupt*: Pagus (wie Anm. 21), T. 1, S. 910f.

der Rat die Genehmigung, die beiden Kirchen am Markt zusammenzulegen, wobei Albrecht gestattete, die Schulen zu vereinen.

Der Rat versprach dann

> »mit gantzen Ernste unsers hochsten Vermogens darober halten, das in den Pfarrkirchen alle gotliche Amte und Ceremonien mit singen, lesen, circuiren und andern, alles nach alter loblicher, christlicher Ordnung unnachlessig gehalten«

werden. Den Offizial des Erzbischofs wolle man in seinem Amt unterstützen – dieser aber war zu der Zeit Thomas Querhammer, ein Bruder des hallischen Ratsherrn und Pfänners. Der hier ersichtlichen Kooperation mit Albrecht zu beiderseitigem Nutzen folgten noch weitere Arrangements: War es beim Neuen Stift der religiöse Nutzen, so war die Verlegung des Cyriakus-Hospitals eindeutig materiell bestimmt. Das 1341 von der Bürgerschaft gegründete Hospital lag für Albrecht zu nahe am Neuen Stift: Der Kirchhof und das Krankenhaus seien, so der Vergleich von 1529, Ursache »bosen Geschmacks, ... feuers nothen« und »pestilentzischen Zeiten«. Und zweitens benötigte der Kardinal das Areal des Hospitals zur Erbauung der Neuen Residenz. Was dann »Ratmann, Meistere der Innungen und Gemeinheit der Stadt Halle« zur Zustimmung veranlaßte, wird im Revers vom 28. Juli 1529 deutlich, denn es war »von hochgedachten unsern gnedigsten Herrn Uns und gemeiner Stadt Halle, Gnade und Wohltat erzeiget«. Diese bestand darin, daß der Erzbischof die »Mohlen« der Stadt übereignete. Dafür gaben sie »frey eigenthumblich den ganzen Raum desselbigen Hospitals« und versprachen, das Gebäude auf Kosten der Stadt abzubrechen. Diese Mühlen aber, ursprünglich Neuwerk gehörig, waren lukrativ wegen des Mühlenbannes und auch wegen der Wasserzuleitung. Damit war ein seit dem Spätmittelalter schwelender Konfliktherd beseitigt, der noch 1525 virulent war, als die Bürger die Mühlen von Albrecht eingefordert hatten.[46]

Der Rat behielt zwar einen Zugang zum Klaustor, aber er werde »die fenster auf demselbigen thore vermauern und vormachen, ..., das man in unsers gnedigsten Herren Behausung, Hoff oder Garten davon nicht sehen

46 Zu den Mühlen vgl. *Willy Kriegenburg*: Das hallische Mühlengewerbe. Geschichtliche Entwicklung und wirtschaftliche Lage. Halle (Saale) 1907, S. 9-25; *Rudolf Schranil*: Stadtverfassung nach Magdeburger Recht. Magdeburg und Halle. Breslau 1915, S. 299f.; *Fuchs*: Akten (wie Anm. 25), Nr. 1345 S. 217f.: Forderungen von Innungen und Gemeinheit vom Mai 1525 (Pfarre), Nr. 1989 S. 784: Bekenntnis des Baccalaureus Erbesmann.

moge«. Ferner wurde versprochen, einen Kirchhof auf dem Martinsberg zu errichten und dafür zu sorgen, daß »die Schwein mastung und stelle ihres Gestancks und Unlustens halber bynnen der Stadt abgestelt« werde.[47] Auch zwei Jahre später, d.h. im Jahr 1531, kam der Rat dem Kardinal entgegen, der aus militärischen Gründen die Ulrichskirche in das leerstehende Kloster der Serviten überführen wollte; es war das gleiche Jahr, in dem Albrecht ostentativ die Ratsherren zur Osterkommunion unter einer Gestalt aufforderte.[48]

Dieses gegenseitige Geben und Nehmen hielt sich seitens des Rates bis 1541: So sind noch die Erlasse am Ende der 1530er Jahre in bezug auf die Bücherzensur oder das auf Geheiß Albrechts erfolgte Ratsmandat betreffend Durchsetzung der Sonntagsruhe auf dem Markt zu nennen.[49]

II. Der Ausbruch der Reformation und die Politik des Rates

Bis 1541 wurden Wünsche von seiten der Stadtbürger, den lutherischen Gottesdienst einzuführen und das Abendmahl unter beiderlei Gestalt zu empfangen, nicht an den Rat herangetragen. Es gab keine religiöse und keine soziale Bewegung, die auf den Wandel der Kirche hinarbeitete. Der Rat selbst stand unter dem Druck des Kardinals, der immer wieder Demonstrationen der Rechtgläubigkeit, etwa die Kommunion unter einer Gestalt, verlangte.[50] Erst im Frühjahr 1541, als Kardinal Albrecht das Stift Magdeburg für immer verließ, änderte sich die Situation: Jetzt sehen wir ein Institut auf den Plan gerufen, das die diffusen Wünsche der Bürgerschaft bündelte. Diese Einrichtung ist der aus der vergleichenden Stadtgeschichte des Spätmittelalters und der Reformationsforschung wohl bekannte Ausschuß, der je nach Stadt Antreiber oder Partner des Rates war.

Mit der Zusage des Rates auf dem Landtag zu Calbe 1541, sich an der Schuldendeckung Albrechts mit 22.000 Gulden zu beteiligen, war der Bürgerschaft das Faustpfand in die Hand gegeben worden, um den Rat zur lutherischen Reformation zu zwingen[51] – also genau das, was in Magdeburg

47 Abdruck in *Friedrich August Eckstein*: Geschichte des Hospitals S. Cyriaci zu Halle. Halle (Saale) 1841, S. 19-21.

48 *Franke*: Geschichte (wie Anm. 2), S. 102-106.

49 *Redlich*: Cardinal (wie Anm. 5), S. 324.

50 Ebd., S. 119ff.

51 Vgl. hierzu *Franz Schrader*: Was hat Kardinal Albrecht von Brandenburg auf dem Landtag zu Calbe im Jahre 1541 den Ständen der Hochstifte Magdeburg und Halberstadt

als Zusammengehen von Rat und Bürgerschaft schon 1524 gefaßt werden kann. In Halle mußte der Rat entsprechend den Willküren die Bürger über die Geldsorgen informieren, worauf die Bürger um ein Gespräch baten, was dazu führte, daß in Verbindung mit den Gemeinheitsmeistern des weiten Rates ein Ausschuß gebildet wurde, dem je acht Vertreter der vier Pfarreien angehörten – wohl eine Erinnerung an die Achtmannen, die im Spätmittelalter für die Kirchenfabrik mit zuständig gewesen waren.[52] Unter den 32 Vertretern – später ist von 30 die Rede – befanden sich Handwerksmeister und Patrizier, selbst ehemalige Ratsmeister. Die Vertretungsmacht des Ausschusses war durch Schwur konstituiert und festgezurrt, die Gemeine hatte ihm den Befehl gegeben, keine Kompromisse zu machen, und die Mitglieder hatten zu versprechen, »hart und fest bei dem wort gottes (zu) stehen«. Der Ausschuß sollte den Rat dazu bringen, lutherische Prediger und Schulmeister einzusetzen, nur dann war die Bürgerschaft bereit, die Steuerlasten zu tragen.[53]

Das hinhaltende Taktieren des Rates gegenüber diesen Forderungen macht das Dilemma der Ratsherren deutlich: Dem nun im Stift Mainz weilenden Erzbischof und seinem in Halle für ihn handelnden Statthalter Johann Albrecht von Brandenburg-Ansbach sollte bei allen Maßnahmen deutlich werden, daß das Vorgehen des Rates nicht gegen sie als die weltliche Obrigkeit gerichtet sei; die Angst vor Repression, die ja aufgrund der Mißachtung erzbischöflicher Weisung nicht abwegig war und vor dem Hintergrund der Regimentsordnung und der Vereinbarungen von 1529 zu sehen ist, war berechtigt, und die Gefahren wurden auch im Ausschuß und im Kirchspiel St. Moritz ähnlich gesehen. Der Rat ermahnte den Ausschuß, »doch nicht so geschwinde mit dem kopf herdurchgehen«. Und nur nach der Rückversicherung, daß, wenn der Rat sich das Mißfallen des Kardinals und des Statthalters zuzöge, die »Gemeine ihm einen beistand tun« würde, stimmte er einer

versprochen?, in: Ecclesia militans. Studien zur Konzils- und Reformationsgeschichte. Remigius Bäumer zum 70. Geburtstag gewidmet, Bd. 2: Zur Reformationsgeschichte. Paderborn 1988, S. 333-361.

52 Eine ausführliche Schilderung der Vorgänge auf der Basis der Cresseschen Annalen findet sich in *Delius*: Reformationsgeschichte (wie Anm. 4), S. 70-77, Wiedergabe der Chronik ebd., S. 144-152.

53 Daß der Ausschuß tatsächlich den Rat zum Handeln zwang, wird auch an dem Bericht des Statthalters, Markgraf Johann Albrecht von Brandenburg an den Kardinal, vom 10.4. 1541 deutlich. Abdruck in *E. Ausfeld*: Aktenstücke zur Geschichte der Reformation in Halle, in: Geschichts-Blätter für Stadt und Land Magdeburg 34, 1889, S. 163-189, hier S. 164-177.

Deputation zu, die nach Leipzig geschickt wurde, um Prediger nach Halle zu holen.[54] Ihr gehörten vier Vertreter an, zwei vom Rat, zwei vom Ausschuß. Die beiden Deputierten des Rates waren katholisch, bei den beiden Lutheranern des Ausschusses handelte es sich um ehemalige Ratsherren.

Auch die nach einigen Verwirrungen dann stattfindende Installation von Justus Jonas zeigt, daß der Rat in mehrfacher Hinsicht Rücksicht auf den Kardinal nahm. Zum ersten: Jonas wurde aufgetragen, zunächst für »zwei Monate oder länger« für den Predigtdienst zu bleiben, d.h., die Kommunion noch nicht unter beiderlei Gestalt zu spenden. So predigte Jonas am Karfreitag, dem 15. April 1541, erstmals in der Marienkirche; erst am 28. April erfolgte auf Initiative von Jonas das erste Mal die Spendung des Abendmahls unter beiderlei Gestalt.[55] Zum zweiten wird die Rücksichtnahme auf den Kardinal an der Position von Jonas deutlich. Er wurde nicht auf die Pfarrstelle der Marienkirche berufen – diese hatte nach wie vor der Katholik Dr. Matthias Metz inne –, sondern auf die dortige Predigerstelle (!)[56], eine Pfründe, die Nikolaus Schildberg 1504 gestiftet hatte[57] und für deren Verwaltung Rat, Testamentsrektor und Kirchväter zuständig waren. Es waren dann der katholische Caspar Querhammer, der als Kirchvater der Marienkirche, Testamentsrektor und Ratsmeister zugleich tätig wurde, sowie die

54 Zitate *Delius*: Reformationsgeschichte (wie Anm. 4), S. 145f., 148f.

55 Vgl. zu dem Folgenden die Berichte von Justus Jonas in: Der Briefwechsel des Justus Jonas, bearb. von *Gustav Kawerau*. 2. Hälfte, Halle 1885, Nr. 557, Jonas an Fürst Georg von Anhalt am 16. 4. 1541: »cum ... pervenissem Hallim, mox mane die coenae domini missi sunt ad me quatuor honesti viri (d.h. Gründonnerstag, 14. April), duo nomine senatus, duo nomine totius plebis et populi Hallensis et rogarunt me, ut ad duos menses manerem vel diutius hic docturus evangelium. Deinde sexta passionis domini vocatus sum ad praetorium ad comparendum coram toto senatu praesentibus consulibus iam regentibus Querhammer et Ockel, reliquis dominis, qui per d. doctorem syndicum renovarunt hanc vocationem (!). ... Die parasceves (Karfreitag, 15. April) hic primam habui contionem coram maxima multitudine, hominibus, cum ego ingrederer templum, complicantibus manus et voce acclamantibus Deo gratias. Moderate omnia initio dixi, hortatus ad obedientiam potestatis summae suae et magistratuum, et orationem.«

56 Dieser Sachverhalt ist bisher nicht beachtet worden. Er ergibt sich aber eindeutig aus dem Brief des Statthalters Markgraf Johann Albrecht von Brandenburg an den Kardinal vom 10.4.1541; vgl. *Ausfeld*: Aktenstücke (wie Anm. 53), S. 169f., 172f., »Annehmung des Predigers« an der Marienkirche sei Sache der Kirchväter, des Pfarrers, des Rates und der Testamentsrektoren. Neuwerk hätte vordem keine Eingriffe gehabt. Der Pfarrer von Unser Lieben Frauen wurde aufs Ratshaus bestellt, daß »er in den geliehenen Prediger auch willigen wolte«, doch wurde ihm sofort bedeutet, daß für Jonas »der mehrer Theil der Stimmen« vorhanden sei. Daraufhin geriet Metz in »Zorn und kein richtige Antwort geben wollen«.

57 *Hertzberg*: Geschichte (wie Anm. 33), S. 520f.

Ratsherren bzw. Kirchväter Kurbauch, Ockel und Sauermann, die Jonas formal für das Amt vocierten. Querhammer und der katholische Ratsmeister Ockel installierten ihn im Anschluß. Nichts wurde usurpiert – alles verlief in Bahnen, die den Konflikt verhindern sollten. Der Freude der lutherisch gesonnenen Bürger und Einwohner taten diese Kompromisse keinen Abbruch: Als Jonas »vor einer großen Menge«, die er noch nie so zahlreich in einer Stadt gesehen hatte, predigte, »falteten die Menschen die Hände zum Gebet und riefen Gott ihren Dank zu«.[58] »Unter Tränen beteten Alte, Männer, Mütter; sie alle waren fromm und dürsteten sehr nach dem Wort Gottes.«[59] Dem in Regensburg weilenden Kardinal, der Halle ja auf ewig den Rücken gekehrt hatte, bedeutete man wenige Tage später, daß er allen Ständen des Stifts das Evangelium gestattet habe und die Stadt Halle ihm, dem Erzbischof und Kurfürsten »so viel gethan hätte und noch thäte, als irgend eine Stadt im ganzen Reiche bei ihrem Fürsten und Herrn thäte, und wollten auch solchees hinfort thun nach ihrem besten Vermögen«.[60]

Damit wird deutlich, daß die Einführung von lutherischer Predigt und des Abendmahls unter beiderlei Gestalt aus dem Zusammengehen von lutherischem Ausschuß und gemischtreligiösem Rat erwuchs. Der Rat wußte um die religiöse Mehrheit in der Stadt, hatte also um des Stadtfriedens willen die religiöse Veränderung durchzuführen. Er vermied alles, was auf Konflikt mit dem Landesherrn hinauslief. An dieser Grundtendenz sollte sich auch in den Jahren von 1541 bis 1565 nichts ändern.

III. Langsame Institutionalisierung

Für Halle ist die Reformation der kleinen Schritte entscheidend, diese wurde zudem unterbrochen durch die Besetzung durch Herzog Moritz von Sachsen im Gefolge des Schmalkaldischen Krieges. Erst als der Landesherr in Gestalt des Erzbischofs Sigismund sich 1561/1566 zum Luthertum bekannte, fand die Reformation ihren Abschluß, allerdings mit dem entscheidenden Unterschied zur Fürstenreformation, daß der Erzbischof kein

58 Siehe hier Anm. 55.

59 Brief an Georg Forchheim, siehe *Kawerau*: Briefwechsel (wie Anm. 55), Nr. 558, vom 17. April, Ostersonntag: »Hic Hallis hodie concionatus sum coram multidudine tanta, quantum vix in ulla urbe vidi, comprecantibus, illachrymantibus, senibus, viris, matronis, omnibus piis et valde sitientibus verbum.«

60 Schreiben des Rats an den Statthalter, zitiert nach *Franke*: Geschichte (wie Anm. 2), S. 143.

landesherrliches Kirchenregiment mehr aufbauen konnte.[61] Betrachten wir zunächst die Strukturen und Ereignisse nach dem Kommen von Jonas.

Zwar war die Mehrheit der Stadt für das Luthertum, doch hingen Ratsmeister, weitere Ratsherren, die Pfarrer sowie die Bettelorden weiterhin dem katholischen Glauben an. Der Rat wurde ab 1541 nicht nur vom Ausschuß angetrieben, der im übrigen bis 1546 nachzuweisen ist, sondern auch und besonders von den lutherischen Prädikanten. Deshalb zunächst zu Justus Jonas: Dieser setzte zunächst auf Überzeugungsarbeit, also auf das Wort. Jonas berichtet am 3. Juni 1541 Georg von Anhalt, daß »tres magni ex papistis sunt conversi«; viele seien wohlwollender geworden.[62] Gegenüber der weltlichen Obrigkeit verhielt man sich im Sinne der lutherischen Obrigkeitslehre: Jonas mahnte in seinen Predigten zum Gehorsam gegenüber Rat, Kardinal und Statthalter.[63]

Dies war die eine Seite: Jonas wußte, die Reformation stand, um ein Bild aus dem Buch Daniel, das Jonas ja übersetzt hatte, zu gebrauchen, auf tönernen Füßen. Ihn schmerzte die nach wie vor starke Fraktion der Altgläubigen. Am 15. Januar 1542 forderte Jonas, gestützt auf den Ausschuß, in seinem Gutachten den Rat auf, die Klöster abzuschaffen. Seit fast einem Jahr hätten die beiden Klöster mit ihrem »Baals Dienst«, »falschen lehren, gottlosen Ceremonien und predigen dieser Warheit Gottes wiederstrebet, …«. Ein »christlicher magistrat« habe als Obrigkeit die Aufgabe, diesen »falschen Gottesdienst … abzuthun« und die Klöster zu schließen. Dazu sei der Rat befugt, da er einst den Klöstern Grund und Boden bereitgestellt habe. Zudem seien die Klöster dem Bischof nicht unterstellt.[64] Doch noch 1546 mußte Jonas feststellen, daß man gegen ihn handelte: Sein Brief an Veit Dietrich macht deutlich, daß die heftige theologische Auseinandersetzung mit abgrundtiefem religiösen Haß verbunden war: »Der Satan haßt unsere Kirche von Halle, und er ist uns sehr verdrießlich durch die franziskanischen Monster und die alten Beginenweiber, jene nächtlichen Huren der Mönche.«[65]

61 Vgl. *Werner Freitag*: Konfliktfelder und Konfliktparteien im Prozeß der lutherischen und reformierten Konfessionalisierung – das Fürstentum Anhalt und die Hochstifte Halberstadt und Magdeburg im 16. Jahrhundert, in: Archiv für Reformationsgeschichte 92, 2001, S. 165-194.

62 *Kawerau*: Briefwechsel (wie Anm. 55), Nr. 578.

63 Ebd. und bereits in seiner ersten Predigt am Karfreitag 1541; wie Anm. 55.

64 D. Justi Jonae Bedencken: Ob die Clöster zu Halle abzuschaffen oder nicht d. 15. 1. 1542, in: *Dreyhaupt*: Pagus (wie Anm. 21), T. 1, S. 982-986, hier S. 982, 984.

65 »Nostram Hallensem ecclesiam odit satan et est nobis satis molestus per monstra Franciscana et aniculas Beginas, ancillas nocturnas monachorum.« Justus Jonas an Veit Dietrich vom 17. 3. 1546, in: *Kawerau*: Briefwechsel (wie Anm. 55), Bd. 2, Nr. 187.

Neben den Mönchen zogen sich auch insbesondere der katholische Pfarrer von Unser Lieben Frauen und Ratsmeister Querhammer die Feindschaft von Jonas zu. 1544, 1550, 1553 und 1556 nahm letzterer die Stelle des Ratsmeisters ein. Jonas forderte 1545 den Rat auf, Querhammer wegen dessen dezidiert katholischem Bekenntnis, das er auch in »gottlosen gifftigen Büchern« wider Martin Luther geäußert habe, der kirchlichen Einschließung zuzuführen.[66] Wiederholt erwartete er auch vom Rat, den Pfarrer von Unser Lieben Frauen Dr. Metz aus der Stadt zu entfernen, weil der katholische Geistliche mit »stinckend gotteslästerlichen Maul mit der Cloak und Gallrede« gegen ihn und seine Mitpfarrer gehetzt habe.[67] Die unerbittliche Feindschaft gegen Metz wurde schon zu Beginn des Wirkens von Jonas deutlich. Am 29. April 1541, also nur zwei Wochen nach der Ankunft der Reformatoren in der Stadt, erhielt Metz eine äußerst grobe Invektive; es handelte sich um die Antwort von Jonas auf die Proteste und Polemiken des Metz gegen die Installierung des neuen Predigers in seiner Pfarrkirche.[68] Dort heißt es, daß Metz vom Wahnsinn angetrieben sei. Er sei ein erbarmungswürdiger Greis, den Gott von seiner Blindheit befreien möge. Metz habe in seinen Briefen seine »Bitterkeit, seinen Kainskuss und seinen Unwillen gegen den Herrn Jesu Christi« gezeigt. Er, Jonas, werde ihm, dem Greis, mit starken Argumenten aus der Schrift die »dummen und lächerlichen Ammenmärchen« und seinen »Wahnsinn« widerlegen. Aus Mitleid sehe er, Jonas, davon ab, vor dem Rat auszudrücken, daß

> »du viele Jahre mit großer Gotteslästerung, mit schrecklicher Gebrechen der Gewissen beteuert hast, Seelsorger zu sein, obwohl du ungebildet und bäuerisch in der Griechischen und Hebräischen Sprache bist, obwohl du im Lateinischen weniger gelehrt bist als ein Knabe von drei Jahren, obwohl du nicht ein Längezeichen bei Paulus oder anderen biblischen Schriften verstehst und obwohl du nicht gegrüßt wirst an den Türen der deinigen. Durch deinen kürzlichen Brief hast du dich mir geoffenbart: Vor der Lektüre des Briefes hatte ich geglaubt, …, daß wenigstens etwas von der kalten Thomistischen Theologie in dir sei. Nun sehe ich, daß du völlig ungelehrt und ungebildet bist, weder zum Lesen noch zum Schreiben. Deine Lästereien, unglücklich ausgesucht, giftig und kains-

66 *Erich Neuß*: Ratsmeister Caspar Querhammer und die Reformation in Halle, in: Kalender für Ortsgeschichte und Heimatkunde von Halle, Saalkreis und Umgebung für das Jahr 1931, S. 28-36, hier S. 33f.

67 Aufforderung an den Rat aus dem Jahre 1546, zitiert nach *Franke*: Geschichte (wie Anm. 2), S. 294.

68 *Kawerau*: Briefwechsel (wie Anm. 55), Nr. 562: »Gratia et pacem Die in Christo Jesu …«.

> wütig, stammen aus weibischem, unfähigen Geist und aus schlechtem Wollen, denn du spielst (beleidigst) den Namen Justus Jonas, d.h. Jost Koch (der richtige Namen von Jonas, W. F.), und den allerheiligsten Namen Luther.«[69]

Mit den Reformatoren waren folglich die theologische Kontroverse und der religiöse Konflikt in die Stadt eingezogen. Dies lag auch an der Gegenseite, denn wie Dr. Metz scheuten auch die Franziskaner die Auseinandersetzung nicht. Das Kloster, in dem seit 1461 die strenge Observanz beachtet wurde, war eine Anlaufstelle für vertriebene Brüder aus Städten der Region. 1546 wird berichtet, die Franziskaner hätten die Taufe als »Entenbad« verächtlich gemacht.[70]

Erneut stellt sich die Frage nach dem Verhalten des Stadtrates. Er kam 1546 zu dem Fazit, daß aus vorhin beschriebenen Gründen Unruhe in der Stadt herrsche. Die »Ministri verbi« seien aus »göttlichem Eifer und zelo dei wider solch halsstarrig Wesen, Schänden und Lästern übel zufrieden«. Er, der Rat, setze sich zwar für »Friede, Ruhe und Einigkeit mit höchstem Fleiß« ein, doch dazu bedürfe es der Fortführung der Reformation.[71] Doch an-

69 *Kawerau*: Briefwechsel (wie Anm. 55), Nr. 562: »G. et pacem Dei in Christo Jesu et liberationem a rabie, qua te senem miserum concitat Sathan, orabimus enim pro te quamvis inimico, ut te delirum senem a caecitate tua misericorditer liberet Deus. Ad lit(t)eras tuas plenas acerbissimo et Caynico odio ac fremitu adversus dominum et christum eius, ne dubita, bone senex, copiose et accurate respondebo et facilime confutabo firmis argumentis ex scripturis et sanctis patribus (si res postularit) omnes tuas ineptas, futiles et ridiculas nugas omniaque tua anilia et tali tua aetate indigna deliramenta. Nisi ex christiana charitate, miseret enim me tui protecto tam puerilis senis, personae meae sanctae, quam sustineo, meique sanctissimi muneris, mallem, quam quid tu promeritus sis, habere rationem, probe me hercle te tam indoctum et imperitum hominem redderem depexum ornatumque ex tuis virtutibus et coram toto senatu clare exponerem, quod tot annis cum summa blasphemia Die, cum horribili et infinito damno conscientiarum professus te sis pastorem animarum, cum agrestem in modum rudis sis linguarum graecae, hebraicae, cum latine minus sis doctus quam puellus 3 annorum, cum ne unum quidem apicem in S. Paulo aut aliis bibliae scriptis intelligas, cum ne vestratia quidem a limine salutaris. Ex proximo scripto tuo quasi sorex tuo ipsius inditio misere prodidisti te mihi, putabam tamen paulo ante lectum tuum scriptum aliquid esse in te saltem frigidae illius et Thomisticae theologiae, nunc video te esse prorsus indoctum, nihil instructum, neque ad dicendum neque ad scribendum. Tua illa misere quasita convicia, virulenta tamen et Caynica, ex animo muliebriter impotenti et seniliter delyro et ipsa malevolentia ieiuno profecta, in quibus nunc cum nomine Justus Jonas Iost Koch, nunc cum sanctissimo nomine patris Lutheri Iusitas, (...).«

70 Der Rat der Stadt an das Domkapitel in Magdeburg, 17. 2. 1546, in *Ausfeld*: Aktenstücke (wie Anm. 53), S. 181-189, hier S. 184.

71 Ebd., S. 185.

dererseits wußte man, daß die Erzbischöfe, die in der Stadt residierten, nicht verprellt werden durften. Gegenüber dem Ausschuß und Justus Jonas spielte man deshalb auf Zeit und kam ihren Forderungen nur schrittweise und unter Einschaltung vieler Kompromisse nach.

Bezeichnenderweise weigerte sich der Rat 1542 in einer »Conferenz zwischen Rat und Ausschuß« nach hitziger Debatte, die Klöster aufzulösen. Diese unterstünden dem Erzbischof, was Jonas ja bezweifelt hatte. Es sei ratsam, »den Landesfürsten ohne Noth nicht weiter zu reizen«. Entscheidender dann das zweite Argument: »Daß wann bey einer neugepflantzten Kirche etwas gemach und säuberlich verfahren würde, viel Dinge von sich selbst fallen, und die Religion dadurch mehr gefördert als gehindert werden würde.« Da die meisten Hallenser sich zu der evangelischen Lehre bekennen würden, sei eine Schließung gar nicht notwendig.[72] Die politische Klugheit und die Überzeugung, das neue Bekenntnis werde sich schon durchsetzen, führten also dazu, daß die Katholiken nicht völlig aus der neu konstituierten Sakralgemeinschaft Stadt ausgeschlossen werden brauchten. Vertreter des alten Glaubens wie Caspar Querhammer, Gregor Ockel und Wenzel Kurbauch, allesamt hochangesehen, saßen nach wie vor im Rat.

Demzufolge wurden die beiden Klöster, Stein des Anstoßes, nicht aufgehoben, sondern der Rat verbot den Bürgern lediglich den Besuch, wohl wissend, daß dies dem Wirken der Mönche kaum Einhalt gebot. Auch Justus Jonas erfuhr am eigenen Leibe die Politik der kleinen Schritte: Erst nach dreijähriger Wartezeit, in der seine Predigerstelle nur prolongiert wurde, festigte der Rat seine Position. Am 11. Dezember 1544 wurde er vom Rat, Meistern der Innungen und Gemeinheit, also dem 26er Rat, »zu einem ordentlichen perpetuierlichen Seelsorger und Superattendenten« ernannt und ihm 300 Gulden aus der Stadtkasse versprochen. Damit stützte der Rat das lutherische Kirchenwesen, denn Jonas' gleichzeitige Ernennung zum Superintendenten brachte es mit sich, daß ihm sowohl die beiden anderen Pfarrer unterstellt wurden als auch das »rechtschaffen Gebet, auch Gleichförmigkeit der Lehre und äusserliche Ceremonien« unter seine Aufsicht gerieten.[73] In diesem Zusammenhang ist auch auf die späte Einführung einer Kirchenordnung im Frühjahr 1543 hinzuweisen.[74] Ferner erfolgte die Einnahme des Moritzklosters und der Moritzkirche für den lutherischen Gottesdienst erst anderthalb Jahre später, Ende August 1542, nach der Ankunft von Jonas, doch

72 *Dreyhaupt*: Pagus (wie Anm. 21), S. 980.

73 Bestallungsurkunde in *Dreyhaupt*: Pagus (wie Anm. 21), S. 986.

74 *Fr. Kohlmann*: Zur hallischen Reformationsgeschichte, in: Neue Mitteilungen auf dem Gebiet historisch-antiquarischer Forschungen 19, 1895, S. 153-163, hier S. 156.

wurde sie dadurch abgesichert, daß am 6. November 1542 Kurfürst Johann Friedrich von Sachsen gegen 1.000 Gulden pro Anno einen Schutzbrief ausstellte.[75]

Der Vermittlung des Kurfürsten war es auch zu verdanken, daß die vorletzte Station der Institutionalisierung der Reformation erreicht wurde. Mit dem Wittenberger Vertrag vom 20. April 1546 konnte der Rat eine günstige Situation ausnutzen, denn die anstehende Huldigung gegenüber dem neuen Bischof Johann Albrecht bot die Chance, die Religionsfrage aufs Tapet zu bringen.[76] Hinzu kam ein weiteres Druckmittel, das Geld, denn der Vertrag enthält ein bezeichnendes Detail: Seit 1541 hatte die Stadt die Pachtgelder für die seit 1478 bestehenden erzbischöflichen Quarte, die sog. erzbischöflichen Ausläufte, zurückgehalten. Jetzt sagte man die Gelder zu.[77] Um die Huldigung der Stadt Halle zu erreichen, versprach der neue Erzbischof die »Religion«, die »itzunder in iren pfarkirchen, in unnd ausserhalb der Stadt Halle gehalten, ..., unvorhindertt, unbeschwerdt und unbetrubt (zu) lassen«. Ferner betonte der Erzbischof, den katholischen »Pfarrherrn« von Unser Lieben Frauen von seinem Amt zu entfernen, und billigte den vom Rat mit dem katholischen Pfarrer von St. Ulrich getroffenen Vergleich, so daß auch dieser die Pfarre verlassen mußte. Für den Fall der Klosterauflösung gestand Johann Albrecht dem Rat zu, der Stadt Grund und Gebäude zu übertragen.[78]

Günstige Voraussetzungen für ein gefestigtes Kirchenwesen schuf die Zusage, daß der Rat alle geistlichen Lehen, die er in den Pfarrkirchen besetzen konnte, auch besetzen durfte bzw. sich mit deren Inhaber vergleichen konnte. Damit gestattete der Erzbischof implizit auch, daß der Rat die Patronatsrechte für Unser Lieben Frauen und St. Ulrich ausüben konnte. Diese Patronatsrechte waren, wie zu erinnern ist, auf dem Abschied zu Calbe 1541 ebenso wie die Schulrechte und das hallische Archidiakonat dem Domkapitel übertragen worden.[79] Damit konnte der Rat in der Folgezeit

75 Daß es dem Ernestiner bei der Unterstützung der hallischen Reformation auch um die Schwächung der Erzbischöfe aus dem Hause Brandenburg und damit um die wettinische Hegemonie in Mitteldeutschland ging, zeigt der Streit um die magdeburgische Burggrafschaft in Halle. Vgl. *Friedrich Hülße*: Der Streit Kardinals Albrecht, Erzbischofs von Magdeburg, mit dem Kurfürsten Johann Friedrich von Sachsen um die magdeburgische Burggrafschaft, in: Geschichts-Blätter für Stadt und Land Magdeburg 22, 1887, S. 113-152, 261-288 und 360-392.

76 *Hülße*: Streit (wie Anm. 75), S. 385; Abdruck in *Dreyhaupt*: Pagus (wie Anm. 21), T. 1, S. 227-230.

77 Ebd., S. 228 Nr. 8.

78 Ebd., S. 228 Nr. 3-6, Nr. 12 S. 229.

79 *Schrader*: Landtag (wie Anm. 51); *Redlich*: Cardinal (wie Anm. 5), Beilage 33, S. 145-150, hier S. 147.

das Patronatsrecht beanspruchen, ein Ziel, das schon in der Bestallung von Justus Jonas zum Superintendenten 1544 angesprochen wird.

Erneut stellen wir fest, daß im Konsens mit dem geistlichen Landesherrn eine weitere Etappe der Reformation gelang – die hallische Reformation stellt damit keinen Kampf um städtische Autonomien dar, sondern ist als Politik des Rates aufzufassen, die Sakralgemeinschaft Stadt bei Duldung Andersgläubiger herzustellen. Diesem Ziel hatte sich auch die neue lutherische Pfarrgeistlichkeit unterzuordnen.

Den Abschluß dieser gebremsten Reformation, so eine Formulierung Troßbachs für die Geschehnisse in Rostock[80], bildet die Umwandlung des Franziskanerklosters in ein städtisches Gymnasium im Jahr 1561: Auch diese erfolgte nicht durch einen Gewaltakt; vielmehr verbot der lutherisch gesonnene Erzbischof Sigismund den Klöstern der Stadt den öffentlichen Gottesdienst und die Aufnahme neuer Brüder. Die bischöfliche (!), nicht städtische Erfassung von 1561 vermerkt:

> »Den munchen ist mit ernste auferlegt und gebotten, das sie ohne sonderlichen vorbewust und bewilligung unsers gnedigsten hern, des ertzbischoffs, keine personen mehr ins closter einnehmen, auch von den inventirten stucken garnichts entwenden sollen.«[81]

Aufgrund der Fürsprache des erzbischöflichen Rates Paul Prätorius kam der Erzbischof am überkommenen Festtag Mariä Geburt 1564 der Bitte des Rates nach, der Stadt das Kloster für ein Stadtgymnasium zu überlassen. Die letzten vier Mönche wurden auf Kosten der Stadt nach Halberstadt zum dortigen Franziskanerkloster gefahren. Aus dem Ort heftigster katholischer Gegenwehr, angefeindet von den lutherischen Prädikanten, wurde eine Stätte, in welcher der Bildungsimpetus der Reformation seinen Einzug hielt. Die feierliche Einweihung am 17. August 1565 zeigt auf, daß die Reformation symbolisch ihr Ende fand, und sie zeigt auch auf, wer für der Stadt Bestes gesorgt hatte: der Rat. Nach einer Festpredigt des Superintendenten Boetius in der Marktkirche zogen die Schüler unter Vorantritt von Geistlichkeit und Rat in die neue Schule ein; Rektor Irung und der Syndikus Goldstein hielten die Einweihungsreden.[82]

80 *Troßbach*: Unterschiede (wie Anm. 9), S. 159.

81 *Franz Schrader* (Hrsg.): Die Visitationen der katholischen Klöster im Erzbistum Magdeburg durch die evangelischen Landesherren 1561-1650. Münster 1969, S. 36f.

82 *Delius*: Reformationsgeschichte (wie Anm. 4), S. 124-127.

Fazit

Gezeigt worden ist eine Reformation in langsamen Schritten, die dem Normalverlauf im Eiltempo – evangelische Bewegung; Kloster- und Bildersturm; Ausschuß bedrängt den Rat; Rat führt Reformation mittels Usurpation der Pfarrstellen ein, erläßt Kasten- und Armenordnung, ordnet das Schulwesen neu und schließt die Klöster – nicht entspricht. Die Fokussierung auf die restriktiven Maßnahmen Albrechts verstellt den Blick auf die innerstädtischen Mechanismen und Motivlagen: Bis 1541 gab es in Halle keine handlungsbereite evangelische Bewegung; es fehlten die lutherischen Prädikanten vor Ort, denn der dagebliebene Klerus verharrte im alten Glauben. Der Rat handelte in der Tradition spätmittelalterlicher Kirchenpolitik, denn er wollte einige der Bereiche kirchlicher Sonderung und Einflußnahme beseitigen. Dazu bot ihm Albrecht die hilfreiche Hand, und so profitierte die Stadt von der Entmachtung Kloster Neuwerks. Unabhängig von den religiösen Konstellationen im Rat – die Mehrheitsverhältnisse zwischen Altgläubigen und Lutheranern sind nur schwer auszumachen – war es das Ziel des Rates als Obrigkeit, den Stadtfrieden zu erhalten und dabei die Geschehnisse von 1478 nicht zu wiederholen. Deshalb war es vor und nach 1541 das Bestreben der städtischen Politik, an der Landsässigkeit der Stadt nicht zu rütteln und die Superiorität des Erzbischofs anzuerkennen – die Reformation war folglich kein Kampf um die Wiedererringung spätmittelalterlicher Autonomie, sieht man vom Intermezzo des Schmalkaldischen Krieges ab. Als in den bürgerlichen Sozialgruppen der Wille nach Reformation zu stark wurde – sichtbar im »Auslaufen«, in der Kooptation nichtpapistischer Ratsherren und der Konstituierung eines Ausschusses –, akzeptierte und förderte der Rat das neue Kirchenwesen als notwendig für der Stadt Bestes. Aber es blieb das Ziel, Konflikte in der Stadt und mit dem Erzbischof zu verhindern. Verhandelt und gestritten wurde über Tempo und Maßnahmen, nicht aber über das Ziel. Die Reformation in Halle war folglich kein Ausdruck sozialen Wandels, kein Aufstand gegen den Rat. Vermutlich ist sie auch deshalb von der sozialistischen Regionalgeschichtsschreibung nicht betrachtet worden, denn mit ihr ließ sich der Klassenkampf nicht belegen.

Damit sind wir bei der zweiten Besonderheit angekommen, die sich aus der vergleichenden Perspektive ergibt: Rublack hat an den gescheiterten Reformationen in landsässigen Bischofsresidenzen aufgezeigt, daß der Konflikt zwischen reformationswilliger Bürgerschaft und altgläubigem Bischof in der Regel zuungunsten der Stadt verlief. Schaut man sich die Städte genauer an, so stellt man fest, daß z.B. Würzburg oder Bamberg schon im

Spätmittelalter in weitaus höherem Ausmaße als Halle Autonomierechte verloren hatten und daß die Bischöfe dort unmittelbar nach dem Bauernkrieg hart eingriffen.[83] In Halle hingegen war das Stadtregiment relativ unabhängig; der Bauernkrieg erreichte Halle nur partiell und wurde von Albrecht klug kanalisiert; die Stadtgesellschaft profitierte vom sozialen Profil und von der wirtschaftlichen Seite her von der Residenz, so daß Kooperation der Grundzug war. Die Legitimität des Landesherrn, ja selbst des Ordinarius im Hinblick auf kirchenrechtliche Sachverhalte, wurde nicht angezweifelt.

Zwar steht der Vergleich mit anderen erfolgreichen Stadtreformationen mit ähnlicher Konstellation noch aus, aber ich möchte trotzdem versuchen, die Vorgänge in Halle als Residenzstadtreformation zu fassen. Dieser Begriff eignet sich deshalb, weil er erstens deutlich macht, daß die Neuordnung des Kirchenwesens im Gefolge der Reformation dem Kirchenwesen und der Sakraltopographie der Residenzstadt geschuldet war. Der Rat konnte das Erbe des Klosters Neuwerk über die Zwischenstation Neues Stift antreten und gewann so Patronat, Schule und das ius circa sacra.[84] Zweitens kann man von Residenzstadtreformation sprechen, weil trotz Reformation das Arrangement mit den Erzbischöfen erhalten blieb, von denen einer als Katholik 1546 die Reformation vertraglich zusicherte.

Drittens: Die Residenzstadtreformation ›steht‹ zwischen Fürstenreformation und Ratsreformation, denn weder führte von oben ein Fürst die Reformation in der Stadt durch und integrierte die Stadt in sein landesherrliches Kirchenregiment, noch war es der Rat, der mit der Reformation die Landsässigkeit abschütteln wollte.

Eigentlich könnten nach dieser typologischen Betrachtung die Ausführungen beendet werden, doch sind bei den obigen verfassungs-, sozial- und strukturgeschichtlichen Betrachtungen die religiösen Antriebskräfte nicht in den Blick geraten. Dies ist für Kirchenhistoriker leichter: Sie zeigen etwa auf, wie das solus Christus, das sola scriptura und das sola fides, die Ablehnung der Werkgerechtigkeit und das lutherische Verständnis vom Abendmahl von den Prädikanten vertreten wurden. Doch was im einzelnen in den

83 *Rublack*: Gescheiterte Reformation (wie Anm. 10).

84 Daß das Neue Stift vom Rat auch als »heuptkirche« einer lutherischen Stadt vorgesehen wurde, läßt sich an der Tatsache ersehen, daß er vom Kardinal nach dessen Wegzug verlangte, die Stiftskirche zur Pfarrkirche umzuwidmen und den Kirchhof für Bürgerhäuser freizugeben. *Redlich*: Cardinal (wie Anm. 5), Beilage 34, Brief (des Koadjutors?) an Kardinal Albrecht, S. 153-157, hier S. 155.

Herzen der Menschen vor sich ging, wenn sie über Gott nachdachten und um seine Hilfe flehten, bleibt dem Historiker verborgen. Aber es gibt Indizien, wie einzelne Bürger sich dem evangelischen Gedanken und Luthers Theologie zuwandten. Eingangs erwähnte ich den Seidensticker Hans Plock, der Albrecht von Mainz nach Halle gefolgt war. Im kürzlich erschienenen Sammelband zu den Büchern und Kostbarkeiten der Marienbibliothek findet sich eine Bibel von 1478 aus seinem Besitz. Über Plocks Wappen findet sich handschriftlich der Wahlspruch der frühen evangelischen Bewegung, von Kurfürst Johann von Sachsen 1526 auf dem Reichstag zu Speyer genutzt: »GOTTES WORT BLEIBT EWIGK // WER I(h)M GLAVBT WIRT SELIGK« (Jesaja 40, 8; 1 Petrus 1,25). Und in Plocks Luther-Bibel können noch heute die eigenhändig beschriebenen Blätter nachgelesen werden, in denen sich Plock über Zentralaussagen des Alten und des Neuen Testaments im lutherschen Sinne vergewissert.[85] Für das Ringen um den rechten Glauben kann auf seiten der Altgläubigen Ratsmeister Caspar Querhammer herangezogen werden: In Schriften setzte er sich mit Luther auseinander, so etwa im »Bekenntnis meines Glaubens«, zudem ist er als Schöpfer von deutschen Kirchenliedern bekannt geworden. Als der Rat ihn 1556 aufforderte, den Predigten des Superintendenten Boetius zuzuhören, bat er: »Man wolt ihn bey seiner Religion bleiben lassen, dabey es auch ohn alle fernere Disputation blieben.« Am 19. März 1557 wurde Caspar Querhammer auf dem Martinsberg, dem späteren Stadtgottesacker, begraben. Als Zeichen der Anerkennung ließ der Rat dem verdienten Ratsmeister die Glocken läuten.[86]

Die Residenzstadtreformation kann folglich, so mein von den Glocken des Rates angeregter vierter und letzter Punkt, auch als neue Fokussierung auf den Rat verstanden werden, denn dessen politische Klugheit sorgte für die endgültige Festigung des Luthertums, welche aber, wie gezeigt, mit der Duldung Andersgläubiger in der Stadt einherging. So kann, wenn man es dialektisch sieht, einer der beiden Helden der Tagung auch in meinen Ausführungen zu hohen Ehren gelangen: Indem Kardinal Albrecht neue kirchliche Strukturen schuf, erleichterte er die Reformation und schuf die Grundlage für das Kirchenregiment des Rates.

85 *Rabenau*: Seidensticker (wie Anm. 37).
86 *Neuß*: Ratsmeister (wie Anm. 66), S. 35.

MARKUS LEO MOCK

Die Schloßkapelle in Wolmirstedt
Ein erzbischöflicher Repräsentationsbau an der Grenze zu Kurbrandenburg

Georg Spalatin, der Geheimsekretär und Hofschreiber Kurfürst Friedrichs des Weisen, rühmte den 1513 verstorbenen Erzbischof Ernst von Magdeburg aus dem Hause der kursächsischen Wettiner als einen leidenschaftlichen und tatkräftigen Bauherrn, der mit großem finanziellem Aufwand Gebäude errichten und prächtig ausstatten ließ.[1] Nicht nur die Kathedralen in Magdeburg und Halberstadt, deren Weiterbau unter seiner Regierungszeit entscheidend vorangetrieben wurde, oder die Moritzburg in Halle, sondern auch kleinere Bauaufgaben wie die Schloßkapelle in Wolmirstedt legen hiervon Zeugnis ab.

An der Burg Wolmirstedt selbst bestätigt ein an der Ostseite der Kapelle angebrachtes sächsisches Wappen zusammen mit der Jahreszahl 1480, daß hier unter Erzbischof Ernst Baumaßnahmen durchgeführt worden sind. Der Backsteinbau (Abb. 1) gilt seit einem 1856 publizierten Aufsatz Ferdinand von Quasts, des ersten Konservators der Kunstdenkmäler in den königlich preußischen Landen, als ein unmittelbarer Vorgängerbau für die Maria-Magdalenen-Kapelle der Moritzburg in Halle sowie für die von Friedrich dem Weisen, einem Bruder des Erzbischofs, errichtete Schloßkapelle in Wittenberg. Besonders die Emporen und Laufgänge im Innenraum seien, so Quast, ein gemeinsames Gestaltungselement. Er kam nicht umhin, die Schloßkapelle in Wolmirstedt als das älteste Beispiel der vorzugsweise von den sächsischen Fürsten verwendeten ›gedoppelten Schloßkapellen‹ zu bezeichnen, die in den protestantischen Schloßkapellen der Renaissance in Sachsen ihre würdigen Nachfolger gefunden habe[2]; Fritsch meinte in ihr sogar das Vorbild für alle saalartigen Schloßkapellen zu erkennen, deren Innenraum von Emporen umgeben werde.[3]

1 Thüringisches Hauptstaatsarchiv Weimar, Ernestinisches Gesamtarchiv: Reg. O 24, Bl. 24r-v.

2 *Ferdinand von Quast*: Archäologische Reiseberichte, in: Zeitschrift für christliche Archäologie und Kunst 1, 1856, S. 165-180, 213-229, 249-266, hier S. 263.

3 *K. E. O. Fritsch*: Der Kirchenbau des Protestantismus von der Reformation bis zur Gegenwart. Berlin 1893, S. 33.

Diese architekturhistorische Einordnung sollte man jedoch nicht zuletzt aufgrund der schwer rekonstruierbaren ursprünglichen Baugestalt mit Vorbehalt betrachten. Berücksichtigt werden muß dagegen die in Grundriß, Gestalt und Ausformung augenfällige Verbindung der Wolmirstedter Schloßkapelle mit der 1470 geweihten Kapelle der brandenburgischen Bischofsresidenz in Ziesar.

Die um das Jahr 1000 erstmals nachweisbare Burg Wolmirstedt, im Mittelalter direkt an der Mündung der Ohre in die Elbe gelegen, war zunächst im Besitz der Grafen von Walbeck, ehe sie spätestens in der Mitte des 12. Jahrhunderts in den Besitz der brandenburgischen Askanier überging.[4] Die Ohre, die seit dem Mittelalter ihren Flußlauf änderte und heute ungefähr 15 Kilometer weiter nördlich in die Elbe fließt, bildete lange Zeit die Grenze zwischen dem Erzbistum Magdeburg und Brandenburg, weswegen die natürliche Feste Wolmirstedt zwischen dem Erzstift und der Markgrafschaft lange Zeit umstritten war. In der ersten Hälfte des 14. Jahrhunderts zogen sich die Brandenburger aus dem Gebiet zurück. 1336 verzichtete Markgraf Ludwig d. Ä. zugunsten Magdeburgs auf die ehemalige Grenzfestung, die daraufhin an strategischer und militärischer Bedeutung verlor.[5] Seitdem gehörten die im Bistum Halberstadt gelegene Burg[6], die zugehörige Ansiedlung und ein vor 1228 gegründetes Zisterzienserinnenkloster, dessen Klosterkirche mit Pfarrrechten ausgestattet war, territorial zum Erzstift Magdeburg.

Häufige längere Aufenthalte der Erzbischöfe lassen sich in Wolmirstedt nicht nachweisen, weswegen Michael Scholz die Burg als »bloßen Amtssitz« ohne eigentliche Residenzfunktion charakterisierte.[7] Als Stellvertreter des Landesherrn sorgte sich ein Amtmann um die Belange der wirtschaftlich ertragreichen Güter. Bautätigkeiten sind an der vermutlich zu Beginn des 12. Jahrhunderts errichteten Burg erst wieder gegen Ende des 15. Jahrhunderts nachzuweisen. Die »Gesta Archiepiscoporum Magdeburgensium« weisen darauf hin, daß sowohl unter dem Episkopat Erzbischof Johannes'

4 *Werner Schierhorn* u. a.: Darstellungen zur Geschichte der Stadt Wolmirstedt. (Beiträge zur Heimatgeschichte des Kreises Wolmirstedt, H. 1.) Burg [1984], S. 8.

5 *Michael Scholz*: Amtssitze als Nebenresidenzen. Wanzleben, Wolmirstedt, Calbe und Kloster Zinna als Aufenthaltsorte der Erzbischöfe von Magdeburg, in: Sachsen und Anhalt 21, 1998, S. 151-181, hier S. 162.

6 *[George Adalbert] von Mülverstedt*: Verzeichniß der im heutigen landräthlichen Kreise Wolmirstedt früher und noch jetzt bestehenden Klöster, Kapellen, Kalande, frommen Brüderschaften und Hospitäler sowie die geistlichen Schutzpatrone des Kreises, in: Geschichts-Blätter für Stadt und Land Magdeburg 1, 1866, zweiter Vierteljahres-Bericht, S. 12-16, hier S. 14.

7 *Scholz*: Amtssitze (wie Anm. 5), S. 180.

Abb. 1: Wolmirstedt, Schloßkapelle, Ansicht von Südwesten, Aufnahme um 1900.

von der Pfalz als auch unter der Regierung seines Nachfolgers Ernst bauliche Maßnahmen ergriffen worden seien. Der genaue Umfang der Bauarbeiten wird jedoch verschwiegen.[8]

Eine Kapelle vor oder auf der Burg Wolmirstedt, im Pfarrbereich der Zisterzienserinnenklosterkirche St. Katharina und Pankratius gelegen, ist zum ersten Mal im 14. Jahrhundert urkundlich faßbar. 1348 richtete die Familie von Bardeleben am Altar »der hilgen 3 könige in der Kapelle vor der borch to Wolmerstede« Meßstiftungen zu ihrem ewigen Gedächtnis ein.[9]

8 *Wilhelm Schum* (Hrsg.): Gesta Archiepiscoporum Magdeburgensium, in: Monumenta Germaniae Historica, Scriptores 14, Hannover 1883, S. 361-486, hier S. 476, 480.

9 *Friedrich Danneil*: Der Kreis Wolmirstedt. Geschichtliche Nachrichten über die 57 jetzigen und die etwa 100 früheren Ortschaften des Kreises. (Beitrag zur Geschichte des magdeburgischen Bauernstandes. Erster spezieller Teil: Der Kreis Wolmirstedt.) Halle (Saale) 1896, S. 662f.

Unklar bleibt der genaue Standort der Kapelle, denn Ausgrabungen aus den siebziger Jahren des 20. Jahrhunderts führten zu dem Ergebnis, daß sie erst im Zuge der Bauarbeiten gegen Ende des 15. Jahrhunderts an die heutige Stelle der Oberburg verlegt worden ist. Der Vorgängerbau könnte im Bereich der Unterburg gelegen haben.[10]

Urkundliche Belege über die spätmittelalterlichen Bauarbeiten an der Burg und an der Kapelle fehlen gänzlich, sieht man von den spärlichen Angaben in den »Gesta Archiepiscoporum Magdeburgensium« ab. Eine Stiftungs- oder Weiheurkunde der Kapelle, die Auskunft über das Weihedatum, das Stiftungsvermögen, die Art und Anzahl der gestifteten Messen oder über die Altartitel Auskunft geben könnte, ist nicht überliefert. Der Titel oder der Patron der Kapelle sowie die Heiligen, die in der Kapelle besondere Verehrung genossen, waren bereits um 1650 nicht mehr bekannt, wie aus einem Inventar hervorgeht.[11]

Das kirchliche Rechtsverhältnis, der Status der Kapelle, kann nicht zweifelsfrei geklärt werden. Da Burgkapellen im allgemeinen nur in Ausnahmefällen mit Pfarrechten begabt waren[12], ist anzunehmen, daß von Altaristen auf den 1584 bezeugten ehemals drei Altären[13] lediglich die Messe zelebriert wurde. Über darüber hinausgehende seelsorgerische Betreuung der Burgbewohner ist nichts überliefert, jedoch kann angenommen werden, daß die nahe gelegene Pfarrkirche St. Pankratius und Katharina deren »cura animarum« übernahm.

Trotz der Ausbaumaßnahmen und der dadurch erfolgten Modernisierung sind für die Regierungszeit Erzbischof Ernsts nur wenige Hoflager in Wolmirstedt überliefert. Nach dem Bezug der Moritzburg in Halle im Jahr 1503

10 *Johannes Schneider*: Die Ausgrabungen auf dem Schloßberg Wolmirstedt 1977-79, in: Ausgrabungen und Funde 25, 1980, S. 212-215, hier S. 213.

11 Landeshauptarchiv Sachsen-Anhalt, Abteilung Wernigerode (im folgenden: LhASA Wernigerode): Rep. Da Wolmirstedt Nr. 1, Bl. 93r. – Das Patrozinium des Altars des »Vorgängerbaus« zu Ehren der Heiligen Drei Könige auf den Titel der spätmittelalterlichen Kapelle zu übertragen erscheint nicht ohne Bedenken gerechtfertigt, da Änderungen der kirchlichen Verhältnisse, worunter auch und gerade ein Neubau zu sehen ist, oftmals zu Patrozinienerweiterungen oder sogar zu Patrozinienwechsel geführt haben; *Johanna Naendrup-Reimann*: Weltliche und kirchliche Rechtsverhältnisse mittelalterlicher Burgkapellen, in: Hans Patze (Hrsg.): Die Burgen im deutschen Sprachraum. Ihre rechts- und verfassungsgeschichtliche Stellung, Bd. 1. (Vorträge und Forschungen. Hrsg. vom Konstanzer Arbeitskreis für mittelalterliche Geschichte, Bd. 19.) S. 123-153, hier S. 150.

12 *Naendrup-Reimann*: Rechtsverhältnisse (wie Anm. 11), S. 130.

13 *Danneil*: Wolmirstedt (wie Anm. 9), S. 674.

wurde die Burg als erzbischöflicher Aufenthaltsort bedeutungslos. Erst unter Administrator Joachim Friedrich von Brandenburg (1566-1598), der Wolmirstedt vermutlich wegen der geographischen Nähe zu seinem Stammland zu einer bevorzugten Residenz erkor, erlangte die Burg wieder größere Bedeutung.[14] Innerhalb seiner Regierungszeit wurde in den siebziger und achtziger Jahren des 16. Jahrhunderts die Anlage um etliche Neubauten erweitert, darunter die Neue Residenz an der Nordseite der Oberburg.[15] Um die Kapelle den Neubauten anzugleichen, wurden um 1580 an den Schmalseiten zwei neue, durch Lisenen gegliederte und mit Volutenbändern verzierte Giebel aufgesetzt. Auch der Innenraum wurde einigen Veränderungen unterzogen.

Neben den Beschädigungen im Zuge des Dreißigjährigen Kriegs[16] war die Kapelle durch das Ausweichen der beiden Längsmauern und die daraus resultierenden statischen Probleme in ihrer Erhaltung stark gefährdet. Der Grund hierfür dürfte vor allem in einer unzureichenden Fundamentierung liegen. Für das Einbrechen des durch Risse auseinanderklaffenden Gewölbes, das bereits in einem Inventar von 1697 als »geborsten« bezeichnet wird, wurde 1763 ein Maurer entlohnt.[17] Zur Stabilisierung der Längswände wurden zeitgleich vier starke eiserne Anker eingezogen.[18] Dennoch konnte die Bewegung des Baus nicht aufgehalten werden: Bereits 1774, nur 11 Jahre später, riß infolge der enormen Spannung einer der vier Anker. Landbaumeister Berghauer, der den Zustand begutachtete, wies darauf hin, daß diese statischen Probleme auch mit dem kurz zuvor erfolgten Abriß des Torhauses zwischen der Kapelle und dem südlichen Schloßflügel in Zusammenhang stünden; er ordnete an, daß an dieser Stelle provisorisch zwei starke Balken eingestemmt werden sollten.[19] Vermutlich wurde kurz darauf

14 *Scholz*: Amtssitze (wie Anm. 5), S. 168.

15 LhASA Wernigerode: Rep. Da Wolmirstedt Nr. 1, Bl. 1v. – »Vorzeichnuß der Außgaben So auff befraglich des herrn hoffmarschalcks wegen des newen Gebäudes zw Wolmirstedt von der Küchen an biß zur roten Hoffstuben mitt meister Siegismundt dem Maurer … durch mich Johann Storkawen, alir zeitt Ambtschreibern gehalten wie folgett, angefangen Montags nach Invocavit ao. 1575.« Geheimes Staatsarchiv Preußischer Kulturbesitz, Berlin (im folgenden: GStA): I. HA Rep. 52 Nr. 250 [Faszikel, o. Bl.].

16 »Die Kirche ist sehr verwüstet, mehrenteils ausgeschlagen, das Dach sehr ruiniret, und an der einen Seite nach dem alten Hause, so ein groß Loch dareinen hierin in die Kirche regnet …«. LhASA Wernigerode: Rep. Da Wolmirstedt Nr. 1, Bl. 77r [Inventar von 1653].

17 LhASA Wernigerode: Rep. Da Wolmirstedt Nr. 293, Bl. 6r.

18 LhASA Wernigerode: Rep. Da Wolmirstedt Nr. 299, Bl. 31r.

19 Landeshauptarchiv Sachsen-Anhalt, Abteilung Magdeburg (im folgenden: LhASA Magdeburg): Rep. A9c XXVIII B Nr. 47, Bl. 45r.

der heutige Torbogen aus Backsteinen errichtet, um ein weiteres Ausweichen der Kapellenlängswände zu verhindern.

Bereits Mitte des 17. Jahrhunderts wurde der Sakralbau profaniert und diente fortan bis ins 19. Jahrhundert als Scheune.[20] 1845 machten der für die Schloßdomäne Wolmirstedt verantwortliche Staatsminister der Finanzen, Graf zu Stolberg, und die Oberbaudeputation König Friedrich Wilhelm IV. auf die Kapelle aufmerksam. Stolberg, der sich auf ein Gutachten Ferdinand von Quasts berief, gab zu bedenken, daß die Kapelle dringend gesichert werden müsse.[21] Nachdem König Friedrich Wilhelm IV. im Herbst 1854 zur Zeit der Letzlinger Hofjagden die Kapelle in Augenschein genommen hatte, kam er zu dem Entschluß, daß nichts dagegen spräche, »daß zu deren Restauration geschritten werde«, allerdings nur, »wenn die erforderlichen Fonds dazu vorhanden« wären.[22] Eine Instandsetzung unterblieb zunächst. Am 24. Januar 1895 schließlich genehmigte Kaiser Wilhelm II. aus seinem persönlichen Dispositionsfonds Geldmittel in Höhe von 7.100 Mark, die dazu nötig waren, die Erhaltung des Baus zu sichern und Restaurierungsmaßnahmen durchzuführen.[23]

Die Kapelle bildet im Grundriß ein Rechteck in den Ausmaßen von ungefähr 10 mal 22 Metern. Die nach innen gezogenen Strebepfeiler teilen den Raum in drei Joche. Die Südfassade (Abb. 2) spiegelt diese innere Gestaltung wider, vier Lisenen kennzeichnen am Außenbau die Lage der Strebepfeiler. Drei oberhalb eines Kaffgesimses eingefügte großflächige Spitzbogenfenster gliedern zudem diese Front. Der Hauptzugang zum Kapelleninneren erfolgte über das im mittleren Joch eingefügte Portal. Sein Spitzbogen ist von einem Maßwerkteppich aus vierblättrigen Formsteinen mit einem Blütenkern umgeben, der vom Kaffgesims der Sockelzone eingefaßt wird. Das Bogenfeld ziert ein großer Kreis aus sechs gegeneinanderstoßenden Fischblasenpaaren, den zwei kleinere Kreise in den unteren Zwickeln flankieren.

Die 1895 genehmigten Geldmittel wurden den Unterlagen zufolge vor allem dazu verwendet, diesen Teil des Außenbaus gründlich zu renovieren. Die baulichen Maßnahmen sollten sich

20 GStA: I. HA Rep. 89 Nr. 20808, Bl. 99r.
21 GStA: I. HA Rep. 89 Nr. 20808, Bl. 99r.
22 GStA: I. HA Rep. 89 Nr. 20808, Bl. 181r.
23 GStA: I. HA Rep. 89 Nr. 20809, Bl. 80v.

Abb. 2: Wolmirstedt, Schloßkapelle, Südfront, Aufnahme um 1900.

»im Hinblick auf den hohen baukünstlerischen Werth des Gebäudes gleichzeitig auf die Ergänzung der zum Theil äußerst defekten ornamentalen Verzierungen erstrecken, da sonst zu befürchten steht, daß dieser hervorragend schöne Maßwerkschmuck mit der Zeit ganz verloren geht, wie auch der Fries unter dem Hauptgesims nur noch in wenigen Resten erhalten ist.«[24]

Ferdinand von Quast fügte seiner 1856 veröffentlichten Beschreibung der Schloßkapelle eine Tafel mit mehreren Stichen bei, die unterschiedliche Ansichten, Grundrisse und Details zeigt. Seine Darstellung der Südansicht[25]

24 GStA: I. HA Rep. 89 Nr. 20809, Bl. 80v-81r.

25 Eine weitere Zeichnung der Südfront aus dem Jahr 1894, also vor den Restaurierungsmaßnahmen, bestätigt die Beobachtungen Quasts. Eine Fotografie der Zeichnung ist vorhanden bei *Georg Rüth*: Gutachten über den baulichen Befund und über die für den Wiedereinbau von Gewölben erforderlichen Sicherungsmaßnahmen. (Masch.) Dresden im Dezember 1939, Bild 1. Stadtverwaltung Wolmirstedt, Stadtbauamt: Gebäudebuch Nr. 36, Schloßdomäne, Schloßkapelle. Die nach Rüth im Preußischen Staatshochbauamt II Magdeburg aufbewahrte Zeichnung gilt als verschollen.

weist im Vergleich zum heutigen Baubestand zwei wesentliche Unterschiede auf (Abb. 3, Fig. 2): Das Kaffgesims des Sockels erstreckt sich nur über die beiden östlichen Joche und endet an der Lisene westlich des Portals. Darüber hinaus ist das Portal nicht von einem Maßwerkteppich umgeben. Beides – Fortsetzung des Kaffgesimses und Maßwerkteppich – müssen somit als historisierende Ergänzungen eingestuft werden.[26]

Im östlichen Bereich der Südseite schloß sich an der Stelle des heutigen, nach 1774 errichteten Torbogens ein Torhaus an, dessen Gestalt unbekannt ist. Ein um 1700 verfaßtes Inventar beschreibt, daß vom südlichen Schloßflügel ein Gang oberhalb des Torbogens in Richtung der Kapelle führte. Weiter gelangte man über eine hölzerne Treppe in den Dachraum der Kapelle. Der damals noch vorhandene Dachreiter enthielt ein Uhrwerk und eine Glocke.[27] Am Außenbau ist dieser Zugang heute nicht mehr nachzuweisen.

Alle vier Seiten der Kapelle waren als Fassaden durchgebildet.[28] Auch die Nordseite (Abb. 4) wies ursprünglich eine ähnliche Gestaltung wie die südliche Kapellenseite auf, was heute noch ansatzweise zu erkennen ist. Wegen ihrer Lage am Eingangsbereich zur Oberburg war die südliche Front jedoch aufwendiger gestaltet. Quast zeigt auf seiner Tafel das Portal der Nordseite (Abb. 3, Fig. 10), wobei er das damals bereits verlorene Muster der Formsteine des Maßwerkteppichs rekonstruiert hat. Als Grundlage seines Vorschlags dienten ihm nach eigenen Angaben Spuren, die sich auf dem geputzten Untergrund erhalten haben.

Nördlich der Kapelle lag das sogenannte Alte Haus, der älteste Residenzbau der Burg.[29] Im östlichen Bereich der Kapellennordwand sind zwei übereinander angeordnete Eingänge zu erkennen. Einem Inventar von 1653 zufolge waren zu diesem Zeitpunkt nördlich des Sakralbaus neben wenigen kleineren Gebäuden noch einige Säulen vorhanden, die einen Verbindungsgang getragen hatten.[30] Dieser Gang wird vom Alten Haus über die untere,

26 Das östliche, heute dreibahnige Fenster war gemäß *Rüth*: Gutachten (wie Anm. 25), Bild 1, wie die anderen Fenster bis zu den Restaurierungsmaßnahmen zugesetzt. Quast rekonstruierte das östliche als ein vierbahniges Fenster.

27 LhASA Magdeburg: Rep. A9c XXVIII J Nr. 10, Bl. 66r.

28 Wochnik bezeichnet lediglich die Nord- und Südseite der Kapelle als Fassaden; *Fritz Wochnik*: Ziesar – Wolmirstedt – Ziesar, in: Mitteilungsblatt der Landesgeschichtlichen Vereinigung für die Mark Brandenburg e. V. 104, 2003, Nr. 1, S. 1-4, hier S. 3.

29 LhASA Magdeburg: Rep. A 2 Erzstift Magdeburg Nr. 132, Bl. 23v.

30 »Zwischen dem Alten Hause und der Kirchen haben etliche Gebäude gestanden, als die Badstube und anderer, so alle verwüstet und stehet nur noch etwas alt Seilwerg da,

Abb. 3: Wolmirstedt, Schloßkapelle (aus Ferdinand von Quast: Archäologische Reiseberichte, in: Zeitschrift für christliche Archäologie und Kunst 1, 1856, Tafel 17): Fig. 1: Grundriß; Fig. 2: Aufriß der Südseite; Fig. 3: Teil des Längendurchschnittes, westlicher Abschnitt der Nordseite; Fig. 4: Querschnitt, westlicher Abschnitt der Nordseite; Fig. 5, 6: Lisene; Fig. 7: Rose des Portals der Südseite; Fig. 8, 9: Gesimsbänder; Fig. 10, 11: Portal der Nordseite; Fig. 12: Eckprofil der Fenster, außen, Querschnitt; Fig. 13: Profil der Gewölberippen, Querschnitt; Fig. 14: Profil der Strebepfeiler im Inneren, Querschnitt; Fig. 15: Laibung und Stab eines Nordfensters, Querschnitt.

Abb. 4: Wolmirstedt, Schloßkapelle, Nordfront.

mit einem vorgeblendeten Spitzbogen versehene Türöffnung in die Kapelle geführt haben. Über den darüber, direkt an der östlichen Außenwand angebrachten Zugang gelangte man in den Dachraum der Kapelle. Vielleicht verband er das Dach mit der Burgmauer.

Die östliche Schmalseite (Abb. 5) ist am schmucklosesten gestaltet, was mit der Funktion als Außen- und somit Angriffsseite der Burg zusammenhängen könnte. Sie wird lediglich durch ein vierbahniges Spitzbogenfenster, das seitlich von zwei runden Medaillons begleitet wird[31], und ein darunter eingesetztes Ornamentfries gegliedert. Die Backsteinzone sitzt einem Sockel aus Bruchsteinmauerwerk auf. Der zugemauerte Rundbogen in diesem

ein ... Gang ist auch noch da an der Mauer, wiewohl sehr verwüstet, dachloß, und die Bohlen unten alle weg.« LhASA Wernigerode: Rep. Da Wolmirstedt Nr. 1, Bl. 77r. – *[Hans] Dunker*: Inventarium und Beschreibung des Amtes Wolmirstedt, in: Heimatstimmen. Monats-Beilage zum Allgemeinen Anzeiger für die Kreise Wolmirstedt und Neuhaldensleben, 1931, Nr. 1, S. 1-4, hier S. 3.

31 Die zwei Medaillons der Ostseite enthielten sicherlich wie diejenigen der Westseite Malereien. Um 1850 waren in den vier Medaillons der Westseite die vier auf Goldgrund gemalten Evangelistensymbole zu erkennen; *Quast*: Reiseberichte (wie Anm. 2), S. 263.

Abb. 5: Wolmirstedt, Schloßkapelle, Ansicht von Osten.

Mauerwerk war der ursprüngliche Haupteingang zur Oberburg, eine Vermutung, die die Grabungen der siebziger und achtziger Jahre des 20. Jahrhunderts innerhalb der Kapelle erhärteten.[32] Spätestens beim Bau der Kapelle, deren Ostwand direkt auf der Burgmauer errichtet wurde, muß das Portal aufgegeben und an den heutigen Standort südlich des Kapellenbaus verlegt worden sein.

Unterhalb des Fensters wurde das in Sandstein gearbeitete Wappen Erzbischof Ernsts in das Bruchsteinmauerwerk eingefügt (Abb. 6). Zwei Bracken[33] halten eine Tartsche, die das Familienwappen der Wettiner zeigt: Das erste Feld, zehnmal geteilt mit schrägrechtem Rautenkranz, steht für das Herzogtum Sachsen, der nach rechts schreitende Löwe im zweiten Feld für die Landgrafschaft Thüringen, der Adler im dritten Feld für die Pfalz-

32 *Johannes Schneider*: Die Ausgrabungen auf dem Schloßberg Wolmirstedt – Übersicht, in: Wolmirstedter Beiträge 15, 1990/91, S. 59-90, hier S. 65.

33 *Quast*: Reiseberichte (wie Anm. 2), S. 263. – Bergner bezeichnete die Wappenhalter fälschlicherweise als Leoparden; *Heinrich Bergner*: Beschreibende Darstellung der älteren Bau- und Kunstdenkmäler des Kreises Wolmirstedt. (Beschreibende Darstellung der älteren Bau- und Kunstdenkmäler der Provinz Sachsen, H. 30.) Halle (Saale) 1911, S. 126.

grafschaft Sachsen und der wiederum nach rechts steigende Löwe im vierten Feld für die Markgrafschaft Meißen.[34] Im Mittelschild befindet sich das geteilte Wappen des Erzbistums Magdeburg.[35] Zudem wird Ernst durch eine oberhalb des Wappens eingemeißelte Inschrift, die wegen des Wasserschlags schlecht lesbar ist, namentlich erwähnt: »Ernßt fon gots gnade etct anno dmi m cccc lxxx«[36].

Die Inschrift enthält keinerlei Auskunft über den Anlaß der Entstehung der Wappentafel. Deswegen muß die nicht nur in den Quellen verzeichnete Behauptung, Erzbischof Ernst habe »in Anno 1480 ... die Schloß-Capelle oder Kirche erbauet, maaßen solches außen daran gehefftetes Waapen und daran befindl. Jahr-Zahl außweiset«[37], kritisch beleuchtet werden.[38] Eine Weihe der Kapelle oder den Abschluß der Bauarbeiten erwähnt sie nicht. Sollte die Tafel dennoch zur Schlußweihe gesetzt worden sein, so ist es kaum denkbar, daß die Kapelle innerhalb des Archiepiskopats des seit 1476 zusammen mit dem Magdeburger Domkapitel und kursächsischen Beratern regierenden Erzbischofs Ernst ausgeführt worden ist.[39] Allein die technischen und organisatorischen Bedingtheiten eines Backsteinbaus setzen eine mehrjährige Vorbereitungszeit, in der Baumaterial hergestellt wurde, vor dem

34 *Otto Titan von Hefner*: J. Siebmacher's grosses und allgemeines Wappenbuch, I. Band, 1. Abt., 1. Reihe: Die Wappen der Souveraine der deutschen Bundesstaaten. Nürnberg 1856, S. 19.

35 Obwohl Ernst bereits zu Beginn des Jahres 1479 vom Domkapitel des Bistums Halberstadt zum Administrator postuliert worden war, wurde dessen heraldische Kennung nicht in den Schild aufgenommen. Das gevierte Wappen des Erzbistums Magdeburg und des Bistums Halberstadt ist bei Ernst nach 1480 bezeugt, was damit zusammenhängen dürfte, daß Ernst zwar vom Domkapitel zum Administrator gewählt, jedoch noch nicht vom Papst bestätigt worden war. Die päpstliche Erlaubnis zur Annahme des zweiten Bistums erhielt er am 28. 10. 1480. Dies korrespondiert mit dem Siegelgebrauch der erzbischöflichen Kanzlei, die erst ab 1480 das Halberstädter Wappen in ihren Siegeln führte; *Felix Rosenfeld*: Die Quellen für die Geschichte des Dombaues, in: Richard Hamann/Felix Rosenfeld: Der Magdeburger Dom. Beiträge zur Geschichte und Ästhetik mittelalterlicher Architektur, Ornamentik und Skulptur. Berlin 1910, S. 135-172, hier S. 171 Anm. 94.

36 *Quast*: Reiseberichte (wie Anm. 2), S. 263.

37 LhASA Wernigerode: Rep. Da Wolmirstedt Nr. 1, Bl. 1v.

38 *Scholz*: Amtssitze (wie Anm. 5), S. 165 Anm. 86.

39 Zu Erzbischof Ernst von Magdeburg siehe *Jörg Rogge*: Ernst von Sachsen, Erzbischof von Magdeburg und Administrator des Bistums Halberstadt (1476-1513), in: Werner Freitag (Hrsg.): Mitteldeutsche Lebensbilder. Menschen im späten Mittelalter. Köln/Weimar/Wien 2002, S. 27-68.

Abb. 6: Wolmirstedt, Schloßkapelle, Wappenstein Erzbischof Ernsts von Magdeburg an der Ostseite.

eigentlichen Bauprozeß voraus.[40] Hieraus wäre zu folgern, daß mit der Kapelle bereits unter Johannes von der Pfalz begonnen worden ist.

Folgt man dem kanonischen Recht, so hat nur derjenige die Erlaubnis, auf Paramenten und Kultgegenständen, an den Wänden, Türen und Türmen der Kirchen, in Kapellen, an Altären und Taufsteinen sein Wappen anzubringen, wenn er sie aus eigenen Mitteln gänzlich finanziert oder wenigstens dazu beigetragen hat.[41] Hat Ernst den Bau nicht initiiert, so wird dennoch aufgrund der privilegierten und äußerst repräsentativen Stelle des

40 Arszynski vermutet, daß die Materialherstellung für einen später reibungslosen Bauprozeß fünf bis sechs Jahre beanspruchte; *Marian Arszynski*: Einige Gedanken zum Problem der Materialbedingtheit des Backsteinbaubetriebes, in: Wissenschaftliche Zeitschrift der Ernst-Moritz-Arndt-Universität Greifswald. Gesellschafts- und Sprachwissenschaftliche Reihe 29, 1980, H. 2-3, S. 63-65, hier S. 63.

41 *X[avier] Barbier de Montault*: Les armoiries ecclésiastiques d'après le droit commun, in: Revue de l'art chrétien 15, 1872, S. 241-278, hier S. 257f. – *Bruno Bernhard Heim*: Wappenbrauch und Wappenrecht in der Kirche. Mit einem Vorwort von Donald Lindsay Galbreath. Olten [1947], S. 50.

Wappens an der Ostfassade der Kapelle der Anschein erweckt, daß unter seiner Herrschaft die hauptsächlichen Baumaßnahmen ausgeführt worden sind. Auch wenn der tatsächliche Anteil Erzbischof Ernsts am Kapellenbau kritisch zu hinterfragen ist, so beansprucht er jedoch durch das Wappen und die Inschrift, der maßgebliche Bauherr zu sein. Deswegen verwundert es nicht, wenn der Chronist Johannes Pomarius in seiner 1587 veröffentlichten Chronik der Stadt Magdeburg unter den löblichen Taten Erzbischof Ernsts verzeichnet, daß er unter anderem »die Capelle auffem Schloß zu Wolmerstedt ... außm grunde gebawet«[42] habe.

Im Vergleich zum Wappen des Territorialherrn wurde der Inschriftenstein des damaligen Amtmannes in subordinierter Lage im Westen der Kapelle angebracht. Wegen der großen Entfernung ist er für das bloße Auge kaum sichtbar.[43] 1993 wurde im Zuge von Restaurierungsmaßnahmen unterhalb des Dachgesimses an der Südseite des westlichen Anbaus unter einer Putzschicht ein rechteckiger Sandstein freigelegt, der neben der in gotischen Minuskeln ausgeführten Inschrift »heise speter amptman« und zwei Schlangen, die den Buchstaben S nachbilden, die Jahreszahl 1480 trägt. Es liegt nahe, daß dieser Amtmann mit einem gewissen Heiso Speter identisch ist, der 1464 als erzbischöflicher Kammermeister urkundlich bezeugt ist.[44] In den Copialbüchern der erzbischöflichen Kanzlei sind zudem aus dem Jahr 1479 zwei Urkundenkonzepte enthalten, die zugunsten zweier Brüder namens Heiso und Hans Speter ausgestellt wurden. In den beiden Vereinbarungen wurde in der Nähe der Ortschaft Barleben, die südlich von Wolmirstedt liegt, dem Brüderpaar jeweils eine Hufe Land von unterschiedlichen Lehnsträgern des Erzbischofs auf Wiederkauf überlassen.[45] Heiso Speter war zumindest in der erzbischöflichen Verwaltung kein Unbekannter. Nicht gesichert ist dennoch, wann und unter welchen Umständen er die Amtmannschaft in Wolmirstedt übernahm. Als erzbischöflicher Beamter verwaltete er sicherlich nicht nur die stiftischen Besitzungen in und um Wolmirstedt, sondern auch den Ausbau von Burg und Kapelle. Die zweifache Erwähnung der Jahreszahl 1480 an unterschiedlichen Stellen des Gebäudes läßt die Ver-

42 *Johannes Pomarius*: Summarischer Begriff Der Magdeburgischen Stadt Chronicken. Magdeburg 1587, o. Pag.

43 Vgl. hierzu *Kilian Heck*: Genealogie als Argument: der Beitrag dynastischer Wappen zur politischen Raumbildung der Neuzeit. München 2002, S. 104.

44 *Michael Scholz*: Residenz, Hof und Verwaltung der Erzbischöfe von Magdeburg in Halle in der ersten Hälfte 16. Jahrhunderts. (Residenzenforschung, Bd. 7.) Sigmaringen 1998, S. 121.

45 LhASA Magdeburg: Rep. Cop. Nr. 68, Bl. 106v-107r.

Abb. 7: Wolmirstedt, Schloßkapelle, Blick nach Osten.

mutung zu, daß zumindest der Außenbau zu diesem Zeitpunkt vollendet gewesen ist.

Der Innenraum (Abb. 7) zeigt einen dreijochigen Saal, der im Norden und Osten einen Laufgang aufweist. Ursprünglich wurde der Raum von drei Kreuzrippengewölben überspannt, deren Gewölbeansätze noch in Resten vorhanden sind. Die nach innen gezogenen Strebepfeiler, die durch spitzbogige Tonnengewölbe miteinander verbunden werden, besaßen an den Stirnseiten einen Dreivierteldienst, von dessen Kapitell sich die Diagonal- und Transversalrippen des Gewölbes verzweigten.

Der Sanktuariumsbereich im Osten fällt durch seinen massiven Unterbau auf. Im Vergleich zur übrigen Architektur der Kapelle wurde er grob und ohne Profilierung ausgeführt. Seine überdimensionierte Mauerstärke läßt sich nicht zweifelsfrei erklären. Es wäre zu überlegen, ob die drei Wände Teile eines im Grundriß quadratischen Torbaus waren, die in den späteren Kapellenbau integriert worden sind.[46]

46 Bereits *Bergner*: Darstellung (wie Anm. 33), S. 70, wies darauf hin, daß das östliche Joch der Kapelle mehr einem »Turmfundament als einem Kapellenchor« ähnele.

Vor der Ostwand stand ein freistehender Altar.[47] Die Ost- und Südseite füllen zwei spitzbogige Nischen aus. In der Nische der Südseite war vermutlich, wie Quast auf seiner Abbildung zeigt, ehedem ein Fenster eingesetzt. Östlich an dieses einstige Fenster schließt kurz oberhalb des Bodenniveaus eine segmentbogig überwölbte Nische an. Ihr Abflußrohr läßt auf die Nutzung als Piscina schließen, in der die Hände des Zelebranten und die »vasa sacra« mit Wasser gereinigt wurden. An die Piscina schloß ursprünglich eine weitere Mauereintiefung an. Es könnte sein, daß in dieser und in den zwei weiteren Nischen an der Südseite das Altargerät für die drei Altäre aufbewahrt worden ist.

Über eine Treppe in der Nordseite gelangte man auf den Laufgang an der Ostwand der Kapelle, der in einen kleinen Raum im südöstlichen Mauerwerk führte. Beleuchtet wurde diese, mit einer Flachtonne überwölbte Kammer durch ein heute zugesetztes, achtzig Zentimeter hohes und sechzig Zentimeter breites Fenster, das Quast in seinem Grundriß als Nische andeutet. Irrig ist dagegen sein Vorschlag, dieser Raum habe westlich einen Durchbruch besessen, der den Zugang zu einem Laufgang an der Südseite der Kapelle gewährte (Abb. 3, Fig. 1). Eine Fortführung des Laufgangs auf dieser Kapellenseite läßt sich am Baubestand ebensowenig nachweisen wie die von Hermann Wäscher aufgestellte Vermutung, der eben erwähnte östliche Laufgang der Kapelle sei Teil der Burgmauer gewesen.[48] Eine fortifikatorische Verwendung der Laufgänge kann – im Gegensatz zur Maria-Magdalenen-Kapelle der Moritzburg in Halle[49] – ausgeschlossen werden.

Eine weitere Kammer liegt im nordöstlichen Mauerblock. Sie war sicherlich über eine Treppe vom nördlichen Laufgang aus zu erreichen. Auch dieser Raum ist mit einer Segmenttonne überspannt. Die Funktion dieser Kammern kann nicht eindeutig geklärt werden. Denkbar ist die Nutzung

47 Eine während der Ausgrabungen der 1970er Jahre angefertigte Fotografie zeigt vor der Ostwand den rechteckigen, aus Backsteinen gemauerten Altarsockel. Museum Wolmirstedt, o. Rep. – Bergner, der bei seiner Beschreibung der Kapelle Osten mit Westen verwechselte und den Hauptaltar in den westlichen Anbau plazierte, sorgt damit bis heute nicht nur in der Literatur für Verwirrung; *Bergner*: Beschreibung (wie Anm. 33), S. 123f.

48 *Hermann Wäscher*: Feudalburgen in den Bezirken Halle und Magdeburg. 2 Bde., Berlin 1962, hier Textbd. S. 81; Grundriß mit Wehrgang in Emporenhöhe im Bildbd., Bild 218.

49 *Hans-Joachim Krause*: Zur Baugeschichte und ursprünglichen Baugestalt, in: Die Maria-Magdalenen-Kapelle der Moritzburg zu Halle. Hrsg. im Auftrag der Stiftung Schlösser, Burgen und Gärten des Landes Sachsen-Anhalt von Heinrich L. Nickel, mit Beiträgen von (...). Halle (Saale) 1999, S. 9-22, hier S. 19.

einer der beiden Räume als Archivkammer der Burg. Kapellen wurden des öfteren zur Aufbewahrung von Urkunden und sonstigen Schriftstücken benutzt; durch tiefe, abschließbare Nischen oder Gelasse in den starken Umfassungsmauern innerhalb des vermeintlich feuerfesten, weil steingewölbten Innenraums einer Kapelle erhoffte man, einen Raum geschaffen zu haben, der für die Lagerung wichtiger Archivalien geeignet sei.[50] Die Kammer im südöstlichen Mauerblock könnte wegen ihrer besonderen Zugänglichkeit eine hervorgehobene Funktion erfüllt haben: Da sie nur über eine Treppe vom Sanktuarium aus zu erreichen war, wäre es durchaus möglich, daß in ihr liturgische Gefäße, Bücher oder Reliquien verwahrt worden sind. Auch könnte sie als Lagerort für Teppiche oder Tücher gedient haben, die vielleicht – wie es für die Magdeburger Kathedrale[51] oder für die Wittenberger Schloßkirche[52] bezeugt ist – zu bestimmten Anlässen vom östlichen Laufgang hinter dem Hauptaltar herabgehängt worden sind.[53]

Im Norden ist zwischen den Strebepfeilern über rundbogigen Nischen ein Laufgang eingefügt (Abb. 8), der eine Verbindung von der ersten Etage der Alten Residenz zur Empore im westlichen Anbau herstellte. Östlich der drei Nischen, die diesen Verbindungsgang unterfangen, ist in der Wand eine Öffnung mit einem vorgeblendeten Spitzbogen eingesetzt, hinter der eine Treppe nach oben führt. Im Inneren ist sie nachträglich vermauert worden, so daß der genaue Treppenverlauf unklar bleibt.

Im westlichen Anbau war ursprünglich eine doppelgeschossige Empore eingefügt, die in Holz ausgeführt war. Sie nahm vermutlich auf der ersten Ebene den Sitz des Erzbischofs während der liturgischen Handlungen auf. Die darüber angeordnete Plattform könnte der Platz für die Orgel gewesen sein, welche die Inventare erwähnen.[54] Über eine Treppenspindel in der südwestlichen Mauerecke waren die beiden Emporenebenen mit dem Ka-

50 *Ludwig Arntz*: Burg- und Schloßkapellen, in: Zeitschrift für christliche Kunst 27, 1914, S. 171-198, hier S. 175.

51 Erzbischof Ernst verfügte in seinem Testament von 1503, die in den Niederlanden erworbenen Teppiche sollten wie bisher »zw den hohen und ertzbischoflichen festen im chore« der Kathedrale aufgehängt werden; *Paul Redlich*: Kardinal Albrecht von Brandenburg und das Neue Stift zu Halle 1520-1541. Eine kirchen- und kunstgeschichtliche Studie. Mainz 1900, S. 4*.

52 Ein 1515 aufgestelltes Inventar verzeichnet in der Schloßkirche »vier große köstliche gewirkte Tücher / die man in den großen und höchsten Festen hänget auffm Gange umb den hohen Altar / darauff die Passion und anders.« *Fritz Bellmann/Marie-Luise Harksen/Roland Werner*: Die Denkmale der Lutherstadt Wittenberg. Weimar 1979, S. 256.

53 Ich danke Dr. Hans-Joachim Krause (Leipzig) für den freundlichen Hinweis.

54 LhASA Magdeburg: Rep. Cop. Nr. 103, Bl. 80v.

pellenraum verbunden. Der Bereich unterhalb der ersten Emporenebene war vom Kapellenraum durch eine Mauer abgetrennt und vermutlich gewölbt. Darauf weisen zwei Baubefunde hin: An der Südseite der ehemaligen Kammer ist eine Störung im Mauerverbund festzustellen, die auf eine ehemalige Mauerverzahnung weist.[55] Zudem ist im Norden ein Gewölbeanfänger im Mauerwerk zu erkennen, der an dieser Stelle eine Tür vermuten läßt. Der mit starken Außenwänden ausgestattete Raum wird mit der Rüstkammer gleichzusetzen sein, die in den verschiedenen Inventaren innerhalb der Kapelle verzeichnet wird. Ein Inventar von 1518 beispielsweise listet auf, daß in einem Gewölbe in der Kapelle Pfeile, Haken- und Handbüchsen, Gefäße mit Schwarzpulver, Armbrüste und Leuchten verwahrt würden. Da die Kapelle keine Sakristei besaß, stand in dieser Kammer auch ein Schrank, in dem Paramente hingen.[56] Die Lage einer Pulverkammer, die in zwei Quellen in einem Gewölbe unter der Orgel lokalisiert wird, kann nicht genau geklärt werden: Im Inventarium von 1500 ist zu lesen, daß »im gewelbe under der orgel« eine Tonne mit Pulver und eine mit Salpeter deponiert seien[57]; im Inventar von 1506 wird dieser Raum »uf der capelle«[58] verortet. Es ist zu überlegen, ob diese Kammer in dem kleinen, mit dickem Mauerwerk ummantelten Raum in der zweiten Etage des nordwestlichen Mauerblocks zu suchen ist.

Vermutlich in den achtziger Jahren des 16. Jahrhunderts erfuhr der westliche Bereich der Kapelle eine Umgestaltung. Die Rüstkammer wurde beseitigt, und die zweigeschossige Empore wurde zu einer dreigeschossigen umgebaut. Das große Fenster, dessen Profilierungen noch teilweise erhalten sind, wurde zugesetzt, und jede Etage der Empore erhielt eine eigene, rechteckige Fensteröffnung. Ein um 1600 erstelltes Inventar bestätigt drei übereinander angeordnete Emporen im Westen der Kapelle. Die oberste Etage enthielt eine Orgel, darunter lag der Herrschaftsstand des regierenden Administrators. Ausgestattet war das »fürsten stübchen«[59] mit einem eisernen Ofen, und vom Kapellenraum war es durch eine Fensterfront abgetrennt.[60]

55 Ich danke Dipl. phil. Reinhard Schmitt (Halle/Saale) für den freundlichen Hinweis.

56 LhASA Magdeburg: Rep. U4b, Anhang zum Erzstift Magdeburg, Wolmirstedt Nr. 9, [Bl. 2v]. – Weitere Beispiele von Burgkapellen, die innerhalb des Sakralbaus in einem abgesonderten Raum eine Rüstkammer aufweisen, konnten bisher nicht nachgewiesen werden.

57 LhASA Magdeburg: Rep. Cop. Nr. 103, Bl. 80v.

58 LhASA Magdeburg: Rep. Cop. Nr. 103, Bl. 97r.

59 LhASA Wernigerode: Rep. Da Wolmirstedt Nr. 1, Bl. 77r.

60 LhASA Wernigerode: Rep. Da Wolmirstedt Nr. 74, Bl. 4v-5r.

Abb. 8: Wolmirstedt, Schloßkapelle, Blick nach Nordwesten.

Durch die Erweiterung der Emporenanlage um eine Etage wurde sicherlich dem Bedürfnis Rechnung getragen, den ohnehin bereits separierten Bereich noch weiter zu differenzieren. Mehrgeschossige Herrschaftsstände in protestantischen Kirchenräumen konnten vielfältige Möglichkeiten bieten, unterschiedliche, meist nach hierarchischen Gesichtspunkten angeordnete Plätze zu schaffen. Zu denken wäre bei der dreigeschossigen Anlage in Wolmirstedt beispielsweise an eine Trennung der Familie des Administrators von der Dienerschaft, den Gutsbeamten oder den übrigen Adligen.[61]

Die Wände der Kapelle waren mit polychromer figürlicher und vegetabiler Ausmalung auf weißem Kalkgrund verziert, die heute noch in Spuren vorzufinden ist.[62] Mehrere der einst zwölf Weihekreuze sind in den west-

61 *Gotthard Kießling*: Der Herrschaftsstand. Aspekte repräsentativer Gestaltung im evangelischen Kirchenraum. (Beiträge zur Kunstwissenschaft, Bd. 58.) München 1995, S. 199-203.

62 Zu den Wandmalereien und ihrem Erhaltungszustand vgl. *Anja Romanowski*: Die Schloßkapelle in Wolmirstedt. Untersuchung, Dokumentation und Konservierung der spätgotischen Wandmalereien. Diplomarbeit (CD-ROM) Hochschule für Bildende Künste Dresden. Dresden 2004.

lichen Jochen deutlich sichtbar. In den Nischen unter der Empore sowie im Bogenfeld des Zugangs zur Spindeltreppe haben sich auf weißem Grund Blumenranken erhalten. Auch die Seitenwände nahmen Rankenmalerei auf, wie Überreste an der südwestlichen Wand erkennen lassen. Beiderseits des Emporenanbaus sind in der Höhe von ungefähr zwei Metern figürliche Darstellungen erkennbar: Auf der nördlichen Wand eine männliche Gestalt in Rüstung[63], auf der südlichen eine weibliche, in ein Gewand gehüllte. Ferdinand von Quast, bei dessen Besuch die Malereien vermutlich noch besser erhalten waren, deutete sie als Mauritius und Katharina. Beide sind die Hauptpatrone der Magdeburger Kathedrale, stellen also einen direkten Bezug zur Hauptkirche des Erzbistums her, wodurch sie den Platz des Kirchenfürsten im Anbau nobilitieren. Neben diesen Gestalten fand Quast in einer Nische unter dem Laufgang eine Kreuzigungsdarstellung vor. Bei Untersuchungen in den fünfziger Jahren des 20. Jahrhunderts wurden an nicht genau überlieferten Stellen Reste von illusionistischer Maßwerkmalerei nachgewiesen.[64] Die vom übrigen Kapellenraum abweichende Oberflächenstruktur des Putzes im Sanktuarium konnte nicht abschließend geklärt werden. Es ist möglich, daß dieser Bereich ursprünglich wegen seines hohen sakralen Gehalts eine differenzierte, wertvollere Ausgestaltung erfahren hatte. Zu denken wäre hierbei etwa an eine Verkleidung mit Holzpaneelen und Schnitzereien oder Teppichen.

Die gänzlich abhanden gekommene ehemalige Ausstattung läßt sich nicht zufriedenstellend rekonstruieren. Lediglich einen Anhaltspunkt liefern einige der bereits erwähnten Inventare, die jeweils zum Amtsantritt eines neuen Amtmannes erstellt wurden. Das Inventar aus dem Jahr 1500 beispielsweise berichtet, daß in der Kapelle folgende beweglichen Gegenstände von Wert verwahrt werden: Drei vergoldete Kelche mit Patenen und Korporalen, ein silbernes Kußtäfelchen, sieben Meßgewänder, sechs Paar Leuchter aus Messing und Zinn, mehrere liturgische Bücher, vier Meßglöckchen, ein Feuerbecken zum Wärmen der Hände der Zelebranten in den Wintermonaten, sieben Altartücher mit Behang, unterschiedliche Gefäße zum Aufbewahren von Weihwasser, drei Kästen für die Meßgewänder sowie drei Altartafeln.[65] Jeder der drei urkundlich nachweisbaren Altäre be-

63 *Bergner*: Darstellung (wie Anm. 33), S. 124.

64 *Peter Findeisen*: Zur Ausmalung der Schloßkapelle in Ziesar und der Ernstkapelle im Magdeburger Dom, in: Wissenschaftliche Zeitschrift der Martin-Luther-Universität Halle-Wittenberg. Geisteswissenschaftliche Reihe 41, 1992, H. 5, S. 41-47, hier S. 44.

65 LhASA Magdeburg: Rep. Cop. Nr. 103, Bl. 80r.

saß demzufolge ein Retabel. Ein weiteres Inventar beschreibt den Hauptaltar als einen »altar mit einer schönen taffel daruf«, umgeben sei er von Stühlen und Bänken.[66] Die Stipes der beiden Nebenaltäre standen in zwei der Nischen unterhalb des nördlichen Laufganges und werden etwas in den Innenraum hineingeragt haben.

Die Schloßkapelle in Wolmirstedt bezieht sich in der Anlage und in der Ausprägung des Bauschmucks auf die brandenburgische Backsteinarchitektur des 15. Jahrhunderts. Verbindungen zu St. Johannis in Werben oder zur Stephanskirche in Tangermünde wurden bereits durch Ferdinand von Quast festgestellt.[67] In Plan und Ausstattung folgt die Kapelle in Wolmirstedt unmittelbar der 1470 geweihten, also ungefähr zehn Jahre älteren Schloßkapelle der Bischöfe von Brandenburg in Ziesar.[68] Hier steht der Backsteinbau allerdings nicht frei im Hof, weshalb nur die dem Burginnenhof zugewandte Südfront als Schaufassade (Abb. 9) ausgebildet wurde, während die anderen Seiten in die im Grundriß trapezförmige Burganlage integriert sind oder als wehrhafte Burgaußenmauern fungieren. Westlich der Durchfahrt zum Innenhof erhebt sich der dreijochige Saal, dessen Fassade mit den Lisenen, Fenstern, Ornamentfriesen, Formsteinen und dem Portal unzweifelhaft mit Wolmirstedt in Verbindung zu bringen ist.

Auch den vierjochigen Saal in Ziesar umschließt im Inneren an der Nord- und Westseite eine Empore über hohen Bogennischen, in denen sich wahrscheinlich Seitenaltäre befanden.[69] Ob der Sitzplatz des Bischofs auf der Westempore lag, ist fraglich; die Gestaltung des Raums auf der Nordempore im östlichen Joch, also in größerer Nähe zum Altar und mit direkter Verbindung zum Pallas, läßt vermuten, daß der Bischof diesen Raum, der durch Türen abgetrennt werden konnte, vorzog.[70]

Beinahe der ganze Innenraum ist von einer in Kalkfarben ausgeführten Ausmalung überzogen. Über einer Sockelzone aus Vorhängen setzt eine grünmonochrome Rankenmalerei ein, welche die Wände mit einem dichten, vegetabilen Gitter überzieht. Die Gewölbekappen sind indes mit in

66 LhASA Wernigerode: Rep. Da Wolmirstedt Nr. 74, Bl. 4v.

67 *Quast*: Reiseberichte (wie Anm. 2), S. 262.

68 Vgl. hierzu *Irene Roch*: Spätgotische Burg- und Schloßkapellen im mitteldeutschen Raum, in: Burgen und Schlösser in Sachsen-Anhalt 2, 1993, S. 68-77.

69 *Edda Campen*: Die Raumfassung der Burgkapelle Ziesar. Magisterarbeit (masch.) Technische Universität Berlin 1996, S. 20.

70 *Gerhard Streich*: Palastkapellen mitteldeutscher Bischöfe während des Mittelalters. Herrschaftsrepräsentation und Patrozinienwahl, in: Roderich Schmidt (Hrsg.): Mitteldeutsche Bistümer im Spätmittelalter. Lüneburg 1988, S. 115-153, hier S. 137. Dies wird durch den Ausmalungsbefund verstärkt, *Campen*: Raumfassung (wie Anm. 69), S. 30.

rotbraunen Tönen gehaltenem Maßwerk auf blauem Grund gefüllt. In den stichtonnengewölbten Nischen unter der Nordempore ist figürliche Malerei zu finden: Die östliche Nische weist eine Madonna im Strahlenkranz auf, die mittlere zeigt den Stammbaum Jesse und die westliche Nische vermutlich einen weiteren, nicht näher zu bestimmenden Stammbaum.[71] Sicher ist nach restauratorischem Befund, daß der heute sichtbaren, um 1500 entstandenen Hauptfassung[72] eine weitere, in ihrer Ausführung schlichtere Fassung vorausging[73]; es handelte sich hierbei um weiße Kalktünche mit Fugenstrich.[74] Untersuchungen konnten zudem nachweisen, daß diese Fassung in den Scheidbögen der Emporen von roter Rankenmalerei auf weißem Grund begleitet worden ist.[75]

Karl Oettinger führte 1962 den Begriff der »paradiesischen Laube« zur Beschreibung von spätmittelalterlichen Architekturen ein, bei denen die Raumschale meist kleinerer Sakralbauten vegetabil umgedeutet wurde. Die paradiesische Laube, die um 1460/70 in Süddeutschland als Architekturform auftrat, manifestiert sich nicht nur in der Verwendung pflanzlicher Motive in Malerei und Plastik am Äußeren oder im Inneren, sondern auch in der Gestaltung der architektonischen Grundform des Gebäudes, das geprägt ist durch reale oder fingierte Laubenformen: Kleine Anräume legen sich um das Gebäude, eingezogene Strebepfeiler lassen Nischen entstehen, Galerien oder Emporen begrenzen den Innenraum und lassen ihn kleiner erscheinen.[76] Der Außenbau der Kapellen in Ziesar und Wolmirstedt wird durch Lisenen und Ornamentfriese bestimmt, die Blüten und andere vegetabile Elemente enthalten. Der Innenraum in Wolmirstedt war malerisch mittels einer Rankenmalerei vegetabilisiert, die vermutlich den ganzen Raum um-

71 *Campen*: Raumfassung (wie Anm. 69), S. 39-44.

72 *Wilfried Sitte*: Ziesar. Untersuchungen zum architektonischen Gefüge und zur Fassung des ausgemalten Raumes im Hauptgebäude der Burg, in: Brandenburgische Denkmalpflege 5, 1996, H. 1, S. 83-90, hier S. 90, datiert die Hauptfassung vor 1512. – Edda Campen datiert die Malereien stilistisch in das letzte Viertel des 15. Jh.s Eine Ausführung nach 1500 ist unwahrscheinlich; *Campen* (wie Anm. 69), S. 70. – Aussicht auf eine genauere Datierung ermöglichen die aktuellen restauratorischen Untersuchungen.

73 *Sitte*: Ziesar (wie Anm. 72), S. 90.

74 *Campen*: Raumfassung (wie Anm. 69), S. 45.

75 *Wilfried Sitte*: Zwischenbericht über die Ergebnisse der restauratorischen Untersuchungen. (Stadterneuerung Ziesar, Bürgerinformation Nr. 15.) Berlin 2002, o. Pag.

76 *Karl Oettinger*: Laube, Garten und Wald. Zu einer Theorie der süddeutschen Sakralkunst 1470-1520, in: Karl Oettinger (Hrsg.): Festschrift für Hans Sedlmayr. (Erlanger Forschungen. Reihe A: Geisteswissenschaften, Bd. 20.) München 1962, S. 201-228, hier S. 204.

Abb. 9: Ziesar, Schloßkapelle, Ansicht der Südfront.

schloß. Beide Kapellen veranschaulichen, daß auch in den nordöstlichen Gebieten des Heiligen Römischen Reiches der seinerzeit moderne Gedanke der paradiesischen Laube bekannt war und umgesetzt wurde. Die Laube und der damit verbundene Paradiesgedanke können sowohl für Ziesar[77] als auch für Wolmirstedt[78] als Gestaltungsleitbild vorausgesetzt werden.

Mit der Schloßkapelle in Wolmirstedt lehnte sich der Bauherr, der Erzbischof von Magdeburg, an eine neue Form der Schloßkapelle an, wie sie im Bau seines Suffragans, des stark vom brandenburgischen Kurfürsten abhängigen Bischofs von Brandenburg[79], im nahe gelegenen Ziesar ihre Ausprägung gefunden hatte. Die einige Jahre jüngere Kapelle in Wolmirstedt

77 *Campen*: Raumfassung (wie Anm. 69), S. 76. – *Fritz Wochnik*: Die Kapelle auf der Burg der Brandenburger Bischöfe in Ziesar. Eine Laube in der Architektur der Mark Brandenburg, in: 9. Jahresbericht des Historischen Vereins Brandenburg (Havel) e. V. 1999/2000, S. 126-136, hier S. 134.

78 *Fritz Wochnik*: Die Burgkapellen in Ziesar und Wolmirstedt, in: Burgen und Schlösser 39, 1998, H. 1, S. 24-34, hier S. 33.

79 Die Bestrebungen der Kurfürsten zu Brandenburg, ihre Herrschaftsgewalt über die drei märkischen Bistümer Havelberg, Brandenburg und Lebus auszubauen, führten im 15. Jh. wiederholt zu starken Zerwürfnissen mit dem Erzbistum Magdeburg. Die Konsekration der Bischöfe von Brandenburg und Havelberg wurde beispielsweise nicht durch den

hat dabei nur teilweise die Absicht, in ihrer Gestaltung Ziesar zu übertreffen. Das Grundmuster und die hauptsächliche Struktur in Auf- und Grundriß bleiben gewahrt. Gesteigert wird der Bau lediglich durch die Vielansichtigkeit: Während in Ziesar, wo mehrere ältere Bauteile in den Kapellenbau integriert worden sind[80], nur die Südfront als Schaufassade konzipiert worden ist und die Nordseite als massive Burgaußenmauer der Verteidigung dient, sind bei der Schloßkapelle in Wolmirstedt, die frei in der Mitte des Burghofs steht, alle Außenmauern mit Friesen, Lisenen, Gesimsen, Portalen und ursprünglich bemalten Medaillons verziert und werden durch großflächige Fenster bestimmt. Ähnlich wie in Wolmirstedt war der Innenraum der Ziesarer Kapelle zunächst teilweise mit Rankenmalerei geschmückt, bis um 1500 die heutige Fassung aufgetragen worden ist. Durch den Rekurs und die augenscheinliche Konvergenz konnte der Erzbischof von Magdeburg in Wolmirstedt darauf hinweisen, daß er an einem zwar wirtschaftlich ertragreichen, politisch jedoch unbedeutenden Verwaltungssitz mindestens genauso zeitgemäß, aufwendig und repräsentativ bauen konnte wie der unter dem Einfluß Kurbrandenburgs stehende und faktisch landsässige Bischof von Brandenburg[81] in seiner Hauptresidenz. Scheinbar beiläufig konnte der Erzbischof von Magdeburg an einem bloß sporadisch genutzten Aufenthaltsort das vollbringen, was dem Brandenburger Bischof nur an seiner Residenz gelang. Mit dem Anbringen seines reliefierten Wappens zeigte Erzbischof Ernst letztendlich, daß er sich nicht nur um den Bau verdient gemacht hatte, sondern auch, daß die Burg, die lange Zeit zwischen der Mark Brandenburg und dem Erzstift umstritten war, nun unter der Herrschaft eines Erzbischofs aus dem Hause der kursächsischen Wettiner stand.

Abbildungsnachweis:
1, 2: Museum Wolmirstedt; 3: Archiv des Autors; 4-9: Fotos des Autors

zuständigen Erzbischof, sondern durch den Bischof von Lebus kraft einer päpstlichen Erlaubnis vorgenommen. *Felix Priebatsch*: Staat und Kirche in der Mark Brandenburg am Ende des Mittelalters, in: Zeitschrift für Kirchengeschichte 19, 1899, S. 397-430; Bd. 20, 1900, S. 159-185 und 329-365, hier S. 357; Bd. 21, 1901, S. 43-90. Zur Bedeutung des kurfürstlichen Nominationsprivilegs von 1447 über die Bischofsstühle von Brandenburg, Havelberg und Lebus vgl. *Thomas Alexander Letz*: Fürstliche Herrschaft und Kirche. Brandenburg und Burgund in der Mitte des 15. Jahrhunderts. Diss. phil. (masch.) Technische Universität Berlin 2003, S. 136-144.

80 Dies belegen die bauhistorischen Befunde, *Detlev von Olk*: Die Burg Ziesar im Wandel der Zeit. (Stadterneuerung Ziesar, Bürgerinformation Nr. 17.) Berlin 2002, o. Pag.

81 *Letz*: Herrschaft (wie Anm. 79), S. 146.

HANS-JOACHIM KRAUSE

Die Moritzburg und der »Neue Bau« in Halle
Gestalt, Funktion und Anspruch – ein Vergleich*

In den wenigen Jahrzehnten zwischen 1480 und 1540 haben zwei Kirchenfürsten auf dem Magdeburger Erzstuhl, Erzbischof Ernst von Wettin (1476-1513) und sein Nachfolger Erzbischof Albrecht von Brandenburg (1513-45), der zugleich Erzbischof von Mainz war und 1518 die Kardinalswürde empfing, als Landesherren des Erzbistums und zugleich Stadtherren von Halle das äußere Bild dieser Stadt entscheidend verändert.[1] Was der eine in dieser stadtgeschichtlich höchst bedeutsamen Zeitspanne am Übergang vom ausgehenden Mittelalter zur Frühen Neuzeit[2] als Bauherr an der Nordwestecke

* Für den Druck dieses Beitrags wurde die Vortragsform weitgehend beibehalten und um Detailerläuterungen und die wichtigsten Quellen- und Literaturnachweise ergänzt.

1 Zum Verhältnis der beiden Erzbischöfe zu ihrer Residenzstadt jetzt grundlegend *Michael Scholz*: Residenz, Hof und Verwaltung der Erzbischöfe von Magdeburg in Halle in der ersten Hälfte des 16. Jahrhunderts. (Residenzenforschung, Bd. 7.) Sigmaringen 1998. Weiter ausholende Darstellungen ihres Wirkens für und in Halle, die neben den personen- und regionalgeschichtlichen Aspekten auch die kirchen- und reichspolitischen einbezieht, fehlen ebenso wie umfassende, heutigen wissenschaftlichen Ansprüchen genügende Biographien beider Fürsten. Ansätze dazu für Ernst von Wettin jetzt bei *Jörg Rogge*: Ernst von Sachsen, Erzbischof von Magdeburg und Administrator von Halberstadt (1476-1513), in: Mitteldeutsche Lebensbilder. Menschen im späten Mittelalter. Hrsg. von Werner Freitag. Köln/Weimar/Wien 2002, S. 27-68, für Albrecht von Brandenburg in dem Sammelband von *Friedhelm Jürgensmeier* (Hrsg.): Erzbischof Albrecht von Brandenburg (1490-1545). Ein Kirchen- und Reichsfürst der Frühen Neuzeit. (Beiträge zur Mainzer Kirchengeschichte, Bd. 3.) Frankfurt a.M. 1991. Vgl. auch *Horst Reber*: Albrecht von Brandenburg. Kurfürst, Erzkanzler, Kardinal, 1490-1545. Hrsg. von Berthold Roland, mit Beiträgen von Friedhelm Jürgensmeier/Rolf Decot/Peter Walter. (Ausstellungskatalog) Mainz 1990.

2 Eine moderne Stadtgeschichte Halles, die sich ausführlich mit dem Abschnitt von ihrer Unterwerfung durch den Erzbischof 1478/79 bis zum endgültigen Durchbruch der lutherischen Reformation beschäftigt, ist ebenfalls ein Desiderat der Forschung. Für die äußere Geschichte im späten 15. Jh. noch immer heranzuziehen: *Gustav Friedrich Hertzberg*: Geschichte der Stadt Halle an der Saale von den Anfängen bis zur Neuzeit. Nach den Quellen dargestellt. 3 Bde., Halle (Saale) 1889-93, Bd. 1: Geschichte im Mittelalter. Halle (Saale) 1889, S. 414-532, Bd. 2: Geschichte während des 16. und 17. Jahrhunderts (1513-1717). Halle (Saale) 1891, S. 3-191; *Siegmar Schultze-Galléra*: Das mittelalterliche Halle, Bd. 2: Von der Entwicklung des städtischen Rates bis zum Untergang der städtischen Freiheit. (Geschichte der Stadt Halle, Bd. 2.) Halle (Saale) 1929, S. 401-508. Für die Folgezeit: *Walter Delius*: Die Reformationsgeschichte der Stadt Halle. (Beiträge zur Kirchengeschichte Deutschlands, Bd. 1.) Berlin 1953.

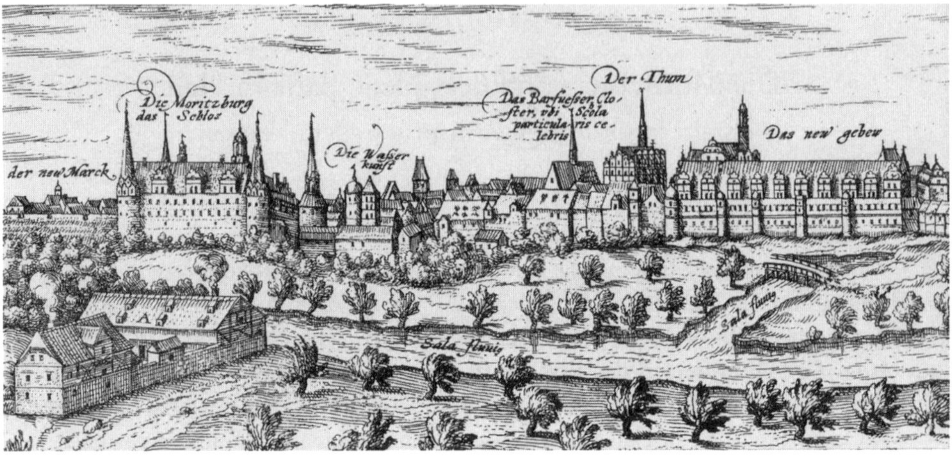

Abb. 1: Halle, Ansicht der Stadt von Westen um 1540 (mit späteren Ergänzungen). Stich von Johann Mellinger (Ausschnitt) im Städtebuch von G. Braun und F. Hogenberg um 1599 (wie Anm. 8).

der Stadt gleichsam mit einem Paukenschlag begann, setzte der andere zielstrebig und mit weiter ausgreifenden Intentionen fort. Nutzte der eine für seine architektonischen Maßnahmen noch den Apparat reicher spätgotischer Formgebung, die sich gerade in Mitteldeutschland zu höchster Blüte entfaltet hatte[3], so huldigte der andere schon den damals neuen Gestaltungsmotiven der aus Italien über Süddeutschland vermittelten Renaissance. Den durch Ernst von Wettin durchgesetzten Auftakt zu dieser Entwicklung bildet die Moritzburg, das Ende – das freilich keine Zäsur, sondern einen Höhepunkt bildete – der für Albrecht von Brandenburg errichtete »Neue Bau«, jener Gebäudekomplex, für den seit dem 17. Jahrhundert, als Herzog August von Sachsen-Weißenfels hier als Administrator des Erzbistums Magdeburg von 1642 bis zu seinem Tode 1680 residierte, die Bezeichnung »Residenz« gebräuchlich ist.

Beide Bauwerke haben einst die Ansicht der Altstadt von der Saaleseite her entscheidend geprägt (Abb. 1). Sie haben fast fünf Jahrhunderte überstanden, sind aber später beträchtlich verändert, überbaut und auch rekon-

3 Vgl. *Heinrich Magirius*: Die Albrechtsburg und die spätgotische Architektur in Obersachsen, in: Die Albrechtsburg zu Meißen. Hrsg. von Hans-Joachim Mrusek. Leipzig 1972, S. 67-83, 139-143; *Norbert Nußbaum*: Deutsche Kirchenbaukunst der Gotik. 2., völlig überarb. Aufl. Darmstadt 1994, bes. S. 267-281, 299-313.

Abb. 2: Halle, Moritzburg. Westseite.

struiert oder mit historistischen Neubauten ergänzt worden. Die Zerstörung der Moritzburg begann 1637 mit einem Brand, so daß sie sich – abgesehen von der trotz Teilbeschädigung weiter nutzbaren Kapelle und einigen älteren Einbauten – bis zum späteren 19. Jahrhundert nur als Ruine erhielt. Die Außenfront des Westflügels und z.T. auch die des Nordflügels vermitteln davon bis heute ein eindrucksvolles Bild (Abb. 2).

Der »Neue Bau« wurde durch eingreifende Veränderungen des 18. und 19. Jahrhunderts entstellt, besonders der südliche Teil des langgestreckten Westflügels entlang der Mühlgrabensaale mit seinen in Backstein erneuerten Partien. Doch trotz der offensichtlichen Reduzierung und der großen Verluste im Detail lassen die Moritzburg in ihrer Monumentalität und der »Neue Bau« in seiner eigenwilligen Gestalt, nicht zuletzt wegen der erstaunlichen Dimensionen, noch immer etwas von der einstigen Großartigkeit beider Baudenkmale erkennen.

Die Forschung hat sich in unterschiedlicher Intensität mit ihrer Geschichte und Gestalt beschäftigt. Bis heute fehlt für beide eine gründliche monographische Bearbeitung. Für die Erforschung der Moritzburg finden sich in einer ganzen Reihe älterer Veröffentlichungen wichtige Ansätze[4] – bis hin zur noch immer nützlichen Zusammenfassung Hermann Wäschers von 1955[5], dessen Kenntnisstand seither nur noch in Einzelstudien etwas bereichert und partiell korrigiert wurde.[6] Neue Erkenntnismöglichkeiten boten die Instandsetzungsarbeiten der letzten Jahrzehnte. Das Landesamt

4 *Franz Knauth*: St. Moritzburg zu Halle a. d. Saale. Historisch-topographisch dargestellt. Halle (Saale) 1853; *Gustav Schönermark*: Beschreibende Darstellung der älteren Bau- und Kunstdenkmäler der Stadt Halle und des Saalkreises. (Beschreibende Darstellung der älteren Bau- und Kunstdenkmäler der Provinz Sachsen und angrenzender Gebiete, NF Bd. 1.) Halle (Saale) 1886 (Nachdruck 1997), S. 299-326; [*Hermann Rauchfuß*:] Die Moritzburg in Halle, in: Kalender für Ortsgeschichte und Heimatkunde von Halle, Saalkreis und Umgebung für das Jahr 1906 (ersch. 1905), S. 31-40; *Gustav Moritz*: Geschichte der Moritzburg zu Halle. 4. vollständig neu bearb. Aufl. Halle (Saale) [1931]; *Hermann Rauchfuß*: Die Moritzburg in ihrer militärischen Bedeutung, in: Hallischer Kalender 7/8, 1915-16, S. 48-52; *Siegmar Schultze-Galléra*: Topographie oder Häuser- und Strassen-Geschichte der Stadt Halle a. d. Saale, 1. Bd.: Altstadt. Halle (Saale) 1920, S. 155-162, 168f. – Abgesehen von chronikalischen Nachrichten haben sich zeitgenössische archivalische Quellen zur Entstehungsgeschichte des Bauwerks bis auf zwei Hinweise, die mit dem Baugeschehen nur indirekt zu tun haben, nicht erhalten. Der eine Hinweis betrifft eine Beratung 1480 während der Bauvorbereitungen (s.u. Anm. 15), der andere mehrere Schreiben Herzog Georgs von Sachsen vom 9. 2. 1495 wegen des Transports von »etlich Baweholtzs, zu Notorfft des gebewdes des Sloßs zu halle«. In einem Brief wird dem Erzbischof angezeigt, daß man seiner Bitte um das benötigte Material entspricht, in den anderen werden die Amtleute in Dornburg und Camburg und der Geleitmann in Weißenfels angewiesen, 420 Holzbohlen, 300 tännerne Pfosten und über 500 Bäume auf der Saale geleit- und zollfrei schiffen zu lassen. Allein 180 Bäume waren für »Bogenstelle«, d.h. für Lehrgerüste zu den damals einzuziehenden Rippengewölben, bestimmt; Sächsisches Hauptstaatsarchiv Dresden: Cop. 105, Bl. 87v. – Eine im Nachlaß des Magdeburger Dompropsts und späteren Merseburger Bischofs Fürst Adolf von Anhalt verwahrte »Summierung der Ausgaben für den Schloßneubau in Halle von 1493 bis 1502« im ehem. Anhaltischen Staatsarchiv Zerbst (GAR II fol. 264 Nr. 8, 6) ist seit dem Zweiten Weltkrieg verloren.

5 *Hermann Wäscher*: Die Baugeschichte der Moritzburg in Halle. (Schriftenreihe der Staatlichen Galerie Moritzburg in Halle, H. 1.) Halle (Saale) 1955.

6 *Hans Volkmann*: Das Treppenhaus in der Moritzburg, in: Hallesches Monatsheft für Heimat und Kultur 2, 1955, 15-18; *Andreas Hüneke*: Die Moritzburg zu Halle. (Baudenkmale, H. 43.) Leipzig 1978; *Werner Piechocki*: Zur Bau- und Wirkungsgeschichte der Moritzburg Halle, in: Galeriespiegel. Staatliche Galerie Moritzburg Halle 9, 1984 (2), S. 3-25; *Reinhard Rüger*: Zur Geschichte und Planung der Denkmalpflege an der Moritzburg in Halle, in: Beiträge zur Burgenforschung, Hermann Wäscher zum 100. Geburtstag. Hrsg. von Irene Roch. (Wissenschaftliche Beiträge Martin-Luther-Universität Halle-Wittenberg 1989/24 [H 12].) Halle (Saale) 1989, S. 124-132; *Peter Findeisen*: Geschichte der Denkmalpflege, Sachsen-Anhalt. Berlin 1990, S. 46-48, 208-211; *Irene Roch*: Zur Baugestalt der spätgotischen Moritzburg in Halle, in: Burgen und Schlösser 32 (Sonderheft »Neue Bundesländer«), 1991, S. 21-25.

Abb. 3: Halle, Moritzburg. Ansicht von Nordwesten um 1617. Stich von Conrad Grale (Ausschnitt) in: »Repraesentatio Der Fuerstlichen Auffzuge« 1617 (wie Anm. 8).

für Denkmalpflege Sachsen-Anhalt konnte dabei an verschiedenen Stellen Untersuchungen durchführen. Ergebnisse dieser von archivalischen Forschungen begleiteten Arbeiten[7] sind in die folgenden Ausführungen eingeflossen.

Bekanntlich trägt die bildliche Überlieferung – in alten Ansichten – bei kritischer Betrachtung und Bewertung oft Wesentliches zur Rekonstruktion des ursprünglichen Aussehens eines Denkmals bei. Von den vor dem Brand im Jahre 1637 entstandenen Ansichten der Moritzburg zeigen der Stich Johann Mellingers vom Ende des 16. Jahrhunderts im Städtebuch von Georg Braun und Franz Hogenberg und die ebenfalls gestochene, bis ins Detail aufschlußreiche Ansicht von 1617 (Abb. 3) den mächtigen, viergeschossig aufsteigenden

7 *Reinhard Schmitt*: Die Artillerietürme der Moritzburg in Halle (1991, unveröffentl. Manuskript) und die Beiträge von *Hans-Joachim Krause* und *Andreas Stahl* in: Die Maria-Magdalenen-Kapelle der Moritzburg zu Halle. Hrsg. im Auftrag der Stiftung Schlösser, Burgen und Gärten des Landes Sachsen-Anhalt von Heinrich L. Nickel, mit Beiträgen von (...). Halle (Saale) 1999; *Andreas Stahl*: Instandsetzung oder Konservierung? Die denkmalpflegerischen Konzeptionen zur Moritzburg Halle zwischen Neuaufbau und

Westflügel mit den beiden von überlängt wirkenden Spitzhelmen bekrönten Ecktürmen.[8] Die Zwerchhäuser über dem Traufgesims[9] und die oktogonalen

Erhaltung der Ruinenteile, in: Denkmalpflege in Sachsen-Anhalt 7, 1999, S. 55-65; *Ders.*: Die Moritzburg in Halle. (Burgen, Schlösser und Wehrbauten in Mitteleuropa, Bd. 12.) Regensburg 2002.

8 *Georg Braun/Franz Hogenberg*: Vrbium Praecipvarvm Mvndi Theatrvm Qvintvm. Köln (um 1599) (Nachdruck: Kassel/Basel 1965), Nr. 48; Repraesentatio Der Fuerstlichen Auffzuge, Ritterspiel auch Feuerwerck vnd Ballet Welche der Hochwuerdigste ... Herr Christian Wilhelm Postulirter Administrator des primat vnd Ertzstifts Magdeburgk Marggraff zu Brandenburgk ... auff deroselben Fuerstlichen Freueleins ... Sophien Elisabeths Kindteueffen Zu Halle in Sachsen ... 1616 gehalten Vndt angeordnet, Halle 1617. Erläuterungen zu diesen Abbildungen von *Alois J. Schardt*: Das Hallische Stadtbild. Seine kunsthistorische Wiedergabe in Vergangenheit und Gegenwart. Halle (Saale) [1932], S. 9-22. – Selbst die erheblich kleinere Wiedergabe auf einem um 1571 entstandenen Landschaftsprospekt, der die Westseite der Stadt »Hall« – verkürzt auf die damals besonders herausragenden Bauten – zeigt (ebd., S. 19 Abb. 7), läßt alle diese äußeren Erscheinungsmerkmale der Moritzburg noch deutlich erkennen; Sächsisches Hauptstaatsarchiv Dresden: Plansammlung Schrank V Fach 66 Nr. 1.

9 Man darf davon ausgehen, daß Giebel-Zwerchhäuser von Anfang an zum Baubestand der Moritzburg gehört haben. Für die Außenfronten lassen sich Anzahl und Plazierung auf den frühen Stichen übereinstimmend und sicher ablesen, nicht eindeutig hingegen ihre Form. Hermann Wäscher hat die Außenseiten in Lukarnenform mit steilen spätgotischen Stufengiebeln rekonstruiert (*Wäscher*: Baugeschichte [wie Anm.5], unpag. S. 11 und Abb. 1). Dagegen sind die Zwerchgiebel neuerdings als frühe, wenn nicht gar erste Beispiele des »Welschen Giebels« in Deutschland bzw. Mitteldeutschland angesprochen worden; *Stahl*: Moritzburg (wie Anm. 7), S. 17; ihm dezidiert folgend *G. Ulrich Großmann*: Die Einführung von Architekturformen der frühen Renaissance in Mitteleuropa, in: Wege zur Renaissance. Beobachtungen zu den Anfängen neuzeitlicher Kunstauffassung im Rheinland und den Nachbargebieten um 1500. Hrsg. von Norbert Nußbaum/Claudia Euskirchen/Stephan Hoppe. Köln 2003, S. 166-185, hier S. 177. Siehe auch *Stephan Hoppe*: Wie wurde die Burg zum Schloß? Architektonische Innovation um 1470, in: Von der Burg zum Schloß. Landesherrlicher und Adeliger Profanbau in Thüringen im 15. und 16. Jahrhundert. Hrsg. von Heiko Laß, Bucha bei Jena 2001, S. 96-116, hier S. 101. – Der die Einzelheiten des Baus am deutlichsten wiedergebende Stich von 1617, auf den sich die Autoren berufen, ist aber trotz der im ganzen festzustellenden beachtlichen Detailtreue gerade in der Wiedergabe der Dachaufbauten am wenigsten glaubwürdig: Er zeigt an beiden Hauptansichten nach Norden und Westen drei (oder gar vier ?) höchst verschiedene Formen, die so nebeneinander nicht bestanden haben können. Teilweise sind sie sicher falsch dargestellt, wie im übrigen auch die Giebel des »Neuen Baus«. Wenn es sich bei den eigentümlich gestapelten oder gestuften Rundbogenfeldern dennoch um Andeutungen von Giebeln mit Halb- und Viertelkreisabschlüssen handeln sollte, so würden diese freilich nicht schon im ausgehenden 15. bis beginnenden 16. Jh. entstanden sein können, als die spätgotischen Formen noch ausschließliche Geltung besaßen (siehe die Zusammenstellung von *Matthias Donath*: Spätgotische Giebel in Sachsen. Beucha 2001), sondern

Turmaufsätze mit dem doppelten Giebelkranz[10] lassen ein weiteres, im Dachbereich ausgebildetes Geschoß erkennen, von dem am heutigen Baubestand nichts mehr vorhanden ist. Eine analoge Form besaß der Nordflügel, während die Südseite wie auch die Fassade der Ostseite der Moritzburg eine andere Gestaltung aufwiesen, worauf unten zurückzukommen sein wird.

In der baugeschichtlichen Abfolge entstand zuerst der Westflügel der Moritzburg. Seine Errichtung dürfte mit der Grundsteinlegung im Frühsommer 1484 begonnen worden sein.[11] Die südwestliche Ecke mit dem Turm, der 1639 gesprengt wurde, war um 1488 im Bau. Der Nordflügel gehört, wie eine an der Nordseite festgestellte Baufuge beweist, einem jüngeren Bauabschnitt an. Nach Ausweis der Steinmetzzeichen bildete er mit dem Hauptportal und der Kapelle baulich eine vollständige Einheit und war um 1503 offenbar in beträchtlichem Umfang vollendet, als Erzbischof Ernst die Burg bezog. Lediglich der Bau der Kapelle und ihre Ausgestaltung zogen sich noch etwas länger hin.[12]

müßten als neuartige Zutat oder als modernisierender Ersatz für ältere Aufbauten einer späteren Zeit angehören. Ob sie dann als Teil von Umbaumaßnahmen im Dachbereich zwischen 1525/30 und 1550 oder noch später entstanden, muß offenbleiben, da Hinweise auf Baumaßnahmen nach Vollendung der Moritzburg bis 1616 in der schriftlichen Überlieferung vollständig fehlen. Auch das Schloß in Wittenberg stellt keine Parallele dar: Die Errichtung von »whelschen gibeln« nach einem Entwurf Cranachs von 1523 bezieht sich nicht als »zusätzlicher Schmuck« auf den spätgotischen Hauptbau (*Sibylle Harksen*: Schloß und Schloßkirche in Wittenberg, in: 450 Jahre Reformation. Hrsg. von Leo Stern/Max Steinmetz. Berlin 1967, S. 341-365, hier S. 351), sondern erst auf den um 1515 begonnenen Bau des Vorschlosses; zur gleichen Auffassung gelangte *Stephan Hoppe*: Die funktionale und räumliche Struktur des frühen Schloßbaus in Mitteldeutschland. Untersucht an Beispielen landesherrlicher Bauten der Zeit zwischen 1470 und 1570. (62. Veröffentlichung der Abteilung Architekturgeschichte des Kunsthistorischen Instituts der Universität Köln.) Köln 1996, S. 80.

10 Am Nordwestturm war das aufgehende Mauerwerk des polygonalen Aufsatzes, der über der Traufhöhe des Westflügels liegt, noch Ende des 18. Jh.s erhalten, wie eine Bestandszeichnung des Baukondukteurs Hesse von 1789 ausweist; Geh. Staatsarchiv Preußischer Kulturbesitz II, Generaldirektion Magdeburg, Tit. CXIII, Sec. X, Halle Nr. 1: Wegen der Moritzburg zu Halle 1688-1797, Bl. 124. Auch die Räume des 1. und 2. Obergeschosses besaßen in den westlichen Rundtürmen innen einen achtseitigen Grundriß, was der bestehende nordwestliche Turm bis heute zeigt und der Rest des südwestlichen eindeutig erkennen läßt.

11 Die wenigen zur Entstehung der Moritzburg überlieferten chronikalischen Baudaten mit den Quellenbelegen jetzt am übersichtlichsten bei *Scholz*: Residenz (wie Anm. 1), S. 156f.

12 *Hans-Joachim Krause*: Zur Baugeschichte und ursprünglichen Baugestalt, in: Maria-Magdalenen-Kapelle (wie Anm. 7), S. 9-22, bes. S. 10ff.; *Ders.*: Albrecht von Brandenburg und Halle, in: *Jürgensmeier* (Hrsg.): Erzbischof (wie Anm. 1), S. 296-356, hier S. 303-310.

Im Anschluß an den Westflügel dürften in den späten 1490er Jahren bis um bzw. etwas nach 1500 die schmaleren Trakte mit dem Wehrgang zunächst an der Süd- und dann an der Ostseite aufgeführt worden sein. Die Errichtung der beiden großen, als mächtige, aber verhältnismäßig niedrige Rundtürme mit spitzen Helmen ausgebildeten Basteien und des dazwischen gelegenen Ostflügels, in dem sich der zweite, der Stadtseite zugewandte Zugang zur Burg befand (und heute als einziger noch befindet), gehörte offenbar zum letzten großen Bauabschnitt.[13]

Die Frage, wer für den Entwurf der kastellartigen Gesamtanlage und für die Ausführung als Werkmeister verantwortlich war, läßt sich bis heute nicht beantworten. Sowohl der früher genannte »baumeister Hannschke« als auch Nickel von Köckeritz kommen dafür nicht in Frage – ersterer hatte 1479 mit polnischen Arbeitern auf dem Martinsberg, wo die Errichtung des neuen Schlosses zunächst vorgesehen war, vor allem die vorbereitenden Erdarbeiten für Gräben und Wälle ausgeführt[14], dieser war 1480 zu Beratungen hinzugezogen worden.[15] Dem ebenfalls als »Baumeister« bezeichneten Hans

13 Nach chronikalischer Überlieferung (Annalen des Ratsmeisters Peter Seydenschwantz) hat man »dy zcwene tewrme an den newen slosse kegenn sancta [!] vlrichis kyrgenn ... vnnd dy zcwü müren dir zcwyssenn« relativ spät, nämlich erst 1502 »angefangen«; Halle, Marienbibliothek: Hs. 172, Bl. 315r; siehe auch *Scholz*: Residenz (wie Anm. 1), S. 157 Anm. 23. Wenn die Zeitangabe stimmt, kann sie sich aus bautechnischen Gründen nicht mehr auf einen Beginn der Arbeiten an der Ostseite vom Fundament an beziehen, sondern bereits auf das Hochziehen des aufgehenden Mauerwerks oberhalb der mit dem aufgeschütteten Hofniveau erreichten Höhe. Die damals sicher schon mögliche Begehbarkeit des West- und Nordflügels setzt dieses Niveau voraus, und auch der Ostabschluß der Kapelle bedurfte bereits der Abstützung zumindest durch den unteren Innenabschnitt der Nordostbastei.

14 Der Name Hanschkes und seine ausdrücklich nur auf das (wieder aufgegebene) Martinsberg-Projekt bezogene Tätigkeit sind durch den halleschen Chronisten Marcus Spittendorf überliefert; Denkwürdigkeiten des hallischen Rathsmeisters Spittendorf, hrsg. von *Julius Otto Opel*. (Geschichtsquellen der Provinz Sachsen und angrenzender Gebiete, Bd. 11.) Halle (Saale) 1880, S. 413. Es geht deshalb nicht an, in ihm auch den Baumeister, gar im Sinne eines Architekten, des 1484 am endgültigen Platz begonnenen Baus der Moritzburg zu sehen, wie Hünicken und Neuß meinten; *Rolf Hünicken*: Halle in der mitteldeutschen Plastik und Architektur der Spätgotik und Frührenaissance 1450-1550. (Studien zur thüringisch-sächsischen Kunstgeschichte, H. 4.) Halle (Saale) 1936, S. 55, und *Erich Neuß*: Entstehung und Entwicklung der Klasse der besitzlosen Lohnarbeiter in Halle. Eine Grundlegung. (Abhandlungen der Sächsischen Akademie der Wissenschaften zu Leipzig, Philologisch-historische Klasse, Bd. 51, H. 1.) Berlin 1958, S. 59.

15 In einem an seinen Onkel Herzog Albrecht von Sachsen gerichteten Schreiben von Sonntag Dorotheae (6. 2.) 1480 bat Erzbischof Ernst, ihm am Dienstag nach Invocavit (22. 2.) »Nickel von Kokeritz ... her gein Gebichinstein zuschicken, vmb eyne stete eyns

von Packwitz oblag später die Bauorganisation, und der 1501 genannte Johann Stempach war lediglich Bauschreiber.[16] Von den bekannten, zu dieser Zeit im sächsisch-wettinischen und anhaltischen Raum tätigen Werkmeistern läßt sich bislang keiner mit dem Bau der Moritzburg eindeutig in Verbindung bringen. Das gilt auch für den in Wittenberg am gleichzeitigen Schloßbau – den Kurfürst Friedrich der Weise, Erzbischof Ernsts Bruder, damals zu seiner neuen Residenz ausgestalten ließ – nachweislich tätigen Conrad Pflüger, der zu den für die spätgotische Architektur in Mitteldeutschland bedeutendsten Baumeistern zählt.[17] Obwohl man für die Moritzburg seine Beteiligung erwogen hat, da dieser um 1501/02 nachweislich in Halle gewesen ist[18], läßt sich bisher nicht mehr sagen, als daß er – wie schon zuvor 1496/97 in Magdeburg – vielleicht zu einer Beratung hinzugezogen wurde. Der Formenwechsel, der sich an der Gestaltung der Fenster im West- und Nordflügel besonders gut ablesen läßt, spricht deutlich für eine Beteiligung mehrerer zuständiger Kräfte, vielleicht auch schon bei der Planung.

Das Äußere des Nordflügels ist architektonisch besonders ausgezeichnet, zum einen durch die Kapelle am östlichen Ende dieses Trakts, zum andern durch das große Eingangsportal in seiner Mitte. Die der heiligen Maria Magdalena geweihte Kapelle (Abb. 4), die über zwei Kellergeschossen steht,

Nuwen Slosßes, das wir mit gotshulf an ader In Vnnser stad Halle gedencken anfangen zulassen, zu besichtigen, vnd vns Dorinne beraten zusein«. Wie aus dem Antwortschreiben hervorgeht, entsprach Herzog Albrecht dieser Bitte, seinen Rat Nickel von Köckritz zu »schicken, uch zcu anefange uwers nuwen bawes ... neben andrern, den [die?] ir die Zceit ouch dahin bescheiden, beraten vnd behulffen zcusein«; Sächsisches Hauptstaatsarchiv Dresden, Wittenberger Archiv: Loc. 4349 Klöster und Stifter, Erzstift Magdeburg. Bausachen, Befehdungen, Kapsel I, Bl. 1r und 2r. Den Hinweis auf diese Quellenstelle verdanke ich Reinhard Schmitt. Über den Aufenthalt Nickels von Köckritz, des Landvogts von Meißen und »heimlichen getreuen« Rats der Herzöge Ernst und Albrecht, auf dem Giebichenstein und den Inhalt des Gesprächs zusammen mit anderen Geladenen (!) ist Näheres nicht bekannt. Vgl. auch *Otto Wanckel/Cornelius Gurlitt*: Die Albrechtsburg zu Meißen. Unter Benutzung amtlicher Quellen dargestellt. Dresden 1895, S. 15; beide Autoren hielten einen Anteil Nickels von Köckritz an der Planung der Moritzburg – wie bei der Albrechtsburg in Meißen – für möglich.

16 *Scholz*: Residenz (wie Anm. 1), S. 156.

17 *Hans-Joachim Krause*: Conrad Pflüger, in: The Dictionary of Art. Bd. 24, London 1996, S. 586 (mit der wichtigsten Literatur).

18 *Sibylle Harksen*: Das Schloß zu Wittenberg. (Schriftenreihe des Stadtgeschichtlichen Museums Wittenberg, H. 1.) Wittenberg 1977, S. 25-46, hier S. 42f. Anm. 9; *Dies.*: Schloß (wie Anm. 9), S. 356f.

Abb. 4: Halle, Moritzburg. Maria-Magdalenen-Kapelle mit Nordostbastei von Norden.

bewahrt trotz kleiner Eingriffe bei der ansonsten behutsamen Restaurierung des 19. Jahrhunderts mit den Vorhangbogenfenstern nach Norden und den großen Spitzbogenöffnungen am Chorschluß und an der Hofseite im wesentlichen noch die ursprüngliche Erscheinung.[19] Für die geringere Größe der Fenster nach Norden gab es weniger gestalterische als fortifikatorische Gründe; denn unter ihnen mußte man mehrere Schießscharten anbringen, die – vom Innern der Kapelle her benutzbar – für den die ganze Osthälfte der Burg ohne Unterbrechung umziehenden Wehrgang benötigt wurden.

19 Zur Baugestalt und Geschichte bis zum 19. Jh. zuletzt: Maria-Magdalenen-Kapelle (wie Anm. 7); vgl. auch *Karl Heldmann*: Die St. Maria Magdalenen-Kapelle auf der Moritzburg zu Halle. Vierhundert Jahre hallischer Kirchen- und Kulturgeschichte. Halle (Saale) 1923.

Abb. 5: Halle, Moritzburg. Nordportal.

Die stichbogige Nische über den starken Werksteinkonsolen ist der Rest eines ehemals geschlossenen Balkons (siehe Abb. 3), von dem aus vielleicht Reliquienweisungen vorgenommen wurden[20], der aber auch oder zugleich als gesondertes Oratorium gedient haben könnte. Oberhalb der Traufe des 1660/61 neu geschaffenen Daches ragte auch die Nordseite der Kapelle mit Zwerchgiebelaufbauten, zu denen die Kragsteine am Dachansatz gehörten, ein Geschoß höher hinauf als heute.

Der über den beiden Unter- oder Sockelgeschossen hoch gelegene Hauptzugang (Abb. 5) von der Feldseite zur Burg war nur über eine Brücke er-

20 *Irene Roch*: Die Maria-Magdalenen-Kapelle der Moritzburg zu Halle als Heiltumskirche, in: Burgen und Schlösser in Sachsen-Anhalt 4, 1995, S. 51-55.

reichbar, die den davor liegenden Graben überspannte. An der Hofseite kam er als Durchgang ebenerdig an. Die breite Durchfahrt – heute ein vierteiliges Fenster – und die Fußgängerpforte daneben sind, wie der Steinverband und die Steinmetzzeichen erkennen lassen, werkeinheitlich aufgeführt worden. Über der Durchfahrt ist ein Fries mit reich gestalteten spätgotischen Wappenreliefs in architektonischer Rahmung eingelassen. Es sind die Wappen des erzbischöflichen Bauherrn, demonstrativ angebracht als beständiger Hinweis auf den Gründer der Burg und zum Zeichen seiner geistlichen Herrschaft und fürstlichen Repräsentation.[21] Bekrönt war der Fries von einer Statue des heiligen Mauritius, des Patrons des Erzstifts Magdeburg und zugleich des Schutzheiligen, nach dem die Moritzburg von Erzbischof Ernst 1504 ihren Namen erhielt.[22] Die auf einer Konsole stehende, seit unbekannter Zeit verlorene Skulptur wurde nach der Angabe eines zeitgenössischen Chronisten im gleichen Jahr aufgestellt.[23] Schöpfer der Figur und der Wappengalerie könnte der Wittenberger Bildhauer Claus Heffener gewesen sein, für den gerade in dieser Zeit ein Aufenthalt in Halle bekannt ist.[24] Heffener hat in Wittenberg maßgeblich an der bildnerischen Zier des Schlosses mitgewirkt und war mit seiner Werkstatt damals auch für andere Auftraggeber wie z.B. im nahe gelegenen Merseburg für Bischof Thilo von Trotha tätig.[25]

Im Gegensatz zum Nordzugang ist die zur Stadt hin gelegene Portalanlage des Ostflügels (Abb. 6) nicht einheitlich entstanden. Zunächst gab es lediglich – und zwar von Anfang an – die große Öffnung der Durchfahrt, zu der man wegen des um die Burg herumgezogenen Grabens ebenfalls nur über

21 Auf den Schilden erscheint in der Mitte geviertelt das Wappen des Erzbistums Magdeburg und des Bistums Halberstadt, flankiert von den Stammwappen des Hauses Wettin: links Pfalz Thüringen und Herzogtum Sachsen, rechts Landgrafschaft Thüringen und Markgrafschaft Meißen.

22 Den Namen »arx Sancti Mauritii« gebrauchte Ernst erstmals in einer Urkunde vom 19.8. 1504; *Scholz*: Residenz (wie Anm. 1), S. 157 mit Anm. 25.

23 Chronik des *Peter Seydenschwantz*; Halle, Marienbibliothek: Hs. 172, Bl. 319v. Die Figur war zusammen »mit den wapen an dem newgen slosse ewber dem thor« angebracht worden.

24 *Harksen*: Schloß (wie Anm. 9), S. 359.

25 Zu Wittenberg siehe *Harksen*: Schloß (wie Anm. 9), S. 358-360, und *Dies.*: Schloß (wie Anm. 18), S. 27; *Fritz Bellmann/Marie-Luise Harksen/Roland Werner*: Die Denkmale der Lutherstadt Wittenberg. Weimar 1979, S. 80-82. Zu Merseburg *Peter Ramm*: Der Merseburger Dom. Seine Baugeschichte nach den Quellen. Mit einem Beitrag von Hans-Joachim Krause. 2. Aufl. Weimar 1978, S. 151; *Ders.*: Der Dom zu Merseburg. 3. durchges. Aufl. 1993, S. 18, 53.

Abb. 6: Halle, Moritzburg. Ostportal.

eine Brücke gelangen konnte. Die darüber befindliche Nische steht im Werkverband mit der Durchfahrt, gehört also bauzeitlich mit dieser zusammen. In der Nische steht auf einer weit auskragenden Konsole die fast lebensgroße Figur der heiligen Katharina, eine künstlerisch höchst beachtliche Skulptur, die 1995 in einem konservatorisch aufwendigen Verfahren unter Leitung des Landesamts für Denkmalpflege in ihrem Bestand gesichert und dabei untersucht werden konnte.[26] Wie festgestellt wurde, trug sie einst eine (wohl aus Metall gefertigte) Krone – das Zeichen ihrer königlichen

26 *Christoph Reichenbach/Peter Michael*: Konservierung der Statue der Heiligen Katharina 1995. Dokumentation (Halle, Archiv des Landesamts für Denkmalpflege Sachsen-Anhalt).

lichen Abkunft – und hielt in ihrer Linken wahrscheinlich ein an ihr Martyrium erinnerndes Schwert. Katharina war Kompatronin des hl. Mauritius im Magdeburger Erzstift. Die Statue ist also als Pendant zu dem Mauritiusstandbild am Nordportal gemeint. Auch an der Magdeburger Kathedrale ließ der Erzbischof übrigens nur wenig später neue Standbilder der beiden Schutzheiligen aufstellen.[27] Während sie dort aber am nördlichen Seitenschiff als Hüter des neuen Hauptzugangs zum Dom an ›einem‹ Portal vereint auftreten, sind sie in Halle mit der gleichen Aufgabe auf die beiden Eingänge verteilt. Wer die Figur der Katharina geschaffen hat, ist noch ungeklärt. In Frage käme der Zeitstellung wegen – Mitte bis Ende des ersten Jahrzehnts des 16. Jahrhunderts – wieder Claus Heffener, doch stehen zur Klärung dieser Frage noch nähere Untersuchungen aus.

Die Fußgängerpforte des Ostportals ist, wie weitere Nachprüfungen nunmehr eindeutig erwiesen haben, nicht gleichzeitig mit der Durchfahrt, sondern erst nachträglich eingebaut worden.[28] Sie gehört zusammen mit dem darüber angebrachten und 1517 datierten Wappenrelief des Erzbischofs Albrecht von Brandenburg, des Nachfolgers von Ernst, zu einer in diesem Jahr erfolgten Erweiterung des Portals, die auch die Anlage einer neuen, breiteren Brücke zur Folge hatte.[29] Noch später erfolgte die Aufstockung des Osttors zu einem hohen Torturm. Zunächst hatte der Torbau nämlich nur zwei Obergeschosse. Das dritte Turmgeschoß verdankt seine Entstehung einer von Johann Albrecht, dem Vetter Albrechts von Brandenburg, veranlaßten Baumaßnahme. Dabei hat man auch das zweite Obergeschoß – unter Wiederverwendung bzw. Nachbildung der älteren Fenstergewände – weitgehend neu hergestellt. Diese Neu- bzw. Umgestaltung wurde aber erst nach Johann Albrechts Tod 1550 vorgenommen oder abgeschlossen. Denn die Sandsteintafel mit Wappen und Inschrift, die er als Bauherr der beiden Turmgeschosse anbringen ließ, nennt ihn bereits mit der Angabe seines

27 *Ernst Schubert*: Der Magdeburger Dom. Berlin 1984, S. 218f. und Abb. 139-141.

28 Bei formal völlig gleicher Ausbildung des Nord- und Ostportals weisen beide werktechnisch einen entscheidenden Unterschied auf: Im Gegensatz zum nördlichen Zugang mit seinem durchgehenden, beide Öffnungen einschließenden Werksteinverband, was die Gleichzeitigkeit beweist, ist die Fußgängerpforte des Ostportals – mit der darunterliegenden starken Auskragung für das Auflager der Brücke – von der Durchfahrtöffnung durch eine Baufuge getrennt, d.h., beide Öffnungen wurden hier unabhängig voneinander aufgeführt.

29 Den Bau der Brücke mahnt Albrecht in einem Schreiben an seinen Hofmeister vom 24.3.1517 an; *Eduard Jacobs*: Briefwechsel Cardinal-Erzbischof Albrechts mit seinem Hofmeister Botho, Grafen zu Stolberg-Wernigerode, aus dem Jahre 1517, in: Geschichtsblätter für Stadt und Land Magdeburg 10, 1875, S. 286-302, hier S. 293.

Todesjahrs.[30] Er war – seit 1523 Koadjutor – 1545 Erzbischof von Magdeburg geworden und residierte, während seiner Aufenthalte in Halle, wie seine beiden Vorgänger auf der Moritzburg. Mehrere der an dem Ausbau zum Turm beschäftigten Werkleute haben nach Ausweis der Steinmetzzeichen unter der Leitung des Bau- und Stadtwerkmeisters Nickel Hoffmann zwischen 1545 und 1557 in Halle auch an der Markt- und an der Moritzkirche mitgearbeitet.[31] Bekrönt war der erhöhte Turm von einem Helm in Form einer Welschen Haube mit Laterne, so daß er in der Erscheinung der Burg zur Stadt hin einen weithin sichtbaren Akzent setzte.

Die Hofseite des Ostflügels südlich des Torturms mit den Erdgeschoßarkaden und den eng gereihten Obergeschoßfenstern wirkt heute zusammen mit den unverhältnismäßig großen Zwerchhäusern wie eine Erfindung der für die museale Nutzung der Moritzburg bestimmten Neubebauung des südöstlichen Burgbereichs von 1911/12.[32] In dieser Zeit neu errichtet, gehen sie jedoch – abgesehen von den früher zwar auch vorhandenen, aber erst später aufgesetzten Zwerchhäusern – als Motiv letztlich auf den bis ins 19. Jahrhundert erhaltenen originalen Baubestand aus der Gründungszeit der Moritzburg zurück. Diese Tatsache belegen außer einem nur in Abbildungen noch nachweisbaren Modell mehrere von der Forschung bisher ungenügend beachtete Aufnahmen des Bauzustands um die Mitte des 19. Jahrhunderts, wie beispielsweise ein Skizzenblatt (Abb. 7), auf dem die Gestaltung der stichbogigen Arkaden im Erdgeschoß auf freistehenden kämpferlosen Säulen und das Geschoß darüber mit den breiten maßwerklosen Vorhangbogenfenstern sehr

30 »VON GODTS G[NADEN] JOHAN[NE]S ALBR[ECHT] /. ERTZBIS[CHOF] ZV MAG[DEBVRG] MAR[KGRAF] ZV / BRAN[DENBVRG] OBYT. ANNO MDL.« Siehe auch *Otto Heinz Werner*: Geschichte der Moritzburg in Halle. (Schriftenreihe der Staatlichen Galerie Moritzburg in Halle, H. 2.) Halle (Saale) 1955, S. 49 Abb. 29.

31 Durch die formale Anpassung der Obergeschosse an den älteren Torbau, mit der offensichtlich eine einheitliche Gesamtwirkung angestrebt wurde, ist die Ungleichzeitigkeit bisher nicht aufgefallen. Das traditionsbewußte Anknüpfen an eine vorgegebene Konzeption legt die Vermutung nahe, daß Nickel Hoffmann sogar selbst beauftragt wurde, die Turmerhöhung auszuführen. Diese adaptierende Vorgehensweise läßt sich auch sonst in seinem Werk, etwa beim Vollendungsbau der Marktkirche und am Langhausgewölbe der Moritzkirche, beobachten; *Hans-Joachim Krause*: Die spätgotischen Neubauten der Moritzkirche und Marktkirche in Halle, in: Denkmale in Sachsen-Anhalt. Ihre Erhaltung und Pflege in den Bezirken Halle und Magdeburg. 2. Aufl. Weimar 1986, S. 225-252, hier S. 240, 247. Zu Biographie und Œuvre des Baumeisters jetzt *Werner Broda*: Spurensuche Nickel Hoffmann. Ein Baumeister der ›Deutschen Renaissance‹ (um 1515-1592). Phil. Diss. (Typoskript) Marburg 1998.

32 Zur Planungs- und Baugeschichte *Piechocki*: Bau- und Wirkungsgeschichte (wie Anm. 6), S. 19-24, und *Findeisen*: Denkmalpflege (wie Anm. 6), bes. S. 210f.

genau wiedergegeben ist.[33] Ob der hofseitige Teil des Obergeschosses innen von dem an der Ostseite umlaufenden Wehrgang korridorartig abgetrennt war oder mit ihm als breiter und aufwendig gestalteter »gedeckter Wehrgang« eine räumliche Einheit bildete, läßt sich nicht mehr entscheiden. Ebenso bleibt offen, ob mit dem Obergeschoß außer der Aufgabe des Wehrgangs noch eine andere Funktion verbunden war. Diese kaum später als um 1500 zu datierende Bauform tritt hier in der spätgotischen Architektur Mitteldeutschlands – soweit der erhaltene oder anderweitig bekannte Denkmalbestand eine Beurteilung zuläßt – völlig unvermittelt auf. In der architektonischen Struktur Vergleichbares findet man seit dem mittleren 15. Jahrhundert am ehesten in der französischen Baukunst[34], von der Anregungen bzw. direkte Anstöße zur Rezeption ausgegangen sein können, was aber hier nicht weiter auszuführen ist. Im übrigen dürfte auch der nördliche Abschnitt der Ostseite zwischen Torbau und Kapelle vor dem Einbau des Lazarettgebäudes von 1777 die gleiche Gestaltung aufgewiesen haben.

Wenn man die ursprüngliche Gestalt der Moritzburg in ihrem ganzen Umfang erfassen will, darf man die sie einst umgebenden Befestigungsanlagen nicht außer acht lassen. Zur Konzeption der vierflügelig geschlossenen Burg mit Rundtürmen an allen vier Ecken gehörte von vornherein die An-

33 Das Blatt gehört zu einer Sammlung von Nachzeichnungen, die das Stadtarchiv Halle aufbewahrt. Es sind Pausen von originalen Bauaufnahmen, die sich im Nachlaß Ferdinand von Quasts im Archiv der Technischen Hochschule Berlin-Charlottenburg befanden und seit dem Zweiten Weltkrieg als verschollen gelten. Sie waren z.T. 1854 von dem in Halle tätigen Bauinspektor Ernst Steudener (um 1800-1859), z.T. vermutlich von Quast selbst (bei seinem Besuch in Halle 1865?) angefertigt worden. Steudeners Aufmaße vom Arkadenbau, bestehend aus den Grundrissen von Erd- und Obergeschoß und drei Schnitten, gaben den damaligen Zustand fast bauarchäologisch genau wieder, was auch der Vergleich mit einem Erdgeschoßplan der Moritzburg belegt, den Carl Ferdinand Busse 1829 für Schinkel aufgenommen hatte; Staatliche Museen Preußischer Kulturbesitz Berlin, Kupferstichkabinett und Sammlung der Zeichnungen, Schinkelmuseum: OBD. 49. Auch das Modell der Moritzburg von Georg Gotttfried Kallenbach und Jacob Schmidt, das 1852 entstanden ist, zeigte den vollständigen Arkadengang ohne die zu dieser Zeit noch vorhandene Einmauerung. Soweit die erhaltenen Fotos des im Zweiten Weltkrieg im Architektur-Museum der Technischen Hochschule Berlin-Charlottenburg zerstörten Originals eine Beurteilung erlauben, gab das Modell die Ruine der Moritzburg bis in kleinste Details mit erstaunlicher Genauigkeit wieder.

34 Z.B. Hôtel Jacques-Cœur in Bourges und Schloß Le Plessis-Bourré. Vgl. *Wolfram Prinz/ Ronald G. Kecks*: Der französische Schloßbau der Renaissance. Form und Bedeutung der Architektur, ihre geschichtlichen und gesellschaftlichen Grundlagen. Mit Beiträgen von Uwe Albrecht/Jean Guillaume. (Frankfurter Forschungen zur Kunst, Bd. 12.) Berlin 1985, S. 46ff., 52ff.; *Uwe Albrecht*: Von der Burg zum Schloß. Französische Schloßbaukunst im Spätmittelalter. Worms 1986, S. 85ff.

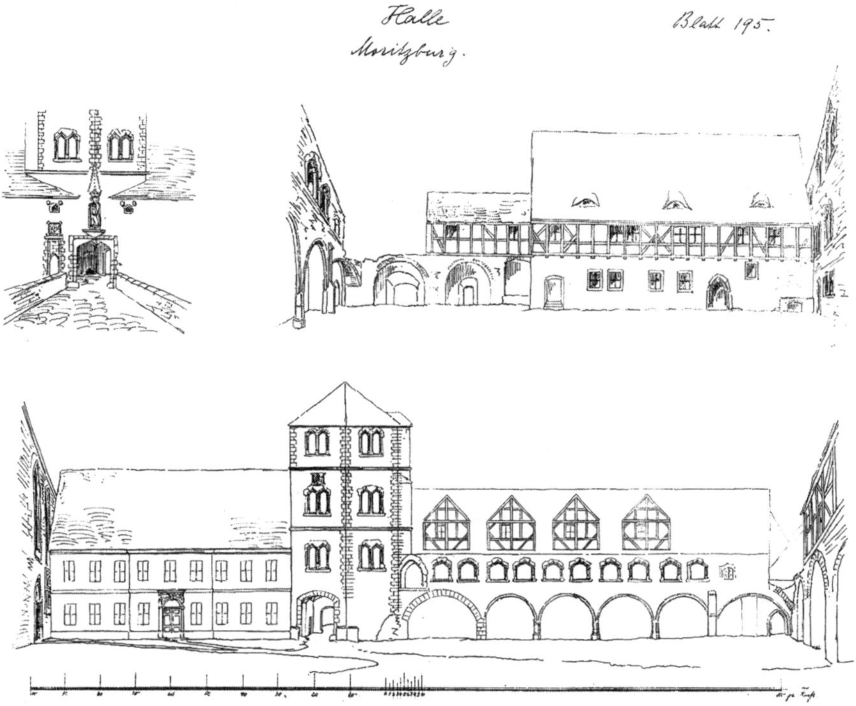

Abb. 7: Halle, Moritzburg. Ostportal (l. o.) und Hofansichten des Südflügels (r. o.) und der Ostseite mit dem Arkadengang (u.). Nachzeichnung einer Bauaufnahme von F. von Quast 1865 (?) im Stadtarchiv Halle.

lage eines Burggrabens, der in einer nicht mehr sicher auszumachenden Form mit dem an der Westseite vorbeiführenden Saalearm verbunden war. An den Graben haben sich offenbar ringsum Erdwälle angeschlossen, für deren Aufführung wahrscheinlich der »Schüttmeister« Leonhart verantwortlich war, der 1493 – als man hier mit den Wallarbeiten im wesentlichen fertig gewesen sein dürfte – für die Bewältigung einer wahrscheinlich ähnlichen Aufgabe nach Leipzig gerufen wurde.[35] Diese zur Zeit Erzbischof

35 In Leipzig erhielt Leonhart, der »schutmeister von Halle«, im August 1493 42 gr, nachdem er angegeben hatte, »wie man die schut [= künstliche Erdwälle] vmb die stadt machenn vnd schuten sal«. Im September d. J. fertigte er für den Rat der Stadt »etzliche müster vff pasteyen vnd schutwerg«, und im November ist er – im Auftrag der Stadt – noch in Sonnewalde gewesen, um dort »die schut zu bescheen«, d.h. die Wallanlagen der um 1470/77 neu errichteten Burg zu besichtigen; Leipzig, Ratsarchiv: Stadtkassenrechnungen Bd. 12, 1493-95, Bl. 63r, 74rf.

Ernsts entstandene, einfache Erdbefestigung, die durch das Aufkommen immer größerer Feuerwaffen schon bald keinen ausreichenden Schutz mehr geboten haben dürfte, muß Kardinal Albrecht spätestens 1531 – angesichts der drohenden Gefahr einer bewaffneten Auseinandersetzung mit Kursachsen – als so unzureichend befunden haben, daß er eine stärkere Außensicherung der Feste verlangte.[36] Zwei Jahre später wurde daher nach einer Visierung, d.h. dem Modell oder Entwurf des kurz zuvor zum erzbischöflichen Werkmeister berufenen Baumeisters Andreas Günther der bestehende Graben tiefer ausgehoben und die äußere Grabenwand an allen vier Seiten mit einer vier Ellen starken Futtermauer befestigt.[37] Aber selbst diese Verstärkung des Vorhandenen scheint dem Kardinal nicht genügt zu haben, da 1534 zusätzlich die Anlage einer weiteren Umwallung nordseitig außerhalb des gefütterten Grabens ins Auge gefaßt wurde. Bastian Binder, der schon länger im Dienste Albrechts stehende und seit 1520 für den Ausbau der alten Dominikanerkirche zur Kirche des zu dieser Zeit gegründeten »Neuen Stifts« verantwortliche Baumeister[38], mußte dafür die als Ausführungsplan anzusehenden Vorschläge des offenbar in Befestigungsfragen erfahrenen Herzogs Heinrich von Braunschweig d. J. detailliert in Schriftform festhalten. Sie gelangten vom Frühjahr 1536 an bis 1538 durch den damit beauftragten Wallbaumeister Jobst Sibicke aus Braunschweig nach und nach zur Ausführung.[39] Es war, wie auf dem Rekonstruktionsvorschlag (Abb. 8) vereinfacht dargestellt, der mächtige, der Nordseite der Moritzburg vorgelagerte hohe Wall, der sich – verbunden durch eine die Saale überquerende breite Doppelbogenkonstruktion – auf dem westlichen Flußufer in Nord-Süd-Richtung fast bis in Höhe der Neumühle fortsetzte. Zusätzlich verstärkt wurde die Nordflanke durch ein über den Stadtgraben in Richtung Neumarkt

36 Ausführliche Darstellung nach den Quellen bei *Scholz*: Residenz (wie Anm. 1), S. 163-166.

37 *Paul Redlich*: Cardinal Albrecht von Brandenburg und das Neue Stift zu Halle 1520-1541. Eine kirchen- und kunstgeschichtliche Studie. Mainz 1900, S. 30*-32*; *Scholz*: Residenz (wie Anm. 1), S. 163.

38 *Redlich*: Cardinal (wie Anm. 37), S. 124ff., S. 39*; *Krause*: Albrecht (wie Anm. 12), S. 314ff.; *Scholz*: Residenz (wie Anm. 1), S. 187. Siehe auch *Frauke Hinneburg*: Bastian (Sebastian) Binder, in: Allgemeines Künstlerlexikon. Bd. 7, München/Leipzig 1995, S. 76.

39 Die protokollierende Niederschrift Binders im Landeshauptarchiv Magdeburg: Rep. A 2 Nr. 68, Bl. 125r-127v, mit ergänzender Notiz Bl. 128r, wie »die durchfart durch den wahl Mit holtzwergk gefasset solt werden«. Zur Tätigkeit J. Sibickes siehe *Georg Liebe*: Die Kriegsrüstungen Kardinal Albrechts 1536-37, in: Geschichtsblätter für Stadt und Land Magdeburg 37, 1902, S. 112-128, hier S. 117f.

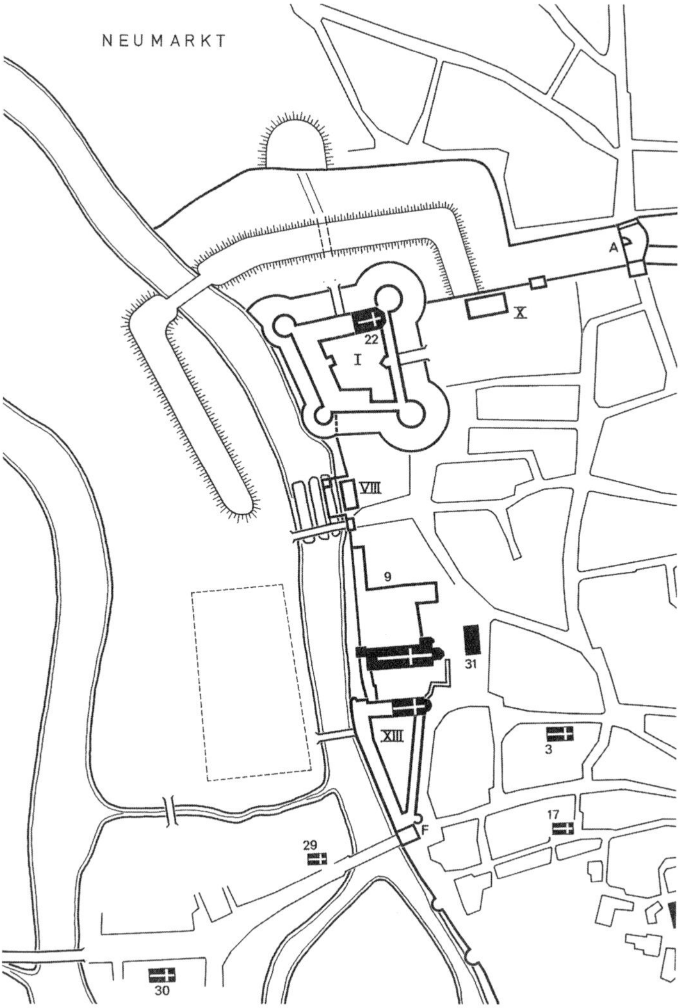

Abb. 8: Halle, Plan der Stadt um 1520/40 (Ausschnitt) mit Moritzburg (I), Neumühle (VIII), Klausurbauten und Kirche des »Neuen Stifts« (9), Glockenturm des »Neuen Stifts« (31), und »Neuem Bau« (XIII). Schematische Rekonstruktion.

vorgeschobenes Rondell. Während von dem nördlichen Wall Teile im heutigen Jägerberg erhalten blieben, ist der westliche Abschnitt, von dem auf dem Stich von 1667 (Abb. 9) und Stadtplänen des 18. Jahrhunderts noch Reste zu erkennen sind, später völlig eingeebnet worden.

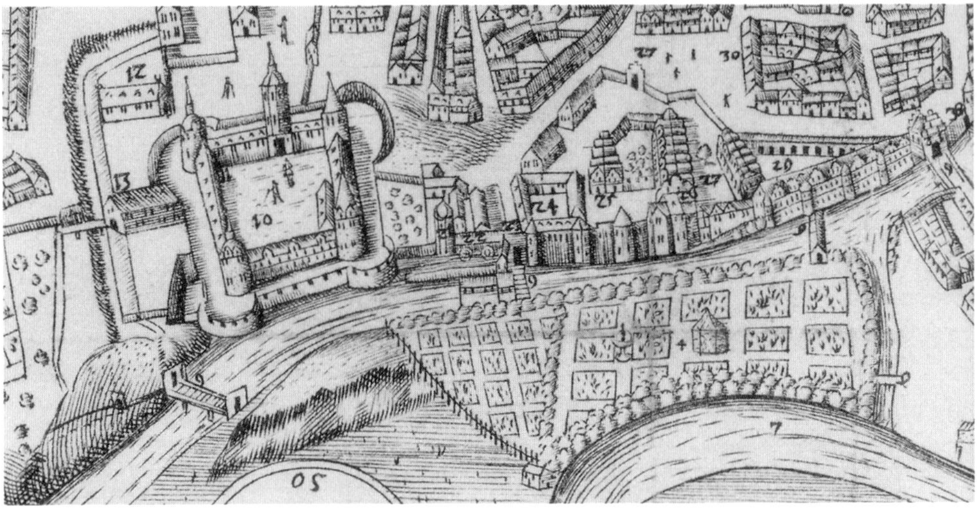

Abb. 9: Halle, Plan der Stadt im 17. Jahrhundert (Ausschnitt). Stich von Johannes Wüsthoff nach einer Zeichnung von Friedrich Daniel Bretschneider in: »Halygraphia« von Gottfried Olearius 1667 (wie Anm. 101).

Wenig mehr als zwei Jahrzehnte nach der Vollendung der Moritzburg, im Frühjahr 1531, wurde die Errichtung des »Neuen Baus« für Albrecht von Brandenburg begonnen, eines stattlichen Gebäudekomplexes südlich neben dem Dom.[40] Dort stand damals noch das städtische Cyriacus-Hospital, das nunmehr abgebrochen werden mußte. Eingeengt durch die bestehende topographische Situation zwischen Mühlgrabensaale im Westen und bebautem Stadtareal im Osten, dem erst 1836 beseitigten Klaustor im Süden und dem Dom im Norden, bildet das Bauwerk im Grundriß (Abb. 10) ein unregelmäßiges Rechteck, für dessen einzelnen Trakte, soweit wie möglich, eine regelmäßige Gestaltung im Sinne und mit den Formen der Renaissance angestrebt wurde. Hier kennt man den ausführenden Baumeister. Es ist der bereits erwähnte Andreas Günther, der aus Komotau in Nordböhmen kommend vorher für die Grafen von Schönburg in Glauchau und dann in Zeitz

40 *Hans Volkmann*: Frühe Bauten der Renaissance in Halle. (Schriftenreihe der Staatlichen Galerie Moritzburg in Halle, H. 9.) Halle (Saale) 1956, S. 3-34; *Krause*: Albrecht (wie Anm. 12), S. 326-337; *Scholz*: Residenz (wie Anm. 1), S. 254-263; *Hans-Joachim Krause*: Der »Neue Bau« für Kardinal Albrecht in Halle, in: Form und Stil. Festschrift für Günther Binding zum 65. Geburtstag. Hrsg. von Stefanie Lieb. Darmstadt 2001, S. 213-223.

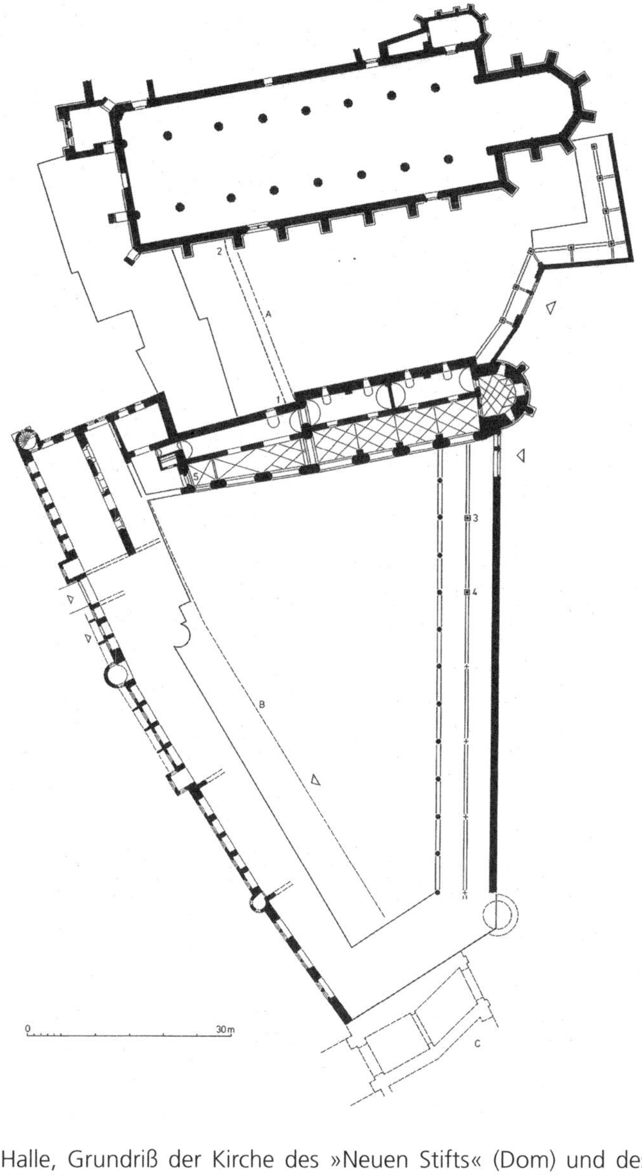

Abb. 10: Halle, Grundriß der Kirche des »Neuen Stifts« (Dom) und des »Neuen Baus« (Residenz) mit Arkadengang an der Ostseite des Domhofs
A = Gang zwischen Nordflügel des »Neuen Baus« und Stiftskirche, B = vermuteter ursprünglicher Verlauf der Hofmauer des Westflügels vom »Neuen Bau«, C = ehemaliges Klaustor, 1 = Tür zum Gang im 1. Obergeschoß des »Neuen Baus«, 2 = hochgelegene Tür in der Südmauer der Kirche, 3 und 4 = wiederverwendete spätromanische Säulen, 5 = eingebautes spätromanisches Portal.

tätig gewesen war. Ob von ihm auch der Entwurf stammt, ist wohl nicht mehr zu entscheiden. Zudem dürfte der Kardinal selbst mit bestimmten Ansprüchen und vielleicht auch Hinweisen an der Konzeption beteiligt gewesen sein.[41] Auf jeden Fall war Günther seit 1533, dem Jahr seiner festen Bestallung, ständig in Halle beschäftigt. Er hat die Ausführung des »Neuen Baus« geleitet und diesem sicher die von ihm auch in den Einzelheiten vorgeschlagene Gestalt gegeben – was auch aus einem Vergleich mit anderen von ihm geschaffenen Werken eindeutig hervorgeht. Abgeschlossen waren die Arbeiten an dem gesamten Komplex nach etwa achtjähriger Bauzeit um 1539.

Der Nordflügel setzt sich aus zwei ungleichen Teilen zusammen, einem höheren Baukörper über rechteckigem Grundriß mit einem halbkreisförmigen Abschluß in der östlichen Hälfte und einem zum Westflügel vermittelnden schmaleren und niedrigeren Abschnitt in der westlichen Hälfte. Beide Teile besitzen im Erdgeschoß einen durchgehenden rippengewölbten Gang, der sich zur Hofseite ursprünglich in rundbogigen Pfeilerarkaden öffnete. Über dem östlichen Abschnitt liegt die ursprüngliche Kapelle – heute Ausstellungsort des Geiseltalmuseums –, ein stattlicher hoher Raum mit eingezogener Apsis, dessen einstige, vermutlich großzügige Ausgestaltung man nur noch ahnen kann. Seine Decke ist ebensowenig erhalten wie die ehemals den gesamten Nordflügel bekrönende Folge von rundbogigen

41 Zu Andreas Günther siehe *Hünicken*: Halle (wie Anm. 14), S. 97-110. Zuletzt *Wolf-Dieter Röber*: Das schönburgische Schloß Forderglauchau und sein Baumeister Andreas Günther, in: Wissenschaftliche Zeitschrift. Martin-Luther-Universität Halle-Wittenberg, Geisteswissenschaftliche Reihe 41, 1992 (Heft 5 = Erbe und Gegenwart IV. Materialien eines wissenschaftlichen Kolloquiums vom Institut für Kunstgeschichte 1991), S. 57-63. – Stephan Hoppe hat in einer soeben erschienenen Studie den bedenkenswerten und ausführlicher begründeten Vorschlag gemacht, daß der »Konzeptverfasser« vielleicht Hans Schenitz gewesen sein könnte, den Kardinal Albrecht 1531 – im Jahr des Baubeginns! – zum »camer diener und bawmeister zu Halle«, d.h. zum Verantwortlichen für die Bauorganisation, bestellt hatte (siehe *Redlich*: Cardinal [wie Anm. 37], S. 14*f.), dem dann tatsächlich die Errichtung des »Neuen Baus« als Verwalter anvertraut war (ebd., S. 34*-37*); *Stephan Hoppe*: Romanik als Antike und die baulichen Folgen. Mutmaßungen zu einem in Vergessenheit geratenen Diskurs, in: Wege (wie Anm. 9), S. 88-131, hier S. 114. Schenitz' Einfluß auf die Gestaltung des »Neuen Baus« hatte schon Paul Redlich für sehr wahrscheinlich gehalten (*Redlich*: Cardinal [wie Anm. 37], S. 94), während Ludwig Grote eher an einen Entwurf von Andreas Günther dachte. Rolf Hünicken trat dann mit Entschiedenheit für Günther als Urheber ein, worin ihm die spätere Forschung weitgehend gefolgt ist; *Ludwig Grote*: Kardinal Albrecht und die Renaissance in Halle. (Roter Turm. Sammlung kleiner Schriften zur Kunst- und Kulturgeschichte Halles, H. 8/9.) Halle (Saale) [1930], S. 32; *Hünicken*: Halle (wie Anm. 14), S. 106.

Abb. 11: Halle, »Neuer Bau«. Westfassade des Westtrakts im ursprünglichen Zustand (Rekonstruktion).

Giebeln, die mit dem Giebelkranz des nördlich gegenüber stehenden Doms in beeindruckender Weise korrespondiert haben muß und die auch den Westtrakt des »Neuen Baus« besonders ausgezeichnet hat.

Diese Gestaltung der Fassaden mit Giebeln sowohl zur Hof- als auch zur Dom- und Landseite ist auf einer Reihe von Stichen und zeichnerischen Darstellungen überliefert, was in Verbindung mit den bauarchäologischen Befunden für die Westseite des Westtrakts eine in ihren wesentlichen Zügen verläßliche zeichnerische Rekonstruktion (Abb. 11) gestattet. Die über 97 m lange Gebäudefront an der Saaleseite besaß in beiden Geschossen eine ungleichmäßige, offenbar durch die früher dahinter liegenden unterschiedlichen Räume bedingte Fensterfolge und war zusätzlich gegliedert durch vier Erker, in denen sich teilweise Wendeltreppen befanden, teilweise auch die Zugänge zu den der Landseite vorgelegten Laufgängen. Diese bildeten hier ein ungewöhnliches, neues Baumotiv und waren offenbar nicht nur das früheste, sondern bislang einzige bekannte Beispiel dafür in der deutschen Schloßbaukunst des 16. Jahrhunderts. Einen gewichtigen Vorläufer hatten sie in dem Außenlaufgang vor dem Wladislawsaal der königlichen Residenz auf der Prager Burg.[42] Über dem Traufgesims erhoben sich in gleichmäßiger

42 Der Gang an der Südseite des ca. 1493-1502 von Benedikt Ried geschaffenen Wladislawsaals ruhte ebenfalls auf großen Kragsteinen und erhielt als Brüstung ein Eisengitter, wie es auch für Halle anzunehmen ist; *Götz Fehr*: Benedikt Ried. Ein deutscher Baumeister zwischen Gotik und Renaissance in Böhmen. München 1961, S. 31, 33 mit Abb. 3, 19, 31; *Jiří Vančura*: Hradčany, Pražsky hrad. Praha 1976, Abb. 47 und Faltbeilage III. – Offene Außengänge hat man – wie auch Loggien – sonst nur an der Hofseite angebracht; siehe *Hoppe*: Struktur (wie Anm. 9), S. 450-453. Die Anfänge der hofseitigen Außengalerie reichen hierzulande im übrigen bis ins 14. Jh. zurück, wie sich jüngst durch entsprechende

Reihung die den zehn Zwerchhäusern vorgesetzten dreigeschossigen Giebel mit seitlichen Viertel- und bekrönenden Halbkreisabschlüssen. Sie bildeten eine der Variationen des »Welschen Giebels«, der wahrscheinlich auf ganz verschiedenen Wegen vermittelten rundbogigen Giebelform, die ihre gebauten »Muster« zuerst in der norditalienischen, vor allem der venezianischen Renaissancearchitektur gefunden hatte.[43] In der Ausprägung wie an der Westfassade des »Neuen Baus« sind sie für die frühe Phase der mitteldeutschen Renaissancebaukunst bezeichnend und haben in der Folgezeit als auszeichnende Würdeform eine beachtliche Verbreitung gefunden – allerdings nirgends wieder in der imposanten zehnfachen Reihung wie hier in Halle. Auch das Innere des Westtrakts muß reich ausgestaltet gewesen sein, wie die erhaltenen architektonischen Renaissancefassungen der Türen und die erst kürzlich aufgefundenen Reste der Ausmalung des im nördlichen Teil gelegenen großen Saals bezeugen.[44]

Regelmäßiger und weniger aufwendig gestaltet als am Westflügel sind die Fronten des zur Stadt hin gelegenen Osttrakts. Zwischen die Kapelle im Norden und das Klaustor im Süden eingespannt, bestand sein Erdgeschoß aus einer 65 m langen und 9 m breiten Halle, einem weiten, über einer mittleren Stützenreihe flachgedeckten zweischiffigen Raum, in dessen nörd-

Beobachtungen am Leisniger Schloß herausgestellt hat; *Susanne Baudisch*: Wettiner als Bauherren auf Leisnig. Vorbericht zur Geschichte des Vorderschlosses im 14. und 15. Jahrhundert, in: Jahrbuch der Staatlichen Schlösser, Burgen und Gärten in Sachsen 5, 1997, S. 195-205, hier S. 199f.

43 Vgl. noch immer *Eyvind Unnerbäck*: Welsche Giebel. Ein italienisches Renaissancemotiv und seine Verbreitung in Mittel- und Nordeuropa. (Antikvarist arkiv, Bd. 42.) Stockholm 1971. Trotz weiterer inzwischen unternommener Versuche ist die Entstehungs- und Rezeptionsgeschichte nicht ausreichend geklärt. Die jüngsten Überlegungen – teilweise kontrovers vorgetragen und in einzelnen Punkten genauerer Prüfung bedürftig – finden sich, um nur einige Studien zu nennen, bei *Heiner Borggrefe*: Die Entstehung und Entwicklung der Renaissancearchitektur im Weserraum und ihr historisches Umfeld, in: ›Italienische‹ Renaissancebaukunst an Schelde, Maas und Niederrhein. Stadtanlagen, Zivilbauten, Wehranlagen. 2. Jülicher Pasquilini-Symposium 1998, Tagungshandbuch, hrsg. von Günter Bers/Conrad Doose. Jülich 1999, S. 81-97; *Hoppe*: Burg (wie Anm. 9); *Großmann*: Einführung (wie Anm. 9); *Hoppe*: Romanik (wie Anm. 41), S. 101f., 112.

44 Zur Portalgestaltung siehe *Arnold Hildebrand*: Sächsische Renaissanceportale und die Bedeutung der hallischen Renaissance für Sachsen. (Studien zur thüringisch-sächsischen Kunstgeschichte, H. 2.) Halle (Saale) 1914, S. 92-97. Die Ergebnisse der an den Malereien durchgeführten »Untersuchungen und Konservierungsarbeiten im Großen Saal der Neuen Residenz in Halle (Saale)« von 1998 sind noch nicht publiziert; Dokumentation (siehe Anm. 134) im Archiv des Landesamts für Denkmalpflege Sachsen-Anhalt in Halle; siehe *Krause*: »Neuer Bau« (wie Anm. 40), S. 215.

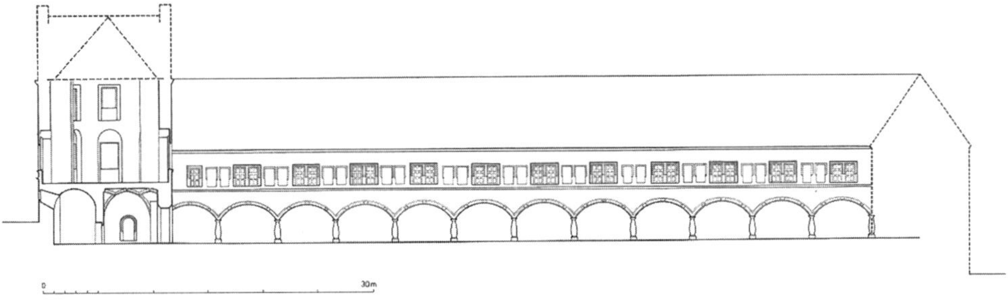

Abb. 12: Halle, »Neuer Bau«. Hofseite des Ostflügels im ursprünglichen Zustand (Rekonstruktion).

liches Ende der erhaltene Hauptzugang integriert ist. Zur Hofseite (Abb. 12) war die Halle einst in weiten, heute vermauerten Arkaden geöffnet, die mit ihren eigentümlichen Balustersäulen, einer ins Monumentale übertragenen Kleinform der italienischen Renaissance, und den stichbogigen, in den eingetieften Flächen mit Ringen gezierten Archivolten gewiß ungleich zierlicher wirkten als die schweren Pfeilerarkaden am Nordflügel.[45] Das Vollgeschoß darüber besaß fast durchgehend eine wechselnde Folge aus paarweise zusammengestellten rechteckigen Fenstern und Blendnischen. Es scheint, als habe man hier nur das zweigeschossige Gang-Arkaden-Motiv der Moritzburg aufgenommen und durch die Verlängerung zur zwölffachen Bogenfolge ins repräsentativ Große gesteigert. Damit dürfte jedoch auch die

45 Lassen sich die hier in Halle und Mitteldeutschland erstmals auftretenden Bogenleibungen mit den eingeschriebenen Ringen, ebenso wie die analog gestalteten Pilaster an der Rahmung des Haupteingangs und am Portal zum Domhof, als Abkömmlinge einer oberitalienisch-venezianischen Formfindung begreifen, die – wenn nicht direkt von dort aufgenommen – über Süddeutschland vermittelt sein dürfte, so stellen die stattlichen, schmucklos glatten Balustersäulen etwas völlig Neues dar, wofür es keinen Vorläufer gibt. Die Grundform des »unsymmetrischen Rundbalusters« (*Herbert Siebenhüner* in: Reallexikon zur deutschen Kunstgeschichte. Bd. 4, Stuttgart 1958, Sp. 103) findet sich zwar seit dem 15. Jh. in Italien, doch wird sie bis ins 16. Jh. hinein nur in der kleinen Dockenform für Balustraden verwendet, nicht aber für große tragenden Säulen; vgl. auch *Ludwig Heinrich Heydenreich*: Baluster und Balustrade. Eine »invenzione« der toskanischen Frührenaissancearchitektur, in: Festschrift Wolfgang Braunfels. Tübingen 1977, S. 123-132. In Mitteldeutschland gibt es erst um die Mitte des 16. Jh.s eine ganz ähnlich gebildete Stütze – vielleicht nicht zufällig – im Obergeschoßsaal des Petershofs in Halberstadt, der 1552/53 neu errichteten Residenz des Bischofs von Halberstadt und zugleich Erzbischofs von Magdeburg, Sigismund von Brandenburg (1552-66).

Absicht verbunden gewesen sein, einen bestimmten Raumtypus – den der Galerie mit großem Obergeschoßsaal über einer hofseitig, in Arkaden geöffneten Erdgeschoßhalle – zu rezipieren, der zuerst in der französischen Architektur entwickelt worden ist.[46] Hinzu kommt das offensichtliche Streben nach Regularität und Symmetrie im Sinne der Renaissance, was sich – abgesehen natürlich vom Anschluß an den Nordflügel – am deutlichsten im axialen Bezug der Arkaden zu den Fenstern und Nischen und in deren gleichmäßiger Abfolge durchgesetzt hat.

Eine Anbringung von Giebeln unterblieb am Osttrakt, womit im Gegenüber zu den stattlicheren Flügeln im Westen und Norden schon in der äußeren Erscheinung die nachgeordnete Rolle dieses Flügels angezeigt wurde. Er sollte zudem das Bindeglied zur Stadt werden, was am deutlichsten auf der Straßenseite mit der durchfensterten Fassade zum Ausdruck kommt. Mit Sicherheit kann man hier allerdings nur das Obergeschoß als original ansprechen, während das Erdgeschoß einst wahrscheinlich vollständig geschlossen war. Anders als an der Moritzburg, wo das Obergeschoß zur Außenseite hin den bis auf die Schießscharten geschlossenen Wehrgang aufnahm, durchbricht hier eine der Hofseite entsprechende obere Fensterreihe mit den dazwischen sitzenden Blendnischen die Außenwand. Zur Stadtseite stellt sich also die freilich sehr lange Straßenfront gleichsam als »Haus unter Häusern« dar. Ohne Wehrgang verzichtete der Bauherr demonstrativ sogar auf ein gerade im Übergang vom Burg- zum Schloßbau nur noch zeichenhaft verwendetes fortifikatorisches Element[47] und vollzog damit einen wichtigen Schritt hin zum städtischen Palastbau.

Unmittelbar neben dem mit breiter Torfahrt und Fußgängerpforte in einer Renaissancerahmung ausgestatteten Zugang zum »Neuen Bau«, durch das (erneuerte) Wappen Albrechts als sein »Haus« ausgewiesen, schiebt sich das Halbrund der Kapellenapsis in den Straßenraum vor, in der Formgebung

46 *Prinz/Kecks*: Schloßbau (wie Anm. 34), S. 158-167; *Wolfram Prinz*: Die Entwicklung der Galerie in Frankreich und Italien. Berlin 1970, dazu ergänzend die z.T. kontroversen Rezensionen von *Volker Hoffmann* in: Architectura 1, 1971, S. 102-112 und *Frank Büttner* in: Architectura 2, 1972, S. 75-80; *Jean Guillaume*: La galerie dans le château français: place et fonction, in: Revue de l'Art 102, 1993, S. 32-42. Vgl. auch *Krista De Jonge*: Antikisches und Antikisierendes im höfischen Kontext. Adelsarchitektur in den südlichen Niederlanden im frühen 16. Jahrhundert, in: Wege (wie Anm. 9), S. 186-209, hier S. 188f.

47 Da offenbar auch Lukarnen in der Dachzone nicht aufgesetzt waren, entfiel selbst dieses jüngst als »zivilisiertes Wehrsymbol« angesprochene Herrschaftszeichen; *Hoppe*: Burg (wie Anm. 9), bes. S. 111; ergänzend die Rezension von *Cord Meckseper* in: Burgen und Schlösser 44, 2003, S. 52-55.

in jeder Hinsicht abweichend von dem sonst für einen Sakralbau geradezu kanonisch gebräuchlichen Formenrepertoire: Die Fenster der Kapelle haben – anders als an der schon außen als Sakralraum kenntlichen Maria-Magdalenen-Kapelle der Moritzburg – die am »Neuen Bau« auch sonst an allen seinen Teilen als typisches Element eines Profanbaus verwendete Rechteckform.[48] Dem hohen Halbrund sind zwei auffallend starke Dreiviertelsäulen vorgesetzt, die aber eigentlich keinen konstruktiven Zweck, nämlich als Strebepfeiler haben, sondern die Aufgabe der Säule als architektonisches Würdezeichen zu erfüllen hatten – zweifellos demonstrativ gemeint als Hinweis auf die Bedeutung dieses sehr großen Kapellenraums und seine vom Bauherrn intendierte Funktion.

Selbst eine kurze rekonstruierende Darstellung des »Neuen Baus« wäre unvollständig ohne die Einbeziehung des zusammen mit ihm, bereits seit 1532/33, in großem Stil angelegten »Lustgartens«.[49] Wie aus den frühen halleschen Stadtansichten zu ersehen ist, befand er sich – in Abb. 8 nur als unmaßstäbliche Gesamtform und vereinfacht angedeutet – auf der großen Insel westlich der Mühlgrabensaale unmittelbar gegenüber vom »Neuen Bau« und war lediglich von dessen Westflügel aus über eine vielleicht anfänglich schon gedeckte Brücke zu erreichen. Das zur Brücke führende Tor ist in der Westwand bis heute als vermauerte Öffnung zu sehen. Die Anlage,

48 Nach dem außen ablesbaren Mauerbefund ist die Ausgestaltung der Apsis mit Rechteckfenstern das Ergebnis eines in mehreren Phasen abgelaufenen Bauprozesses: Beim Hochziehen der Umfassungsmauern bestand offenbar zunächst die Absicht, oberhalb eines nur in Resten erhaltenen, umlaufenden Gurtgesimses große und hohe Fenster einzubauen. Wohl noch während der Arbeit erfolgte aber aus unbekannten Gründen eine Planänderung, indem man statt der vorgesehenen größeren Fenster jetzt – analog zu den Langseiten – lediglich die unteren, der Apsisrundung angepaßten Rechteckfenster einfügte und die übrige Maueröffnung nach Einbringen von jeweils zwei Entlastungsbogen zusetzte. Erst zu einem späteren Zeitpunkt hat man die oberen Rechteckfenster (in Zweitverwendung ?) eingebaut. Einen im Prinzip gleichen Bauablauf – mit anderen Fensterformen – läßt auch die Nordseite der Kapelle erkennen.

49 Die wenigen Nachrichten der schriftlichen Überlieferung zum »Lustgarten« und seinen Teilen schon bei *Redlich*: Cardinal (wie Anm. 37), S. 98, 24*, 26*, 131*; *Krause*: Albrecht (wie Anm. 12), S. 331f. Vgl. auch *Erich Neuß*: Zur Geschichte des Gartenwesens im alten Halle, in: Hallesches Monatsheft für Heimat und Kultur 4, 1957, S. 443-449, 515-519, hier S. 515. In größerem Zusammenhang jetzt *Iris Lauterbach*: Höfe, Marstall, Garten?, in: Die Landshuter Stadtresidenz. Architektur und Ausstattung. Hrsg. von Iris Lauterbach/Klaus Endemann/Christoph Luitpold Frommel. (Veröffentlichungen des Zentralinstituts für Kunstgeschichte, Bd. 14.) München 1998, S. 163-170; *Dies.*: Jardins de la Renaissance en Allemagne et en Autriche, in: Architecture, Jardin, Paysage. L'environnement du château et de la villa aux XVe et XVIe siècles. Paris 1999, S. 219-234, bes. S. 222.

an deren Entstehung Albrecht von Brandenburg bis in gärtnerische Details, etwa mit der Nachfrage nach dem Stand des Pflanzenwuchses[50], lebhaften Anteil nahm, muß reich ausgestaltet gewesen sein. Die sicherlich entsprechend der regelmäßigen Aufteilung eines Renaissancegartens angelegten Quartiere, die noch der – einen älteren Zustand wiedergebende – Stich von 1667 (siehe Abb. 9) erkennen läßt, waren außen von Baumalleen eingefaßt und enthielten u.a. ein in den Rechnungen mehrfach genanntes Labyrinth.[51] Im Zentrum des Ganzen hat wahrscheinlich ursprünglich schon ein größerer Pavillon gestanden. Mit Sicherheit wies das Labyrinth ein oder mehrere Gebäude auf.[52] Wenngleich für die Frühzeit des Gartens nicht gesichert, könnten manche der im barocken Residenzgarten Herzog Augusts im 17. Jahrhundert vorhandenen Einzelheiten bereits auf die einem humanistischen Lebensideal huldigende Renaissance-Anlage zurückgehen.[53]

Die Lage des Lustgartens vor dem »Neuen Bau« gab auch den bereits erwähnten Laufgängen an der Außenseite des Westflügels einen nicht nur gestalterischen, sondern auch praktischen Sinn; denn sie ermöglichten als »Aussichtsarchitektur«[54] eine direkte Sichtverbindung zwischen beiden und

50 *Redlich*: Cardinal (wie Anm. 37), S. 121*.

51 Siehe oben Anm. 49. Zur Gestaltung der Gartenlabyrinthe vgl. jetzt *Hermann Kern*: Labyrinthe. Erscheinungsformen und Deutungen, 5000 Jahre Gegenwart eines Urbilds. 4. Aufl. München 1999, S. 359-389.

52 Die Baurechnung von 1532/33 verzeichnet Ausgaben »zu des labarinten gebewden« (*Redlich*: Cardinal [wie Anm. 37], S. 26*). – Wo sich der gleichzeitig genannte Weinberg befunden hat, ist völlig unklar; vielleicht lag er, wenn nicht mit dem »lustgarten«, in Verbindung mit dem »andern garten zum Newenwerck« (ebd., S. 121*).

53 *Joachim Säckl*: Garten- und Jagdanlagen der Herzöge von Sachsen-Weißenfels, in: Das albertinische Herzogtum Sachsen-Weißenfels. Beiträge zur barocken Residenzkultur. Freyburg/Unstrut 1999, S. 48-96, hier S. 49f., 62f. – Das Interesse Albrechts an Gärten und Gartengestaltung muß groß gewesen sein. Aus den Quellen geht hervor, daß es noch einen zweiten fürstlichen Garten, den »andern garten zum Newenwerck« gab, dessen Herrichtung er betreiben ließ; *Redlich*: Cardinal (wie Anm. 37), S. 121*; siehe auch *Neuß*: Gartenwesen (wie Anm. 49), S. 515. Er lag nördlich der Moritzburg im Bereich des 1530 aufgelösten Augustiner-Chorherrenstifts Neuwerk. Ob sich in seiner Nähe, und zwar am Hang zur Mühlgrabensaale, auch der »weinberg« befand, zu dessen Bestellung 1532/33 laut Rechnung 32 Gulden ausgegeben wurden (*Redlich*: Cardinal [wie Anm. 37], S. 26*), oder an einer anderen Stelle, muß offenbleiben; zu den erzbischöflichen und anderen Weinbergen in und um Halle siehe *Neuß*: Gartenwesen (wie Anm. 49), S. 445f.

54 Zu Begriff und Bedeutung siehe *Hoppe*: Romanik (wie Anm. 41), S. 116 und Anm. 40. Grundsätzlich auch *Ders.*: Struktur (wie Anm. 9), S. 453, und *Ders.*: Der Schloßbau Ottheinrichs von der Pfalz in Neuburg an der Donau. Überlegungen zu Beziehungen zur kurpfälzischen Hofarchitektur der 1520er Jahre, in: Fschr. Binding (wie Anm. 40), S. 202-212.

stellen entwicklungsgeschichtlich ein frühes Beispiel für die Verbindung von Architektur und gestalteter Landschaft dar, und zwar noch ohne axiale Anbindung und die später weitergehende, symmetrisch strenge Bezugnahme.

Nach diesem kursorischen Überblick über die ursprüngliche Gestalt der Moritzburg und des »Neuen Baus« ist die Frage ihrer mit der Gründung beider Bauten beabsichtigten oder tatsächlichen Funktion und Nutzung in der Zeit der Erzbischöfe Ernst und Albrecht etwas näher ins Auge zu fassen. Allerdings stehen dafür nicht viele und zudem oft nur allgemeine Angaben in der schriftlichen Überlieferung zur Verfügung. Begonnen sei wieder mit der Moritzburg. Sie ist bekanntlich ein Bauwerk der Übergangszeit von der vornehmlich noch zur Verteidigung ausgebildeten spätmittelalterlichen Burg zu einem ausschließlich Wohnzwecken dienenden frühneuzeitlichen Residenzschloß, was sich auch in ihrer schon von Erzbischof Ernst und den Zeitgenossen synonym verwendeten Bezeichnung als »arx«, »neue Burg«, »Vestunge« und als »sloß«, Schloß, spiegelt.[55] Tatsächlich wurden hier die Aufgaben eines befestigten, zur Verteidigung angelegten Werkes mit den räumlichen Anforderungen an eine repräsentative landesfürstliche Residenz verbunden – die Moritzburg hatte beiden Aufgaben zu dienen. Deshalb sind wehrhafte Bauteile mit dem Wohnbau zu einer in sich einzigartig geschlossenen Form des befestigten Residenzschlosses zusammengeführt.[56] Für die fortifikatorische Funktion gab es zwei gewichtige Gründe. Zum einen bildete die Burg als geschlossene Wehranlage an der Nordwestecke der damaligen Stadt einen geländebeherrschenden Teil der Stadtbefestigung. Zum andern war sie sicher auch als Demonstration der gestärkten landes- und stadtherrlichen Macht gegenüber der Stadt und ihrer Bevölkerung gedacht und als warnendes Denk-Mal, für dessen Aufrichtung nach dem

55 Ernst sprach von »arx munitissima«, »neuer Burg«, »Sloß ader Vestunge« bzw. nur »Schloß«; siehe *Johann Peter von Ludewig*: Reliquiae manuscriptorum omnis aevi diplomatum ac monumentorum ineditorum. Bd. 11, Frankfurt/Leipzig/Halle (Saale) 1737, S. 416; *Johann Christoph von Dreyhaupt*: Pagus Neletici et Nudzici oder Ausführliche diplomatisch-historische Beschreibung des ... Saal-Creyses und aller darinnen befindlichen Städte, Schlösser, Aemter etc., 2 Teile, Halle (Saale) 1749-50, hier T. 1, S. 306f.; *Redlich*: Cardinal (wie Anm. 37), S. 7*. – Ratsherr Peter Seydenschwantz und Ratsmeister Marcus Spittendorf verwendeten die Begriffe »veste«, »neue Burg« und »schloß«; Halle, Stadtarchiv, Chronik des P. Seydenschwantz: Hs. A 37, Bl. 302v, 304v, 315r; *Opel* (Hrsg.): Denkwürdigkeiten (wie Anm. 14), S. 412, 420.

56 *Ulrich Schütte*: Das Schloß als Wehranlage. Befestigte Schloßanlagen der frühen Neuzeit im alten Reich. Darmstadt 1994, S. 220-222; *Scholz*: Residenz (wie Anm. 1), S. 159.

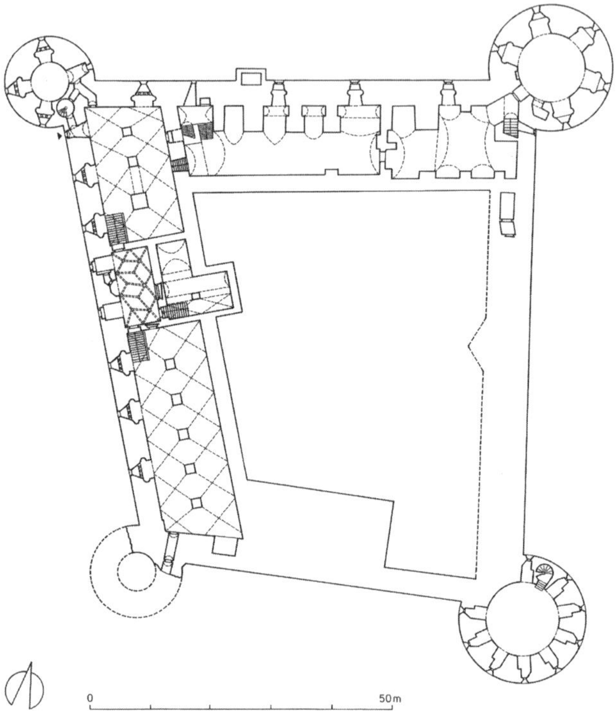

Abb. 13: Halle, Moritzburg. Grundriß des unteren Sockelgeschosses (Rekonstruktion).

Sieg des Erzbischofs in den innerstädtischen Auseinandersetzungen von 1478 auch ein Anlaß bestand.[57]

57 *Scholz*: Residenz (wie Anm. 1), S. 145-149; *Ders.*: Konflikt und Koexistenz. Geistliche Fürsten und ihre Städte in Mitteldeutschland im späten Mittelalter, in: Politische, soziale und kulturelle Konflikte in der Geschichte von Sachsen-Anhalt. Hrsg. von Werner Freitag/Klaus Erich Pollmann/Matthias Puhle. Halle (Saale) 1995, S. 80-99; *Ders.*: Magdeburg, Halle und der Erzbischof – Überlegungen zur Verlagerung der erzbischöflichen Residenz nach Halle, in: Frieden durch Eintracht. Der Magdeburger Stadtfrieden vom 21. Januar 1497. Hrsg. von Gudrun Wittek, Otto-von-Guericke-Universität Magdeburg, Fak. für Geistes-, Sozial- und Erziehungswissenschaften, Preprint Nr. 1, Magdeburg 2000, S. 45-52, hier S. 48-50; *Rogge*: Ernst (wie Anm. 1), S. 34. Zu den Vorgängen ausführlich *Hertzberg*: Geschichte (wie Anm. 2), Bd. 1, bes. S. 441-488; *Schultze-Galléra*: Halle (wie Anm. 2), S. 410-428; *Hanns Freydank*: Die Hallesche Pfännerschaft im Mittelalter. 2. Aufl. Halle (Saale) 1927, S. 142-196. – Eine bemerkenswerte Parallele bildet die kurz zuvor, 1476-81, errichtete erzbischöfliche Martinsburg in Mainz; vgl. *Schütte*:

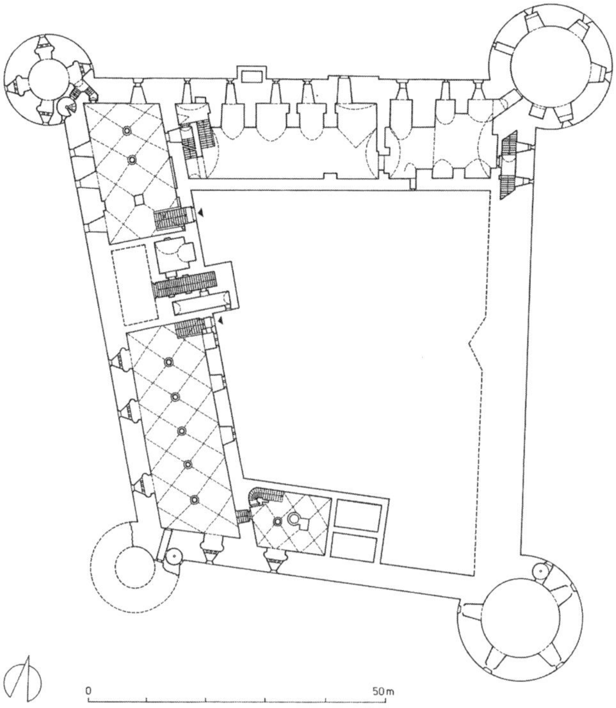

Abb. 14: Halle, Moritzburg. Grundriß des oberen Sockelgeschosses (Rekonstruktion).

Die Wehrausrüstung der Moritzburg erweist sich bei genauerer Betrachtung des Grundrisses der einzelnen Geschosse (Abb. 13-16) mit dem Aufriß[58]

Schloß (wie Anm. 56), S. 106-108; *Ursula Zahler*: Die Martinsburg, der Vorgängerbau des Kurfürstlichen Schlosses zu Mainz. Ein Beitrag zu ihrer Bau- und Kunstgeschichte, in: Florilegium Artis. Beiträge zur Kunstwissenschaft und Denkmalpflege. Festschrift für Wolfgang Götz. Saarbrücken 1984, S. 173-175; *Ralph Melville*: Wenzel Hollar in Mainz, in: Wenzel Hollar 1607-1677. Reisebilder vom Rhein. (Ausstellungskatalog) Mainz 1987, S. 29-38, bes. S. 31-33.

58 Die Grundrisse Abb. 13-16, die den rekonstruierten ursprünglichen Zustand der Moritzburg wiedergeben, sind anhand der im Planarchiv des Landesamts für Denkmalpflege Sachsen-Anhalt vorhandenen Unterlagen angefertigt worden, vornehmlich einer 1987/88 vom Projektierungsatelier des VEB Denkmalpflege Halle vom Bestand hergestellten und für die vorliegende Studie überprüften Planserie. Außerdem wurde eine Reihe von Grund- und Aufrißzeichnungen des 18. und 19. Jh.s im Landeshauptarchiv Sachsen-Anhalt in Magdeburg, im Stadtarchiv Halle und im Geheimen Staatsarchiv Preußischer Kulturbesitz

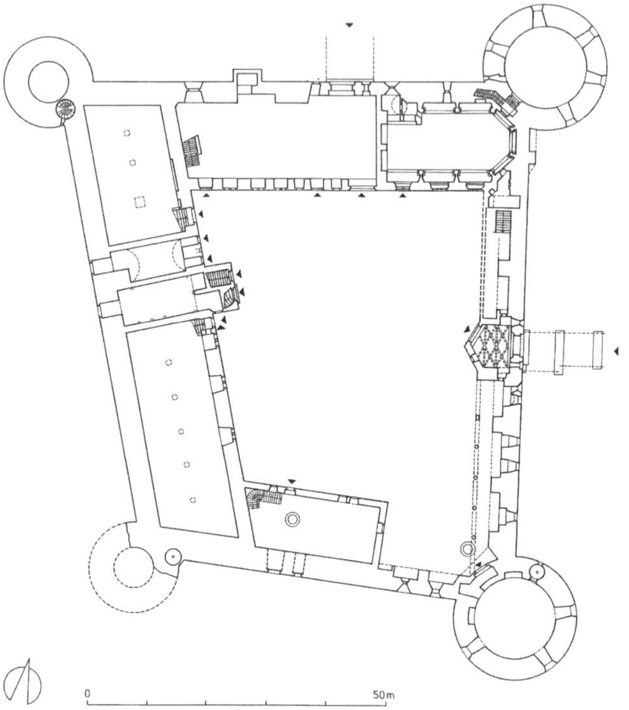

Abb. 15: Halle, Moritzburg. Grundriß des Erdgeschosses (Rekonstruktion).

als ein bis ins Detail durchdachtes und auf die zeitgenössische Praxis, vor allem beim Gebrauch der Handfeuerwaffen, orientiertes Verteidigungs-

Berlin-Dahlem ausgewertet. Für die Darstellung der einzelnen Etagen war ein gelegentlicher Wechsel der Schnittebenen unumgänglich; denn im Bau der Moritzburg sind die Geschosse der vier Flügel infolge der Anpassung an das nach Westen abfallende Gelände, der abschnittweisen Entstehung der einzelnen Trakte bzw. ihrer Teile sowie der unterschiedlichen Raumhöhen nicht aufeinander bezogen, sondern verspringen in ihren Bodenhöhen z.T. erheblich. Da es hier aber primär auf die Verdeutlichung der Raumverbindungen und funktionalen Zusammenhänge ankam, wurde für die zeichnerische Rekonstruktion das Verspringen der Schnittebenen in Kauf genommen. – Die einzelnen Geschosse, vor allem die unteren, sind in der bisherigen Literatur unterschiedlich bezeichnet worden. Hermann Wäscher zählte sie in abstrakter Numerierung von der untersten Ebene als dem 1. Geschoß nach oben bis zum 4. Geschoß (= 1. Obergeschoß) und gebrauchte für das 1. und 2. Geschoß auch den zusammenfassenden Begriff »Untergeschosse« bzw. »1. Untergeschoß« und »2. Untergeschoß« (*Wäscher*: Baugeschichte [wie Anm. 5], S. 6, 8, 10, 12). Die seit der Beschreibung von Gustav Schönermark (*Ders.*: Darstellung [wie Anm. 4],

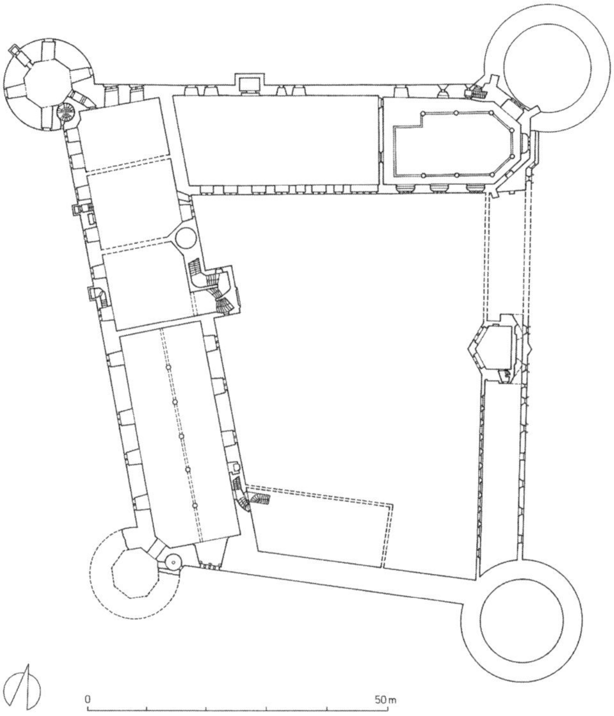

Abb. 16: Halle, Moritzburg. Grundriß des 1. Obergeschosses (Rekonstruktion).

system.[59] Berücksichtigt wurde dabei die Geländesituation mit dem zum Saaleufer hin beträchtlich abfallenden Hang ebenso wie die unterschiedliche Gefährdung der einzelnen Fronten zur Fluß- und Landseite. Für den

S. 304ff.) vielfach verwendete Bezeichnung der unteren Geschosse als »Keller«, »Kellergeschoß«, »Kellerebene« o.ä. trifft eigentlich nur zu, wenn man die Lage der unteren Geschosse allein auf das Hofniveau bezieht. Denn zur Außenseite liegen sie west- und nordseitig frei oberhalb des Grabenbodens. Am besten wird man wohl der zweideutigen Situation mit der hier eingeführten Benennung als unteres und oberes Sockelgeschoß gerecht, über denen dann das Erdgeschoß und die Obergeschosse liegen.

59 Weitgehend bereits erkannt von *Wäscher*: Baugeschichte (wie Anm. 5). – Die tatsächlich gegebene frühe Verteidigungsbereitschaft, wahrscheinlich schon zur Zeit Erzbischof Ernsts, sicher unter dem nachfolgenden Albrecht, ergibt sich aus dem 1547 im »Zeughaus« in der Moritzburg vorhandenen Waffenbestand; siehe *Georg Liebe*: Requisitionen aus dem Zeughaus auf S. Moritzburg 1547, in: Neue Mitteilungen aus dem Gebiet historisch-antiquarischer Forschungen 19, 1898, S. 457-464.

West- und den Nordtrakt erforderte die tiefere Lage die Ausbildung der beiden kellerartigen Sockelgeschosse, deren stattliche Räume im Westflügel über Pfeilern kreuzgratgewölbt und im Nordflügel von Tonnen mit Stichkappen überspannt sind. In den starken Außenmauern hat man große Schießkammern unterschiedlicher Form ausgespart, mit denen auch die beiden flankierenden Türme an der Westseite und die mächtigen Basteien an der Ostseite ausgestattet wurden.[60] Die höher liegende, nicht unterkellerte Ostseite der Burg und der östliche Teil der Südseite dagegen sind bis zur Hofgleiche von einer – bis auf zwei kleine Stufenscharten nahe der nordöstlichen Bastei – vollkommen geschlossenen Schildmauer geschützt. Auf ihr ruht der bereits beschriebene Wehrgang. Eine Verteidigung der Vierseitanlage, die außerdem vom herumgeführten Graben und dem Zwinger vor der Westfront dem Verteidiger genügend freie Sicht bot, war also rundum möglich, wobei die Verschiedenheit der Schießscharten offenbar mit dem Einsatz unterschiedlicher Waffen zusammenhing.[61]

Das untere Sockelgeschoß des Westflügels war über das Treppenhaus zu erreichen, das hinter dem hofseitigen Risalit mit den beiden – entsprechend ihrer funktionalen Differenzierung – ungleich gestalteten Portalen untergebracht war.[62] Inwieweit der Risalit ursprünglich noch einen Aufsatz besaß

60 Einige der Schartenformen – mit nicht immer zutreffender Bezeichnung – bei *Wäscher*: Baugeschichte (wie Anm. 5) in Abb. 8 zusammengestellt. Von den ursprünglich insgesamt vorhandenen Schießscharten ist eine größere Anzahl im Laufe der Zeit erheblich verändert, z.T. fast bis zur Unkenntlichkeit entstellt worden; ihre einstige Gestaltung wäre im Zuge der ausstehenden umfassenden Bauuntersuchungen noch zu klären. Auf den Grundrissen Abb. 13-16 sind daher verschiedene Öffnungen, vornehmlich im oberen Kellergeschoß des Nordflügels und im 1. Obergeschoß der Südostbastei, nur in mutmaßlicher Form eingetragen.

61 Die auffallend abweichende Form und dichte Anordnung der Scharten im Untergeschoß des Südostturms (Abb. 13) könnte nicht nur zweckbedingt, sondern auch durch einen Plan- bzw. Baumeisterwechsel verursacht sein, was sich vielleicht aus der erst späten Entstehung dieses Abschnitts (s. o.) erklärt.

62 *Volkmann*: Treppenhaus (wie Anm. 6). – Eine infolge der fast gleichen funktionalen Situation sehr ähnliche Treppenhausbildung besitzt das Bischofsschloß in Meißen; *Cornelius Gurlitt*: Meißen (Burgberg). (Beschreibende Darstellung der älteren Bau- und Kunstdenkmäler in Sachsen, H. 40.) Dresden 1919, S. 359-367; *Matthias Donath*: Herzog Albrecht der Beherzte und die Bauten auf dem Meißner Burgberg. Spätgotische Baukunst im ausgehenden 15. Jahrhundert, in: Herzog Albrecht der Beherzte (1443-1500). Ein sächsischer Fürst im Reich und in Europa. Hrsg. von André Thieme, Köln/Weimar/Wien 2002, S. 234-281, hier S. 269-274. – Stephan Hoppe ordnet den Treppenbau der Moritzburg der Gruppe früher mitteldeutscher Treppentürme zu, die seit 1470 (Meißen, Albrechtsburg) entstanden und in ihrer jeweiligen Grundform gleichsam experimentell variiert sind; *Hoppe*: Struktur (wie Anm. 9), S. 445f.

und als Turm in Erscheinung trat, muß offenbleiben. Durch das aufwendigere Stabwerkportal, über dem ein hohes Rechteckfenster mit schwerem Kielbogen sitzt, gelangte man in das erste Obergeschoß und über eine nach Norden anschließende, wohl in einen Wendelstein mündende Seitentreppe ins zweite und dritte Obergeschoß sowie in den Dachbereich. Von der zurückhaltender ausgebildeten nördlichen Tür führt noch jetzt eine lange Treppe zunächst hinunter zu einem Querraum, der mit seinem Rippengewölbe – dem einzigen überhaupt erhaltenen originalen in der Moritzburg – und einem sicher von Anfang an vorhandenen, heute barock verkleideten Kamin eine aufwendigere räumliche Ausstattung erfahren hat. Von dort gelangte man weiter nach unten in die beiderseits anschließenden großen Hallen des unteren Sockelgeschosses sowie die Räume unter und neben dem Treppenhaus. Insgesamt war die Treppenführung hier wie in der Moritzburg auch sonst funktional so zweckmäßig angelegt, daß man die Untergeschosse des Westflügels entweder von dem zentralen Treppenhaus aus oder über die in den westlichen Ecktürmen eingebauten Wendeltreppen erreichen konnte und außerdem vom Hof aus auf dem direkten Weg in die Räume des oberen Sockelgeschosses gelangte. Der Nordflügel hatte – wie die bauarchäologischen Untersuchungen von Reinhard Schmitt erwiesen haben[63] – seinen Hauptzugang zu den Untergeschossen in der Nordostecke des Hofes und war durch Zwischentüren auch mit dem Westtrakt verbunden.

In den Hof der Moritzburg und damit in die Erdgeschoßräume kam man von außen – wie bereits gesagt – im allgemeinen nur über die beiden großen repräsentativen Toranlagen im Norden und Osten. In bestimmten Ausnahmefällen allerdings konnte man als gesonderten Nebeneingang oder zum Verlassen der Burg auch eine kleine, heute vermauerte Pforte im unteren Sockelgeschoß des Westflügels (Abb. 17) benutzen, die nur durch die mit einem spätgotisch-zarten Profil gerahmte Nische darüber etwas hervorgehoben ist. Einen weiteren untergeordneten Grabenausgang hat es wohl auch an der Nordseite gegeben.[64]

Welche Aufgaben die Untergeschosse neben der möglichen und im Falle einer kriegerischen Auseinandersetzung notwendigen fortifikatorischen Nutzung außerdem zu erfüllen hatten, ist nicht mehr eindeutig festzustellen.

63 Die Ergebnisse sind noch unpubliziert, konnten aber durch das Entgegenkommen des Bearbeiters für die hier gegebene Darstellung und die zeichnerische Rekonstruktion bereits vorab benutzt werden.

64 Er ist heute nur noch außen als vermauerte rundbogige Türöffnung unterhalb des Nordtors auszumachen, von der Innenseite im unteren Kellergeschoß jedoch infolge der Verbauung nicht mehr zu überprüfen.

Die Annahme Hermann Wäschers, die Burgbesatzung könnte dort untergebracht gewesen sein[65], hat nur eine geringe Wahrscheinlichkeit, wie überhaupt die verschiedenen Versuche, entweder aus den Schriftquellen bekannte oder dem Bedarf einer Residenz nach anzunehmende Räume in den Haupttrakten, d.h. im West- und Nordflügel, zu lokalisieren, vielfach nur auf unbegründeten Vermutungen beruhen.[66] Eine Rekonstruktion der inneren Raumaufteilung ist freilich nach dem Verlust der baulichen Binnenstruktur aller oberirdischen Geschosse infolge des Fehlens von Plänen sowie ausführlichen Inventaren aus der Zeit vor der Zerstörung im Jahre 1637 auch nicht mehr möglich. Die nur vereinzelt überlieferten Quellen enthalten nur wenige Angaben, die in Verbindung mit Baubeobachtungen eine annähernd genaue oder zumindest allgemeine Zuordnung erlauben.

Danach könnte die südliche der vom Hof aus leicht zugänglichen Hallen des oberen Sockelgeschosses im Westflügel, die zur Hälfte oberhalb des Hofniveaus liegen und durch Fenster von der Hofseite her auch Licht empfangen, tatsächlich die »Große Hofstube«[67] gewesen sein. Für diese Nutzung spricht hier auch die kleine Empore (»Pfeiferloge«) neben dem Hofzugang und die unmittelbare Verbindung zur Küche, die sich zweifellos – worauf schon der Brunnen im Innern hindeutet – in dem niedrigeren Wirtschaftsgebäude auf der Südseite befand, an dessen Stelle heute der dem früheren Talamt nachgebildete Museumsbau steht. Von den beiden nördlich folgenden Erdgeschoßräumen – der südliche ursprünglich mit einem Kehlrippengewölbe, der andere offenbar von Anfang an tonnengewölbt – dürfte einer als die ehemalige Silberkammer anzusprechen sein.[68] Ob die gleichfalls vom Hof aus erreichbare nördliche Halle als »Ratsstube« gedient

65 *Wäscher*: Baugeschichte (wie Anm. 5), unpag. S. 10 und Abb. 3/4.

66 Nur *Scholz*: Residenz (wie Anm. 1), bes. S. 159-161, geht bei seinen Zuweisungen ausschließlich von den Quellen aus oder referiert vereinzelt mit der gebotenen Vorsicht eine schon von anderen vorgeschlagene Verortung.

67 Genannt 1513 im Inventar des Nachlasses von Erzbischof Ernst (*Redlich*: Cardinal [wie Anm. 37], S. 91*) und 1541 bei der Verteilung der Ornate an die »thumkirchen Magdeburg und Halberstadt«, die »inn der grossen hoffstuben« erfolgen sollte (ebd., S. 201*). Die Nutzung als Speisesaal der Personen des erzbischöflichen Hofs war durch die Hofordnungen geregelt; *Scholz*: Residenz (wie Anm. 1), S. 87, 176.

68 Im Nachlaßinventar Erzbischof Ernsts von 1513 ist die »silber-cammer« direkt vor der »grossen hoffstuben« aufgeführt, woraus – nach der bei Anfertigung eines solchen Verzeichnisses üblichen Vorgehensweise – auch hier wohl auf eine enge räumliche Verbindung beider geschlossen werden kann; *Redlich*: Cardinal (wie Anm. 37), S. 89*-91*. Das Nachlaßinventar Erzbischof Johann Albrechts von 1550 unterscheidet zwischen der kleinen und der großen Silberkammer; Sächsisches Hauptstaatsarchiv Dresden, Geh. Archiv: Loc. 8944/9, Herrn Johann Albrechts ... hinterlaßene Erbschafft ... 1550/51, Bl. 34v und 35v.

Abb. 17: Halle, Moritzburg. Vermauerte Pforte an der Westseite, darüber gerahmte Blendnische.

hat, läßt sich weder direkt noch indirekt belegen. Mit großer Wahrscheinlichkeit lagen aber die Räumlichkeiten für die der Moritzburg als Residenz zugewiesenen Aufgaben der Landes- und Hofverwaltung einschließlich der Kanzlei und der Räume des Kammermeisters in den unteren Etagen des Nordflügels und vielleicht noch im anschließenden Teil des Westflügels.[69]

69 Die Lage der »cantzleikamer« im Nordflügel ergibt sich auch aus einer Nachricht von 1538, wonach die Kanzleiregistratur in einem Schrank in der Mauer »hinden nach den Nawen wercke« verwahrt wurde; *Gottfried Wentz*: Bischofs- und Domkapitelsarchiv im Erzstift Magdeburg, in: Geschichtsblätter für Stadt und Land Magdeburg 74/75, 1939/41, S. 3-24, hier S. 6; siehe auch *Scholz*: Residenz (wie Anm. 1), S. 161.

In den oberen Geschossen müssen vor allem die einst dem erzbischöflichen Bauherrn und seinem Nachfolger zur Verfügung stehenden Wohnräume, die allenthalben genannten »stuben«, »gemach« und »cleyn stublein« mit ihren zugehörigen Kammern zu finden gewesen sein.[70] Die bereits für Ernsts Aufenthalte und dann für die langen Residenzzeiten Albrechts notwendigen, repräsentativ ausgestatteten Wohn-, Arbeits- und Aufenthaltsräume, zu denen u.a. die »nawe wunderstubenn« mit der »grunen kammer dauor«, die »mulstuben« und die Stube »in der Rosen« gehörten[71], lagen sehr wahrscheinlich in der nördlichen Hälfte des Westflügels, hier bequem und direkt erreichbar über das große zentrale Treppenhaus, und vielleicht noch im angrenzenden Bereich des Nordtrakts, was in beiden Fällen u.a. die Aborterker nahelegen.

Für alle Wohnbereiche in der Moritzburg läßt sich im übrigen trotz des gerade dort totalen Verlusts der architektonischen Binnenform aufgrund von Angaben der schriftlichen Überlieferung noch eine prinzipielle Aussage zur Raumstruktur machen. So werden in einer Anweisung Albrechts 1531 neben anderen auszuführenden Arbeiten auch solche angeführt, die »in der muhlstuben vnd cammer« sowie in der – bereits erwähnten – »nawen wunderstubenn und in der grunen kammer dauor« vorzunehmen sind.[72] Und aus dem Bericht über die Hinterlassenschaft des erzbischöflichen Kammermeisters Johann Wilboldt 1532 geht hervor, daß deren Inventarisierung in Stube, Kammer und zugehörigem »Gewölbe« erfolgte.[73] Was sich schon an diesen Einzelbeispielen erkennen läßt, verdeutlicht in großem Umfang das weitgehend noch den architektonischen Erstzustand spiegelnde Inventar

70 Z.B. *Redlich*: Cardinal (wie Anm. 37), S. 15*f., 93*.

71 Ebd., S. 15*f. (1513). Teilweise finden sich diese Raumbezeichnungen noch in dem Inventar der Moritzburg von 1608, siehe Landesarchiv Magdeburg – Landeshauptarchiv: Rep. A 2 Nr. 847, Inventarium des Schlosses S. Moritzburg zu Halle wie es im anfang des 1608. Jahrs befunden worden, Bl. 2v-3r. Die Stube, »wunderstuben genant«, führt auch das Nachlaßverzeichnis Erzbischof Johann Albrechts von 1550 auf; Sächsisches Hauptstaatsarchiv Dresden (wie Anm. 68), Bl. 32v. Etwas zur Lage und Ausstattung erfährt man 1534, als Albrecht in der »wunderstube«, i. e. »in superiora stuba seu aestuario domini« urkundet. Danach dürfte es sich um einen seinem Komfort nach gehobenen, heizbaren Raum gehandelt haben, der im übrigen reichen Bilderschmuck aufwies (siehe Anm. 82). Die Bezeichnung »obere Stube« setzt voraus, daß es auch eine »untere« gab, die geschoßweise getrennt, vielleicht sogar übereinander lagen.

72 *Redlich*: Cardinal (wie Anm. 37), S. 15*.

73 *Scholz*: Residenz (wie Anm. 1), S. 80 mit Quellenangabe Anm. 316.

der Moritzburg von 1608. Denn dort sind durchgehend die in den einzelnen Räumen vorgefundenen Gegenstände zunächst der Stube und danach immer der anschließenden »Kammer« aufgelistet.[74] Aus der zusammenhängenden Nennung von »Stube« und »Kammer« ergibt sich mit Sicherheit: Auch die Raumorganisation der Moritzburg folgte dem Prinzip des zweiräumigen Stubenappartements, eines Raumtyps des herrschaftlichen Wohnens also, der aus Wohnstube und davon direkt zugänglicher Schlafkammer gebildet wurde.[75] Es war eine damals – im letzten Drittel des 15. Jahrhunderts – noch ganz neue Wohnform, die als konstitutives Element auch den Planungen der Albrechtsburg in Meißen (1471 bis um 1490), des sogenannten Albrechtsbaus in Torgau (Schloßflügel D, 1482-85) und des Schlosses in Wittenberg (1489-1500) zugrunde lag.[76] Auch eine der frühen, das Private besonders betonenden Sonderbildungen des Stubenappartements könnte die Moritzburg besessen haben, bei der Wohn- und Schlafraum nicht in einer Ebene nebeneinander, sondern in den westlichen Türmen übereinander angeordnet und durch gewendelte Treppen miteinander verbunden waren, wie in Wittenberg, wo im 1. und 2. Obergeschoß des Südwestturms eine solche Wohngruppe mit Kamin und Sekret für Kurfürst Friedrich und als Pendant dazu im Nordwestturm für seinen Bruder Herzog Johann bestand.[77] Diese Anordnung wäre dann ein Gestaltungselement, das beide Bauten über die aufs engste zusammenhängende Formgebung hinaus auch in ihrer funktionalen Struktur verband und sich durch die verwandtschaftlichen Bande der Bauherrn – Friedrich und Johann waren Brüder Erzbischof Ernsts – leicht erklären ließe.

Großen Wert legte Ernst bei der Gestaltung der Moritzburg offensichtlich auf Repräsentation, indem er nicht nur einen, sondern zwei große Säle schaffen ließ, die sich im Südteil beider Obergeschosse des Westtrakts befanden und in ihren Umfassungsmauern weitgehend erhalten sind

74 Inventarium 1608 (wie Anm. 71), Bl. 2r-5r.

75 Zu diesem Raumtyp grundlegend *Hoppe*: Struktur (wie Anm. 9), bes. S. 365-412.

76 Ebd., S. 40-77 (Meißen), 83-129 (Wittenberg) und 140-166 (Torgau).

77 Nach dem Inventar von 1608 war es in Halle die Stube »in der Rosenn«, die eine Schlafkammer »im Thurm« besaß und außerdem noch eine »ander [= zweite] Cammer«, deren Lokalisation gänzlich unklar bleibt; Inventarium 1608 (wie Anm. 71), Bl. 3r. Zum »Sahlstubelein« gehörte »oben« die zugehörige Kammer (ebd.). Einer der (zweifellos westlichen) Türme enthielt außerdem die Kammer der Edelknaben (ebd., Bl. 5r), zu der ein Wohnraum nicht genannt wird (oder gar nicht gehörte?). Zur Wittenberger Situation siehe *Hoppe*: Struktur (wie Anm. 9), S. 96, 99, 103f. und 106f.

(Abb. 18).[78] Trotz der verlorenen Flachdecken, die sie einst – getragen von einer mittleren Stützenreihe[79] – überspannten, sind ihre eindrucksvollen Dimensionen heute noch an der Ruine abzulesen. Beide Säle öffneten sich an den Längsseiten und an der südlichen Schmalseite mit ihren in tiefen Nischen sitzenden Fenstern zum Hof und über die Saale hinweg in die Landschaft. Hier schon der dann im Schloßbau des 16. Jahrhunderts vielfach zu beobachtenden Regel einer geschoßweisen Bedeutungssteigerung folgend, ist der Saal im 2. Obergeschoß durch seine größeren Vorhangbogenfenster – statt der paarweise angeordneten kleineren Kielbogenöffnungen im 1. Obergeschoß – als der festlichere der beiden Räume ausgewiesen.[80] Fundstücke und Rauchabzugsöffnungen belegen außerdem, daß zumindest der obere Saal mit einigen prachtvollen Kachelöfen neben den auch vorhandenen Kaminen einen hohen Ausstattungskomfort besaß, der bereits unter Ernst bestand und von Albrecht noch vergrößert wurde.[81]

Wie aus den Quellen hervorgeht, waren – dem hohen fürstlichen Anspruch gemäß – auch andere Räume der Moritzburg in unterschiedlicher Weise reich ausgestaltet, was in größerem Umfang – nach der kurzen Zeit, die Ernst bis 1513 in Halle residierte – verständlicherweise unter seinem Nachfolger Albrecht geschah. Über die für ihre Zeit glanzvolle Erscheinung der Räumlichkeiten und den prunkenden Reichtum ihrer Einrichtung

78 Im Nachlaßinventar Ernsts von 1513 wird unterschieden zwischen dem »grossen sal«, in dem sich eine »cammer von cleydern« (= hier ein eingebauter Schrankraum zur Aufbewahrung von zumeist kostbaren Gewändern) befand, und dem »sall«, in dem sechs große Teppiche hingen und fünf »hymmel« (= Baldachine) standen; *Redlich*: Cardinal (wie Anm. 37), S. 92*, 95*. Die Anweisungen von 1531 nennen den einen Saal den »cleynen sahl bey der Rosen«, den andern den »langen sahl«, vor dem die »nawe wunderstuben« mit der »grunen kammer dauor« lag (ebd., S. 15*f.). Der »lange Saal« erscheint auch im Nachlaßverzeichnis von 1550 (wie Anm. 68), Bl. 32v. Im Jahre 1608 wird nur noch ein »Saal« aufgeführt; Inventarium 1608 (wie Anm. 71), Bl. 15v.

79 Nach den Feststellungen Wäschers, die er 1954 bei der Abschachtung des Brandschutts von 1637 machen konnte, waren es im unteren Saal steinerne Achteckpfeiler, die »einen reich profilierten Holzunterzug« zur Aufnahme der Deckenbalken trugen, im oberen Saal hölzerne Mittelsäulen; *Wäscher*: Baugeschichte (wie Anm. 5), unpag. S. 11.

80 In Meißen und Wittenberg lag der jeweils eine große Saal noch im 1. Obergeschoß, der Alte Saal in Torgau aber auch schon im 2. Obergeschoß, allerdings hier über dem im 1. Obergeschoß befindlichen Wohnbereich.

81 Zu den Funden von 1954 siehe *Wäscher*: Baugeschichte (wie Anm. 5), unpag. S. 11. Damals geborgene Ofenkacheln befinden sich in den Sammlungen der Stiftung Moritzburg – Kunstmuseum des Landes Sachsen-Anhalt. Der gesamte Bestand bedarf noch einer gründlichen Bearbeitung.

Abb. 18: Halle, Moritzburg. Umfassungsmauern der ehem. Säle im 1. und 2. Obergeschoß des Westflügels, Blick nach Süden.

haben schon Besucher in den 1530er Jahren berichtet.[82] Abgesehen von den Kaminen, die es nachweislich nicht nur in den Sälen gegeben hat, war insbesondere die Ausschmückung der Räume mit Wandmalereien und Teppi-

82 So der Gelehrte Johann Carion 1533 in einem Brief an Herzog Albrecht von Preußen (*Johannes Voigt*: Briefwechsel der berühmten Gelehrten des Zeitalters der Reformation mit Herzog Albrecht von Preussen. Beiträge zur Gelehrten-, Kirchen- und politischen Geschichte des sechzehnten Jahrhunderts, aus Originalbriefen dieser Zeit. Königsberg 1841, S. 148f.), der Humanist Georg Sabinus in seinem dichterisch überhöhten »Hodoeporicon Itineris Italici« (s.l. [Wittenberg] 1535, S. A IVv-B IVv, hier S. B IIIff.; der Abschnitt über Halle auch wiedergegeben bei *Redlich*: Cardinal [wie Anm. 37], S. 110*-117*, zur Moritzburg S. 114* Vers 161ff.) und der außerordentliche Nuntius Papst Pauls III. in Deutschland Peter van der Vorst, der Albrecht 1537 in Halle aufsuchte. In dem von Cornelius Ettenius geführten Reisetagebuch bemerkte dieser, die »Stufa (= Stube), in qua nos fuimus hospitati, fuit valde magnifica, et ita affirmabant de relique parte domus, sed propter absentiam cardinalis non potuimus videre«; *Pierre François Xavier de Ram*: Documents rélatifs à la nonciature de l'évêque d'Acqui, Pierre Vorstius, d'Anvers, en Alle-

chen und selbstverständlich mit einer Vielzahl von Bildern, in den privaten wie den öffentlichen Bereichen des Schlosses zu bewundern.[83] Eine künstlerisch besonders anspruchsvolle und prächtige Ausstattung verschiedener Gemächer erfolgte zur Zeit Albrechts durch den Einbau von Vertäfelungen, die von den in Halle ansässigen Kunsttischlern Gabriel und Hans Tuntzel ausgeführt wurden.[84]

magne et dans les Pays-Bas, en 1536 et 1537, ... suivis d'un extrait du journal de Corneille Ettenius sur le séjour du nonce en Allemagne, in: Compte rendu des séances de la Commission Royale d'Histoire, ou Recueil de ses Bulletins 30. Jg., 3. Serie, 6. Bd., Bruxelles 1864, S. 237-422, hier S. 397.

83 Auf die Existenz von Wandmalereien deutet die Nennung »der gemahlten gewell etc. stuben«; *Redlich*: Cardinal (wie Anm. 37), S. 16*. – Die Hängung und Aufbewahrung von Tapisserien ist für verschiedene Räume belegt. So befanden sich 1513 sechs große niederländische Wirkteppiche »auf dem Saal« (ebd., S. 95*), 1531 »tapetzerei« in der »muhlstuben« (ebd., S. 16*). Das Inventar von 1608 zählt 54 damals (noch) vorhandene Stücke u.a. im »Saal«, in der »Mullstuben« und »inn der Rosen« auf, darunter 15 Bildteppiche mit der »Historia von Gedeon« und Wirkteppiche mit Darstellungen der Muttergottes mit dem Kind, des Abendmahls und des Bildnisses Christi »mit der dornen cron« sowie Kardinal Albrechts; Inventarium 1608 (wie Anm. 71), Bl. 15v. – Wie umfangreich der Bestand an Tafelbildern war, ist nicht annähernd einzuschätzen, da Nachrichten hierüber sehr spärlich sind. Bis 1531 hing z.B. eine größere Anzahl von szenischen Darstellungen und Bildnissen, »bilder vnd conterfact«, in der »wunderstube« und in der »grunen kammer«. Sie sollten dort abgenommen und in der Wunderstube – offenbar für deren Herrichtung zu einem Privatoratorium – durch eine bereits vorhandene gemalte Altartafel und die Gemälde der Apostel, der heiligen Jungfrauen und »andern patronen«, an denen Simon Franck gerade arbeitete, ersetzt werden (*Redlich*: Cardinal [wie Anm. 37], S. 16*). Das Altarbild ist wohl identisch mit der »taffel uf dem altar in meiner stube«, die 1540 im Verzeichnis der Gegenstände aufgeführt wird, die man Albrecht nach Mainz nachsenden sollte (ebd., S. 191*).

84 Im Jahre 1531 mußte ein Vorrat von 60 Schock »lang vnd kortze brett« beschafft werden, »domitt man die gemach kann tafelnn« (*Redlich*: Cardinal [wie Anm. 37], S. 17*), und 1538 war dem »tischer« (i.e. Hans Tuntzel) die Arbeit in Albrechts »kleyn Stublein vnder dem dache« nach einer Visierung Simon Francks verdingt worden (ebd., S. 33*). Überkommen ist von diesen Werken einer seit dem 15. Jh. vornehmlich in Süddeutschland geübten und von dort verbreiteten Kunstform nichts. Einen bestimmten, wenngleich nur ausschnitthaften Eindruck vermitteln heute in Halle lediglich noch die aus gleicher Zeit stammende, sehr qualitätvolle hölzerne Deckenverkleidung aus dem straßenseitigen Erker und der Deckenrest im sog. Verbindungsbau des für Hans Schenitz erbauten Anwesens am »Kühlen Brunnen« (*Krause*: Albrecht [wie Anm. 12], S. 347-354, hier S. 352). Nur durch Zeichnungen von August Stapel (um 1840) und Aquarelle von Albert Grell (um 1857) in der Marienbibliothek zu Halle ist das Aussehen mehrerer prächtiger Türen mit ihren architektonischen Rahmungen im Saalbau des »Kühlen Brunnens« überliefert.

Im Gegensatz zu den im Vorangehenden behandelten Räumlichkeiten, deren Lage und funktionale Bestimmung sich z.T. noch etwas näher, zumindest in bestimmten Umrissen feststellen läßt, fehlt für einige andere in den Quellen erwähnte Räume, wie etwa die »Domkapitels-Stube«, die »schneiderey« und die »gemalte Giebelstube«, aber ebenso für das Zeughaus hinsichtlich ihrer Situierung jeder sichere Anhaltspunkt.[85]

Gleiches gilt auch für die hohen Besuchern eingeräumten Gastzimmer und für die Unterkunft der Hofbediensteten, soweit sie nicht in der Stadt wohnten bzw. wohnen mußten.[86] Auch gibt es keinerlei Anhaltspunkt dafür, daß Erzbischof Ernst sich auf der Burg einen eigenen Bibliotheksraum einrichten ließ[87] – was sich auch unter Albrecht nicht grundsätzlich geändert haben dürfte, da er seine Büchersammlungen, die zum »Neuen Stift« gehörige und die persönliche, offenbar bereits zu einem frühen Zeitpunkt im Bereich des Stifts, d.h. der Domgebäude, verwahren ließ.[88]

85 Das »Domb Capitels Gemach« findet sich erst im Inventarium 1608 (wie Anm. 71), Bl. 3v und 6r, geht aber wohl als Bezeichnung dieses Raums und seiner Funktion in die Anfangszeit der Moritzburg zurück. Vgl. *Dreyhaupt*: Pagus (wie Anm. 55), T. 2, S. 541. – Die »schneyderei« gab es bereits 1513 (*Redlich*: Cardinal [wie Anm. 37], S. 93*) und eine »Schneider Cammer« noch 1608 (Inventarium 1608 [wie Anm. 71], Bl. 5v). Zu den Schneidern siehe *Scholz*: Residenz (wie Anm. 1), S. 94f. Zur Giebelstube siehe Anm. 82. Das 1547 genannte »Zeughaus« in der Moritzburg (siehe Anm. 59) könnte sich in einem der östlichen Türme oder in beiden befunden haben, jedenfalls wurden sie um 1608 dafür genutzt; vgl. Inventarium 1608 (wie Anm. 71), Bl. 24r-29v.

86 *Scholz*: Residenz (wie Anm. 1), S. 175, 279ff.

87 Nachweislich verfügte Erzbischof Ernst über eine »librarey zw Gebichenstein« mit lateinischen und deutschen Schriften, die er in dem Testament von 1503 seinem Nachfolger auf dem Magdeburger Erzstuhl vermachte; *Redlich*: Cardinal (wie Anm. 37), S. 4*. Tatsächlich dürfte Albrecht die Büchersammlung Ernsts in die Bibliothek des »Neuen Stifts« eingefügt haben; siehe *Sigrid von der Gönna*: Albrecht von Brandenburg als Büchersammler und Mäzen der gelehrten Welt, in: *Jürgensmeier* (Hrsg.): Erzbischof (wie Anm. 1), S. 381-477, hier S. 389 Anm. 28 und S. 412f.

88 Die große, durch die Einverleibung der Buchbestände aus den aufgelösten halleschen Klöstern und Stiften später noch beträchtlich vermehrte Bibliothek des »Neuen Stifts« ist zweifellos bald nach dessen Gründung 1520 dort auch untergebracht gewesen und nicht auf der Moritzburg. Vermutlich stand sie von Anfang an, wenngleich es erst einer Angabe 1541 zu entnehmen ist, »an berurter kyrchen« (= an der Stiftskirche) in »dem gewelbe«, von dem es nach dem Abtransport der Bücher heißt, daß »darynne zcuvor dye liberey gewest«; *Redlich*: Cardinal (wie Anm. 37), S. 156*. Dieser gewölbte Raum ist nach dem derzeitigen Kenntnisstand mit dem Obergeschoßraum des Turmannexes an der Nordwestecke des Doms, dem heutigen sog. Kardinalszimmer, zu identifizieren. Wohl um 1538 hat man diese »schöne herliche liberey« in den »Neuen Bau« übertragen (ebd., S. 35*). – Für die von der Stiftsbibliothek zu unterscheidende private Bibliothek des

Genauer unterrichtet sind wir bei der Moritzburg über die Rolle und verschiedenen Funktionen der Schloßkapelle. Der sehr feine, im Erdgeschoß als Wandpfeilersaal ausgebildete Raum (Abb. 19), der über der umlaufenden Empore frei aufsteigende Rundsäulen mit einem reichen, 1898/99 rekonstruierten Netzgewölbe besitzt[89], diente zuerst den allgemeinen liturgischen Aufgaben der erzbischöflichen Residenzkirche. Hier wurde für die anwesenden Mitglieder des Hofstaats täglich die Frühmesse und an allen Sonn- und Feiertagen die Hohe Messe gefeiert. Dazu kamen weitere Offizien. Schon früh hatte Erzbischof Ernst die Absicht verfolgt, an dieser Kapelle ein großes geistliches Kollegium einzusetzen, das 29 Personen umfassen sollte, darunter 14 Priester und 10 Chorschüler.[90] Sie sollten die kanonischen Stundengebete abhalten, d.h. täglich die horae canonicae und sonntags die horae de dominica singen.[91] Erzbischof Ernst konnte diesen Plan jedoch zu seinen Lebzeiten nicht mehr verwirklichen. Er wurde dann aber von Albrecht bald nach seinem Regierungsantritt aufgegriffen und auch sehr rasch in einem noch größeren Rahmen verwirklicht – was letztendlich – wie bekannt – zur Gründung des »Neuen Stifts« führte.[92] Bis zum Einzug in den 1523 als Stiftskirche geweihten Dom zu Halle war das neue Kollegiatstift eine Einrichtung der Maria-Magdalenen-Kapelle.

Die Einsetzung dieses Kollegiums stand auch in direkter Verbindung mit der Versorgung des bereits von Ernst in einem beträchtlichen Umfang zusammengebrachten Heiltums, das in der Kapelle verwahrt wurde.[93] In seinem großen persönlichen Wunsch und Verlangen, Reliquien zu sammeln

Kardinals nahm *Gönna*: Büchersammler (wie Anm. 87), S. 385, die Moritzburg als Standort an, was schwerlich zutreffen kann. Vielmehr befand sie sich wohl schon früh in Albrechts »alter behausung«, jenem Gebäude zwischen Dom und »Neuem Bau«, das zunächst das bereits in den Stiftsstatuten 1520 genannte Haus des Propsts war. (Näheres dazu in dem Bericht über die vom Landesamt für Denkmalpflege Sachsen-Anhalt 1997-2003 durchgeführten Untersuchungen der Bauten westlich und südlich des Doms, der sich in Vorbereitung befindet.)

89 Zuletzt siehe Maria-Magdalenen-Kapelle (wie Anm. 7) mit den Beiträgen zur Baugeschichte von *Hans-Joachim Krause*, *Irene Roch-Lemmer*, *Andreas Stahl* und *Peter Findeisen*. Vgl. auch *Heldmann*: Maria Magdalenen-Kapelle (wie Anm. 19), und *C. O. Garbers*: Die Magdalenen-Kapelle der Moritzburg in Halle a. S., in: Zeitschrift für Bauwesen 41, 1891, Sp. 11-20 und Atlasband Taf. 7-8.

90 *Redlich*: Cardinal (wie Anm. 37), S. 4-6. Ausführlicher jetzt *Scholz*: Residenz (wie Anm. 1), S. 179ff.

91 Diese Aufgaben hatte Ernst bereits in seinem Testament 1505 festgelegt; *Redlich*: Cardinal (wie Anm. 37), S. 6*f.

92 Ebd., S. 6-22; *Scholz*: Residenz (wie Anm. 1), S. 181ff.

93 Umfassend jetzt *Scholz*: Residenz (wie Anm. 1), S. 211ff.

Abb. 19: Halle, Moritzburg. Inneres der Maria-Magdalenen-Kapelle.

und diese in zumeist kostbaren, von Goldschmieden geschaffenen Behältnissen unterzubringen, stand Ernst seinem Bruder, dem Kurfürsten Friedrich dem Weisen, kaum nach, dessen Reliquienschatz in der Wittenberger Schloßkirche zu dieser Zeit einer der umfangreichsten überhaupt war und dann nur noch von dem Kardinal Albrecht überboten wurde.[94]

94 *Scholz*: Residenz (wie Anm. 1), S. 218ff.; *Enno Bünz*: Zur Geschichte des Wittenberger Heiltums. Johannes Nuhn als Reliquienjäger in Helmarshausen und Hersfeld, in: Zeitschrift des Vereins für Thüringische Geschichte 52, 1998, S. 135-158; *Heinrich L. Nickel*: Die Schloßkapelle der Erzbischöfe – die Altäre und die Ausstattung, in: Maria-Magda-

Zur ständigen Vermehrung des Heiltums trugen einerseits zahlreiche Geschenke bei[95], zum andern war Ernst selbst eifrig darum bemüht. Für die vielen auf seine Veranlassung hin entstandenen Reliquienbehältnisse seien als Beispiele nur der von dem halleschen Goldschmied Hans Huiuff geschaffene Reliquienschrein von 1505 und das künstlerisch besonders prächtige Büstenreliquiar einer Maria Magdalena (Abb. 20), der Schutzheiligen der Kapelle, angeführt, das der gleiche vom Erzbischof hochgeschätzte Künstler 1513 vollendet und am Fuß mit dem Wappen des Stifters versehen hatte. Die nicht erhaltenen Werke sind wie fast alle anderen Reliquiare des sog. Halleschen Heiltums großenteils durch das 1520 im Druck erschienene Heiltumsverzeichnis, vollständiger durch die detailreicheren und sicher genaueren, farbigen Zeichnungen in dem von Albrecht später angelegten Bildinventar bekannt.[96]

Die Reliquien wurden an bestimmten Tagen im Jahr in ihren Gefäßen öffentlich zur Schau gestellt, was auf den Altären in der Marien-Magdalenen-Kapelle oder außen auf dem an der Nordseite der Kapelle auskragenden Balkon geschehen konnte.[97] Daß die Altäre der Kapelle darüber hinaus zahlreichen Schmuck besaßen, und zwar neben dem nur aus Quellenangaben bekannten, einst vorhandenen Ornat auch einen Altaraufsatz, bezeugen die zwei von Hans Baldung Grien gemalten Retabel, die als einzige Stücke

lenen-Kapelle (wie Anm. 7), S. 31-44; *Livia Cárdenas*: Friedrich der Weise und das Wittenberger Heiltumsbuch. Mediale Repräsentation zwischen Mittelalter und Neuzeit. Berlin 2002.

95 *Scholz*: Residenz (wie Anm. 1), S. 226.

96 Im »Vortzeichnus vnd zceigung des hochlobwirdigen heiligthumbs der Stifftkirchen der heiligen Sanct Moritz vnd Marien Magdalenen zu Halle« (Das Hallesche Heiltumbuch von 1520. Nachdruck zum 450. Gründungsjubiläum der Marienbibliothek zu Halle, hrsg. und mit einem Nachwort versehen von Heinrich L. Nickel. Halle [Saale] 2001), nur Abbildung des Büstenreliquiars der Maria Magdalena (Bl. 113v). Beide Werke dagegen im sog. Aschaffenburger Codex wiedergegeben von *Philipp Maria Halm/Rudolf Berliner*: Das Hallesche Heiltum Man. Aschaffenb. 14. Berlin 1931, S. 54 Nr. 237, Taf. 31c (Reliquienschrein) und S. 64 Nr. 321, Taf. 171 (Reliquienbüste). Siehe auch *Horst Reber*: Das Hallesche Heiltum, in: *Reber*: Albrecht (wie Anm. 1), S. 152-172 und Abb. 22. Das Verhältnis der beiden Heiltumsverzeichnisse zueinander behandelt *Dagmar Eichberger*: A Renaissance Reliquiary Collection in Halle, and its illustrated Inventories, in: Art Bulletin of Victoria 37, 1996, S. 19-36. Zu den Arbeiten von Hans Huiuff vor allem für Erzbischof Ernst siehe *Jörg Rasmussen*: Untersuchungen zum Halleschen Heiltum des Kardinals Albrecht von Brandenburg II, in: Münchner Jahrbuch der bildenden Kunst 3. Folge, Bd. 28, 1977, S. 91-132, hier S. 116-121.

97 Siehe *Roch*: Maria-Magdalenen-Kapelle (wie Anm. 20), S. 52f.

Abb. 20: Büstenreliquiar der hl. Maria Magdalena 1513. Aquarellierte Federzeichnung im sog. Aschaffenburger Codex (Aschaffenburg, Hofbibliothek: Ms. 14, fol. 409v).

der gesamten Ausstattung erhalten sind: der Sebastians-Altar von 1507 in Nürnberg und der um die gleiche Zeit entstandene Epiphanie-Altar in Berlin.[98]

Mit dem Stiftsprojekt hat Erzbischof Ernst wohl nicht zuletzt auch die Absicht verfolgt, daß – ebenso wie in der Magdeburger Kathedrale – in der Residenzkapelle in Halle für seine Memoria gesorgt werden möge[99] – natürlich in Verbindung mit seinem darin befindlichen Grab. Obwohl er schon früh die von ihm gegründete Marienkapelle im Magdeburger Dom zur Aufnahme seiner Grablege gewählt hatte, für die Peter Vischer 1494/95 die monumentale Bronzetumba schuf[100], hat Ernst, nachdem er auf der Moritzburg verstorben war, teilweise seine Ruhestätte in der Maria-Magdalenen-Kapelle gefunden. Denn: Seinem Wunsch entsprechend wurde dort sein Herz beigesetzt, sein Körper aber nach Magdeburg überführt.[101] Ort und Form von Ernsts Herzbestattung sind, wie auch die der Beisetzungen der Erzbischöfe Johann Albrecht 1550 und Sigismund 1566 in der Kapelle, bis heute nicht festzustellen gewesen.

Unter Albrecht von Brandenburg behielt die Moritzburg nicht nur ihre volle, unter Ernst gewonnene Residenzfunktion, sondern wurde noch ausgebaut, denn er hat ihrer weiteren Ausgestaltung größtmögliche Aufmerk-

98 *Nickel*: Schloßkapelle (wie Anm. 94), S. 33-36; *Karl Oettinger/Karl Adolf Knappe*: Hans Baldung Grien und Albrecht Dürer in Nürnberg. Nürnberg 1963, S. 32-35, 119f. und Taf. Abb. 6-19; *Gert von der Osten*: Hans Baldung Grien. Gemälde und Dokumente. Berlin 1983, S. 42-47, 49-53, Taf. 3-8, 12-19; *Kurt Löcher* unter Mitarbeit von *Carola Gries*: Germanisches Nationalmuseum Nürnberg. Die Gemälde des 16. Jahrhunderts. Stuttgart 1997, S. 43-49. – Von Anfang an für die Aufstellung in der Maria-Magdalenen-Kapelle bestimmt, standen beide Retabel dort noch zu Beginn des 17. Jh.s auf ihrem angestammten Platz, wie sich aus der genauen Beschreibung von 1608 ergibt; Inventarium 1608 (wie Anm. 71), Bl. 44v.

99 Sie sollte in den Quatemberfasten donnerstags mit Vigilien und freitags mit Seelmessen begangen werden; *Redlich*: Cardinal (wie Anm. 37), S. 6*.

100 Zur Stiftung und Ausstattung der »capella sub turribus«: *Gottfried Wentz/Bernt Schwineköper*: Das Erzbistum Magdeburg Bd. 1,1. (Germania Sacra. Die Bistümer der Kirchenprovinz Magdeburg, Bd. 1.) Berlin/New York 1972, S. 37-39. Zum Grabmal von Peter Vischer vorerst noch *Simon Meller*: Peter Vischer und seine Werkstatt. Leipzig 1925, S. 44-50; *Schubert*: Dom (wie Anm. 27), S. 217; siehe auch den Beitrag von Sven Hauschke in diesem Band.

101 *Gottfried Olearius*: Halygraphia Topo-Chronologica, Das ist Ort- und Zeit-Beschreibung der Stadt Hall in Sachsen. Leipzig 1667, S. 229; *Dreyhaupt*: Pagus (wie Anm. 55), T. 1, S. 183. Siehe auch das kompilierte »Chronicon Hallense bis 1595«, Halle, Marienbibliothek: Hs. 46, Bl. 231v.

samkeit geschenkt. So wurde 1514 die Kapelle ein zweites Mal geweiht[102] und 1517 – wie bereits erwähnt – die der Stadt zugewandte östliche Toranlage für den Fußgängerverkehr erweitert. In den 1530er Jahren ließ er die Befestigungsanlagen erheblich erweitern und militärtechnisch verbessern. Auch die innere Ausschmückung ließ sich der Kardinal angelegen sein, wie zeitgenössischen Nachrichten bekunden, in denen die glanzvolle Erscheinung der Räumlichkeiten und der prunkvolle Reichtum ihrer Einrichtung hervorgehoben werden.

Wenn Albrecht trotzdem zusätzlich in nächster Nähe zur Moritzburg den ebenfalls erzbischöflichen »Neuen Bau« errichten ließ, kann man das wohl nur damit erklären, daß es für ihn Nutzungsanforderungen und -wünsche gegeben haben muß, für deren Verwirklichung die Moritzburg nicht ausreichte oder nicht geeignet war. Lange Zeit hat man die Entstehung des »Neuen Baus« mit der in Halle damals vorgesehenen Einrichtung einer Universität in Verbindung gebracht. Man meinte, dieses Vorhaben wäre der direkte Anlaß für die Errichtung des Gebäudekomplexes südlich des Doms gewesen.[103] Diese Annahme kann aber heute, bei genauerer Betrachtung der schriftlichen Quellen, als unzutreffend ausgeschlossen werden. Zwar hatte der Kardinallegat Lorenzo Campeggio 1531 Albrecht einen Erektionsbrief für die Einrichtung eines studium generale in Halle als päpstliches Privileg übermittelt, doch ist der Plan einer Universitätsgründung aus unbekannten Gründen gar nicht zur Ausführung gekommen, ja vielleicht nicht einmal

102 Die von Ernst selbst als Fundator vollzogene Weihe ist in den Quellen nur als Vorgang ohne ein Datum überliefert; siehe Erektions- und Konfirmationsbulle Papst Leos X. für das Neue Stift vom 13. 4. 1519 (Landesarchiv Magdeburg – Landeshauptarchiv: Rep. U 4a Domstift Halle Nr. 6, im Druck bei *Ludewig*: Reliquiae [wie Anm. 55], S. 422-444, hier S. 423f.) sowie: Gesta archiepiscoporum Magdeburgensium, ed. *Wilhelm Schum*, in: Monumenta Germaniae historica, Scriptores Bd. 14. Hannover 1883, S. 361-486, hier S. 483, mit dem unbelegten Datum 1509 im Kommentar des Herausgebers. Zum Problem der zweiten Weihe 1514 siehe *Krause*: Albrecht (wie Anm. 12), S. 303-306.

103 Diese Auffassung findet sich in der bisherigen Literatur zum »Neuen Bau« fast durchgehend, z.B. bei *Schönermark*: Darstellung (wie Anm. 4), S. 388; *Redlich*: Cardinal (wie Anm. 37), S. 92; *Max Sauerlandt*: Halle a. S. Leipzig 1913, S. 90; *Hildebrand*: Renaissanceportale (wie Anm. 44), S. 92; *Schultze-Galléra*: Topographie (wie Anm. 4), S. 193; *Grote*: Kardinal (wie Anm. 41), S. 30; *Delius*: Reformationsgeschichte (wie Anm. 2), S. 63; *Volkmann*: Bauten (wie Anm. 40), S. 6; *Hans-Joachim Mrusek*: Halle/Saale. 3. Aufl. Leipzig 1976, S. 95. Alle folgen letztlich einer bis auf *Dreyhaupt*: Pagus (wie Anm. 55), T. 2, S. 2f., 540, zurückzuverfolgenden Tradition der halleschen Geschichtsschreibung.

über eine kurzfristige Erwägung hinaus verfolgt worden[104] – was zwangsläufig zu dem Schluß führt, daß schon die anfängliche Planung für den »Neuen Bau« hinsichtlich seiner Gestalt und seiner Funktion auf eine andere Zweckbestimmung abzielte: Man kann, ja muß eigentlich davon ausgehen, daß für Albrecht von vornherein der Wunsch nach einem gesonderten, seinen persönlichen Plänen und Neigungen dienenden Wohnsitz den entscheidenden Grund für die Errichtung des »Neuen Baus« bildete – für einen Ort seiner privaten Ansprüche also, der weitgehend oder ganz abgelöst von den offiziellen Aufgaben war, für deren Erledigung – wenn er in Halle weilte – nach wie vor die Moritzburg als Wirkungsstätte zur Verfügung stand. Vielleicht sollte dieses Refugium zudem eine von seinen persönlichen Ambitionen geprägte Stätte des geistigen Lebens werden, galt Kardinal Albrecht doch in besonderem Maße als Mäzen der gelehrten Welt, der nach dem Zeugnis des Johannes Sichardus »vornehme Männer von Gelehrsamkeit jeder Art« an seinem Hof versammelte.[105]

Mit diplomatischem Geschick und der ihm eigenen Rigorosität in der Durchsetzung vor allem seiner geistlichen Ziele setzte er sich über die Hauptschwierigkeit hinweg, die diesem Vorhaben im Wege stand, nämlich die nicht unproblematische Beseitigung des Cyriacus-Hospitals[106], um für sich eine neue »Behausung«, wie er den Gebäudekomplex selbst auch bezeichnet hat[107], zu schaffen. Angesichts der für einen persönlichen Wohnsitz ungewöhnlichen Ausmaße und der architektonischen Vielgestaltigkeit fragt man sich freilich, was darin untergebracht werden sollte bzw. am Ende schon untergebracht war. Der Kardinal hatte Halle ja 1538, also noch vor Abschluß der Arbeiten an dem Bauwerk und an seiner Ausstattung den Rücken gekehrt und hielt sich nur im Februar 1541 auf der Rückreise vom Landtag in Calbe nach Aschaffenburg noch einmal für wenige Tage in seiner halleschen Residenz auf.[108]

104 Zu diesem schlüssigen Ergebnis ist jetzt Michael Scholz unter Heranziehung aller historischen Nachrichten gekommen; *Scholz*: Residenz (wie Anm. 1), S. 233-236.

105 *Gönna*: Büchersammler (wie Anm. 87), bes. S. 458ff., 474-477.

106 *Scholz*: Residenz (wie Anm. 1), S. 254-256; siehe auch *Dreyhaupt*: Pagus (wie Anm. 55), T. 2, S. 247, und *Hertzberg*: Geschichte (wie Anm. 2), Bd. 2, S. 67-70; *Krause*: Albrecht (wie Anm. 12), S. 327.

107 *Redlich*: Cardinal (wie Anm. 37), S. 156*f. (1541); siehe auch *Dreyhaupt*: Pagus (wie Anm. 55), T. 2, S. 262 (1529).

108 *Scholz*: Residenz (wie Anm. 1), S. 307-317; *Krause*: Albrecht (wie Anm. 12), S. 352-355 (die Angabe von Albrechts Aufenthalt in Halle bis »Frühjahr 1539«, S. 300 und 352, ist nach dem von Scholz [s. o.] zusammengestellten Itinerar Albrechts von Brandenburg zu korrigieren).

Abb. 21: Halle, »Neuer Bau«. Ansicht der Kapelle vom Domhof.

Die für ein Privatoratorium außergewöhnliche Größe der neuen Kapelle (Abb. 21) erklärt sich vielleicht aus dem Anspruch des ranghöchsten deutschen Kirchenfürsten dieser Zeit und seinem sehr ausgeprägten Hang zur Selbstdarstellung.[109] Sie verband sich aber wohl ebenso mit der Absicht einer noch großartiger inszenierten neuen Aufstellung seines Heiltumschatzes und mit dem Verlangen nach einer weiteren Entfaltung der damit verbundenen üppig ausgestalteten liturgischen Zeremonien, zu denen der breite Einsatz von Kirchengesang und Kirchenmusik gehörte.[110] Die Samm-

109 Siehe u.a. *Gönna*: Büchersammler (wie Anm. 87), S. 475ff. Zu den »Formen der Selbstdarstellung« in Bildnis und Skulptur *Karsten Temme*: Der Bildnisgebrauch Kardinal Albrechts von Brandenburg (1490-1545). Funktionen, Themen, Formen. Phil. Diss. (Typoskript) München 1991, bes. S. 76-92. Siehe auch *Sabine Fastert*: Wahrhaftige Abbildung der Person? Albrecht von Brandenburg (1490-1545) im Spiegel der zeitgenössischen Bildpropaganda, in: Römische Quartalschrift für christliche Altertumskunde und Kirchengeschichte 97, 2002, S. 284-300.

110 Zur Ausstellung des Heiltums im Dom siehe *Kerstin Merkel*: Die Reliquien von Halle und Wittenberg. Ihre Heiltumsbücher und Inszenierung, in: Andreas Tacke (Hrsg.):

lung der in den Reliquiaren geborgenen Reliquien, die bekanntlich auch den bereits von Ernst zusammengebrachten Bestand einschloß und unter Albrecht schon 1521 – im Jahr der ersten Zeigung – nahezu 21.500 Stücke umfaßte, war inzwischen ins schier Unermeßliche angewachsen.[111] Für die angemessene Aufbewahrung dürfte die jetzige Sakristei des Doms, die einstige Allerheiligenkapelle, wo das Hallesche Heiltum nach der Übertragung aus der Maria-Magdalenen-Kapelle größtenteils seinen Platz gefunden hatte[112], in den 1530er Jahren kaum noch ausgereicht haben. Ein würdiger größerer Raum war daher notwendig, und den konnte die neue Kapelle nach ihrer Fertigstellung zur Genüge bieten. Dieser Raum war das Obergeschoß des ursprünglich mit »Welschen Giebeln« ausgezeichneten stattlichen Baus. Er lag über dem im Erdgeschoß hofseitig sich öffnenden Arkadengang und den dahinter befindlichen rippen- bzw. tonnengewölbten Räumen.[113]

In direktem Zusammenhang mit der neuen Heiltumsaufbewahrung schuf man den Gang (Abb. 22), der zum Domplatz hin aus einer bis auf kleine Fenster geschlossenen Mauer bestand und innenseitig auf Arkaden ruhte, die genau wie die am Osttrakt des »Neuen Baus« gebildet waren. Der

Cranach. Meisterwerke auf Vorrat. Die Erlanger Handzeichnungen der Universitätsbibliothek: Bestands- und Ausstellungskatalog. (Schriften der Universitätsbibliothek Erlangen-Nürnberg, Bd. 25.) München 1994, S. 37-50, bes. S. 46-50. Die halleschen Weisungen behandelte zuletzt zusammenfassend *Hartmut Kühne*: ostensio reliquiarum. Untersuchungen über Entstehung, Ausbreitung, Gestalt und Funktion der Heiltumsweisungen im römisch-deutschen Regnum. (Arbeiten zur Kirchengeschichte, Bd. 75.) Berlin/New York 2000, S. 424-444. – Zu Aufgaben und Praxis der Kirchenmusik im Rahmen der halleschen Stiftsliturgie noch immer grundlegend *Walter Serauky*: Musikgeschichte der Stadt Halle, Bd. 1: Von den Anfängen bis zum Beginn des 17. Jahrhunderts. (Beiträge zur Musikforschung, Bd. 1.) Halle (Saale)/Berlin 1935 (Nachdruck: Hildesheim/New York 1971), S. 63-130. Kurze Zusammenfassung bei *Kathrin Eberl/Walter Serauky*: Halle (Saale), in: Die Musik in Geschichte und Gegenwart. 2., neubearb. Ausgabe, Sachteil Bd. 3, Kassel u.a. 1995, Sp. 1739-1750, hier Sp. 1741f.

111 *Redlich*: Cardinal (wie Anm. 37), S. 227-312; *Scholz*: Residenz (wie Anm. 1), S. 213-233. Siehe auch *Halm/Berliner*: Heiltum (wie Anm. 96) und *Reber*: Heiltum (wie Anm. 96).

112 *Redlich*: Cardinal (wie Anm. 37), S. 263-265 (als Aufbewahrungsort hier fälschlich das östliche Joch des südlichen Seitenschiffs statt der Allerheiligenkapelle angenommen; richtiggestellt von *Ulrich Steinmann*: Der Bilderschmuck der Stiftskirche zu Halle. Cranachs Passionszyklus und Grünewalds Erasmus-Mauritius-Tafel, in: Staatliche Museen zu Berlin. Forschungen und Berichte Bd. 11, Kunsthistorische Beiträge, Berlin 1968, S. 69-104, hier S. 76); weiterführend jetzt *Scholz*: Residenz (wie Anm. 1), S. 231ff.

113 Siehe auch *Krause*: Albrecht (wie Anm. 12), S. 329. Nur das Äußere des Kapellenbaus zeigt bis auf die veränderte Trauf- und Dachzone weitgehend noch den Zustand des 16. Jh.s Das Innere wurde spätestens seit dem 18. Jh. erheblich verändert, zuletzt durch die Umbaumaßnahmen für die Garnisonkirche 1902.

Abb. 22: Arkadengang vom »Neuen Bau« zum Chor der Stiftskirche.

Gang, der die Kapelle mit dem Chor des Doms verbinden sollte, ist jedoch nicht mehr fertig geworden[114] und konnte daher die ihm zugedachte Aufgabe – den raschen und sicheren Transport der Kostbarkeiten von dem einen Ort zum anderen – gar nicht mehr erfüllen.

Ein Raum im Nordtrakt des »Neuen Baus« gleich neben der Kapelle war zur Aufnahme der »liberey« bestimmt, worunter Albrechts Privatbibliothek zu verstehen ist. Sie bestand als eine eigene, vom Kardinal allein genutzte Einrichtung neben der an anderer Stelle am Dom verwahrten großen Bibliothek des »Neuen Stifts«.[115] Diese umfaßte schätzungsweise 2500 bis 3000 Drucke und Handschriften, von denen eine beträchtliche Anzahl aus den von Albrecht einverleibten Klosterbibliotheken stammte, während seine eigene Sammlung den für eine Privatbibliothek dieser Zeit höchst stattlichen Umfang zwischen 300 und 500 Bänden aufwies und sich aus Werken

114 Entsprechende Feststellungen waren im Rahmen der vom Landesamt für Denkmalpflege Sachsen-Anhalt durchgeführten Untersuchungen möglich, deren Ergebnisse in dem in Anm. 88 angezeigten Bericht veröffentlicht werden.

115 Siehe oben Anm. 88.

theologischen und kirchenpolitischen, medizinischen, astrologischen und nicht zuletzt philologischen Inhalts und aus bibliophilen Codices zusammensetzte.[116] Darunter befanden sich außerordentlich wertvolle, in seinem Auftrag von deutschen und flämischen Buchmalern illuminierte Handschriften.[117] Beispielhaft für deren prachtvolle Ausstattung ist eine der Miniaturen aus dem sog. Glockendon-Gebetbuch von 1534 (Abb. 23), auf der der Kirchenfürst selbst im Bildnis erscheint, und zwar in der linken Gruppe der die Fünf Wunden Christi verehrenden Versammlung von Gläubigen – einer für Albrechts Frömmigkeit und Neigung zu meditativer Erbauung bezeichnenden Darstellung.[118]

Einerseits von starken literarischen und wissenschaftlichen, durch die persönliche Beziehung zu einer großen Zahl von Humanisten und den humanistisch Gebildeten seiner Umgebung[119] mitgeprägten Neigungen durch-

116 *Gönna*: Büchersammler (wie Anm. 87), S. 403, 440-463. Vgl. auch *Dies.*: Hofbibliothek Aschaffenburg. Ihre Geschichte in der Tradition der Kurfürstlich Mainzischen Bibliothek. Eine Ausstellung [Aschaffenburg 1982]. Wiesbaden 1982, S. 17-43.

117 Mindestens 15 Bilderhandschriften entstanden in seinem Auftrag oder wurden von ihm erworben; zusammenfassend siehe *Alfons W. Biermann*: Die Miniaturhandschriften des Kardinals Albrecht von Brandenburg (1514-1545), in: Aachener Kunstblätter 46, 1975, S. 15-310; dazu auch *Horst Reber* in: Jürgensmeier (Hrsg.): Albrecht (wie Anm. 1), S. 189-210. Für die Gruppe der in Nürnberg/Halle hergestellten Handschriften vgl. jetzt *Ulrich Merkl*: Buchmalerei in Bayern in der ersten Hälfte des 16. Jahrhunderts. Spätblüte und Endzeit einer Gattung. Regensburg 1999, S. 109, sowie Kat. 58, 111, 119-121, 123, und 128. Zu den Codices mit Miniaturen Simon Benings besonders *Anton von Euw/Joachim M. Plotzek*: Handschriften der Sammlung Ludwig, Bd. 2 bearb. von Joachim M. Plotzek. Köln 1982, S. 286-313 und Abb. 469-542; *Michaela Krieger*: Simon Bening, in: Allgemeines Künstler-Lexikon 9, 1994, S. 67-69.

118 Faksimile der Handschrift: Das Glockendon-Gebetbuch. Biblioteca Estense Universitaria, α. U. 6. 7 mit Kommentar von *Regina Cermann/Ernesto Milano/Ulrich Merkl/Eberhard König*. Luzern 1998.

119 In den wegweisenden Anfängen waren es die Verbindungen mit Eitelwolf vom Stein (ca. 1465-1515) und Dietrich von Bülow (1460-1523), dann – um nur einige zu nennen – vor allem mit Ulrich von Hutten (1488-1523), Wolfgang Capito (1478-1541), Johannes Crotus Rubeanus, eigentl. Johannes Jäger (1480-ca. 1545), den Albrecht nach Halle holte, und sogar Erasmus von Rotterdam, um den er durch Heinrich Stromer (1482-1542) freilich vergeblich warb. Zusammenfassend *Peter Walter*: Albrecht von Brandenburg und der Humanismus, in: *Reber*: Albrecht (wie Anm. 1), S. 65-82. Vgl. auch *Heiko Wulfert*: Ulrich von Hutten und Albrecht von Mainz, in: Ulrich von Hutten. Ritter, Humanist, Publizist 1488-1523. Katalog zur Ausstellung des Landes Hessen anläßlich seines 500. Geburtstages Schlüchtern 1988. Bearb. von Peter Laub, Kassel [1988], S. 175-195 (dass. auch in: Blätter für Pfälzische Kirchengeschichte und Religiöse Volkskunde 55, 1988, S. 171-191); *Peter Walter*: Albrecht von Brandenburg und Erasmus von Rotterdam, in: Jürgensmeier (Hrsg.): Erzbischof (wie Anm. 1), S. 102-116.

Abb. 23: Glorie der Fünf Wunden Christi. Miniatur im sog. Glockendon-Gebetbuch 1534 (Modena, Biblioteca Estense Universitaria: α.U.6.7, fol. 124v).

drungen und andererseits von großem künstlerischen Geschmack getragen, war Albrecht nicht nur ein leidenschaftlicher Bücherliebhaber und -sammler, sondern ein bekanntlich ebenso großer Mäzen, der als einer der hervorragenden Förderer der Künste seiner Zeit in einem Atemzug mit Kaiser

Maximilian I. und Kurfürst Friedrich dem Weisen genannt werden darf.[120] Für die Ausschmückung seiner Residenz sparte er nicht mit Aufträgen und gab für die Beschaffung von Werken der Schatzkunst – sofern es keine Geschenke waren – und für Textilien, aber auch für kunstvolle technische Geräte und Skulpturen enorme Summen aus.[121] Dazu kam eine Vielzahl von Bildern. So befand sich in seinem Besitz eine Reihe von Porträts und eine beträchtliche Anzahl von Gemälden geistlichen und profanen, mythologischen wie allegorischen Inhalts, darunter Werke von Albrecht Dürer, Mathis Gothart-Nithart gen. Grünewald, Hans Baldung Grien, Hans Vogtherr und nicht zuletzt eine Fülle von Bildern Lucas Cranachs d. Ä. und

120 Das mäzenatische Verhältnis zu den Künsten haben zuletzt *Horst Reber* und *Friedhelm Jürgensmeier* in Reber: Albrecht (wie Anm. 1), S. 18-21 und S. 34, sowie *Horst Reber*: Albrechts Begegnung mit der Kunst, in: Jürgensmeier (Hrsg.): Erzbischof (wie Anm. 1), S. 276-295, hier S. 289f., angesprochen, das Verhältnis zur Literatur umfassend *Gönna*: Büchersammler (wie Anm. 87), S. 417-463. Vgl. auch *Gerhard Händler*: Fürstliche Mäzene und Sammler in Deutschland von 1500-1620. (Studien zur deutschen Kunstgeschichte, Bd. 297.) Straßburg 1933, S. 29-33.

121 Zur Sammlung von sakralen Goldschmiedearbeiten in Gestalt von Reliquiaren und Altargerät und von anderen Kleinodien siehe *Redlich*: Cardinal (wie Anm. 37), S. 265-312 und *Scholz*: Residenz (wie Anm. 1), S. 222-230. Breiten Raum nahmen kostbare nichtmetallische Arbeiten ein, was nicht nur gehäufte Käufe edler Textilien belegen, sondern beispielsweise auch die Tätigkeit des Seidenstickers Hans Plock; siehe *Hans Körber*: Der Mainzer Meister Hans Plock (1490-1570), Seidensticker am Hofe Kardinal Albrechts in Halle. Seine Person, sein Wappen und sein Werk. Eine Studie zur Hans Plock-Bibel und zum Halleschen Heiltum, in: Blätter für Pfälzische Kirchengeschichte und Religiöse Volkskunde 41, 1974, S. 104-123; *Konrad von Rabenau*: Der Seidensticker Hans Plock und seine deutsche Bibel von 1478 in der Marienbibliothek, in: 450 Jahre Marienbibliothek zu Halle an der Saale. Kostbarkeiten und Raritäten einer alten Büchersammlung. Hrsg. von Heinrich L. Nickel, mit Beiträgen von (…). Halle (Saale) 2002, S. 81-93. Für die Teppiche siehe oben Anm. 83. Interesse scheint Albrecht auch für Uhren entwickelt zu haben; siehe *Redlich*: Cardinal (wie Anm. 37), S. 308, 19*, 21*f. Das Schreiben des Nürnberger Patriziers und Ratsherrn Caspar Nützel vom 23. 1. 1529 (ebd., S. 152, 77*f.) bezieht sich auf das Gehäuse zu einer bereits vorhandenen planetarischen Uhr, von dem die Entwurfszeichnung erhalten blieb; *Klaus Maurice*: Entwurf zu einer planetarischen Uhr für Kardinal Albrecht IV. von Brandenburg, in: Pantheon 33, 1975, S. 111-113; *Ders.*: Die deutsche Räderuhr. Zur Kunst und Technik des mechanischen Zeitmessers im deutschen Sprachraum, Bd. 1: Text und Register. München 1976, S. 56-58, Bd. 2: Katalog und Tafeln, S. 36 und Abb. 211. Die Vergabe von Aufträgen für plastische Werke, z.B. an Peter Schro, Peter und Hans Vischer sowie Loy Hering, bezog sich im wesentlichen auf die figurale Ausstattung der Stiftskirche und Albrechts dort geplante Grablege.

seiner Werkstatt und von seinem Hofmaler Simon Franck.[122] Auch an Sebald Beham vergab er Aufträge, so für Miniaturen in einem Beicht- und Meßgebetbuch (1530/31) und zur Bemalung einer Tischplatte mit alttestamentlichen Episoden aus der Geschichte König Davids, eingebettet in ein

122 Außer den bereits erwähnten Bildern in der Moritzburg (s.o. und Anm. 83) verfügte Albrecht 1540 auch im Bereich des Stifts und in der Kirche über eine offenbar beträchtliche Anzahl von Tafelbildern und dazu über »tapffeln new und aldt, so zu der newen capellen verordnet« waren, d.h. über »neue« und »alte« (!) Bilder, die sich damals schon in der Kapelle des »Neuen Baus« befanden und ihm mit den anderen Stücken nach Mainz nachgesandt werden mußten; *Redlich*: Cardinal (wie Anm. 37), S. 192*. – Auf vorhandene Porträts in den erzbischöflichen Gemächern, sei es von Albrecht selbst, sei es von anderen Personen, weisen verschiedene Quellenangaben hin, so wenn 1531 »alle bilder vnd contrafact« aus der Wunderstube und Grünen Kammer herausgenommen werden sollen und 1540 ein »rondt contrafact« des Kardinals für den Transport nach Mainz aufgelistet wird (ebd., S. 16*, 191*). In seinem Testament vermachte er »alle gemhalet contrafact« – also zweifellos eine Reihe von Bildnissen – dem Mainzer Domkapitel (ebd., S. 177*). Ein großes, wohl ganzfiguriges Bildnis von ihm, das »conterfact, so lang wir sein«, sollte der gleichen Verfügung zufolge dereinst aus Halle in den Hohen Chor des Mainzer Doms verbracht werden (ebd., S. 170*). Andreas Tacke überlegt aufgrund der Provenienz, ob diese vielleicht identisch mit der Darstellung des Kardinals als hl. Martin, die sich heute im Stiftsmuseum Aschaffenburg befindet, sein könnte; siehe Glaube und Macht. Sachsen im Europa der Reformationszeit, Bd. 2: Katalog, Dresden 2004, S. 89f. Kat.-Nr. 85. Vielleicht war es aber auch das »kontervit«, für das 1531 dem »maller zu Leiptzk« fast 3½ Gulden gezahlt wurden (*Redlich*: Cardinal [wie Anm. 37], S. 28*). Der namentlich nicht genannte Leipziger Maler dürfte der als Porträtist seiner Zeit hochgeschätzte Hans Krell gewesen sein. Die Verbindung zum »Fürstenmaler« Krell, der um 1530/31 in Leipzig ansässig wurde, ergab sich nicht nur aus der geographischen Nähe, sondern vielleicht auch durch verwandtschaftliche Empfehlungen, hatte doch Krell zuvor den Markgrafen von Brandenburg-Ansbach, den Vettern Kardinals Albrechts, als Hofmaler gedient; siehe *Kurt Löcher*: Der Maler Hans Krell aus Crailsheim in den Diensten des Markgrafen Georg von Brandenburg-Ansbach und König Ludwigs II. von Ungarn, in: Jahrbuch des Historischen Vereins für Mittelfranken 27, 1994/95, S. 151-186. Wo dieses Bild ursprünglich in Halle gehangen hat – in der Moritzburg oder in einer der »Behausungen« Albrechts oder in der Stiftskirche –, läßt sich mit Sicherheit wohl kaum klären. Hinsichtlich des ursprünglichen Standorts der noch erhaltenen Bilder müßte man überhaupt prüfen, ob alle, die man bisher der Kirchenausstattung zugeordnet hat, sich tatsächlich dort befunden haben. Diese Frage wird durch ein kürzlich als Werk Heinrich Vogtherrs d. Ä. erkanntes Gemälde und seine vorgeschlagene Identifizierung mit der »gantz kunstliche[n] gemalte[n] taffel … dye beschuldigunge der ehebreherin« (*Redlich*: Cardinal [wie Anm. 37], S. 52*) aufgeworfen, die vielleicht an einem der Pfeiler des halleschen Doms hing – als Pendant zu dem ebenfalls von Vogtherr gemalten »Martyrium des hl. Erasmus« von 1516, dessen Provenienz in das Stift weist; *Roland Krischel*: Cranach in Köln. Zum 400. Todestag des Schnellmalers von Wittenberg, in: Kölner Museums-Bulletin. Berichte und Forschungen aus den

Gerüst heraldischer Demonstration.[123] Gemalte Bildertische[124] mit den unterschiedlichsten Bilderfolgen oder auch nur ornamental verziert, im 15. bis hin zur Mitte des 16. Jahrhunderts eine kostspielige Mode-Erscheinung, waren Repräsentationsmöbel für den exklusiven Gebrauch, und daher wäre

Museen der Stadt Köln 2003, H. 2, S. 4-22, hier S. 18-22. Das bisher mit der Textstelle des Inventars der Stiftskirche von 1525 in versuchsweise Verbindung gebrachte Gemälde in Aschaffenburg (s. u. *Friedländer/Rosenberg*, S. 102 Sup. 14) könnte nach dieser einleuchtenden Annahme dann nicht mehr zur Ausstattung der Stiftskirche gehört haben, sondern wäre wohl dem noch ungenügend untersuchten Bildbestand in den Sälen und Gemächern der erzbischöflichen Residenz zuzuordnen. Das gleiche trifft wahrscheinlich auch für eine Reihe weiterer Gemälde christlicher Thematik zu, wie etwa die beiden Tafeln – die jedoch nie zur Stiftsausstattung gerechnet wurden – mit der Messe des hl. Gregor im Beisein Albrechts, die aus der Werkstatt Lucas Cranachs d. Ä. (Simon Franck?) kamen (*Max J. Friedländer/Jakob Rosenberg*: Die Gemälde von Lucas Cranach. Basel/Boston/Stuttgart 1979, S. 162 Sup. 11 und 12), oder mehrere für den Kardinal gemalte Bilder von Hans Baldung Grien (*Osten*: Baldung [wie Anm. 98], Nr. 50, 52, 79). Noch näher liegt es natürlich, für Darstellungen mythologischen und allegorischen Inhalts den ursprünglichen Standort in den Residenzräumen zu suchen. Durch die Datierung läßt er sich u.U. sogar noch genauer eingrenzen. So wird Cranachs – das Thema der Weibermacht aufgreifende – Darstellung »Herkules und Omphale« von 1535 (*Friedländer/Rosenberg*, S. 124 Nr. 274 B; *Hanne Kolind Poulsen*: Cranach. [Ausstellungskatalog] Kopenhagen 2002, S. 55) kaum noch für die Moritzburg bestimmt gewesen sein, wie Michael Wiemers (s.u. Anm. 123), S. 217, 228) meinte, sondern bereits für die Einrichtung des »Neuen Baus«. Dabei bleibt freilich offen, wann und wo eine Unterbringung dort möglich war. Eine genauere lokale Zuordnung wäre auch für einige andere Bilder, zumal aus dem Cranach-Umkreis zu wünschen, wie überhaupt ein kritisches Verzeichnis aller Kunstwerke, die durch Albrecht von Brandenburg nach Halle gekommen sind bzw. in Halle entstanden, unter Einbeziehung aller erreichbaren Quellenangaben, ein Desiderat der Forschung ist. Am weitesten, wenngleich nicht vollständig geklärt ist bisher die Bildausstattung der Stiftskirche durch die grundlegenden Arbeiten von *Steinmann*: Bilderschmuck (wie Anm. 107) und vor allem *Andreas Tacke*: Der katholische Cranach. Zu zwei Großaufträgen von Lucas Cranach d. Ä., Simon Franck und der Cranach-Werkstatt (1520-1540). (Berliner Schriften zur Kunst, Bd. 2.) Berlin 1992.

123 *Biermann*: Miniaturhandschriften (wie Anm. 117), S. 232-239; *Michael Wiemers*: Der Kardinal und die Weibermacht. Sebald Beham bemalt eine Tischplatte für Albrecht von Brandenburg, in: Wallraf-Richartz-Jahrbuch 63, 2002, S. 217-236.

124 *Gottfried Kinkel*: Bemalte Tischplatten, in: *Ders.*: Mosaik zur Kunstgeschichte. Berlin 1876, S. 402-417; *Heinrich Kohlhaussen*: Bildertische, in: Anzeiger des Germanischen Nationalmuseums 1936-39, S. 12-45; vgl. auch *Ekkehard Schenk zu Schweinsberg*: Die letzte Schlacht Karls d. Gr. Die bemalte Tischplatte von 1518 und die Regensburger Karlslegende am Anfang des 16. Jahrhunderts. (Hefte des Kunstgeschichtlichen Instituts der Universität Mainz, H. 1.) Mainz 1972; Die Erfindung der Welt. Martin Schaffners bemalte Tischplatte von 1533. Bearb. von *Jutta Lange / Ludolf von Mackensen*. (Staatliche Museen Kassel, Monographische Reihe, Bd. 9.) Kassel 2002.

für den Behamschen Tisch – wenn er denn für Halle bestimmt gewesen ist – eine Aufstellung in einem der Privaträume des Kardinals, zuletzt vielleicht sogar im »Neuen Bau« nicht auszuschließen.

In Albrechts Besitz häufte sich außerdem eine größere Anzahl von Gegenständen in Gruppen von wahrscheinlich geringerem Umfang, aber von nicht minder großer Bedeutung für die Ausstattung der verschiedenen Räume. Dazu gehörten »montzbucher«, Münzbücher mit goldenen und silbernen Prägungen verschiedener Zeiten, von denen der Kardinal offenbar eine ganze Reihe besessen hat.[125] Sie dienten in Humanistenkreisen zur Beschäftigung nicht nur mit der antiken, sondern auch mit der eigenen Vergangenheit und vermittelten durch die Kommentare in beigefügten historischen Beschreibungen ein zunehmendes Geschichtsbewußtsein im Sinne der Renaissance.[126]

Naturkundliche Realien und erst recht exotische Kuriositäten waren in dieser Zeit, die gerade begann, sich mit naturwissenschaftlichen und geographischen Fragen näher zu befassen, noch eine Rarität. Aus den Quellen läßt sich nachweisen, daß Albrecht auch dafür ein Interesse besessen haben muß; es entsprach einem in höfischen Kreisen dieser Zeit aufkommenden Sammelbedürfnis und führte hier – zumindest im Ansatz – schon zu einer Frühform der Kunstkammer. Albrecht verfügte über höchst unterschiedliche, auch kuriose und fremdländische Gegenstände sowie Naturalien. So vermachte er in seinem Testament 1540 dem Mainzer Domkapitel u.a. »sylbere ertzstupffen«, große silberne Erzstücke.[127] Von Kaiser Maximilians I. Tochter, der Statthalterin der Niederlande und Erzieherin Karls V., Erzherzogin Margarete von Österreich, gewann er als Geschenk »une masse de courmaline«, einen Haufen von Karneol.[128] Der Kardinal und die Regentin pflegten auf politischer Ebene nähere Kontakte und waren sich 1521 anläßlich der Kaiserkrönung Karls in Aachen auch persönlich begegnet. Daher

125 Genannt im Testament 1540, siehe *Redlich*: Cardinal (wie Anm. 37), S. 177*; *Gönna*: Büchersammler (wie Anm. 87), S. 386 mit Anm. 12.

126 *Renate von Busch*: Studien zu deutschen Antikensammlungen des 16. Jahrhunderts. Phil. Diss. Tübingen 1972, S. 5ff.

127 *Redlich*: Cardinal (wie Anm. 37), S. 177*.

128 Siehe »Inventoire des parties de meubles« der Erzherzogin Margarete vom 20. 4. 1524, in: Urkunden und Regesten aus dem K. und K. Haus-, Hof- und Staats-Archiv in Wien, hrsg. von Heinrich Zimmerman, Nr. 2979, in: Jahrbuch der kunsthistorischen Sammlungen des allerhöchsten Kaiserhauses 3, 1885, S. XCIII-CXX, hier S. CXIX Nr. 906; jetzt auch *Dagmar Eichberger*: Leben mit Kunst, Wirken durch Kunst. Sammelwesen und Hofkunst unter Margarete von Österreich, Regentin der Niederlande. (Burgundica, Bd. 5.) Turnhout 2002, S. 184.

kann es nicht verwundern, daß sie ihm aus ihren reichen Mechelner Sammlungen weitere Kostbarkeiten überwies: fünf Teile des gleichfalls in seinem Testament genannten »indianisch federgewandt[s]«[129], wozu neben einem Helm und einer Fahne ein Pavese mit kleinen Steinen und gelbem Federschmuck gehörte[130], von dessen eigentümlicher Pracht man sich anhand des gewiß sehr ähnlichen, mit Federn bedeckten aztekischen Rundschilds des frühen 16. Jahrhunderts in Wien noch ein annäherndes Bild machen kann.[131] Nach Europa gelangten derartige seit der Entdeckung Amerikas hochgeschätzte Exotica von den indianischen Stämmen Mexikos und Perus bezeichnenderweise in besonderem Umfang in die Sammlungen und späteren Kunst- und Wunderkammern der Habsburger.[132] Man fragt sich, ob nicht vielleicht die Aufbewahrung des »indianisch federgewandt[s]« und der anderen ungewöhnlichen Gegenstände in Albrechts Besitz zu der Benennung eines Raums in der Moritzburg als »Wunderstube« Veranlassung gegeben haben könnte?

Eine abschließende Bemerkung muß hier genügen, um im Hinblick auf die Funktion und die Aufgaben des »Neuen Baus« noch an eine Besonderheit in dessen architektonischem Gefüge zu erinnern, an die an verschiedenen Stellen eingesetzten spätromanischen Bauteile, mehrere Säulen mit prächtig ornamentierten Schäften und Kapitellen und ein großes Stufenportal, Architekturteile, die wohl aus dem gerade aufgelösten und abgebrochenen Neuwerkstift stammten. Ihre Benutzung als Spolien ging sicherlich über die bloße Wertschätzung als ästhetisch ansprechendes und zur Wiederverwendung geeignetes Material hinaus. Sie bekunden doch vermutlich an dem Ort ihrer Aufstellung ein nicht zufälliges historisch-antiquarisches Interesse aus letztlich wieder humanistischem Geist: Hier ging es mit der pietätvollen Erhaltung von gewiß auch als »schön« und »kostbar« geschätzten Bauteilen wahrscheinlich weniger um die Bewahrung von Zeugnissen der eigenen Vergangenheit als um den gelehrten Versuch einer vermeintlichen »antiken Architektursprache«.[133]

129 *Redlich*: Cardinal (wie Anm. 37), S. 177*.

130 Die Identifizierung und Aufschlüsselung ergibt sich wieder aus dem »Inventoire« von 1524 (wie Anm. 128), S. CXX Nr. 917, 919, 938-940.

131 *Ferdinand Anders*: Der altmexikanische Federmosaikschild in Wien, in: Archiv für Völkerkunde 32, 1978, S. 67-88.

132 *Christian F. Feest*: Vienna's Mexican Treasures. Aztec, Mixtec and Tarascan Works from 16th Century Austrian Collections, in: Archiv für Völkerkunde 44, 1990, S. 1-64, und *Ferdinand Anders*: Die Schätze des Montezuma. Utopie und Wirklichkeit. 2. Aufl. Wien 2001.

133 *Krause*: Albrecht (wie Anm. 12), S. 336f. Weiterführend unter Beibringung beachtlicher anderer Beispiele (Heilbronn, Neuburg a.d. Donau, Heidelberg) jetzt *Hoppe*: Romanik

Faßt man zusammen, was sich aus solchen Details für den »Neuen Bau« wenigstens noch bruchstückhaft ermitteln läßt, dann wird klar, daß wesentliche Teile der angeführten Artefakte letztlich zur glanzvollen Ausstattung dieses Baukomplexes bestimmt waren und gebraucht wurden. Daß die Ausstattung mit hohem Aufwand betrieben wurde, zeigen schon die in dem großen Saal des Westflügels aufgefundenen Reste der ersten Raumausmalung[134] und auch die Angaben z.B. über ein pompös ausgestattetes »Lustbad«.[135] Alle nachweislichen Einzelheiten und die Berichte von Besuchern erlauben den Schluß, daß mit dem Ende der Arbeiten um 1539 der »Neue Bau« mindestens zu großen Teilen schon eingerichtet war. Im Reisetagebuch des päpstlichen Nuntius Peter van der Vorst von 1537 nannte ihn der Schreiber Cornelius Ettenius »domum solatii valde elegantem«, ein »sehr geschmackvolles Haus«, das Albrecht »zu seinem Troste« errichten ließ, und Nicolaus Mameranus bezeichnete den »Neuen Bau«, den er fälschlich für ein »monasterium« hielt, in seiner Beschreibung Halles von 1546 als »magnificum et splendidissimum, quod olim hospitale fuit, ab Alberto Episcopo Moguntino ac Magdeburgensi extructum«, von Albrecht »großartig und äußerst glänzend erbaut«.[136] Und wenn Anthon Schenitz 1538 von einem

(wie Anm. 41), S. 112-114. Zu Heidelberg auch *Ders.*: Die Architektur des Heidelberger Schlosses in der ersten Hälfte des 16. Jahrhunderts. Neue Datierungen und Interpretationen, in: Mittelalter. Schloß Heidelberg und die Pfalzgrafschaft bei Rhein bis zur Reformationszeit. Regensburg 2002, S. 183-189.

134 Sie kamen 1996/97 bei Renovierungsarbeiten in dem an der Nordwestecke des 1. Obergeschosses gelegenen Saal durch Zufall zutage und wurden restauratorisch untersucht und gesichert. Da eine weitergehende systematische Freilegung aus konservatorischen Gründen nicht möglich war, ließen die Befunde infolge ihres geringen Umfangs nur partielle Erkenntnisse zu. Doch schon die sichtbaren Partien in den Fensterleibungen deuten auf eine ursprünglich reiche malerische Raumgestaltung in den neuen »welschen« Formen hin; Dokumentation im Archiv des Landesamts für Denkmalpflege Sachsen-Anhalt, Halle: *Daniela Gerold/Eileen Wulff/Jörg Riedel*: Untersuchungen und Konservierungsarbeiten an den Wandmalereien im Großen Saal der Neuen Residenz in Halle (Saale). Dresden 1998.

135 Nach der Ausgabenzusammenstellung von Hans Schenitz 1533 beliefen sich die Kosten für das nicht näher zu lokalisierende »Lustbad«, an dessen Herstellung der »badmacher« Meister Jorge, ein namentlich nicht genannter Kupferschmied aus Leipzig und der Kunsttischlermeister Gabriel Tuntzel beteiligt waren, auf mindestens 892 fl 17 gr 1 Pfennig, wahrscheinlich sogar weit über 1000 fl; siehe *Redlich*: Cardinal (wie Anm. 37), S. 97, 25*f.

136 *De Ram*: Documents (wie Anm. 82), S. 397; *Nicolaus Mameranus*: Catalogvs Omnivm Generalivm, Tribvnorvm, Dvcum, Primorumque totius Exercitus Caroli V. Imp. Aug. et Ferdinandi Regis Roman. Super Rebelleis et inobedienteis Germ. quosdam Principes ac Ciuitates conscripti Anno 1546. Köln 1547, S. 84.

»gemein lusthaus« spricht, so richten sich seine Kritik und sein Vorwurf nicht nur gegen die prächtige äußere Erscheinung des »Neuen Baus«, sondern ebenso gegen dessen Zweckbestimmung als ein dem exklusiven Gebrauch des Bauherrn dienender Palast.[137] Mit dem Begriff »Lusthaus« war hier – nach zeitgenössischer Auffassung – sicher auch die enge Verbindung eines dem »ehrbaren Vergnügen« gewidmeten Gebäudes mit dem konstitutiv zugehörigen Garten, dem »Lustgarten«, angesprochen.[138] Die Verknüpfung beider schloß die oben erwähnte Aussichtsfunktion ebenso ein wie das Motiv der Wandelgänge mit den zum Hof geöffneten Arkaden und die Nutzung als Galerie. In ihrer Gesamtheit bezog sich die Anlage damit letztlich auf humanistische Vorstellungen vom idealen, dem anspruchsvollen und dabei ungestörten Leben dienenden Wohnsitz eines geistig tätigen Menschen, wie ihn Erasmus in seinem »Convivium religiosum« entworfen hatte.[139]

Was Kardinal Albrecht mit dem »Neuen Bau« wollte, hatte also gleichermaßen private und repräsentative Züge. Neben der gebauten Darstellung seines reichsfürstlichen und hohen geistlichen Rangs stand die Inanspruchnahme als Rückzugsmöglichkeit in eine abgeschirmte Privatsphäre, frei von den offiziellen Verpflichtungen, für die ihm die Moritzburg Räume und die geeignete Form bot. Das entsprach – als Gestaltungsform der Renaissance verstanden – der Kombination eines repräsentativen Stadtpalastes mit dem Refugium eines Landsitzes, dem italienischen Typus einer Villa, versetzt in die Stadt – hier verwirklicht mit dem der Architektur gegenüber gelegenen

137 *Anthon Schenitz*: Warhafftiger bericht … wie sich die sachen zwisschen dem Cardinal von Meintz etc. und … [meinem] bruder Hansen Schenitz zugetragen (…). Wittenberg 1538, S. Bl. C ii verso; *Redlich*: Cardinal (wie Anm. 37), S. 34*.

138 Vgl. *Ulrike Weber-Karge*: »… einem irdischen Paradeiß zu vergleichen …«. Das Neue Lusthaus in Stuttgart. Untersuchungen zu einer Bauaufgabe der deutschen Renaissance. Sigmaringen 1989, S. 9, 83ff., 93ff.

139 *Erasmus von Rotterdam*: Colloquiaria familiaria. Vertraute Gespräche. Übers., eingel. und mit Anm. versehen von Werner Welzig. (*Ders.*: Ausgewählte Schriften, Bd. 6.) Darmstadt 1967, S. 20-123; zur Interpretation siehe *Weber-Karge*: Lusthaus (wie Anm. 138), S. 109, und *Paul Gerhard Schmidt*: Zur Ästhetik des Erasmus von Rotterdam, in: Literatur, Musik und Kunst im Übergang vom Mittelalter zur Neuzeit. Bericht über Kolloquien der Kommission zur Erforschung der Kultur des Spätmittelalters 1989 bis 1992. Hrsg. von Hartmut Boockmann u.a. (Abhandlungen der Akademie der Wissenschaften in Göttingen. Philologisch-Historische Klasse Folge 3, Nr. 208.) Göttingen 1995, S. 36-46, hier S. 38-40. – Man kann davon ausgehen, daß Albrecht das »Convivium religiosum« kannte, da die Schriften des Erasmus in seiner Privatbibliothek »einigermaßen vollständig« vorhanden waren; *Gönna*: Büchersammler (wie Anm. 87), S. 442.

Garten und dem Ausblick in die Landschaft. In diesem Anspruch ist der »Neue Bau«, teilweise bis hin zur architektonischen Konzeption, mit den in der gleichen Zeit errichteten Palästen anderer reichs- wie kirchengeschichtlich bedeutender Kardinäle vergleichbar, man denke nur an den für Bernhard Cles 1528-36 errichteten Magno Palazzo des Castello del Buonconsiglio in Trient oder das fürstbischöfliche Palais Erhards von der Mark von 1526-38 in Lüttich.[140] Inwieweit über allgemeine Züge hinaus Übereinstimmungen auch in vergleichbaren Einzelheiten bestanden haben, wäre noch näher zu prüfen. Gelegenheit für den persönlichen Austausch der Kirchenfürsten über Fragen ihrer neuen Residenzen, von der Konzeption bis zur Bauausführung, war in den Jahren vor und um den Beginn der Arbeiten am »Neuen Bau« in Halle vielfach gegeben, traf man sich doch fast regelmäßig auf den Reichstagen oder bei bedeutenden Versammlungen, wie etwa der Kaiserwahl und Krönung Karls V. Über diese Begegnungen hinaus boten die Aufenthalte in Reichstagsstädten und Orten anderer Zusammenkünfte natürlich auch vielfältige Gelegenheit zur persönlichen Kenntnisnahme traditionsverhafteter wie »moderner« künstlerischer Leistungen und Bestrebungen, aus denen die unterschiedlichsten Anregungen erwachsen konnten. Nicht selten ergab sich dabei die Möglichkeit zur Auslösung von Aufträgen an hier ständig oder zeitweilig anwesende Künstler.[141]

140 Zu Trient siehe *Aldo Bertoluzza*: Il Magno Palazzo del Cardinale di Trento. Impressioni visive ed emozioni sentimentali nel poema di Pietro Andrea Mattioli. Calliano 1984; Der »Magno Palazzo« von Bernhard Cles, Fürstbischof von Trient. Hrsg. von *Ezio Chini/Francesca de Gramatica*. Trento 1987; Il castello del Buonconsiglio. Percorso nel Magno Palazzo. Hrsg. von *Enrico Castelnuovo*. Bd. 1, Trento 1995. – Zu Lüttich: *Théodore Gobert*: Le palais princier de Liège. Son véritable architecte [Art van Mulcken], in: Bulletin de l'institut archéologique Liègois 40, 1910, S. 227-234; *Richard Forgeur*: Deux plans anciens du palais de Liège, in: Bulletin et chronique de la Société Royale le Vieux-Liège 6, 1961/65 (1967), S. 246-253; *Suzanne Collon-Gevaert*: Érard de la Marck et le palais des princes-évêques à Liège. Liège 1975; *Théodore Gobert*: Liège à travers les âges. Les rues de Liège. Nouvelle edition, Bd. 9. Bruxelles 1977, S. 13-142. Die Rolle Erhards von der Mark als Bauherr, Auftraggeber und Förderer der Künste ist in ihrer Gesamtheit noch nicht untersucht und wäre ein dringendes Desiderat der Forschung.

141 Auf diesen wichtigen, für die verschiedenen Auftraggeber der Frühen Neuzeit im einzelnen noch ungenügend untersuchten Aspekt hat jetzt am Beispiel Nürnbergs hingewiesen *Andreas Tacke*: »Centrum Europae«! Fragen zu Auswirkungen frühneuzeitlicher Kongreß- und Itinerarorte auf Kunst, Architektur und Kunsthandwerk, in: Anzeiger des Germanischen Nationalmuseums 2002 [Symposionsbericht »›Quasi Centrum Europae‹, Nürnberger Kunst und Kunsthandwerk und ihre europäischen Kunden 1400-1800«; Germanisches Nationalmuseum; Nürnberg 4.-6. Oktober 2000; hrsg. von Hermann Maué], S. 112-127.

Zusammenfassend darf man festhalten: Zwei Kirchenfürsten prägten in Halle am Ausgang des Mittelalters und zu Beginn der Frühen Neuzeit ein großes Areal der Stadt in ihrem Sinne. Geistliche und weltliche Macht in sich vereinend, schufen sie ein Zentrum geistlichen, kulturellen, historischen und persönlichen Glanzes, das hohen Ansprüchen in vollkommener Weise genügte. Die ältere Moritzburg war der von Erzbischof Ernst geschaffene Herrschaftsmittelpunkt des erzstiftischen Südterritoriums, dem Kardinal Albrecht den jüngeren »Neuen Bau« als Privatpalast ergänzend und erweiternd hinzufügte. Beide Bauten faßten (siehe Abb. 8) den Komplex des »Neuen Stifts« mit dem Dom – den ebenfalls von Albrecht gegründeten und ausgebauten neuen geistlichen Mittelpunkt des Erzstifts[142] – von der Nord- und Südseite her nicht nur ein, sondern waren auch miteinander und ebenso mit dem Dom durch einen langen »Gang« direkt verbunden. Dieser gedeckte Gang auf der westlichen Stadtummauerung zog sich von der Moritzburg über die in einer Senke liegende Neumühle und den am Hang folgenden Westflügel der Stiftsklausur bis zur »Neuen Stiftskirche« und von dort weiter in den vorgesetzten Anbauten bis zum neuen Palast hin.[143] Alle

142 Siehe *Redlich*: Cardinal (wie Anm. 37); *Krause*: Albrecht (wie Anm. 12), S. 311-326; *Scholz*: Residenz (wie Anm. 1), S. 179-253.

143 Zur Lage schon *Redlich*: Cardinal (wie Anm. 37), S. 91, 144. Den »Gang« hatte der Kardinal für seinen uneingeschränkten Gebrauch 1520/21 herrichten bzw. neu anlegen lassen. Er war deshalb auch mit abschließbaren Türen versehen worden und durfte seitens der Stadt nur in bestimmten Ausnahmefällen benutzt werden. Die Einzelheiten dazu ergeben sich aus den Festlegungen der »Verträge und Artickel«, die Albrecht am 14. 7. 1520 mit dem Rat der Stadt schloß; Landesarchiv Magdeburg – Landeshauptarchiv: Rep. A 2 Nr. 791, Bl. 2r-7v; z.T. gedruckt bei *Dreyhaupt*: Pagus (wie Anm. 55), T. 1, S. 890. Vgl. auch *Scholz*: Residenz (wie Anm. 1), S. 252. Wahrscheinlich war Albrechts »Gang« mit dem Wehrgang dieses Stadtmauerabschnitts verbunden, was dessen Verteidigungsfähigkeit erheblich beeinträchtigte. Das Mißfallen, das die Bürgerschaft darüber empfand, trug sicher 1525 zu der Forderung bei, »daß der gang von dem Schloß in den Thum mochte abgetan werden«; Landesarchiv Magdeburg – Landeshauptarchiv: Rep. A 2 Nr. 794, Bl. 52-54, zitiert nach *Delius*: Reformationsgeschichte (wie Anm. 2), S. 143. Der Kardinal hielt trotz aller Einwände an seiner Verfügung noch 1541 bei seinem Rückzug aus Halle fest; Landesarchiv Magdeburg – Landeshauptarchiv: Rep. U 4a, Domstift Halle Nr. 59 (9. 2. 1541) und Rep. A 2, Erzstift Magdeburg Nr. 791, Bl. 38rf. (9. 5. 1541), gedruckt bei *Redlich*: Cardinal (wie Anm. 37), S. 146*, 156*. Außer einem Türrest an der Neumühle ist von der Anlage des »Gangs« nichts erhalten geblieben; den Hinweis auf den Befund an der Neumühle verdanke ich Frau Barbara Pregla (Landesamt für Denkmalpflege Sachsen-Anhalt in Halle). Der Verlauf nach Norden und die Mündung an der Moritzburg sind ungeklärt. Lediglich der Stich von 1599 (s.o. Abb. 1) deutet einen wohl hölzernen bzw. holzverkleideten Gang an, ohne einen detaillierten Rückschluß zu

drei Bauwerke – Moritzburg, Stiftskirche und »Neuer Bau« – waren auf diese Weise sowohl architektonisch als auch hinsichtlich der Funktion und des Anspruchs zu einem einzigartigen, städtebaulich beherrschenden, monumentalen Ensemble zusammengeschlossen – entstanden an der Epochenwende von der Spätgotik zur Renaissance, auch heute noch ein Gesamtdenkmal von außerordentlichem Rang.

Abbildungsnachweis:
3: Universitäts- und Landesbibliothek Sachsen-Anhalt, Halle; 2, 7 (Archiv), 8 (Rekonstruktion des Verfassers, Reinzeichnung Ingrid Kube), 9, 10-16 (Rekonstruktionen des Verfassers, Reinzeichnungen Bettina Weber), 17-19, 20 (Gunar Preuß), 21, 22 (Reinhard Ulbrich): Landesamt für Denkmalpflege Sachsen-Anhalt, Halle. Die übrigen Abbildungen nach Aufnahmen und Vorlagen im Archiv des Verfassers.

erlauben. Auch südlich der Neumühle fehlt infolge der restlosen Beseitigung der nördlich des Doms gelegenen Klosterbauten jeglicher Anhaltspunkt für die Anlage und Gestaltung des »Gangs«. Vermutlich verlief er über das am weitesten nördlich stehende stiftische Kornhaus weiter innerhalb des Klausur-Westflügels (dormitorium) bis zu dessen Anschluß an die Kirche. Die Fortsetzung entlang der Dom-Westseite und durch die südlich folgenden Nebengebäude bis zur Residenz ist jüngst bei bauarchäologischen Untersuchungen teilweise erfaßt worden.

Für vielfache Unterstützung, die gemeinsamen Begehungen der Moritzburg, die Gespräche über bauhistorische Fragen und das Entgegenkommen, Ergebnisse seiner bauarchäologischen Forschungen hier benutzen zu dürfen, habe ich Reinhard Schmitt (Landesamt für Denkmalpflege Sachsen-Anhalt in Halle) besonders zu danken. Bei den archivalischen Recherchen hat mir Andreas Stahl (Landesamt für Denkmalpflege Sachsen-Anhalt) immer bereitwillig geholfen, dem ich dafür gleichfalls sehr dankbar bin.

HANS LANGE

Residenzen geistlicher Reichsfürsten im späten 15. und im ersten Drittel des 16. Jahrhunderts – Architektur im Spannungsfeld von Fürst und Stadt

Auf dem Boden des Alten Reiches hat sich die landesfürstliche Residenzstadt seit dem Spätmittelalter als das prägende Modell für die Entwicklung und Behauptung zentraler Orte und Hauptstädte erwiesen, im Unterschied zu anderen Teilen Europas, in denen bürgerlich geprägte Handels- und Gewerbestädte ihre ökonomische Position mit mehr Erfolg institutionell absicherten und so im Prozeß der Metropolenbildung mit ihren Pfunden zu wuchern verstanden. Vor allem ihre territoriale Schwäche hat die deutschen Reichsstädte im Vergleich mit italienischen und Schweizer Stadtstaaten ins Hintertreffen geraten lassen. So wurde es eine Ironie der Geschichte, daß ausgerechnet zwei Reichsstädte, Hamburg und Bremen, als letzte Stadtrepubliken Europas ihre Selbständigkeit bis heute wahren konnten, während mächtigere wie Venedig und Genua lange untergegangen, andere wie Bern oder Amsterdam als Hefe, die einen Staatsbildungsprozeß fermentierte, in einer größeren Republik aufgegangen sind – aber eben nur zwei Reichsstädte von weit über 60! Von den 33 Hochstiften auf dem Gebiet der heutigen Bundesrepubliken Deutschland und Österreich – gegenüber 45 im spätmittelalterlichen Reich – tauchen immerhin noch fünf unter den jetzigen 21 Landeshauptstädten auf, davon mit Mainz, Magdeburg und Salzburg sogar die Hälfte der alten sechs Erzstifte – eigentlich sogar vier, wenn man die von Hamburg nach Bremen verlegte sedes des Erzbistums berücksichtigt, aus dessen Keimzelle die spätere Bürgerstadt sich zur vollen Reichsfreiheit emporschwang. Daß den Kathedralorten andererseits 13 landesherrlich gewordene Residenzstädte und keine einzige genuine Reichsstadt gegenüberstehen, suggeriert allein schon statistisch, daß die reichsfreien Städte und die fürstbischöflichen Residenzorte zu Verlierern der deutschen Geschichte wurden, wenn auch in unterschiedlichen Phasen. Wie tief das konfliktträchtige, oft dramatische Verhältnis zwischen den von bischöflicher Herrschaft frei gewordenen oder dauerhaft unter dessen Landeshoheit gezwungenen Bürgerstädten und den Hochstiften das Profil »geistlicher Residenzen« zum Teil bis heute geprägt hat, läßt sich nicht zuletzt an Umfang und Gestalt der bischöflichen Residenzarchitektur ablesen. Der durch die Tagung gesetzte Zeitrahmen fällt mit der fundamentalen Krise der adelskirchlichen Korporationen und der hochstiftischen Territorien auf ihrem

Weg zur Staatsbildung zusammen, die durch den strukturellen »Schwächeanfall« im 15. Jahrhundert ausgelöst wurde und sich durch Reformation und Bauernkrieg im frühen 16. Jahrhundert zu ihrer »schwächsten Stunde vor der Säkularisation«[1] zuspitzte. Vor diesem Hintergrund spiegelt oder kompensiert jeder Residenzbau eines Bischofs sein Verhältnis zur Stadtgemeinde, das in der Regel ein oppositionelles ist, und wird darüber hinaus in vielen Fällen zum subtilen oder brachialen Vehikel einer erfolgreichen bzw. gescheiterten Herrschaftsstrategie.

Was definiert die Residenz eines geistlichen Reichsfürsten im Unterschied zu weltlichen? Welche Strukturmerkmale können als spezifisch und unstrittig gelten? Das wichtigste ist wohl die räumliche und politische Relation – positiv oder negativ – zur Kathedrale, zum architektonisch materialisierten Kultort als erste Legitimationsquelle geistlicher Herrschaft. Das impliziert einen zeitlichen Vorrang der aus bischöflicher sedes entstandenen Orte gegenüber den aus einer Burg oder einem Markt gewachsenen oder gar planmäßig angelegten Siedlungen. »Der Bischof war vor der Stadt da.«[2] Die Kathedralstädte sind älter, im Westen und Süden sehr viel älter als andere Zentren und verfügen kontinuierlicher über einen topographisch eindeutigen Mittelpunkt. Weltliche Residenzen können bedarfsweise verlegt oder aus der Wurzel neu gegründet werden. Die sedes der Domstifte bleibt unverrückbar an einen Ort fixiert, und die Bischöfe unterliegen lange vor den weltlichen Fürsten der Residenzpflicht. Die Verlegungen der Bistümer Zeitz nach Naumburg im 11. Jahrhundert und Oldenburg nach Lübeck im 12. Jahrhundert sind einzige und letzte Ausnahmen von der stabilitas loci. Selbst Reformation und Säkularisierung tangieren nie die Prägekraft der Domkirchen für das Stadtbild, sofern sie nicht – wie in Hamburg und Lüttich im 19. Jahrhundert – abgebrochen wurden.

Im Schatten der Kathedrale entsteht also die domus, die curia bzw. das palatium episcopi, der Bischofshof und die Pfalz, und zwar spätestens dann, wenn sich im Hochmittelalter die vita communis von Bischof und Domkapitel aufzulösen beginnt und damit die Voraussetzung für eine eigenstän-

1 *Volker Press*: Bischof und Stadt in der Neuzeit, in: Bernhard Kirchgässner/Wolfram Baer (Hrsg.): Stadt und Bischof. (Südwestdeutscher Arbeitskreis für Stadtgeschichtsforschung, Bd. 14.) Sigmaringen 1988, S. 139f.; vgl. auch *Ders.*: Bischöfe, Bischofsstädte und Bischofsresidenzen. Zur Einleitung, in: Ders. (Hrsg.): Südwestdeutsche Bischofsresidenzen außerhalb der Kathedralstädte. (Veröffentlichungen der Kommission für geschichtliche Landeskunde in Baden-Württemberg, Reihe B, Bd. 116.) Stuttgart 1992, S. 9-26.

2 *Press*: Bischöfe (wie Anm. 1), S. 12; vgl. *Wolfgang Müller*: Des Bischofs Pfalz, Burg, Schloß, in: Archiv für mittelrheinische Kirchengeschichte 29, 1977, S. 9f.

dige bischöfliche Hofhaltung gegeben ist. Im weiteren soll das Augenmerk auf die Architektur für den Bischof selbst gerichtet sein, unter Vernachlässigung des jeweiligen Verhältnisses zum Aufenthaltsort des Domkapitels und zum Sitz der Kanzleien und Behörden, die zwar zusammen die geistliche Residenz konstituieren, manchmal, aber nicht zwingend, auch räumlich konzentriert sind. Im Schatten des Doms verbleibt der bischöfliche Hof, wo immer es den Regenten der Hochstifte nicht gelingt, den Zerfall der staufischen Zentralgewalt in dauerhafte politische Gewinne gegenüber der städtischen Bürgerschaft und für eine entstehende Landesherrschaft umzumünzen. Eine alte kunstgeschichtliche These, der erste Anlauf der Bischöfe zur Territorialisierung der Hochstifte im 13. Jahrhundert habe die Domstädte »nicht zufällig [zu] Haupteinbruchstellen der Kathedralgotik«[3] gemacht, ist längst dahingehend modifiziert, daß »das opus francigenum erst in dem Moment allgemein verfügbar wird, als die staufische Reichsgewalt angegriffen und schließlich vernichtet wird«.[4] Dem Anspruchsniveau der Domkirchen konnte die Architektur der benachbarten Residenzen geistlicher Reichsfürsten nicht im entferntesten standhalten. Diese über Jahrhunderte eindeutige Relation kehrte erst Albrecht von Brandenburg nach der von seinem Vorgänger eingeleiteten räumlichen Trennung von Magdeburg im halleschen Bauprogramm exemplarisch um: die Kirche des neuen Residenzstifts wird zwischen Burg und Palast in die Zange genommen und, nicht zuletzt durch die profanen Zwerchgiebel, urbanistisch neutralisiert.

Zu den ganz seltenen Ausnahmen einer der Kathedrale unmittelbar benachbarten, ihr in den Ausmaßen gleichwertigen, befestigten hochmittelalterlichen Bischofsresidenz gehört, außerhalb des Reiches, die fast königliche Anlage des 12. und 13. Jahrhunderts im südfranzösischen Narbonne, mit Palas und Donjon um zwei Höfe. Erst der seit 1272 betriebene spektakuläre Neubau des Domchors stellt in seiner geometrisch-rationalen Ordnung und vertikal organisierten Masse den Primat des Sakralbaus wieder her.[5] Was im okzitanischen Frankreich der Unabhängigkeit eines sich lange der Pariser Zentralgewalt widersetzenden Erzbischofs geschuldet war, findet drei Jahrhunderte später unter umgekehrten Vorzeichen im norddeutschen

3 *Werner Gross/Friedrich Kobler*: Deutsche Architektur, in: Otto von Simson (Hrsg.): Das Mittelalter, Bd. 2: Das Hohe Mittelalter. (Propyläen-Kunstgeschichte, Bd. 6.) Berlin 1972, S. 176.

4 *Bernd Nicolai*: »Libido Aedificandi«. Walkenried und die monumentale Kirchenbaukunst der Zisterzienser um 1200. (Quellen und Forschungen zur Braunschweigischen Geschichte, Bd. 28.) Braunschweig 1990, S. 270.

5 *Christian Freigang*: »Imitare ecclesias nobiles«. Die Kathedralen von Narbonne, Toulouse und Rodez. Worms 1992, S. 246-252.

Ratzeburg ein Gegenstück. Politische Schwäche gegenüber den weltlichen Nachbarn zwang den Fürstbischof des kleinen Territoriums, unter Vernachlässigung des bescheidenen romanischen Doms, seine Residenz in Schönberg aufzuschlagen, wodurch der kleine Kathedralort in den Schatten des festen Residenzschlosses des Herzogs von Lauenburg geriet, das die Insel mit der Marktsiedlung viel stärker überragte als das Domstift. Es hat ihm zwar wenig genützt, infolge der Reformation gelangte das Land des Bischofs an die Herzöge von Mecklenburg.[6] Der Stich des späten 16. Jahrhunderts (Abb. 1) visualisiert allein durch die Position der Wappen, daß der Lauenburger nicht bereit ist, die Beute fahrenzulassen. Die quasi funktionslos gewordene Domkirche ist kaum noch an der linken Peripherie der Insel auszumachen, das Schloß im Vordergrund hat den vormals konkurrierenden Herrschaftsort optisch völlig marginalisiert.

Der Regelfall im Verhältnis von Bischofsresidenz und Domstift sieht anders aus, der entscheidende variable Faktor ist die Stadt und ihre Stärke oder Schwäche gegenüber Bischof und Domimmunität. Keine Siedlung an einem Kathedralort im Reich war so klein und unbedeutend wie Ratzeburg. Normal ist der Konflikt zwischen dem bischöflichen Anspruch auf Stadtherrschaft und dem Versuch der Bürger, sich ihr soweit wie möglich zu entziehen. Einer starken Minderheit, vorwiegend im deutschen Südwesten, ist es gelungen, sich praktisch oder reichsrechtlich garantiert aus hochstiftischer Landeshoheit zu lösen und die stadtfremde Obrigkeit dauerhaft zu verdrängen bzw. gar militärisch zu vertreiben und bischöfliche Nutzungsrechte an der Kathedrale radikal zu beschränken [Köln, Straßburg, Basel, Augsburg, Lübeck, Speyer, Worms, Konstanz und, de facto seit 1503, Magdeburg]. In Straßburg und Köln, nicht zufällig die Hochstifte mit den sozial exklusivsten, ausschließlich reichsgräflichen Domkapiteln, wird den Bischöfen sogar der Zugang zur Kathedrale weitgehend verwehrt, selbst ihr Begräbnis wird nur ausnahmsweise im Dom gestattet. Die Domkirchen der beiden rheinischen Großstädte waren im späteren Mittelalter faktisch und partiell de jure soweit kommunalisiert, wie sonst nur in den italienischen Stadtrepubliken[7] üblich, dort allerdings unter der ganz anderen Voraus-

6 *Hans-Georg Kaack*: Ratzeburg, Geschichte einer Inselstadt. Regierungssitz – Geistliches Zentrum – Bürgerliches Gemeinwesen. Neumünster 1987. Die Dominsel wurde erst 1649 im Frieden von Osnabrück definitiv Mecklenburg zugesprochen.

7 *Edith Ennen*: Bischof und mittelalterliche Stadt. Die Entwicklung in Oberitalien, Frankreich und Deutschland, in: Kirchgässner/Baehr: Stadt (wie Anm. 1), S. 29-42; *Hans Lange*: »ad honorem comunis et populi – in gotz ind unser stede ere«. Stadtkirche und kommunale Repräsentation in Italien und Deutschland vom hohen bis zum späten Mittelalter, in: Marburger Jahrbuch für Kunstwissenschaft 22, 1989, S. 73-82.

setzung, daß die Bürgerschaft das Bischofsamt selbst auf den Status eines städtischen Wahlbeamten herabdrückt und stadtfremde Kandidaten, geschweige denn Obrigkeiten grundsätzlich nicht akzeptiert. Wie prekär sich die Vertreibung oder der mehr oder weniger freiwillige Rückzug der Bischöfe aus allen rheinischen Domstädten – nur der Mainzer kann 1462 nach erbittertem Kampf seine Metropole wieder landsässig machen – auf das Repräsentationspotential ihrer stadtfernen Residenzen auswirkt, erhellt der Umstand, daß keine von ihnen sich mit denjenigen messen kann, deren Erbauer ihre Stadtherrschaft behauptet haben. So bleibt die straßburgische Residenzburg Zabern[8] im 15./16. Jahrhundert weit hinter dem Prestige zurück, auf das die ahnenstolzen Bischöfe eines der vornehmsten Kapitel im Reich im übrigen zu pochen pflegen. Die zusammen mit der Stadt gegründete und zum Bollwerk gegen das verlorene Köln ausgebaute Wasserburg Brühl wird seit 1469 zum Hauptsitz des Kurstaates, an dem die oberen Zentralbehörden mit den leitenden Prinzipalräten amtieren. Der vergeblich verfolgte militärische Zweck der Festung jedoch, von hier aus die Metropole zurückzuerobern, verhindert im 15. und 16. Jahrhundert, bis zu ihrer Zerstörung 1689, den zeitgemäßen Ausbau zu einer fürstlichen Residenz. Eingeigelt in die Wasserburg, hausen die Kölner Erzbischöfe wie »Raubgrafen«[9]. Ähnliches gilt für die Burgen der exilierten Bischöfe von Basel (Pruntrut), Konstanz (Gottlieben), Speyer (Udenheim), Worms (Ladenburg).

Entzieht im Westen die erzwungene Stadtferne vieler Bischofshöfe – und in direkter Konsequenz oft auch knappe finanzielle Ressourcen – einer modernen, standesgemäßen Repräsentation die politische wie materielle Grundlage, so geraten östlich der Elbe viele Hochstifte in wachsende Abhängigkeit potenter weltlicher Nachbarn, meist über die Vogteirechte, was aufwendige Residenzprogramme ebenfalls verhindert hat. Das Beispiel Meißen mag genügen: wie die 1471 als wettinische Gesamtresidenz begonnene Albrechtsburg, der prächtigste Schloßbau des Spätmittelalters im Reich, das wenig ältere Bischofsschloß auf der Südseite des Doms in den Dimensionen und im künstlerischen Anspruch deklassiert, spiegelt exakt das veränderte Verhältnis der konkurrierenden Gewalten auf dem Meißner Domberg.

8 *Marcel Thomann*: Molsheim und Zabern. Residenzstädte im Bistum Straßburg, in: *Press*: Bischöfe (wie Anm. 1), S. 35-48.

9 *Wolfgang Braunfels*: Die Kunst im Heiligen Römischen Reich. München 1980, S. 120; *Hans Kisky*: Schloß Brühl. Neuß 1952; *Wilfried Hansmann/Gisbert Knopp*: Die kurkölnische Residenz Augustusburg und Schloß Falkenlust. Köln 1982, S. 17f.

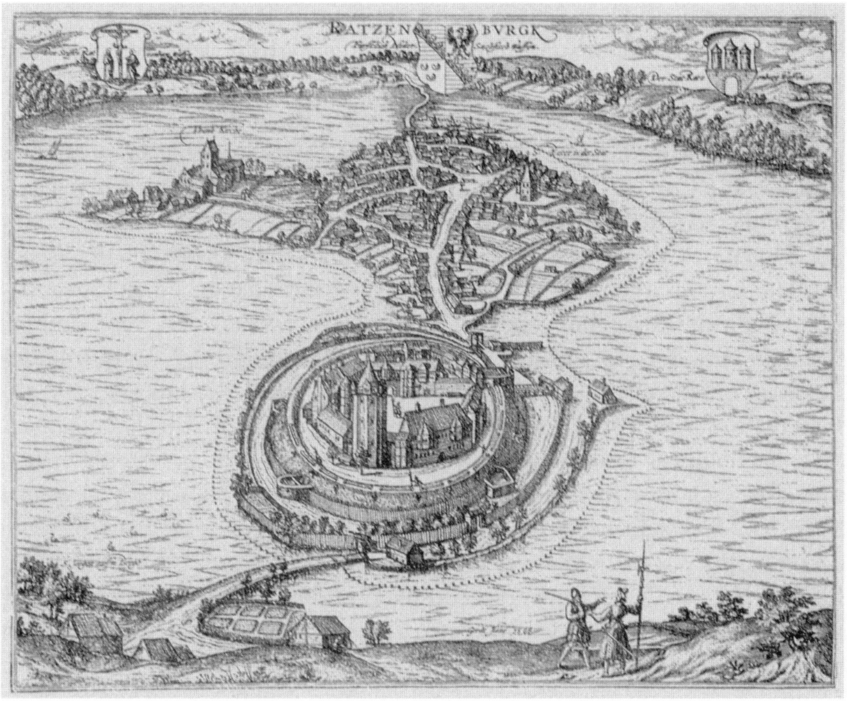

Abb. 1: Ratzeburg, Schloß und Stadt; Stich von Gert Hane, 1588.

Während die wenigsten Bischöfe dauerhaft ihre Hauptresidenz am ursprünglichen Ort bei der Domkirche behielten, meist in ihrem Aktionsradius durch starke Nachbarn territorialpolitisch behinderte wie in Freising, Merseburg, Chur, aber auch konkurrenzfähige wie in Bamberg oder Lüttich, gab die Mehrzahl, selbst wenn ihre Herrschaft über die Hauptstadt unbestritten blieb, ihre ständige Residenz im Schatten der Kathedrale auf, um sie entweder wegen häufiger Konflikte mit stadtbürgerlichen Untertanen an einen sicheren Ort außerhalb zu verlegen [Trier – Ehrenbreitstein, Bremen – Bremervörde, Paderborn – Neuhaus, Osnabrück – Iburg, Eichstätt – Willibaldsburg, Regensburg – Wörth, Verden – Rotenburg a.d. Wümme, Minden – Petershagen, Halberstadt – Gröningen, Utrecht – Wijk bij Duurstede] oder weil sie einem stärkeren Territorialfürsten weichen mußten [Naumburg – Zeitz, Meißen – Stolpen/Wurzen, Schwerin – Bützow, Havelberg – Wittstock, Brandenburg – Ziesar, Schleswig – Schwabstedt], schließlich drittens um die widerspenstige Stadtgemeinde mit Hilfe einer nahe gelegenen Feste endgültig niederzuzwingen [Passau, Würzburg, Salzburg, Trient und als später Sonderfall, weil außerhalb der Kathedralstadt, Halle].

Wegen mancher Totalverluste bischöflicher Residenzen im Nordwesten muß der Blick nach Süden gehen, wenn die Leistungsfähigkeit geistlicher Residenzkonzepte zur Debatte steht. Nach dem Verlust der Stadtherrschaft sichern die Augsburger Bischöfe ihr langgestrecktes, sich links des Lechs von der Donau zu den Alpen hinziehendes Territorium durch planmäßigen Ausbau der Dillinger Burg[10] – seit dem 15. Jahrhundert als zunächst inoffizielle Hauptresidenz und Sitz der Regierung, Gerichts- und Verwaltungsinstanzen wie der Hofkammer für das ganze Hochstift, 1485-1520, und des Füssener Schlosses[11] als Pflegeamt und Sommerresidenz, 1486-1503. Während die Dillinger Anlage ganz in der Tradition des Wehrbaus befangen ist, – unregelmäßiger fünfeckiger Hof mit Palas zwischen zwei festen Türmen und dreigeschossigem Saalbau –, zeigt das eindrucksvoll auf einem Sporn über der Marktstadt und dem im 18. Jahrhundert groß ausgebauten Benediktinerstift St. Mang thronende Burgschloß in Füssen (Abb. 2) darüber hinausweisende Züge. Burg und Kloster sind durch einen gedeckten Gang verbunden. Die mit Blenden besetzten Treppengiebel der beiden von steilen Satteldächern bekrönten Wohnflügel und ihre in diesem Umfang in Deutschland einzigartige hofseitige Bemalung mit illusionistischen Fensterrahmen und dreiseitigen Erkern verleihen der Burg eine palastartige Erscheinung, die dezidiert städtische Architekturmotive aufgreift, wie sie etwa in Augsburg an öffentlichen Gebäuden und Patrizierhäusern vorkommen. Soziale Kontrolle wird mit diesen Formen entmilitarisiert. Solche bürgerlich urbanen Elemente meidet die süddeutsche Schloßarchitektur weltlicher Fürsten wie z.B. der Wittelsbacher. Damit ist ein weiteres Spezifikum geistlicher Residenzbauten berührt: die bei aller sozialer Distanz größere mentale Empfänglichkeit des hohen Klerus, besonders wenn er sich aus dem niederen Adel oder gar dem Patriziat rekrutiert und studiert hat, für städtische Lebensformen. Schon die Rechtspflege und das Kanzleiwesen, die lange Zeit den höheren Geistlichen vorbehalten blieben, verankerten sie in der urbanen Sphäre. Die trotz politischer Konflikte größere empirische Ver-

10 *Werner Meyer/Alfred Schädler*: Die Kunstdenkmäler von Bayern. Schwaben, Bd. 6: Stadt Dillingen. München 1964, S. 454-553.

11 *Michael Petzet*: Stadt und Landkreis Füssen. (Bayerische Kunstdenkmale, Bd. 8.) München 1960, S. 61-75; *Werner Meyer*: Vier guterhaltene mittelalterliche Burgen in Bayerisch Schwaben, in: Studi Castellani in onore di Piero Gazzola. Bd. 1, Rom 1979, S. 109-112.

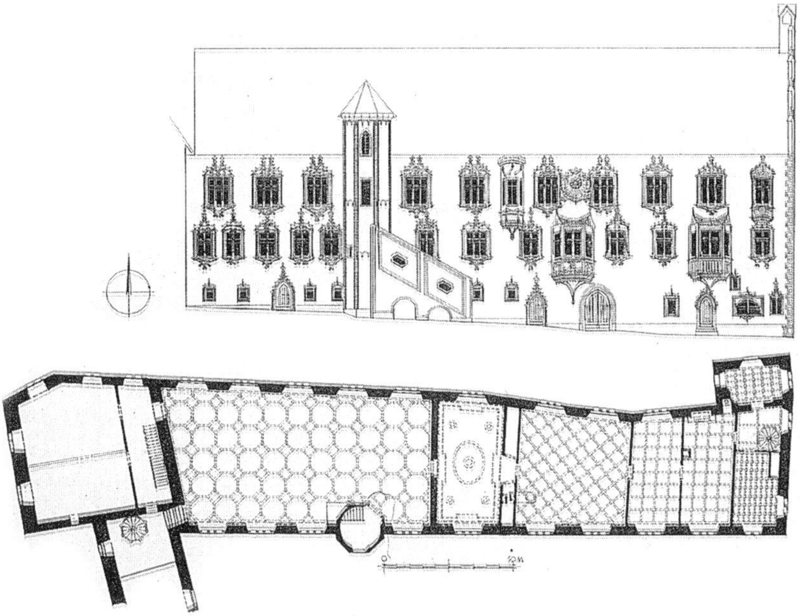

Abb. 2: Füssen, Hohes Schloß, Hoffassade Nordflügel und Grundriß des 2. Obergeschosses.

trautheit mit bürgerlicher Stadtkultur machte geistliche Fürsten eher als die noch weitgehend auf Burgen sitzenden oder in kleineren Städten residierenden weltlichen häufig für die Vermittlung italienischer Wohnformen empfänglich. Anders als im Reich hat in Italien schon seit dem 14. Jahrhundert die städtisch-bürgerliche Palastarchitektur fürstliche Vorstellungen repräsentativen und komfortablen Wohnens geprägt, da der aus dem Contado in die Stadt gewanderte oder gar gezwungene Feudaladel völlig urban sozialisiert wurde.

Italienischem Einfluß verdankt sich in Füssen die in Schwaben damals singuläre geometrische Kassettendecke im Rittersaal mit Blattwerkrosetten und Halbfigurenreliefs der Madonna und der Augsburger Bistumspatrone von Jörg Lederer sowie die um 1500 ungewöhnliche, direkte horizontale Verbindung des großen Saals im zweiten Obergeschoß mit einem um ein Vorzimmer ergänzten geräumigen, zweiseitig belichteten Appartement aus Stube, Kammer und zwei über Eck befensterten Kabinetten nebst scala segreta. Das nach Norden orientierte Erkerzimmer bietet Fernblick nach drei Seiten. Ein solches Raumprogramm geht über die meist zweigliedrigen deutschen Stubenappartements[12] in den damals avanciertesten wettinischen Residenzen in Meißen, später Wittenberg und Torgau hinaus. Kaiser Maximilian, der wahrscheinlich in diesen Räumen mit Bianca Maria Sforza als Gast Bischof Friedrichs II. von Zollern den Sommer 1503 verbrachte, durfte zufrieden sein. Der Bauherr versieht sein Werk mit einem Dutzend steinerner und noch mehr gemalter Wappen, letztere meist an den vorgetäuschten Erkern. Auch dies verweist auf eine Besonderheit geistlicher Residenzen: die wahlmonarchische Struktur der Domkapitel erschwert kontinuierlich verfolgte, Generationen übergreifende Baukonzepte, die durch die dynastische Erbfolge weltlicher Fürsten zumindest begünstigt wurden. Um so wichtiger ist die heraldische und inschriftliche Repräsentation einer selbstverständlichen ständisch-korporativen Praxis, die den Amtsträger als Bauherrn legitimiert. Verkörpern die zyklischen Reihen figürlicher Grabsteine der Bischöfe in den Domkirchen und Kreuzgängen die im Horizont der Reformation in Frage gestellte apostolische Sukzession der römischen Kirche, so propagieren die scheinbar regellos über die Residenzbauten verstreuten Bauherrenwappen komplementär dazu die Prärogativen des Stiftsadels in der Hierarchie der Reichskirche. An keiner anderen Stelle verbindet sich so anschaulich individueller Verdienst mit einer genealogischen Qualifikation[13], die durch die Ahnenprobe vom Domkapitel kontrolliert wird.

Am Tor der Alten Hofhaltung in Bamberg[14], die selbst nach den Abbrüchen des 18. Jahrhunderts zusammen mit den Domkurien das größte und geschlossenste Ensemble einer geistlichen Residenz des 15. und 16. Jahrhunderts in unmittelbarer Nachbarschaft der Bischofskirche in Mitteleuropa darstellt, findet sich eine kunstvolle, Adam Kraft zugeschriebene, 1489 datierte Wappentafel (Abb. 3), deren lateinische Minuskelinschrift ihrem inhaltlichen Duktus nach den spätgotischen Formenapparat transzendiert. Gibt sich das von einem Engel präsentierte, von Rankenwerk und Helmzier gerahmte und von vier kleineren agnatischen Schilden flankierte Wappen des Bischofs Heinrich Groß von Trockau ritterschaftlich ahnenstolz, so

12 *Stephan Hoppe*: Die funktionale und räumliche Struktur des frühen Schlossbaus in Mitteldeutschland. Untersucht an Beispielen landesherrlicher Zeit zwischen 1470 und 1570. Diss. phil. Köln 1996, S. 365-412.

13 Dazu grundsätzlich *Kilian Heck*: Genealogie als Monument und Argument. Der Beitrag dynastischer Wappen zur politischen Raumbildung der Neuzeit. München 2002, S. 6ff.

14 *Walter Burandt*: Die Baugeschichte der Alten Hofhaltung in Bamberg. Bamberg 1998, S. 38-55; *Alfred Schädler*: Das Hoheitswappen des Bischofs Heinrich III. Groß von Trockau an der Alten Hofhaltung in Bamberg, in: Anzeiger des Germanischen Nationalmuseums 1963, S. 84-88.

Abb. 3: Bamberg, Wappenstein des Fürstbischofs Heinrich III. Groß von Trockau am Portal der Alten Hofhaltung, 1489.

klingt in den Textzeilen darüber ein anderer, humanistischer Ton an: »Cuncta decenter agit: quod pia facta docent. Hanc Celsam statuit Turrim que prospicit urbem / hanc simul egregiam constituitque Domum«. Der Text bezieht sich auf den nach einem Brand zur Bischofswohnung ausgebauten Nordfügel und die Hohe Warte, einen aufgestockten Bergfried (Abb. 4) neben dem romanischen Palas, der auf die Pfalz der heiligen Bistumsgründer Kaiser Heinrich und Kunigunde zurückgeht und deshalb als altehrwürdiges Relikt gepflegt wurde. Das ältere Chörlein im unteren Geschoß der noch vertikal organisierten Raumfolge über der gotischen Hauskapelle schaut auf den davor liegenden Platz, erst der erker- und türmchenbesetzte Fachwerkstock erlaubt den allseitigen Blick auf Stadt und Land. Nicht mehr vorrangig militärische Umsicht, sondern jene Verbindung aus subtiler sozialer Kontrolle und dem genußreich schweifenden, ästhetisch werdenden Blick von oben nach unten deutet sich hier an, der für den Prozeß der Zivilisierung des ritterlichen und feudalen Adels zur Hofgesellschaft von kaum zu überschätzender Bedeutung wird. Wiederum ist es eine zuerst in Italien trainierte städtische Seherfahrung. Wiederholt begegnet dort in den Quellen in diesem Zusammenhang der Ausdruck »solazo al spectaculo«[15], der Ausblick aus dem Fenster als vergnügliches Spektakel. Auch diese Praxis findet sich in der Architektur der wettinischen Residenzen des späten 15. Jahrhunderts präfiguriert[16], schriftliche Quellen sind, anders als in Italien, leider meist unergiebig. Es ist ein weit herumgekommener päpstlicher Nuntius, dessen Sekretär 1537 Albrechts Neuen Bau in Halle ein »domum solatii valde elegantem«[17] nennt. Der Kirchenmann, so dürfen wir unterstellen, wird an den Renaissancetypus des stadtnahen, wohnlichen Privatpalastes mit Blick auf den modernen italienischen Garten gedacht haben. Auf alten Ansichten ist die gedeckte Brücke über die Saale in den Garten zu erkennen und im baulichen Befund das Portal, von dem sie ihren Ausgang nahm.

Wenig später nennt der Passauer Humanist Caspar Brusch den von Wolfgang von Salm in den 40er Jahren zum Lustschloß ausgebauten Sitz Hacklberg vor der Stadt mit Rekurs auf Plinius ein »bischöfliches Tusculum«[18].

15 *Michaela Marek*: Ekphrasis und Herrscherallegorie. Antike Bildbeschreibungen im Werk Tizians und Leonardos. Worms 1985, S. 59 Anm. 301. Noch die älteste deutsche Schriftquelle zum über die Untertanen schweifenden Blick aus einer fürstlichen Kunstkammer heraus, August von Mörspergs Beschreibung der Spiegelstube im Torgauer Saalbau (1587), läßt den Abstand zu der sinnlich vermittelten Relation von Kunstgenuß und Herrschaftsblick in Ferrara ahnen; Zitat bei *Stephan Hoppe*: Wie wird die Burg zum Schloss? Architektonische Innovation um 1470, in: Heiko Laß (Hrsg.): Von der Burg zum Schloss. Landesherrlicher und adeliger Profanbau in Thüringen im 15. und 16. Jahrhundert. Bucha bei Jena 2001, S. 109.

16 *Hoppe*: Struktur (wie Anm. 12), S. 453-461; *Ders.*: Burg (wie Anm. 15), S. 105-110. – Ende des 15. Jh.s heißt es in einer Beschreibung der Passauer bischöflichen Residenz: »... von welcher aus man die ganze Stadt überblicken kann«; Zitat bei *Konrad Amann*: Die landesherrliche Residenzstadt Passau im spätmittelalterlichen Deutschen Reich. (Residenzforschung, Bd. 3.) Sigmaringen 1992, S. 132.

17 Zitat bei *Hans-Joachim Krause*: Albrecht von Brandenburg und Halle, in: Friedhelm Jürgensmeier (Hrsg.): Erzbischof Albrecht von Brandenburg. Ein Kirchen- und Reichsfürst der frühen Neuzeit. (Beiträge zur Mainzer Kirchengeschichte, Bd. 3.) Frankfurt a.M. 1991, S. 296-356, hier S. 334.

18 Zitat bei *Amann*: Passau (wie Anm. 16), S. 154.

Abb. 4: Bamberg, Feuerprobe der hl. Kunigunde vor der Alten Hofhaltung; Tafelbild, um 1490, Staatsgalerie Bamberg.

Die Passauer Bürger, für die es eher ein »gemein lusthaus«[19] war, wie Albrechts »neuer Bau« in Halle genannt wurde, werden an die berüchtigten Badestuben gedacht haben, die den Quellen zufolge in bischöflichen Schlössern früher und häufiger zu finden sind. Zwar waren nicht alle so luxuriös ausgestattet wie Albrechts Lustbad in der Mitte des Gartens oder das zeitgleich von Altdorfer mit freizügigen Fresken geschmückte Bischofsbad für Pfalzgraf Johann in Regensburg[20], dagegen spricht zuweilen ihre Lage, in Bamberg etwa zwischen Zeughaus und Weinkeller, dem Ökonomiehof zugewandt. Überhaupt zeigt das disparate Konglomerat der ohne erkennbare Planung mehrfach erweiterten Alten Hofhaltung, die auf heutige Besucher

19 Zitat bei *Krause*: Albrecht (wie Anm. 17), S. 334.

20 *Franz Winzinger*: Albrecht Altdorfer. Die Gemälde. München/Zürich 1975, S. 120f.

so suggestiv altfränkisch wirkt, das grundsätzliche Dilemma, auf dem unregelmäßigen Grundriß einer gewachsenen Domburg den Umbau zu einer modernen Fürstenresidenz zu bewerkstelligen. Die pietätvolle Rücksicht auf ehrwürdige Relikte, meist ältere Kapellen, verhindert radikale Lösungen. Fast alle Versuche, zu regelmäßigen Anlagen zu kommen, werden in deutlichem Abstand zur Domkirche unternommen, und dabei scheinen die geistlichen Fürsten im Vergleich mit ihren weltlichen Kollegen wieder die Nase vorn gehabt zu haben.

Ausgehend von der Moritzburg soll dieses Phänomen in einer kurzen Beispielreihe belegt werden. Die hallesche Zwingfeste des Wettiners kombiniert eine vierseitige Kastellanlage mit vor die Ecken gesetzten Rundtürmen mit dem Prinzip der älteren Randhausburg, allerdings werden die Wohn- und Repräsentationsflügel mit der Kapelle auf die Landseiten gesetzt, damit die vor den Kurtinen laufenden Wehrgänge auf der Stadtseite fortifikatorisch nicht beeinträchtigt werden. Solche Rücksicht mußte der Mainzer Erzbischof Dieter von Isenburg nicht mehr nehmen, als er nach dem Sieg in der großen Stiftsfehde 1462 die rebellische Domstadt landsässig machte und mit dem Bau der Martinsburg[21] – auch hier ist der Bistumspatron der Namensgeber – seit 1480 eher zeichenhaft die wieder errungene Stadtherrschaft repräsentiert, und zwar am nördlichen Rand, auf den verkehrsreichen Rheinstrom orientiert, nicht auf den Dom oder die unterworfene Bürgerstadt. Hier zählt die Prospektwirkung, de facto ist das Kastell nicht regelmäßig, es öffnet sich hufeisenförmig zur rückwärts gelegenen Vorburg. Die Mainzer Residenzburgen in Aschaffenburg, Eltville, Höchst und Steinheim liegen alle direkt an Rhein und Main, eine strategische Ausrichtung, die beide Flüsse als Lebensadern des territorial zersplitterten Hochstifts nutzte. Die Chörlein im ersten Saalgeschoß unterstreichen ebenso den zivilen Charakter wie Albrecht von Brandenburgs Entscheidung, 1527 auf der Rheinseite einen Garten anzulegen, der nur gegen Hochwasser geschützt werden mußte.

War der Kastellcharakter in Mainz ein trügerisches Bild, so wird er in der paderbornschen Residenz Neuhaus[22] konsequent schrittweise von der Wasserburg in ein Renaissanceschloß umgewandelt. Aus der Keimzelle eines ursprünglich befestigten höheren Turmhauses, das Heinrich von Spiegel

21 *Ursula Zahler*: Das Kurfürstliche Schloß zu Mainz. Studien zur Bau- und Stilgeschichte. St. Ingbert 1988, S. 15-23.

22 *Monika Graen*: Residenz Schloß Neuhaus. München 1992; *Helmar Lange*: Das Residenzschloß Neuhaus bei Paderborn. Eine bau- und kunstgeschichtliche Betrachtung. Diss. phil. Bochum 1978.

1370 als ständige Residenz bezog, entsteht durch rechtwinklig um einen Hof disponierte Flügel im Westen und Süden nach Plänen von Jörg Unkair seit dem ersten Drittel des 16. Jahrhunderts die konzeptuell modernste Residenzburg in Norddeutschland, mit ihren charakteristischen Zwerchhäusern und sog. Welschen Giebeln, von der die Residenzen in Stadthagen und Detmold abhängig sind. Die Stände mußten die Baukosten tragen als Preis dafür, daß die Bischöfe endgültig auf eine Residenz in Paderborn verzichteten. Zwar schließt erst Dietrich von Fürstenberg im späten 16. Jahrhundert den Hof mit dem Ostflügel, hält sich aber an die alten Pläne, die um Rundtürme an den Ecken ergänzt werden.

Bescheidener und nicht ganz so regelmäßig, dafür völlig ohne Befestigung, als Vierflügelanlage ohne Türme erweist sich der 1534-37 errichtete »Neue Bau«[23] am Hang des Freisinger Dombergs über der Stadt für Bischof Pfalzgraf Philipp, Bruder des Regensburger Administrators Johann, der kurz vorher das orthogonal ausgeteilte, dreiflügelige, wehrhafte Residenzschloß in Wörth an der Donau begonnen hatte. Äußerlich unscheinbar, wirkt er wie ein Abkömmling groß dimensionierter Patrizierhäuser in Augsburg und Landshut, deren schmucklose Trakte einen Hof umschließen. Nur zum Dom hin sind die Flanken durch Giebel betont, stadtseitig ist eine Terrasse vorgelagert, auf die sich die verlorenen, ehemals ausgemalten Fürstenzimmer öffneten. Der kunstsinnige Wittelsbacher, der in seinem kleinen, von den bayerischen Vettern bedrohten Fürstbistum nicht über die reichen Mittel verfügt wie sein Zeitgenosse Albrecht in Halle, bestimmt den Neubau unterhalb der alten Residenzburg zu seinem eher privaten Ruhesitz, weil er sich mit dem Gedanken trug, zugunsten eines Verwandten vom Amt zu resignieren.

Wenn der Brandenburger von diesem ersten regelmäßigen Vierflügelschloß in Bayern wohl keine Notiz genommen hat, das groß dimensionierte Projekt des um 1480 von Thilo von Trotha begonnenen Merseburger Bischofsschlosses[24], das mit drei Flügeln an die Nordseite des Doms andockt, wird ihm kaum entgangen sein (Abb. 5). Der 53 auf 42 Meter messende Hof, an dessen Trakten bis um 1540 gebaut und die in den ersten Jahren des 17. Jahrhunderts, radikal überformt, in den heutigen Zustand gebracht wurden, kündet vom Behauptungswillen der auf ihre Reichsunmittelbarkeit

23 *Sigmund Benker*: Das Schloß des Bischofs Philipp von der Pfalz am Domberg zu Freising, in: Amperland 7, 1971, S. 169-171; *Hubert Glaser* (Hrsg.): Domberg und Philipps-Schloß. Bewahrung oder Zerstörung. Eine Denkschrift. Freising 1972, S. 9-21. Durch einen Schulbau wurde der Komplex in den 1970er Jahren weitgehend zerstört.

24 *Peter Ramm*: Pfalz und Schloß zu Merseburg. 3. Aufl. Magdeburg 1997, S. 19-25.

Abb. 5: Merseburg, Schloß und Dom.

bedachten, meist aus dem Domkapitel stammenden kleinadeligen Bischöfe gegenüber den wettinischen Nachbarn, deshalb auch der enge, legitimierende Bezug auf die kaiserlicher Gründung entstammende Domkirche. Die Stadt stellte kaum noch eine Gefahr dar. In ihrer monumentalen Erscheinung auf dem Hochufer über der Saale ist die zudem befestigte Merseburger Baugruppe im mitteldeutschen Raum einzig mit Albrechts Hallenser Residenz zu vergleichen und politisch wohl als wenn auch bescheidenerer Gegenbau zur zeitgenössischen Albrechtsburg in Meißen intendiert.[25] Die Regelmäßigkeit allerdings der orthogonal ins Rechteck gesetzten Flügel in Neuhaus, Freising und Merseburg erreichen weltliche Residenzen erst im späteren 16. Jahrhundert in Wien, Dresden, Dachau, Kassel, Schmalkalden und Augustusburg.

Das modernste, sich am weitesten von wehrhaften Traditionen emanzipierende Bischofsschloß dieser Generation ist die 1526-34 entstehende Residenz des Lütticher Fürstbischofs Erhard von der Mark.[26] Arnold van

25 *Ramm*: Pfalz (wie Anm. 24), S. 25.

26 *Suzanne Collon-Gevaert*: Erard de la Marck et le Palais des Princes-Evêques à Liège. Liège 1975, S. 15-21; *Dies.*: La Renaissance. Le Palais d'Erard de la Marck, in: Jean Lejeune (Hrsg.): Liège et son Palais. Douze siècles d'histoire. Antwerpen 1980, S. 107-146.

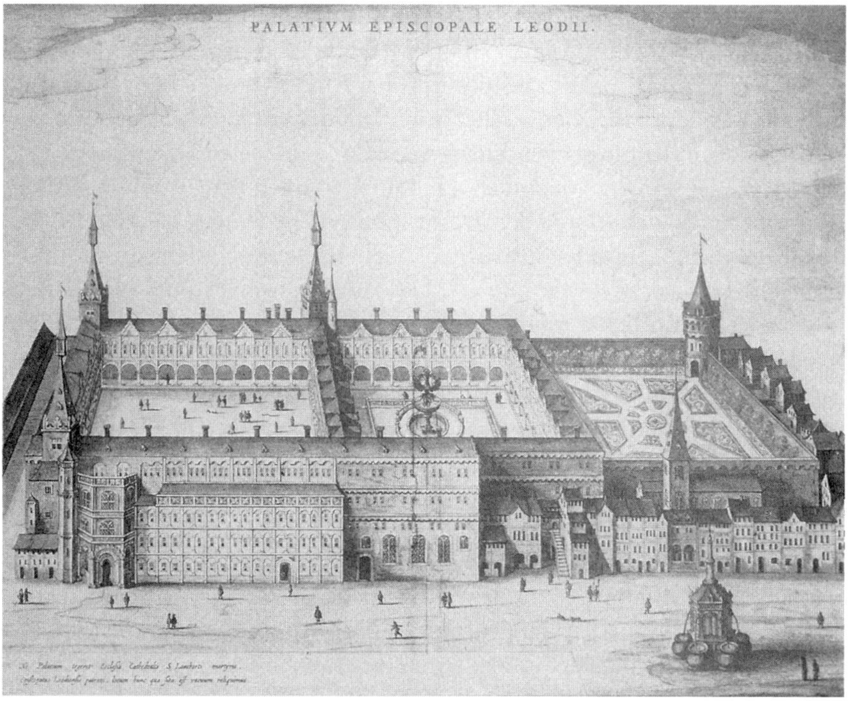

Abb. 6: Lüttich, Bischöfliches Palais, Stich von J. Blaeu aus: »Novum ac Magnum Theatrum Urbium Belgicae Regiae«, Amsterdam 1649.

Mulcken baut den um zwei Höfe gelegten Palast (Abb. 6), von denen der große an vier, der kleinere an zwei Seiten von Arkadengalerien im Erdgeschoß gesäumt ist, nach Ideen seines weitgereisten Auftraggebers, der ein beeindruckendes Gefolge humanistischer Gelehrter, darunter Agrippa von Nettesheim und Johannes Eck, um sich schart und den Hofmaler Lambert Lombard protegiert. Als Kardinal der römischen Kirche kannte er Frankreich und Italien, und das palatium episcopale kann, kurz gefaßt, als Versuch einer Synthese aus italienischem Stadtpalast und französischem Flügelschloß mit umgrenztem Garten in einem Dekor, wie er im Westen im Umkreis der königlichen Residenzen Mode wurde (Blois), definiert werden. Die großzügige Extravaganz der platzartig wirkenden grande cour (Abb. 7) scheint wenig mit den Arkaden auf zwei Seiten des trapezoid verzogenen Hofes von Albrechts Neuem Bau gemein zu haben, aber sie sind, im gleichen Jahrzehnt, die ersten monumentalen, zum Hofraum geöffneten Wandelhallen mit darüberliegender befensterter Galerie im Reich.[27] Während Erhard von der Marks Residenz in ihrer Regelmäßigkeit an die Arkadenhöfe römischer Kardinalspaläste anknüpft, führt Albrechts östlicher Galerietrakt in Halle aus dem Horizont bischöflicher Residenzen heraus. Das Sammlerprofil des Brandenburger Kardinals, so unklar es in vielen Details noch ist[28], scheint die Fesseln der von anderen reliquienwütigen Kurfürsten in Wittenberg und Berlin gehorteten Schätze zu sprengen. Jedenfalls hat kein Bischof aus reichsgräflichem oder stiftischem Adel sich vergleichbar kunstpolitisch engagiert und sammelnd exponiert. Das Anspruchsniveau des Neuen Baus und seiner vermutlich intendierten Nutzung zwischen genußreichem otium in einem halbprivaten Refugium mit Ziergarten und repräsentativen Sammlungsstrategien strapaziert Begriff und Praxis einer geistlichen Residenz nördlich der Alpen im frühen 16. Jahrhundert. In Halle war ein solch »zivilisiertes« Programm, anders als an der Peripherie des Reiches, die wie in Lüttich oder Trient einer moderneren Wohnkultur des Westens und Südens offenstand, nicht vermittelbar.

Damit rückt vielleicht das Spezifikum bischöflicher Höfe in den Fokus, nämlich der aus dem Zwang der Verhältnisse, politisch zwischen dem Unabhängigkeitsstreben der Hauptstadt und der Bedrohung durch benachbarte Territorialfürsten eingeklemmt zu sein, erwachsende Spagat zwischen militärischer Sicherung der Residenz und gleichzeitigem Modernisierungsdruck der Repräsentationssphäre. Er führt in den hochstiftischen Wahlmonarchien dazu, die Aufgaben und Möglichkeiten von Burg und Palast schärfer zu kalkulieren und auszutarieren als in den meist dynastischer Kontinuität verpflichteten weltlichen Fürstentümern. Deren Stadtherrschaft war ebenso unbestritten wie der stadtfremde Charakter ihrer Residenzburg. Fürstbischöfliche Bauherren hatten jeweils zu entscheiden, ob eine Verbindung beider Komponenten in einem Baukomplex in Frage kam oder Festung und Hofhaltung an zwei Standorten besser zu organisieren waren.

Abschließend müssen zwei Sonderfälle wenigstens erwähnt werden, die im Vergleich mit Halle die Alternative von Burg und Palast extrem zuspitzen. Wie die Bischöfe von Würzburg[29] und Passau[30] verdanken die Salzbur-

27 *Krause*: Albrecht (wie Anm. 17), S. 335; *Ders.*: Der »Neue Bau« für Kardinal Albrecht von Brandenburg in Halle, in: Stefanie Lieb (Hrsg.): Form und Stil. Festschrift für Günther Binding zum 65. Geburtstag. Darmstadt 2001, S. 213-223, hier S. 217f.

28 Siehe den Beitrag von Hans-Joachim Krause in diesem Band.

29 *Max von Freeden*: Festung Marienberg. Würzburg 1982; *Braunfels*: Kunst (wie Anm. 9), S. 281f.

30 *Richard Loibl*: »Dem Menschen uneinnehmbar«? Beiträge zur Geschichte der Burg und

Abb. 7: Lüttich, Bischöfliches Palais, Großer Hof.

ger Metropoliten die Behauptung der Stadtherrschaft und die Niederhaltung der Reformation in erster Linie der Festung.[31] Leonhard von Keutschach baute sie in seiner Regierungszeit 1495-1519 zu einer der stärksten in Europa aus und verlegt die Residenz aus der Stadt auf den Berg (Abb. 8). Er setzte allein 58 von den über 100 Wappensteinen, die Baumaßnahmen auf der

Festung Oberhaus ob Passau in Mittelalter und früher Neuzeit, in: Herbert W. Wurster/ Richard Loibl (Hrsg.): Ritterburg und Fürstenschloß. Bd. 1, Regensburg 1998, S. 249-284; *Maximilian Lanzinner*: Passau als geistliches Fürstentum am Beginn der Neuzeit, in: Ostbairische Grenzmarken. Passauer Jahrbuch für Geschichte, Kunst und Volkskunde 36, 1994, S. 95-106.

31 *Heinz Dopsch*: 900 Jahre Hohensalzburg. Die Festung im Wandel der Zeiten, in: Eberhard Zwink (Hrsg.): Salzburg in der europäischen Geschichte. Symposium der Gesellschaft für Salzburger Landeskunde anläßlich des Landesfestes »900 Jahre Festung Hohensalzburg« 6./7. Juni 1977. Salzburg 1977, S. 63-88; *Richard Schlegel*: Veste Hohensalzburg. Salzburg 1952, S. 16-46; *Werner Thuswaldner*: Die Festung Hohensalzburg. Vom Wehrbau zum Wahrzeichen. Salzburg 1992, S. 61-71; *Walter Schlegel*: Festung Hohensalzburg. Ein Führer durch Bauwerk, Geschichte und Kunst. Salzburg 1983; *Adolf Hahnl*: Zu den mittelalterlichen Residenzen der Salzburger Erzbischöfe, in: Mitteilungen der Gesellschaft für Salzburger Landeskunde 136, 1996, S. 475-488.

Abb. 8: Salzburg, Stadtansicht, Detail mit Festung; kol. Federzeichnung nach Holzschnitt von 1553, Stift St. Peter.

Festung dokumentieren.[32] Der Hohe Stock mit der erzbischöflichen Wohnung im zweiten und den Goldenen Stuben für hohe Gäste hinter dem Saal im dritten Obergeschoß entpuppt sich im kompakten Grundriß als abhängig vom spätgotischen Bürgerhaustyp mit gewölbten Fletzen, die durch ins Eck eingestellte Treppen miteinander verbunden sind und die flachgedeckten Wohnräume erschließen. Die Vielzahl von Erkern und vorgesetzten Türmen, deren Zimmer zwei- und dreiseitig befenstert sind, erlaubt Blickbeziehungen nach allen Richtungen, sowohl in die Burghöfe mit ihren Zwischentoren als auch in die Stadt. Ungewöhnlich weitläufig fällt die sechs Räume umfassende Suite des Erzbischofs aus, und bei dem sog. Bibliotheksraum der Goldenen Stuben handelt es sich nach Lage und Größe um eines der ersten Studioli im Reich. Die vollständig vertäferten Fürstenzimmer (Abb. 9) östlich des großen Saals im obersten Geschoß finden mit ihrer heraldischen und figürlichen Ausstattung keine Parallele in den weltlichen Residenzen der Epoche. Vergleichbares kennen dem Typus und der Qualität

32 Die Wappensteine und ihre Inschriften sind bei *Schlegel*: Veste (wie Anm. 31), S. 85f., chronologisch dokumentiert.

Abb. 9: Salzburg, Festung Hohensalzburg, Goldene Stube im Hohen Stock.

nach nur die zum größten Teil verlorenen Raumensembles süddeutscher Rathäuser bzw. Patrizierhäuser.[33] Die prunkvollen Kachelöfen[34] sind dagegen zuerst auf Burgen nachgewiesen und ermöglichen so den späteren Transfer städtischen Wohnkomforts hinter die gepanzerte Starre hypertropher Befestigungen. Nach außen bleibt der martialische Charakter der über Salzburg thronenden Festung intakt.

Einen anderen Weg gehen die Bischöfe Johannes Hinderbach und Bernhard Cles mit dem schrittweisen Ausbau des Castello del Buonconsiglio in

33 Nach dem Verlust der meisten süddeutschen Rats- und Zunftstuben dieser Zeit ist die künstlerische Qualität solcher ganz vertäferter Prunkzimmer vor 1500 noch am besten in der Überlinger Ratsstube von Jacob Ruß (1491-94) dokumentiert; aus der Sphäre städtischer Patrizierhäuser ist das 1945 untergegangene sog. Kaiserstübchen in Christoph Scheurls Nürnberger Haus in der Burgstraße (1485-90) zu nennen. Ein Überblick bei *Sabine Ziegler*: Holzvertäfelte Stuben der Renaissance zwischen Main und südlichem Alpenrand, (...). Diss. phil. Frankfurt a.M. u.a. 1995.

34 *Rosemarie Franz*: Kachelofen auf mittelalterlichen Burgen, in: Arx 21, 1999, S. 30-36; *Dies.*: Der Kachelofen. Entstehung und kunstgeschichtliche Entwicklung vom Mittelalter bis zum Ausgang des Klassizismus. Graz 1969, S. 57-61.

Abb. 10: Trient, Kastell Buon Consiglio, Fassade zur Stadt mit Loggia.

Trient[35] seit 1475 und 1528. Die venezianische Loggia, die zur Stadt in die Fassade gebrochen wurde (Abb. 10), signalisiert ein piano nobile und optimiert den Blick aus der Burg zur repräsentativen Vedute der bezwungenen Stadt. In der Loggia empfängt der Fürstbischof seine Gäste und führt sie im Sommer zur Tafel. Kardinal Cles verdoppelt die Residenz mit dem über einen aussichtsreichen passaggio coperto anschließenden Palazzo Magno[36] (Abb. 11), der nach den Kriterien eines römischen Kardinalspalastes[37] private und öffentliche Appartements getrennt voneinander um einen geschlossenen und einen offenen Gartenhof organisiert und durch eine zentrale

35 *Giovanni Dell'Antonio*: »In viridario novo Castri Boni Consilii«. Architettura e umanesimo al tempo di Johannes Hinderbach, in: Enrico Castelnuovo (Hrsg.): Il Castello del Buonconsiglio. Dimora dei Principi Vescovi di Trento. Persone e tempi di una storia. Bd. 2, Trento 1969, S. 71-87; *Laura Dal Prá*: Johannes Hinderbach e Bernardo Cles: funzionalità e decorazione nella sede dei principi vescovi di Trento. Spunti per una ricerca, in: Castelnuovo, Bd. 2, S. 31-69.

36 *Ezio Chini/Francesca de Gramatica*: Il »Magno Palazzo« di Bernardo Cles Principe Vescovo di Trento. 2. Aufl. Trento 1988; zur komplexen Ikonographie der Ausstattung: *Thomas Frangenberg*: Decorum in the Magno Palazzo in Trent, in: Renaissance Studies 7, 1993, S. 357-378.

37 *Paolo Cortesi*: De cardinalatu. Castel Cortesiano 1510; zum Kap. Qualis esse debeat domus cardinalis vgl. *Dal Prá*: Hinderbach (wie Anm. 35), S. 42f.

Abb. 11: Trient, Kastell Buon Consiglio und Palazzo Magno, Fassade zur Stadt.

Loggia, von der die geradläufige Treppe abgeht, miteinander verknüpft. Der von Cles inschriftlich »pro suo et posterorum suorum commodo« errichtete Palast bleibt im Schutz der Fortifikation und ist in einer effektvoll gesteigerten Wegeführung nur über die Burg zu betreten. Im Grundsatz vergleichbar mit dem »Neuen Bau«, unterscheidet sich der Bau durch die Lage und das ganz auf differenzierte Wohnfunktionen ausgelegte Raumprogramm von Albrechts Konzept in Halle. Während der Neue Bau den Residenzbereich von der Peripherie zwar Richtung Stadtzentrum vorschiebt und sich im zurückhaltenden Äußeren gleichsam camoufliert, aber in der Blickführung auf den Garten jenseits der Saale orientiert, verstärkt der italienische Palazzo neben dem Kastell das konfrontative Gegenüber zur tiefer liegenden Stadt, die physisch wie optisch distanziert und aus Erkern und Fenstern prospekthaft gerahmt wird. Cles findet im ästhetisierten Blick auf das unterworfene Trient jenen Genuß, den Albrecht in Halle mit dem Garten kompensieren muß, da seine ungehorsame Stadt keinen schönen Anblick erlaubt.

Ein Fazit dieses kursorisch skizzierten Überblicks fällt notgedrungen knapp aus. Das innovative Potential geistlicher Residenzen zwischen 1470 und 1540 ist wegen der starken Zersplitterung der Bautätigkeit bislang nicht erkannt worden. Die Fixierung auf die großen wettinischen Schlösser und neuerdings auch auf die kurpfälzischen Residenzen Heidelberg und Neuburg[38] seit 1510/20 hat den Blick einseitig auf die mächtigen Territorialherren fokussiert und dabei übersehen, daß neben wenigen politisch bzw. finanziell starken Bauherren aus dem weltlichen Fürstenstand eine größere Zahl bischöflicher Reichsfürsten wesentliche Beiträge zur Modernisierung und Überwindung des befestigten Burgschlosses geleistet haben. Was die Bereitschaft zu neuen Lösungen betrifft, lassen sich keine Unterschiede hinsichtlich der sozialen Herkunft der hochstiftischen Bauherren erkennen. Die Hallenser Residenz des altfürstlichen Brandenburgers, der zu den global players seiner Epoche gehört, das Lütticher Palais des Reichsgrafen und Kardinals von der Mark und der Palazzo Magno des niederadeligen Kardinals Cles in Trient bezeichnen in Typus und Stil differente, aber politisch vergleichbare Anspruchsniveaus der frühneuzeitlichen Schloßbaukunst, deren vornehmste Aufgabe die Darstellung und Sichtbarmachung sozialer Distinktion wird. Über standesspezifische Milieus und mentale Prägungen innerhalb der niederen und höheren Aristokratie in kirchlichen Ämtern hinweg zeichnet sich eine auffällige Gemeinsamkeit ab: ausgenommen den bürgerlichen Salzburger Erzbischof Matthäus Lang, der die weitsichtigen fortifikatorischen Baumaßnahmen seines Vorgängers nutzt, um Stadt und Land im Bauernkrieg 1525/26 dauerhaft zu disziplinieren, sind es die standesbewußten und der humanistischen Kultur des Südens gegenüber aufgeschlossenen adeligen Kardinäle der Reichskirche, die im frühen 16. Jahrhundert die umfangreichsten, ehrgeizigsten und auch modernsten Residenzprogramme ins Werk setzen.[39] Am deutlichsten wird ihr besonderes Profil in der Tendenz faßbar, eine private Wohnsphäre, einen dem persönlichen

38 *Stephan Hoppe*: Der Schloßbau Ottheinrichs von der Pfalz in Neuburg an der Donau. Überlegungen zu Beziehungen zur kurpfälzischen Hofarchitektur der 1520er Jahre, in: Lieb: Form (wie Anm. 27), S. 202-212. Für die urbanen Wurzeln des »polyfokalen« Blicks aus »facettierten« Baukörpern (ebd., S. 207ff.), den Hoppe in früheren Aufsätzen zum frühneuzeitlichen Schloßbau in die Literatur eingeführt hat (vgl. ebd., S. 212 Anm. 34 und 39), ist die Fassade zum Rennweg der Innsbrucker Hofburg mit ihren mehrgeschossigen Erkern in der Erlanger Zeichnung (Graphische Sammlung der Universitätsbibliothek; Inv.Nr.: B 458) zu ergänzen.

39 Bereits *Krause*: Der »Neue Bau« (wie Anm. 27), S. 220f., sieht die Hallenser Residenz »im weiteren Sinne mit der Situation römischer Kardinalspaläste vergleichbar« und stellt sie neben Lüttich und Trient.

otium reservierten Bezirk, zwischen Studium und Gartenlust, von den offiziellen Amtsräumen und Regierungslokalen abzugrenzen, wie er sich, ausgeprägter als bei weltlichen Landesherren, nicht nur in Lüttich, Trient und Halle, sondern ebenso in Freising und Passau erschließen läßt.

Gegen Ende des zu untersuchenden Zeitraums scheint die Bautätigkeit geistlicher Fürsten zu erlahmen, bei einigen aufgrund erreichter Stabilisierung im Vorfeld des Augsburger Religionsfriedens 1555, bei anderen wegen des noch unentschiedenen oder bereits verlorenen Kampfes um Behauptung gegen drohende Säkularisierung. Doch schon seit dem späten 16. Jahrhundert bis weit in den 30jährigen Krieg hinein zeichnet sich unter dem Horizont einer kraftvollen Gegenreformation ein neuer Boom hochrangiger und innovativer fürstbischöflicher Residenzbauten ab [Aschaffenburg, Mainz, Trier, Ehrenbreitstein, Bamberg, Eichstätt, Passau, Salzburg, Brixen und Iburg (Osnabrück)], der bis heute ein Stiefkind der Kunstgeschichte geblieben ist und etwas zu Unrecht im Schatten der quantitativ weitaus geringeren Bautätigkeit der Wittelsbacher- und Schönbornbischöfe im 18. Jahrhundert steht. Wenige weltliche Fürsten haben im späten 16. und in der ersten Hälfte des 17. Jahrhunderts so massiv in ihre Residenzarchitektur investiert. Das aber wäre ein ganz anderes Thema, mit dem nur angedeutet sei, wie ausschnitthaft und begrenzt unsere Kenntnisse zum Schloßbau geistlicher Fürsten noch immer sind. Doch läßt sich schon jetzt festhalten, daß alle drei Perioden konzentrierter Bau- und Planungstätigkeit in den Hochstiften in die Phasen ihrer akuten politischen und reichsrechtlichen Bedrohung fallen, die seit dem Aufkommen der Reformation bis zur Säkularisierung im frühen 19. Jahrhundert ihre Legitimität immer wieder nachhaltig erschüttert hat.

Abbildungsnachweis:
1-11: Archiv des Autors

SVEN HAUSCHKE

Die Grablege von Erzbischof Ernst von Wettin im Magdeburger Dom

Baupolitik im Zeichen der Memoria

Als das Magdeburger Domkapitel Ernst von Wettin am 6. Januar 1476 zum Administrator des Erzbistums wählte, war dieser elf Jahre alt.[1] Man muß davon ausgehen, daß die Wahl auf Bestreben seines Vaters, des gleichnamigen sächsischen Kurfürsten, erfolgte. Voraussetzung waren wohl beträchtliche Geldzahlungen, von denen nicht nur Rom profitierte, sondern auch das Magdeburger Domkapitel. Es gibt auffallende zeitliche Parallelen zwischen der Wahl des neuen Erzbischofs aus Sachsen und intensiven, neu einsetzenden Bauarbeiten am Dom.[2] In den folgenden Betrachtungen soll diese Baupolitik analysiert und den dahinterstehenden Motivationen nachgegangen werden.

Bauchronologie

Der ottonische Dom in Magdeburg, der nach dem verheerenden Brand im Jahr 1207 völlig neu errichtet wurde, konnte in einer glanzvollen Zeremonie durch Erzbischof Dietrich am 22. Oktober 1363 geweiht werden. Allerdings war der Dom, wie so viele bedeutende mittelalterliche Bauwerke, zu diesem Zeitpunkt noch nicht vollendet. Es fehlte ein würdiger Abschluß im Westen.

An der Westfassade sind drei Bauphasen nachzuweisen (Abb. 1). Zunächst entstand zwischen ca. 1260 und 1280 das Untergeschoß und dann zwischen 1310 und 1363 das erste Turmgeschoß mit seinen hohen Maßwerk-Blendfenstern, das zweite Geschoß zusammen mit dem vorgelegten Hauptportal sowie das reich gegliederte Geschoß des Zwischenbaus. Die endgültige Fer-

1 Zum kirchenpolitischen Aspekt in der Vita von Ernst siehe *Friedrich Hoffmann*: Geschichte der Stadt Magdeburg, neu bearb. von Georg Hertel/Friedrich Hülsse. Bd. 1, Magdeburg 1885, S. 251-286 und neuerdings grundlegend *Jörg Rogge*: Ernst von Sachsen, Erzbischof von Magdeburg und Administrator von Halberstadt (1476-1513), in: Mitteldeutsche Lebensbilder. Menschen im späten Mittelalter. Hrsg. von Werner Freitag. Köln/Weimar/Wien 2002, S. 27-68.

2 Ernst ließ zudem vom Papst für die Vollendung der Turmfassade einen Ablaß ausschreiben.

Abb. 1: Magdeburg, Dom: Westfassade.

tigstellung der Fassade wurde 1477 in Angriff genommen, ein Jahr nachdem Ernst von Wettin zum Administrator des Erzbistums gewählt worden war. Baurechnungen, die im Jahr 1815 ausgewertet wurden, heute allerdings verloren sind, haben dies dokumentiert.[3] Zunächst kommen die Arbeiten an

3 Zumindest bis 1815 sollen Dombaurechnungen ab dem Jahrgang 1477 vorhanden gewesen sein, die belegen, daß man mit der Vollendung der Türme begonnen hatte; *J[ohann] F[riedrich] W[ilhelm] Koch*: Der Dom zu Magdeburg. Magdeburg 1815, S. 4. Zur Westfassade weiterhin *Richard Hamann/Felix Rosenfeld*: Der Magdeburger Dom. Berlin 1910, S. 148, sowie *Walther Greischel*: Der Magdeburger Dom. Berlin 1939, S. LII-LVII.

den Türmen wohl nur langsam voran, bis man 1493 ihre Errichtung forcierte. Denn in diesem Jahr bemühte man sich, den Werkmeister und Steinmetz Heinrich Bethe für den Turmbau zu verpflichten. In dem erhaltenen Vertragsentwurf heißt es, »dat wy den vorsichtigen Hinricke Bethe to eynem werckmeister unser kerken gebuwes an unde op genommen hebben, also dat he dat gebuwe unser kerken thorme, dat wy nicht lange tyd verlopen [= geloben] to arbeiden hebben anfahen laten ... als eyn meister regiren vorstan vorhegen unde arbeiden schall«.[4] Hieraus geht hervor, daß Erzbischof Ernst versprochen hatte, die Türme zu vollenden. In den folgenden Jahren kamen das obere quadratische Geschoß der Türme, die achteckigen hohen Laternengeschosse mit den krabbenbesetzten Pyramidenhelmen sowie die Bauplastik und der Giebel des Zwischenbaus hinzu. Am Helm des Nordturms findet sich der inschriftlich bezeugte Abschluß der Bauarbeiten im Jahr 1520. Baumeister war Bastian Binder, der anschließend für Kardinal Albrecht von Brandenburg die Hallenser Bauhütte leitete.[5]

Unter Erzbischof Ernst wurden demnach die weithin sichtbaren, zeichensetzenden Türme errichtet und die dekorativen Elemente des Zwischenbaus ausgeführt. Das wohl zwischen 1510 und 1520 entstandene Statuenprogramm umfaßt im Giebel Maria mit den Kirchenpatronen Mauritius und Katharina sowie Christus und zehn – nicht zwölf – Apostel, von denen einer im Zweiten Weltkrieg zerstört wurde.

Der Vater des Erzbischofs, Kurfürst Ernst, Oberhaupt der sächsischen Herzogsfamilie und der im Hintergrund agierende Initiator der Baumaßnahmen, war sehr darum bemüht, den Machtbereich seiner Familie auszubauen. Gelingen sollte dies vor allem durch die Besetzung von geistlichen Schlüsselpositionen.

4 Magdeburg, Landesarchiv, Landeshauptarchiv: Cop. 102, Bl. 67v; zitiert nach *Hamann/Rosenfeld*: Dom (wie Anm. 3), S. 170 Nr. 91.

5 Die Bestallung erfolgte am 30. 3.1520, siehe *Paul Redlich*: Cardinal Albrecht von Brandenburg und das Neue Stift zu Halle 1520-1541. Eine kirchen- und kunstgeschichtliche Studie. Mainz 1900, Beilage 14, S. 39*, und *Michael Scholz*: Residenz, Hof und Verwaltung der Erzbischöfe von Magdeburg in Halle in der ersten Hälfte des 16. Jahrhunderts. (Residenzenforschung, Bd. 7.) Sigmaringen 1998, S. 187.

Familieninteressen der Wettiner

Im Zentrum dieser Familienpolitik stand Erzbischof Ernst, der im Gegensatz zu seinem älteren Bruder Friedrich, genannt der Weise, für eine kirchliche Karriere bestimmt war. Zusätzlich zum Erzbistum Magdeburg verschaffte ihm sein Vater im Jahr 1479 auch das Bistum Halberstadt. Damit vereinte der Erzbischof eine Machtfülle, die bis dahin auf geistlicher Ebene unbekannt war – einige Jahre später jedoch von Kardinal Albrecht von Brandenburg übertroffen werden sollte. Kurfürst Ernst erweiterte konsequent den Einflußbereich der Wettiner und setzte 1480 die Wahl seines dritten, dreizehn Jahre alten Sohnes Adalbert (1467-1484) zum Erzbischof von Mainz durch. Dessen früher Tod verhinderte allerdings die weitere Machtausdehnung der Sachsen. Vergeblich versuchten sie, den Magdeburger Erzbischof auch auf den Mainzer Erzbischofsstuhl zu heben.[6]

Weitere wichtige Ämter bekleideten die Schwestern von Kurfürst Ernst: Margaretha (*1444) war Äbtissin des Klosters Seusslitz, Hedwig (1445-1511) Äbtissin des Reichsstifts Quedlinburg. Der mit diesen Ämtern verbundene Einfluß dehnte sich auch auf weltliche Bereiche aus. Dies zeigt sich daran, daß 1477 die Stadt Quedlinburg nach langen Auseinandersetzungen unter wettinische Schutzherrschaft gelangte. Einen ähnlichen Vorgang gab es in Halle, wo in der nahe gelegenen Burg Giebichenstein traditionell die Erzbischöfe von Magdeburg residierten. Dort beendete Erzbischof Ernst 1478 die vier Jahre zuvor begonnenen innerstädtischen Auseinandersetzungen, indem er nach Verrat eines Bürgers die Stadt Halle besetzte und die städtische Autonomie stark einschränkte. 1479 wurde in der Hallenser Regimentsordnung festgehalten, daß der Landes- und Stadtherr »eyn Sloß ader Vestunge jn ader [= oder] an die gedachte Stadt Halle buwen und haben« werde, woraus bekanntlich die Albrechtsburg entstehen sollte.[7]

Auch in Magdeburg gab es immer wieder Streitigkeiten zwischen dem Erzbischof und der nach Reichsfreiheit strebenden Stadt, obwohl nach dem feierlichen Einzug von Ernst am 28. Oktober 1476 die Stadt dem neu ge-

6 *Bernd Stephan*: Kulturpolitische Maßnahmen des Kurfürsten Friedrich III., des Weisen, von Sachsen, in: Lutherjahrbuch 49, 1982, S. 50-95, hier S. 56.

7 *Johann Christoph von Dreyhaupt*: Pagus Neletici et Nudzici oder Ausführliche diplomatisch-historische Beschreibung des ... Saal-Creyses und aller darinnen befindlichen Städte, Schlösser, Aemter etc. T. 2, Halle (Saale) 1750, S. 306; hier zitiert nach *Hans-Joachim Krause*: Albrecht von Brandenburg und Halle, in: Friedrich Jürgensmeier (Hrsg.): Erzbischof Albrecht von Brandenburg (1490-1545). Ein Kirchen- und Reichsfürst der Frühen Neuzeit. Frankfurt a.M. 1991, S. 296-356, bes. S. 296.

wählten Administrator huldigte und im Gegenzug der Wettiner ihr die Freiheiten, Rechte und Gewohnheiten bestätigte und alles nach einem friedlichen Miteinander aussah. Fast immer ging es um Rechte und Privilegien, um die Gerichtsbarkeit und vor allem um Geld, so 1483 wegen der vom Erzbischof eingesammelten und teilweise einbehaltenen Türkensteuer. Mit der Bitte um Schutz wandte sich der Rat der Stadt an Kaiser Friedrich III., woraufhin Ernst die Stadt für drei Jahre mied.[8] Derartige Streitigkeiten brachen immer wieder aus, doch setzte sich der Erzbischof schließlich 1497, nachdem zuvor 1494 eine Schiedskommission ohne Ergebnis geblieben war, endgültig mit der Bestätigung seiner Landeshoheit durch.[9]

Diese Beispiele zeigen, daß es den Wettinern im besonderen Maße um die Festigung und Erweiterung ihres Territoriums und um die Ausdehnung des eigenen Machtbereiches ging. Im Falle von Erzbischof Ernst war dies, wie eingangs gezeigt, mit umfangreichen, weithin sichtbaren Baumaßnahmen verbunden.

Ist der Beginn der Arbeiten an der Westfassade im Kontext der strategischen Politik des sächsischen Fürstenhauses zu sehen, richtet sich das persönliche Interesse Erzbischof Ernsts auf die Neugestaltung der hinter dem Hauptportal, zwischen den Türmen gelegenen Kapelle (Abb. 2).

Die Kapellenstiftung

Am 20. September 1494 machte Erzbischof Ernst eine umfangreiche Stiftung und wandelte die ungefähr 10 Meter breite Kapelle, in der bisher ein Annen-Altar stand, in seinen privaten, der Maria geweihten Gedächtnisraum um.[10] Die Stiftung sah sechs Priester und fünf Vikare für den täglichen Gottesdienst vor und umfaßte neben dem umlaufenden Gestühl auch die gesamte liturgische Ausstattung.[11] Zentrum der Anlage, die zum

8 Als unmittelbare Reaktion darauf ist die 1484 erfolgte Grundsteinlegung der Albrechtsburg direkt vor den Toren der Stadt Halle durch Ernst zu werten.

9 *Gustav Hertel*: Der Streit Erzbischofs Ernst mit der Stadt Magdeburg 1494-1497, in: Geschichtsblätter für Stadt und Land Magdeburg 23, 1888, S. 370-409.

10 Der Annen-Altar sollte laut Stiftungsurkunde versetzt werden und befindet sich heute zusammen mit einer Steinfigur der Anna Selbdritt von 1504 im südlichen Seitenschiff des Doms.

11 Auszüge der Stiftungsurkunde bei Germania Sacra. Die Bistümer der Kirchenprovinz Magdeburg: Das Erzbistum Magdeburg, 1. Bd., 1. T.: Das Domstift St. Moritz in Magdeburg, bearb. von *Gottfried Wentz/Berent Swineköper*. Berlin/New York 1972, S. 37f. Nr. 44, und *Hamann/Rosenfeld*: Dom (wie Anm. 3), S. 170 Anm. 92.

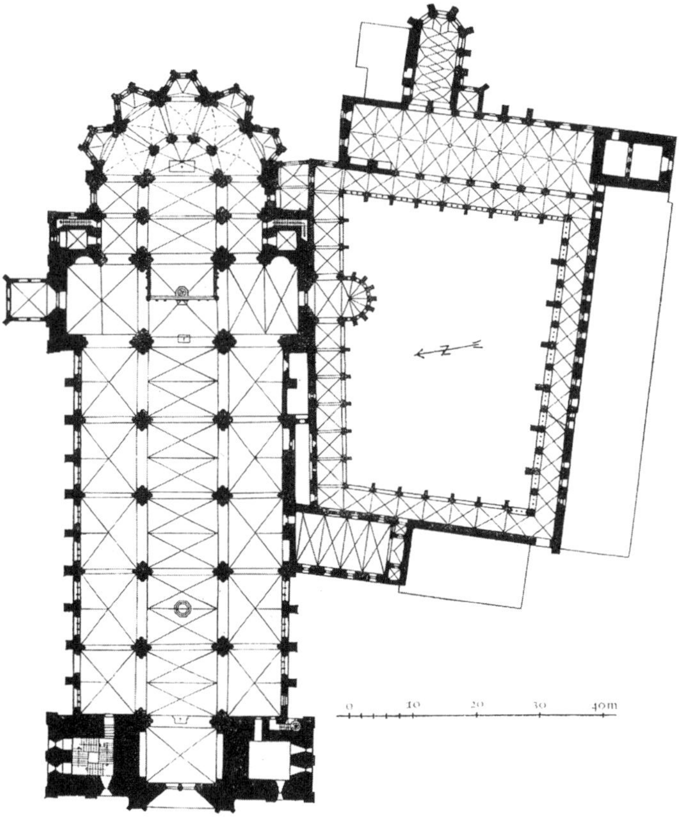

Abb. 2: Magdeburg, Dom: Grundriß.

Langhaus hin von einem großen, 1498 datierten Messinggitter abgegrenzt wird, ist die große Grabtumba aus Messing, die 1495 von der Vischer-Werkstatt in Nürnberg gegossen wurde (Abb. 3). In einer zum Langhaus hin orientierten Inschrift heißt es: »gemacht ▪ zu ▪ nurmberg ▪ von ▪ mir / ▪ peter ▪ fischer ▪ rotgießer ▪ und ▪ ist ▪ // volbracht ▪ worden ▪ da ▪ man ▪ zalt ▪ / 1 ▪ 4 ▪ 9 ▪ 5 ▪ iar«.

Die Tumba wurde offensichtlich 1494, im Jahr der Stiftung, bei Peter Vischer d. Ä. in Nürnberg bestellt. Es ist gut möglich, daß Erzbischof Ernst, der sich in diesem Jahr in Nürnberg aufhielt[12], Details des Auftrages persön-

12 In den Annales Anhaltini, hrsg. von *H[ermann] Wäschke* (Dessau 1911, S. 19), heißt es: »Anno salutis m° cccc° xciiii° fuit in Nornberga …«.

lich mit Peter Vischer d. Ä. besprach. Denn der für die Nürnberger Kunstgeschichtsschreibung wichtige Schreib- und Rechenmeister Johann Neudörfer berichtet 1547 in seinen meist verläßlichen Nachrichten von Künstlern und Werkleuten, daß »wenn ein Fürst herkam oder ein grosser Potentat, ers selten unterliess, dass er ihn nicht in seiner Giesshütten besuchet«.[13] Nach alter Überlieferung soll die Tumba über 1500 Gulden gekostet haben[14], was nicht zu hoch gegriffen scheint, bedenkt man die Größe und das Gewicht des Grabdenkmals. Laut Inschrift, in der es heißt »TEGO IPSE ME VIVUS / POSUIT ET EX ERE VT« (Ich bedecke mich selbst zu Lebzeiten wie er [= der Künstler] mich aus Erz errichtet hat), erfolgte die Aufstellung der Tumba unmittelbar nach ihrer Vollendung – wohl noch im Jahr 1495.

Für die Nutzung des Eingangsbereichs des Magdeburger Doms als Grabkapelle gibt es mit der Grablege der Wettiner in der sogenannten Fürstenkapelle des Meißner Doms ein konzeptionelles Vorbild. Dort ließ der Urgroßvater von Erzbischof Ernst, Kurfürst Friedrich der Streitbare (1370-1442), nach Erlangung der Kurwürde im Jahr 1423 an das Westportal eine Kapelle anbauen, deren Zentrum Friedrichs Grabtumba einnimmt.[15] Gesäumt wird die Tumba des Stifters von Messingmonumenten anderer Mitglieder des Hauses Wettin. Mehrere von ihnen wurden in der Nürnberger Vischer-Werkstatt gegossen.[16] Auch die Tumba Friedrichs des Streitbaren stammt aus Nürnberg, doch ist sie vor der aktiven Zeit der Vischer-Werkstatt entstanden.

Eine Beisetzung von Erzbischof Ernst in Meißen stand offensichtlich nie zur Diskussion. Vielmehr war es naheliegend, in Magdeburg, dem Sitz des Erzbistums, bestattet zu werden. Hinzu kommt, daß mit der »Leipziger Teilung« der wettinischen Länder, nach der Meißen 1485 in Besitz der albertinischen Linie gelangte, die ernestinische Linie keine eigene Grablege mehr

13 *Johann Neudörfer*: Des Johann Neudörfers Schreib- und Rechenmeisters zu Nürnberg Nachrichten von Künstlern und Werkleuten daselbst aus dem Jahre 1547. Nebst der Fortsetzung des Andreas Gulden, hrsg. von Georg Wolfgang Karl Lochner. Wien 1875, S. 21.

14 Wohl erstmals bei *Johann Sebastian Müller*: Des Chur- und Fürstlichen Hauses Sachsen Ernestinischer und Albertinischer Linien Annales von Anno 1400 bis 1700. Weimar 1701, S. 67.

15 *Heinrich Magirius*: Die Fürstenkapelle. Baugeschichte und Baugestalt, in: Elisabeth Hütter u.a.: Forschungen zur Bau- und Kunstgeschichte des Meissner Domes, Bd. 1: Das Portal an der Westturmfront und die Fürstenkapelle. Halle (Saale) 1999, S. 176-260.

16 Zu den Grabdenkmälern der Vischer-Werkstatt Sven Hauschke: Die Grabdenkmäler der Nürnberger Vischer-Werkstatt 1453-1544. Petersberg 2005 (im Druck).

Abb. 3: Magdeburg, Dom: Grabtumba von Erzbischof Ernst von Wettin; Peter Vischer d. Ä., 1494-1495.

besaß. Ernsts Brüder, Friedrich der Weise und Johann der Beständige, verfügten testamentarisch, im Chor der Wittenberger Schloßkirche beigesetzt zu werden.[17] Es gibt allerdings Anzeichen dafür, daß sie zunächst im Westen der Schloßkirche, im sogenannten kleinen Chor, eine Grablege geplant hatten. Denn 1506 stifteten sie Messen zum Seelenheil und Gedächtnis der kurfürstlichen Familie.[18] Für die von vier Priestern abgehaltenen Seelenmessen und einen besonderen Mariendienst wurde eine eigene Kapelle »hinden under der boerkirchen in dem hindersten fenster gegen dem nidergang der sonnen fur dem Altar aller gleubigen selen« errichtet.[19] Die Bauarbeiten

17 *Sven Hauschke*: Ein Paragone um Grabdenkmäler der Vischer-Werkstatt. Kardinal Albrecht von Brandenburg und Kurfürst Friedrich der Weise von Sachsen, in: Anzeiger des Germanischen Nationalmuseums 2002, S. 231-240, bes. S. 232-235.

18 Germania Sacra, 1. Abt.: Die Bistümer der Kirchenprovinz Magdeburg, 3. Bd.: Das Bistum Brandenburg, zweiter Teil, bearb. von *Fritz Burger/Gottfried Wentz*. Berlin 1941, S. 100f., und *Fritz Bellmann/Marie-Luise Harksen/Roland Werner* (Bearb.): Die Denkmale der Lutherstadt Wittenberg. Weimar 1979, S. 90.

19 Urkunde vom 11. 11. 1506; zitiert nach *K. Pallas*: Urkunden, das Allerheiligenstift zu Wittenberg betreffend, 1522-26, in: Archiv für Reformationsgeschichte 12, 1915, S. 37 Anm. 1.

wurden laut neuer Forschungen von Franz Bischoff von Juni bis November 1510 durch Burkhard Engelberg aus Augsburg ausgeführt.[20] Konzeptionelle Vorbilder liefern sowohl die Fürstenkapelle in Meißen als auch die Marienkapelle zwischen den Türmen im Magdeburger Dom. Trotz der geringen Ausmaße spricht die Stiftung von Seelenmessen dafür, daß in der Kapelle am westlichen Ende des Langhauses auch eine Grablege geplant war. Architektonisch ist von dieser Kapelle nichts mehr erhalten. Ein Grundriß der Wittenberger Schloßkirche von 1760 gibt jedoch eine Vorstellung der ursprünglichen Größenverhältnisse.[21] Spätestens 1516 wurde dann der Ostchor der Wittenberger Schloßkirche als gemeinsame Grabstätte für Johann den Beständigen und Friedrich den Weisen auserkoren, wie aus ihren Testamenten hervorgeht.[22]

Wann Erzbischof Ernst mit den Planungen zu seiner Grabanlage in Magdeburg begonnen hat, ist nicht genau zu sagen. Doch läßt der unmittelbare Zusammenhang zwischen dem erwähnten Vertragsentwurf mit Heinrich Bethe aus dem Jahr 1493 und den Turmarbeiten darauf schließen, daß eine Konkretisierung der Pläne von Ernst in den Jahren 1493/1494 erfolgte. Die Bestätigung für die vorgesehene Beisetzung Ernsts in Magdeburg findet sich in dessen Testament aus dem Jahr 1503. Darin verfügte Ernst »in unser neuen Capellen, die wir mit volborth[23] [Zustimmung] unsers Capittils [Domkapitels] dorzue ufgericht, uns doselbs als eines Ertzbischoff ehrlich und wie gewöhnlich herbrocht« bestattet zu werden.[24]

Ausdruck des persönlichen Konzeptes der Grabanlage ist das auf den Erzbischof zugeschnittene ikonographische Programm der Kapelle. Gleich mehrfach erscheinen seine Wappen. So finden sich die zwölf Wappen der sächsischen Lande gemalt im Gewölbe[25], als Reliefs an den Seitenflächen der Tumba und auf dem von Ernst gestifteten Marienaltar (Abb. 4), der den

20 *Franz Bischoff*: Burkhard Engelberg. Augsburg 1999, S. 156f.

21 Dresden, Landesamt für Denkmalpflege, Plansammlung: 17. M 65 A, Nr. 11; siehe *Bellmann/Harksen/Werner*: Denkmale (wie Anm. 18), Abb. 75.

22 Thüringisches Hauptstaatsarchiv Weimar, Ernestinisches Gesamtarchiv: Reg. D 139, Bl. 4 (Johann der Beständige) und Thüringisches Hauptstaatsarchiv Weimar, Ernestinisches Gesamtarchiv: Urkunden Nr. 675 (Friedrich der Weise); *Hauschke*: Paragone (wie Anm. 17), S. 233f.

23 Matthias Exner: Mittelhochdeutsches Handwörterbuch. Bd. 3, Leipzig 1878, Sp. 435.

24 Magdeburg, Landesarchiv, Landeshauptarchiv: Rep. U2, LVIII, Nr. A5, Bl. 1. Vermutlich handelt es sich um eine zeitgleiche Abschrift oder ein Konzept; dieser Abschnitt erscheint nicht bei *Redlich*: Cardinal (wie Anm. 5).

25 Nach *Hamann/Rosenfeld*: Dom (wie Anm. 3), S. 150, fehlt das Wappen von Orlamünde.

Abb. 4: Hohenmölsen, Pfarrkirche: Marienaltar aus der Grabkapelle des Erzbischofs Ernst von Wettin im Magdeburger Dom; Werkstatt Michael Wolgemut, um 1494.

bereits erwähnten Annen-Altar ersetzte.[26] Das zweifellos im Zusammenhang mit der umfangreichen Stiftung des Jahres 1494 in Auftrag gegebene Retabel befindet sich seit 1664 in der Pfarrkirche von Hohenmölsen, wohin es durch Administrator Herzog August von Sachsen-Weißenfels geschenkt wurde.[27] Die Festtagsseite mit der Krönung Mariae spielt auf das Patrozinium der Kapelle an, die flankierenden Heiligen Mauritius und Stephanus stellen die Bistumspatrone dar. Im geschlossenen Zustand ist eine Anbetung der Könige zu sehen.[28] Auch dieser Marienaltar wurde in Nürnberg in Auftrag gegeben, und zwar in der Werkstatt von Michael Wolgemut, wie ein

26 *Hamann/Rosenfeld*: Dom (wie Anm. 3), S. 149f., und *Gude Suckale-Redlefsen*: Mauritius. Der heilige Mohr. München/Zürich 1987, S. 208f.

27 *Ingo Sandner*: Spätgotische Tafelmalerei in Sachsen. Dresden/Basel 1993, S. 68f., ignoriert die ältere Literatur und datiert den Altar zwischen 1480-90.

28 Auch der von Ernst für Halle, vielleicht für die dortige Magdalenenkapelle gestiftete Altar von Hans Baldung Grien aus dem Jahr 1507 zeigt die Anbetung der Könige; *Gert von der Osten*: Hans Baldung Grien. Gemälde und Dokumente. Berlin 1983, S. 42-47 Nr. 3, Taf. 3-8.

Vergleich zwischen Gottvater und dem Titelblatt der 1493 erschienenen Schedelschen Weltchronik verdeutlicht.[29]

Zur originalen Ausstattung der Kapelle gehörten zwei eiserne Radleuchter und ein großer, siebenarmiger Leuchter aus Messing, der am Fuß »xciiii«, für (14)94, datiert ist.[30] Zu seiner Herkunft ist nichts bekannt, er könnte aber ebenfalls aus Nürnberg stammen, da derartiges Gerät typisch für die Nürnberger Metallproduktion war. Verloren sind hingegen die meisten der gestifteten Paramente und liturgischen Geräte: zwei silberne, vergoldete Kelche mit Patenen, eine silberne Räucherschale mit silberner Kette, zwei silberne Plenarien, in denen verschiedene Textsorten der Meßfeier zusammengefaßt waren, sowie ein großes und ein kleines silbernes Rauchfaß.[31] Lediglich ein Stück hat sich bisher nachweisen lassen, ein goldener Kelch aus dem Statens Historiska Museum in Stockholm (Abb. 5).[32] Das Wappen von Erzbischof Ernst sowie die Jahreszahl 1494 sichern dessen Verbindung mit der Kapellenstiftung. Es ist ein Glücksfall, daß der mit Emails, Perlen und kostbaren Edelsteinen verzierte Kelch – darunter Diamanten, Rubine und Smaragde – den Raub der schwedischen Truppen im Jahr 1632 überstanden hat und nicht wegen seines Materialwerts eingeschmolzen wurde. Der Kelch nimmt nicht nur kunsthistorisch eine herausragende Stellung ein, er war offensichtlich auch für den Erzbischof von großer Bedeutung. Ich möchte ihn mit einem Passus im bereits herangezogenen Testament von Ernst aus dem Jahr 1503 in Verbindung bringen, in dem es um verschiedene Goldschmiedewerke geht. Dort heißt es:

> »Zcum andern so sullen alle gulden und silberne kleynod ..., die ittzunder in unser capellen zw Gebichenstein sein, ..., in die capelle zwuschen beyden thörmen in unser ertzbischoflichen kirchen zw Magdeburg geantwurt und gegeben werden unvorandert. Dergleich sal der gantz guden [= gulden] kelch bey derselbigen capelle, wie er gereit [bereits] obirgeantwurt ist, bleiben.«[33]

29 Zum Holzschnitt und der zugehörigen Entwurfszeichnung siehe *Eberhard Slenczka*: Die Weltchronik des Hartmann Schedel, in: Hermann Maué u.a.: Quasi Centrum Europae. Europa kauft in Nürnberg 1400-1800. (Ausstellungskatalog) Nürnberg 2002, S. 284-303, bes. S. 296, Kat. 100 und 101.

30 *C. L. Brandt*: Der Dom zu Magdeburg. Magdeburg 1863, S. 76.

31 Germania Sacra, Magdeburg (wie Anm. 11), S. 37 Nr. 44.

32 Seit 1868 im Statens Historiska Museum Stockholm, Inv.Nr. 3937:Db:1; *Carl R. af Ugglas*: Ärkebiskoparna av magdeburg och guldsmeden Huauf, in: Nationalmusei Årsbok 1937, S. 49-53, und *Horst Reber*: Albrecht von Brandenburg. Kurfürst, Erzkanzler, Kardinal 1490-1545. (Ausstellungskatalog) Mainz 1990, S. 173f. Nr. 71.

33 *Redlich*: Cardinal (wie Anm. 5), Beilage 1, S. 2*f.

Abb. 5: Stockholm, Statens Historiska Museum: Goldener Kelch des Erzbischofs Ernst von Wettin, 1494.

Schon dieser einzelne Kelch belegt, mit welchem Aufwand und finanziellen Einsatz Erzbischof Ernst die Ausstattung seiner Grablege vorantrieb. Ihr bedeutendstes Element aber ist die große Grabtumba, die das Zentrum der Kapelle einnimmt. Sie steht auf einem niedrigen, profilierten Sockel aus Sandstein, an dem drei verschiedene Steinmetzzeichen auszumachen sind. Das Monument ist im eigentlichen Sinne ein Kenotaph, da Ernst, wie üblich, nicht im Grabdenkmal selbst, sondern in einer kleinen, darunterliegenden Gruft bestattet wurde.[34] Auf der vorkragenden Deckplatte, die als leicht vertiefte, von kleinen Diensten gerahmte Rundbogennische gestaltet ist, befindet sich die lebensgroße Figur des Erzbischofs, die von einem monumentalen, aber dennoch filigranen Baldachin in Form einer spätgotischen Zierarchitektur bekrönt wird. Ernst, im vollen Ornat eines Erzbischofs, mit Mitra, Kasel, Pallium und Pontifikalhandschuhen bekleidet, hält in der Rechten den ehemals versilberten Primasstab, in der Linken den Bischofsstab mit Sudarium.[35] Dabei scheint er auf einem kauernden, wappenhaltenden Löwen zu stehen, obwohl sein Kopf auf zwei Kissen liegt, die in ihrer Stofflichkeit überaus realistisch wiedergegeben sind. Das Gesicht ist mit markanten Falten, weit geöffneten Augen und tief gebohrten Pupillen stark idealisiert. Auf den abgeschrägten Rändern der Deckplatte steht die zweizeilige und sorgfältigst ausgeführte Inschrift[36]; in den Ecken ruhen, auf architektonisch gestalteten Postamenten vier die Grabfigur leicht überragende Evangelistensymbole. Die Seitenflächen der Tumba werden aus alternierend angeordneten Wappen und Heiligenstatuetten gebildet. Jeweils auf Postamenten und unter fialenbesetzten Baldachinen stehen am Kopfende der Bistumsheilige von Magdeburg, Mauritius, am Fußende derjenige von Halberstadt, Stephan, sowie an den Längsseiten die zwölf Apostel, die aufgrund fehlender bzw. indifferenter Attribute nicht mehr alle identifiziert

34 Bei der Erneuerung des Bodenbelages der Kapelle 1834 entdeckte man nahe der südöstlichen Ecke der Tumba eine Öffnung, die zu einem unterirdischen Raum führt. Darin befindet sich eine gemauerte Kammer, in die der Sarg von Osten her hineingeschoben wurde. Siehe hierzu *Friedrich Wiggert*: Über die Begräbnisse der Erzbischöfe im Dom zu Magdeburg, in: Geschichtsblätter für Stadt und Land Magdeburg 2, 1867, S. 190-208, hier S. 206f.

35 Versilberung laut der anonym verfaßten Beschreibung der Domkirche: Eigentliche Beschreibung der Welt-beruhmten Domkirchen zu Magdeburg, hrsg. von einem Liebhaber der Antiquität. Magdeburg 1717, Nr. 19.

36 »QVALICVMQUE • ME • ARTE • ARTIFICIS • MANVS • ELABORAVERE • TERRA • TAMEN / TERRAM • ET • QVOD • ERNESTI • / EX • DVCIBVS • SAXONIE • MAGDEBVRGENSIS • ARCHIPRESVLIS • GERMANIE • PRIMATIS • / AC • HALBERSTADENSIS • ADMI/NISTRATORIS • RELIQVVM • EST • TEGO • IPSE • ME • VIVVS • POSVIT • ET • EX • ERE • VT • / POSTERIS • PIETATIS • ET • AMORIS / SVI • MEMORIAM • RELINQVERE • QVAMLONGISSIMAM • VIXIT • ANNIS⟨XLIX • MENS(IS • I • DIEB(VS) • VI • / PRESEDIT • ECC(LES)IE • MAGDEBVRGEN(SIS) • AN(NOS) • XXXVII • M(ENSIS) • IX • D(IEBVS) • II • ET • HALBERSTAD(ENSIS) • AN(NOS) • XXXIII • D(IEBVS) • X/XXVI • OBIIT • AN(NO) • MDX/III • DIE • III • MENS • AVGVSTI • CVIVS • ANIMA • IN • REFRIGERIO • LUCIS • AC • PACIS • REQU(I)ESCAT • AMEN •⟩«. Der in spitze Klammern gesetzte Teil der Inschrift ist nach dem Tode Ernsts in Kaltarbeit ausgeführt worden.

werden können.[37] Zu Füßen der an den Ecken der Tumba diagonal ausgerichteten Apostel kauern vier Löwen, die in ihren Pranken kleine Wappen halten. Die insgesamt vierzehn leicht konkaven und mit Helmzier bekrönten Wappen werden von Blendbögen mit Maßwerk hinterfangen. Ergebnis ist ein äußerst plastisches Erscheinungsbild, dessen ausgeprägtes Licht-Schatten-Spiel die Monumentalität der Anlage betont.

Das Grabdenkmal ragt nicht nur durch seine künstlerische Qualität heraus, auch die Selbstdarstellung des Erzbischofs sucht seinesgleichen. So wird in der Inschrift mit der Formulierung »QVALICVMQUE ▪ ME ▪ ARTE ▪ ARTIFICIS ▪ MANVS ▪ ELABORAVERE« zwar ausdrücklich auf den kunstreichen Schöpfer, also auf Peter Vischer d. Ä. verwiesen, doch sieht sich Ernst als Auftraggeber dem Künstler überlegen. Es ist zu dieser Zeit kein ähnlich anspruchsvolles Monument eines Klerikers bekannt, sieht man einmal von den Papstgräbern und der jüngeren Grabanlage Kardinal Albrechts von Brandenburg ab. Nicolaus Gerhaerts Denkmal des Trierer Erzbischofs Jacob von Sierck, meist in das Jahr 1462 datiert, gehört aufgrund seiner Größe und der Aufstellung vor dem Hochaltar ebenfalls zu den bedeutenden Werken, doch bleibt das Material Kalkstein innerhalb der Konvention.[38]

Mit der Errichtung seiner Grablege markiert Ernst den konzeptionellen Höhepunkt der umfangreichen Baumaßnahmen der kurfürstlich-sächsischen Familie am Magdeburger Dom. Er schafft sich einen eigenen Westchor, der allein seiner privaten Memoria dient.[39] Man muß davon ausgehen, daß er das ikonographische Programm selbst festgelegt hat, findet es sich doch in seinem Testament von 1503 wieder. Darin ist formuliert, daß Ernst seine Seele in die Hände der göttlichen Barmherzigkeit legt und von der »hymel Koenigin«, der die Kapelle sowie der Altar geweiht ist, den »lieben patrones«, die an Stirn- und Fußseite der Tumba eine bevorzugte Position einnehmen, und von der ganzen »hymel schare« Fürbitten erhofft.[40] Selbst das Figurenprogramm der Westfassade bezieht sich auf das Grabdenkmal.

37 Auf eine Diskussion der stilistischen Herkunft des Skulpturenschmucks der Tumba und des Problems der beteiligten Modelllieferanten sei hier aus Platzgründen verzichtet. Dies ist ausführlich nachzulesen in *Hauschke*: Grabdenkmäler (wie Anm. 16), Kat.-Nr. 96.

38 *Otto Wertheimer*: Nicolaus Gerhaert. Seine Kunst und seine Wirkung. Berlin 1929, S. 38-40.

39 Die Kapelle wird in den Quellen »capella sub turribus, minor chorus« und »capelle des cleynen chors under den thoermen« bezeichnet; siehe Germania Sacra, Magdeburg (wie Anm. 11), S. 37 Nr. 44.

40 Magdeburg, Landesarchiv, Landeshauptarchiv: Rep. U2, LVIII, Nr. A5, Bl. 1; *Redlich*: Cardinal (wie Anm. 5), Beilage 1, S. 1*.

Neben dem Bistumspatron Mauritius erscheinen dort, wie eingangs erwähnt, auch die Apostel.

Wie intensiv sich der Erzbischof mit seinem Tod und mit seiner Memoria befaßte, zeigt sich daran, daß er auch seine eigene Beisetzung genau plante und zu ihrer Durchführung feste Vorgaben machte. Ausführlich ging Ernst in seinem zweiten Testament aus dem Jahr 1505 auf den Ablauf der Bestattung ein und verfügte die Herstellung einer Tafel aus Blei mit seinem Namen, Titel sowie Angaben zu Herkunft, Alter, Regierungszeit und Todestag. Sie wurde auf seine Brust gelegt.[41] Weiterhin bestimmte Ernst eine große Gedächtnisfeier 30 Tage nach seinem Tode sowie ein Jahrgedächtnis.[42] Zur Finanzierung sollte sein Silberbesitz herangezogen und daraus 600 bis 700 Gulden für Seelenmessen erlöst werden. Auch für die Maria-Magdalenen-Kapelle in der Neuen Residenz in Halle, wo sein Herz beigesetzt werden sollte, plante Erzbischof Ernst die Stiftung von Seelenmessen. Im bereits erwähnten Testament aus dem Jahr 1505 bat und begehrte er, falls bei seinem Tod die neue Kapelle noch nicht fertig sei, daß sein

> »successor dy kirchen, wy durch mich angefangen, aussbereytten wultt lassen. Dorczu auch 14 brister, 10 korschulder, czweyen knabenn czum alleluia und dy krücze vor der procession czu tragenn, eynn orgenisten und czweyne kuster: dyess personen alle sullen czu enthaldung yres leibes und ander notturff durch eynn funndacionn nach der ere gotes und der heyligen frauwenn Marien Madalenenn, dy patronn der capellen seynn sall, erlichen [ehrenvoll] und nach notturff gestifft und versorgett werden«.[43]

Auch am Beispiel der Maria-Magdalenen-Kapelle in Halle zeigt sich, daß die von Ernst durchgeführten Baumaßnahmen unmittelbar mit seiner Memoria verbunden waren.

41 Die Inschrift lautet »Ernestus, ecclesiae Magdeburgensis Archi-Episcopus, Primas Germaniae et Halberstadensis Administrator, dux Saxoniae, Landgravius Thuringiae et Marchio Misniae, A.D. 1476 aetatis suae anno duodecimo postulatus, obiit Hallis in arce divi Mauricii die Mercurii 3. Augusti anno 1513«; *Dreyhaupt*: Pagus (wie Anm. 6), S. 183, und *Brandt*: Dom (wie Anm. 30), S. 107.

42 *Redlich*: Cardinal (wie Anm. 5), Beilage 1, S. 5*.

43 Zitiert nach ebd., Beilage 1, S. 6*. In Germania Sacra, Magdeburg (wie Anm. 11), S. 37f. Nr. 44, wird dieser Passus im Testament von 1505 irrigerweise auf die Grabkapelle im Magdeburger Dom bezogen. Die Magdalenenkapelle wurde schließlich 1509 fertiggestellt.

Abb. 6: Großes Amtssiegel von Erzbischof Ernst von Wettin; Magdeburg, Landesarchiv, Landeshauptarchiv.

In Magdeburg wird das räumliche und konzeptionelle Zentrum der Marienkapelle von der Grabtumba eingenommen. Ihr monumentales Erscheinungsbild spiegelt das Selbstverständnis des Primas von Germanien in eindrucksvoller Weise wider. Ikonographisch sind auffallende Ähnlichkeiten zu dessen großem Amtssiegel festzustellen, das bezeichnenderweise die besagte Stiftungsurkunde vom September 1494 legitimiert (Abb. 6). Es zeigt den thronenden Erzbischof im vollen Ornat auf einer Bank unter einem großen Baldachin. Zu seinen Füßen befindet sich sein Wappen, das auch an der Tumba an gleicher Stelle zu sehen ist. Flankiert wird Ernst von den unter Baldachinen stehenden Bistumspatronen Mauritius, heraldisch rechts, und Stephan, heraldisch links, mit den entsprechenden Wappen der Bistümer Magdeburg und Halberstadt.[44] Die Darstellungsform ist einem Herr-

44 Magdeburg, Landesarchiv, Landeshauptarchiv: Rep. U1, XVIII, Nr. 42. Umlaufend die Majuskelinschrift: »S(IGILLUM) ERNESTI S(AN)CTE MAGD(EBURGENSIS) AR(CHI)EPI(SCOPI) P(RI)MAT(IS) G(ER)MA(N)IE ET ADMI(NI)STR(ATORIS) HALBE(RSTATENSIS)

schersiegel entnommen, denn normalerweise sind die Siegel geistlicher Würdenträger spitzoval. Dies gilt auch für die Amtsvorgänger von Ernst, die zwar zusätzlich ein rundes Siegel führten. Doch dieses war bedeutend kleiner und besaß als figürliches Element nur die Figur des Bistumsheiligen Mauritius.[45]

Vor dem Hintergrund des großen Amtssiegels erscheint die Grabtumba Erzbischof Ernsts von Wettin als ein ins Dreidimensionale gesteigertes Hoheitszeichen. Über den Tod hinaus ist Ernst als Erzbischof mit sämtlichen Insignien seines Amtes und in seiner ganzen Macht bis an das Ende aller Tage dargestellt. Hierbei spielt auch das Material Bronze[46] eine nicht zu unterschätzende Rolle, stand doch das Erz zu allen Zeiten für Dauer, Unvergänglichkeit und Ehrbarkeit.[47] Ein realer Bezug zwischen Siegel und Grabdenkmal besteht weiterhin darin, daß üblicherweise nach dem Tod eines bedeutenden Amtsträgers dessen Siegelstempel aus rechtlichen Gründen am Grab zerschlagen wurde.

Erzbischof Ernst demonstriert mit der Ausstattung der Kapelle und der Errichtung seiner Grabanlage zu Lebzeiten eindrucksvoll seine Präsenz in Magdeburg. Es kann kein Zufall sein, daß die Stiftung der Kapelle und ihrer Ausstattung zeitlich mit den sich zuspitzenden Auseinandersetzungen mit der Stadt Magdeburg zusammenfällt. Die Okkupation des Eingangsbereiches zwischen den Westtürmen sowie die aufwendige Inszenierung von Grabdenkmal und Memoria war nur aufgrund der Eigenschaft des Erzbischofs als Stifter sowie der Baumaßnahmen an der Westfassade durchzusetzen. Das Grabmonument von Ernst nimmt eine ähnlich prominente Stelle ein wie das Grab Kaiser Ottos des Großen, das die Mitte des Ostchores im Magdeburger Dom markiert. Zu diesem Grabmal besteht eine unmittelbare Verbindung, denn beide Monumente befinden sich genau in der Mittelachse. Wie man beim Neubau des Doms im frühen 13. Jahrhundert selbstverständlich das Grab Ottos im Chor plazierte, so bemächtigte sich Ernst ohne Bedenken der Kapelle unterhalb der Westtürme. Als Zeichen seiner Verbun-

ECCL(ES)IARV(M) DUC(IBVS) SAX(ONIAE) LANTG(RAVII) MARCH(IONIS) MISN(IA)E THVRNIG(IAE) AC«. Zu den insgesamt fünf Siegeln von Ernst siehe *Hamann/Rosenfeld*: Dom (wie Anm. 3), S. 171 Anm. 94.

45 Beschreibung der Siegel bei *Johannes Schäfers*: Personal- und Amtsdaten der Magdeburger Erzbischöfe (968-1503). Greifswald 1908.

46 Im chemischen Sinne handelt es sich bei dem Material des Grabdenkmals aufgrund des Zinkanteils um Messing; Materialanalyse bei *Josef Riederer*: Metallanalysen an Erzeugnissen der Vischer-Werkstatt, in: Berliner Beiträge zur Archäometrie 8, 1983, Nr. 13a-13k.

47 Zur Bedeutung von Bronze *Thomas Raff*: Die Sprache der Materialien. München 1994.

denheit mit der kaiserlichen Familie ließ Ernst zudem im Jahr 1503 eine neue steinerne Tumba für Kaiserin Edgitha, die Gemahlin Ottos, in der Scheitelkapelle des Chores aufstellen. Erzbischof Ernst war die Bezugnahme auf den Kaiser sehr wohl bewußt: Er präsentiert sich als Vollender dessen, was Otto einst begründet hatte.

Abbildungsnachweis:
1, 2: Ernst Schubert: Der Magdeburger Dom. Berlin 1974, S. 10; 3: Archiv des Autors; 4: Ingo Sandner: Spätgotische Tafelmalerei in Sachsen. Dresden/Basel 1993, S. 68; 5: Horst Reber: Albrecht von Brandenburg. Kurfürst, Erzkanzler, Kardinal, 1490-1545. Hrsg. von Berthold Roland, mit Beiträgen von Friedhelm Jürgensmeier/Rolf Decot/Peter Walter. (Ausstellungskatalog) Mainz 1990, S. 173; 6: Magdeburg, Landesarchiv, Landeshauptarchiv: Rep. U1, XVIII, Nr. 42.

KERSTIN MERKEL

Albrecht von Brandenburgs Bronze-Grabdenkmal aus der Nürnberger Vischer-Werkstatt

Die Sorge um das Schicksal nach dem Tode beschäftigte den mittelalterlichen Menschen ein Leben lang. Albrecht von Brandenburg übertrifft seine Zeitgenossen noch, indem er im Verlauf von rund 25 Jahren insgesamt drei Grabplatten, ein Grab-Andachtsbild, einen Grabbaldachin, zwei Epitaphien, ein Kenotaph sowie zahlreiches Beiwerk wie Beleuchtung und liturgisches Gerät schaffen ließ. Dreimal wechselte er den Bestattungsort, dreißigjährig wählte er in Anschluß an Ernst von Sachsen Magdeburg, entschloß sich kurz darauf für Halle und akzeptierte schließlich seine Bestattung im Mainzer Dom.

Was auf den ersten Blick verwirrend und konzeptlos wirkt, bietet sich auf den zweiten Blick als einzigartige Quelle an, um mehr über Albrecht von Brandenburg als Mensch zu erfahren. Zwar ist seine historische Rolle dank der guten schriftlichen Quellenlage mittlerweile umfassend dargestellt, doch bleibt er selbst als Person merkwürdig vage und aufgrund der schon zeitgenössischen Ambivalenz der Bewertungen widersprüchlich. Die interdisziplinäre Memoria-Forschung der letzten Jahre hat die Kunstgattung Grabdenkmal als eine hervorragende historische Quelle entdeckt. In dieses letzte, endgültige und absolute Denkmal investierte der mittelalterliche und frühneuzeitliche Mensch (der es sich finanziell leisten konnte) eine immense Gedankenarbeit. Obwohl meist die politische Memoria im Hauptinteresse der Wissenschaft steht, darf darüber nicht vergessen werden, daß das primäre Anliegen eines Grabmals auf einer anderen Ebene zu finden ist: es soll dem Verstorbenen den Weg in den Himmel ebnen, indem es die Überlebenden an ihre Gebetspflichten erinnert, mit denen sie dem Toten seinen Aufenthalt im Fegefeuer erleichtern oder verkürzen halfen. Hinter diesem Zweck als Mahnmal stand eine Emotion, die den Menschen des Mittelalters zutiefst quälte und verfolgte: die Angst vor dem Jenseits.[1] Kardinal Albrecht von Brandenburg bekämpfte seine Furcht durch die Errichtung einer komplexen Grabanlage, von der er sich ein sicheres Geleit ins Jenseits versprach.

1 *Peter Dinzelbacher*: Angst im Mittelalter: Teufels-, Todes- und Gotteserfahrung. Mentalitätsgeschichte und Ikonographie. Paderborn 1996; *Ders.*: Die letzten Dinge. Himmel, Hölle, Fegefeuer im Mittelalter. Freiburg/Basel/Wien 1999.

Abb. 1: Hans (Johannes) Vischer: Bronzebaldachin (von 1536) in der Aschaffenburger Stiftskirche St. Peter und Alexander, alte Aufstellung

Albrecht nahm 1540 sein Grabdenkmal mit nach Aschaffenburg, wo es im nördlichen Querhaus der Stiftskirche zu sehen ist.[2] Der Baldachin wird in der heutigen Aufstellung zu beiden Seiten von zwei Bronzeplatten flan-

2 Das Grabmal ist bisher in der Forschung noch nicht monographisch bearbeitet, siehe nun *Kerstin Merkel*: Jenseits-Sicherung. Kardinal Albrecht von Brandenburg und seine Grabdenkmäler. Regensburg 2004. Bisher *Paul Redlich*: Cardinal Albrecht von Brandenburg

kiert. Die Bildnisplatte schuf 1525 Peter Vischer d. J. (Abb. 2), die Mondsichelmadonna mit Kind signierte 1530 Hans (Johannes) Vischer (Abb. 3), der 1536 schließlich auch den Bronzebaldachin goß (Abb. 1).

Das Bronzebildnis war ursprünglich als erste Grabplatte – also liegend – konzipiert, worauf in aller Deutlichkeit das Kissen unter Albrechts Kopf verweist. Schon zwei Jahre nach ihrer Fertigstellung (1527) wurde bei dem Eichstätter Bildhauer Loy Hering die zweite steinerne in Auftrag gegeben und 1528 nach Halle geschickt.[3]

Zeitgleich wurde die erste Grabplatte zu einer Standplatte umgearbeitet. Dabei wurden nachträglich die Inschriftenplatte aufgesetzt und der obere Rahmen geändert. Die Stoßkanten der Anstückung sind noch genau zu erkennen. Die virtuos gearbeiteten Kandelaber der seitlichen Lisenen enden abrupt. Die eher monotonen Ornamente des neuen Abschlusses sind vollkommen identisch mit denen in der Rahmung der 1530 vollendeten Mondsichelmadonna. Ihr Aufbau über einem optisch stabilen Podest weist sie eindeutig als Standplatte aus, im Gegensatz zur Bildnisplatte Albrechts, deren unterer Rand unter dem Gewicht des Bischofs durchzuhängen scheint.

Was bezweckte Albrecht damit? Die beiden Platten sind aufeinander bezogen und stellen gemeinsam einen im Mittelalter sehr beliebten Epitaphientyp dar: Das ewige Gebet.[4] Es war den Menschen bewußt, daß im Laufe der Zeit die Anniversarien immer nachlässiger oder gar nicht mehr ausgeführt wurden. So nutzte man die Möglichkeit, nach dem Tode mit Hilfe eines skulpturalen Stellvertreters für sich selbst zu beten. »in effigie« richten sich diese oft zur Eucharistie im Sakramentshaus oder am Altar, aber auch Kruzifixen und Heiligen gilt ihr Gebet. Entsprechend richtet Albrecht »in effigie« seine ewige Andacht an das bronzene Andachtsbild Mariens und an die sie rahmenden Wunden Jesu.

und das Neue Stift zu Halle (1520-1541). Eine kirchen- und kunstgeschichtliche Studie. Mainz 1900, S. 146-160; *Hans-Joachim Krause*: Albrecht von Brandenburg und Halle, in: Friedhelm Jürgensmeier (Hrsg.): Erzbischof Albrecht von Brandenburg (1490-1545). Ein Kirchen- und Reichsfürst der Frühen Neuzeit. (Beiträge zur Mainzer Kirchengeschichte, Bd. 3.) Frankfurt a.M. 1991, S. 296-356, hier S. 320-325.

3 Mit der Inschrift »VIVIT POST FUNERA VIRTUS«. Der Bestellvorgang der zweiten steinernen Grabplatte ist aus der Korrespondenz zwischen dem Kardinal und dem Nürnberger Kaspar Nützel nachvollziehbar, vgl. *Redlich*: Cardinal (wie Anm. 2), Beilage 18, S. 71*.

4 *Fritz Arens*: Gotische Grabmäler mit der Darstellung der »Ewigen Anbetung« in Deutschland, in: Das Münster 25, 1972, S. 333-340; *Kurt Bauch*: Das mittelalterliche Grabbild. Figürliche Grabmäler des 11. bis 15. Jahrhunderts in Europa. Berlin/New York 1976, S. 198-214; *Hans Körner*: Grabmonumente des Mittelalters. Darmstadt 1997, S. 114.

Abb. 2: Peter Vischer d. J.: Bildnisplatte, Bronzeguß, 1525.

Der Baldachin zeigt eine strenge Formensprache: Über hohen Sockeln erheben sich schlanke Pfeiler mit figuralen Kapitellen, die den flachen Himmel tragen. Sockel und Pfeiler tragen Ritzgravuren. Das in klassischer Abfolge als Architrav-Fries-Gesims ausgebildete Gebälk ist mit einer umlaufenden Inschrift versehen, über der acht Kerzenhalter montiert sind. An den vier Ecken des Baldachins knien Engel, die Leuchterständer festhalten. Der gläserne Reliquien-Sarg, der zu groß und zu schwer auf dem schlanken Baldachin steht, wurde dort nachträglich unter Albrecht nach 1540 deponiert.[5]

Epochen scheinen das singuläre Stück von einem anderen Grabbaldachin aus derselben Werkstatt zu trennen, dem nur 17 Jahre älteren Sebaldus-Schrein im Chor der Nürnberger Sebaldus-Kirche. Der in dynamischer Virtuosität geschmückte, durch seine filigrane Schlankheit himmelwärts strebende Baldachin wird von seinen Trägerschnecken auf ihren Häusern scheinbar permanent um sich selbst kreisen gelassen.

Doch existiert zwischen den beiden so unterschiedlichen Werken eine Brücke. Hermann Vischer skizzierte bei seiner Italienreise 1515/16 fast ausschließlich die neueste Architektur aus dem Bramante-Raffael-Kreis. Wieder in Deutschland, entwarf er visionäre Alternativen zu schon bestehenden Objekten, z.B. für das väterliche Hauptwerk, den Nürnberger Sebaldusschrein. In einer Zeichnung präsentiert der junge Künstler sein antikisches Idealbild des Sebaldusschreines.[6] Ohne skulpturalen Schmuck tragen kannellierte Säulen auf hohen Sockeln ein abschließendes Gebälk. Reduziert man diesen Entwurf auf den Baldachin über vier Eckpfeilern, so kristallisiert sich hier das Vorbild für Albrechts Grabbaldachin heraus. Trotz Hermann Vischers frühem Tod 1517 konnten seine Ideen durch dessen Zeichnungen in der Werkstatt verbleiben und hier die Basis für die Formensprache des Grabbaldachins von Albrecht bilden.

Der Baldachin ist neben der Residenz das wesentliche Zeugnis dafür, wie Albrecht seine wenigen architektonischen Aufträge in aktuellster Formensprache verwirklichen ließ. Die Inszenierung seiner Umgebung, im Leben wie auch im Tod, entsprach im Sinne von »decorum« und »magnificentia« dem angemessenen Rahmen, mit dem sich der Kirchenfürst umgab.[7] Stil-

5 Nach dem Wegzug aus Halle errichtete der Kardinal in der Aschaffenburger Beginenkirche eine Memorialkirche, in der sein Bronzegrabmal mit dem Margarethensarg eine der Hauptattraktionen dargestellt haben dürfte, siehe *Andreas Tacke*: Die Aschaffenburger Heiliggrabkirche der Beginen. Überlegungen zu einer Memorialkirche Kardinal Albrechts von Brandenburg mit Mutmaßungen zum Werk Gründewalds, in: Anzeiger des Germanischen Nationalmuseums 1992, S. 195-238.

6 *Louis Demont*: Musée du Louvre: Inventaire Général des Dessins des Ecoles du Nord. Ecoles Allemande et Suisse. Bd. 2, Paris 1938, Nr. 350; *Felix Dettloff*: Der Entwurf von 1488 zum Sebaldusgrab. Posen 1915, Klapptafel.

7 Über Albrechts Verwendung der neuesten Stilelemente als Hoheitsformel zuletzt *Hans-Joachim Krause*: Der »Neue Bau« für Kardinal Albrecht von Brandenburg in Halle, in: Stefanie Lieb (Hrsg.): Form und Stil. Festschrift für Günther Binding zum 65. Geburtstag. Darmstadt 2001, S. 213-223.

Abb. 3: Hans (Johannes) Vischer: Mondsichelmadonna mit Kind, Bronzeguß, 1530).

sicher inszenierte sich Albrecht als humanistisch gebildeten Menschen des neuen Zeitalters, jenseits des Mittelalters und modern wie die Menschen südlich der Alpen.

Als hochrangiger Fürst führte Albrecht sozusagen ein Leben unter dem Baldachin, sei es unter liturgisch begründeten oder profanen »Himmeln«, wie sie im damaligen Sprachgebrauch genannt wurden. Gleich sechs prachtvolle Exemplare vermachte er in seinem Testament, davon drei dem Mainzer Dom und je einen den Magdeburgern, den Halberstädtern und gar den Hallensern.[8] Im privaten Bereich spielten sie eine erhebliche Rolle, so gehörten zu seiner Wohnausstattung mehrere Himmel mit passenden Accessoires wie Kissen und Decken, die sowohl den herrschaftlichen Sitzplatz als auch sein Bett ausstatteten.[9] Als Hoheitszeichen ist der Baldachin ein konsequenter Schlußpunkt im Leben eines Fürsten über dessen toten Körper.

Tatsächlich ist der Grabbaldachin ein fester Bestandteil des Herrschergrabs – nur nicht im deutschsprachigen Raum. Sie finden sich z.B. über den Staufergräbern in Palermo, über polnischen Königen im Krakauer Dom, über den Exilpäpsten in Villeneuve-les-Avignon und über den französischen Königen in Saint-Denis, also immer in lokalen, dynastisch begründeten Inseln. Aber im deutschsprachigen Raum war der Himmel den Heiligengräbern vorbehalten, was die enorme Scheu begründet, den Baldachin für profane Herrscher zu usurpieren.

Als Beispiel für mittelalterliche Gräber im deutschsprachigen Raum, über denen der Baldachin als Hoheitszeichen eines Heiligen definiert ist, seien hier das Grab der hl. Elisabeth in der Marburger Elisabethkirche (um 1280), der Sebaldusschrein aus der Vischer-Werkstatt in der Nürnberger Sebalduskirche (1507-19) und das Grab des hl. Erhards im Regensburger Niedermünster (um 1330) genannt. Nur in Bildern überliefert sind das Grab des hl. Koloman im Stift Melk (1365)[10] und das des hl. Benno in Meißen (2. Hälfte des 14. Jh.s).

Das Baldachingrabmal Bennos war für Albrecht von Brandenburg ein besonderes Vorbild. Als höchster Kirchenrepräsentant nahm der Kardinal 1524 an der Erhebung der Gebeine teil, nachdem man den schon lange »inoffiziell« als Lokalheiligen verehrten Benno im Jahr zuvor endlich heiliggesprochen hatte.[11] In Meißen lag also über Jahrhunderte in einem typi-

8 *Redlich*: Cardinal (wie Anm. 2), Beilage 37, S. 167*f. (zu Mainz); Beilage 40d, S. 201* (zu Magdeburg, Halberstadt und Halle).

9 Ebd., Beilage 37, S. 175*.

10 Ein Kupferstich findet sich bei *Philibert Hueber*: Austria ex archivis Mellicensibus illustrata. Leipzig 1722; dieser abgedruckt bei *Dettloff*: Entwurf (wie Anm. 6), S. 36 Abb. XVI.

11 Heinrich *Magirius*: Das Baldachingrabmal des Bischofs Benno und seine Bedeutung für die Bau- und Kunstgeschichte des Meißner Doms, in: Landesamt für Denkmalpflege Sachsen (Hrsg.): Denkmalpflege in Sachsen 1894-1994. Halle (Saale) 1998, S. 241-258. Neuerdings *Christoph Volkmar*: Die Heiligenerhebung Bennos von Meißen (1523/24). Spätmittelalterliche Frömmigkeit, landesherrliche Kirchenpolitik und reformatorische Kritik im albertinischen Sachsen der frühen Reformationszeit. (Reformationsgeschichtliche Studien und Texte, Bd. 146.) Münster 2002.

schen Heiligen-Grab ein Nicht-Heiliger, wenn auch in der Lokaltradition hoch verehrt. Es mochte den Kardinal ermutigt haben, sich gleichfalls »wie ein Heiliger« bestatten zu lassen, ohne einer zu sein. Zumal definierte Albrecht den wesentlichen Unterschied, der ihn über jeglichen Zweifel der Blasphemie erhaben sein läßt: Es gibt natürlich keinen Altar, wie er zu einem Heiligengrab gehört und wie er bei Benno und Koloman an der Schmalseite angebaut war. Der Baldachin alleine ist »nur« ein allgemeines Hoheitszeichen, das lediglich im deutschsprachigen Raum als Kennzeichen eines Heiligengrabes konnotiert war.

Mit Bedacht umgab Albrecht seine Grabanlage mit seiner immensen Reliquiensammlung. Damit folgte er einer seit dem frühen Christentum praktizierten Tradition. Im Tod suchte man die Nähe der Heiligen, um am Jüngsten Tag gemeinsam mit ihnen aufzuerstehen, wobei man auf ihre Fürsprache und Hilfe baute.[12] Albrecht durfte besonders auf die Fürbitte der Heiligen hoffen, war er doch nicht nur Sammler, sondern gar Beschützer und Retter der Reliquien aus protestantischer Hand.[13] Die Reliquiensammlung und das Baldachingrab gehören sinngemäß untrennbar zusammen, sollten sie doch signalisieren, daß das Schicksal Albrechts mit dem der Heiligen verknüpft ist.

Bei der Wahl von Halle als Bestattungsort glaubte Albrecht sicherlich, der Stadt und dem Stift eine Ehre zu erweisen, wenn er ihnen seinen toten Körper wie einen Schatz vermacht. 1525 sicherte er dem Stadtrat zu, daß

> »sein gantzer leyb nach seiner churfürstlichen gnaden absterben bey den von Halle begraben und bey ihnen bleyben solle … Ertzbisschoff Ernestus … hatte nicht mher dan sein hertz alhier gelassen, hie aber solde nicht alleyne hertz, sunder der gantze leyb bleyben«.[14]

12 *Anton Legner*: Reliquien in Kunst und Kult: zwischen Antike und Aufklärung. Darmstadt 1995, S. 11f.; *Körner*: Grabmonumente (wie Anm. 4), S. 8; *Sebastian Scholz*: Das Grab in der Kirche, in: Zeitschrift der Savigny-Stiftung für Rechtsgeschichte 115, Kanonistische Abteilung 84, 1998, S. 270-306; *Ders.*: Totengedenken in mittelalterlichen Grabinschriften vom 5. bis zum 15. Jahrhundert, in: Marburger Jahrbuch für Kunstwissenschaft 26, 1999, S. 37-59, hier S. 37f.

13 *Kerstin Merkel*: Die Reliquien von Halle und Wittenberg. Ihre Heiltumsbücher und Inszenierung, in: Andreas Tacke (Hrsg.): Meisterwerke auf Vorrat. Die Erlanger Handzeichnungen der Universitätsbibliothek. Bestands- und Ausstellungskatalog. München 1994, S. 37-50, hier S. 45.

14 Zitiert nach *Redlich*: Cardinal (wie Anm. 2), S. 147. Redlich bezieht sich auf die summarischen Beschreibungen der Verhandlungen des Kardinals mit dem Rat von Halle (Hauptstaatsarchiv Dresden: Fol. 17 b).

Die zweimal wiederholten Worte »gantzer leyb« erinnern an die zeitgenössische Terminologie für vollständige Heiligenkörper, die durch den Reliquienhandel – als die Leichen zerteilt wurden – eine kostbare Ausnahme darstellten. Der Kardinal inszenierte seine Leiche ›wie‹ eine Reliquie.

Weitere Bedeutungsebenen des Baldachins erschließen sich im Bestattungsritus.[15] Die Exequien begannen mit der Segnung der Leiche im Sterbehaus. Anschließend wurde sie in die Kirche überführt und dort aufgebahrt. Dort folgte auf das Totenoffizium das Requiem. Erst jetzt erhielt der Tote die Absolution und konnte nun in einer Prozession zu Grabe getragen werden.

Im Ablauf dieser Riten spielte der Baldachin bei hochrangigen Verstorbenen stets eine zentrale Rolle: Der Leichnam wurde unter ihm in die Kirche bzw. zur Bestattung getragen[16], und die Riten in der Kirche fanden unter einem Baldachin statt. Obwohl Albrechts Bronzebaldachin eine so korrekte Formensprache der Renaissance-Architektur spricht, wirkt er durch seine filigrane Leichtigkeit eher wie ein textiler Himmel und nimmt damit Bezug auf die im Bestattungsablauf verwendeten Tragebaldachine.

Doch ist ein anderes Element des Bestattungsritus für das Verständnis des Aschaffenburger Baldachins noch wesentlicher: Es ist das Licht, das in der sogenannten »capella ardente« Gestalt annimmt. Zehn Leuchterhalter sind fest auf dem Inschriftenfries montiert, vier Leuchterengel knien auf den Ecken des Himmels, und je zwei große Leuchter sollten an den Schmalseiten stehen.

Als Träger des immer reicher werdenden Totenlichts entwickelte sich eine ephemere Architektur: Die »capella ardente«, auch unter zahlreichen anderen Bezeichnungen in den Quellen zu finden wie: Chapelle ardente, catafalco, castrum doloris, Trauergerüst, mausoleo, tumulo und Katafalt.[17] Die »capella ardente« etablierte sich vor allem seit dem 14. Jahrhundert in ihrem französisch-burgundischen Ursprungsraum und verbreitete sich im Verlauf des 16. Jahrhunderts europaweit. Ein frühes Beispiel im deutschsprachigen Raum wird in Ulrich Richentals Chronik des Konstanzer Konzils aus den Jahren 1414-18 illustriert. Der Sarg unter dem groben Holzgestell ist mit

15 Wilhelm Durandus legte 1286/91 die Liturgie der christlichen Totenfeier in der Form fest, wie sie während des Mittelalters bis ins 16. Jh. vollzogen wurde.

16 *Ralph E. Giesey*: The Royal Funeral Ceremony in Renaissance France. Genf 1960, Abb. 6 und 13.

17 *Liselotte Popelka*: Castrum Doloris oder »Trauriger Schauplatz«. Untersuchungen zu Entstehung und Wesen ephemerer Architektur. Wien 1994.

einem Bahrtuch bedeckt, auf dem die Insignien auf den geistlichen Stand des Toten verweisen: Kardinal Landulf von Bari, der 1416 während des Konzils starb.[18]

Was bewog Albrecht, nicht die übliche ephemere[19], sondern eine ewige »capella ardente« aus Metall als sein Grabdenkmal zu installieren. Um diese Frage zu beantworten, muß der liturgische Abschnitt der Totenfeier berücksichtigt werden, der unter dem Baldachin in der Kirche stattfand: Die »capella ardente« war der Ort der Absolution! Hier wurde der Tote von den Sünden losgesprochen.[20] Ohne Absolution begraben zu werden war für den mittelalterlichen Menschen eine Vision des Schreckens, denn mit Sünden beladen führte der Weg ins Jenseits garantiert in die ewige Verdammnis.

Die Absolution als zentrales Ereignis der Bestattungsfeierlichkeiten bestimmte schließlich auch die Form der »capella ardente«. Sie mußte für den Priester gut zugänglich und für die Teilnehmer unbedingt einsehbar sein, waren sie doch Zeugen, daß der Vorgang korrekt ausgeführt wurde.

Albrecht von Brandenburgs »capella ardente« war ein ewiger Schauplatz für die Absolution und somit ein immerwährender Stellvertreter für die wichtigste liturgische Handlung der Totenfeier. Der Baldachin gehört mit seiner sakralen Bedeutung zum Programm der Jenseits-Sicherung dazu, weil er eine optische Gewährleistung der Sündenvergebung darstellt.

An der Unterseite des Baldachins befindet sich eine Ritzgravur, die stehend kaum wahrgenommen wird. Tatsächlich gibt es nur eine Position, das Bild zu erkennen: unter dem Baldachin liegend. Es galt nicht dem lebenden Besucher, sondern dem toten darunter bestatteten Albrecht von Brandenburg.

Die Mitte bildet das Herz Jesu mit eingeschnittener Seitenwunde, hinterlegt von einem Kreuz und umrahmt von einem Lorbeerkranz. Vier gleiche Kränze rahmen in den Ecken oben jeweils die beiden Hände, unten die beiden Füße mit den Wundmalen. Das Herz wird zu vier Seiten von kleinen Engeln begleitet, die in ihren Händen die Marterwerkzeuge Jesu präsentieren.

18 *Ulrich Richental*: Chronik des Konstanzer Konzils (1414-1418). Faksimile mit einem Nachwort von Hermann Matzke. Konstanz 1965, S. 62.

19 Wie bei *Richental*: Chronik (wie Anm. 18) schön zu erkennen, wurden diese Baldachine immer aus Holz gefertigt, im Mittelalter nur als grobe Zimmermannsarbeit, später unter den Habsburgern mit Malereien verziert. Die in Kombination mit den zahllosen Kerzen wagemutige Materialverwendung begründet auch die permanent anwesende Totenwache, die nicht nur zu beten, sondern auch auf die Brandgefahr zu achten hatte.

20 *Popelka*: Castrum (wie Anm. 17), S. 29-31.

Zahlreiche von Albrecht in Auftrag gegebene Kunstwerke bezeugen, daß für den Kardinal die der Mystik entstammende Verehrung der Wundmale Jesu die von ihm am meisten geschätzte Form des Gebets oder der Meditation war. Sie sind in der Rahmung der bronzenen Marienplatte zu finden wie auch in seinem sehr persönlichen Passionsgebetbuch[21], aber auch Cranachs Bild in der Alten Pinakothek zu München zeigt Albrecht vor dem Kreuz und damit im Gebet zu den Wunden Jesu, für deren Verehrung das Motiv des Gekreuzigten als Andachtsbild galt.

Die aus der mittelalterlichen Mystik stammende Verehrung der Wunden Jesu interpretiert diese als die »fünf heiligen Minnezeichen«, als Zeichen seiner Liebe.[22] Durch meditatives Beten sollte man in diesen Motiven den Schmerz Christi nachempfinden und somit ermessen können, wie groß dessen Liebe zu den Menschen ist, weil er bereit war, sich für die Erlösung der Menschheit solches Leid zufügen zu lassen. Ziel dieser Andacht ist es, daß der Betende sich von Christus innigst geliebt fühlt. Diese Glaubensphilosophie weist dem Gläubigen einen Weg, der es ihm möglich macht, sich trotz seiner Sünden Gott zu nähern und von Gott geliebt zu wissen. Es verwundert nicht, daß dieser Weg seit dem Mittelalter so viele Anhänger fand, wenn zeitgleich das Gottesbild des strafenden Rächers dominierte. Die Verehrungsform der Wunden Jesu propagiert einen liebenden und verzeihenden Gott, keinen strafenden Richter. Die Popularität der Wundenverehrung vor allem in der privaten Andacht belegen Andachtsbildchen, deren Motive wegweisend für die Unterseite des Baldachins sind, wie z.B. ein Kupferstich des Meisters ES (1467).[23]

Hier findet sich der ikonographische Schlüssel zur Erklärung des Herzens über Albrechts Grab, denn es drückt seine ganze Hoffnung auf die Wiederauferstehung aus, die nur nach der Reinigung seiner weltlichen Verfehlungen möglich ist. Ein Zitat aus einem Text, der auf den Tod vorbereitet – 1543 von Petrus Canisius publiziert –, ermöglicht es nachzuvollziehen, wie Albrecht von Brandenburg dieses Motiv verstand:

21 Malibu, Getty-Museum: Ms. Ludwig IX; den Vergleich zieht schon *Krause*: Albrecht (wie Anm. 2), S. 322.

22 *Karl Richstätter*: Die Herz-Jesu-Verehrung des Deutschen Mittelalters nach gedruckten und ungedruckten Quellen. Paderborn 1919; *Michael Hartig*: Das deutsche Herz-Jesu-Bild, in: Das Münster 2, 1948/49, S. 76-99.

23 *Horst Appuhn*: Meister E. S. Alle 320 Kupferstiche. (Die bibliophilen Taschenbücher, Nr. 567.) Dortmund 1989, Abb. 51.

> »Man soll das schwere Leiden und bittere Sterben unseres lieben Herrn betrachten und seine große Liebe, die ihn dazu zwang, sich freiwillig für uns in den Tod zu geben. Man befehle sein Herz in unseres Herrn offenes Herz und seine schmerzenden Glieder in unseres Herrn heilige Wunden und sterbenden Glieder [...].
> Und wenn man die heilige Ölung empfängt, so soll man von Herzen bitten, dass das Blut und Wasser, das aus unseres Herrn totem und durchstochenem Herzen floss und das uns durch die heilige Ölung mitgeteilt wird, die arme Seele von allen Sünden reinigt, so dass sie ohne Beschämung erscheinen kann vor den Augen Gottes und aller Engel und Heiligen«.[24]

Eine Nonnenmalerei aus dem Eichstätter Walburg-Kloster verbildlicht die mystische Idee, wie die Seele nach einem tugendreichen Leben – dargestellt durch eine Leiter – in das Herz Jesu eingeht.[25] Die Wunde des Herzens ist die Tür ins Paradies, und diese Tür sollte sich über Albrechts Leichnam öffnen. Kardinal Albrecht verläßt sich auf die Gnade, die einzig aus der Liebe Christi kommt und jedem zuteil wird, der an ihn glaubt.

Albrecht folgte mit seinem neuen Konzept dem Leitgedanken der Reformation, »sola gratia«, nur durch Gottes Gnade wird der Mensch gerechtfertigt. Cranach visualisierte Luthers Idee 1529 in ›dem‹ reformatorischen Lehrbild »Gesetz und Gnade«.[26] Die Rechtfertigung des Menschen komme

24 Peter von Nymwegen = *Petrus Canisius* (Hrsg.): Johannis Tauleri Göttliche Predigten. Cöllen 1543, Cap. LXXVII, B. 341; zitiert nach *Richstätter*: Herz-Jesu-Verehrung (wie Anm. 22), S. 34.

25 *Maria Magdalena Zunker*, OSB: Spätmittelalterliche Nonnenmalereien aus der Abtei St. Walburg. Versuche einer Deutung, in: Spiegel der Seligkeit. Privates Bild und Frömmigkeit im Spätmittelalter. (Ausstellungskatalog) Nürnberg 2000, S. 97-116, Abb. S. 202.

26 Die besterhaltene Variante befindet sich in Gotha (Schloßmuseum) und ist 1529 datiert; der Bildtitel wird auch als »Sündenfall und Erlösung« benannt. Vgl. *Max J. Friedländer/Jakob Rosenberg*: Die Gemälde von Lucas Cranach. (1. Aufl. 1932) Basel/Boston/Stuttgart 1979, Kat.-Nr. 221a-d; *Dieter Koepplin/Tilmann Falk*: Lukas Cranach. Gemälde. Zeichnungen. Druckgraphik. 2 Bde., (Ausstellungskatalog) Basel/Stuttgart 1974/75, hier Bd. 2, S. 505-510; Reformation in Nürnberg. Umbruch und Bewahrung. (Ausstellungskatalog) Nürnberg 1979, S. 134-136; Kunst der Reformationszeit. (Ausstellungskatalog) Berlin (Ost) 1983, S. 357-360; *Werner Hofmann* (Hrsg.): Luther und die Folgen für die Kunst. (Ausstellungskatalog) München 1983, S. 210-216; *Friedrich Ohly*: Gesetz und Evangelium. Zur Typologie bei Luther und Lucas Cranach, Zum Blutstrahl der Gnade in der Kunst. Münster 1985; Gesetz und Gnade, Luther und die Bilder. (Ausstellungskatalog Eisenach und Torgau) 1994; Gotteswort und Menschenbild. Werke von Cranach und seinen Zeitgenossen. (Ausstellungskatalog) Gotha 1994, S. 20f.

einzig aus dem Glauben und der Gnade. Cranach wählte für diese Botschaft das bewährte Bildschema von These und Antithese in einer Gegenüberstellung aufeinander bezogener Szenen aus dem Alten und dem Neuen Testament. Links ist der sündige Mensch unter dem Gesetz des Alten Testaments ein unrettbares Opfer von Tod und Teufel, die ihn gemeinsam in die Hölle treiben, der verzweifelte Blick von ihm zu Moses mit den Gesetzestafeln hilft nicht, da das Gesetz keine Gnade kennt. So helfen auch Mariens und Johannes' Fürsprache im Himmel nicht weiter.

Auf der rechten Seite weist Johannes der Täufer den Menschen auf den Gekreuzigten hin, dessen Blutstrom ihn von den Sünden reinwäscht. Hier liegt die gleiche Idee zugrunde wie in dem Herz-Jesu-Bild unter Albrechts Baldachin. Der auferstandene Christus und das Osterlamm als weitere Sinnbilder für den heilbringenden Tod ergänzen das Hoffnungsbild. Genau hier, unter dem Lamm und dem auferstandenen Christus, findet sich das Paulus-Zitat: »Der Tod ist verschlungen im sieg. Tod wo ist dein spisß Helle wo ist dein sieg?« (1. Kor. 15,55-77) Die Plazierung innerhalb der Bildunterschriften als letztes der von links nach rechts zu lesenden Bibelzitate, die in ihrem Inhalt vom »Gesetz« des Alten Testaments zur »Gnade« des Neuen Testaments inhaltlich immer positiver und hoffnungsfroher werden, kennzeichnet die Paulus-Worte als Ergebnis der lutherischen Argumentation. Und ausgerechnet dieses von Luther zum Motto erklärte Bibelzitat »Verschlungen ist der Tod im Sieg« findet sich einige Jahre später als Inschrift an Albrecht von Brandenburgs Baldachin am Fries wieder.[27]

Das Verhältnis von Luther und seinem ›Chef‹ Albrecht ist von den Historikern schon reichlich beleuchtet worden, allerdings mehr unter politischer als unter theologischer Fragestellung. Wie er zum theologischen Inhalt der Reformation stand, ist bisher unklar. Man mutmaßt nach wie vor, der theologisch ungebildete Albrecht habe sich weder mit dem theologischen Anliegen Luthers auseinandergesetzt noch die Botschaft verstanden.[28] Wahrscheinlich hat man gerade bei dem Konfliktthema der Ablaßlehre recht damit, denn der Kardinal verweigerte hier ein Verstehen, weil er emotional viel zu sehr an seinen Reliquien hing. Doch die Botschaft von Luthers

27 Auf der heutigen Südseite lautet diese Inschrift: »ABSORPTA EST MORS IN VICTORIA« (Verschlungen ist der Tod im Sieg; 1. Kor. 15,54)

28 *Bernhard Lohse*: Albrecht von Brandenburg und Luther, in: Jürgensmeier (Hrsg.): Erzbischof (wie Anm. 2), S. 73-93, hier S. 74; *Rolf Decot*: Zwischen altkirchlicher Bindung und reformatorischer Bewegung. Die kirchliche Situation im Erzstift Mainz unter Albrecht von Brandenburg, in: Jürgensmeier (Hrsg.): Erzbischof (wie Anm. 2), S. 84-101, hier S. 93.

Lehre hat Albrecht ohne Zweifel rezipiert und verstanden. Schließlich ist das weitaus einfacheren, weit ungebildeteren Menschen seiner Zeit gelungen.

Die Gemeinsamkeiten von Cranachs »Gesetz und Gnade« mit den mystischen Herz-Jesu-Texten und mit dem Wundenkult Albrechts verweisen auf ein gemeinsames Problem von Luther und dem Kardinal: ihre ausgeprägte Jenseitsangst. Luther überwand dies durch eine schwer erarbeitete intellektuelle und theologische Erkenntnis, während Albrecht identische Ängste mit der Errichtung einer Grabanlage bekämpfte, von der er sich ein sicheres Geleit ins Jenseits versprach. Und diese Grabanlage spiegelt dieselben mystischen Ideen, die Luther und der Kardinal rezipierten.

Albrecht von Brandenburg soll hier keinesfalls als ›geheimer‹ Lutheraner gedeutet werden, ganz im Gegenteil, er blieb immer überzeugter Anhänger der Papstkirche. Doch offenbar hat er sich eine Kernthese Luthers für den eigenen Gebrauch zunutze gemacht. Im Bezug auf die neue Lehre war der Kardinal ein Utilitarist, der sich für seine eigenen Belange selektiv bei Luther bediente, wenn auch sozusagen im verborgenen.

Der Kardinal arbeitete Jahrzehnte an einer kontinuierlichen Qualitätsverbesserung seiner Grabanlage. Albrechts Ziel war, sich aus der Abhängigkeit der Gebete durch die Überlebenden zu lösen, indem er eine aus sich selbst heraus funktionierende, autodynamische Grabanlage konzipierte. Seine erste Grabplatte war nur ein Erinnerungsmonument, bis er sie zum ewigen Gebet aufrichten und durch das Marienandachtsbild ergänzen ließ. Das Denkmal fing an, selbsttätig zu funktionieren, und wurde weiterhin ergänzt durch die Reliquien als Begleitschutz für den Jüngsten Tag sowie den Baldachin als Monument der Absolution, der Gnade Gottes und als mystisches Tor ins Paradies.

Abbildungsnachweis:
1-3: Archiv der Autorin

STEFAN HEINZ

»O bedenck das end«
Der Mainzer Marktbrunnen: Ein Beitrag zur Memoria Albrechts von Brandenburg

Die kunsthistorische Würdigung des Mainzer Marktbrunnens wird oftmals auf das Zitat Dehios vom »ältesten und schönsten Renaissancebrunnen Deutschlands« reduziert[1], ohne die Vielschichtigkeit des Monumentes, seine zahlreichen emblematischen und ikonologischen Anspielungen oder die Rolle seines Stifters Albrecht von Brandenburg herauszustellen; der Korrektheit von Dehios Aussage tut dies keinen Abbruch.[2]

Um sich dem Mainzer Renaissancedenkmal zu nähern, gilt es zunächst, einen Überblick zur Forschungslage zu liefern (I.). Einer beschreibenden Analyse (II.) folgt die Darlegung der Restaurationsgeschichte des Brunnens, die bereits in der Frühen Neuzeit beginnt (III.). Dienen diese Schritte vornehmlich dazu, das Monument vorzustellen, sollen darauf aufbauend die Funktionen des Brunnens als Denkmal dargelegt werden (IV.), um zu verdeutlichen, daß der Brunnen ein ebenso vielschichtiges wie komplexes Denkmal erzbischöflicher Macht in Mainz darstellt. Unvermeidlich ist es, nach dem Künstler sowie einer kunsthistorischen Einordnung zu fragen (V.) und abschließend die Vorbildwirkung für andere Brunnen zu erläutern (VI.).

I. Die Forschungslage

Eine wissenschaftliche Beschäftigung mit dem Mainzer Marktbrunnen setzt bereits sehr früh ein. Dabei sind die Übergänge zwischen Quellen von historischem Wert und solchen mit einer akademischen Auseinandersetzung gerade in dem Jahrhundert, in welchem die moderne Kunstgeschichtsschreibung ihren Anfang nahm, fließend. So erfaßte der Mainzer Jurist

1 *Georg Dehio*: Handbuch der Deutschen Kunstdenkmäler. 5 Bde., Berlin 1905-12, hier Bd. 4, S. 247.

2 Die hier vorgelegte Studie basiert auf meiner 2002 an der Universität Trier eingereichten Magisterarbeit, entstanden aus einem von der Gerda Henkel Stiftung geförderten Projekt zum Thema »Brunnen im Spätmittelalter und in der Frühen Neuzeit«. Dem Betreuer der Arbeit Univ.-Prof. Dr. Bernd Nicolai gilt mein Dank ebenso wie dem Projektleiter und Zweitgutachter Prof. Dr. Wolfgang Schmid.

Valentin Ferdinand von Gudenus am Ende des 18. Jahrhunderts die Inschriften und Urkunden der Rheinmetropole. Im dritten Band seines »Codex Diplomaticus« wurden auch die Inhalte der Inschriften des Marktbrunnens, des »Putei prostantis Moguntiae in foro«, dokumentiert.[3] Ebenso boten Reisebeschreibungen eine erste Zusammenstellung vorhandener Denkmäler. Als Beispiel aus dieser Literaturgattung sei Victor Hugo zitiert, der 1840 den Rhein und die Stadt Mainz besucht hatte. In der 1841 erstmals publizierten Rheinreise (»le Rhin«) beschreibt der französische Schriftsteller den Mainzer Marktplatz samt Brunnen:

> »La place du marché, qui entoure deux côtés de la cathédrale, est d'un ensemble copieux, fleuri et divertissant. Au milieu se dresse une jolie fontaine trigone de la renaissance allemande; ravissant petit poëme, qui, d'un entassement d'armoiries, de mitres, de fleuves, de naïades, de crosses épiscopales, de cornes d'abondance, d'anges, de dauphins et de sirènes, fait un piédestal à la Vierge Marie.«[4]

Eine erste umfassende und für die folgenden Jahre verbindliche Darstellung lieferte Karl Anton Schaab, einer der ersten Mainzer Historiker, in seiner dreibändigen, 1841 erschienenen Geschichte der Stadt Mainz.[5] Ihm folgten verschiedene Beschreibungen in der zweiten Hälfte des 19. Jahrhunderts, meist als Zeitungsberichte im Zuge von Wiederherstellungsarbeiten am Brunnen 1890. Sie stellen einerseits unverzichtbare Zeitdokumente über den Erhaltungszustand des Brunnens dar und liefern mitunter andererseits auch neue und eigenständige Interpretationen zu verschiedenen Aspekten des figürlichen Schmucks.[6]

Unter diesem Gesichtspunkt sollte sich eine kleine Miszelle des Mainzer Domkapitulars Friedrich Schneider über den »Urheber des Marktbrunnens« und die Zuschreibung an den Nürnberger Peter Flötner als richtungsweisend

3 *Valentin Ferdinand von Gudenus*: Codex diplomaticus exhibens anecdota ab anno DCCCLXXXI ad MCCC Moguntiaca, ius Germanicum et S. R. I. Illustrantia. 4 Bde., Göttingen 1743-58, hier Bd. 3, S. 994-995.

4 Zitiert nach der Ausgabe *Victor Hugo*: Œuvres politiques complètes, Œuvres diverses, réunies et présentées par Francis Bouvet. Paris 1964, S. 955; zu Hugos Aufenthalt in Mainz *Josef Burg*: Victor Hugo und Mainz, in: Mainzer Zeitschrift 81, 1986, S. 163-174.

5 *Karl Anton Schaab*: Geschichte der Stadt Mainz. 3 Bde., Mainz 1841, hier Bd. 1, S. 421-430.

6 Vgl. z.B. Der alte Marktbrunnen, in: Mainzer Anzeiger 41, Nr. 280, vom 30.11.1890; *Josef Manefeld*: Der wiederhergestellte Mainzer Marktbrunnen nach seiner historischen und künstlerischen Bedeutung, in: Mainzer Journal 273, vom 22.11.1890.

herausstellen[7], besonders da sich die Kunstforschung dieser Zuschreibung für die folgenden Jahrzehnte anschloß.[8] Neben Erwähnungen im Zuge von monographischen Abhandlungen zu Peter Flötner gab es in der Folgezeit allerdings kaum weitere Darstellungen oder neue Erkenntnisse. So erschien der Marktbrunnen in einer Reihe von Überblickswerken, die sich allgemein dem Thema Brunnen[9], der Geschichte von Mainz[10] oder Stilfragen einer deutschen Renaissance[11] widmeten. Unklarheit bestand zumindest über die Frage, inwieweit Flötner Anteile am Brunnen zuzuordnen sind. So gab es Zweifel, ob er überhaupt mit dem Marktbrunnen in Zusammenhang gebracht werden könne.[12] Diese Unklarheit über den Meister blieb in den folgenden Jahren bestehen. Während die in Mainz ansässige Forschung in dem Brunnen das Werk eines Schülers des am Rhein nachweisbaren Bildhauers Hans Backoffen sah[13], beharrte die Flötnerforschung weiterhin auf den Nürnberger Peter Flötner.[14]

7 *Friedrich Schneider*: Der Urheber des Marktbrunnens zu Mainz, in: Mainzer Journal 276, vom 6.12.1890.

8 *Konrad Lange*: Peter Flötner, ein Bahnbrecher der deutschen Renaissance auf Grund neuer Entdeckungen. Berlin 1897; *Otto von Falke*: Peter Flötner und die süddeutsche Tischlerei, in: Jahrbuch der preußischen Kunstsammlungen 37, 1916, S. 124-145.

9 *Hans Volkmann*: Die künstlerische Verwendung des Wassers im Städtebau. Berlin 1911, S. 55; *Werner Lindner*: Schöne Brunnen in Deutschland. Berlin 1920, S. 41; *Georg Lill*: Brunnen, in: Otto Schmitt (Hrsg.): Reallexikon zur Deutschen Kunstgeschichte. Bd. 2, Stuttgart/München 1937-38, Sp. 1278-1310, hier Sp. 1293; *Karl Robert Langewiensche*: Tore, Türme und Brunnen aus vier Jahrhunderten deutscher Vergangenheit. (Die Blauen Bücher.) Leipzig 1941, S. 11.

10 *Wolfgang Fritz Volbach*: Mainz. Aufgenommen von der staatlichen Bildstelle. Berlin 1928, S. 19; *Heinrich Wothe*: Mainz. Ein Heimatbuch. 2 Bde., 2. Aufl. Mainz 1928, hier Bd. 1, S. 173; *Richard Klapheck*: Eine Kunstreise auf dem Rhein von Mainz bis zur holländischen Grenze. 2 Bde., 2. Aufl. Düsseldorf 1928, hier Bd. 1, S. 10.

11 *Gustav von Bezold*: Die Baukunst der Renaissance in Deutschland, Holland, Belgien und Dänemark. (Handbuch der Architektur, Bd. 2.7.) Stuttgart 1900, S. 37; *Robert West*: Nordische Reformationskunst 1500-1600. (Entwicklungsgeschichte des Stils, Bd. 6.) München 1922, S. 85-86; *Albrecht Haupt*: Baukunst der Renaissance in Frankreich und Deutschland. (Handbuch der Kunstwissenschaft, Bd. 11.) Berlin 1932, S. 267.

12 *Jean Louis Sponsel*: Flötner-Studien, in: Jahrbuch der preußischen Kunstsammlungen 45, 1924, S. 121-184; S. 214-276 und Bd. 46, 1925, S. 38-90; *Hertha Kahle*: Studien zur mittelrheinischen Plastik des 16. Jahrhunderts. (Kunstgeschichtliche Forschungen des Rheinischen Vereins für Denkmalpflege und Heimatschutz, Bd. 5.) Bonn 1939.

13 Z.B. *Fritz Viktor Arens*: Das goldene Mainz. Bauten und Bilder aus zweitausend Jahren. Mainz 1952; *Ders.*: Die Inschriften der Stadt Mainz von frühmittelalterlicher Zeit bis 1650. (Die Deutschen Inschriften, Bd. 2.) Stuttgart 1958; *Wilhelm Jung*: Mainz. Geschichte und Stadtbauentwicklung. (Rheinische Kunststätten, Bd. 5/6.) Neuß 1966.

14 Z.B. *Wulf Schadendorf*: Peter Flötners Spielkarten für Francesco d'Este, in: Anzeiger des Germanischen Nationalmuseums 1954, S. 143-169.

Unabhängig von der Individualsicherung geriet der Brunnen erst wieder in den 70er Jahren in das Blickfeld der Kunsthistoriker. Als grundlegend darf bis heute ein Aufsatz von Lühmann-Schmid gelten, der sich intensiv mit der Ikonographie des Brunnens und seinem Bilderschmuck auseinandersetzt.[15] Diese Abhandlung entstand im Zusammenhang mit ihrer Promotion über den Mainzer Bildhauer Peter Schro. In ihrer Dissertation widmete sie dann dem Marktbrunnen ein ausführliches Kapitel, in dem sie die Meisterfrage behandelt.[16] Auch wenn die Monographie nicht unwidersprochen bleibt, werden bezüglich des Marktbrunnens weder ihre Zuschreibung in Frage gestellt noch ihre Thesen weiter vertieft. In Ergänzung zu ihren Forschungen erschien 1991 die Dissertation von Goeltzer, der aber die Zeit nach 1520 und somit den Marktbrunnen ausklammert.[17]

Ausführlich wurde seit den beiden Arbeiten von Lühmann-Schmid nicht mehr auf den Brunnen eingegangen, lediglich in einigen Beiträgen über die Brunnen von Mainz wird er angeführt.[18] Auch Veröffentlichungen zur Stadt- und Bistumsgeschichte aus den vergangenen Jahren erwähnen den Marktbrunnen meist nur am Rande.[19] In gleichem Maße übernehmen die

15 *Irnfriede Lühmann-Schmid*: Der Mainzer Marktbrunnen, seine Denkmals- und Bildideen, in: Mainzer Zeitschrift 69, 1974, S. 180-186.

16 *Irnfriede Lühmann-Schmid*: Peter Schro. Ein Mainzer Bildhauer und Backoffen-Schüler, in: Mainzer Zeitschrift 70, 1975, S. 1-62 und Bd. 71/72, 1976/77, S. 57-100.

17 *Wolf Goeltzer*: Der »Fall Hans Backoffen«. Studien zur Bildnerei in Mainz und am Mittelrhein am Ausgang des Spätmittelalters, in: Mainzer Zeitschrift 84/85, 1989/90, S. 1-70 und Bd. 86, 1991, S. 1-62.

18 *Ernst J. Schneider*: Die Brunnen der Stadt Mainz. Eine Betrachtung über ihre 2000-jährige Geschichte, in: Jahrbuch der Vereinigung »Freunde der Universität Mainz« 23/24, 1974/75, S. 21-45; *Albert Baur*: Brunnen. Quellen des Lebens und der Freude. Technik, Geschichte, Geschichten. München/Wien 1989, S. 134-135; *Werner Hanfgarn*: Mainzer Brunnen. Was sie uns erzählen. Mainz 1990; *Michael Lipp* (Hrsg.): Brunnen, Denkmäler und Plastiken in Mainz. Versuch einer Bestandsaufnahme. Mainz 1991; *Ulrike Roll*: Wenn alle Brünnlein fließen ... Wasserversorgung einst und jetzt, in: Günther Gillessen (Hrsg.): Wenn Steine reden könnten: Mainzer Gebäude und ihre Geschichten. Mainz 1991, S. 93-102.

19 *Karl Schramm*: Zweitausend Jahre wo du gehst und stehst. Mainz 1962; *Friedhelm Jürgensmeier*: Das Bistum Mainz von der Römerzeit bis zum II. Vatikanischen Konzil. (Beiträge zur Mainzer Kirchengeschichte, Bd. 2.) 2. Aufl. Frankfurt a.M. 1989, S. 186; *Regina Schwerdtfeger*: Kirche auf dem Weg. Das Bistum Mainz. Bd. 3, Straßburg 1993, S. 32; *Horst Reber*: Aus der Kunst der Renaissance und des Barocks in Mainz, in: Franz Dumont/Ferdinand Scherf/Friedrich Schütz (Hrsg.): Mainz. Die Geschichte der Stadt. 2. Aufl. Mainz 1999, S. 1097-1132, hier S. 1100-1102.

Publikationen, die über die Person des Stifters Albrecht von Brandenburg erschienen sind, die Thesen und die Zuschreibung von Lühmann-Schmid.[20] Es werden auch keine nennenswerten neuen Aspekte in die Betrachtung eingeführt. Selbst wenn unbeanspruchte Themenkreise – z.B. frühneuzeitliche Denkmäler – behandelt werden, wird der Marktbrunnen aus diesen Fragestellungen oft ausgeklammert.[21]

II. Beschreibende Analyse des heutigen Erscheinungsbildes

Die Feststellung, daß der Mainzer Marktbrunnen auf dem Mainzer Marktplatz steht (Abb. 1), erscheint trivial, ist dennoch höchst bedeutsam. Spätestens seit Brinckmanns fundamentaler Arbeit über den Zusammenhang von Skulptur und Platz muß diesem Konnex erhebliche Bedeutung beigemessen werden.[22] Wo sich der Brunnen befindet, ist insofern von Relevanz, als daß somit Benutzer- und Rezipientenkreis festgelegt werden. Besonders für einen Marktbrunnen ist diese Fragestellung wichtig, da der Adressatenkreis, an den sich Bild- und Textprogramm des Bauwerkes richten, ungleich höher ist als bei einem – nur einem eingeschränkten Personenkreis zugänglichen – Kloster- oder Schloßbrunnen.[23]

20 *Manfred von Roesgen*: Kardinal Albrecht von Brandenburg. Ein Renaissancefürst auf dem Mainzer Bischofsthron. Moers 1980, S. 229-230; *Horst Reber*: Albrecht von Brandenburg. Kurfürst, Erzkanzler, Kardinal, 1490-1545. Hrsg. von Berthold Roland, mit Beiträgen von Friedhelm Jürgensmeier/Rolf Decot/Peter Walter. (Ausstellungskatalog) Mainz 1990; *Friedhelm Jürgensmeier* (Hrsg.): Erzbischof Albrecht von Brandenburg (1490-1545). Ein Kirchen- und Reichsfürst der Frühen Neuzeit. (Beiträge zur Mainzer Kirchengeschichte, Bd. 3.) Frankfurt a.M. 1991.

21 Ausnahmen bilden *Hans-Ernst Mittig*: Dürers Bauernsäule. Ein Monument des Widerspruchs. (Fischer Kunststück.) Frankfurt a.M. 1984, S. 44f.; *Thomas von der Dunk*: Das Deutsche Denkmal. Eine Geschichte in Bronze und Stein vom Hochmittelalter bis zum Barock. (Beiträge zur Geschichtskultur, Bd. 18.) Köln/Weimar/Wien 1999, S. 148f.; *Margit Kern*: Tugend versus Gnade. Protestantische Bildprogramme in Nürnberg, Pirna, Regensburg und Ulm. (Berliner Schriften zur Kunst, Bd. 16.) Berlin 2002, S. 233-235.

22 *Albert E. Brinckmann*: Platz und Monument als künstlerisches Formproblem. Berlin 1923.

23 Auf die komplexe Debatte, wie Kommunikation und Öffentlichkeit in der Frühen Neuzeit genau funktionieren, kann hier nicht ausführlich eingegangen werden. Einen Überblick liefert der Forschungsbericht von *Barbara Stollberg-Rilinger*: Zeremoniell, Ritual, Symbol. Neue Forschungen zur symbolischen Kommunikation in Spätmittelalter und Früher Neuzeit, in: Zeitschrift für Historische Forschung 27, 2000, S. 389-405.

Abb. 1: Mainz, Marktbrunnen von 1526.

Im städtebaulichen Umfeld des Mainzer Doms befinden sich vier Platzräume – die drei Domplätze Leichhof, Höfchen und Markt sowie der im 19. Jahrhundert entstandene Liebfrauenplatz. Der Marktplatz oder Speisemarkt bildet den nördlichen der drei dem Dom vorgelagerten Plätze und ist gegen das Höfchen im Westen durch wenige Bauten abgetrennt. Nach Osten befindet sich der Verbindungsweg zum Liebfrauenplatz, der durch den Abriß der 1793 stark zerstörten Liebfrauenkirche entstanden ist. Die südliche Grenze markieren die der Langhauswand des Domes vorgelagerten, aus spätmittelalterlichen Verkaufsbuden entwickelten Domhäuser. An der Nordseite des Platzes befanden sich zur Entstehungszeit des Brunnens spätgotische Markthäuser. Diese feierliche Platzarchitektur ging im Bombenhagel des Zweiten Weltkrieges zugrunde, wird allerdings seit 1978 historisierend erneuert.[24]

Der Marktplatz als städtisches Zentrum ist bereits in frühmittelalterlicher Zeit entstanden. Die Stadt Mainz besaß in fränkischer Zeit zwei Siedlungskerne im Inneren der ehemaligen römischen Befestigung. Zwischen dem geistlichen Siedlungskern Martinsdom und einem weltlichen um die Pfarrkirche St. Quintin entstand der bischöfliche Markt als Handelsplatz mit einem direkten Zugangsweg zum Rhein.[25] Seine Bedeutung unterstreicht, daß dort ab 1348 Jahresmessen abgehalten wurden[26] und auf diesem Platz der neugewählte Kurfürst die Huldigung seiner Bürgerschaft entgegennahm.[27] Der Marktplatz war aber nicht nur ökonomischer Umschlagplatz und das Forum für politische Symbolik, sondern ebensosehr ein Kommunikationspunkt im städtischen Gemeinwesen. Als Treffpunkt der Marktfrauen und Bauern des Umlandes spielte er im kommunalen Sozialgefüge eine nicht zu unterschätzende Rolle.[28]

Der Marktbrunnen befindet sich an der südöstlichen Ecke des Marktplatzes, am Verbindungsweg zum Liebfrauenplatz. Er ist somit lediglich am Rande des Platzes und nicht in der Mitte zu finden. Dies entspricht allgemein dem Brunnen in der mittelalterlichen Stadt. Die Plazierung von Brunnen in der Platz- oder Straßenmitte ist vor 1600 selten, das Gros lag am

24 *Gerhard Bittens*: Der Dom in Mainz und seine Umgebung im Lauf der Jahrhunderte. Diss.-Ing. Darmstadt 1937, S. 9-12; *Ewald Wegner* (Bearb.): Stadt Mainz. Altstadt. (Kulturdenkmäler in Rheinland-Pfalz, Bd. 2.2.) Düsseldorf 1988, S. 264; Der Prozeß ist noch nicht abgeschlossen, zuletzt wurde 2003 das sogenannte Lenningsche Haus hinter dem Marktbrunnen rekonstruiert.

25 *Jung*: Mainz (wie Anm. 13), S. 14-16; *Ludwig Falck*: Mainz im frühen und hohen Mittelalter. (Geschichte der Stadt Mainz, Bd. 2.) Düsseldorf 1972, S. 47-54.

26 Zu den Umständen der Etablierung und der Konkurrenz zu Frankfurt vgl. *Volker Henn*: Mißglückte Messegründungen, in: Peter Johanek/Heinz Stoob (Hrsg.): Europäische Messen und Märktesysteme in Mittelalter und Neuzeit. (Städteforschungen, Bd. A 39.) Köln/Wien 1996, S. 205-222, hier S. 214-216.

27 Zu Albrechts feierlichem Einzug vgl. *Jakob May*: Der Kurfürst, Cardinal und Erzbischof Albrecht II. von Mainz und Magdeburg, Administrator von Halberstadt, Markgraf von Brandenburg, und seine Zeit. Ein Beitrag zur Cultur- und Reformationsgeschichte. 2 Bde., München 1875, S. 33-38.

28 *Wolfgang Schmid*: Brunnen und Gemeinschaften im Mittelalter, in: Historische Zeitschrift 267, 1998, S. 561-586; *Katharina Simon-Muscheid*: Städtische Zierde – gemeiner Nutzen – Ort der Begegnung. Öffentliche Brunnen in mittelalterlichen Städten, in: Helmut Bräuer/Elke Schlenkrich (Hrsg.): Die Stadt als Kommunikationsraum. Beiträge zur Stadtgeschichte vom Mittelalter bis ins 20. Jahrhundert. Festschrift für Karl Czok zum 75. Geburtstag. Leipzig 2001, S. 699-720.

Rande der Gassen oder Plätze. Nach einer zeitweiligen Versetzung des Mainzer Marktbrunnens um ca. 50 m befindet er sich seit 1975 wieder an seinem ursprünglichen Standort, dient jedoch nicht mehr als Wasserspender, sondern stellt nur noch ein Kunstwerk und historisches Denkmal dar.

Allgemein ist es für Brunnen (wie für jede andere Architektur) möglich, sie in eine Typologie einzugliedern.[29] Das Wissen um solche Ordnungsschemata war bereits in der Frühen Neuzeit vorhanden, so findet sich in der »Cosmographia« des Sebastian Münster eine Illustration, auf der verschiedene Brunnentypen erkennbar sind. Zwar können diese keinen erhaltenen Brunnen zugeordnet werden, dennoch erlaubt die Abbildung einige Rückschlüsse über das Verständnis von Brunnen in der Frühen Neuzeit. Von der technischen Seite her betrachtet, zeigt sich, daß unterschiedliche hydrogeologische Voraussetzungen ebenso unterschiedliche Brunnentypen motivierten. Das Beispiel des Laufbrunnens war nur in prosperierenden Städten mit einer gut funktionierenden Wasserversorgung und entsprechendem Gefälle möglich. Lag der Grundwasserspiegel sehr hoch, führte dies – wie in Mainz – zum Einsatz von Ziehbrunnen. Unterhalb des Mainzer Marktbrunnens befindet sich ein Schacht, der bis ins Grundwasser reicht. Warum man sich für eine solche Form und nicht für einen Laufbrunnen, der ständig fließendes und frisches Wasser zum Markt führt, entschieden hat, ergibt sich, wenn man sich die hydrogeologische Situation in Mainz vor Augen führt. In Mainz wurde seit der Römerzeit bis ins 18. Jahrhundert hinein keine Wasserleitung gebaut. Ebenso wie in Köln liegt die Ursache dafür in dem – durch den Rhein bedingten – hohen Grundwasserspiegel.[30] Die Art der Wasserzufuhr bedingt die Typologie des Aufbaus. Während fließendes Wasser Laufbrunnen und damit Stock- oder Schalenbrunnen versorgt, greifen Ziehbrunnen in ein stehendes Gewässer. Tragen sie einen Überbau, werden sie als Galgenbrunnen bezeichnet. Mit Galgen oder Joch werden die vertikalen Stützen benannt, welche eine obere Bekrönung tragen. Wägt

29 Zur Typologie von Brunnen vgl. *Anneliese Rautenberg*: Mittelalterliche Brunnen in Deutschland. Diss. phil. Freiburg i.Br. 1965, S. 10-25; *Erich Fassl*: Der Brunnen in Südwestdeutschland. Typologie, architektonische und städtebauliche Bedeutung. Ein Beitrag zum Gestaltwandel historischer Brunnenbauten. Stuttgart 1966, S. 100-127; *Baur*: Brunnen (wie Anm. 18), S. 75-104.

30 Zu technischen Aspekten der Wasserversorgung in Mainz vgl. *Barbara Eckel*: Die Entwicklung der Wasserversorgung und Abwasserentsorgung in Mainz. Diss.-Ing. Mainz 1996; für Köln *Marianne Gechter*: Wasserversorgung und Entsorgung in Köln vom Mittelalter bis zur frühen Neuzeit, in: Kölner Jahrbuch für Vor- und Frühgeschichte 20, 1987, S. 219-270.

man diese Schemata einer Typologie gegeneinander ab, so läßt sich feststellen, daß der Mainzer Marktbrunnen als einziger Galgenbrunnen mit einem reichen Schmuck und komplexen Bildprogramm ausgezeichnet ist. Daß diese Ausformung weder stil- noch zeitabhängig ist, beweist das Gegenbeispiel des Rottweiler Marktbrunnens, an dem der gotische Stockbrunnen in die Form einer Renaissancepyramide übersetzt wurde.

Der Mainzer Marktbrunnen als ein Joch- oder Galgenbrunnen ist aus Rotsandstein gefertigt und steht auf einem erneuerten Sockel, der aus zwei Treppenstufen gebildet wird. Die runde Brunnenbrüstung, die auch Trog oder Becken genannt wird, ist 1,31 m hoch und 26 cm breit, der Durchmesser des Beckens beträgt 2,47 m und der Umfang 7,78 m. Ähnlich wie Pilaster schneiden drei Postamente in den Brunnentrog ein. Auf Höhe des Trograndes sind sie mehrfach profiliert und bilden so jeweils den Sockel für die drei freistehenden Pfeiler, die als Galgen oder Joche bezeichnet werden. Ihre Höhe beträgt 1,82 m; sie sind nicht monolithisch, sondern aus zwei bis drei Steinblöcken zusammengesetzt, deren Verfugung teilweise noch erkennbar ist. Die drei annähernd quadratischen Pfeiler (32 × 42 cm) werden an drei der vier Seiten durch ein reiches ornamentales wie emblematisches Programm geschmückt, während die vierte – nach innen weisende – Seite ursprünglich schmucklos war und heute durch profilierte Rundscheiben verziert wird.

Die Stützen tragen einen dreiseitigen Aufbau, der dem Monument seine trigonale Grundform gibt und sich als Baldachin oder Oberbau bezeichnen läßt. Dieser ist im Grundriß dreieckig und wird durch drei auf den Kanten überschnittene Architrave gebildet. Die Überleitung zwischen den Pfeilern und dem Gebälk schaffen drei seitlich herausragende Konsolsteine, die an der Stirnseite flach sind, entlang der beiden Architrave aber Voluten ausbilden. Die drei wie Kapitelle eingesetzten Steine ähneln in ihrer Grundform zwar alle einer doppelten Volute, im Detail sind sie jedoch unterschiedlich gestaltet. Der Stein über dem westlichen Pfeiler zeigt auf beiden Seiten je einen Flügel. Der östliche Stein hat eine kleine Rosette in der unteren Volute, während die obere sowie die Steinfläche von Blattranken geschmückt wird. Der südliche Konsolstein schließlich weist eine Rosette in der Volute auf, die durch eine Scheibenkette, welche aus Akanthusblättern herauswächst, verziert wird.[31]

31 *Sponsel*: Flötner-Studien (wie Anm. 12), S. 124 sieht diesen Stein mit einer »Ente« verziert, was wohl aus dem schlechten Erhaltungszustand des Brunnens zu erklären ist.

Oberhalb der Flachseite der Konsolsteine findet sich jeweils ein verkröpftes und profiliertes Gesims und darüber je ein mit einem Wappen an der Stirnseite besetzter Eckstein. Diese wirken wie eine Fortsetzung des Pfeilers, verbinden aber gleichzeitig die auf den Konsolsteinen ruhenden Sturzbalken miteinander und liefern so die Überleitung vom runden Trog über drei Stützen zur dreieckigen Bekrönung.

Die Bekrönung oberhalb des Architravs ist aus gelbem Sandstein gefertigt und entspricht im ganzen einer dreiseitigen Pyramide. In jeder Ecke steht oberhalb der wappenbesetzten Verbindungssteine ein Putto auf einer Kugel und präsentiert ein Wappen. Der westliche der drei Schildhalter trägt eine kleine Rüstung. Das von ihm präsentierte Wappenschild des Domkapitels entspricht den Darstellungsmodi von Renaissancewappen. Die beiden anderen Putten sind – bis auf einen Lendenschurz – nackt und halten jeweils einen Kartuschenschild in der Art des 18. Jahrhunderts.[32] Da die Putten auf einer Kugel stehen, stellt Lühmann-Schmid Bezüge zu Dürers Nemesis her, um eine Deutung der Figuren als Sinnbilder für die Gerechtigkeit aufzubauen.[33] Ihre Interpretation ist wenig plausibel, denn das Motiv der Figur auf einer Kugel ist sehr allgemein.[34] Die Figuren haben darüber hinaus weniger eine ikonographische als eine ästhetische Funktion. Viele dreiseitige Jochbrunnen haben eine die Ecke betonende Form, welche die tragende Stütze in der Struktur nach oben fortführt. Insofern ist der Bezug zu Dürer nicht abwegig, allerdings bietet sich eher der von ihm entworfene Rahmen des Landauer Altares an, auf dessen Gebälk ebenfalls Putten auf Kugeln die seitlichen Abschlüsse betonen.[35] An der Längsseite des Marktbrunnens befinden sich zwischen diesen Putti, inmitten von Masken und spiralförmig angeordneten Festons, zwei geflügelte und mit Fischschwänzen sowie Löwenkörpern versehene Wesen, die das mittig angeordnete Prunkwappen Albrechts von Brandenburg inklusive der Helmzier halten. Dieser Aufbau wiederholt sich an zwei der drei Seiten. An der dritten Seite, an der

32 Zur Form von Wappenschilden vgl. *Ottfried Neubecker*: Heraldik. Wappen – ihr Ursprung, Sinn und Wert. Frankfurt a.M. 1977, S. 76f.

33 *Lühmann-Schmid*: Marktbrunnen (wie Anm. 15), S. 184 Anm. 34.

34 Insbesondere das Motiv des Putto auf einer Kugel erfreute sich im frühen 16. Jahrhundert großer Beliebtheit. Zu weiteren Beispielen und möglichen Ursachen vgl. *Thomas Eser*: Hans Daucher. Augsburger Kleinplastik der Renaissance. (Kunstwissenschaftliche Studien, Bd. 65.) München/Berlin 1996, S. 208-212.

35 *Jörg Rasmussen*: Die Nürnberger Altarbaukunst der Dürerzeit. Diss. phil. Hamburg 1974, S. 22-44.

sich im Sturz auch keine Inschriftentafel befindet, gibt es kein Wappen, sondern nur die beiden geflügelten Meerwesen.

In der Mitte des Sturzes erwächst jeweils eine Volute, die spiralförmig und mit Querritzungen in eine Blüte ausläuft. Sie führt zu einem zentralen Stock, der seinen Halt auf einem Querbalken findet, welcher auf dem westlichen Konsolstein und dem östlichen Sturz ruht. Dieser Balken ist hinter dem filigranen Oberbau versteckt und kaum zu sehen; er diente vermutlich zur Aufhängung der Rolle für den Eimer.

Der zentrale Stock ist eine aus drei Nischen gebildete Form, die im Detail den Gesamtaufbau, um 45° gedreht, zu wiederholen scheint. In den mit Muschelformen ausgefüllten Nischen befinden sich auf runden Konsolen die Figuren der drei heiligen Bischöfe Martin, Bonifaz und Ulrich. Die Außenseite des Stocks, mehrfach durch ein verkröpftes Gesims unterbrochen, dient den Figuren als Rahmen, den sie durch ihre ausgreifende Bewegung teilweise sprengen. Über der gesamten Anordnung thront eine stehende Madonna mit dem Kind, so daß die gesamte Höhe des Brunnens beeindruckende 6 Meter erreicht.

Dieser gesamte Oberbau wirkt in seiner Struktur sehr filigran und im Gegensatz zum Unterbau weniger tektonisch. Es ist allerdings eher unwahrscheinlich, daß er so stark verziert wurde, um »seine konstruktiven Schwächen« zu kaschieren.[36] Der Sinn einer solch zerklüfteten Bekrönung ist aus dem Typus des Brunnens erklärbar und hat einen praktischen Nutzen. Da der Marktbrunnen als Ziehbrunnen nicht von einer Quelle gespeist wurde, sondern lediglich durch das Grundwasser, ließ der zerklüftete Oberbau Regenwasser durch und verhinderte gleichzeitig Verschmutzungen.

Zunächst erscheint es ratsam, auf die beiden an zwei Architraven des Brunnens angebrachten Inschriftentafeln einzugehen. Es sind dies nicht die einzigen Inschriften am Brunnen, aber die für eine weitergehende Beschäftigung mit der Materie aussagekräftigsten[37], da die anderen Inschriften an den Pfeilerspiegeln angebracht sind und aufgrund ihrer Sprache eine andere Intention verfolgen. Obwohl die Inschriften in Aufbau und Anordnung ähnlich sind – sie stehen beide in vertieften goldenen Buchstaben –, läßt sich für sie grundsätzlich festhalten, daß eine thematische Trennung erfolgt. Auf dem südwestlichen Sturz, und somit auf den Dom gerichtet, befindet sich eine Stiftungsinschrift, während auf dem nördlichen Sturz eine zeit-

36 *Sponsel*: Flötner-Studien (wie Anm. 12), S. 125.

37 *Schaab*: Geschichte (wie Anm. 5), Bd. 1, S. 429 nennt sie nicht ohne Grund »steinerne Urkunden«, und auch *Gudenus*: Codex (wie Anm. 3), S. 994 Nr. 111 versteht sie als solche.

Abb. 2: Marktbrunnen, Stiftungsinschrift am südwestlichen Sturz.

liche Einordnung stattfindet, die über die Erwähnung zweier politischer Ereignisse funktioniert. Aus beiden Inschriften lassen sich – neben einer sicheren Datierung durch die Nennung der Jahreszahl 1526 – einige Schlußfolgerungen über den Brunnen ziehen.

Die Inschrift am südwestlichen Sturz (Abb. 2) steht in einem einfachen Rahmen mit den Abmessungen 28 × 124 cm, der von zwei Meerwesen gehalten wird. Die Schriftgröße beträgt 4,5 cm. Zu lesen ist:

»ACCIPE POSTERITAS HAEC QVAE MONVME(N)TA PARAVIT ALBERTVS PRINCEPS CIVIBVS IPSE SVIS QVOS AMAT EX ANIMO CVSTOS · AMBITOR HONESTI VTQVAE · VICES REDDANT SEMPER AMORE CVPIT«.

(Nachwelt empfange, die Denkmäler, welche der Fürst Albrecht seinen Bürgern gab, die er als eifriger Beschützer des Ehrwürdigen herzlich liebt und wünscht, daß sie immer Liebe mit Liebe vergelten mögen.)[38]

Der Beginn der Inschrift mit der Aufforderung an die Nachwelt verweist auf die antike Tradition der Ruhmestafel und basiert auf einer römischen Textquelle Ovids (Tristia, Buch IV, Kap. 10). Der Text hat verschiedentlich als Stiftungsinschrift in der Renaissance Verwendung gefunden[39] und lobt die Sorgsamkeit des Landesherrn, der sofort danach genannt wird. Ihm, dem Auftraggeber und Stifter des Marktbrunnens, gilt die zentrale Aussage an der südwestlichen Inschrift: Albrecht von Brandenburg, der zwar in beiden Tafeln genannt, in dieser aber als »PRINCEPS«, also Kurfürst, bezeichnet wird.

Kurfürst von Mainz wurde der 1490 geborene Albrecht, nachdem zwischen 1504 und 1514 die drei Bischöfe Berthold von Henneberg, Jakob von Liebenstein und Uriel von Gemmingen in rascher Folge nacheinander verstorben waren. Da bei jeder neuen Besetzung des erzbischöflichen Stuhls Zahlungen an die päpstliche Kurie zu leisten waren, entschied sich das stark verschuldete Bistum Mainz für den 23jährigen, der bereits seit 1509 Domherr in Mainz war und versprach, die fälligen Abgaben aus eigener Tasche zu bezahlen. Das Domkapitel erhoffte sich zudem durch eine Bindung an das Haus Brandenburg die Sicherung des kurmainzischen Erfurt, welches in der Gefahr schwebte, von Kursachsen assimiliert zu werden.[40]

38 Maßangaben nach *Arens*: Inschriften bis 1650 (wie Anm. 13), S. 544 Nr. 1144; die dortige Übersetzung ist ungenau. Bei der hier vorgelegten, neuen und textnahen Übersetzung leistete Dr. Rüdiger Fuchs (Mainz) wertvolle Hilfe.

39 Z.B. beim Grundstein des Rathausneubaus in Augsburg; vgl. *Bernd Roeck*: Stadtgestalt und Macht, in: Michael Jansen/Jochen Hoock/Jörg Jarnut (Hrsg.): Städtische Formen und Macht. (Veröffentlichungen der Interdisziplinären Arbeitsgruppe Stadtkulturforschung IAS.) Aachen 1994, S. 109-126, hier S. 113.

40 An Biographien zu Albrecht von Brandenburg sei nur eine Auswahl gegeben; vgl. *May*: Kurfürst (wie Anm. 27); *Roesgen*: Kardinal (wie Anm. 20); *Friedhelm Jürgensmeier*: Kardinal Albrecht von Brandenburg (1490-1545), Kurfürst, Erzbischof von Mainz und Magdeburg, Administrator von Halberstadt, in: Reber: Albrecht (wie Anm. 20), S. 22-41; *Anton Philipp Brück*: Kardinal Albrecht von Brandenburg, Kurfürst und Erzbischof von Mainz, in: Fritz Reuter (Hrsg.): Der Reichstag zu Worms von 1521. Reichspolitik und Luthersache. Köln 1981, S. 257-270.

Nicht ohne Grund gilt Albrecht von Brandenburg als einer der bedeutendsten Kunstmäzene des 16. Jahrhunderts.[41] Es gibt allerdings kaum einen Hofkünstler, der ausschließlich für ihn arbeitete; Albrecht hatte die wichtigsten Künstler der ersten Hälfte des 16. Jahrhunderts um sich geschart. Anhand der erhaltenen oder zumindest überlieferten Stiftungen, die alle Gattungen und Medien betreffen, läßt sich erkennen, daß er jeweils Spezialisten für sich arbeiten ließ. Im Bereich der Druckgraphik war dies Albrecht Dürer, und für den Bronzeguß war die Vischer-Gießhütte in Nürnberg verantwortlich. Auf dem Felde der Buchmalerei waren es die Werkstätte des Nikolaus Glockendon und des Simon Bening, die mit Bestellungen bedacht wurden. Es lassen sich die Maler Lucas Cranach d. Ä. und Matthias Grünewald bzw. deren Werkstätten anfügen. Als Holzschneider stand unter anderem Peter Flötner in seinen Diensten. Als Steinbildhauer in Mainz und Halle war Peter Schro engagiert, dessen Rolle beim Bau des Marktbrunnens es noch genauer zu untersuchen gilt.[42] Darüber hinaus war eine Reihe weiterer Künstler und Kunsthandwerker für Albrecht beschäftigt, von Graveuren über Goldschmiede bis hin zu Teppichwebern.

Im Zusammenhang mit Albrechts Kunstpolitik und seinem Kunstverständnis gilt es einen weiteren Aspekt herauszustellen: Er war ein leidenschaftlicher Reliquiensammler. In seiner Funktion als Erzbischof von Magdeburg hatte er die Sammlung seines Vorgängers Ernst von Sachsen übernommen

41 Zu Albrechts Mäzenatentum (in Auswahl) siehe *Gerhard Händler*: Fürstliche Mäzene und Sammler in Deutschland von 1500-1620. (Studien zur deutschen Kunstgeschichte, Bd. 297.) Straßburg 1933, S. 29-33; *Horst Reber*: Einführung, in: Ders.: Albrecht (wie Anm. 20), S. 9-21; *Ders.*: Albrechts Begegnung mit der Kunst, in: Jürgensmeier (Hrsg.): Erzbischof (wie Anm. 20), S. 277-295; *Hans-Joachim Krause*: Albrecht von Brandenburg und Halle, in: Ebd., S. 296-356; *Andreas Tacke*: Das Hallenser Stift Albrechts von Brandenburg. Überlegungen zu gegenreformatorischen Kunstwerken vor dem Tridentinum, in: Ebd., S. 357-380; *Ders.*: Die Aschaffenburger Heiliggrabkirche der Beginen. Überlegungen zu einer Memorialkirche Kardinal Albrechts von Brandenburg mit Mutmaßungen zum Werk Grünewalds, in: Anzeiger des Germanischen Nationalmuseums 1992, S. 195-239; *Ders.*: Der katholische Cranach. Zu zwei Großaufträgen von Lucas Cranach d. Ä., Simon Franck und der Cranach-Werkstatt (1520-1540). (Berliner Schriften zur Kunst, Bd. 2.) Mainz 1992, hier S. 16-33; *Karsten Temme*: Der Bildnisgebrauch Kardinal Albrechts von Brandenburg (1490-1545). Funktion, Themen, Formen. Diss. phil. Berlin 1997; *Rainhard Riepertinger* u.a. (Hrsg.): Das Rätsel Grünewald. Katalog zur Landesausstellung 2002/03 Schloß Johannisburg, Aschaffenburg. (Veröffentlichungen zur bayerischen Geschichte und Kultur, Bd. 45/02.) Augsburg 2002.

42 Vgl. allgemein *Lühmann-Schmid*: Schro (wie Anm. 16); *Jeffrey Chipps Smith*: German Sculpture of the later Renaissance. Art in an Age of Uncertainty. Princeton 1994, S. 397-398.

und systematisch erweitert. Die Hofbibliothek Aschaffenburg besitzt ein handschriftliches Inventar, das sogenannte Hallesche Heiltum, wo auf 348 Bildseiten 350 Reliquiare abgebildet und 353 beschrieben werden. Dieses Inventar, von dem auch eine 1520 gedruckte Version existiert, erlaubt es, den – heute zerstreuten und größtenteils zerstörten – Heilsschatz zu rekonstruieren. Es gibt somit einen anschaulichen Einblick in die religiös motivierte Sammelleidenschaft des Renaissancefürsten.[43]

Trotz der immensen Kunst- und Stiftungspolitik des Kardinals haben sich in der Stadt Mainz nur wenige Reste seines Wirkens erhalten. Neben dem Marktbrunnen ist das Grabmal für Erzbischof Uriel von Gemmingen im Mainzer Dom, welches zwischen 1514 und 1518 geschaffen wurde, wohl eines der wichtigsten Zeugnisse Albrechtscher Kunststiftung in Mainz. Auch am Gemmingengrabmal hat sich Albrecht als Stifter in einer lateinischen Inschrift verewigt, genau wie am Marktbrunnen. Auch dort gibt es eine zweite Inschrift, deren Thema Liebe und Sorge um die Gegenliebe ist, ein Leitgedanke, welcher ebenso in der Aufschrift am Marktbrunnen thematisiert wird. Die sehr deutlich betonte Sorge um das Gemeinwohl erklärt sich über die humanistischen Ideen, mit denen das Denkmal auf dem Marktplatz konzipiert wurde. Der mit Albrecht befreundete Schriftsteller Erasmus von Rotterdam hatte in seinen »Colloquia familiaria« neben der Tugend die Sorge um das Gemeinwohl als wichtiges Mittel zur Ruhmeserlangung aufgezeigt.[44] Wenn sich der Kardinal somit hier als sorgsamer Landesvater darstellt, dem das Gemeinwohl seiner Mainzer Untertanen am Herzen liegt, dann dient dies immer auch dem Nachruhm und dem Gedächtnis der eigenen Person.

Die zweite Inschrift am nördlichen Sturz ist bei gleicher Größe auf eine aufgerollte Schriftrolle plaziert. Unter diese Schriftrolle ist eine Tafel gesetzt, deren Enden gerade sichtbar werden und die Datierung »ANNO · M/ DXXVI« erkennen lassen:

43 *Philipp Maria Halm/Rudolf Berliner*: Das Hallesche Heiltum. Man. Aschaffenb. 14. Berlin 1931; *Jörg Rasmussen*: Untersuchungen zum Halleschen Heiltum des Kardinals Albrecht von Brandenburg, in: Münchner Jahrbuch der bildenden Kunst 27, 1976, S. 59-118 und Bd. 28, 1977, S. 91-132; *Reber*: Albrecht (wie Anm. 20), Kat.-Nr. 57 bis 73; zur gedruckten Fassung *Michael Scholz*: Residenz, Hof und Verwaltung der Erzbischöfe von Magdeburg in Halle in der ersten Hälfte des 16. Jahrhunderts. (Residenzforschungen, Bd. 7.) Sigmaringen 1998, S. 213-233.

44 *Erasmus von Rotterdam*: Colloquia Familiaria. Vertraute Gespräche. Übersetzt, eingeleitet und mit Anmerkungen versehen von Werner Welzig. (Erasmus von Rotterdam, ausgewählte Schriften, Bd. 6.) Darmstadt 1967, S. 527-533; zur Bekanntschaft von Erasmus und Albrecht vgl. *Peter Walter*: Albrecht von Brandenburg und Erasmus von Rotterdam, in: Jürgensmeier (Hrsg.): Erzbischof (wie Anm. 20), S. 102-116.

»DIVO KAROLO · V · CAESARE · SEMP(ER) AVGUST(O) POST VICTORIA(M) GALLICAM · REGE · IPSO · AD TICINVM SVPERATO AC CAPTO (TRI)V(M)PHANTE FATALIQ(VE) · RVSTICORV(M) PER GERMANIA(M) COSPI/(rat)IONE PROSTRATA · ALBER(TVS) · CARD(INALIS) ET ARCHIEP(ISCOPVS) MOG(VNTINVS) (fon)TE(M) HVNC VETVSTATE DILAPSV(M) · AD CIVIV(M) SVORVM POSTERITATISQVE VSVM RESTITVI CVRAVIT«.

(Nachdem Kaiser Karl V., allzeit Mehrer des Reiches, triumphiert hatte, als nämlich nach dem Gallischen Sieg der König selbst bei Pavia überwunden und gefangengenommen worden war, und die verhängnisvolle Bauernverschwörung in Deutschland niedergeworfen war, hat der Kardinal und Erzbischof von Mainz Albrecht diesen durch Alter verfallenen Brunnen zum Gebrauch seiner Bürger und der Nachkommenschaft wiederherstellen lassen.)[45]

Auch in dieser Inschrift wird der Brunnenstifter Albrecht von Brandenburg genannt, allerdings nicht mehr als Fürst, sondern in seinen kirchlichen Ämtern als Kardinal und Erzbischof von Mainz. Somit werden nicht alle seine Pfründen aufgezählt. Weder die bischöflichen Würden in Magdeburg oder Halberstadt noch die renommierten – und mühsam erstrittenen[46] – Rechte als Reichserzkanzler werden erwähnt. Daß der »titelfreudige Mann« Wert auf die Vollständigkeit seiner Ämter legte, stützen verschiedene erhaltene Denkmäler und Aktenstücke.[47] Am Marktbrunnen reichte ihm scheinbar die Reduzierung auf die Posten Erzbischof und Stadtherr aus.

Zu Beginn der Inschrift erhält der lateinkundige Leser allerdings zunächst zwei historisch-politische Informationen. Karl V. hatte Franz I., der nicht namentlich genannt wird, bei Pavia geschlagen. Franz hatte die Eroberungspolitik Ludwigs XII. mit dem Ziel fortgesetzt, Norditalien an Frankreich anzugliedern. Die Eroberung des kaiserlichen Stützpunktes Pavia war für eine

45 Auch in diesem Fall ist die Übersetzung bei *Arens*: Inschriften bis 1650 (wie Anm. 13), S. 544 Nr. 1144 ungenau. Bei der vorliegenden, textnahen Übertragung leistete wiederum Dr. Rüdiger Fuchs (Mainz) wertvolle Hilfe.

46 *Rolf Decot*: Albrecht von Brandenburg als Reichserzkanzler, in: Peter Claus Hartmann (Hrsg.): Kurmainz, das Reichskanzleramt und das Reich am Ende des Mittelalters und im 16. und 17. Jahrhundert. (Geschichtliche Landeskunde, Bd. 47.) Stuttgart 1998, S. 45-67.

47 *Georg May*: Der Erzbischof von Mainz als Primas, in: Peter Claus Hartmann (Hrsg.): Der Mainzer Kurfürst als Reichserzkanzler. Funktionen, Aktivitäten, Ansprüche und Bedeutung des zweiten Mannes im alten Reich. (Geschichtliche Landeskunde, Bd. 45.) Stuttgart 1997, S. 35-76.

solche Unternehmung unumgänglich. Trotz der französischen Übermacht gelang es dem Befehlshaber der kaiserlichen Armee, Herzog Karl von Bourbon, die Belagerer in einem Befreiungsschlag vernichtend zu schlagen und sogar König Franz I. gefangenzunehmen. Der überraschende Sieg Karls hielt nicht lange, Franz widerrief bereits im Spätsommer 1526 alle Zugeständnisse und bildete eine neue Allianz mit Rom, Mailand und Venedig.[48]

Da der Sieg Karls V. in der Inschrift thematisiert wird, ist nach einer Umsetzung im Bildprogramm des Brunnens zu fragen. Die oft auf süddeutschen Brunnen vorzufindenden Wappnerfiguren werden vereinzelt als Kaiserporträts gedeutet, was jedoch kaum intendiert war.[49] Für die Darstellung eines Kaisers an Brunnen finden sich dennoch Beispiele, wie der Schöne Brunnen in Nürnberg, wo die sieben Kurfürsten mit Kaiser Karl IV. präsentiert werden. Auch am Augsburger Augustusbrunnen vergleicht eine Inschrift am Figurensockel den amtierenden Kaiser Rudolf II. von Habsburg mit dem dargestellten Cäsaren und Stadtgründer Augustus. Der Bezug zum Kaiser unterstreicht in diesen Fällen die Reichsunmittelbarkeit der Stadt. Für die erzbischöfliche Metropole Mainz wäre ein solches Bildprogramm jedoch kaum denkbar. Das Sujet der Schlacht von Pavia erfreute sich zwar in der Malerei um 1530 einer gewissen Beliebtheit[50], hat allerdings in der Skulptur keinen Nachhall und findet sich als Inschrift auf Denkmälern auch kaum.[51] Die Nennung des Kaisers bedarf also einer Erklärung, denn sie hat sicher nicht den Zweck, »von Kardinal Albrechts Mitschuld an den Greueln des Bauernkrieges abzulenken«.[52]

48 Zum historischen Ablauf und den politischen Folgen siehe *Reinhard Thom*: Die Schlacht bei Pavia. Diss. phil. Berlin 1907; *Angus Konstam*: Pavia 1525. The Climax of the italian wars. (Osprey military campaign series, Bd. 44.) London 1996.

49 *Susanne Kress*: Der Mann uff dem Brunnen. Die Wappnerbrunnen in Südwestdeutschland als städtisches Identitäts- und Erinnerungssymbol, in: Blätter für deutsche Landesgeschichte 136, 2000, S. 51-99.

50 Für Antwerpen z.B. *Maximiliaan Martens/Natasja Peeters*: Antwerp Painting before Iconoclasm: Considerations on the Quantification of Taste, in: Simonetta Cavaciocchi (Hrsg.): Economia e Arte Secc. XIII-XVIII. (Istituto Internazionale di Storia Economica »F. Datini«, Bd. 33.) Florenz 2002, S. 875-894; *Werner Hager*: Das geschichtliche Ereignisbild. Beitrag zu einer Typologie des weltlichen Geschichtsbildes bis zur Aufklärung. München 1939, S. 80-82.

51 Eine der wenigen, eher zufälligen Parallelen findet sich an der Benediktinerabtei Tholey, wo neben dem Hauptportal ein Chronogramm die Jahreszahl 1525 mit der Inschrift »Captus erat Gallus coeunt cum rure cohortes« zeigt; *Franz-Josef Reichert*: Die Benediktinerabtei St. Mauritius zu Tholey. (Rheinische Kunststätten, Bd. 321.) 2. Aufl. Köln 1995, S. 10.

52 *Temme*: Bildnisgebrauch (wie Anm. 41), S. 104.

Naheliegender ist zunächst, daß die Schlacht reichspolitische Bedeutung hatte. Der Sieg Karls bei Pavia bedeutete gleichzeitig eine Schwächung derjenigen Kräfte im Reich, die darauf spekuliert hatten, Franz I. auf den Thron zu setzen. Albrecht hatte Karl protegiert, und eine Niederlage des Habsburgers hätte dem Kardinal zumindest einen Imageverlust eingebracht.[53] So ist auch die Wahl der Bezeichnung »Caesar« zu verstehen, die anachronistisch wirkt, da Karl die Kaiserkrönung erst im Jahre 1530 in Bologna erfahren sollte. Der Titel »Caesar« war zwar für den römischen König seit dem 14. Jahrhundert gebräuchlich, ist am Brunnen jedoch als antithetische Gegenüberstellung zwischen dem Kaisertum Karls V. und Franz I., der nur »Rex« genannt wird, zu verstehen.[54] Karls Ehrentitel »divo« und »semper augustus« entsprechen den Konventionen in Panegyriken sowie Inschriften und gehören seit dem Spätmittelalter zum Kaisertitel. Ferner heben sie die Brunneninschrift in die Tradition von antiken Bauinschriften.[55] Schließlich hat Albrecht von Brandenburg die Schlacht sicherlich ebenfalls in die Inschrift aufnehmen lassen, weil sie historisch-politisch denkwürdig und damit erinnerungswürdig war.

Ähnliche Gründe liegen für die Mitteilung vor, daß die »CONSPIRATIONE RVSTICORVM« zugunsten der Obrigkeit entschieden wurde. Die Inschrift benutzt nicht die bereits für Zeitgenossen übliche Bezeichnung Bauernkrieg, sondern spricht von einer Verschwörung. Zwar sind derart verschränkte Formulierungen zeitüblich, aber offensichtlich fühlte sich Albrecht hintergangen und spielt – wie in der Stiftungsinschrift – auf die Pflichten des Herrschers und die Sorge um das Gemeinwohl an.

Nachdem es bereits im 15. Jahrhundert zu vereinzelten, lokalen Aufständen gekommen war, brach 1524 ein Aufruhr unter den Bauern aus, der größere Ausmaße annahm. Er umfaßte ein Gebiet im Großraum Schwaben, Franken und Thüringen. Die Ziele der Bauern lassen sich verkürzt zusammenfassen als Freiheit von adeliger Willkür, Aufhebung der Leibeigenschaft, das Recht, den Pfarrer selbständig einzusetzen, und Lockerung der Steuer. Der Zeitpunkt war günstig, da der Kaiser in Spanien und sein Heer

53 *May*: Kurfürst (wie Anm. 27), S. 229-258; *Roesgen*: Kardinal (wie Anm. 20), S. 98-101; *Jürgensmeier*: Kardinal (wie Anm. 40), S. 31.

54 *Rüdiger Fuchs*: Sacri Romani imperii fidelis – Worms und das Reichsoberhaupt, in: Klaus Herbers (Hrsg.): Ex ipse rerum documentis: Beiträge zur Mediävistik. Festschrift für Harald Zimmermann zum 65. Geburtstag. Sigmaringen 1991, S. 185-193, hier S. 188.

55 *Marietta Horster*: Bauinschriften römischer Kaiser. Untersuchungen zu Inschriftenpraxis und Bautätigkeit in den Städten des westlichen Imperium Romanorum in der Zeit des Prinzipats. (Historia Einzelschriften, Bd. 157.) Stuttgart 2001.

in Italien festsaß. Die betroffenen Adeligen, besonders die schwäbischen Fürsten, spielten auf Zeit und formierten ein kleines Heer, welches den Bauern zahlenmäßig zwar unterlegen, aber weitaus besser ausgerüstet war. Die Revolte wurde im Frühjahr 1526 niedergeschlagen, und die Bauernschaft hatte zwischen 50.000 und 75.000 Tote zu beklagen.[56]

Neben dem Bistum war die Stadt Mainz betroffen, wenn auch nur episodenhaft.[57] Die Nachricht über Aufstände in Oberdeutschland hatte Früchte getragen und am 25. April 1525 zu einer Erhebung geführt, die sich – ähnlich den oberdeutschen Ansprüchen – in einem 31 Forderungen umfassenden Katalog, den sogenannten Mainzer Artikeln, niederschlug. Bereits am 1. Juli gab die Stadt jedoch unter dem Druck der anrückenden Heere nach. Zwar muß Albrecht die Ereignisse als Bedrohung angesehen haben, ob aber die häufig intendierte Deutung des Marktbrunnens als ein Siegesdenkmal über die Bauern so verkürzt haltbar ist, gilt es noch zu überprüfen. Insofern sollte die zweite Inschrift zunächst primär als eine historische Aussage verstanden und nicht als zu vorbildlich für das Bildprogramm angesehen werden.

Darauf basierend läßt sich die These ableiten, daß die nördliche Inschrift mit der Nennung der beiden Begebenheiten in erster Linie einer zeitlichen Einordnung dient. Diese funktioniert über zwei Topoi, eine innen- und eine außenpolitische Krise, deren Überwindung mit der Inschrift gedacht wird. Der Brunnen, in der südwestlichen Inschrift als eine Stiftung des Erzbischofs klassifiziert, wird in einen Zeithorizont gesetzt, der die Denkwürdigkeit der Stiftung durch zwei im kollektiven Gedächtnis verankerte, bedeutsame Ereignisse aufrechterhält. Darüber hinaus wird der Brunnen so zu einem der ersten historischen Ereignisdenkmale, denn beide Schlachten hatten eindeutig die Macht des Kurfürsten Albrecht von Brandenburg stabilisiert.

Es ließe sich der Schluß ziehen, daß Bildprogramm und Textinhalt an einen unterschiedlichen Adressatenkreis gerichtet sind. Dem widerspricht, daß sich neben den beiden hochpolitischen Aussagen noch einige lokale

56 Grundlegend: *Horst Buszello/Peter Blicke/Rudolf Endres* (Hrsg.): Der deutsche Bauernkrieg. 3. Aufl. Paderborn u.a. 1995.

57 Zum Bauernkrieg im Gebiet des Bistums Mainz vgl. *Jürgensmeier*: Bistum (wie Anm. 19), S. 181-186; zu den Ereignissen in Mainz *Anton Philipp Brück*: Mainz vom Verlust der Stadtfreiheit bis zum Ende des 30jährigen Krieges 1462-1648. (Geschichte der Stadt Mainz, Bd. 5.) Düsseldorf 1972, S. 20-23; *Wolf Heino Struck*: Der Bauernkrieg an Mittelrhein und in Hessen. Darstellung und Quellen. (Veröffentlichungen der historischen Kommission für Nassau, Bd. 21.) Wiesbaden 1975; *Ders.*: Mittelrhein, in: Buszello/Blicke/Endres (Hrsg.): Bauernkrieg (wie Anm. 56), S. 177-190.

Fakten bezüglich des Mainzer Monumentes aus der Inschrift erschließen lassen. So ist von einer »aufgrund ihres Alters verfallenen Quelle« die Rede. Es gab folglich einen Vorgängerbau, was nicht ungewöhnlich ist, da die meisten Brunnen des 16. Jahrhunderts auf Vorläufern beruhen, deren Leitungssysteme im hohen Mittelalter entstanden waren.[58] Das Aussehen und der genaue Zeitpunkt der Errichtung dieses Vorgängers ist unbekannt. Ob man sich ihn »natürlich gotisch denken muss« ist keineswegs sicher.[59] Die erste urkundliche Erwähnung eines Brunnens in Mainz datiert auf das Jahr 759, als ein gewisser Ratharius dem Kloster Fulda eine Hofstätte innerhalb der Stadt mit einem »puteus antiquus« schenkt[60], so daß auch der Wasserzugang am Markt weitaus älter sein könnte. Angesichts der Hydrogeologie in Mainz darf man schließen, daß es sich nicht um einen Laufbrunnen gehandelt haben dürfte. Ebenso sicher ist, daß es zumindest eine niedrige Einfassung oder Ummauerung in Form eines Brunnentrogs gab, da bereits der Sachsenspiegel, eine der wichtigsten Rechtsquellen des frühen 13. Jahrhunderts, forderte, daß »Brunnen ein Knie hoch von der Erde auf durch einen Brunnenrand geschützt werden müssen«[61], damit niemand in den Schacht fallen kann. Ob oberhalb des Beckens auch ein von Stützen getragener Aufbau zu finden war und es sich somit beim Vorgänger des Marktbrunnens ebenfalls um einen Galgenbrunnen handelte, ist zwar denkbar, aber nicht zwingend anzunehmen. Noch in der Frühen Neuzeit bestanden viele Mainzer Brunnen aus einfachen Trögen ohne Aufbauten, wie Beispiele aus dem Mascoppschen Stadtplan von 1575 belegen.[62] Ebenso wäre jedwede Vermutung über Inschriften oder gar ein ikonographisches Bildprogramm rein spekulativ. Einzig sicher ist, daß Albrecht einen bereits bestehenden Brunnen erneuern ließ und dies mit der Sorge um das Gemeinwohl, die der Inschrift zufolge den Anlaß für die Erneuerung des Brunnens darstellte, nachdrücklich rechtfertigte.

Der dritte Sturz an der Ostseite des Brunnens trägt weder eine Inschriftentafel noch das Prunkwappen Albrechts in der Bekrönung. Statt dessen finden sich lediglich die beiden geflügelten und an Harpyien erinnernden We-

58 *Fassl*: Brunnen (wie Anm. 29), S. 103.

59 *Lange*: Flötner (wie Anm. 8), S. 81.

60 *Manfred Stimming* (Hrsg.): Mainzer Urkundenbuch. Bd. 1, Darmstadt 1972, S. 10 Nr. 22.

61 Zitiert nach *Rautenberg*: Brunnen (wie Anm. 29), S. 11.

62 Zum Mascoppschen Stadtplan vgl. *Fritz Herrmann* (Hrsg.): Quellen zur Topographie und Statistik der Stadt Mainz. Häuser und Steuerlisten aus der Zeit von 1497-1541. (Beiträge zur Geschichte der Stadt Mainz, Bd. 3.) Mainz 1914, S. 157.

sen in der Bekrönung und anstelle der Inschriftenkartusche ein symmetrisch aufgebautes Relief. Dieses zeigt in der Mitte eine dreiteilige Pflanze, die aus einer Knolle erwächst und zwei ebenfalls symmetrisch aufeinander zustrebende Meerwesen verdeckt. Am linken und rechten Rand dieses Reliefs befindet sich jeweils ein Landsknecht mit einer langen Lanze, die das Ornament teilweise verdeckt, teilweise von ihm überlagert wird.

Die beiden einander zugewandten Landsknechte lassen sich leicht auf die in der Inschrift erwähnten kriegerischen Auseinandersetzungen beziehen. Sponsel deutet sie als Anspielung auf die Schlacht bei Pavia[63], sie könnten aber ebenso auf den Bauernkrieg, der ebenfalls mit einem Söldnerheer aus Landsknechten niedergeschlagen wurde, hinweisen. Sogar die Deutung, jeder von beiden stehe für eine Schlacht, ist denkbar. Ausgeschlossen werden darf jedoch die Annahme, daß an dieser Stelle ein bürgerliches Turnier vorgebildet sei.[64] Die Gewandung der Dargestellten mit den aufgeblähten Pumphosen und die Waffen charakterisieren sie eindeutig als Landsknechte.[65]

Die Landsknechte wurden als Übernahme aus einer deutschen Ausgabe der Römischen Historien des Livius gesehen, die ab 1505 in Mainz in mehreren Auflagen erschienen ist.[66] Ähnlichkeiten in der Darstellung bestehen, allerdings ist das Bild der Landsknechte zu allgemein, als daß es sich auf eine genaue Vorlage beziehen ließe. Holzschnitte sowie Kupferstiche, die Landsknechte zum Motiv haben, erfreuten sich im frühen 16. Jahrhundert großer Beliebtheit und lassen sich in hoher Zahl nachweisen. Auch Albrecht Dürer, Hans Süß von Kulmbach, die Gebrüder Hopfer, Peter Flötner, Wolf Huber, Hans Sebald Beheim und insbesondere Urs Graf sind für ihre Darstellungen von Landsknechten bekannt. Selbst eine völlige Neuschöpfung, die auf kein graphisches Vorbild zurückgreift, ist nicht unvorstellbar.

Unabhängig davon steht diese dritte Seite, die in Richtung der ehemaligen Liebfrauenkirche weist, aufgrund der Verknüpfung von ornamentalen

63 *Sponsel*: Flötner-Studien (wie Anm. 12), S. 125; die Schlacht von Pavia ist eine der ersten Schlachten, in denen Landsknechte als Infanterie ihre militärtechnische Überlegenheit gegenüber einem Ritterheer ausspielen konnten. Zu ihrer Bedeutung in der Schlacht vgl. *Thom*: Schlacht (wie Anm. 48), S. 50-55; *Konstam*: Pavia (wie Anm. 48), S. 22f.

64 So die Hypothese von *Egon Rösch*: Sport in Mainz, in: Dumont/Scherf/Schütz (Hrsg.): Mainz (wie Anm. 19), S. 983-1020, hier S. 986.

65 *Reinhard Baumann*: Landsknechte. Ihre Geschichte und Kultur vom späten Mittelalter bis zum Dreißigjährigen Krieg. München 1994, S. 187-206.

66 *Lühmann-Schmid*: Marktbrunnen (wie Anm. 15), S. 183 Anm. 16; zur Mainzer Livius-Ausgabe *Hermann Knaus*: Sickingen im Schöfferchen Livius, in: Gutenberg Jahrbuch 1952, S. 82-95; *Walter Röll*: Die Mainzer Offizin Schöffer und die Drucklegung der »Römischen Historie« 1505, in: Gutenberg Jahrbuch 1990, S. 89-117.

und abbildenden Motiven weniger im Zusammenhang mit den Inschriftentafeln als mit den Spiegeln der Pfeiler. Diese sind nicht nur Stützen im architektonischen Sinne, sondern dienen gleichzeitig auch als Träger für ein reiches allegorisches Bildprogramm. Die drei äußeren der vier Seiten eines jeden Pfeilers haben ein vertieftes Bildfeld, in dem sich verschiedenste Motive finden, die teils ornamentalen, teils emblematisch-allegorischen Charakter besitzen. Für deren Beschreibung und Interpretation hat Lühmann-Schmid hervorragende Grundlagen geliefert[67], die lediglich in Details zu korrigieren und in einigen Aspekten zu erweitern sind.

Zunächst ist die Anordnung der einzelnen Motive und somit die Frage, ob es eine Leserichtung, sei es horizontal, sei es vertikal, gegeben hat, zu erörtern. Während diese Sachverhalte für die Lesarten mittelalterlicher Kunst lange erkannt worden sind und es auch für die frühneuzeitliche Kunst Vergleichsmöglichkeiten gibt, ist für diese Zeit die Rolle des Betrachterstandpunktes für den Marktbrunnen noch nicht berücksichtigt worden.[68] Die Tatsache, daß der Brunnenrand bereits 1,31 m hoch ist und die darüber errichteten Pfeiler in ihrer gesamten Länge annähernd 2 m messen, läßt den Betrachter die einzelnen Bildmotive von unten nach oben lesen. Diese Ausrichtung erinnert an mittelalterliche Glasmalerei, deren Zyklen ebenso aufzuschlüsseln sind. Dennoch gilt es zu bedenken, daß trotz motivischer Wiederholungen und der Verknüpfung durch die ornamentalen Kandelaber die Bildembleme innerhalb der Pfeiler vereinzelt und losgelöst stehen. Selten sind sie in demselben Spiegel aufeinander zu beziehen. Die intendierte Leserichtung resultiert lediglich aus dem Betrachterstandpunkt.

Es ist ebenso schwierig, zu entscheiden, ob die Pfeilerspiegel einer bestimmten horizontalen Richtung folgen. Der Marktbrunnen ist eindeutig als freistehendes Monument auf eine Mehransichtigkeit hin konzipiert. Da es sich zudem nicht um einen narrativen Zyklus handelt, muß eine Leserichtung nicht zwangsläufig gegeben sein. Die Tatsache, daß die drei Konsolsteine im Detail verschieden gearbeitet sind, legt es nahe, daß das Bild-

67 *Lühmann-Schmid*: Marktbrunnen (wie Anm. 15), S. 184f.; bei der von ihr herangezogenen Literatur handelt es sich meist um *Guy de Tervarent*: Attributs et Symboles dans l'Art profane 1450-1600. Dictionnaire d'un Langage perdu. (Travaux d'Humanisme et Renaissance, Bd. 29.) Genf 1958; *Arthur Henkel/Albrecht Schöne* (Hrsg.): Emblemata. Handbuch zur Sinnbildkunst des XVI. und XVII. Jahrhunderts. 2. Aufl. Stuttgart 1978.

68 Als Beispiel für die Analyse des Betrachterstandpunkts im Mittelalter vgl. *Robert Suckale*: Die Bamberger Domskulpturen. Technik, Blockbehandlung, Ansichtigkeit und die Einbeziehung des Betrachters, in: Münchner Jahrbuch der bildenden Kunst 38, 1987, S. 27-82.

programm auf jeweils einen Pfeiler bezogen ist – Hauptansichtsseite wäre demzufolge die schmale Seite der Pfeiler, gleichsam jeweils die Spitze des Dreiecks. Andererseits sind die Schrifttafeln und Wappen des Stifters an der Längsseite jenes Dreiecks zu finden, und es lassen sich einzelne Bezüge zwischen den Flachseiten der Pfeiler nachweisen.

Folglich gibt es zwei Betrachtungsmöglichkeiten, einerseits die Pfeilerstirnseite und andererseits jeweils zwei Pfeilerlängsseiten. Daher soll auch die Beschreibung der einzelnen Füllungen diesem Aufbau folgen, zunächst die Stirnseite, dann nach rechts folgend die rechte Flachseite desselben Pfeilers sowie die linke Flachseite des nächsten Pfeilers. Die Benennung und Aufteilung hat bei bisherigen Untersuchungen zu Verwirrungen und fehlerhaften Verweisen geführt.[69]

Eine Hauptansichtsseite ist kaum auszumachen. Allenfalls der westliche Pfeiler hat Tendenzen diesbezüglich, da er sich im Konsolstein von den anderen beiden unterscheidet. In der Flachseite dieses Steins wird das Zifferblatt einer Uhr mit den römischen Zahlen von eins bis zwölf angedeutet. Deren Zeiger enden in einem Mond- (auf der Elf) und einem Sonnensymbol (zwischen vier und fünf). Die beiden anderen Konsolsteine zeigen an diesem Punkt jeweils eine Rosette, also ornamentale Motive, so daß der Akzentuierung besondere Bedeutung beigemessen werden darf. Das Zifferblatt könnte zwar als ein Vanitassymbol verstanden werden, da diese Ikonographie am selben Pfeiler noch öfter zum Tragen kommt, ist dennoch als ein allgemeines Symbol für die funktionierende Ordnung zu verstehen. In der Frühen Neuzeit ist die Uhr nicht nur ein Zeitmeßinstrument. In ihr spiegeln sich auch Ordnungsvorstellungen des Universums wider.[70] Daß Albrecht persönliches Interesse an den neuen technischen Geräten besaß, zeigt eine 1528 in Nürnberg von ihm in Auftrag gegebene planetarische Uhr.[71]

Das unter dem Konsolstein mit der Uhr liegende westliche Relief weist eine Vielzahl von Bildern auf. Unten am Pfeilerspiegel ist eine aus Akanthus gebildete Arabeske zu sehen, über welcher sich der Helm einer Prunkrüstung befindet. Die Helmform erinnert an italienische oder flandrische Vorbilder, die wiederum einem antiken Typus entsprechen. Eine Ähnlichkeit zu zeitgenössischen Harnischen besteht kaum, der Typ scheint durch graphische

69 So *Lühmann-Schmid*: Marktbrunnen (wie Anm. 15), S. 184, Pfeilerfüllung III/2 statt II/3 und III/1 statt II/2.

70 *Igor A. Jenzen* (Hrsg.): Uhrzeiten. Die Geschichte der Uhr und ihres Gebrauches. (Kleine Schriften des Historischen Museums, Bd. 42.) (Ausstellungskatalog) Frankfurt a.M. 1989, S. 97-99.

71 *Reber*: Albrecht (wie Anm. 20), Kat.-Nr. 52.

Vorlagen wie Ornamentstiche von Zoan Andrea vorgebildet zu sein.[72] Darüber ist ein verwickeltes Band an einem gestauchten Trommelkörper zu sehen. Auf diesem wächst ein Akanthus, an dem in der Mitte ein prächtiges Krummschwert mit einer Hellebarde gekreuzt angebracht ist. Auch die sich überschneidende Anordnung der Waffen mag durch die Ornamentpilaster Zoan Andreas inspiriert worden sein. Über dem Kriegsgerät ist eine Platte zu sehen, auf der zwei Fische gezeigt werden, die an den Schwanzenden mit einer Blattranke zusammengebunden sind. Darüber liegen am oberen Ende des Pfeilers zwei einander durchstoßende Werkzeuge, vermutlich ein Schlägel und ein Schnitzmesser. Diese wurden als Attribute eines Steinmetzen oder Bildschnitzers angesehen, können aber als Symbole für Arbeitskraft verstanden werden.

Die breitere, südliche Seite des westlichen Pfeilers verzichtet fast völlig auf dekorative Ornamente und zeigt eine Reihe von gegenständlichen Objekten. Am Fuße der Füllung ist ein auf dem Rücken liegender Mann zu sehen, der eine Karaffe in der Rechten hält und mit der Linken an einem Hahn zerrt. Unter ihm liegen Gefäße, aus denen Wasser tritt, während er selbst eine Amphore mit den Füßen stemmt, aus welcher der Inhalt sich in seinen Mund ergießt. Als Henkel der Amphore dient ein daran gebundener Fisch, der seinerseits mit einer großen Schleife an einer breiten Vase festgebunden ist. Im Falle dieses Motivs scheint es sich um die Übernahme einer Hieroglyphe aus der 1499 gedruckten »Hypnerotomachia Poliphili« des Francesco Colonna zu handeln.[73] Die mit Querritzen[74] an den Griffen versehene Vase trägt ein Kissen, auf welchem sich ein Totenkopf, der von zwei Stundengläsern flankiert wird, präsentiert. In der oberen Kante der Pfeiler-

72 *Albert E. Brinckmann*: Die praktische Bedeutung des Ornamentstiches für die deutsche Frührenaissance. (Studien zur Deutschen Kunstgeschichte, Bd. 90.) Straßburg 1907, S. 10-14; *Mark Zucker* (Hrsg.): Early italian Masters. (The illustrated Bartsch, Bd. 25.) New York 1980, S. 140-168.

73 *Francesco Colonna*: Hypnerotomachia Poliphili. A cura di Marco Ariani e Mino Gabriele. 2 Bde., Mailand 1999, S. 41; zur Deutung *Ludwig Volkmann*: Bilderschriften der Renaissance. Hieroglyphik und Emblematik in ihren Beziehungen und Fortwirken. Leipzig 1923, S. 15f.

74 Das Motiv ist französischen Ursprungs und an der Loire, z.B. im Ancien Hôtel in Blois, häufiger anzutreffen; vgl. *Claudia Baer-Schneider*: Italien und Frankreich. Tendenzen und Einflüsse in der Ornamentik des Grabdenkmals, in: Peter Seewaldt (Hrsg.): Das Grabdenkmal des Christoph von Rheineck. Ein Trierer Monument der Frührenaissance im Zentrum memorialer Stiftungspolitik. (Schriftenreihe des Rheinischen Landesmuseums Trier, Bd. 19.) Trier 2000, S. 69-88.

füllung befindet sich ein Zirkel zwischen Hammer und Winkel, unter denen ein kleines Täfelchen (12 × 28,5 cm) in der antiken Art einer Tabula Ansata hängt. Auf diesem sind in zwei Zeilen die Worte »O BEDENCK / DAS END« in einer erhabenen und vergoldeten Schrift eingearbeitet.[75]

Im Vergleich zu den beiden Inschriften des Gebälks fällt auf, daß im unteren Bereich des Brunnens eine deutschsprachige Prosainschrift gewählt wurde. Die naheliegende Erklärung, diese sei für das gemeine Volk bestimmt, bedarf einer Differenzierung. Es wäre unseriös, über den Alphabetisierungsgrad der Bevölkerung um 1520 Mutmaßungen anzustellen, quantifizierbare Aussagen über den Anteil von Lateinkundigen, Alphabetisierten und Analphabeten innerhalb der Bevölkerung sind nur bedingt möglich. Die zahlenmäßig um 1510 sprunghaft ansteigenden Flugblätter und Einblattdrucke jedoch lassen einen dafür vorhandenen – größtenteils deutschsprachigen – Markt erkennen. Auch zeitlich parallele Erscheinungen wie die höfische Kultur Maximilians I. belegen das Gewicht, welches der deutschen Sprache für eine sich entwickelnde politische Öffentlichkeit beigemessen wurde.[76] Nicht allein die Divergenz zwischen gelehrtem Latein und volkssprachigem Deutsch am Marktbrunnen fordert den Vergleich zu Maximilians Hofkultur heraus, auch die Herleitung der Sentenz »O BEDENCK DAS END« forciert eine Gegenüberstellung. Das Motto ähnelt dem Sinnspruch Kaiser Maximilians I. »Halte Maß und bedenke das Ende«. Der warnende Hinweis hat seinen Ursprung in der Übersetzung des lateinischen Spruchs »respice finem«, der wiederum die verkürzte Variante des Sprichwortes »quidquid ages prudenter agas et respice finem« darstellt. Die ursprüngliche Quelle dieses Leitsatzes anzuführen gestaltet sich als schwierig, da mehrere Möglichkeiten gegeben sind. So soll der athenische Staatsmann Solon mit diesem Spruch den sagenhaft reichen König Krösus gewarnt haben. Als weitere Quellen ließen sich die Fabeln des Aesop und Kap. 103 der »Gesta Romanorum« anführen[77], wobei keine dieser drei Alternativen einen glaubwürdigen Bezug zum Marktbrunnen oder zu Albrecht von Brandenburg herstellt.

75 Zu den Abmessungen vgl. *Arens*: Inschriften bis 1650 (wie Anm. 13), S. 546 Nr. 1144.

76 *Jan-Dirk Müller*: Gedechtnus. Literatur und Hofgesellschaft um Maximilian I. (Forschungen zur Geschichte der älteren deutschen Literatur, Bd. 2.) München 1982, S. 74-79.

77 *Hans Walther* (Hrsg.): Lateinische Sprichwörter und Sentenzen des Mittelalters in alphabetischer Anordnung. (Series Carmina Medii Aevii Posterioris Latina, Bd. 2.) 5 Bde., Göttingen 1963-67, hier Bd. 4, S. 353 Nr. 25242; S. 355 Nr. 25251 und S. 945 Nr. 28928.

Schließlich ist das Textstück ein Bibelzitat, denn bei Jesus Sirach 7,40 heißt es: »Bei allem, was Du tust, bedenke das Ende«. Von den vorgestellten Möglichkeiten ist diese Auflösung insofern die schlüssigste, da sie einerseits sicherlich die geläufigste war und andererseits der folgende Satz (Jesus Sirach 8,1) mit den Worten »Streite nicht mit einem Mächtigen« beginnt. Das Zitat könnte dementsprechend auf die Zusammenhänge des Jahres 1525 anspielen und die gesicherte Stellung Albrechts sowie das wiederhergestellte Ordnungsgefüge belegen.

Der Historiker Brück meint, die Tafel sei als ein »Zeichen der Versöhnung« zu deuten und impliziere, daß Albrecht seinen aufrührerischen Untertanen vergeben hätte.[78] Zwar wird seine These durch die in den lateinischen Inschriften betonte Sorge um das Gemeinwohl unterstützt, die beigeordneten Motive Sanduhr und Totenkopf, die in ähnlicher Anordnung unter einem Täfelchen in einem Ornamentstich Zoan Andreas erscheinen[79], lassen jedoch vermuten, daß an dieser Stelle Vanitasgedanken vorherrschen.[80] Diese Idee des ›Memento mori‹ läßt sich in einigen Aspekten vertiefen, ohne aus dem Brunnen ein »Trauersymbol für ermordete Untertanen« zu machen.[81] Einerseits genießt dieser Sinnspruch gewissen Anklang bei Grabdenkmälern, andererseits scheinen Fragen der Jenseitsfürsorge Albrecht seit 1524 verstärkt beschäftigt zu haben. Nachdem er für seinen Vorgänger im Amte Uriel von Gemmingen ein Grabmal errichtet hatte, begann er sich um die eigene Memoria zu sorgen.[82] Nicht jedoch Mainz hatte er als Ort für sein Begräbnis auserkoren, sondern das von ihm besonders geschätzte und geförderte Neue Stift in Halle. Kurz vor der Errichtung des Marktbrunnens ließ er von Peter Vischer in Nürnberg ein Epitaph in Bronze gießen, welches zusammen mit einem bronzenen Baldachin in Halle aufgestellt werden sollte. Nachdem Halle 1540 zum reformierten Glauben übergetreten war, machte dies für Albrecht von Brandenburg eine Grablege in Sachsen unmöglich. Er entschied sich für ein Begräbnis im Mainzer Dom, während die

78 *Brück*: Mainz (wie Anm. 57), S. 22; ähnlich *Hanfgarn*: Brunnen (wie Anm. 18), S. 29.

79 *Rudolf Berliner/Gerhart Eggert*: Ornamentale Vorlageblätter des 15. bis 19. Jahrhunderts. 3 Bde., 2. Aufl. München 1981, hier Bd. 3, S. 40 Nr. 189; *Zucker*: Masters (wie Anm. 72), S. 295f. Nr. 040.

80 *Lühmann-Schmid*: Marktbrunnen (wie Anm. 15), S. 184.

81 So die These von *Hanfgarn*: Brunnen (wie Anm. 18), S. 29.

82 Zum Memoria-Begriff grundlegend: *Karl Schmid/Joachim Wollasch* (Hrsg.): Memoria. Der geschichtliche Zeugniswert des liturgischen Gedenkens im Mittelalter. (Münstersche Mittelalter-Schriften, Bd. 48.) München 1984; *Otto Gerhard Oexle* (Hrsg.): Memoria als Kultur. (Veröffentlichungen des Max-Planck-Instituts für Geschichte, Bd. 121.) Göttingen 1995.

bereits gegossenen Teile des Bronzegrabmals nach Aschaffenburg überführt wurden.[83]

Somit verfolgt die Tafel mit den Worten »O BEDENCK DAS END« mehrere Intentionen. Es ist eine deutlich lesbare Mahnung an die Bevölkerung, aber ebenso ein Memento mori des Kurfürsten, der sich als guter Herrscher des eigenen Endes jederzeit bewußt ist. Schließlich muß die Tafel auch in Verbindung mit der Figur im unteren Teil der Füllung gelesen werden. Aufgrund der Gewandung, insbesondere der sogenannten Stulpenschuhe, wird die Figur gemeinhin als Bauer gedeutet. Dieser scheint ungelenk nach unten zu fallen und entspricht dem zeitgenössischen Spottbild des ständig betrunkenen Bauern.[84] Möglich ist ferner, daß an eine Anspielung auf die Ereignisse von 1525 im Zisterzienserkloster Eberbach gedacht ist, wo die aufständischen Bauern das 100.000 Liter fassende Weinfaß zu annähernd zwei Dritteln leer getrunken haben sollen.[85]

Allerdings muß die Figur nicht zweifelsfrei einen Bauern darstellen. Die Art, wie der Hahn gehalten wird, erinnert an eine Zeichnung Albrecht Dürers, die einen »bewaffneten Strolch« zeigt.[86] Die zusammengesunkene Haltung des Betrunkenen ähnelt einer der Randzeichnungen für Kaiser Maximilians Stundenbuch.[87] Die Figur könnte als ein Sittenbild verstanden werden und ließe sich mit den Werkzeugen am oberen Rand des Pfeilers sowie der darunter befindlichen Tafel in Beziehung setzen. Die Werkzeuge symbolisieren dann den Sieg der schaffenden Arbeit über die Faulheit und die damit einhergehende Trunksucht.

Der dem Trunkenbold gegenüberliegende Pfeilerspiegel zeigt eine ähnliche Figur. Man sieht einen bärtigen, fast nackten Mann mit einer Eule auf der Schulter, der in seiner linken Hand einen Beutel hält, aus dem Geld-

83 Zum Bronzegrabmal und seiner Planung vgl. *Rudolf Kautzsch/Ernst Neeb*: Der Dom zu Mainz. (Kunstdenkmäler des Freistaates Hessen, Bd. 2.1.) Darmstadt 1919, S. 268f.; *Reber*: Einführung (wie Anm. 41), S. 14-16; *Tacke*: Heiliggrabkirche (wie Anm. 41), S. 206-217; *Temme*: Bildnisgebrauch (wie Anm. 41), S. 84-92; *Sven Hauschke*: Ein Paragone um Grabdenkmäler der Vischer-Werkstatt. Kardinal Albrecht von Brandenburg und Kurfürst Friedrich der Weise von Sachsen, in: Anzeiger des Germanischen Nationalmuseums 2002, S. 231-240; vgl. auch den Beitrag von Kerstin Merkel in diesem Band.

84 *Hans-Joachim Raupp*: Bauernsatiren. Das bäuerliche Genre in der deutschen und niederländischen Kunst ca. 1470-1570. Niederzier 1986.

85 *Struck*: Bauernkrieg (wie Anm. 57), S. 165; *Ders.*: Mittelrhein (wie Anm. 57), S. 183.

86 *Friedrich Winkler*: Die Zeichnungen Albrecht Dürers. 4 Bde., Berlin 1936-39, hier Bd. 2, S. 63f. Nr. 342; *Raupp*: Bauernsatiren (wie Anm. 84), S. 102.

87 *Wolfgang Hütt*: Albrecht Dürer 1471 bis 1528. Das gesamte graphische Werk. 2 Bde., 5. Aufl. München 1971, S. 787.

münzen fallen. Mit der Rechten versucht er diese in seinen Schurz zu stecken. Über dem Mann befinden sich zwei gekreuzte Zwiebel- oder Knoblauchstauden sowie eine Vase mit zwei Henkeln, die denen des gegenüberliegenden Reliefs entsprechen. Vier Blüten und Akanthusblätter, die Weinlaub ähneln, rahmen die Vase ein. Über dieser Anordnung erscheinen zwei gekreuzte Fische, die mit einem Band zusammengebunden sind. Ihre Mäuler beißen in zwei Schnüre mit Quasten, die von oben herab an zwei Voluten hängen.

Daß die beiden genrehaften Szenen zusammengehören, scheint nahezuliegen. Die Größenverhältnisse und die Tatsache, daß handelnde Menschen und nicht Gegenstände als Sinnbilder eingesetzt werden, führen zu diesem Schluß. Manefeld stellt sie in zeitlicher Hinsicht einander gegenüber und sieht die Eule der Nacht als Pendant zum Hahn am vorangegangenen Pfeiler. In seiner Deutung passierten in der Nacht »Freveltaten«, die am Morgen (symbolisiert durch den Hahn) von Gott gerächt werden sollten.[88] Die Eule als ein Geschöpf der Nacht gilt allgemein als ein Symbol der Bosheit, Tücke und Frevelhaftigkeit.[89] Die geldverprassende Figur stellt nach Lühmann-Schmid eine Personifikation der Luxuria dar, deren Attribut ein sich leerender Geldbeutel sein kann.[90] Naheliegender ist jedoch, daß hier eine andere Todsünde, die Avaritia, also Geiz oder Habgier, dargestellt wird. Besonders die Analogie zum vorangegangenen Pfeiler stützt diese Deutung. Der zusammengesackte Trinker wäre folglich als Personifikation der Gula, der Trunksucht, zu verstehen.[91] Die beiden Todsünden erscheinen beispielsweise gemeinsam an Stefan Lochners Weltgericht von 1435, inbegriffen das Motiv des sich leerenden Geldsacks.[92] Trotz der Stulpenstiefel muß keine der beiden Relieffiguren als Bauer angesprochen werden. Dies entspräche

88 *Manefeld*: Marktbrunnen (wie Anm. 6), Sp. 2. Der Hahn könnte ebensosehr als ein Symbol des Verrats interpretiert werden und mit der Inschrift korrespondieren, in der von einer Bauernverschwörung die Rede ist.

89 *Dietrich Schmidtke*: Geistliche Tierinterpretation in der deutschsprachigen Literatur des Mittelalters (1100-1500). 2 Bde., Diss. phil. Berlin 1968, S. 284f.; *Henkel/Schöne*: Emblemata (wie Anm. 67), Sp. 889-897.

90 *Lühmann-Schmid*: Marktbrunnen (wie Anm. 15), S. 184; *Tervarent*: Attributs (wie Anm. 67), Bd. 1, Sp. 53.

91 *Susanne Blöcker*: Studien zur Ikonographie der sieben Todsünden in der niederländischen und deutschen Malerei und Graphik von 1450-1560. (Bonner Studien zur Kunstgeschichte, Bd. 8.) Bonn 1993, S. 96-115.

92 *Christiane Lukatis*: Zur Höllengestaltung im Weltgericht Stefan Lochners, in: Frank G. Zehnder (Hrsg.): Stefan Lochner, Meister zu Köln. Herkunft – Werke – Wirkung. (Ausstellungskatalog) Köln 1993, S. 191-199.

zwar weitgehend einem zeitgenössischen Spottbild, bisherige Fehlinterpretationen legen jedoch Vorsicht bei der Identifizierung der Figuren nahe.

Die Tatsache, daß die beiden Figuren sich leicht zueinander in Bezug setzen lassen, hat historiographisch zu einer Mißinterpretation geführt, sie wurden zu Beginn des 19. Jahrhunderts als den Brunnen vergiftende Juden gedeutet.[93] Der erste, Liegende, sei mit einem Becher gezeigt, aus dem Gift rinnt, während der zweite, Bärtige, mit gestohlenem Geld zu fliehen versucht und es unter seine Verfolger wirft, um entkommen zu können. Er sei dann dennoch gefangen und verbrannt worden. Lühmann-Schmid führt die Legende auf Kleins Stadtführer von 1863 zurück, wobei einerseits bereits Klein betont, daß sich die Darstellung auf »keine geschichtliche Thatsache jener Zeit« beziehe[94], und die Erzählung andererseits weitaus älter ist. Die Stadtbibliothek Mainz ist im Besitz eines Druckes aus dem Jahr 1831, der mit »Dahl« unterzeichnet ist.[95] Jener Johann Konrad Dahl ist jedoch nicht der eigentliche Autor, sondern nur der Herausgeber. Es ist das Manuskript des geistlichen Rates Schunk, von dem Schaab berichtet, es sei von Dahl gedruckt worden.[96] Dieses Manuskript bezieht verschiedene Ereignisse während der Cholera- bzw. Pestepidemie 1348/49 auf den Marktbrunnen. So habe in jenen Jahren ein Augenzeuge die Brunnenvergiftung durch einen Juden gesehen. In Erinnerung an diesen Vorfall hätte man die Geschehnisse am Marktbrunnen dargestellt, wobei sich der Autor wundert, daß die Inschriften die Vergiftung nicht erwähnen.

Eine weitere Kuriosität am Rande bildet das rätselhafte Tagebuch Albrechts von Brandenburg, welches der Autor des Textes gelesen haben will. Der Kardinal hätte sich tagtäglich Wasser aus dem Brunnen bringen lassen und öffentlich getrunken, um zu beweisen, daß der Brunnen nicht mehr vergiftet sei. Für derartige Spekulationen war die Geschichtsschreibung in Mainz insofern empfänglich, weil die Stadt vor der Einführung einer zentralen Wasserversorgung wiederholt von der Cholera heimgesucht wurde, mehrfach während der Entstehungszeit des Manuskripts zu Beginn des

93 *Friedrich Schütz* (Hrsg.): Juden in Mainz. (Ausstellungskatalog) Mainz 1978, S. 143f. Kat.-Nr. 37.

94 *Lühmann-Schmid*: Marktbrunnen (wie Anm. 15), S. 185 Anm. 50; *Karl Klein*: Der Dom in Mainz nebst einem Blicke auf die übrigen Sehenswürdigkeiten der Stadt. Mainz 1863, S. 125.

95 Stadtbibliothek Mainz: Mog. M: 4° 136 (im folgenden als *Dahl-Manuskript* bezeichnet); ein wortgetreuer Nachdruck des Manuskripts erscheint am 25. 11. 1883 im Mainzer Neuesten Anzeiger unter dem Titel »Der Mainzer Marktbrunnen (Nach einer alten Beschreibung)«.

96 *Schaab*: Geschichte (wie Anm. 5), Bd. 1, S. 423-425.

19. Jahrhunderts.[97] Auch Schaab setzt sich intensiv mit der Materie sowie den Ansichten Dahls bzw. Schunks auseinander und gelangt bereits im Jahre 1840 zu dem wenig spektakulären Fazit: »Dieser ganzen Brunnenvergiftungsgeschichte fehlt aller historischer Beweis.«[98] Auch wenn die Geschichte allgemein bezweifelt wurde, nicht zuletzt weil die Figuren keine Anzeichen einer jüdischen Ikonographie besitzen, blieb die Legende und somit auch der Name im Sprachgebrauch erhalten.[99] Auch in der in Mainz erscheinenden jüdischen Zeitschrift »Der Israelit« findet sich 1902 ein Artikel, in dem die Pfeilerreliefs beschrieben werden, vom Vergiftungsmythos berichtet und der Name »Judenbrunnen« erwähnt wird.[100] Die nationalsozialistische Propaganda nutzte den Mythos – obwohl längst der Gegenbeweis erbracht war – im Mainzer Anzeiger 1936 noch einmal aus.[101]

Die Behauptung läßt sich in Mainz bereits durch die Tatsache widerlegen, daß es dort mehrere sogenannte Judenbrunnen gab. Der etymologische Ursprung für die Bezeichnung dieser nicht erhaltenen Brunnen ist durch ihre Lage im jüdischen Viertel begründet.[102] Die angebliche Brunnenvergiftung durch Juden ist wiederum ein häufig anzutreffender Mythos. Insbesondere während der zweiten großen Pestwelle, die zwischen 1348 und 1350 Europa heimsuchte, dienten Verschwörungstheorien über planmäßige Brunnenvergiftungen durch Juden als Legitimationsmodell für antisemitische Hetzjagden. Die wahren Ursachen, wie die katastrophalen hygienischen Zustände, waren schlichtweg unbekannt.[103] Ob beabsichtigte Brunnenvergiftungen

97 *Heinrich Kliewe*: Seuchenentstehung und Seuchenabwehr in Mainz, in: August Schuchert (Hrsg.): Aus Kirche – Kunst – Leben. (Jahrbuch für das Bistum Mainz, Bd. 5.) Mainz 1950, S. 570-574.

98 *Schaab*: Geschichte (wie Anm. 5), Bd. 1, S. 425.

99 *Haupt*: Baukunst (wie Anm. 11), S. 267 und *Volkmann*: Verwendung (wie Anm. 9), S. 55 sprechen um die Jahrhundertwende vom »Judenbrunnen«; *Lindner*: Brunnen (wie Anm. 9), S. 41 im Jahr 1920 vom »sogenannten Judenbrunnen«.

100 (O. Verf.) Zu unserem Bilde, in: Der Israelit. Centralorgan für das orthodoxe Judenthum 43, 1902, S. 999.

101 (O. Verf.) O Bedenk das End. Der antisemitische Marktbrunnen, in: Mainzer Anzeiger 148, 1936.

102 *Heinrich Schrohe* (Hrsg.): Die Mainzer Stadtaufnahmen von 1568 und 1594. (Beiträge zur Geschichte der Stadt Mainz, Bd. 6.) Mainz 1930, S. 177 Nr. 1614, S. 181 Nr. 1657 und S. 183 Nr. 1669.

103 *Alfred Haverkamp*: Die Judenverfolgung zur Zeit des Schwarzen Todes im Gesellschaftsgefüge deutscher Städte, in: Ders. (Hrsg.): Zur Geschichte der Juden im Deutschland des späten Mittelalters und der Frühen Neuzeit. Stuttgart 1981, S. 27-93; *Simon-Muscheid*: Zierde (wie Anm. 28), S. 718f.; *Albrecht Hoffmann*: Wassernöte und technischer Wandel in der Frühen Neuzeit, in: Die Wasserversorgung im Mittelalter. (Geschichte der Wasserversorgung, Bd. 4.) Mainz 1991, S. 9-59, hier S. 11-13.

wirklich vorkamen, ist ungewiß, geahndet wurden sie mit drakonischen Strafen.[104] Daß Vergiftung aber nicht nur ein schweres Delikt, sondern auch in Mainz ein scheinbar allgegenwärtiges Risiko darstellte, belegt eine Interpellation der Germersheimer Bürger, die am 21. August 1533 beim Mainzer Domkapitel nachfragen, ob sie ihren Jahrmarkt »in den geferlichen zeiten der prenner und derjenigen so die prunn vergiften« überhaupt abhalten sollen.[105]

Im unteren Bereich stellt die Stirnseite des nach Süden weisenden Pfeilers einen kleinen, in einem angedeuteten Kontrapost auf einem Kissen stehenden Amor dar, dessen Arme auf dem Rücken gefesselt und dessen Augen mit einem Tuch verbunden sind. Hinter seinem Kopf kommt sein Flügelpaar zum Vorschein. Darüber erhebt sich eine Balustersäule mit einem Schaftring, vor der sich eine Fackel, ein Bogen und ein Schild befinden. In dieser Anordnung, die an graphische Ornamentpilaster von Zoan Andrea erinnert, sieht Lühmann-Schmid ein Emblem von Alcati umgesetzt, dessen Inhalt die Tugendliebe darstellt.[106] Ihre Deutung ließe sich dahingehend erweitern, daß die Darstellung des gefesselten Amors am Marktbrunnen dem Typus des Anteros im Titelblatt der 1496 in Mailand erschienenen gleichnamigen Schrift von Fulgosus entspricht. Inhalt des moralischen Traktates ist die Tugendliebe, die nur bei Enthaltsamkeit und tugendhaftem Lebenswandel gewährleistet ist, also wenn Amor gefesselt und seine Waffen unerreichbar sind.[107]

Über den Attributen des Amor befindet sich ein Täfelchen mit der erhaben gearbeiteten Jahreszahl 1526, die sicherlich die Fertigstellung des Denkmals meint. Bemerkenswert ist, daß die bereits festgestellte Diskrepanz zwischen einer lateinischen Inschrift im Architrav und einer deutschen am Pfeiler auch hier immanent wird. Im Gegensatz zur oben verwendeten römischen Zählung finden unten die arabischen Zahlen Platz. Über der Tafel erwächst eine Arabeske mit zwei Ringen, die in einer kleinen Vase mit drei Blumen endet, während die Flachseite des Konsolsteins eine Rosette zeigt. Vor die Arabeske ist ein Blasebalg gelegt, der von einer Flöte durchstochen wird. Lühmann-Schmid sieht darin einen Hinweis auf die Unschädlichkeit

104 *Baur*: Brunnen (wie Anm. 18), S. 106; *Schmid*: Brunnen (wie Anm. 28), S. 577.

105 *Fritz Herrmann* (Hrsg.): Die Protokolle des Mainzer Domkapitels (Arbeiten der historischen Kommission für den Volksstaat Hessen), Bd. 3: Die Protokolle aus der Zeit des Erzbischofs Albrecht von Brandenburg 1514-1545. 2 Bde., Paderborn 1930-32 (Nachdruck: Darmstadt 1974), S. 568.

106 *Lühmann-Schmid*: Marktbrunnen (wie Anm. 15), S. 186; *Henkel/Schöne*: Emblemata (wie Anm. 67), Sp. 1768.

107 *Erwin Panofsky*: Studien zur Ikonologie der Renaissance. 2. Aufl. Köln 1997, S. 169-171.

des Blasebalgs im Jahre 1526 und belegt dies mit zwei 1565 bzw. 1610 gedruckten Emblemen, die den Blasebalg als Teufelswerkzeug charakterisieren.[108] Die Deutung ist grundsätzlich zutreffend, und der Blasebalg als Symbol kommt bereits vor 1526 vor. So hat das Narrenschiff des Sebastian Brant ein eigenes Kapitel »von oren blosern« und zeigt mehrfach, wie dem Narren bösartige Ideen per Blasebalg ins Ohr gesetzt werden.[109] Am Marktbrunnen muß die Flöte das Gebläse auch nicht zwangsläufig zerstören, die Anordnung erinnert vielmehr an die Frontseite des westlichen Pfeilers, wo sich Klöppel und Balleisen kreuzen, indem sie sich durchstoßen. Des weiteren ist die Flöte nicht ausschließlich positiv konnotiert, beispielsweise ist in vielen Darstellungen des Totentanzes ein flötespielendes Skelett zu sehen. Die Kombination von Flöte und Blasebalg könnte also ebensosehr als eine Warnung vor Tod und Torheit verstanden werden – ein beliebter Topos des 15. und 16. Jahrhunderts.[110]

Die nördliche Flachseite desselben Pfeilers zählt zu den völlig symmetrisch aufgebauten Spiegeln. Im unteren Bereich finden sich zwei voneinander abgewandte Fische, deren aufragende Flossen das Postament für eine breite Vase bilden. Im Vergleich zu den anderen am Brunnen abgebildeten Vasen ist diese durch ein Flechtband am Sockel und eine Scheibenkette am oberen Schaft besonders reich geschmückt. Das Gefäß wird von vier Blüten gerahmt. Darüber erwächst ein Kandelaber, der in einem Teller endet. Daran befinden sich zwei quer geritzte Schriftrollen, deren untere Abschlüsse mit einer Perlenschnur zusammengebunden sind, während die oberen Enden in Profilblattmasken auslaufen, ein Motiv, das auch ein Ornamentstich von Nicoletto da Modena zeigt.[111]

Über dem Kandelaber sind zwei gekreuzte Festons gehängt, an denen zwei Schneckenhäuser aufgeknüpft sind. Ob dieses Motiv »voller Ironie auf die Schneckenhäuserforderung der Gräfin von Lupfen anspielt«[112], sei dahin-

108 *Lühmann-Schmid*: Marktbrunnen (wie Anm. 15), S. 186; *Henkel/Schöne*: Emblemata (wie Anm. 67), Sp. 1405, 1579.

109 *Klaus Manger*: Das »Narrenschiff«: Entstehung, Wirkung und Deutung. (Erträge der Forschung, Bd. 186.) Darmstadt 1983.

110 *Holger Eckhardt*: Totentanz im Narrenschiff. Die Rezeption ikonographischer Muster als Schlüssel zu Sebastian Brants Hauptwerk. Frankfurt a.M. u.a. 1995.

111 *Brinckmann*: Bedeutung (wie Anm. 72), S. 14-17.

112 *Lühmann-Schmid*: Marktbrunnen (wie Anm. 15), S. 185 Anm. 41. Die Schneckenhausforderung galt in der älteren Historiographie als mögliche Ursache für den Ausbruch des Bauernkrieges. Die neuere Forschung zweifelt an der Authentizität und Bedeutung des Ereignisses; vgl. *Hiroto Oka*: Der Bauernkrieg in der Landgrafschaft Stühlingen und seine Vorgeschichte seit der Mitte des 15. Jahrhunderts. Konstanz 1998, S. 5f.

gestellt, denn Schneckenhäuser können ebenso als Symbol für Reichtum oder als Emblem für die Sicherung des eigenen Besitzes, da die Schnecke ihr Haus trägt, gelten.[113] Auf dem flachen Schaftring des Kandelabers stehen zwei gekreuzte Mistgabeln, die mit einem Band zusammengebunden werden. Darüber läuft der Kandelaber weiter, zeigt ein Weinblatt und vier Blumen. Zwei ebenfalls verschnürte und gekreuzte Dreschflegel bilden den oberen Abschluß der Füllung. In ihrer Darstellung erinnern sie an die Vordertafel eines Obelisken aus der Hypnerotomachia Poliphili und wären nach den Regeln der frühneuzeitlichen Hieroglyphik mit dem aus der Inschrift bekannten »semper Augustus« zu übersetzen.[114]

Die längsseitige Füllung des gegenüberliegenden Pfeilers ist von so vielen gegenständlichen Bildern angefüllt, daß kaum noch Platz für rein ornamentale Dekorationsformen ist. Unten ist ein Adler auf einem Lorbeerkranz zu sehen, der in seinem Schnabel eine Schlange hält. Der schlangenfressende Adler ist als ein moralisierendes Tugend- und Siegessymbol zu verstehen[115], er dient weder als ein dem Köcher beigeordnetes Beutetier[116], noch ist er als Attribut des Namenspatrons von Albrecht aufzulösen.[117] Über dem Vogel liegt ein Köcher, an den ein Bogen mit einer kunstvollen Schleife angebunden ist. Darüber ist eine große Laute zu sehen, deren Bogen hinter den Saiten des Musikinstruments verankert ist. Auch hier verlaufen Bänder einer Schleife, selbst wenn kein Knoten erkennbar ist. Obwohl beide Bögen gleichförmig angeordnet sind, scheint ihre Zuordnung nicht zu stimmen. Der Bogen, welcher der Fiedel beigeordnet wird, ist durch den Griff eindeutig als dem Schußwaffengerät zugehörig erkennbar, während den Köcher ein Fiedelbogen kreuzt. Lühmann-Schmid sieht in den vertauschten Attributen des Apoll einen Hinweis auf die Regierungskunst Albrechts, die »auch Gegensätzliches wie Kunst und Politik harmonisch zu vereinen weiß«.[118]

Über diesem großangelegten Emblem befindet sich eine geflügelte Herme, die zwei vor ihrer Brust gekreuzte Festons in den Händen hält und einen Fruchtkorb auf ihrem Kopf trägt. Aus dem Fruchtkorb wächst ein

113 *Holger Homann*: Studien zur Emblematik des 16. Jahrhunderts. Utrecht 1971, S. 97f.; *Henkel/Schöne*: Emblemata (wie Anm. 67), Sp. 616-622.

114 *Colonna*: Hypnerotomachia (wie Anm. 73), S. 244; *Volkmann*: Bilderschriften (wie Anm. 73), S. 19.

115 *Rudolf Wittkower*: Adler und Schlange, in: Ders. (Hrsg.): Allegorie und Wandel der Symbole in Antike und Renaissance. Köln 1984, S. 21-86.

116 *Manefeld*: Marktbrunnen (wie Anm. 6), Sp. 1.

117 *Lühmann-Schmid*: Marktbrunnen (wie Anm. 15), S. 186; ihre Deutung ist bereits dadurch anzuzweifeln, daß Albrecht nie auf ›Albertus‹ rekurriert.

118 Ebd.

Palmenstamm, aus dem Blätter in Spiralform sprießen und in Blüten enden. Davor liegt eine breite Platte, in der ein Dolch steckt. Dahinter sind zwei gekreuzte Krummschwerter, deren Knäufe als Löwenköpfe ausgebildet sind, zu sehen. Mehrere der dargestellten Motive – die auf dem Kopf getragenen Fruchtkörbe, die Herme mit Gurten vor der Brust, die gekreuzten Waffen und die Kandelaberform – scheinen Anregungen aus einem Ornamentstich Nicoletto da Modenas zu übernehmen.[119] Ähnlichkeiten bestehen darüber hinaus zu Titeleinfassungen von Büchern, beispielsweise zu einer 1520 bei Sigmund Grimm in Augsburg gedruckten Rahmenleiste, die ebenfalls die mit Löwenköpfen besetzten Schwertknäufe zeigt.[120]

Im Gegensatz zu den anderen Stützen bildet die schmale Stirnseite des östlichen Pfeilers eine Ausnahme bezüglich der Ausgestaltung. Hier wurde fast vollständig auf die Anbringung von Trophäen oder emblematischen Motiven verzichtet. Wie in der rechten Füllung des zweiten Pfeilers bilden zwei Fische den Sockel für eine breite Vase, die hier allerdings eine leichte Aufsicht bietet. Aus dem Vasenhals wächst eine Blume mit zwei Stengeln, deren Blüten im Profil einander zugewandt sind. Hinter dieser verläuft ein Stab nach oben und endet in einem umgedrehten Akanthus mit einem kleinen Schaftring. Aus diesem erwachsen vier Blattstengel, zwei geschwungene Blattprofile und schließlich die Verlängerung des Stabes, der sich nach oben hin verbreitert und in einer zweiten, im Profil wiedergegebenen Vase mit gebogenen Henkeln endet. Aus dieser sprießen drei weitere Blumen und zwei ausgreifende Arabesken, die eine Herzform bilden und vor einem Flügelpaar verbunden sind. Die Flachseite des darüberliegenden Konsolsteins zeigt wie schon am südlichen Eckstein eine Blume, hier mit fünf Blättern. Bis auf das Flügelpaar am oberen Abschluß sind in dieser Füllung keine allegorischen Motive zu finden. Alle Bilder haben ornamentalen und dekorativen Charakter.[121] Auffällig ist darüber hinaus, daß die Gestaltung nicht

119 *Berliner/Eggert*: Vorlageblätter (wie Anm. 79), Nr. 219; *Zucker*: Masters (wie Anm. 72), Nr. 58.

120 *Albert F. Butsch*: Die Bücherornamentik der Renaissance. Eine Auswahl stylvoller Titeleinfassungen, Initialen, Vignetten und Druckerzeichen hervorragender italienischer, deutscher und französischer Officien aus der Zeit der Frührenaissance. 2 Bde., Leipzig 1881 (Nachdruck: München 1922), hier Bd. 2, Taf. 29; *Julius von Pflugk-Harttung* (Hrsg.): Kunstgewerbe der Renaissance. Rahmen deutscher Buchtitel im 16. Jahrhundert. Stuttgart 1909, S. 17 Nr. 42.

121 Bis ein klares Urteil gefällt ist, ob im Ornament ein tieferer Sinn und eine gesellschaftliche Relevanz verborgen ist, gilt Irmschers Schluß: »Ein Ornament kann, muß aber nicht Träger einer Bedeutung sein.« Vgl. *Günter Irmscher*: Kleine Kunstgeschichte des europäischen Ornaments seit der frühen Neuzeit (1400-1900). Darmstadt 1984, S. 19-

nur durch die konsequente Symmetrie weitaus graphischer und bisweilen sogar filigraner wirkt.

Die angrenzende nördliche Flachseite des östlichen Pfeilers nimmt die filigrane Gestaltung der Stirnseite auf. Der Horror Vacui der anderen Reliefs ist hier kaum zu spüren, das Dargestellte ist fast ausschließlich ornamental und beginnt mit einer im Profil wiedergegebenen Vase mit zwei schlanken Griffen. Der Form nach erinnert sie an das bereits erwähnte Bild in der »Hypnerotomachia Poliphili«.[122] Aus dem dünnen Hals der Vase erwächst eine Blattranke, die nach oben hin symmetrisch auseinanderschwingt, während der feingliedrige Stengel an der zentralen Spindel zusammengebunden erscheint. Das obere Drittel dieser Pfeilerfüllung – die Nahtstelle zwischen den einzelnen Blöcken ist hier ebenso erkennbar wie der Übergang zwischen den Quadern – beginnt mit zwei aufeinander zulaufenden Spiralformen, die in zwei Blüten enden. Zwischen diesen setzt ein Sockel an, auf dem eine einfache Vase mit unbestimmtem Gewächs steht. Diese wird von zwei Kochlöffeln, an denen Salzgefäße hängen, durchbrochen. Die Bedeutung ist nicht völlig klar, Salz gilt allgemein als ein Sinnbild für Reichtum oder Treue. Vielleicht geben die Gefäße aber auch einen Hinweis auf den Salinenbergbau in Halle an der Saale.[123]

Die gegenüberliegende Nordseite des westlichen Pfeilers zeigt unten zwei in Blüten auslaufende Spiralen, die eine mit Schuppen besetzte Vase tragen. Aus der Vase erwächst eine Arabeske in Herzform, während eine Schnur davor aufgehängt zu sein scheint. In der Mitte des Pfeilers, auf dem Blattdekor, liegt eine breite Trommel, an der mehrere Blütenstengel, ein Weinblatt und zwei Voluten ansetzen. An letzteren sind mit Bändern zwei Klöpfel, Werkzeuge eines Steinmetzen, aufgehangen. Das Weinblatt wächst bis zum oberen Abschluß dieses Pfeilers. Darunter sind an einer breiten Schleife zwei Ackergeräte, eine Hacke und ein Rechen, sowie zwei Wappenschilde, die sich ein wenig überlagern, angebunden. Der obere Schild zeigt zwei gekreuzte Knochen und der untere eine Narrenschelle. Die Wappenschilde lassen sich zwar ähnlich wie Blasebalg und Flöte als Kombination von Tod

21. Als nachdrücklichster Befürworter *Günter Bandmann*: Ikonologie des Ornaments und der Dekoration, in: Jahrbuch für Ästhetik und allgemeine Kunstwissenschaft 4, 1958/59, S. 232-258.

122 *Colonna*: Hypnerotomachia (wie Anm. 73), S. 41; *Volkmann*: Bilderschriften (wie Anm. 73), S. 15f.

123 Zur Bedeutung von Salz und Salzgefäßen vgl. *Andreas Morel*: Der gedeckte Tisch. Zur Geschichte der Tafelkultur. Zürich 2001, S. 73-77.

und Torheit verstehen[124], aber auch in diesem Fall ist eine weitergehende Deutung möglich. Da das Recht, ein eigenes Wappen zu tragen, nicht jedermann gegeben war, erscheint es hier wohl als eine ebenso törichte wie todbringende Anmaßung von Narren, sich dieses Recht anzueignen. Im Umkehrschluß betonen die heraldisch exakten Schilde in der Bekrönung, wem dieses Recht wirklich gebührt.

Zusammenfassend betrachtet lassen sich die Bildsprache der Pfeiler und die einzelnen Sinnbilder überzeugend aus der Literatur der Frühen Neuzeit ableiten. Sie können je nach emblematischem Bezug als Motive aus dem Themenkreis Virtus, Victoria oder Vanitas gedeutet werden. Interessant ist der Einwand von Smith, alle am Brunnen vorkommenden Bildmotive »might simply allude to the marketplace«[125], denn in der Tat sind viele Gegenstände in den Bildern des Brunnens ein Teil des Marktgeschehens, wie die Früchte und Blumen oder gar das Motiv des Geldverlierens. Die bisherige Deutung der Bilder muß aber nicht vollends aufgegeben werden, da eine Reihe von Darstellungen, wie der gefesselte Amor, rein mythologischer Natur sind oder sich, wie die Sanduhren mit dem Totenkopf, nur schwer auf das Markttreiben beziehen lassen.

Obwohl die Motive durchaus plausibel aufgelöst werden können, bleiben sie doch vereinzelt stehen. Denkbar ist, daß die Rätselbilder alle zusammen ein »ausgeklügeltes Ideengebäude, das in der Glorifizierung Albrecht von Brandenburgs gipfelt«[126], darstellen. Sie lassen sich allerdings ebenso auf die Schlagworte Virtus, Vanitas und Victoria reduzieren, die sich wiederum jeweils unschwer auf Albrechts Devise »omnia vincit Amor« beziehen lassen. Im selben Maße ist die kunsthistorische Herleitung der einzelnen Motive lediglich im Ansatz nachvollziehbar. Direkte und konkrete Vorbilder zu benennen, sei es aus der Druckgraphik, aus Vorlagenbüchern oder aus erhaltener Skulptur, ist nur selten möglich; ein alleiniges konkretes Musterbild völlig ausgeschlossen. Es scheint, als seien die Motive – die ornamentalen wie die emblematischen – eher zufällig zusammengesetzt.

Diese Beobachtung läßt sich erläutern, wenn man sich die Übernahme der ornamentalen Groteske nördlich der Alpen vergegenwärtigt. Als 1480 in Rom das von Schutt überlagerte Haus des Nero, die Domus Aurea, wiederentdeckt wurde, sind auch die dortigen Wanddekorationen zum Vorschein

124 *Lühmann-Schmid*: Schro (wie Anm. 16), S. 66; *Eckhardt*: Totentanz (wie Anm. 110), S. 45-75.

125 *Smith*: Sculpture (wie Anm. 42), S. 219.

126 *Lühmann-Schmid*: Marktbrunnen (wie Anm. 15), S. 186.

gekommen. Deren Motive – Putten, Mischwesen und Kandelaber – wurden von den Entdeckern, vornehmlich italienischen Künstlern, unverzüglich übernommen und mit zuvor bekannten Bildelementen kombiniert.[127] Ab 1490 lassen sich in Italien verschiedene Arten, Formen und Ausprägungen der Übernahme von Groteskenornamentik finden.[128] Schon in den ersten Jahren des 16. Jahrhunderts gelangten diese Formen über Musterbücher von Ornamentstechern auch in die Regionen nördlich der Alpen. Versatzstückartig wurden aus den Vorlagen völlig neue – nicht immer erklärbare – Sinnzusammenhänge kombiniert. Bereits Warncke hat auf den Umstand, daß die ornamentale Groteske nördlich der Alpen nur in ihrer Struktur, nicht aber in einer genauen Kopie übernommen wird, in seinem grundlegenden Werk hingewiesen.[129] Man darf auch in Mainz solche Rezeptionsmuster voraussetzen. Die Kenntnis der Hypnerotomachia Poliphili dürfte vorgelegen haben, und mit Zoan Andrea und Nicoletto da Modena wurden die gängigen Vorlagenbücher zitiert. En detail lassen sich die Vorbilder zwar für einige Reliefs bestimmen, sie stellen aber letztlich nur Anreize dar, die nicht exakt kopiert wurden. Viele emblematische Bücher wie Alcati oder Zincgreff waren noch nicht erschienen, so daß die bildnerische Umsetzung der philologischen Sinnsprüche ikonographisches Neuland betreten mußte.

Der Vergleich zwischen den einzelnen Spiegeln zeigt allerdings auch, daß diese sich stilistisch zumindest ein wenig voneinander unterscheiden. Auch wenn man mit qualitativen Äußerungen vorsichtig sein sollte, so läßt sich doch insbesondere für die nordöstlichen Pfeilerspiegel eine filigranere und graphischere Darstellungsweise erkennen. Damit erhält die Theorie, daß mehr als ein Bildhauer am Werk war, zusätzliche Beweiskraft.

Die eigene Leistung als Stifter betont Albrecht von Brandenburg allerdings nicht nur in den Inschriften oder dem komplexen Bildprogramm.

127 *Friedrich Piel*: Die Ornament-Grotteske in der italienischen Renaissance. (Neue Münchner Beiträge zur Kunstgeschichte, Bd. 3.) Berlin 1962, S. 122-127; *Irmscher*: Kunstgeschichte (wie Anm. 121), S. 146-150.

128 Zur italienischen Groteske zuletzt *Claudia La Malfia*: The Chapel of San Girolamo in Santa Maria del Popolo in Rome. New Evidence for the Discovery of the Domus Aurea, in: Journal of the Warburg and Courtauld Institutes 63, 2000, S. 259-270.

129 *Carsten-Peter Warncke*: Die ornamentale Groteske in Deutschland 1500-1650. (Quellen und Schriften zur Bildenden Kunst, Bd. 6.) 2 Bde., Berlin 1979; Warnckes Ansatz ist mehrfach weiterentwickelt worden. Vgl. z.B. *Friedrich Teja Bach*: Struktur und Erscheinung. Untersuchungen zu Dürers graphischer Kunst. Berlin 1996; *Manfred Welker*: Ornament im Ornament. Studien zur Ornamentverwendung in Deutschen Spiralgittern des 17. und 18. Jahrhunderts. (Europäische Hochschulschriften, Bd. 366.) Frankfurt a.M. u.a. 2000.

Seine beiden Prunkwappen zeigen deutlich sichtbar an, wer den Brunnen errichten ließ. Da Brunnen allgemein zu kommunalen oder landesherrlichen Denkmälern gehören, muß der Bezug zur Heraldik und der Sinn von Wappen nicht ausführlich behandelt werden.[130] Es gibt zwischen 1400 und 1700 kaum einen Brunnen, der ohne Wappenschmuck gestaltet ist. Zuweilen gibt es den hauptsächlich in Süddeutschland auftretenden Wappnerbrunnen, an dem ein Wappenhalter auf dem Brunnenstock, der sogenannte Wappner, einen Schild trägt.[131] Schließlich zeigen aber auch bei vielen ansonsten schmucklosen Brunnen Wappen an, wer den Brunnen gestiftet hat oder auf wessen Terrain er steht.

Der Mainzer Marktbrunnen zeigt eine Vielzahl von Wappenschilden, die – mit Ausnahme der heraldisch unkorrekten, allegorischen Wappen mit Knochen und Narrenschelle – allesamt in der Bekrönung vorzufinden sind. Oberhalb der als Kapitelle eingesetzten Konsolsteine hängt an jeder der drei Ecken ein Wappenschild, einwärts geschweift und mit eingerollten Enden. Es handelt sich bei diesen Schilden zweimal um das Mainzer Stadtwappen, welches seit dem hohen Mittelalter ein weißes Rad mit sechs Speichen auf rotem Grund zeigt.[132] In Richtung Osten weist an dieser Stelle das Wappen des Domkapitels, bestehend aus drei roten Balken in Silber.

Die drei Putten in der Bekrönung des Marktbrunnens wurden bereits angesprochen. Einer von ihnen präsentiert den Schild des Domkapitels im Stil der Renaissance, die anderen beiden Schilde sind im 18. Jahrhundert verändert worden. Sie zeigen einerseits das Mainzer Rad nach Süden weisend und andererseits einen Drachen, das Wappentier des Kurfürsten Josef Emmerich von Breidbach-Bürresheim.[133]

Besondere Aufmerksamkeit verdienen die beiden von zwei harpyienähnlichen Meerwesen gehaltenen Prunkwappen Albrechts oberhalb des Architravs. Sie finden sich nur an den beiden Seiten, die auch eine Inschriften-

130 *Wolfgang Heinrich*: Das Wappen als öffentliches Zeichen, in: Gertrud Blaschitz (Hrsg.): Symbole des Alltags. Alltag der Symbole. Festschrift für Harry Kühnel zum 65. Geburtstag. Graz 1992, S. 295-307; *Werner Paravicini*: Gruppe und Person. Repräsentation durch Wappen im späten Mittelalter, in: Otto Gerhard Oexle/Andrea von Hülsen-Esch (Hrsg.): Die Repräsentation der Gruppen. Texte – Bilder – Objekte. (Veröffentlichungen des Max-Planck-Instituts für Geschichte, Bd. 141.) Göttingen 1998, S. 327-389.

131 Vgl. allgemein *Kress*: Mann (wie Anm. 49).

132 *Josef Joachim Menzel*: Das Mainzer Rad, in: Mainzer Zeitschrift 67/68, 1972/73, S. 147-152.

133 *Ludwig Falck*: Die Wappen des Kurfürstentums Mainz, in: Mainzer Zeitschrift 65, 1970, S. 189-195; zu Breidbach-Bürresheim S. 194, und zum Wappen des Domkapitels S. 194f.

tafel tragen, so daß erneut die Stifterfunktion des Erzbischofs verdeutlicht wird (Abb. 2). Das Wappen in allen Details aufzuschlüsseln würde zu weit führen[134], aber es sollte erwähnt werden, daß es sich um das sogenannte mittlere, neunteilige Wappen handelt. Albrecht von Brandenburg verwendete manchmal ein kleines, dreiteiliges Wappen, dessen Zusammensetzung variieren konnte. Ferner fand häufig das sogenannte große, fünfzehnteilige Wappen, wie es beispielsweise im Aschaffenburger Stundenbuch erscheint, Verwendung. Unabhängig von der Größe und Anzahl der einzelnen Felder sitzt im Zentrum des Albrechtschen Wappens immer ein Herzschild mit drei kleinen Wappen. Diese zeigen das Mainzer Rad, den rot-silber geteilten Magdeburger Schild sowie den Halberstadter Schild mit denselben Farben, allerdings gespalten; der unübersehbare Hinweis auf die drei Bischofswürden Albrechts, der Erzbischof von Mainz und Magdeburg sowie Bischof von Halberstadt war.

Zum Wappen gehören ebenso die Kleinodien. Daher finden sich hinter dem Schild sowohl das Schwert als Zeichen der kurfürstlichen und rechtlichen Machtbefugnis sowie der Krummstab als Symbol der geistlichen Gewalt des Erzbischofs. Über dem Schild thront der rote Kardinalshut auf einem Kleeblattkreuz. Die an Schwert und Krummstab aufgehängten Quasten betonen noch einmal das äußerst angesehene Kirchenamt des Kardinals.

Auffällig sind besonders die beiden wappenhaltenden Meereswesen, die an Seezentauren oder Harpyien erinnern. Lühmann-Schmid leitet diese von der archäologischen Erschließung der Domus Aurea in Rom ab und nimmt an, das Motiv sei als Teil der ornamentalen Groteske über verschiedene Quellen nördlich der Alpen transferiert worden. Ihre Deutung sieht in der gesamten Bekrönung und insbesondere in den schildhaltenden Wesen »Sinnbilder erhöhten und ewigen Daseins«.[135] Diese Erklärung, die sich auf Horapoll und die frühneuzeitliche Emblematik beruft, ist kaum anzuzweifeln, wohl aber zu ergänzen. Einerseits sind Phantasiewesen als Wappenhalter, beispielsweise Einhörner, spätestens seit dem hohen Mittelalter bekannt[136], und auch für den Marktbrunnen ließen sich Vorlagen aus dem Buchdruck, z.B. die Titelrahmung des 1524 in Mainz gedruckten Libellus des Prosper Aquitanicus, nennen.[137] Andererseits bietet sich ein Blatt aus

134 Die komplette Blasonierung bei *Roesgen*: Kardinal (wie Anm. 20), S. 236f.; *Temme*: Bildnisgebrauch (wie Anm. 41), S. 397.

135 *Lühmann-Schmid*: Marktbrunnen (wie Anm. 15), S. 183.

136 *Neubecker*: Heraldik (wie Anm. 32), S. 114-117.

137 *Pflugk-Harttung*: Kunstgewerbe (wie Anm. 120), S. 31 Nr. 90; *Josef Benzing/Helmut Presser*: Fünfhundert Jahre Mainzer Buchdruck. Festgabe zum 70. Geburtstag von Aloys Ruppel. Mainz 1952, S. 67 Nr. 16.

dem Aschaffenburger Stundenbuch, welches das Porträt Albrechts zeigt, zur Gegenüberstellung an. Die Zuschreibung an den Nürnberger Maler Nickolaus Glockendon ist durch die Signatur NG sicher, eine Datierung auf die Jahre vor 1530 wird angenommen.[138] Unterhalb des Brustporträts befindet sich das Wappenschild des Kardinals. Der Vergleich zwischen der Malerei und dem Brunnen zeigt, daß es sich in beiden Fällen um eine ganz ähnliche Anordnung mit beinahe identischen Wappenhaltern handelt.[139] Somit sollten die Figuren nicht überbewertet, sondern eher in einem herrschaftlichen Kontext gesehen werden. Durch den Bezug zu römisch-antiken Gestaltungsmustern wird Albrechts Herrschaft in eine antike Tradition gestellt.

III. Restaurierungsgeschichte

In einer Rezension zu Manfred Schullers Buch über das Bamberger Fürstenportal fordert Suckale 1994, daß es »in Zukunft gerade bei Genauigkeit anstrebenden Arbeiten über ältere Kunstwerke eine unvermeidliche Grundforderung, ja Voraussetzung für jede weitere kunsthistorische Analyse sein muß, zuerst die Geschichte der Veränderungen bzw. Restaurierungen zu schreiben, sich also vorab Gewißheit über den Erhaltungszustand eines Werkes zu verschaffen, damit nicht hohe Gedankengebäude auf schwachen Fundamenten errichtet werden«.[140] Suckales Forderung ist nicht nur für das frühgotische Figurenportal sinnvoll, sondern auch für das Mainzer Renaissancedenkmal. Die Restaurationsmaßnahmen in Mainz sind bisher nicht systematisch erfaßt worden, obwohl Marktbrunnen durch ihre öffentlich zugängliche Aufstellung einem hohen Risiko der Zerstörung ausgesetzt sind. Im Bezug auf Mainz kommt erschwerend hinzu, daß es sich beim Baumaterial um den in Mainz häufig verwendeten roten Sandstein aus dem

138 *Alfons Biermann*: Die Miniaturenhandschrift des Kardinals Albrecht von Brandenburg, in: Aachener Kunstblätter 46, 1975, S. 15-310, hier S. 187; *Reber*: Albrecht (wie Anm. 20), Kat.-Nr. 85; *Ulrich Merkl*: Buchmalerei in Bayern in der ersten Hälfte des 16. Jahrhunderts. Spätblüte und Endzeit einer Gattung. Regensburg 1999.

139 Der Vergleich über die Gattungen läßt sich unter anderem dadurch rechtfertigen, daß auch die Hallenser Weihetafel einem Blatt der Missale Hallensis ähnelt. Vgl. *Horst Reber*: Die Bildnisse des Kardinals Albrecht von Brandenburg, in: Ders.: Albrecht (wie Anm. 20), S. 83-98, hier S. 87, Abb. 31.

140 *Robert Suckale*: Rezension zu Manfred Schuller (Hrsg.): Das Fürstenportal des Bamberger Domes. (Veröffentlichungen des Diözesanmuseums Bamberg, Bd. 6.) Bamberg 1993, in: Kunstchronik 47, 1994, S. 433-439, hier S. 434.

Odenwald handelt.[141] Dieser Stein ist recht porös und somit sehr witterungsempfindlich.[142] Insbesondere der filigranen Architektur des Oberbaus müssen Regen und Frost zugesetzt haben, während durch Menschenhand verursachte Zerstörung ebensowenig auszuschließen ist.

Bereits kurze Zeit nach der Fertigstellung 1526 muß es zu Zerstörungen bzw. Schäden am Brunnen gekommen sein. Am 9. Februar 1536 berichten die Protokolle des Mainzer Domkapitels, daß der verstorbene Kantor Gablenz 20 Gulden als Stiftung »zum bau und underhaltung des bruns vorm dom dem marck zu« legiert hat.[143] Ein Gulden davon soll jährlich an den Baumeister der Dombauhütte gezahlt werden, damit dieser sich dem Unterhalt des Brunnens widmet.[144] Bei jenem Kantor Gablenz handelt es sich um Christoph von Gablenz, der bereits ein Jahr zuvor, am 21. April 1535, verstorben war, wie aus seinem nicht erhaltenen Grabstein und dem dazugehörigen Totenschild hervorgeht.[145] Die Testamentsvollstrecker benötigten wohl ein Jahr, um die rechtlichen Formalitäten zu erledigen. Welche Gründe mögen den Kantor bewogen haben, einen Teil seines Nachlasses der Erhaltung des Brunnens zu stiften? Für die Stiftung an Brunnen gibt es Parallelen, etwa in Trier, wo Adelheit von Besselich Teile einer Rente dem Petrusbrunnen zukommen läßt. Auch Christoph von Gablenz hatte bereits zu Lebzeiten 1531 einen Brunnen an der Dompropstei gestiftet, von dem nur noch ein Bruchstück mit der Stiftungsinschrift »CHRISTOFFERVS / DE GABELLENTZ / CANTOR FIERI FECIT / M D XXXI« sowie seinem Wappen erhalten ist.[146] Ferner hatte er als Mitglied des Domkapitels die Forderungen der Mainzer Bürger im Jahr 1525 mitunterschreiben müssen. Dort er-

141 Über die Hälfte der Steinbildwerke des Doms sind aus diesem Material. In den anderen Kirchen von Mainz sind es sogar fast 80 %. Vgl. *Goeltzer*: Backoffen (wie Anm. 17), Bd. 1, S. 28.

142 *Paul Sauer*: Erneuern – Erhalten – Bewahren. Am Beispiel eines Mainzer Steinmetzbetriebes. Mainz 1988, S. 20.

143 *Herrmann*: Protokolle (wie Anm. 105), S. 664.

144 Die Protokolle nennen keinen Namen, das Baumeisteramt unterstand allerdings seit 1532 Johann Lower und Hans Dreuttel von Oppenheim. Vgl. *Heinrich Schrohe*: Die Stadt Mainz unter kurfürstlicher Verwaltung. (Beiträge zur Geschichte der Stadt Mainz, Bd. 5.) Mainz 1920, S. 83f.

145 *Arens*: Inschriften bis 1650 (wie Anm. 13), Nr. 368f.; *Günter Rauch*: Das Mainzer Domkapitel in der Neuzeit, in: Zeitschrift der Savignystiftung für Rechtsgeschichte. Kanonistische Abteilung 92, 1975, S. 161-227; Bd. 93, 1976, S. 194-278 und Bd. 94, 1977, S. 132-179, hier Bd. 94, 1977, S. 137.

146 Heute im Magazin des Dom- und Diözesanmuseums Mainz; vgl. *Arens*: Inschriften bis 1650 (wie Anm. 13), S. 183 Nr. 360.

scheint er an fünfter Stelle als »Christoff von Gablencz, Dumsenger«.[147] Da der Brunnen auf diese Ereignisse und deren Scheitern verweist, macht dies den Verwendungszweck der Stiftung nachvollziehbar. Die jährliche Unterstützung für die Erhaltung des Marktbrunnens war aber nicht ausreichend, denn bereits am 1. Juli 1545, also nur neun Jahre nach seiner Stiftung, berichten die Domkapitelsprotokolle, daß »der von † Christoph v. Gablenz restaurierte Brunnen durch die Benutzer so sehr beschädigt wird, daß er von dem gestifteten fl. nicht mehr unterhalten werden kann [...]. [Es] soll bedacht darauf genommen werden, daß die Beschädigungen durch die Täter beseitigt werden.«[148] Der Marktbrunnen war nicht der einzige beschädigte Brunnen, denn als 1551 der Baumeister Georg Reitz sein Amt antrat, wurde in seiner Bestallungsurkunde erstmals festgelegt, daß es zu seinen Aufgaben zähle, alle zugeschütteten und zerfallenen Brunnen wieder in unschadhaften Zustand zu versetzen.[149]

Aus der Erkenntnis, daß der Brunnen in der Mitte des 16. Jahrhunderts bereits Schäden zeigte und restauriert werden mußte, läßt sich erschließen, daß er zur Versorgung benutzt wurde und diese Benutzung ihm offensichtlich schadete. Nürnberg hatte im 15. Jahrhundert eine Verordnung, die es verbot, salzige Fische im Brunnen zu waschen, da das Salz die Farbe angreife.[150] Zwar gab es in Mainz kein Gitter, das den direkten Zugang zum Brunnen verhinderte, wie in Nürnberg, Augsburg oder Trier, doch können »unachtsame Wagenlenker und Eimerschwinger« als Übeltäter eher ausgeschlossen werden.[151] Die wichtigste Frage, die sich aus den Angaben in den Domratsprotokollen stellen läßt, muß allerdings lauten, welche Schäden sich denn überhaupt zeigten. Bedauerlicherweise ist man in diesem Punkt auf Vermutungen angewiesen. Die 20 Gulden, von denen ein Gulden jährlich ausbezahlt werden sollte, sind ein eher bescheidenes Honorar[152], so daß vermutet werden darf, daß damit hauptsächlich die Reinigung

147 *Curt Hegel* (Hrsg.): Die Chroniken der mittelrheinischen Städte, Bd. 2: Mainz. (Die Chroniken der deutschen Städte, Bd. 18.) Leipzig 1882 (Nachdruck: Stuttgart 1968), S. 112.

148 *Herrmann*: Protokolle (wie Anm. 105), S. 1099.

149 *Schrohe*: Verwaltung (wie Anm. 144), S. 81.

150 Zu allgemeinen Schutzmaßnahmen vgl. *Hermann Spindler*: Brunnen im Recht. Diss. jur. Würzburg 1938, S. 42-46; *Schmid*: Brunnen (wie Anm. 28), S. 580 mit weiteren Belegen.

151 So die These von *Hanfgarn*: Brunnen (wie Anm. 18), S. 30.

152 *Werner Kratz*: Das Geld und sein Wert in der Zeit vom 16. bis zum 18. Jahrhundert, in: Mainzer Zeitschrift 56/57, 1961/62, S. 191-204.

des Brunnens, das sogenannte Brunnenputzen, übernommen werden sollte. Blieb das Brunnenputzen aus, so war das Wasser nicht mehr zum Verzehr geeignet.[153] Daß von dem Geld zusätzlich die Reparatur kleinerer Schäden bezahlt wurde, ist damit keineswegs ausgeschlossen. Unterstützt wird diese Deutung durch einen Vermerk in den städtischen Verwaltungsakten, den sogenannten Stadtaufnahmen, wo darauf hingewiesen wird, daß der Brunnen spätestens ab 1568 nur als Reservoir für Löschwasser verwendet wird. Dort heißt es, der »brunnen ufm mark bei der Munz, wirt außerhalb von feursnoten nicht gebraucht«.[154] Zur Trinkwasserversorgung des Marktes diente ein zweiter Brunnen auf dem Marktplatz, der sogenannte Gadenbrunnen. Ihn erwähnen die Stadtaufnahmen als »gemeiner brunnen vorm domb«, dessen Brunnenmeister einzeln aufgelistet werden.[155] Eine solche Auflistung fehlt beim Marktbrunnen, da deren Tätigkeit für Löschwasser unnötig war. Darüber hinaus war er im Gegensatz zum Gadenbrunnen nicht an eine Brunnengemeinschaft angeschlossen, sondern eine Gabe des Erzbischofs an seine Stadt, für dessen Erhalt das Domkapitel Sorge zu tragen hatte. Die meisten anderen Brunnen in Mainz mußten von den Anwohnern, die in Brunnengemeinschaften organisiert waren, unterhalten werden, auch wenn diese gelegentlich an das Domkapitel Anfragen zur finanziellen Unterstützung stellten. Beispielsweise gewährte das Kapitel am 10. Januar 1532 den Bewohnern des Bezirks am Leichhof sechs Gulden, die ihrerseits 31 Gulden für die Reparatur der »fons in medio Leichhoffe« ausgelegt hatten.[156] Privatbrunnen, also Wasserzugänge, die nicht an eine Gemeinschaft angeschlossen waren, gab es in Mainz hingegen äußerst selten, nur drei von insgesamt 114 Brunnen sind in den Stadtaufnahmen von 1594 als private Brunnen ausgewiesen.[157]

Wichtig ist in diesem Zusammenhang die Überlegung, welche Rolle das Domkapitel bei dem Brunnenbau auf dem Markt gespielt haben könnte, da es sich um die Sanierung kümmerte und sein Wappen mehrfach am Monument vorzufinden ist. Diese Beobachtungen dürfen jedoch nicht überinterpretiert werden, sondern sind in stärkerem Maße Teil der kurfürstlichen und städtischen Verwaltungshierarchie. So fiel der Brunnen als Nutzbau in

153 Zum Brunnenputzen *Spindler*: Brunnen (wie Anm. 150), S. 30-42; *Rautenberg*: Brunnen (wie Anm. 29), S. 225f.; *Gechter*: Wasserversorgung (wie Anm. 30), S. 223.

154 *Schrohe*: Stadtaufnahmen 1568 (wie Anm. 102), S. 97 Nr. 961.

155 Ebd., S. 86 Nr. 865; *Schneider*: Brunnen (wie Anm. 18), S. 25.

156 *Herrmann*: Protokolle (wie Anm. 105), S. 509.

157 Vgl. *Schneider*: Brunnen (wie Anm. 18), S. 25; zu Brunnengemeinschaften allgemein *Schmid*: Brunnen (wie Anm. 28), S. 573-575.

den Aufgabenbereich des Baumeisteramtes, welches wiederum dem Domkapitel als einem Zweig der Kommunalverwaltung unterstellt war.

Ob der Brunnen das folgende Jahrhundert ohne Restaurierungsmaßnahmen überstanden hat, ist nicht zu klären. Berücksichtigt man die hohe Zahl an Reparaturen vor- und nachher sowie die Kriege und Krisen, die Mainz im späten 16. und gesamten 17. Jahrhundert erschütterten, so erscheint dies höchst unwahrscheinlich. Große Zerstörungen innerhalb der Stadt verursachten die Belagerung durch Albrecht Alkibiades von Brandenburg-Kulmbach 1552, der Dreißigjährige Krieg oder die französischen Besetzungen 1644 bis 1650 und 1688/89.[158] Selbst ein am 18. September 1601 stattfindendes »Entsetzliches Erd-Beben zu Mayntz« hätte Beschädigungen anrichten können.[159] Folglich boten sich viele Gelegenheiten, bei denen das filigrane Monument Schaden nehmen und reparaturbedürftig werden konnte, auch wenn keine Maßnahmen belegt sind. Zwar erwähnen die Stadtaufnahmen der Jahre 1657 und 1687 den »bronnen neben der Münz«, sagen aber nichts über seinen Erhaltungszustand.[160] Das städtebauliche Umfeld des Brunnens hatte sich in diesem Zeitraum erheblich verändert. Seit 1666 stand an der Westseite des Marktes die Sebastianskapelle, und das Höfchen, welches ursprünglich einen eigenen Platzraum bildete, wurde zum Marktplatz hin geöffnet.[161]

Die nächsten gesicherten Wiederherstellungsarbeiten am Brunnen datieren von 1767, dokumentiert durch eine heute nicht mehr erhaltene Inschrift, deren Worte »RENOVATUM MDCCLXVII« sich an den nördlichen Pfeilern befunden hatten.[162] In diesem Jahr wurde zumindest an zwei Figuren in den Ecken der Bekrönung gearbeitet. Lediglich der westliche Schild mit dem Wappen des Domkapitels ist in Renaissanceformen gehalten. Die beiden anderen Wappenschilde sind in Form von barocken Kartuschen gestaltet.

158 Historischer Überblick zuletzt bei *Wolfgang Dobras*: Die kurfürstliche Stadt bis zum Ende des Dreißigjährigen Krieges (1462-1648), in: Dumont/Scherf/Schütz (Hrsg.): Mainz (wie Anm. 19), S. 227-263.

159 *Curieuser Geschichts-Calender*, darinnen die vornehmsten Thaten und Geschichte der hochwürdigsten Churfürsten und Ertzbischöffe zu Maeyntz, nach Tagen und Monaten vom Jahr 1601 biß 1698 vorgestellet werden. Leipzig 1698, S. 3.

160 *Heinrich Schrohe* (Hrsg.): Die Mainzer Stadtaufnahmen von 1657 und 1687. (Beiträge zur Geschichte der Stadt Mainz, Bd. 7.) Mainz 1930, S. 89 Nr. 13.

161 *Bittens*: Dom (wie Anm. 24), S. 12-16; *Jung*: Mainz (wie Anm. 13), S. 18-23.

162 *Schaab*: Geschichte (wie Anm. 5), Bd. 1, S. 429; *Fritz Viktor Arens*: Mainzer Inschriften von 1651 bis 1800. (Beiträge zur Geschichte der Stadt Mainz, Bd. 27.) 2 Bde., Mainz 1985, hier Bd. 2, S. 225 Nr. 2385.

Sie zeigen einmal das städtische Wappen mit dem Mainzer Rad am südlichen und den Basilisken Erzbischofs Joseph Emmerich von Breidbach-Bürresheim auf dem nordöstlichen Wappenschild. Während dessen Regierungszeit (1763-1774) war am 25. Mai 1767 der Blitz in den Mainzer Dom eingeschlagen und hatte den Westturm in Brand gesetzt. Selbst wenn der Brunnen nicht unmittelbar getroffen wurde, so hat er wahrscheinlich durch die Hitzeentwicklung und herabfallende Trümmer Schaden genommen, denn auch die Kaufbuden an der Nordseite des Doms waren in Mitleidenschaft gezogen worden.[163] Ob außer den beiden Wappenhaltern weitere Renovierungen notwendig geworden waren, ist unklar, da der Baubefund im 19. Jahrhundert nachhaltig verändert wurde.

Das Wappen des Domkapitels ist somit für einen Schild gesichert, und auch das Mainzer Rad am zweiten Schild mag auf die ursprüngliche Darstellung Bezug nehmen. Von der vorherigen Ausstattung des dritten Schildes darf man eine Verteilung wie an den Flachseiten der Konsolsteine annehmen, wo das Stadtwappen in zweifacher Ausfertigung und das Wappen des Domkapitels einmal zu sehen ist.[164] In ihrem ursprünglichen Aussehen dürften die beiden erneuerten, nackten Wappenhalter dem bekleideten Putto der nordwestlichen Ecke entsprochen haben.

Neben den notwendig gewordenen Erneuerungen der Bekrönung erkannte man 1767, daß der Brunnen kaum zum Löscheinsatz ausreichte. Als Ziehbrunnen muß der Einsatz als Löschwasserbrunnen eher schleppend vorangegangen sein. Die Wasserversorgung in Mainz hatte sich im 18. Jahrhundert deutlich verbessert, mit dem 1726 angelegten Neuen Brunnen gab es erstmals wieder eine Wasserleitung in die Stadt. Auch die Anfänge eines Feuerlöschwesens sind erkennbar. So besaß das Kapitel seit 1762 zwei Feuerlöschpumpen auf dem Westturm des Doms[165], die den Dombrand 1767 freilich nicht verhindern konnten. Der bis dahin als Ziehbrunnen genutzte

163 *Helmut Mathy*: Der Mainzer Dombrand von 1767, in: Friedhelm Jürgensmeier (Hrsg.): Die Bischofskirche Sankt Martin zu Mainz. Mit Beiträgen zur Geschichte des Domes und einer bibliographischen Handreichung. (Beiträge zur Mainzer Kirchengeschichte, Bd. 1.) Frankfurt a.M. 1986, S. 68-72.

164 Für die Sanierung von Brunnen waren noch im 18. Jh. beide Gremien verantwortlich; vgl. *Josef Cremer*: Die Finanzen in der Stadt Mainz im 18. Jahrhundert. Ein Beitrag zur Finanzgeschichte der Stadt Mainz. Diss. phil. Gießen 1932; *Daniel Hohrath*: Städtische und staatliche Kassen in Mainz, in: Klaus Gerteis (Hrsg.): Stadt und frühmoderner Staat. (Trierer Historische Forschungen, Bd. 26.) Trier 1994, S. 233-343, hier S. 282.

165 Stadtarchiv Mainz: Ingrossaturbücher 60, S. 671; editiert bei *Heinrich Schrohe*: Aufsätze und Nachweise zur Mainzer Kunstgeschichte. (Beiträge zur Geschichte der Stadt Mainz, Bd. 2.) Mainz 1912, S. 70f.

Marktbrunnen wurde im selben Jahr mit einer Pumpeinrichtung und einem dazugehörigen Überlaufbecken versehen.[166]

Die politischen Ereignisse infolge des Epochenjahres 1789 machten auch vor Mainz nicht halt. 1792 wurde die Stadt von den Revolutionstruppen besetzt, 1793 erfolgte die preußische Belagerung, der Beschuß und schließlich 1795 die Eroberung durch österreichische Truppen. Die französische Armee erlangte 1797 die Herrschaft über die Stadt zurück, die bis 1814 an Frankreich fiel und anschließend Hessen-Darmstadt zugewiesen wurde.[167] Auch das städtebauliche Umfeld hat sich in diesem Zeitraum maßgeblich verändert. Einerseits mußte die 1793 durch Kanonenbeschuß stark zerstörte Liebfrauenkirche 1803 abgerissen werden, andererseits wurde die Sebastianskapelle für eine geplante Rue Napoleon gesprengt.[168] Über das Ausmaß der Zerstörungen am Marktbrunnen kann man hingegen nur Thesen aufstellen. Scheinbar wurden zumindest die Wappen während der Besatzungszeit nicht zerstört, wenngleich die französische Verwaltung »Masregeln, das Abreissen der Zeichen der Lehns-Herrschaft betreffend«, per Instruktion vorgeschrieben hatte.[169]

Das Dahl-Manuskript berichtet 1831 über den Zustand: »Zu wünschen wäre, daß dieser historisch merkwürdige Brunnen nicht allein erhalten, sondern auch wieder renovirt, die Schriften lesbar hergestellt, und das Fehlende wieder ergänzt würde.«[170] Der Brunnen muß also in einem schlechten Zustand gewesen sein, war er doch seit den Maßnahmen nach dem Dombrand nicht mehr erneuert worden. »Da seit dieser Restauration«, schreibt Schaab 1840 in bezug auf die Erneuerungen 1767, »nichts gethan wurde, dieselbe zu

166 *Schaab*: Geschichte (wie Anm. 5), Bd. 1, S. 429; *Schneider*: Brunnen (wie Anm. 18), S. 25.

167 *Friedrich Schütz* (Hrsg.): Von Blau-Weiß-Rot zu Schwarz-Rot-Gold. Mainz vom Beginn der napoleonischen Herrschaft bis zur Revolution 1848. (Beiträge zur Geschichte der Stadt Mainz, Bd. 32.) (Ausstellungskatalog) Mainz 1998.

168 *Bittens*: Dom (wie Anm. 24), S. 17f.; *Jung*: Mainz (wie Anm. 13), S. 23f.; *Paul-Georg Custodis*: Mainz im Wandel 1850-1900. Saarbrücken 1982; *Joachim Glatz*: Stadtplanung, Architektur und Kunst im 19. und 20. Jahrhundert, in: Dumont/Scherf/Schütz (Hrsg.): Mainz (wie Anm. 19), S. 1137-1170.

169 Wiedergabe des gesamten Textes in deutscher und französischer Sprache bei *Kautzsch/Neeb*: Dom (wie Anm. 83), S. 171. Vergleichbare Untersuchungen in anderen Orten zeigen, daß die Bevölkerung eher selten auf derartige Aufforderungen reagierte. Für Trier z.B. *Eduard Lichter*: Wappen zu Trier im Spiegel der Zerstörungen von 1798. Zugleich eine Bestandsaufnahme, in: Neues Trierisches Jahrbuch 31, 1991, S. 11-36.

170 *Dahl-Manuskript* (wie Anm. 95), S. 4.

erhalten, … war vieles zerrüttet, als im Spätjahr 1835 unserm geschickten Bildner Joseph Scholl die neue Herstellung übertragen wurde. Oben in der eisernen Stange steht jetzt das schöne Bildniß der Mutter Gottes.«[171] Bei jenem Joseph Scholl handelt es sich um den 1796 in Mainz geborenen Joseph Franz Scholl aus der weitverzweigten Bildhauerfamilie Scholl, die in Darmstadt und Mainz tätig war.[172] Joseph Franz hatte eines der florierendsten Ateliers in Mainz im ersten Drittel des 19. Jahrhunderts, von ihm stammen zahlreiche Denk- und Grabmäler auf dem Mainzer Friedhof. Bedingt durch die zahlreichen Zerstörungen infolge der Jahre 1793 bis 1814 ist er auch als Restaurator tätig gewesen und hatte vor der Erneuerung des Marktbrunnens die Wiederherstellung am Neuen Brunnen geleitet und zusammen mit dem Maler Franz Gräf 1830 bis 1835 die bischöflichen Grabdenkmäler des Doms restauriert.[173] Die 1835 auf den Brunnen gesetzte Marienfigur bestand aus gebranntem Ton und hat sich nicht erhalten. Nach älteren Ansichten zu urteilen, handelte es sich um eine sehr schlanke, auf der Weltkugel stehende Madonnenfigur mit leicht geneigtem Kopf.

Auch in der zweiten Hälfte des 19. Jahrhunderts wurde mehrfach am Brunnen gearbeitet. Eine umfassende Renovierung fand um 1850 statt. Die gesamte obere Bekrönung wurde bis auf ein Wappenschild durch einen Abguß aus Zement ersetzt. Die Fragmente der Originalteile wurden im Eisernen Turm am Rheinufer und im Magazin des Schlosses eingelagert[174] und gelangten über Umwege in das Magazin des Mittelrheinischen Landesmuseums.[175]

171 *Schaab*: Geschichte (wie Anm. 5), Bd. 1, S. 430.

172 *Ottilie Thiemann-Stoedtner*: Johann Baptist Scholl d. J., ein hessischer Bildhauer, Zeichner und Maler der Spätromantik. Darmstadt 1965, S. 93-99. Zu Josef Franz vgl. auch *Wolfgang Balzer*: Mainz. Persönlichkeiten der Stadtgeschichte. 3 Bde., Ingelheim 1985-93, hier Bd. 2, S. 272f.

173 *Sigrid Duchhardt-Bösken*: Der Mainzer Dom im 19. Jahrhundert, in: Anton Philipp Brück (Hrsg.): Willigis und sein Dom. Festschrift zur Jahrtausendfeier des Mainzer Domes 975-1975. (Quellen und Abhandlungen zur mittelrheinischen Kirchengeschichte, Bd. 24.) Mainz 1975, S. 439-499, hier S. 452-464.

174 *Manefeld*: Marktbrunnen (wie Anm. 6), Sp. 2; *Lange*: Flötner (wie Anm. 8), S. 81.

175 Nur eines der Stücke, der rechte Wappenhalter des südwestlichen Seite, ist dokumentiert; siehe *Reber*: Albrecht (wie Anm. 20), Kat.-Nr. 4. Die übrigen Fragmente lagern uninventarisiert im Magazin des Landesmuseums Mainz. Es handelt sich dabei um mindestens zehn kleinere Bruchstücke sowie um den nordöstlichen Putto mit dem Wappen des Kurfürsten Joseph Emmerich. Bei der Auffindung der Stücke leistete Herr M. Leicht (Mainz) große Hilfe.

Eine weitere Renovierung muß um 1880 erfolgt sein.[176] Diese konzentrierte sich auf den unteren Teil des Brunnens. Das kleine Überlaufbecken aus der Barockzeit sowie der stark verwitterte Beckenrand wurden komplett neu errichtet und die am Pfeiler befindlichen Stangen samt Pumpe entfernt.[177] Zehn Jahre später erfolgte schließlich eine umfassende Restaurierung der oberen Teile. Die gesamte Bekrönung oberhalb der Gebälkzone, die ohnehin seit 1850 nur aus einem Zementabguß bestand, wurde beseitigt und durch eine Kopie aus gelbem Sandstein ersetzt. Für diese Maßnahmen war der Bildhauer Valentin Barth verantwortlich, der mit seinem Vetter Heinrich ein gemeinsames Atelier betrieb. In Mainz hatten beide 1876 die Stukkierung des Zuschauerraums im Stadttheater und den figürlichen Schmuck am Empfangsgebäude des Hauptbahnhofs von 1884 übernommen. Auch ein Neorenaissancebrunnen, der Details der Ornamentik des Marktbrunnens aufnimmt und vor seinem ehemaligem Atelier in der Goldbrunnengasse steht, stammt von Barth.[178]

Valentin Barth selbst hat seine Restaurierung in zwei Inschriften am Denkmal festgehalten. Auf dem Pfeiler der oberen Mittelsäule, der die Madonnenfigur trägt, befindet sich die Inschrift »Durch Erneuerung wieder erstanden von Bilhr. V. Barth Mainz 1890«.[179] Eine zweite Inschrift am Beckenrand des Trogs gibt in einer gotisierenden Minuskel denselben Inhalt auf latein wieder: »Val. Barth, Sculptor Moguntinus novavit et perfecit MDCCCXC«. Bei den Erneuerungen hat sich Barth sehr genau an die Vorgaben gehalten, wobei ein Detail nicht von ihm kopiert wurde – Scholls 1835 gefertigte Madonnenfigur aus Ton. Barth schuf eine neue Statue der Muttergottes und nahm »ein altes Mainzer Bildwerk« zum Vorbild.[180] Eine

176 *Anton Diehl*: Zwei Mainzer Jubiläumsbrunnen. Der Marktbrunnen 1526-1926, der neue Brunnen 1726-1926, in: Kurmainzer Bilder, ein Almanach auf das Jahr 1926. Augsburg 1926, S. 23; *Custodis*: Mainz (wie Anm. 168), S. 64. Der Mainzer Anzeiger berichtet am 30. 11. 1890, die »letzte Restaurierung erfolgte erst vor 8 Jahren«, also 1882.

177 Die Löcher wurden verfüllt, lassen sich aber noch heute in der Bausubstanz erkennen.

178 Zum Werk des Bildhauers Valentin Barth fehlt eine umfassende Monographie, vgl. Saur Allgemeines Künstler Lexikon. Die Bildenden Künstler aller Zeiten und Völker. Bd. 7, München/Leipzig 1983/84, S. 226; *Balzer*: Mainz (wie Anm. 172), Bd. 2, S. 278; *Stefanie Mittenzwei*: Auf den Spuren des Künstlers Valentin Barth, in: Mainzer Vierteljahreshefte 14, Nr. 2, 1994, S. 18-21.

179 *Arens*: Inschriften bis 1650 (wie Anm. 13), S. 546 Nr. 1144.

180 *Manefeld*: Marktbrunnen (wie Anm. 6), Sp. 3. In Mainz hat sich eine beträchtliche Anzahl von Madonnenfiguren erhalten, gewisse Ähnlichkeiten bestehen zwischen Barths Marienbild und der 1510 entstandenen sogenannten Schönen Mainzerin. Die von Lühmann-Schmid als Vorbild genannte Korb-Madonna aus der Zeit um 1400 hat nur sehr wenig Ähnlichkeit mit Barths Marienfigur; vgl. *Lühmann-Schmid*: Marktbrunnen (wie Anm. 15), S. 183 Anm. 28.

deutliche Veränderung stellen ferner die Innenseiten der drei Pfeiler dar, die abgeschliffen wurden und eingefräste Rundscheiben erhielten. Auch der Trog wurde mit einem – an Rollwerk erinnernden – Zierat versehen.

Außerdem sollte der Brunnen im Zuge dieser Erneuerungsarbeiten versetzt werden. Gründe hierfür waren der zunehmende Verkehr und die Einführung einer dampfbetriebenen Straßenbahn.[181] Die geplante Versetzung rief allerdings die am Markt ansässigen Geschäftsleute auf den Plan. In einem auf den 11. Oktober 1890 datierten »Gesuch um Aufstellung des Marktbrunnens auf einem anderen Platze als auf dem Markte« verlangen die Hausbesitzer und Geschäftsinhaber am Markt, den Brunnen nach seiner Herrichtung nicht auf dem Marktplatz aufzustellen. Ihre Argumente sind die Verkleinerung des Marktes, die Störung des Marktverkehrs sowie die fehlende Notwendigkeit für einen Brunnen aufgrund der modernen Wasserversorgung. Schließlich sei der Marktplatz »vom ästhetischen Standpunkte aus« nicht zu empfehlen. Als Alternativen schlägt die Vereinigung von Geschäftsleuten den Liebfrauenplatz, den Leichhof oder den Platz vor dem Hotel Römischer Kaiser vor. Letzterer sei »wegen des monumentalen Hintergrundes vorzuziehen«.[182] Der Stadtrat gab diesem Gesuch nicht nach, sondern versetzte den Brunnen auf den Markt, wo er am 29. November 1890 enthüllt wurde.[183] Nach der Versetzung wurde er durch neue Treppenstufen erhöht und für einige Jahre durch ein schmiedeeisernes Gitter mit zwei Zapfstellen für Leitungswasser geschützt. Das kurz zuvor neu geschaffene Überlaufbecken wurde nicht ersetzt und der unnötig gewordene Brunnenschacht zugeschüttet.

Der Zweite Weltkrieg hat am Brunnen hingegen kaum bleibende Schäden hinterlassen, obwohl 1945 immerhin 80 % der Mainzer Innenstadt in Trümmern lagen. Die Tatsache, daß der Marktbrunnen die Bombardierung fast unbeschadet überstanden hatte, verdankt er einer Ummantelung aus Ziegelsteinen, die nach den ersten Angriffen auf die Innenstadt im August 1942 um das Monument herum aufgemauert wurde.[184] Bereits kurz nach Kriegsende wurde der Schutzmantel abgetragen, allerdings dauerte es einige Jahre bis zur weiteren Sicherung.

181 *Harald Neise*: 111 Jahre Mainzer Öffentlicher Personennahverkehr 1883-1994. 2. Aufl. Stuttgart/Berlin 1994, S. 15.

182 Stadtarchiv Mainz: HA 70/160.

183 Mainzer Anzeiger vom 30.11.1890, Sp. 1; *Manefeld*: Marktbrunnen (wie Anm. 6), Sp. 1.

184 Eine nicht unübliche Vorgehensweise, die man z.B. auch in Nürnberg angewendet hat. *Ludwig Zintl*: Der schöne Brunnen in Nürnberg und seine Figuren. Nürnberg 1993.

Nach einer kursorischen Festigung 1950 wurde im Oktober 1974 beschlossen, den Marktbrunnen abzubauen, mit Epoxydharz zu konservieren und an der ursprünglichen Stelle, über dem noch vorhandenen Brunnenschacht, wiederaufzubauen.[185] Nach dem Wiederaufbau 1975 wurde eine farbige Fassung durch den Restaurator Bernhard Sucker bestimmt, wobei sich zumindest die Frage stellt, ob die Polychromie gerechtfertigt ist. Es waren keine Spuren einer Farbfassung zu finden, und auch die Bildquellen des 19. Jahrhunderts zeigen den Brunnen steinsichtig. Obwohl zumindest die Wappen wegen der Erkennbarkeit gefaßt gewesen sein dürften, stellt die jetzige Gestaltung eine reine Phantasieschöpfung dar.[186]

Die Untersuchung der Restaurierungsgeschichte des Mainzer Marktbrunnens liefert mehrere Ergebnisse. Zunächst ist zu konstatieren, daß die Anzahl der Restaurationen hoch ist. Lediglich die Pfeiler sowie die Architrave zählen noch zur Bausubstanz des 16. Jahrhunderts, und selbst diese sind mehrfach überarbeitet worden. Aber auch wenn das heutige Erscheinungsbild des Brunnens weitestgehend von Erneuerungen des 19./20. Jahrhunderts geprägt ist, wissen wir, daß Valentin Barths Rekonstruktion nach Abdrücken der Originale geschaffen wurde. Historische Ansichten aus der Zeit vor Barths Restaurierung geben kaum weitere Aufschlüsse. So sind beispielsweise um 1820 zwei Ansichten des Doms entstanden, Aquarelle des Mainzer Malers Bernhard Hundeshagen (112 × 60 cm).[187] Zwar ist der Brunnen in beiden Fällen nur ein kleines Detail des Marktgeschehens, er wirkt allerdings im Vergleich zum heutigen Aussehen wenig verändert. Ersichtlich ist lediglich, daß der Brunnen zu dieser Zeit steinsichtig war und es keine Figur auf der Bekrönung gab.

Die Stadtpläne des 16. Jahrhunderts können nur bedingt weiterhelfen. Entweder sind die Brunnen überhaupt nicht eingezeichnet, wie bei Merian, oder nur als Punkte markiert, wie im sogenannten Schweden-Plan. Der einzige Plan, der etwas über das Aussehen des Marktbrunnens verraten könnte,

185 Die Akten über die Restaurierung in den 1970er Jahren befinden sich im Archiv des städtischen Denkmal- und Sanierungsamtes (AZ M 22) sowie im Firmenarchiv der Paul Sauer GmbH (AZ 545). Für die Möglichkeit zur Einsichtnahme sei Herrn Dipl.-Ing. Peter Schau sowie Paul Sauer herzlichst gedankt. Das Landesamt für Denkmalpflege besitzt nach telefonischer Auskunft von Herrn Dr. Joachim Glatz keine Unterlagen.

186 Teilweise ist sie fehlerhaft. So sind am Wappenschild des Domkapitels die Farben vertauscht. Das Wappen bestand aus vier roten Balken in Silber und nicht umgekehrt. Vgl. *Falck*: Wappen (wie Anm. 133), S. 194.

187 Vgl. *Kautzsch/Neeb*: Dom (wie Anm. 83), S. 11-13. Für die Möglichkeit, die beiden Aquarelle im Original zu sehen, sei Dr. Norbert Suhr (Landesmuseum Mainz) herzlichst gedankt.

ist der sogenannte Mascoppsche Stadtplan. Dieser ist jedoch gerade im Bereich des Marktplatzes sehr stark zerstört und läßt über die filigrane Kleinarchitektur des Brunnens keine weiterführenden Schlußfolgerungen zu.[188]

Schließlich existiert eine 18 × 30 cm große lavierte Federzeichnung, bei der es sich um die älteste bekannte Ansicht des Marktplatzes handelt. Die Zeichnung befindet sich in der Graphischen Sammlung des Landesmuseums Mainz. Sie ist von Jan de Beyer signiert und mit der Jahreszahl 1753 versehen.[189] Somit gibt sie einen Zustand des Marktplatzes wieder, wie er vor dem Blitzeinschlag von 1767 und der anschließenden Restauration durch Kurfürst Josef Emmerich war. Die Zeichnung ist für den Brunnen von übergeordnetem Interesse, da sie das einzige Zeugnis des Zustandes vor der Restaurierung 1767 darstellt. Ein Vergleich mit dem heutigen Erscheinungsbild zeigt zwar grundsätzliche Übereinstimmungen, allerdings auch einige Unterschiede im Detail. Zunächst erkennt man an einem Pfeiler die Seilwinde, an welcher der Eimer angebunden war. Daneben scheint sich die Bekrönung leicht von der heutigen Form zu unterscheiden. Die Nischen, in denen die drei Bischofsfiguren stehen und deren Anzahl nicht variiert, erscheinen weniger rund, sondern eher spitzbogig. Möglicherweise vorgenommene Veränderungen sind nicht mehr überprüfbar, da die originäre Bausubstanz verloren ist. Indes werden die Restaurationen des 19. Jahrhunderts als exakte Kopie ausgewiesen, so daß die Spitzbogen vermutlich der Zeichenfeder Tribut zollen und nicht unbedingt eine ursprüngliche Nischengliederung aus Kielbögen meinen müssen. Schließlich fällt auf, daß die Spitze der Bekrönung keine Figur, sondern eine Fahne bildete. Diese ist als Marktfahne zu interpretieren und dokumentiert die rechtliche Stellung des Brunnens als Rechtsdenkmal.

IV. Der Marktbrunnen als Denkmal

Der Begriff Denkmal hat in den letzten Jahren in der historischen wie kunsthistorischen Forschung eine zunehmende Resonanz erfahren. Ohne alle Typen und Ausformungen, die unter dem Terminus subsumiert werden

188 Zu den einzelnen Mainzer Stadtplänen *Ludwig Falck*: Stadtgrundriß und Häuserbuch. Zur Methode einer geschichtlichen Ortsbeschreibung von Mainz, in: Mainzer Zeitschrift 67/68, 1972/73, S. 30-37.

189 *Kautzsch/Neeb*: Dom (wie Anm. 83), S. 8f. Für die Möglichkeit, auch diese Zeichnung im Original in Augenschein zu nehmen, sei Dr. Norbert Suhr an dieser Stelle noch einmal herzlichst gedankt.

können[190], aufzuzählen, läßt sich der Begriff als »im engeren Sinne jedes bewußt mit der Absicht der Wahrung des Andenkens an Personen oder Ereignisse errichtete architektonische oder plastische Werk« definieren.[191] In Ergänzung dazu ließe sich anfügen, daß Denkmäler auch als Rechtssymbol für einen abgrenzbaren Raum eingesetzt werden können. Obwohl es bereits seit dem hohen Mittelalter Denkmäler in der beschriebenen Art gegeben hat, läßt sich festhalten, daß die Gattung im 16. Jahrhundert neuen Aufschwung erhielt. Kaiser Maximilian I. gilt als einer der Initiatoren dieses neuen Denkmalkultes.[192] Er gab 1514 ein in Speyer zu errichtendes Denkmal für die deutschen Kaiser in Auftrag. Hans Valkenauer legte einen Entwurf in Form einer überdimensionalen Krone auf zwölf korinthischen Säulen vor. An diesen sollten Standbilder der im Speyerer Dom bestatteten Kaiser angebracht werden. Über die Konzeption kam das Denkmal nicht hinaus.[193] Ob Albrecht von Brandenburg Kenntnis von diesen Plänen hatte, läßt sich nicht mit letzter Sicherheit entscheiden. Die weitaus bekannteren Entwürfe von Hans Burgkmair für ein Reiterstandbild des Kaisers waren ihm aber sicherlich geläufig.[194]

Während solche Projekte diskutiert wurden, begann sich die Gattung des historischen Ereignisdenkmals zu etablieren. Hierbei handelte es sich zunächst oftmals nur um Tafeln, die an Straßenbauten erinnerten, oder um

190 *Percy Ernst Schramm/Hermann Fillitz/Florentine Mütherich*: Denkmale der deutschen Könige und Kaiser. (Veröffentlichungen des Zentralinstituts für Kunstgeschichte in München, Bd. 7.) 2 Bde., München 1978; *Müller*: Gedechtnus (wie Anm. 76), S. 251-280; *Klaus Graf*: Fürstliche Erinnerungskultur. Eine Skizze zum neuen Modell des Gedenkens in Deutschland im 15. und 16. Jahrhundert, in: Chantel Grell/Werner Paravicini/Jürgen Voss (Hrsg.): Les princes et l'histoire du XIVe au XVIIIe siècle. (Pariser Historische Studien, Bd. 47.) Bonn 1998, S. 1-11.

191 *Harald Olbrich* (Hrsg.): Lexikon der Kunst. 6 Bde., Leipzig 1989, hier Bd. 2, S. 121. Ähnlich, aber differenzierter *Hagen Keller*: Denkmal, in: Schmitt (Hrsg.): Reallexikon (wie Anm. 9), Bd. 3, Sp. 1257-1297.

192 *Müller*: Gedechtnus (wie Anm. 76); *Dunk*: Denkmal (wie Anm. 21), S. 121-129 und 215-279.

193 *Helmut Scharf*: Kleine Kunstgeschichte des Deutschen Denkmals. Darmstadt 1984, S. 96f.; *Dunk*: Denkmal (wie Anm. 21), S. 256-259.

194 Wenn Albrecht nicht sogar einen der frühen Drucke besaß, so doch zumindest einen der anläßlich des Reichstages in Augsburg 1518 erschienenen Nachdrucke. Vgl. *Tilman Falk*: Hans Burgkmair. Studien zu Leben und Werk des Augsburger Malers. (Bruckmanns Beiträge zur Kunstwissenschaft.) München 1968, S. 69-73; *Isolde Hausberger* (Bearb.): Hans Burgkmair. Das graphische Werk. (Ausstellungskatalog) Augsburg 1973, Kat.-Nr. 22a-c; *Dunk*: Denkmal (wie Anm. 21), S. 255f.

Weihesteine, die den Bauabschluß an Sakralgebäuden festhielten.[195] Eine solche Weihetafel ließ Albrecht von Brandenburg 1516 in der Magdalenenkapelle in seiner Residenz Halle anbringen, wahrscheinlich eine aus Mainz gelieferte Arbeit. Neben dem neunteiligen Wappen Albrechts zeigt sie die Bistumspatrone von Mainz und Magdeburg, den hl. Martin und den hl. Mauritius.[196] In einer ähnlichen Art dokumentierte Albrecht die Neuweihe des von ihm gegründeten Neuen Stifts in Halle durch die Anbringung von zwei Tafeln im nördlichen Seitenschiff der Kirche. Eine kleinere Tafel aus Solnhofener Kalkstein konnte überzeugend dem Eichstätter Bildhauer Loy Hering zugeschrieben werden, eine zweite, die sogenannte große Weihetafel stammt aus dem Mainzer Kunstkreis.[197] Die Tafel besteht hauptsächlich aus dem großen Wappen des Kardinals, welches vom hl. Mauritius und der hl. Magdalena gehalten wird. Das mit einer Scheinarchitektur umrahmte plastische Werk, welches an die Stiftung sowie den Stifter erinnert, kann aus diesen Gründen als Denkmal angesprochen werden.

Bezüglich der Ausstattung mit Denkmälern durch Erzbischof Albrecht lassen sich auch in Mainz einige Beispiele heranziehen. So hat sich eine um 1527 gefertigte Wappentafel aus rotem Sandstein erhalten, die das mittelgroße Wappen Albrechts zeigt. Der 111 × 94 cm große Gedenkstein war an einem Haus in der Rheinstraße zusammen mit einem ähnlich großen Inschriftenstein angebracht und berichtete von Wiederherstellungsarbeiten an dieser verfallenen Straße zum Wohle der Stadt. Der Weg stellte eine wichtige Verbindung vom Schiffsanlegeplatz zur Martinsburg dar. Die zeitnahe Herstellung, stilistische wie inhaltliche Ähnlichkeiten in der Inschrift und das identische Material sprechen für ein Stück aus der Werkstatt, die auch den Marktbrunnen geliefert hat.[198]

195 *Scharf*: Kunstgeschichte (wie Anm. 193), S. 97-99; *Martin Warnke*: Spätmittelalter und Frühe Neuzeit 1400-1750. (Geschichte der deutschen Kunst, Bd. 2.) München 1999, S. 420.

196 *Lühmann-Schmid*: Schro (wie Anm. 16), S. 49-52; *Krause*: Albrecht und Halle (wie Anm. 41), S. 303-305.

197 *Hans Volkmann*: Die Weihetafeln des Kardinals Albrecht von Brandenburg in der Stiftskirche zu Halle, in: Wissenschaftliche Zeitschrift der Martin Luther Universität Halle-Wittenberg. Geistes-Sprachwissenschaftliche Reihe 12, 1963, S. 757-764; *Lühmann-Schmid*: Schro (wie Anm. 16), S. 52-55; *Krause*: Albrecht (wie Anm. 41), S. 320; *Temme*: Bildnisgebrauch (wie Anm. 41), S. 305 Nr. 53.

198 *Reber*: Albrecht (wie Anm. 20), S. 136f. Kat.-Nr. 43; Text nach *Arens*: Inschriften bis 1650 (wie Anm. 13), S. 547 Nr. 1148: »ARCHI … ADMIST / HALBERST MARH M / PUBLICAM LO … GA VETVS DILAP … M / AD VSVM REI PVB * E : FVNDO * EXTRVI / CVRAVIT ANNO * M * D * XXVII. * /«.

Ein weiteres Beispiel ist nicht erhalten, aber überliefert. Am Rheinufer besaß die Stadt Mainz zwei Kräne, den sogenannten Unteren und den Oberen Kran. Der Obere Kran, wohl um 1462 errichtet, wurde durch Albrecht von Brandenburg mit einer Quadersteinmauer versehen, welche die Einrichtung vor Eisgang schützen sollte und im nachhinein die Möglichkeit bot, eine Batterie aufzustellen. In diese Mauer ließ Albrecht ebenfalls einen Gedenkstein mit seinem Wappen und einer Inschrift, die seine Ämter sowie die Jahreszahl 1527 nennt, setzen. Die beiden Steine sind nicht erhalten und waren bereits 1793 stark beschädigt worden.[199] Es zeigen sich hier deutliche Parallelen zum Marktbrunnen. Sowohl bei den Wappensteinen als auch beim Brunnen ließ der Erzbischof ein bestehendes Monument erneuern und diese Maßnahmen durch die beiden Medien lateinische Inschrift und Heraldik dokumentieren. Die Unterschiede sind dennoch offensichtlich. Keiner dieser Gedenksteine weist eine so weitreichende Ikonographie oder überhaupt eine Architektur wie der Brunnen auf.

Als Bindeglied von diesen Straßeninschriften und Weihetafeln ließe sich das Grabmal für Uriel von Gemmingen im Mainzer Dom anführen.[200] Das 4,75 m hohe und 1,85 m breite Grabmal für den 1514 verstorbenen Erzbischof Uriel von Gemmingen ist aus Tuff und Sandstein gearbeitet und zur Aufstellung an einem Pfeiler konzipiert. Das dreigeschossige Wanddenkmal gliedert sich in eine Sockel-, eine Figuren- und eine Attikazone. Auf dem zentralen Bildfeld kniet der verstorbene Bischof in Pontifikaltracht vor dem Gekreuzigten. Ihn empfehlen die etwas größer dargestellten Bistumspatrone Martin und Bonifaz. Die Szenerie findet in einem Architekturrahmen statt, der aus gekehlten und an den Ecken abgeschrägten Pilastern besteht, die auf einem wappenbesetzten Sockel stehen. In die Kehlungen sind schlanke Säulen eingestellt, die vielleicht einmal kleine Figuren getragen haben. Darüber finden sich Kapitelle und wappenbesetzte Kämpfersteine. Diese tragen

199 *Schaab*: Geschichte (wie Anm. 5), Bd. 1, S. 416; Text nach *Arens*: Inschriften bis 1650 (wie Anm. 13), S. 548 Nr. 1150: »ALBERT Cardina. Mogunt. Magdeb. EcclesIA. ArchieP. Princeps. elect. PRIMAS. ADMINIs. Halbers. March. Brand. ReipVB. Piis cVltor. MDXXVII«.

200 An neuerer Literatur *Gisela Kniffler*: Die Grabdenkmäler der Mainzer Erzbischöfe vom 13. bis zum frühen 16. Jahrhundert. (Dissertationen zur Kunstgeschichte, Bd. 7.) Köln/Wien 1978, S. 128-132; *Fritz V. Arens*: Der Dom zu Mainz. Darmstadt 1982, S. 111-113; *Goeltzer*: Backoffen (wie Anm. 17), Bd. 1, S. 60-65; *Nicole Beyer*: Künstlerischer Ausdruck der Ansprüche und Stellung der Mainzer Erzbischöfe in der frühen Neuzeit: Das Beispiel von Grabdenkmälern, in Hartmann (Hrsg.): Kurmainz (wie Anm. 46), S. 173-197, hier S. 183-185; Stefan Heinz u.a.: Die Grabdenkmäler der Erzbischöfe von Trier, Köln und Mainz. Trier 2004.

schließlich einen Rundbogen, aus dem ein Baldachin hinausragt, der aus ineinander verflochtenen Kielbögen besteht.

Das Grabmal dient zunächst der Darlegung des Verständnisses von Denkmälern bei Albrecht von Brandenburg. Unter diesem Gesichtspunkt sind die drei Inschriften am Grabmal von Belang. Neben einer Gedächtnisinschrift am Sockel, welche die Ämter sowie die Regierungs- und Todesdaten überliefert, gibt es eine Stiftungsinschrift, die erläutert, daß Albrecht dem Verstorbenen als Nachfolger im Amte das Grabmal errichten ließ.[201] Am Rundbogen oberhalb der Figurenzone finden sich die Worte »DILIGE PRO TANTIS SAT MIHI SOLVS AMOR« (Liebe mich für so viel Gutes, was ich dir getan habe, es genügt mir allein die Liebe).

Der typologische Bruch mit der Tradition, die Nennung des Stifters und die Rechtfertigung der Stiftung mit einer Inschrift, deren Aussage Liebe und Gegenliebe ist, sind drei Elemente, die das Gemmingengrabmal über das Andenken des verstorbenen Bischofs in die Funktion eines Denkmals heben. Zwar bleibt das Monument trotz dieses Charakters ein Grabmal, es ist ferner ein Beleg dafür, wie Albrecht es verstand, Kunststiftungen für die eigenen Interessen einzusetzen. Die Stiftungsinschrift enthält den Hinweis, daß Albrecht von Brandenburg eine indirekte Selbstinszenierung mit einbezog.[202] Das Grabmal wird so zu einem Denkmal für die eigene Herrschaft als rechtmäßiger Sukzessor Uriels.

Ebenso wie am Gemmingenepitaph das zentrale Anliegen, ein Grabmal zu errichten, ins Denkmalhafte gesteigert ist, wird auch der Marktbrunnen über den reinen Versorgungsaspekt hinaus zu einem Denkmal überhöht. Die Nennung der eigenen Person und die Erläuterung der Stiftung durch eine Inschrift, deren Tenor die Topoi von gegenseitiger Achtung und Liebe sind, lassen sich ebenfalls am Brunnen nachweisen. Diese Idee eines Denkmals war Albrecht von Brandenburg also geläufig und wurde am Brunnen in gesteigerter Form angewandt. Auch wenn es abwegig ist, sein Verhältnis zur Kunst als eine rein pragmatische, ausschließlich auf die Repräsentation ausgerichtete Verbindung zu verstehen[203], setzt er Kunst auch zu diesem Zweck ein. Der Denkmalsbegriff ist dabei jedoch keineswegs monokausal aufzufassen, sondern erlaubt mehrere Interpretationen.

201 Text nach *Goeltzer*: Backoffen (wie Anm. 17), Bd. 1, S. 61: »ALBRT MARCH BRAND ARCHPS MOG SVCCESSOR MORTVO P«.

202 *Beyer*: Ausdruck (wie Anm. 200), S. 184.

203 So z.B. bei *Alexander Perrig*: Lucas Cranach und der Kardinal Albrecht von Brandenburg. Bemerkungen zu den vier Hieronymus-Tafeln, in: Wilhelm Schlink/Martin Sperlich (Hrsg.): Forma et subtilitas. Festschrift für Wolfgang Schöne. Berlin/New York 1986, S. 50-62; dagegen zuletzt *Tacke*: Stift (wie Anm. 41), S. 359.

In der Forschung zum Mainzer Marktbrunnen ist diesbezüglich der Bezug zum Bauernaufstand die Quintessenz fast jeder Deutung. Nicht nur die Nennung der Begebenheit in der nördlichen Inschrift spricht für diese Bezüge, sondern auch die datierte Fertigstellung 1526, also ein Jahr nach den Ereignissen.[204] Ebenso scheinen die abgebildeten bäuerlichen Gerätschaften wie Hacken oder Dreschflegel eine eindeutige Sprache zu sprechen. Dennoch bleiben Zweifel, die zunächst historisch begründet sind.

Die Irrmeinung, Albrecht hätte schmählich vor den Bauern fliehen müssen und sei dann als siegreicher Landesfürst zurückgekehrt[205], ist historisch gesehen schlichtweg falsch. Der Erzbischof war lange vor dem Aufruhr nach Halle aufgebrochen, um sich vor Ort um die Angelegenheiten der sich ausbreitenden Reformation zu kümmern. Zum Zeitpunkt des Aufstandes weilte er an der Saale und hatte sich dort recht früh mit den Revoltierenden arrangiert.[206] In gleichem Maße war der gesamte Mittelrhein innerhalb der Ereignisse nur peripher betroffen. Im Odenwald und Spessart war es zu einigen Erhebungen gekommen, doch blieben die Ereignisse lokal begrenzt und vereinzelt, ebenso wie in Mainz. Dort hatten die Mainzer Bürger die Markusprozession am 25. April genutzt, um die Stadt in ihre Gewalt zu bringen und am Morgen des nächsten Tages die sogenannten 31 Mainzer Artikel auszurufen. Diese entsprachen weitestgehend den Forderungen, wie sie die Bauern im übrigen Reich stellten.[207] Dennoch sah keine der Forderungen vor, das politische System in Mainz grundlegend zu ändern oder gar Erzbischof und Domkapitel abzusetzen. Auch waren die Anführer der Bewegung in Mainz keineswegs Bauern, sondern ein Bäcker, ein Schneider, ein Barbier und der Maler Jörg Dresseler. Da es sich hier um die Mainzer

204 Für den ebenfalls 1526 errichteten Böblinger Christophorusbrunnen wurden in gleichem Maße die Ereignisse des Bauernkrieges als vorbildlich genannt und von der neueren Forschung zurückgewiesen. Vgl. *Erich Kläger/Max Ostermeier/Norbert Beck*: St. Christophorus auf dem Böblinger Marktbrunnen mit einem Beitrag über Böblingen zur Zeit seiner Aufstellung im Jahre 1526. Böblingen 1989. Der Großteil der Denkmäler in Erinnerung an den Bauernaufstand entstand erst im 19. und 20. Jh. Vgl. die summarische Analyse von *Rolf Kießling*: Der Bauernkrieg in Oberschwaben. Beobachtungen zu einer regionalen Erinnerungskultur, in: Elmar L. Kuhn (Hrsg.): Der Bauernkrieg in Oberschwaben. Tübingen 2000, S. 513-536.

205 So die Sichtweise von *Lühmann-Schmid*: Marktbrunnen (wie Anm. 15), S. 182; *Temme*: Bildnisgebrauch (wie Anm. 41), S. 104.

206 *Günter Vogler*: Bauernkrieg und Täuferbewegung im Erzbistum Magdeburg und Bistum Halberstadt, in: Jürgensmeier (Hrsg.): Erzbischof (wie Anm. 20), S. 179-195, hier S. 179f.; *Rudolf Endres*: Thüringen, in Buszello/Blicke/Endres (Hrsg.): Bauernkrieg (wie Anm. 56), S. 154-176.

207 Zu den Forderungen und den Ereignissen in Mainz s.o. Anm. 57.

Bürgerschaft handelte, welche mit den Zielen der Bauern sympathisierte[208], bleibt zu fragen, inwieweit die Thematik am Brunnen in Bilder umgesetzt wird. Die Annahme, der Brunnen sei ein »unzweideutiges Siegesdenkmal für den Bauernkrieg«, ist somit zumindest genauer zu überprüfen.[209]

Zur detaillierten Analyse bietet sich der Vergleich mit Albrecht Dürers sogenannter Bauernsäule an, einem Denkmalsentwurf für das Ereignis des Bauernkrieges.[210] Dürers zweiseitiger Holzschnitt, der in seinem 1525 in Nürnberg gedruckten Lehrbuch »Underweysung in der Messung mit dem Zirckel un Richtscheyt« erschienen ist, reiht sich in eine Typenlehre für Denkmäler ein. Auf der ersten Seite ist der breite Sockel mit verschiedenen Nutztieren zu sehen. Die zweite Seite zeigt das aufragende Monument, bestehend aus einer Auftürmung von bäuerlichen Geräten über einer Truhe. Oben auf einem Hühnerkäfig sitzt eine Gestalt, nach Dürers Anmerkung ein »traurende Bauer« mit einem Dolch im Rücken. Der Bezug zum Bauernkrieg ist nicht nur durch die Bildsprache unübersehbar: »Welicher ein victoria auf richten wolt darumb das er die aufrürischen bauren uberwunden het, der moecht sich eins solichen gezeugs darzuo gebrauchen«, heißt es in Dürers Erläuterung zu dem Entwurf.[211]

Schon Lühmann-Schmid vermutete: »Gedanken Dürers, die der Auftraggeber oder den Auftrag ausführende Künstler gekannt haben dürften, leben in dem Mainzer Marktbrunnen fort.«[212] In der Tat darf man annehmen, daß Albrecht von Brandenburg Kenntnis von Dürers Entwurf hatte, da dieser in Buchform publiziert wurde und der Kardinal regen Kontakt zum Nürnberger Maler unterhielt. Dürer hatte 1519 und 1523 zwei Kupferstichporträts von Albrecht angefertigt, und 1523 hatte der Kardinal bei ihm einen Schmerzensmann in Auftrag gegeben, der nicht erhalten ist.[213] Viele

208 Die Erkenntnis, daß der Bauernkrieg keine rein agrarische Bewegung war, beruht auf den grundlegenden Forschungen von *Karl Czok*: Revolutionäre Volkserhebungen in mitteldeutschen Städten zur Zeit der Reformation und des Bauernkrieges, in: Leo Stern/Max Steinmetz (Hrsg.): 450 Jahre Reformation. Berlin 1967, S. 128-145.

209 *Dunk*: Denkmal (wie Anm. 21), S. 148.

210 *Hütt*: Dürer (wie Anm. 87), S. 1455; *Ursula Meyer*: Dürer's Victoria and his apocalyptic symbols, in: Kritische Berichte 11, Nr. 4, 1983, S. 13-36; *Werner Hofmann* (Hrsg.): Luther und die Folgen für die Kunst. (Ausstellungskatalog) München 1983, Kat.-Nr. 56; *Mittig*: Bauernsäule (wie Anm. 21); *Dunk*: Denkmal (wie Anm. 21), S. 144-155, 170-179.

211 Zitiert nach *Leonie von Wilckens* (Red.): Albrecht Dürer 1471-1971. (Ausstellungskatalog) München 1971, S. 222f. Kat.-Nr. 440.

212 *Lühmann-Schmid*: Marktbrunnen (wie Anm. 15), S. 182.

213 *Fedja Anzelewsky*: Albrecht Dürer: Das malerische Werk. 2. Aufl. Berlin 1991, S. 270-273 Kat.-Nr. 170 K.

Motive des Brunnens erinnern an Zeichnungen oder Entwürfe Dürers[214], und dennoch scheinen das Monument in Mainz und der Holzschnitt aus Nürnberg im Aufbau nichts miteinander gemein zu haben. Die Mainzer Form bleibt als Ganzes ein Dreijochbrunnen, während Dürer italienische oder antike Säulenmonumente zum Vorbild nimmt. Ob Dürers Druck überhaupt in die dritte Dimension umgesetzt werden sollte und konnte, bleibt ohnehin außen vor. Dennoch gibt es vergleichbare Kriterien, die beide Kunstwerke aufweisen, vor allem die Trophäenikonographie. Geräte (z.B. Hacken und Dreschflegel) sowie Elemente einer bäuerlichen Kultur (z.B. die Körbe mit Früchten) werden in beiden Monumenten eingesetzt. Der Unterschied besteht jedoch darin, daß die Bilder in Dürers Entwurf ein Mittel zur Konstruktion sind, während sie in Mainz nur Dekor und somit Teil des Ornamentes oder Hieroglyphen für andere Sinnebenen bleiben.

Ist die Idee, die hinter dem Monument steht, vergleichbar? Bei Dürers Entwurf ist noch nicht entschieden, inwieweit er Position bezüglich der Bauern bezieht. Einerseits spricht Dürer von »Victoria« und wollte kaum seine fürstlichen Auftraggeber verärgern. Andererseits arbeitet er bei der Darstellung des Bauern mit Topoi der christlichen Ikonographie, wie dem Ecce homo, durch die der Bauer zwar nicht Christus gleichgesetzt, aber in die Rolle des Opfers gerückt wird – die Bauernsäule bleibt ein »Monument des Widerspruchs«.[215]

Diese Widersprüchlichkeit ist am Marktbrunnen nicht zu suchen, denn Albrecht ließ keinen Zweifel daran, wer als Sieger aus den Auseinandersetzungen hervorgegangen war. Dennoch können, trotz formaler Unterschiede zwischen Bauernsäule und Brunnen, auch am Marktbrunnen die Bezüge zum Bauernkrieg relativiert werden. Die in der Ikonographie der Pfeiler immer wieder vermutete Bezugnahme auf die Bauern ist nicht so stark wie angenommen, und die Inschrift, die den Bauernkrieg nennt, kann als zeitliche Einordnung ohne Verbindlichkeit für das Bildprogramm angesehen werden.

Für den Zusammenhang zwischen Brunnen und Bauernaufstand gibt es aber neben diesen Indizien eine von der kunsthistorischen Forschung bisher unberücksichtigte Quelle, die Mainzer Stadtchronik. Dort werden die Ereignisse 1525 ausführlich beschrieben, und nach diesen habe »Erzbischoff

214 Zur Vorbildwirkung Dürers in der Plastik allgemein *Herbert Beck/Bernhard Decker* (Hrsg.): Dürers Verwandlung in der Skulptur zwischen Renaissance und Barock. (Ausstellungskatalog) Frankfurt a.M. 1982.

215 *Mittig*: Bauernsäule (wie Anm. 21), besonders die Zusammenfassung der Literatur S. 5-10, 29.

Albrecht den hübschen brunnen uff dem Marck lassen uffrichten«.[216] Ebenso erwähnt die Eberbacher Abtschronik den Brunnen »in foro moguntino«, an dem im Sommer Kirschen verkauft wurden (»ad quem cerasa aestate vendi solent«) und dessen goldene Buchstaben durch die rauhe Luft beinahe zerstört seien (»cui aureis litteris aeris inclementia fere deletis«). Auch die Abtschronik bestätigt, daß der Erzbischof den Brunnen nach dem Bauernkrieg erneuern ließ (»post fatalem rusticorum conspirationem Albertus archiepiscopus hunc fontem fieri curavit«).[217]

Die Bezüge zum Bauernaufstand sind also insgesamt nicht von der Hand zu weisen, geben aber dennoch nur einen Teil des Gesamtprogramms wieder. Auffällig ist in diesem Zusammenhang, daß nur der Bauernkrieg im ikonographischen Entwurf thematisiert sein soll. Die zeitgleich stattfindende Schlacht von Pavia hingegen tritt, obwohl auch auf sie in der Inschrift verwiesen wird, offensichtlich in den Hintergrund. Einzig Sponsels Hinweis, daß die Motive am Marktbrunnen aus der Lombardei – speziell der Certosa di Pavia – stammten, liefert einen Bezug zu der italienischen Stadt.

Ungewöhnlich erscheint dabei ferner die Diskrepanz zum positiv besetzten Bild des Brunnens in der mittelalterlichen Stadt, der allgemein als ein Sinnbild des Prosperierens und Funktionierens der städtischen Ordnung angesehen wird. Ausgehend von der Fontana Maggiore in Perugia darf man die Interpretation von Brunnen als städtischem Symbol gekoppelt mit der Vorstellung der Fons Vitae als Lebenselixier der Stadt übernehmen und kann diese unschwer auf deutsche Verhältnisse übertragen.[218] Demgegenüber ist der Mainzer Marktbrunnen als warnendes Beispiel an die Bevölkerung interpretiert worden.

> »Ein Denk- und Mahnmal an zentralster Stelle, gerade auf dem Markt direkt vor dem Rathaus, zwischen den windschiefen Holzbuden und dem felsenfesten steinernen Dom, wie ein Keil ins Herz der widerspenstigen Bürgerschaft getrieben«,

216 *Hegel*: Chroniken (wie Anm. 147), S. 112; zur Quellenkritik *Struck*: Bauernkrieg (wie Anm. 57), S. 109.

217 *Ferdinand Wilhelm Emil Roth* (Hrsg.): Fontes rerum Nassoicarum. Die Geschichtsquellen des Niederrheingaus. (Geschichtsquellen aus Nassau, Bd. 1.) 4 Bde., Wiesbaden 1880-84, hier Bd. 3, S. 120.

218 Zu Perugia und der Vorstellung der Fons Vitae vgl. *Kathrin Hoffmann-Curtius*: Das Programm der Fontana Maggiore in Perugia. (Bonner Beiträge zur Kunstwissenschaft, Bd. 10.) Düsseldorf 1968; *Ulrich Schulze*: Brunnen im Mittelalter. Politische Ikonographie der Kommunen in Italien. (Europäische Hochschulschriften, Bd. 209.) Frankfurt a.M. u.a. 1994.

schreibt von der Dunk[219], und an diesem Punkt ist zu fragen, ob sich beide Ansichten gegenseitig ausschließen oder ergänzen.

Städtische Brunnen hatten häufig auf dem Marktplatz die Funktion von Rechts- und Hoheitszeichen.[220] Mitunter stand diese Aufgabe in direktem Zusammenhang mit der Errichtung einer Marktfahne auf dem Brunnen, die unter Umständen auch von einer Figur gehalten werden konnte. Derartige Marktfahnen lassen sich heute noch auf verschiedenen Brunnen – z.B. in Rottweil oder Reutlingen – finden. Auch auf dem Mainzer Marktbrunnen befand sich ursprünglich eine solche Fahne, wie die Zeichnung de Beyers aus dem Jahr 1753 belegt. Der Mainzer Marktbrunnen läßt sich somit in die Reihe von städtischen Rechtssymbolen einfügen, die bereits seit dem hohen Mittelalter Einsatz fanden, geht in seiner Funktion als Denkmal freilich weit darüber hinaus. Zur Erläuterung dieses Sachverhalts gilt es, den Text der Stiftungsinschrift noch einmal kritisch zu untersuchen. Diese beginnt mit den Worten »ACCIPE POSTERITAS HAEC QUAE MONVMENTA [...]«. Grammatikalisch betrachtet steht »QUAE MONVMENTA« im Akkusativ Plural und wäre mit »diese Monumente« zu übersetzen[221], was die Frage aufwirft, wie diese Mehrzahlbildung zu interpretieren ist. Vom epigraphischen Standpunkt betrachtet handelt es sich lediglich um einen metrisch bedingten Plural, ein Singular würde die Hexameter-Regeln im vorletzten Versfuß verletzen.[222] Indes ist denkbar, daß »MONVMENTA« sich auf mehr als nur einen Brunnen bezieht, denn ergänzend dazu ist belegt, daß auf dem Mainzer Markt im Jahre 1526 weitaus mehr als ein Brunnen verändert worden ist. So befand sich auf dem Markt ein zweiter Wasserspender, der bereits angesprochene Gadenbrunnen[223], der in den Stadtaufnahmen bis ins 18. Jahrhundert verzeichnet wird und den der Mascoppsche Stadtplan von 1575 zeigt. Über jenen Gadenbrunnen, der bereits im 19. Jahrhundert nicht mehr existierte, haben wir, mit Ausnahme der ungenauen Zeichnung und seiner relativen Lage an der Kreuzung von Schu-

219 *Dunk*: Denkmal (wie Anm. 21), S. 148.

220 *Spindler*: Brunnen (wie Anm. 150), S. 54-59; *Berent Schwineköper*: Der Marktbrunnen in Rottenburg am Neckar. Spätmittelalterliche Brunnen südwestdeutscher Städte als staatliche und städtische Zeichen, in: Landesgeschichte und Geistesgeschichte. Festschrift für Otto Herding. Stuttgart 1977, S. 131-167.

221 Dieses Detail wurde bisher übersehen, da alle Übersetzungen auf *Arens*: Inschriften bis 1650 (wie Anm. 13) beruhen, der seinerseits *Schaab*: Geschichte (wie Anm. 5) zitiert, der wiederum diesen Abschnitt nicht aufschlüsselt.

222 Freundliche Mitteilung von Dr. Rüdiger Fuchs (Mainz).

223 Zum Gadenbrunnen s.o. Anm. 155.

stergasse und Marktplatz, kaum zuverlässigere Informationen. Er ist aber gleichzeitig mit dem Marktbrunnen errichtet oder zumindest erneuert worden. »Item der ander brunnen bey der Schustergassen wardt auch damalß gemacht«, berichtet die Mainzer Chronik im Zusammenhang mit der Errichtung des Marktbrunnens durch Erzbischof Albrecht.[224]

Im Jahre 1526 sind allerdings noch weitere Veränderungen am Mainzer Markt zu beobachten, so erhält der gesamte Platz einen komplett neuen Belag. Zwar gab es in Teilen der Stadt wohl eine provisorische Pflasterung[225], doch mit der Errichtung der beiden Brunnen »würdt der Markt gepflastert, der zuvor ohngepflastert war«, referiert die Mainzer Chronik.[226] Auch die Ratsprotokolle vermerken zwischen März und Mai 1526 mehrfach Pflasterarbeiten, bis sie schließlich am 25. Mai 1526 erwähnen, daß »der platz vor dem thumb nu gepflastert sei«.[227]

Der wichtigste Aspekt innerhalb dieser städtebaulichen Maßnahmen schließlich betrifft das Gebäude direkt gegenüber dem Brunnen, die sogenannte Münze. Das nördlich des Brunnens befindliche Bauwerk beherbergte ursprünglich die seit 1273 am Markt ansässige städtische Münzpräge. Diese Räumlichkeiten in einem Gebäude des 15. Jahrhunderts wurden 1526 mit dem Bau des Brunnens von Albrecht zum neuen Rathaus erklärt. Nachdem es seit 1784 aufgrund von Hochwasserschäden nicht mehr benutzbar war, wurde das Gebäude 1814 abgerissen und an gleicher Stelle das Lenningsche Haus errichtet.[228] Aus älteren Ansichten kann man jedoch erschließen, daß es sich bei der Münze um einen mehrgeschossigen Bau mit einer laubenartigen Bogenstellung handelte. Basierend auf den von Fassl unterschiedenen Kriterien, nach denen ein Brunnen in städtebaulicher Hinsicht eingesetzt werden kann (hinweisend, schwerpunkt- oder maßstabbildend, raumbegren-

224 *Hegel*: Chroniken (wie Anm. 147), S. 112.

225 *Franz Falk*: Die Kunstthätigkeit in Mainz von Willigis Zeiten bis zum Schlusse des Mittelalters in Regestenform aus gedruckten und ungedruckten Quellen. Mainz 1869, S. 15; *Hartmut Fischer* (Hrsg.): Denkmalpflege in Mainz. Original, Ergänzung, Rekonstruktion. Neues Bauen in alter Umgebung. Straßen, Plätze, Flächen und Konturen. Mainz 1994, S. 18.

226 *Hegel*: Chroniken (wie Anm. 147), S. 112

227 *Herrmann*: Protokolle (wie Anm. 105), S. 302.

228 *Helmut Mathy*: Die Residenz in Barock und Aufklärung (1648-1792), in Dumont/Scherf/Schütz (Hrsg.): Mainz (wie Anm. 19), S. 269-314, hier S. 299; *Ernst Stephan*: Das Bürgerhaus in Mainz. (Das deutsche Bürgerhaus, Bd. 18.) Tübingen 1974, S. 45; *Anton Maria Keim/Friedrich Schütz* (Hrsg.): Die Mainzer und ihr Rathaus. Mainz 1984.

zend oder als Gegengewicht zu einer Dominante)[229], wäre der Marktbrunnen städtebaulich als ein »Brunnen mit hinweisenden Eigenschaften« zu sehen, da er den direkten Hinweis auf die Münze als neues Rathaus gibt.

Die Neugestaltung des Marktes mit der Pflasterung des Platzes und der Neuerrichtung von zwei Brunnen sowie der Umfunktionierung der ehemaligen Münze zum Rathaus läßt eine geschlossene Konzeption, bestehend aus Rathaus, Platz und Brunnen, vermuten. Ähnliche Gestaltungen lassen sich in Augsburg oder Trier nachweisen. Auch in Halle führte Albrecht ab 1520 einschneidende städtebauliche Maßnahmen durch, bei denen die Stadt eine vollständig neue Marktplatzgestaltung erfuhr und sich das Stadtbild im ganzen nachhaltig veränderte. Anders als in Mainz verzichtete der Kardinal an der Saale allerdings auf den Neubau von Brunnen.[230]

Im Hinblick auf die Platzgestaltung in Mainz gilt es abschließend zu betonen, daß es in der Stiftungsinschrift »Albertus Princeps« heißt. Nicht etwa als Erzbischof oder Kardinal, sondern als Kurfürst und damit als der Stadt- und Landesherr stiftet Albrecht den Brunnen. Ihm als Erzbischof oblag das alleinige Markt- und Münzrecht[231], ein weiterer Hinweis auf den Zusammenhang dieses städtebaulichen Konzeptes. Darüber hinaus demonstriert Albrecht seine Herrscherqualitäten, die im Einklang mit der Sorge um das Gemeinwohl stehen. Noch in seinem Testament vermacht er dem Stadtbaumeister 50 Gulden jährliche Zinsen, damit dieser Pflaster, Mauern und Tore erhalte.[232]

Der Brunnen als städtebauliches Gestaltungsmittel innerhalb eines Gesamtkonzeptes der Platzgestaltung ist aber auch ein Dokument für die funktionierende landesherrliche Ordnung, ein Aspekt des Monumentes, der sich dementsprechend auch in seiner besonderen Form niederschlägt. Diese Besonderheit bezieht sich auf die Typologie von Brunnen, hat doch der Mainzer Marktbrunnen als einer der wenigen Ziehbrunnen einen reichen ornamentalen und ikonographischen Schmuck erhalten. Trotz dieser seltenen

229 *Fassl*: Brunnen (wie Anm. 29), S. 194-202. Bereits Brinckmann hatte die Randlage von Brunnen unter Bezugnahme auf die Architektur erklärt; vgl. *Brinckmann*: Platz (wie Anm. 22), S. 105.

230 *Krause*: Albrecht (wie Anm. 41), S. 339-347; *Scholz*: Residenz (wie Anm. 43), S. 254-272; Zur Hallenser Residenz *Hans-Joachim Krause*: Der »Neue Bau« für Kardinal Albrecht von Brandenburg in Halle, in Stefanie Lieb (Hrsg.): Form und Stil. Festschrift für Günther Binding zum 65. Geburtstag. Darmstadt 2001, S. 213-223.

231 *Friedhelm Jürgensmeier* (Hrsg.): Handbuch der Mainzer Kirchengeschichte. (Beiträge zur Mainzer Kirchengeschichte, Bd. 6.) 2 Bde., Mainz 1997, hier Bd. 2, S. 282f.

232 *Schrohe*: Verwaltung (wie Anm. 144), S. 80 Anm. 3.

Kombination hatte die bisherige Forschung keinen Erklärungsnotstand bezüglich der Genese dieser Form und sah sie als Fortführung der spätgotischen Galgenbrunnen des 15. Jahrhunderts, auch wenn sich davon keine Beispiele erhalten haben.[233] Zwar muß man gerade bei Brunnen mit hohen Verlustraten rechnen, aber derartige Herleitungen verdienen eine genauere Untersuchung: Joch- oder Galgenbrunnen sind in der Tat eine romanische Form, die aus der Holzkonstruktion entwickelt ist. Bedingt durch ihre unaufwendige Herstellung und das geringe technische Niveau im Vergleich zum Laufbrunnen, bildeten sie sicher den Hauptanteil der mittelalterlichen Brunnen.[234] Aufgrund der wassertechnischen Voraussetzungen herrschte in Mainz dieser Typus vor. Auch wenn die Mainzer Stadtpläne nur bedingt aussagekräftig sind, lassen sich im Mascoppschen Stadtplan von 1575 einige Ziehbrunnen ausmachen. Allerdings handelt es sich bei diesen selten um Galgenbrunnen und nie um Dreijochbrunnen. Ergänzend kann man auf ein zeitnahes Vergleichsbeispiel zum Marktbrunnen verweisen. Dieser Brunnen wurde im September 1979 bei Ausschachtungen für eine Tiefgarage entdeckt und 1984 hinter dem Proviantamt an der Schillerstraße aufgestellt. Der 1528 errichtete Brunnen wurde wahrscheinlich um 1670 zugeschüttet und zerstört, als man in diesem Areal den Garten des Schönborner Hofes anlegte.[235] Sein Bau ist wohl eine Folge der Verordnung Albrechts von Brandenburg zur Wiederherstellung von Brunnen, die vom 22. Februar 1528 datiert.[236] Im Vergleich zum Marktbrunnen wirkt er weitaus unscheinbarer. Er ist weniger als halb so hoch wie der Marktbrunnen, besitzt nur eine kurze Inschrift mit der Jahreszahl »A. D. MDXXVIII« und weist keinen figürlichen oder ornamentalen Schmuck auf. Schließlich besitzt er nur zwei und nicht wie der Marktbrunnen drei Stützen. Dieser Brunnen am Proviantamt darf als typischer Mainzer Brunnen des 16. Jahrhunderts gelten. Die angeführten Unterschiede machen jedoch deutlich, daß hier ausschließlich Fragen der Wasserversorgung eine Rolle spielten. Der Brunnen ist kein Denkmal im definierten Sinne, sein Balkensturz verbreitet keine politischen Aussagen oder sonstige Botschaften, sondern dient lediglich der Aufhängung des Eimers. Die Diskrepanz zeigt im Umkehrschluß, daß beim Mainzer Markt-

233 *Lange*: Flötner (wie Anm. 8), S. 81; *Lühmann-Schmid*: Schro (wie Anm. 16), S. 67 Anm. 2.

234 *Rautenberg*: Brunnen (wie Anm. 29), S. 210f.; *Fassl*: Brunnen (wie Anm. 29), S. 102f.

235 *Lipp*: Brunnen (wie Anm. 18), Nr. 34; *Wegner*: Mainz (wie Anm. 24), S. 272; *Hanfgarn*: Brunnen (wie Anm. 18), S. 175-177 (mit falscher Datierung 1582).

236 Stadtarchiv Mainz: Ingrossaturbücher 57; editiert bei *Schrohe*: Verwaltung (wie Anm. 144), S. 11.

brunnen die Form nicht allein aus der Funktion heraus erklärt werden kann.

Daran anschließend stellt sich die Frage, wie diese Form interpretiert werden kann. Die Gestalt des Brunnens verlangt – ähnlich Bandmanns Idee von Architektur als Bedeutungsträger[237] – in ihrer Gesamtheit eine Erklärung. Da die Form an einen Galgen erinnert, der etymologisch auch für den Namen des Brunnentyps verantwortlich ist, wäre es naheliegend, im Brunnen das Symbol eines Galgens zu sehen. Er wäre somit Ausdruck der Gerichtsbarkeit des Erzbischofs und ließe sich gleichzeitig als Hinweis auf die Hinrichtungen im Zuge des Bauernkrieges verstehen. Ein ähnlicher zeitgeschichtlicher Bezug ist am 1525 errichteten Grabmal für Richard von Greiffenklau († 1531) im Trierer Dom nachweisbar. An der Flachseite zeigt ein kleines Relief eine erhängte Figur, die als Hinweis auf die politischen Ereignisse des Jahres 1525 gedeutet werden kann, aber nicht muß.[238] Ebenso lassen sich Gegenargumente für den Analogieschluß, der Mainzer Brunnen versinnbildliche einen Galgen, anführen: So ist die Präsenz von Bischöfen auf einem Galgen wenig überzeugend. In seinem Aufbau erinnert der Brunnen aber auch an Baldachine ähnlich denen, die bei Prozessionen gehalten werden. Im Jahr der Errichtung des Brunnens 1526 wurde den Mainzer Bürgern verboten, an Prozessionen teilzunehmen, da sie die Markusprozession zum Aufruhr genutzt hatten. Eine weitere Hypothese könnte also lauten, daß der Erzbischof versucht, zu dokumentieren, wer das Recht auf Prozessionen innehatte und wer nicht. Doch auch diese Theorie wirkt sehr konstruiert.

Ohne allzu weite ikonologische Brücken zu schlagen, kann das Baldachinmotiv als eine Würdeformel aufgefaßt werden, welche der kleinformatigen Architektur und dem profanen Charakter eines Brunnens die Steigerung und Würde eines Denkmals verleiht. Hinzu kommt, daß das ephemere Konzept des Baldachins hier in das bleibende Material Stein umgesetzt wird. Verfolgt man den Ansatz weiter, so muß man jedoch ein entscheidendes Manko bezüglich der Anzahl der Pfeiler zur Kenntnis nehmen.

237 *Günter Bandmann*: Mittelalterliche Architektur als Bedeutungsträger. 10. Aufl. Berlin 1990. Bandmanns Ansätze werden nach wie vor kritisch diskutiert, vgl. z.B. *Wolfgang Schenkluhn* (Hrsg.): Ikonographie und Ikonologie mittelalterlicher Architektur. (Hallesche Beiträge zur Kunstgeschichte, Bd. 1.) Halle (Saale) 1999.

238 Für den politischen Bezug *Nikolaus Irsch*: Der Dom zu Trier. (Die Kunstdenkmäler der Rheinprovinz, Bd. 13.1.) Düsseldorf 1931, S. 216; ähnlich *Kahle*: Studien (wie Anm. 12), S. 70; dagegen *Walther Zimmermann*: Rezension zu: *Kahle*: Studien (wie Anm. 12), in: Trierer Zeitschrift 14, 1939, S. 191-195.

Prozessionsbaldachine ruhen allgemein auf vier und nicht auf drei Stützen. Dennoch lassen sich einzelne Belege für dreiseitige Baldachine anführen. Insbesondere in der kleinteiligen Scheinarchitektur der Schatzkunst finden sich Beispiele, die an den Marktbrunnen erinnern. So zeigt ein um 1520 entstandenes Sebastiansreliquiar aus dem Besitz Albrechts einen solchen Baldachin, der sogar das Motiv der Putten auf Kugeln in den Ecken aufweist. Das Reliquiar ist heute verloren, aber in einer Zeichnung aus dem Halleschen Heiltum überliefert.[239] Überdies mag eine Illustration aus Colonnas »Hypnerotomachia Poliphili« stilbildend auf die Architektur des Brunnens eingewirkt haben. Einzelne Darstellungen aus dem 1499 gedruckten Buch konnten für die Groteskenornamentik der Pfeiler herangezogen werden.[240]

Der Ansatz, den Oberbau des Brunnens als Baldachin aufzufassen, stellt schließlich einen Bezug zu Rom her. Im Atrium von Alt-St.-Peter gab es einen bronzenen Pinienzapfen, der als Brunnen diente. Dieser aus dem 4. Jahrhundert stammende Brunnen wurde ursprünglich von einem Baldachin aus vier Säulen überfangen. Im 9. Jahrhundert fügte man vier weitere Stützen hinzu, um die Achtseitigkeit des Baptisteriums zu erreichen und den Eindruck einer Kolonnade zu erwecken.[241] Trotz der abweichenden typologischen Einordnung des Brunnens von Alt-St.-Peter – es handelt sich um einen Lauf- und keinen Jochbrunnen – kann man diesen als Vorbild für das Mainzer Beispiel sehen. Die in Rom vorgegebenen drei Stützen pro Seite werden in Mainz auf die drei Ecken des Baldachins übertragen. Eine Erklärung, warum Albrecht sich mit dem Brunnen auf die Ewige Stadt bezieht, läßt sich leicht finden. Noch im Spätmittelalter herrschten zwischen den Bistumsstädten Primatsstreitigkeiten. Den Anspruch als würdige Nachfolgerin Roms zu gelten, versuchte auch Mainz – wie viele andere Städte, insbesondere Trier und Köln – durch verschiedene Schriften und Denkmäler zu untermauern. So erschien 1509 bei Johann Schöffer ein Druck, auf

239 *Halm/Berliner*: Heiltum (wie Anm. 43), S. 50 Nr. 203.

240 *Colonna*: Hypnerotomachia (wie Anm. 73), S. 103. Nicht die Illustration des Drei-Grazien-Brunnens wird in Mainz zitiert, sondern eine florale Festarchitektur. Die für Gartenbrunnen wichtigen Bezüge zum Drei-Grazien-Brunnen können hier nicht ausgeführt werden; vgl. *Roswitha Stewering*: Architektur und Natur in der »Hypnerotomachia Poliphili« (Manutius 1499) und die Zuschreibung des Werkes an Niccolo Lelio Cosmico. Hamburg 1996, S. 205-208.

241 *Schulze*: Brunnen (wie Anm. 218), S. 105-125; zu den Bildquellen, die das Atrium und den Brunnen zeigen, vgl. *Achim Arbeiter*: Alt-St. Peter in Geschichte und Wissenschaft. Abfolge der Bauten, Rekonstruktion, Architekturprogramm. Berlin 1988, S. 70-74, 186-191.

dessen Titelblatt der hl. Martin zu Pferd von der Umschrift »Aurea Maguncia sancte Romane Ecclesie specialis vera filia« gerahmt wird, die bereits das romanische Stadtsiegel von Mainz geziert hat.[242]

Während der Baldachin über dem Pinienbrunnen in Rom auf acht Stützen ruht, entstanden in der zweiten Hälfte des 16. Jahrhunderts eine ganze Reihe von Galgenbrunnen mit vier Stützen, wie beispielsweise die Marktbrunnen von Wittenberg oder Wertheim am Main. Da sich die Konstruktion in Stein mit zwei oder vier Stützen – bedingt durch das Vorhandensein rechter Winkel – weitaus einfacher gestaltet, muß dem Konzept in Mainz ein sehr hoher Anspruch zugemessen werden. Zudem scheint in ihm eine besondere Beachtung der Zahl Drei geschenkt worden zu sein. Neben den drei Pfeilern und drei Seiten des Brunnens sind an jedem Pfeiler drei Seiten mit Bildern geschmückt, und auch in der Bekrönung stehen drei Bischöfe.

Diese besondere Beachtung der Zahl Drei scheint immanent. Im Oberbau läßt sie sich ebenfalls durch die drei Heiligenfiguren von Martin, Bonifaz und Ulrich nachweisen. Zunächst ist nach dem Originalbefund zu fragen: Die zahlreichen Restaurierungsmaßnahmen gebieten Vorsicht bei der Bestimmung dieser Figuren, besonders da sich im Gegensatz zu den Festons und Wappenhaltern keine den Bischofsfiguren zuzuordnenden Fragmente erhalten haben. Selbst wenn es riskant ist, über die Statuen stilkritische Aussagen zu treffen und damit Rückschlüsse auf einen Meister zu ziehen, die Existenz dieser drei Bischöfe ist dennoch wahrscheinlich. Zwar sind alle Figuren erneuert, aber wir wissen, daß die Sandsteinkopien Valentin Barths von Zementskulpturen stammen, die nach Gipsabdrücken von den Originalen gefertigt wurden. Ferner läßt die Zeichnung von de Beyer drei Nischen erkennen. Zwar stammt die erste namentliche Erwähnung dieser drei Bischöfe aus dem Jahre 1814[243], aber es spricht nichts gegen die Annahme, daß sie seit der Entstehungszeit dort angebracht waren.

Zwei Figuren stellen die Bischöfe Martin und Bonifaz dar. Der hl. Martin, Bischof von Tours, ist seit dem 6. Jahrhundert als Patron des Mainzer Doms und damit des Bistums nachweisbar. Der in der Volksfrömmigkeit

242 *Benzing/Presser*: Buchdruck (wie Anm. 137), S. 61 Nr. 13. Zum Stadtsiegel und zur Vorbildfunktion von Rom im Mittelalter vgl. *Bernd Röder*: Romnachfolge und der Streit der drei rheinischen Erzbischöfe um den Primat: Zur Ikonographie und Entstehung des ersten großen Siegels der Stadt Trier, in: Jahrbuch für westdeutsche Landesgeschichte 25, 1999, S. 70-108, hier S. 94-106.

243 Sie findet sich im *Dahl-Manuskript* (wie Anm. 95), welches zwar erst 1831 gedruckt, aber vor 1814, dem Tod Schunks, geschrieben wurde.

populäre Heilige ist zudem spätestens seit der Mitte des 13. Jahrhunderts Stadtpatron von Mainz gewesen.[244] Neben ihm steht Bonifatius als heiliger Mainzer Bischof, der durch seine Christianisierungstätigkeit Germanorum Apostolus genannt wurde und verwaltungstechnisch den Grundstein für die Kirchenprovinz Mainz und das Reichserzkanzleramt legte.[245]

Beide Heilige sind also eng mit Mainz verbunden; ihre Reliquien ruhten im Dom, und sie konnten aufgrund ihrer Politik als Vorbilder für den amtierenden Bischof angesehen werden. Mehrere Darstellungen der beiden populären Heiligen lassen sich daher in Mainz nachweisen, oft gemeinsam. So sind zwei Holzskulpturen von 1520 erhalten, die sich heute neben einem Marienbild, der sogenannten »Schönen Mainzerin«, in einem neugotischen Altar befinden.[246] Beide zusammen stehen auch am Gemmingengrabmal als empfehlende Patrone hinter dem verstorbenen Bischof Uriel. Sowenig überraschend das Erscheinen des Stadt- und Bistumspatrons ist, so bemerkenswert ist hingegen, daß man sich des hl. Ulrich bedient, um die Dreiheit auch in der Bekrönung des Monumentes zu erhalten, handelt es sich hierbei doch um die einzige Figur eines hl. Ulrich in Mainz. Dessen Bezug zu Mainz ist bisher nur unzureichend erklärt worden. Lühmann-Schmid sieht die Figur des hl. Ulrich als Vorbild für Albrecht und zieht die Schlacht auf dem Lechfeld, bei der Ulrich im Jahr 955 Augsburg gegen die Ungarn mitverteidigt hatte, heran. Ihr Tertium Comparationis, die »Verteidigung der Stadt gegen anstürmende, wilde Horden«[247], kann nicht überzeugen, denn Albrecht war weder im April 1525 in Mainz zugegen, noch kann bei dem innerstädtischen Aufruhr von einem Ansturm die Rede sein. Absurd ist die Theorie, Ulrich gäbe einen Hinweis auf die Beziehung Albrechts zu den Fuggern, weil er dort Schulden hätte.[248] Interessant – wenn auch sehr konstruiert – ist Smiths Idee, Ulrich und die städtische Münze in einen direkten

244 *Toni Diederich*: Stadtpatrone an Rhein und Mosel, in: Rheinische Vierteljahrsblätter 58, 1994, S. 25-86, hier S. 47-49.

245 *Franz Falk*: Heiliges Mainz oder die Heiligen und Heiligthümer in Stadt und Bisthum. Mainz 1877; *Friedhelm Jürgensmeier*: Reliquien im Mainzer Dom, in: Ders. (Hrsg.): Bischofskirche (wie Anm. 163), S. 33-57.

246 *Grete Tiemann*: Beiträge zur Geschichte der mittelrheinischen Plastik um 1500. (Veröffentlichungen der pfälzischen Gesellschaft zur Förderung der Wissenschaften, Bd. 10.) Speyer 1930, S. 66-71; *Arens*: Dom (wie Anm. 200), S. 113f.; *Wolf Lücking*: Mathis. Nachforschungen über Grünewald. Berlin 1983, S. 226-237; *Wilhelm Jung*: Der Marienaltar im Mainzer Dom. Eine Stiftung des Bischofs Wilhelm Emmanuel Frhr. von Ketteler zu seinem silbernen Jubiläum, in: Jürgensmeier (Hrsg.): Bischofskirche (wie Anm. 163), S. 73-85.

247 *Lühmann-Schmid*: Marktbrunnen (wie Anm. 15), S. 183.

248 *Roesgen*: Kardinal (wie Anm. 20), S. 230.

Zusammenhang zu rücken, da Ulrich in Augsburg von Otto I. das Markt- und Münzprägerecht erhalten habe.[249]

Keiner der bisherigen Vorschläge kann wirklich überzeugen. Statt dessen lassen sich mehrere Ebenen aufzeigen, die für das Erscheinen eines hl. Ulrich in Mainz sprechen. Grundsätzlich sollte festgehalten werden, daß Ulrich der Schutzpatron aller Quellen und Brunnen ist.[250] Brunnen, die einen hl. Ulrich als Figur zeigen, haben sich jedoch – mit Ausnahme von Mainz – nicht erhalten.[251] Eines der wenigen überlieferten Beispiele befand sich in Augsburg. Da Ulrich dort als Bischof den Märtyrertod starb, ließ man einen Ulrichsbrunnen aufstellen, der nicht mehr existiert, weil die Figur des Heiligen 1537 durch einen Neptun ersetzt wurde.[252] Als Albrecht von Brandenburg 1518 zum Reichstag in Augsburg weilte, stand die Figur des heiligen Bischofs noch an ihrem Platz.

Über die ikonographische Abhängigkeit von Augsburg ließen sich politische Bezüge als Erklärungsmuster heranziehen. Wenn man die Schlacht auf dem Lechfeld anführt, liegt es nahe, diese auf die politische Situation 1526 in Europa zu beziehen. 1529 werden die Türken, aus Ungarn kommend, Wien belagern. Bereits im Jahre 1521 war Belgrad und 1522 Rhodos gefallen. Im Jahr 1526, nach dem Bauernkrieg und der Schlacht von Pavia, kam es in Zentraleuropa zu einem weiteren Gefecht, der Schlacht bei Mohács. Bei dieser kam König Ludwig II. von Ungarn ums Leben, und Ferdinand, Bruder Karls V., rückte mit einem Heer gegen die Türken – die neuen Herren in Ungarn – vor. Wie wohl die meisten europäischen Herrscher war sich auch Albrecht von Brandenburg der Gefahr, die von den Türken für Westeuropa ausging, durchaus bewußt.[253] So ließ er am 3. November 1526 in

249 *Smith*: Sculpture (wie Anm. 42), S. 219.

250 Zur historischen Person Ulrichs und zur Ikonographie des Heiligen vgl. *Peter Rummel*: Ulrich von Augsburg. Bischof, Reichsfürst, Heiliger. 2. Aufl. Augsburg 1993; *Manfred Weitlauff* (Hrsg.): Bischof Ulrich von Augsburg 890-973. Seine Zeit – sein Leben – seine Verehrung. (Jahrbuch des Vereins für Augsburger Bistumsgeschichte, Bd. 26/27.) Weißenhorn 1993.

251 Zu anderen Brunnenheiligen vgl. *Fassl*: Brunnen (wie Anm. 29), S. 117; *Baur*: Brunnen (wie Anm. 18), S. 26-28. Der sogenannte Ulrichsbrunnen in Bietigheim hat seinen Namen vom angeblich dargestellten Stadtherrn Ulrich von Württemberg.

252 Der Streit um die Ersetzung ist hinreichend dokumentiert, zuletzt *Jörg Martin Merz*: Skulptur im öffentlichen Raum. Der Fall Augsburg um 1600, in: Zeitschrift des Deutschen Vereins für Kunstwissenschaft 51, 1997, S. 9-42, hier S. 13f.

253 *Bodo Guthmüller/Wilhelm Kühlmann* (Hrsg.): Europa und die Türken in der Renaissance. (Frühe Neuzeit, Bd. 54.) Tübingen 2000; *Christian Lankes*: Die Türkenzeit, in: Wolfgang Jahn u.a. (Hrsg.): Bayern – Ungarn: tausend Jahre. (Veröffentlichungen zur bayerischen Geschichte und Kultur, Bd. 43.) (Ausstellungskatalog) Augsburg 2001, S. 233-237.

Mainz dem Domkapitel ein Schreiben über die »turkisch tirannisey« vorlesen, und auch das Kapitel zeigte sich empört über den Tod des »um den Christenglaubens willen von den Türken kürzlich erschlagenen Königs von Ungarn«.[254] Die These, Ulrich als Hinweis auf eine Bedrohung durch die Türken zu verstehen, ließe sich dadurch untermauern, daß auch in den Pfeilerspiegeln die Thematik durch die Kriegsgeräte (Krummschwerter und Hellebarden) angedeutet wird.[255]

Zwar ist die Ulrichsfigur als Wasser- und Quellpatron hinreichend erklärt, und sogar der zeitpolitische Bezug ließe sich mit Einschränkungen knüpfen, dennoch bleibt in ikonologischer Hinsicht zu hinterfragen, warum dieser Heilige in Mainz zu finden ist. Daß Ulrich 923 durch den Mainzer Erzbischof Heriger zum Bischof geweiht wurde, kann keine hinreichende Erklärung bieten, besonders da es sich um die einzige Figur dieses Heiligen in der Rheinmetropole handelt und sich im »Bistum Mainz kaum Spuren einer Ulrichsverehrung« finden.[256]

Die bisher angestrebten Verbindungen über Augsburg führen dabei, obwohl das Bistum seit 829 Suffragan von Mainz ist, in eine Sackgasse. Die Diözese Magdeburg stellt hingegen das mitteldeutsche Zentrum einer hoch- und spätmittelalterlichen Verehrung des Heiligen dar. Insbesondere die Stadt Halle an der Saale ist vor diesem Hintergrund wichtig. Hier gab es in der 1120 errichteten Ulrichskirche eine 1428 geweihte, heute verschollene Figur des Heiligen. Das Hallesche Heiltum überliefert »eyn Silbernn Sanct Ulrichs Bilde« mit 15 Reliquienpartikeln, welches der begeisterte Reliquiensammler Albrecht von Brandenburg 1520 in der Schatzkammer des Neuen Stifts aufstellen ließ.[257] Dort befand sich auch ein Reliquiar, »eyn grosser Silberner Sarch« aus der Zeit um 1515, auf dessen Längsseiten Ulrich neben Martin und Mauritius dargestellt war.[258] Die persönliche Frömmigkeit darf man diesbezüglich zwar nicht überbewerten, denn Albrecht von Brandenburg hat jede Art von Reliquien gesammelt. Es ließe sich allerdings die These aufstellen, daß Albrecht in Mainz versucht hat, einen neuen Kult zu

254 *Herrmann*: Protokolle (wie Anm. 105), S. 314f.

255 Zu Beispielen aus der Malerei vgl. *Volkmar Greiselmayer*: Kunst und Geschichte: Die Historienbilder Herzog Wilhelms IV. von Bayern und seiner Gemahlin Jacobäa. Versuch einer Interpretation. Berlin 1996, S. 21-23.

256 *Rummel*: Ulrich (wie Anm. 250), S. 149. Zu einem ähnlichen Ergebnis gelangt *Hans Ammerich*: Ulrichsverehrung in der Pfalz, in: Weitlauff (Hrsg.): Bischof (wie Anm. 250), S. 379-387.

257 *Halm/Berliner*: Heiltum (wie Anm. 43), S. 55 Nr. 251.

258 Ebd., S. 47 Nr. 179.

etablieren, den es vorher am Mittelrhein nicht gegeben hat, den er aber aus seinen mitteldeutschen Erblanden kannte. Hinzu kommt, daß er zu einem Zeitpunkt, da Kanonisationsprozesse allgemein angezweifelt werden, mit Ulrich den ersten durch einen Papst heiliggesprochenen Bischof auswählte.[259]

Darüber hinaus sollte eine Deutung der Bischofsfiguren auf dem Marktbrunnen ebenso Albrecht und sein Amt in Mainz tangieren. Die Präsenz von drei Bischöfen, die zudem als Heilige kanonisiert sind, ist eine deutliche Demonstration der bischöflichen Macht in Mainz. Zudem ist es eine Visualisierung der Kontinuität des Bischofsamtes in der Stadt, die ansonsten durch die Grabdenkmäler der Erzbischöfe versinnbildlicht wird. Seit dem 14. Jahrhundert folgten die Wandgrabmäler im Mainzer Dom einem weitgehend starren Schema aus Standfigur des Bischofs im Architekturrahmen unter einem Baldachin. Das Ergebnis ist eine steingewordene Bischofsreihe im Mittelschiff, deren zentrale Aussage die Amtsmemoria darstellt.[260] Mit dem Gemmingengrabmal waren allerdings auch die Platzressourcen des Mittelschiffs komplett erschöpft. Die Tatsache, daß Albrecht für seinen Vorgänger ein Grabmal errichtet und damit die Reihe geschlossen hat, ist insofern wichtig, als er 1526 nicht beabsichtigte, sich im Mainzer Dom beisetzen zu lassen. Das 1523 begonnene monumentale Bronzegrabmal aus der Vischer-Werkstatt sollte im Neuen Stift zu Halle aufgestellt werden. Erst 1540, nachdem die politischen Gegebenheiten in Halle sich zu seinen Ungunsten entschieden hatten, wählte Albrecht Mainz als seine Begräbnisstätte. Das dort zur Aufstellung gelangte Monument wurde erst posthum durch Dietrich Schro angefertigt und entspricht wieder dem althergebrachten Mainzer Schema. Der Auftraggeber ist unbekannt, wobei Beyer sehr plausibel das Domkapitel nachgewiesen hat.[261] Das Verhältnis des großen Kardinals zur Stadt Mainz war oft gespalten. Albrecht hielt sich weitaus weniger am Rhein auf als in Aschaffenburg oder Halle, seinen bevorzugten

259 *Thomas Wünsch*: Der heilige Bischof – zur politischen Dimension von Heiligkeit im Mittelalter und ihrem Wandel, in: Archiv für Kulturgeschichte 82, 2000, S. 261-302.

260 *Beyer*: Ausdruck (wie Anm. 200), S. 176f.; *Wolfgang Schmid*: Zwischen Amtsmemoria und Landesherrschaft: Die Grabdenkmäler der Mainzer Erzbischöfe in der zweiten Hälfte des 15. Jahrhunderts, in: Gutenberg. Aventur und kunst. Vom Geheimunternehmen zur ersten Medienrevolution. (Ausstellungskatalog) Mainz 2000, S. 466-473.

261 *Beyer*: Ausdruck (wie Anm. 200), S. 187; vgl. zum Grabmal *Kerstin Merkel*: Jenseits-Sicherung. Kardinal Albrecht von Brandenburg und seine Grabdenkmäler. Regensburg 2004, S. 192-199, sowie auch die demnächst erscheinende Dissertation von Ursula B. Thiel: Renaissance in Mainz. Der Bildhauer Dietrich Schro und sein Kreis.

Residenzen, wie sein Itinerar beweist.[262] Dennoch war Mainz als Metropolitansitz eine einflußreiche Pfründe; das opulente Bronzegrabmal hätte er jedoch kaum gegen das Kapitel durchsetzen können.

Inmitten der Planungen für das Grabmalprojekt ließ Albrecht also einen Brunnen errichten, der gespickt ist mit zahlreichen Vanitasanspielungen im Dekor. Die Bezüge zwischen Brunnen und Grabmalsplanung sind noch immanenter, denn mit den drei heiligen Bischöfen in seiner Bekrönung und der exzeptionellen Form übernimmt der Brunnen als Denkmal eine memoriale Ersatzfunktion in der Kathedralstadt, die das Grabmal nicht übernehmen konnte, da es im fernen Halle aufgestellt werden sollte. Somit hatten die drei Bischöfe die Aufgabe, Albrechts Amtsmemoria herauszustellen. Dieser Ansatz läßt sich noch um eine gewichtige Facette erweitern, da Albrecht bekanntlich dreifacher Bischof in einer Person war; neben den Erzbistümern Mainz und Magdeburg stand er als Administrator dem Bistum Halberstadt vor. Die drei heiligen Bischöfe werden somit für Albrecht instrumentalisiert, eine Vorgehensweise, die dem Kunst- und Repräsentationsverständnis des Kardinals entspricht. Dieser ließ sich – insbesondere in den Jahren zwischen 1521 und 1527 – auch als hl. Gregor, hl. Ambrosius, hl. Erasmus, hl. Hieronymus oder eben als hl. Martin darstellen.[263] In der sogenannten Aschaffenburger Altartafel aus der Werkstatt Simon Francks beispielsweise erscheint sein Porträt in der Rolle des hl. Martin, dessen Gewand mit den Wappen Mainz, Magdeburg und Halberstadt bestickt ist.[264]

Die Köpfe der drei Bischofsfiguren wurden zu oft restauriert, um noch Spekulationen über eine ehemals vorhandene Porträtähnlichkeit zu Albrecht von Brandenburg anstellen zu können; solche detaillierten Bezüge sind allerdings auch nicht notwendig, läßt sich doch der Konnex über die drei Bistümer und damit über die Dreizahl ausreichend herstellen, womit sich der Kreis zur Zahlensymbolik schließt. Daß die Zahl Drei nicht nur für das Monument formbestimmend geworden ist, sondern im Selbstverständnis Albrechts eine besondere Rolle spielte, belegen andere Beispiele, wie das durch ihn initiierte Grabmal für Uriel von Gemmingen. Es zeigt mit Martin, Bonifaz und Uriel drei Bischöfe und an beiden Pilastern je drei Sockel-

262 *Walter G. Rödel*: Mainz als kurfürstliche Residenzstadt im 16. und 17. Jahrhundert, in: Hartmann (Hrsg.): Kurmainz (wie Anm. 46), S. 223-237, hier S. 236.

263 *Reber*: Bildnisse (wie Anm. 139), S. 90-94; *Temme*: Bildnisgebrauch (wie Anm. 41), S. 93-96, 119-125.

264 *Reber*: Albrecht (wie Anm. 20), Kat.-Nr. 80; *Tacke*: Heiliggrabkirche (wie Anm. 41), S. 202-205; *Ders.*: Cranach (wie Anm. 41), S. 41-70; *Temme*: Bildnisgebrauch (wie Anm. 41), Nr. 15.

nischen, deren Figuren leider fehlen. Ohne die Zahlenmystik allzusehr bemühen zu müssen – schließlich ist die Zahl Drei vielfach interpretierbar –, gilt sie allgemein, im Gegensatz zur weltlichen Zahl Vier, als eine göttliche Zahl und wird als eine Zahl der gottgewollten Ordnung angesehen.[265] Diese Gesetzmäßigkeit versinnbildlicht der Brunnen im ganzen. Es ist dies ein Schema, welches Albrecht sicherlich aus dem Mainzer Suffragan Erfurt kannte, wo der trianguläre Portalvorbau des 14. Jahrhunderts eine ähnliche Konzeption darstellt. Bezüge der Zahl Drei zum Papsttum, wie sie Perrig am Beispiel von Dürers Apokalypse vorschlägt[266], müssen in Mainz nicht gegeben sein, stehen aber auch nicht im Widerspruch zur hier angestrebten Deutung. Eine mögliche Sinnverbindung bietet sich über die Benediktionsloggia von San Giovanni in Laterano – die dem Papst vorbehaltene Außenkanzel – an, denn auch diese ruhte auf drei Säulen.[267]

Der Marktbrunnen ist zusammenfassend gesehen ein multifunktionales Denkmal, welches weit über die einfache Aufgabenstellung der Wasserversorgung hinausgeht. Bezüglich seiner Ausrichtung als Denkmal dient das Monument primär dazu, seines Stifters Albrecht von Brandenburg zu gedenken, wobei sich einzelne Aspekte herauskristallisieren lassen. Die Herausstellung der Multifunktionalität ist somit mehr als nur kunsthistorische Hermeneutik, denn der Brunnen beansprucht mehrere Sinnebenen, die verschiedentlich interpretiert werden müssen. Die allgemein angeführte Funktion des Brunnens als Erinnerungsmal für die historischen Ereignisse der Schlacht bei Pavia und den Bauernkrieg ist am Monument anhand der Inschriften ablesbar. Diese politische Komponente dient jedoch zunächst nur einer historisch-zeitlichen Einordnung der Stiftung. Die Interpretation auf das Siegesdenkmal für den Bauernkrieg zu reduzieren ist sicherlich zu eindimensional gedacht. Ein Großteil der Bilder an den Pfeilern kann dem Sinnzusammenhang Virtus, Victoria und Vanitas zugeordnet werden, und

265 *Heinz Meyer/Rudolf Suntrup*: Lexikon der mittelalterlichen Zahlenbedeutung. (Münstersche Mittelalter-Schriften, Bd. 56.) München 1987, Sp. 214-331; *Paul von Naredi-Rainer*: Architektur und Harmonie. Zahl, Maß und Proportion in der abendländischen Baukunst. Köln 1982, S. 42.

266 *Alexander Perrig*: Albrecht Dürer oder Die Heimlichkeit der deutschen Ketzerei. Weinheim 1987, S. 33.

267 Zum formalen Motiv der Dreiecksvorhalle in Erfurt und Regensburg und ihrem Vorbild auf dem Lateran vgl. *Friedrich Fuchs*: Zur Funktions- und Bedeutungsgeschichte des Domportals, in: Turm – Fassade – Portal. Colloquium zur Bauforschung, Kunstwissenschaft und Denkmalpflege an den Domen von Wien, Prag und Regensburg. Regensburg 2001, S. 33-36.

ebenso darf man das gesamte Erscheinungsbild in diesen Kontext einsortieren. Der Brunnen ist ein Hoheitszeichen in der Stadt und Teil eines städtebaulichen Konzeptes, welches neben dem Marktbrunnen und dem Gadenbrunnen auch die ehemalige Münze als neues Rathaus sowie die Pflasterung des Platzes vereinnahmt. Die außergewöhnliche Form hat ihren Ursprung in der Würdeformel des Baldachins, der in Mainz in das beständige Material Stein übertragen wurde. Darüber hinaus lassen sich Bezüge zum Brunnen im Atrium von St. Peter ziehen. Die dreieckige Grundstruktur läßt sich zudem aus der kleinteiligen Scheinarchitektur der Schatzkunst oder graphischen Vorlagen herleiten und dient in ihrer Überhöhung ebenfalls der Monumentalisierung des Brunnens.

Besonderes Augenmerk verdient die Ikonologie der Brunnenbekrönung, die eine äußerst differenzierte Programmatik aufweist. Die drei in der Bekrönung stehenden Bischofsfiguren lassen das Monument zu einem Denkmal für die Bischofsmacht in Mainz werden. Albrecht von Brandenburg hat als Stifter mit dem hl. Ulrich einen Heiligen ausgewählt, der die Vielschichtigkeit des Programms in sich vereint. Neben seiner Funktion als Brunnenheiliger kann er als Türkenkrieger oder als persönlicher Patron Albrechts aufgefaßt werden. Mit den beiden anderen Bischöfen Martin und Bonifaz bildet er einen Dreiklang, dessen zentrale Aussage die Kontinuität des Bischofsamtes in Mainz darstellt. Daß Albrecht sein Grabmal während der Errichtung des Brunnens in Halle plante, macht den Brunnen zu einem Ersatzmonument für den Nachruhm des Erzbischofs, dessen Grabdenkmal ursprünglich nicht in Mainz zur Aufstellung gelangen sollte.

Letzten Endes ist der Brunnen ein Sinnbild für das Funktionieren der stadtherrlichen Ordnung, der Beweis, daß auf einer höheren Ebene die landesherrliche Gewalt ungestört weiter existiert. Die verschiedenen Zweige der Kommunalverwaltung sind Teil dieser Gesetzmäßigkeit, die sich ebenso in der Heraldik nachweisen läßt. Stadt und Domkapitel, beide durch Wappen am Brunnen vertreten, sind ein Baustein des herrschaftlichen Ordnungsgefüges, an dessen Spitze – am Brunnen wie im politischen System – das zeitlose Amt des Erzbischofs steht.

V. Die Meisterfrage

Die Individualsicherung blieb für die Forschung anfangs uninteressant. Der erste Forscher, der überhaupt die Frage nach dem Meister des Marktbrunnens stellte, war Manefeld im Jahre 1890. Er erkannte Ähnlichkeiten in den Grotesken mit Zeichnungen Albrecht Dürers, schloß diesen allerdings aus und vermutete dessen Werkstattmitarbeiter Hans Baldung Grien als Meister. Schneider widersprach ihm nur einen Monat später und gelangte in seiner Analyse zu dem Schluß, daß im Stil der Arabesken und in der Formensprache der Nürnberger Peter Flötner zu erkennen sei.[268] Schneider wähnte sowohl vergleichbare signierte Zeichnungen als auch die Vielseitigkeit Flötners als Beleg für dessen Autorschaft. In dem am Brunnen auftretenden Handwerkszeug sah er eine Meistermarke und gestand Flötner den Entwurf zu, nicht aber die Ausführung.

Durch die Zuschreibung war der Grundstein gelegt, der eine Reihe von Thesen unterstützte und teilweise erst ermöglichte, wie die frühe Tätigkeit von Flötner für Albrecht von Brandenburg in Mainz und Halle. Eine Italienreise wurde vorrausgesetzt, und der Beweis für frühe plastische Ausbildung des Holzschneiders sowie die Genialität im jugendlichen Alter schien erbracht.[269] Selbst andere genuin Mainzer Skulpturen, wie das Grabmal für Albrecht von Brandenburg, das Dietrich Schro geschaffen hat, wurden durch Lange zumindest im Entwurf Flötner zugedacht. Dieser hatte 1897 die Argumentation und Zuschreibung von Schneider übernommen, und ebenso wie jener glaubte er an eine Konzeption in Nürnberg und an eine Durchführung durch einen Mainzer Bildhauer.[270]

Dennoch gab es Zweifel an der Autorschaft des Nürnbergers. Sponsel nahm schon 1924 an, daß der Marktbrunnen »ein Erzeugnis der Mainzer Renaissance« sei.[271] Hinter dem Meister, den er nicht benennen konnte, vermutete er einen am Gemmingenepitaph beteiligten Künstler und mutmaßte, daß dieser nach seiner Tätigkeit am Marktbrunnen Mainz verlassen habe. Kahle verfolgte die Ideen von Sponsel weiter und verband sie mit der fundamentalen Arbeit von Kautzsch über die Backoffenschule.[272] Auch sie vermutete im Meister des Marktbrunnens einen Schüler des Hans Backoffen und schloß Peter Flötner aus. Das Argument der Qualität, welches schon Schneider und Lange anführten, um die Arbeit einem Gesellen zuzu-

268 *Manefeld*: Marktbrunnen (wie Anm. 6), Sp. 4; *Schneider*: Urheber (wie Anm. 7), Sp. 6.

269 Zu diesen und anderen Mythen sowie deren Ende vgl. *Barbara Dienst*: Der Kosmos des Peter Flötner. Eine Bildwelt der Renaissance in Deutschland. (Kunstwissenschaftliche Studien, Bd. 90.) Berlin 2002, S. 10-21.

270 *Lange*: Flötner (wie Anm. 8), S. 83; ihm folgen *Haupt*: Baukunst (wie Anm. 11), S. 267, und *Falke*: Flötner (wie Anm. 8), S. 126.

271 *Sponsel*: Flötner-Studien (wie Anm. 12), S. 132.

272 *Kahle*: Studien (wie Anm. 12), S. 48; *Paul Kautzsch*: Der Mainzer Bildhauer Hans Backoffen und seine Schule. Leipzig 1911.

schreiben, benutzt auch sie, jedoch im Hinblick auf Kautzschs »Meister von Halle«, der 1526 dort nachweisbar ist und somit nach ihrer Meinung nicht direkt am Marktbrunnen tätig gewesen sein könne.

Ebenso bezweifelte Arens, daß Flötner der Schöpfer des Brunnens sei. Er hielt einen Mainzer für wahrscheinlicher und sah es als erwiesen an, daß es sich um einen Backoffenschüler handele. Die Mainzer Forschung folgte dieser Ansicht, während die Flötnerexperten ihrerseits an einer Tätigkeit Flötners in Mainz festhielten.[273] Zu Beginn der 1970er Jahre konnte die Arens-Schülerin Lühmann-Schmid durch mehrere Indizien den Brunnen dem Mainzer Bildhauer Peter Schro zuschreiben. Es gelang ihr damit, die von Kahle erkannten Beziehungen zwischen Skulpturen in Mainz und Halle zu vertiefen, urkundlich abzusichern und einen bisher namenlosen Schüler des Bildhauers Hans Backoffen eindeutig zu benennen. Diesen Peter Schro charakterisiert sie als Hofkünstler in Diensten Albrechts von Brandenburg, der die repräsentativen Bildhauerarbeiten übernommen und darüber hinaus für den mittelrheinischen Adel gearbeitet hätte.[274] Obwohl sie die Rolle von Schro wohl ein wenig überschätzt, wurde ihre Zuschreibung des Marktbrunnens an ihn seither nicht mehr ernsthaft in Frage gestellt, von der Forschung lediglich nicht immer zur Kenntnis genommen.[275] Grundsätzlich stimmt auch Smith ihr in seinem Kompendium zu, gibt allerdings zu bedenken: »... her hypothesis is based mainly upon stylistic comparisons with three signed but relatively minor monuments. A solid corpus of sculptures by one artist exists, but the question remains, wether this artist can be identified as Schro.«[276] Eingeschränkte Zustimmung erhält die Zuschreibung an Schro durch Reber. Er sieht die Ausführung durch Peter Schro als erwiesen an, läßt die Frage, wer den Entwurf geliefert hat, allerdings offen. Vom ikonographischen Programm nimmt er an, es sei »gemeinsam erdacht«.[277] Von der Flötnerforschung kommt bezüglich des Streits um die Meisterfrage kein Veto mehr; Angerer beschäftigt sich in

273 *Arens*: Mainz (wie Anm. 13), S. 220; ihm folgt z.B. *Jung*: Mainz (wie Anm. 13), S. 18; dagegen hält z.B. *Schadendorf*: Spielkarten (wie Anm. 14), S. 160.

274 *Lühmann-Schmid*: Schro (wie Anm. 16), S. 6-8.

275 So bei *Hans-Joachim Kadatz*: Deutsche Renaissancebaukunst. Von der frühbürgerlichen Revolution bis zum Ausgang des Dreißigjährigen Krieges. Berlin 1983, S. 415; *Baur*: Brunnen (wie Anm. 18), S. 77; *Siegrid Schlieper*: Darstellungen von Säulengliedern in Druckgraphiken, in: Hubertus Günther (Hrsg.): Deutsche Architekturtheorie zwischen Gotik und Renaissance. Darmstadt 1988, S. 108-139, hier S. 118.

276 *Smith*: Sculpture (wie Anm. 42), S. 397.

277 *Reber*: Albrecht (wie Anm. 20), Kat.-Nr. 4; *Ders.*: Kunst (wie Anm. 19), S. 1102.

seiner Dissertation nur mit gesicherten Entwürfen und geht – wie Bräutigam – nicht auf den Marktbrunnen ein.[278] In den neueren Publikationen ist der Mainzer Marktbrunnen aus dem Flötnerschen Œuvre gestrichen.[279]

In Anbetracht der Tatsache, daß Lühmann-Schmids Neuzuschreibung des Marktbrunnens an Peter Schro selten hinterfragt wird, obwohl die Debatte lange Jahre kontrovers diskutiert wurde, liegt es nahe, ihre Thesen und Argumente kritisch zu reflektieren. Grundsätzlich ist ihr zunächst zuzustimmen, wenn es darum geht, eine Urheberschaft Flötners zu entkräften. Ihre Argumentation, die gekreuzten Berufsattribute Klöppel und Balleisen seien zu unspezifisch, um allein für Flötner sprechen zu können, überzeugt ebenso wie die Herleitung verschiedener Dekorationsmotive aus dem Gemmingenepitaph.[280] Weitere Argumente lassen sich hinzufügen: Flötner versah seine Entwürfe mit Signatur und die Brunnen, für die ein Entwurf Flötners gesichert ist, haben nichts mit dem Mainzer Marktbrunnen gemein. Es handelt sich immer um Laufbrunnen, die meist eine mythologische Figur zeigen. Auch das Material spricht gegen Flötner, der vorzugsweise für Ausführungen in Bronze oder Holz entwarf. Die Architektur des Brunnens macht jedoch eine Umsetzung in Stein bereits im frühen Planungsstadium höchst wahrscheinlich. Schließlich sind die Grotesken und Ornamente des Brunnens in Buchdruck und Buchmalerei als auch an erhaltenen Denkmälern in Mainz vor 1526 nachweisbar, so daß eine Exportlieferung weder im Entwurf noch realiter angenommen werden muß.

Demgegenüber ist die Zuschreibung an Peter Schro mit einigen Unwägbarkeiten verbunden. Da nur drei signierte Werke Schros nachweisbar sind und die Bekrönung eine für den Stilvergleich wenig brauchbare Kopie darstellt, läßt sich die stilkritische Gegenüberstellung kaum belegen. Das Hauptaugenmerk gilt dabei dem mit P.S. signierten Epitaph für Walter von Reiffenberg in Kronberg.[281] Die drei Punkte, die Lühmann-Schmid als vergleichbare Gestaltungsmuster anführt, können dabei nicht überzeugen. Weder ist die Annahme, daß die Konsolsteine des Brunnens an die Gesims-

278 *Martin Angerer*: Studien zu Peter Flötner. Peter Flötners Entwürfe. Beiträge zum Ornament und Kunsthandwerk in Nürnberg in der 1. Hälfte des 16. Jahrhunderts. Diss. phil. München 1983; *Günther Bräutigam*: Der Nürnberger Apollo-Brunnen von 1532, in: Städel-Jahrbuch 11, 1987, S. 205-224.

279 *Klaus Pechstein*: Peter Flötner, in: Fränkische Lebensbilder 11, 1984, S. 91-100; *Dienst*: Flötner (wie Anm. 269), S. 527.

280 *Lühmann-Schmid*: Schro (wie Anm. 16), S. 66.

281 *Kautzsch*: Bildhauer (wie Anm. 272), S. 44-46; *Lühmann-Schmid*: Schro (wie Anm. 16), S. 9; *Goeltzer*: Backoffen (wie Anm. 17), Bd. 1, S. 65-67.

stücke am Rand des Reiffenbergepitaphs anknüpfen, glaubhaft, noch existiert eine ähnliche Physiognomie zwischen den Köpfen der Relieffiguren des Brunnens und dem Porträt Reiffenbergs. Andere Anmerkungen, wie eine an den Gesichtern erkennbare »Kopftypik Schros«, bestehend aus »wulstig vortretenden und zusammengezogenen Augenbrauen«[282], sind kaum nachvollziehbar oder schlichtweg falsch. Selbst der Vergleich mit den nicht signierten Werken Schros hält nicht immer einer Überprüfung stand.

Einzig die Tatsache, daß Schro 1522-26 in Diensten Albrechts von Brandenburg war und Zahlungen an ihn für diese Jahre belegt sind, erhärtet ihre These, auch wenn die Besoldung sich auf seine Tätigkeit in Halle bezieht.[283] Kahles Argument, daß der Meister von Halle (also Peter Schro) 1526 nicht sowohl in Mainz wie auch in Halle tätig gewesen sein könne, ist hinfällig, da die Mobilität in der Frühen Neuzeit durchaus sehr hoch war und Schros vierjährige Tätigkeit ohnehin sicherlich mehrere Reisen erforderte.[284] Zudem gab es genügend reisende Künstler mit einer hohen Mobilität, die besonders im frühen 16. Jahrhundert zunahm, da viele Bildschnitzer aufgrund der sich ausbreitenden Reformation arbeitslos geworden waren und in den katholisch gebliebenen Gebieten neue Auftraggeber suchten.[285] Ebenso ist der qualitativ wertende Ansatz, der Marktbrunnen sei wegen seiner schlechteren Qualität von einem Gesellen ausgeführt worden, wenig erfolgversprechend, denn der Marktbrunnen ist im Gegensatz zu den Hallenser Figuren im Freien aufgestellt und hatte zahllose Restaurierungen über sich ergehen zu lassen. Die Fragmente, die noch im Original erhalten sind, lassen zudem einen Meister erkennen, der durchaus versiert in der Steinbehandlung war.

282 *Lühmann-Schmid*: Schro (wie Anm. 16), S. 67.

283 Trotzdem ist er zweifelsfrei in den Mainzer Quellen nachzuweisen; vgl. *Schrohe*: Aufsätze (wie Anm. 165), S. 79; *Herrmann*: Quellen (wie Anm. 62), S. 107.

284 Nach der Rechnung von Scholz benötigte Albrecht elf Tage für die Strecke von Mainz nach Halle. Da der Kardinal mit einem großen Gefolge reiste und sich zudem an mehreren Punkten aufhielt, darf man für einen Bildhauer eine noch kürzere Reisedauer annehmen. Vgl. *Scholz*: Residenz (wie Anm. 43), S. 301-306; allgemein zur Mobilität von Künstlern *Barbara Schock-Werner*: Baumeisterwanderung. Travelling Master Builders, in: Daidalos 54, 1994, S. 76-83, sowie *Andreas Tacke*: »Centrum Europae«! Fragen zu Auswirkungen frühneuzeitlicher Kongreß- und Itinerarorte auf Kunst, Architektur und Kunsthandwerk. In: Anzeiger des Germanischen Nationalmuseums 2002 [Symposionsbericht »›Quasi Centrum Europae‹, Nürnberger Kunst und Kunsthandwerk und ihre europäischen Kunden 1400-1800«; Germanisches Nationalmuseum; Nürnberg 4.-6. Oktober 2000; hrsg. von Hermann Maué], S. 112-127.

285 *Michael Baxandall*: Die Kunst der Bildschnitzer. Tilman Riemenschneider, Veit Stoß und ihre Zeitgenossen. 2. Aufl. München 1985, S. 87f.

Das Problem liegt wohl eher in der Fragestellung, ob man anhand der spärlich original erhaltenen Substanz am Marktbrunnen diesen überhaupt einem bestimmten Künstler zuschreiben kann oder ob man von der Existenz eines übergeordneten Zeitstils und unterschiedlicher Stillagen ausgehen muß, was zusammen mit dem Fehlen von schriftlichen Quellen eine Zuschreibung beinahe unmöglich macht. Erschwerend kommt die Streitfrage eines Künstlermythos namens Hans Backoffen und seiner Schule hinzu. Mit dessen Tod 1519 verliert die Kunstforschung die übergeordnete Künstlerpersönlichkeit am Mittelrhein zu Beginn des 16. Jahrhunderts. Historiographisch betrachtet wurde ihm in Ermangelung anderer Namen vieles zugeschrieben, wenn es im Ansatz vergleichbar erschien. So sah Kautzsch noch ein immenses Werkverzeichnis als verbindlich für Backoffen an, das beliebig erweitert wurde.[286] Lühmann-Schmid reduzierte diesen Vorrat erheblich, und von den verbliebenen Werken hat Goeltzer wiederum einen weiteren Großteil aberkannt. Einige seiner Zuschreibungen an Peter Schro, beispielsweise das Gemmingenepitaph, sind zumindest hinterfragt worden.[287] Für neuerlichen Diskussionsstoff dürfte Wilhelmys Essay sorgen, der die historische Person Hans Backoffen akzeptiert, dessen Œuvre aber fast völlig verschwinden läßt.[288]

Goeltzers Abhandlung klammert die sogenannte Backoffenschule und damit den Meister des Marktbrunnens aus, dennoch hat seine Neuzuschreibung sicher geglaubter Backoffenwerke an Schro weitreichende Konsequenzen. So ist ein Großteil des ehemals unüberschaubaren Œuvres des Hans Backoffen annähernd nahtlos in das des Peter Schro übergegangen, und viele ehemals anonyme Schüler werden mit Schro identifiziert. Gerade das Problem von Schule und Nachfolge des Hans Backoffen ist dabei nicht neu. Ausgehend vom urkundlich gesicherten Todesdatum 1519 hat man die Bildhauerarbeiten der folgenden Dekade seinen Schülern zugeordnet, selbst wenn Signaturen oder Verträge dort ebenfalls selten zu finden sind. Abgesehen von angeblichen Schülern aus dem Pfälzer Raum, dem Untermaingebiet oder der Heidelberger Gegend, deren Bezug zu Backoffen nicht nachvollziehbar ist, läßt sich im Raum Oppenheim ein Schüler nachweisen,

286 So z.B. von *Aloys Schmidt*: Unbekannte Werke Hans Backoffens, in: Trierer Zeitschrift 13, 1938, S. 137-148.

287 Hauptsächlich von *Beyer*: Ausdruck (wie Anm. 200), S. 184 und *Reber*: Begegnung (wie Anm. 41), S. 291 Anm. 52.

288 *Winfried Wilhelmy*: Ein Künstler ohne Werk, ein Werk ohne Künstler: Hans Backoffen und der heilige Abt des Frankfurter Liebighauses, in: Valentina Torri (Hrsg.): Der heilige Abt. Eine spätgotische Holzskulptur im Liebighaus. Berlin 2001, S. 103-111.

ein Monogrammist LS, welcher versuchsweise mit Lienhard Seyfer identifiziert wurde.[289]

Im Gegensatz zu den eher spekulativen Nachfolgern läßt sich mit Jakob Kerre, dessen einziges signiertes Werk das Grabmal für Johann I. in Simmern darstellt, ein Schüler namentlich fassen und sicher in das Erzbistum Trier verorten. Dort, in den Städten Trier, wo Kerre unter Umständen am Grabaltar für Richard von Greiffenklau mitgearbeitet hat, und Koblenz, wo er mehrfach nachweisbar ist, dürfte sein Wirkungskreis gelegen haben.[290]

Ebenso wird sich Peter Schro auf das Erzbistum Mainz spezialisiert haben. Dennoch sind die ihm inzwischen zugeschriebenen Werke zu zahlreich, um einen alleinigen Meister anzunehmen. Eine solche Annahme würde zudem der spätmittelalterlichen Werkstattpraxis widersprechen.[291] Ein Beispiel aus dem Werk Schros hat eine besonders hohe Affinität zum Marktbrunnen, die sogenannte Hattstein-Pieta aus dem Mainzer Domkreuzgang.[292] Johann von Hattstein, Domherr in Mainz und »magister fabricae«, starb 1518, das gemäß der Inschrift »von seinen überlebenden Freunden gestiftete« Epitaph wird auf 1522 datiert. Die Bezüge zum Marktbrunnen lassen sich auf mehreren Ebenen anführen. Der gesamte Aufbau ist vergleichbar, denn in beiden Fällen handelt es sich um die Verbindung von klassischer Architektur und schwebendem, bekrönendem Dekor. Auch stilistische Details, wie die Konsolsteine der Pieta und die des Brunnens, sind ähnlich ausgeprägt. Schließlich sind die an den Ecken eingerollten Wappenschilde und einzelne Schmuckfriese an beiden Monumenten identisch. Die Beschreibung der Pfeiler des Marktbrunnens hat gezeigt, daß

289 *Kahle*: Studien (wie Anm. 12), S. 32-46; zur Identifizierung *Lühmann-Schmid*: Schro (wie Anm. 16), S. 6.

290 *Markus Gross-Morgen*: Die Skulpturengruppen des Grabdenkmals. Versuch einer stilanalytischen und kunstgeographischen Einordnung der Bildwerke, in: Seewaldt (Hrsg.): Grabdenkmal (wie Anm. 74), S. 89-116; *Stefan Heinz/Wolfgang Schmid*: Grab und Dynastie. Zur Bildhauerei der Renaissance in geistlichen und weltlichen Residenzen an Mittelrhein, Saar und Mosel, in: Wallraf-Richartz-Jahrbuch 63, 2002, S. 159-196.

291 Zum spätmittelalterlichen Werkstattbetrieb immer noch grundlegend: *Hans Huth*: Künstler und Werkstatt der Spätgotik. 2. Aufl. Darmstadt 1967, S. 31-54; für den Mittelrhein *Tiemann*: Beiträge (wie Anm. 246), S. 14-26; *Iris Kalden*: Tilman Riemenschneider – Werkstattleiter in Würzburg. Beiträge zur Organisation einer Bildschnitzer- und Steinbildhauerwerkstatt im ausgehenden Mittelalter. (Wissenschaftliche Beiträge aus europäischen Hochschulen, Bd. 9,2.) Ammersbek bei Hamburg 1990, S. 45-64.

292 *Kautzsch*: Bildhauer (wie Anm. 272), S. 58-61; *Lühmann-Schmid*: Schro (wie Anm. 16), S. 45-48; *Arens*: Dom (wie Anm. 200), S. 156f.; *Arens*: Inschriften bis 1650 (wie Anm. 13), S. 165 Nr. 319.

diese nicht alle gleichartig ausgeführt sind. Zwei Pfeilerspiegel sind etwas feingliedriger gearbeitet und besitzen eine weitaus graphischere Tendenz. Sie weisen genau darin deutliche Bezüge zu den filigranen Füllungen der Rahmen an der Hattstein-Pieta auf.

Geht man davon aus, daß der Name Peter Schro für ein ganzes Atelier steht, so kann man annehmen, daß der Brunnen in dieser Werkstatt entstanden ist. Die Ähnlichkeit zwischen Marktbrunnen und Hattsteinepitaph sowie die Affinität von beiden zum Gemmingengrabmal lassen den Meister in die Backoffennachfolge treten. Den Schüler namentlich zu benennen ist nahezu unmöglich, denn die archivalischen Nachrichten über Mainzer Steinmetze und Bildhauer sind »außerordentlich spärlich und stehen in keinem Verhältnis zu den reichen Überlieferungen über Goldschmiede und Seidensticker«.[293] Dies ist auch nicht notwendig, bleibt man beim Bild der Werkstatt und der Idee von unterschiedlichen Stillagen.

Eine zusammenfassende Beantwortung der unumgänglichen Frage nach dem ausführenden Meister gestaltet sich als ausgesprochen diffizil. Einerseits ist kaum ausreichende originale Bausubstanz zu finden, um sicher stilkritisch argumentieren zu können. Andererseits geben weder die Inschriften noch die Symbole am Brunnen einen unzweideutigen Hinweis auf den Künstler, so daß heute konstatiert werden kann, was Manefeld schon 1890 festgehalten hatte: Nur ein Archivfund könnte vollständige Klarheit schaffen.[294]

So bleibt ein Entwurf Flötners eine Vermutung mit wenig Beweiskraft, die nicht vollständig zu widerlegen ist, auch wenn erhebliche Argumente dagegen sprechen. Die ornamentale Gestaltung der Pfeilerspiegel und deren Motive sind weitgehend einem aus graphischen Vorlagen übernommenen Zeitstil unterworfen, der das Vorbild Nürnberg nicht notwendig macht und schon gar keine Italienreise voraussetzt. Im Jahre 1526 sind die am Marktbrunnen erscheinenden ornamentalen Grotesken nördlich der Alpen bereits weit verbreitet. Die Werkstätten der Buchmalerei von Trier bis Nürnberg

293 *Tiemann*: Beiträge (wie Anm. 246), S. 21. Trotz der grundsätzlich richtigen Einschätzung Tiemanns – nur ein Bildhauer (Peter Schro) wird in den Steuerlisten der Goldschmiedezunft von 1541 genannt – lassen sich in der Zimmerleutezunft immerhin 11 verschiedene Steinmetze benennen; vgl. *Herrmann*: Quellen (wie Anm. 62), S. 105-107.

294 *Manefeld*: Marktbrunnen (wie Anm. 6), Sp. 3. Im Zuge der vorliegenden Ausarbeitung wurde gezielt in den Archiven von Mainz (Stadtarchiv sowie Dom- und Diözesanarchiv) und Würzburg (Bayerisches Staatsarchiv) nach einem Hinweis in dieser Frage gesucht, eine Antwort wurde jedoch nicht gefunden.

arbeiten bereits kurz nach 1500 mit groteskem Randschmuck.[295] Musterbücher, Vorlagenblätter und nicht zuletzt Titeleinfassungen und Rahmenleisten für Bücher dürften in der Stadt, in welcher der Buchdruck erfunden worden ist und wo sich eines der Zentren der Buchkultur sowie des Druckergewerbes befand, keine Seltenheit gewesen sein. Die Vermutung Kaisers, die Ornamentik am Mittelrhein richte sich ausschließlich nach Augsburg, ist bereits mehrfach widerlegt worden[296], und auch Sponsels These ist hinfällig, aufgrund motivischer Affinität zwischen der Kartause von Pavia und dem Marktbrunnen einen Kunsttransfer über den Gotthard an den Mittelrhein anzunehmen.[297] Im Zeitalter der ersten Medienrevolution muß Italien schon lange nicht mehr als direktes Vorbild dienen. Für die Portale des 16. Jahrhunderts in Sachsen und Thüringen hat Hildebrand die Vorlagen aus dem Buchdruck teilweise sogar benennen können.[298]

Gegen die Mitarbeit Flötners spricht auch die Existenz einer funktionierenden Werkstattlandschaft am Mittelrhein. Ateliers, die in der Lage gewesen wären, diese Aufgabe zu bewältigen, muß es folglich genug gegeben haben. Die Meisterdebatte sollte daher sehr differenziert betrachtet werden und rechtfertigt nur eine unspezifische Zuschreibung. Es bleibt festzuhalten, daß der Brunnen sicherlich von einem Mainzer Atelier ausgeführt wurde und der gesamte Entwurf wohl ebenfalls aus Mainz stammte. Das verwendete Material (roter Odenwalder Sandstein) spricht dafür, ebenso wie verschiedene Details, besonders innerhalb der Architekturgestaltung, wie die seitlich herausragenden Konsolsteine, die mit den Konsolen der Hattstein-Pieta fast identisch sind. Aufgrund des Stilvergleichs, stärker aber wegen der Entstehungszeit, darf angenommen werden, daß es sich um eine Werkstatt handelt, die in der Nachfolge Hans Backoffens steht. Ob es sich um Peter Schro handelt, ist jedoch keineswegs erwiesen; bedenkt man die zahlreichen Unterschiede zwischen dem Reiffenbergepitaph und dem Marktbrunnen,

295 *Alois Thomas*: Die illuminierten Gradualien des 15. und 16. Jahrhunderts im Bistumsarchiv Trier, in: Mainzer Zeitschrift 67/68, 1972/73, S. 179-187; *Biermann*: Miniaturhandschriften (wie Anm. 138), S. 179-240; zuletzt allgemein *Merkl*: Buchmalerei (wie Anm. 138).

296 *Ute-Nortrud Kaiser*: Der skulptierte Altar der Frührenaissance in Deutschland. 2 Bde., Frankfurt a.M. 1978, S. 55; den Gegenbeweis führte zuletzt *Baer-Schneider*: Italien (wie Anm. 74), S. 86.

297 *Sponsel*: Flötner-Studien (wie Anm. 12), S. 143f.

298 *Arnold Hildebrand*: Sächsische Renaissanceportale und die Bedeutung der hallischen Renaissance für Sachsen. (Studien zur thüringisch-sächsischen Kunstgeschichte, Bd. 2.) Halle (Saale) 1914, S. 86-92.

so erscheint eine Tätigkeit Schros sogar eher unwahrscheinlich. Schließlich gilt es die spätmittelalterliche Werkstattpraxis zu bedenken. Der Brunnen ist aus vielen Teilbereichen zusammengesetzt, in denen Spezialisten gefragt waren. Die annähernd freiplastischen Nischenfiguren dürften einen anderen Bildhauer beschäftigt haben als der architektonische Aufbau oder die Dekorationen in den Pfeilerfüllungen. Selbst an letzteren lassen sich mehrere Hände nachweisen.

In der bisherigen Forschung unberücksichtigt blieb die Beteiligung eines in der Wasserkunst ausgebildeten Handwerkers. Als 1510 der Brunnen auf Burg Klopp bei Bingen, die Eigentum des Mainzer Domkapitels war, Schäden zeigte, sollte von einem Meister Mathis begutachtet werden, ob eine Reparatur nicht zu »unnutzigen costen furen« würde.[299] Im Jahre 1517 errichtete er in Aschaffenburg den sogenannten Stifts- oder Pilgerbrunnen, dessen Kosten in Höhe von 395 Gulden zu einem Drittel von Albrecht von Brandenburg mitgetragen wurden.[300] Dieser Meister Mathis, der mit Matthias Grünewald gleichgesetzt wird[301], ist zwar wohl kaum der Schöpfer des Marktbrunnens in Mainz, denn der einfache Ziehbrunnen auf dem Marktplatz stellte keine allzu hohe technische Anforderung dar. Dennoch hat sicherlich ein in der Wasserkunst geübter Handwerker am Brunnen mitgearbeitet.

Die Konzeption des ikonographischen Programms hingegen stammt keinesfalls von der Werkstatt. Sie wurde sicherlich von Albrecht nicht nur zur Kenntnis genommen und genehmigt, sondern von niemand anderem als dem Erzbischof selbst festgelegt und allenfalls von führenden Vertrauenspersonen beratend mitbestimmt.

Diese Überlegungen führen zur Frage der stilgeschichtlichen Einordnung des Brunnens innerhalb der frühen Renaissance in Deutschland. Wegen des

299 *Bernhard Saran*: Matthias Grünewald. Mensch und Weltbild. Das Nachlaß-Inventar. Der Kemenatenprozeß. Der Heller-Altar. München 1972, S. 20.

300 *Michael Stenger*: Der Pilgerbrunnen in Aschaffenburg, in: Aschaffenburger Geschichtsblätter 27, Nr. 6, 1935, S. 19f.; *Guido Hartmann*: Reichskanzler, Kurfürst und Kardinal Albrecht von Brandenburg. Der Führer Deutscher Renaissancekunst. Nürnberg 1937, S. 17; *Saran*: Grünewald (wie Anm. 299), S. 22f.; *Werner Loibl*: Brunnen- und Bergwerke. Kurmainzische Rahmenbedingungen für Grünwalds in Aschaffenburg, in: Riepertinger u.a. (Hrsg.): Rätsel (wie Anm. 41), S. 61-70.

301 *Karl Arndt*: Der historische »Grünewald«. Anmerkungen zum Forschungsstand, in: Hartmut Boockmann (Hrsg.): Kirche und Gesellschaft im Heiligen Römischen Reich des 15. und 16. Jahrhunderts. (Abhandlungen der Akademie der Wissenschaften in Göttingen. Philologisch-historische Klasse, Bd. 206.) Göttingen 1994, S. 116-147; *Riepertinger* u.a. (Hrsg.): Rätsel (wie Anm. 41).

Renaissancedekors und seines gotischen Aufbaus wird der Marktbrunnen zu einer Reihe von Denkmälern gezählt, die im ersten Drittel des 16. Jahrhunderts im Mainzer Raum entstanden sind und beide Stile kombinieren.[302] Erstmals ist dies an dem vor 1518 errichteten Gemmingengrabmal zu erkennen, welches lange wegen der Verknüpfung eines gotischen Baldachins mit einer klassischen Triumphbogenarchitektur als Inbegriff einer hybriden Form galt.[303] Am Gemmingenepitaph läßt sich dies als eine Referenz an die lokale Mainzer Grabmaltradition lesen, wie aber verhält es sich mit dem Marktbrunnen? Dessen Bekrönung erinnert zwar in der filigranen Gestalt an spätgotisches Maßwerk, arbeitet jedoch eher mit einer Art freistehender Umsetzung der ornamentalen Groteske. Die Formel, daß Motive der Gotik mit Formen der Renaissance sowohl am Grabmal als auch am Brunnen miteinander verwoben werden, ist zudem alleine wenig aussagekräftig. Die scheinbare Aufhebung der Verhältnisse von tragenden und lastenden Teilen, die sich in gleichem Maße an beiden Mainzer Monumenten findet, kann hingegen – dem innovativen Ansatz von Günther folgend – als eine »neue Ratio«, als »Reichtum an neuen Ideen« in der Architektur verstanden werden.[304] Die allgemeine Erkenntnis, die daraus gewonnen werden kann, ist die Relativierung der direkten Vorbildfunktion von Italien für die Kunst am Mittelrhein. Die nur scheinbar italienischen Ornamente haben keine Bedeutung mehr für einen Kunst- oder Kulturtransfer von Süd nach Nord, sondern stellen eine veränderte Neukombination der ursprünglich lombardischen Motive dar. Die nordalpine Beschäftigung mit italienischer Kunst nach 1500 hat keine Kopien hervorgerufen, sondern ist Teil eines permanenten Wandlungsprozesses. Zweifellos ist der Mainzer Marktbrunnen ein Teil dieses Veränderungsprozesses.

302 *Brinckmann*: Platz (wie Anm. 22), S. 104; *West*: Reformationskunst (wie Anm. 11), S. 85f.

303 *Georg Dehio*: Der Meister des Gemmingendenkmals im Dom zu Mainz, in: Jahrbuch der preußischen Kunstsammlungen 30, 1909, S. 139-152; zu neuerer Literatur s.o. Anm. 200.

304 *Hubertus Günther*: Die ersten Schritte in die Neuzeit. Gedanken zum Beginn der Renaissance nördlich der Alpen, in: Norbert Nußbaum/Claudia Euskirchen/Stephan Hoppe (Hrsg.): Wege zur Renaissance. Beobachtungen zu den Anfängen neuzeitlicher Kunstauffassung im Rheinland und den Nachbargebieten um 1500. Köln 2003, S. 31-87.

VI. Epilog: Der Mainzer Marktbrunnen als Vorbild

Da der Mainzer Marktbrunnen ein bekanntes, von einem namhaften Stifter errichtetes Denkmal in einer ebenso bedeutenden Stadt darstellt, sollte man eine markante Rezeption dieses Vorbildes annehmen, die allerdings quantitativ erstaunlich spärlich ausfällt. Dabei dürfen jedoch zwei einschränkende Faktoren nicht vergessen werden. Einerseits gilt es, die Verlustraten, die bei öffentlichen Brunnen sehr hoch liegen dürften, zu bedenken. Andererseits setzt nicht jeder Dreistützenbrunnen unvermeidlich Mainz als Vorbild voraus. So handelt es sich bei dem 1544 geschaffenen Reutlinger Lindenbrunnen zwar um denselben Typus, jedoch ist dieser auf anderen Prinzipien der Formgebung fundiert. Die Konstruktion ruht auf Bögen und arbeitet ohne Gebälk, während der Formenapparat mit Krabben und Kreuzblumen sich klar vom gotischen Stockbrunnen ableitet.[305] Dessenungeachtet lassen sich zwei Strömungen der Rezeption des Mainzer Vorbildes belegen.

So gibt es eine überregionale Formenübernahme, die sich im Elsaß und im mitteldeutschen Raum nachweisen läßt.[306] Von den zahlreichen elsässischen Ziehbrunnen bietet sich für den Vergleich mit dem Mainzer Marktbrunnen ein markantes, wenn auch annähernd 100 Jahre später errichtetes Beispiel an, der 1610 datierte Marktbrunnen von Boersch. Bei diesem handelt es sich ebenfalls um einen Dreigalgenbrunnen, dessen Stützen jedoch nicht aus Pfeilern, sondern aus Säulen mit Basen gebildet werden. Ähnlich wie in Mainz besteht eine Schwierigkeit darin, von den Stützen zu den Architraven der Bekrönung überzuleiten. Dies gelingt in Boersch durch korinthische Kapitelle, die an den Längsseiten der Architrave Voluten ausbilden. Die Bekrönung wird aus Rollwerk gebildet und hat wie Mainz eine die Ecke betonende Form, in Boersch sind es allerdings schmale Obelisken. Ein mitteldeutsches Beispiel bildet der Neptunbrunnen im Hof des Merseburger Schlosses. Auch dieser wurde erst 1605 errichtet, wahrscheinlich durch den Schloßbaumeister Melchior Brunner. Im Gegensatz zu Mainz erscheinen in Merseburg zwar Bögen anstelle eines Gebälks und doch treten die Bezüge deutlich zutage. Es handelt sich in Merseburg ebenfalls um einen aus Sandstein gefertigten Galgenbrunnen, der sich über drei Stützen aufbaut. Auch er zeigt eine reiche ornamentale Gestaltung. Die Wappen in der Bekrönung sitzen an derselben Stelle, werden allerdings nicht von Meerwesen, sondern

305 *Lindner*: Brunnen (wie Anm. 9), S. 32; *Fassl*: Brunnen (wie Anm. 29), S. 36; *Baur*: Brunnen (wie Anm. 18), S. 77.

306 *Volkmann*: Verwendung (wie Anm. 9), S. 55f.

von Voluten gerahmt. Das Merseburger Beispiel ist folglich eine erhebliche Weiterentwicklung des vorgegebenen Schemas. Die allegorisch gestalteten Pfeilerspiegel von Mainz sind gänzlich aufgegeben und durch eine rein ornamentale Verzierung im Floris-Stil ersetzt.

Die zweite Strömung der Vorbildwirkung ist besonders dann nachzuweisen, wenn man sich geographisch in der Nähe von Mainz bewegt, wie beispielsweise im 20 km entfernten Oppenheim. Der dortige Geschlechter- oder Ritterbrunnen wurde im Jahre 1546 errichtet und nach einem Stadtbrand 1626 erneuert.[307] Wie sein Mainzer Vorbild besteht der mehrfach restaurierte Brunnen aus einem runden Becken und drei freistehenden Pfeilern aus rotem Sandstein.[308] Über den Pfeilern ruhen Obelisken und über den Architraven Segmentgiebel, welche die Wappen der Oppenheimer Geschlechter Dalberg, Frankenstein und Gemmingen tragen. Zwar fehlen die für Mainz charakteristischen Konsolsteine, die zu den Architraven überleiten, der Brunnen läßt sich dennoch als verkleinerte und vereinfachte Epigone des Mainzer Beispiels bezeichnen. Wie der Oppenheimer Ritterbrunnen ist auch der Marktbrunnen von Kiedrich ein Beispiel für die regionale Rezeption des Mainzer Vorbildes. Der Kiedricher Brunnen stellt in vielen Teilen eine Rekonstruktion dar; im Gegensatz zum heutigen Erscheinungsbild als Wandbrunnen handelte es sich ursprünglich um einen freistehenden Jochbrunnen auf zwei Stützen. Das Gebälk beherbergt die deutschsprachige Inschrift »Anno Domini 1541 ist dis Werck gemacht worden«. Der Brunnen wurde folglich errichtet, als Albrecht von Brandenburg Erzbischof war. Sein fünfteiliges Wappen findet sich daher auch neben dem Kiedricher Stadtwappen in der Bekrönung.[309]

Ein weitaus späteres und einem völlig anderen Typus verpflichtetes Beispiel sei schließlich erwähnt, der Neue Brunnen von 1726 auf der großen Bleiche in Mainz. Es handelt sich um eine Stiftung Lothar Franz von Schön-

307 *Hans Caspary/Wolfgang Götz/Ekkart Klinge* (Bearb.): Dehio Handbuch der deutschen Kunstdenkmäler Rheinland-Pfalz Saarland. 2. Aufl. Darmstadt 1985, S. 800 (mit falscher Datierung 1556). Zu Hinweisen bei der Erschließung des Denkmals bin ich dem Oppenheimer Geschichtsverein (insbesondere Herrn Dr. Martin Held) zu großem Dank verpflichtet.

308 *Ernst Jungkenn*: Die Gemmingen, Dalberg, Frankenstein und der Oppenheimer Ritterbrunnen. Gedanken zu seiner Wiederherstellung, in: Der Wormsgau 2, 1938, S. 3-7; *Siegrid Düll*: Die Inschriften der Stadt Oppenheim. (Die Deutschen Inschriften, Bd. 23.) Wiesbaden 1984, S. 68 Nr. 155.

309 *Yvonne Monsees/Josef Staab*: Der Kiedricher Marktbrunnen, in: Ders. (Hrsg.): Kiedrich im Rheingau: Zeugen aus 750 Jahren Selbständigkeit. Eltville 1994, S. 74-80.

borns, der anläßlich der ersten Mainzer Wasserleitung seit der Römerzeit im Bleichenviertel einen Brunnen errichten ließ.[310] Obwohl die Form des Brunnens als Obelisk sich typologisch in die Abhängigkeit von Berninis Vierströmebrunnen in Rom begibt, legt nicht nur die Jahreszahl der Errichtung 1726 – exakt 200 Jahre nach der Stiftung des Marktbrunnens – einen Bezug zu diesem nahe. Auch die Emblematik an den Flachseiten des Obelisken scheint an den Marktbrunnen zu erinnern. So wird man annehmen dürfen, daß sich Lothar Franz von Schönborn mit diesem Brunnen nicht nur ein Denkmal für die eigene Politik setzte, sondern sich zugleich auch in die direkte Nachfolge Albrechts von Brandenburg stellte.

Diese wenigen Beispiele belegen, daß die Erforschung des Mainzer Marktbrunnens eine Reihe von weitergehenden Fragestellungen bietet, die bisher noch nicht ausreichend gewürdigt wurden. So steht eine Auseinandersetzung mit den Brunnen des 16. Jahrhunderts in Deutschland noch völlig aus. Der Marktbrunnen mit seinem Bildprogramm, das in Vielschichtigkeit und Komplexität mit Albrechts anderen Kunststiftungen ebenso konkurrieren kann wie mit vergleichbaren Projekten anderer Landesherren, belegt, welches Potential in diesem Bereich liegt. Die vorgelegte Untersuchung hätte in manchen Belangen eine tiefergehende Analyse verdient, muß aber als Fallstudie stehenbleiben, deren Grenzen die mahnenden Worte des Brunnens aufzeigen: »O BEDENCK DAS END«.

Abbildungsnachweis:
1-2: Archiv des Verfassers

310 *Diehl*: Jubiläumsbrunnen (wie Anm. 176), S. 24-26; *Schneider*: Brunnen (wie Anm. 18), S. 26-31; *Arens*: Inschriften bis 1800 (wie Anm. 162), S. 123-125 Nr. 2132; *Wegner*: Mainz (wie Anm. 24), S. 272-274; *Hanfgarn*: Brunnen (wie Anm. 18), S. 31-38.

HERMANN MAUÉ

Medaillen auf Albrecht von Brandenburg

Nur selten läßt sich – wie bei der Medaillenkunst – das Entstehen einer neuen Kunstgattung auf ein bestimmtes Ereignis fixieren: 1438 schuf der Veroneser Maler Antonio Pisano, genannt Pisanello, die erste Medaille überhaupt auf den byzantinischen Kaiser Johannes Paläologos, der zum Konzil nach Ferrara gekommen war. Und nicht nur in Italien initiierte ein historisch bemerkenswertes Zusammentreffen das Entstehen der Medaillenkunst. Auch die Anfänge der deutschen Medaillenkunst lassen sich auf ein politisches Ereignis zurückführen: Im Jahr 1518 porträtierte Hans Schwarz Fürsten und Abgeordnete, die zum Reichstag nach Augsburg angereist waren. Mehr als 80 Jahre liegen zwischen den ersten italienischen und den ersten deutschen Renaissance-Medaillen, ein Phänomen, dessen Gründe letztlich noch zu klären sind. Freilich wird weder in Ferrara das Konzil noch in Augsburg der Reichstag zum Thema der Medaillen, vielmehr sind es die handelnden Personen, die ihre Teilnahme an der Zusammenkunft auf Medaillen festhalten lassen. Womöglich bot der Augsburger Reichstag den Delegierten auch nur den Rahmen, die neue Kunstgattung kennenlernen zu können, und die Möglichkeit, einen Bildschnitzer zu treffen, bei dem man seine Bildnismedaille in Auftrag geben konnte.

Nicht von ungefähr fallen die Entstehung der deutschen Renaissance-Medaille und das Aufkommen von Porträtstichen zeitlich zusammen. Beide Medien verdanken ihre schnelle Verbreitung dem Wunsch, das eigene Bildnis im offiziellen wie auch im privaten Umfeld bekannt zu machen. Während gemalte Bildnisse in aller Regel auch nach dem Tode des Dargestellten in Familienbesitz verbleiben, das heißt, daß auch spätere Generationen in familiärer Beziehung zu dem Porträtierten stehen, kann diese Verbindung mit dem Porträtierten auf vervielfältigten Bildnissen leicht abreißen. Der Gefahr, daß die im Bildnis dargestellte Person ihre Identität verliert, ist in gleichem Maße bei der Gestaltung von Medaillen und von Druckgrafiken zu begegnen. Daher machen Porträtmedaillen wie auch Porträtstiche die äußere Erscheinung des Dargestellten bekannt, und zusätzlich eingefügte Inschriften nennen dessen Namen, mitunter auch Alter, Herkunft und Beruf und halten auf diese Weise zumindest seine Identität fest. Wappen, Devisen und allegorische oder emblematische Darstellungen können weitere Botschaften übermitteln.

Zu den Personen, die schon früh die Möglichkeiten erkannten, vervielfältigte Bildnisse für propagandistische Zwecke einzusetzen, zählt Albrecht von Brandenburg. Wie bei seinen übrigen Aufträgen suchte er mit sicherem Kunstsinn die besten Künstler zu verpflichten. Für Albrecht arbeiteten Lucas Cranach und Matthias Grünewald, Nilolaus Glockendon, Albrecht Dürer, Peter Flötner und Ludwig Krug sowie die Brüder Vischer und Conrad Göbel.[1]

Albrecht war einer der Protagonisten, als es darum ging, Bildnismedaillen für Repräsentationszwecke zu instrumentalisieren, und er gehörte zum Kreis derjenigen Personen, die 1518 auf dem Augsburger Reichstag Hans Schwarz einen Auftrag für eine Bildnismedaille erteilten (Abb. 1).[2] Während die überwiegende Zahl der frühen Medaillen des Hans Schwarz einseitig sind, läßt Albrecht von Brandenburg auf die Medaillenvorderseite sein Bildnis und auf die Rückseite sein Wappen mit der Aufzählung seiner Titel setzen. Der Erzbischof erscheint im Profil mit langer, gerader, spitzer Nase und trotz seines jugendlichen Alters mit ausgeprägtem Doppelkinn. Das Haar ist leicht gewellt und fällt bis über die Ohren herab. Albrecht ist als Geistlicher dargestellt. Er trägt über einem hochgeschlossenen Hemd die Cappa, einen Mantel mit Kapuze, und ein Birett auf dem Kopf. Eine außen umlaufende Leiste und ein Perlkranz fassen die Umschrift ein. Als Ergänzung zum Bildnis findet man in aller Regel Namen und Titel des Porträtierten auf der Medaillenvorderseite. Nicht so auf der Medaille Albrechts. Hans Schwarz übernahm einen Vers aus Vergils Aeneis: »sic oculos, sic ille manus, sic ora ferebat« (Augen und Hände und Mund genauso trug auch er einst)[3]. Da auf Medaillen in aller Regel der Bildausschnitt so gewählt ist, daß die Hände

1 *Horst Reber*: Albrechts Begegnungen mit der Kunst, in: Friedhelm Jürgensmeier (Hrsg.): Erzbischof Albrecht von Brandenburg (1490-1545). Ein Kirchen- und Reichsfürst der Frühen Neuzeit. (Beiträge zur Mainzer Kirchengeschichte, Bd. 3.) Frankfurt a.M. 1991, S. 277-295.

2 *Julius Cahn*: Die Medaillenporträts des Kardinals Albrecht von Mainz, Markgrafen von Brandenburg, in: Studien aus Kunst und Geschichte. Friedrich Schneider zum 70. Geburtstage gewidmet von seinen Freunden und Verehrern. Freiburg i.Br. 1906, S. 161-167, hier S. 163; *Georg Habich*: Die deutschen Schaumünzen des 16. Jahrhunderts. Bd. I,1-II,2, München 1929-34, hier Bd. I,1, 1929, Nr. 109. Auch Albrechts Bruder Kurfürst Joachim I., der ebenfalls zum Augsburger Reichstag angereist war, bestellte bei dieser Gelegenheit eine einseitige Bildnismedaille bei Hans Schwarz; ebd., Nr. 143; *Rudolf Zeitler*: Frühe deutsche Medaillen 1518-1527. Studien zur Entstehung des Stiles der Medaillenmeister Hans Schwarz, Christoph Weiditz und Friedrich Hagenauer, in: Figura. (Acta Universitatis Upsaliensis, Bd. 1.) Upsala 1951, S. 77-119, hier S. 77-95. – In diesem Beitrag wird lediglich eine Auswahl der Medaillen Albrechts von Brandenburg behandelt.

3 Vergil, Aeneis, 3. Buch, Vers 490; *Vergil*: Aeneis. Lateinisch-Deutsch. Hrsg. und übersetzt von Johannes Götte. 4. Aufl. München 1979, S. 120.

nicht sichtbar sind, mußte der Vergil-Text angepaßt werden: »SIC ILLE GENAS, OCVLOS, SIC ORA FEREBAT« (Wangen, Augen und Mund genauso trug auch er einst).

Die Identifizierung des Dargestellten setzt der Medailleur auf die Medaillenrückseite: zum einen das viergeteilte brandenburgische Wappen, darauf ein Herzschild mit Albrechts geistlichen Besitztümern Mainz, Magdeburg und Halberstadt, und zum anderen eine zweizeilige lateinische Umschrift als Erläuterung des Wappens, eingefaßt und voneinander abgesetzt durch eine umlaufende Leiste. »ALBERT. SA. RO. EC. PRESB. CARD. ARCHIEP. MAG. ET MAYD. PRIN. ELECT. PRI. GER. EPISC. HALB. ETC. MARCH. BRANDEN.« (Albrecht, der Heiligen Römischen Kirche Kardinalpriester, Erzbischof von Mainz und Magdeburg, Kurfürst, Primas von Germanien, Bischof von Halberstadt etc., Markgraf von Brandenburg).[4] Der Titel eines Kardinalpriesters wurde Albrecht am 5. Juli 1518 verliehen. Ganz aktuell erscheint diese neue Würde nicht nur in der Umschrift, sondern auch im Kardinalshut oberhalb des Wappens. Albrecht kam es offenbar sehr gelegen, daß er seinen neuen Rang als Kardinal durch das Medium der Medaille bekanntmachen konnte, und er nahm sich die Zeit, Hans Schwarz Modell zu sitzen, da sich zwei Zeichnungen des Medailleurs mit dem sehr präzise festgehaltenen Profil Albrechts erhalten haben (Abb. 2, 3).[5]

Aber nicht nur Hans Schwarz suchte unter den Delegierten des Augsburger Reichstages Auftraggeber, sondern auch Albrecht Dürer war von Nürn-

4 Von 1479 bis 1566 war das Bistum Halberstadt mit Magdeburg verbunden. Meistens nennt sich Albrecht nicht Bischof, sondern Administrator von Halberstadt.

5 Die Zeichnungen des Hans Schwarz wurden silhouettiert und anschließend aufgeklebt; *Elfried Bock*: Die Deutschen Meister. Staatliche Museen zu Berlin. Die Zeichnungen alter Meister im Kupferstichkabinett. Bd. 1, Berlin 1921, Nr. 6010, 6039; *Max Bernhart*: Die Porträtzeichnungen des Hans Schwarz, in: Münchner Jahrbuch der bildenden Kunst 11, H. 1, 1934, S. 65-95, hier Nr. 3 und 4. Eine weitere Zeichnung mit dem Brustbild eines Geistlichen, bezeichnet »Bischoff zu Brandenburg«, weisen Bock (Nr. 6011) und Bernhart (Nr. 5) ebenfalls Albrecht von Brandenburg zu. Abgesehen davon, daß der Dargestellte keine Ähnlichkeit mit Albrecht hat, ist natürlich der Bischof des Bistums Brandenburg gemeint. Da die Zeichnungen zwischen 1518 und 1521 entstanden sind, ist entweder Hieronymus Schulz (1507-1520) oder Dietrich von Hardenberg (1520-1527) dargestellt. Zur Überlieferung der Schwarz-Zeichnungen und der Problematik der Beischriften *Hermann Maué*: Hans Schwarz. Zeichnungen für Bildnismedaillen, in: Designs on Posterity. Drawings for medals. Hrsg. von Mark Jones. The British Art Medal Trust. London 1994, S. 64-72.

Abb. 1: Hans Schwarz, Albrecht von Brandenburg, Bronze, Augsburg, 1518, Wien, Kunsthistorisches Museum, Inv.Nr. 96 bß, Dm. 74 mm.

Abb. 2: Hans Schwarz, Albrecht von Brandenburg, Kohlezeichnung, Augsburg, 1518, Berlin, Staatliche Museen, Kupferstichkabinett, Inv.Nr. 6010, H. 210 mm.

berg dorthin gereist und porträtierte Kaiser Maximilian.[6] Von Albrecht erhielt er außerdem den Auftrag, sein Bildnis in Kupfer zu stechen. Auch Dürer fertigte zunächst eine Zeichnung und lieferte im folgenden Jahr

6 *Peter Strieder*: Die Bedeutung des Porträts bei Albrecht Dürer, in: Herbert Schade (Hrsg.): Albrecht Dürer. Kunst einer Zeitenwende. Regensburg 1971, S. 84-100. Strieder betont, daß Dürer der erste deutsche Künstler ist, »in dessen Gesamtwerk das Porträt den traditionsgebundenen religiösen Stoffen gleichbedeutend gegenübersteht«. Diese Einschätzung meint nicht allein den Umfang, sondern »das Gewicht der dem Kunstwerk immanenten Aussage zu den Haltungen, in denen sich die entscheidenden geistigen Kräfte einer Zeit darstellen« (ebd., S. 84).

Abb. 3: Hans Schwarz, Albrecht von Brandenburg, Kohlezeichnung, Augsburg, 1518, Berlin, Staatliche Museen, Kupferstichkabinett, Inv.Nr. 6039, H. 148 mm.

seinen ersten Porträtkupferstich überhaupt in 200 Exemplaren (Abb. 4).[7] Die Druckplatte händigte Dürer dem Kardinal aus und erhielt dafür insgesamt die ungewöhnlich hohe Summe von 200 Goldgulden. Auf den ersten Blick haben das Medaillenbildnis im Profil und das Kupferstichbildnis fast von vorne außer dem gleichzeitigen Auftrag wenig gemeinsam. Allerdings

7 *Rainer Schoch/Matthias Mende/Anna Scherbaum*: Albrecht Dürer. Das druckgraphische Werk. Bd. 1, München/London/New York 2001, Nr. 89; *Wolfgang Schmid*: Denkmäler auf Papier. Zu Dürers Kupferstichporträts der Jahre 1519-1526, in: Klaus Arnold/Sabine Schmolinsky/Urs Martin Zahnd (Hrsg.): Das dargestellte Ich. Studien zu Selbstzeugnissen des späteren Mittelalters und der frühen Neuzeit. Bochum 1999, S. 223-259.

Abb. 4: Albrecht Dürer, Albrecht von Brandenburg, Kupferstich, Nürnberg, 1519, Nürnberg, Germanisches Nationalmuseum, Inv.Nr. K 5198, H. 146 mm, Br. 97 mm.

Abb. 5: Nürnberger Meister (?), Albrecht von Brandenburg, Bronze, 1515, Nürnberg, Germanisches Nationalmuseum, Inv.Nr. Med 6966, Dm. 50 mm.

zeigt auch der Kupferstich, beinahe übergroß, das Wappen des Kardinals sowie eine noch ausführlichere Aufzählung seiner Titel. Und auf einer sockelartigen Platte, wohl an wichtigster Stelle, erscheinen das schon genannte, abgewandelte Vergil-Zitat, das Alter des Kardinals sowie die Datierung des Stichs.

Die Angaben zu Albrechts Stellung, zu seinen Ämtern und Titeln, die Wiedergabe des Wappens und des Vergil-Zitats, das als Hinweis auf seine humanistische Bildung anzusehen ist[8], sind auf Medaille und Kupferstich weitgehend identisch. Abweichend ist freilich das Bildnis des Kupferstichs, das sich nicht an der Medaille des Hans Schwarz, sondern an einer früheren, 1515 datierten Medaille auf Albrecht orientiert, von deren Entstehungsgeschichte wenig bekannt ist (Abb. 5).[9] Ihre Vorderseite zeigt Albrecht fast von vorn mit weichen Gesichtszügen und auffallend kleinem Mund. Die dichten Haare fallen glatt herab und rollen sich an den Enden auf. Auf dem Kopf sitzt ein Birett. Bekleidet ist Albrecht mit einem gefältelten Chorhemd, der Kragen liegt eng am Hals an. Über dem Chorhemd trägt der Bischof eine schwere Kette, an der wohl das nicht dargestellte Bischofskreuz hängt. Auf ein merkwürdiges Detail, das sowohl auf der Medaille 1515 wie

8 *Peter Walter*: Albrecht von Brandenburg und der Humanismus, in: Horst Reber: Albrecht von Brandenburg. Kurfürst, Erzkanzler, Kardinal, 1490-1545. Hrsg. von Berthold Roland, mit Beiträgen von Friedhelm Jürgensmeier/Rolf Decot/Peter Walter. (Ausstellungskatalog) Mainz 1990,S. 65-82.

9 *Habich*: Schaumünzen (wie Anm. 2), Bd. I,1, 1929, Nr. 9.

auf Dürers Kupferstich von 1519 vorkommt, sei hingewiesen: Albrechts Haarenden rollen sich asymmetrisch auf seiner rechten Kopfseite nach innen und auf seiner linken deutlich nach außen.[10]

Die Umschrift ist nicht sehr präzise und wird teilweise von dem Birett überschnitten: »ALB. ARCHI. PRI. ET PRIN. ELEC. MAR. BRA.« (Albrecht, Erzbischof, Primas und Kurfürst, Markgraf von Brandenburg). Die Medaillenrückseite zeigt das schon bekannte Wappen, freilich noch ohne den Kardinalshut, und außen herum – man ist geneigt zu sagen, daß dieser wichtige Platz für die Inschrift verschenkt ist: »IN POTENTATIBVS SALVS DEXTERA DOMINI ANNO MDXV«, eine Zeile aus einem Psalm, der vollständig heißt: »Der Herr erfülle all dein Begehren! Nun weiß ich, daß der Herr seinem Gesalbten hilft; er wird ihn erhören von seinem heiligen Himmel her; denn mächtig ist die Hilfe seiner Rechten« (Psalm 19,7), sowie die Datierung 1515. Anders als auf der Medaille von 1518 vermittelt sich hier der damals erst 25 Jahre alte Albrecht nicht als der mit den antiken Schriftstellern vertraute Humanist, sondern als bibelkundiger Christ, der in der Erfüllung seines wichtigen Amtes auf die Hilfe Gottes vertraut.

1515 lag die Wahl Albrechts zum Erzbischof von Mainz erst ein Jahr zurück. Man kann sich gut vorstellen, daß der soeben ernannte Erzbischof die Medaille gießen ließ, um sich als neuer Erzbischof von Mainz bekannt zu machen. Der Auftrag ging vermutlich nach Nürnberg, wo die Ausführung des Gusses wohl die Vischer-Werkstatt übernahm. Allerdings ist die Datierung der Medaille in das Jahr 1515 angezweifelt worden, und Julius Cahn hat eine Entstehung erst zum Ende des 16. Jahrhunderts für möglich gehalten.[11] Für diese Spätdatierung gibt es aber m.E. keinen Grund. In seiner »Wöchentlichen Historischen Münzbelustigung« beschrieb der zunächst an der Nürnberger Universität Altdorf und später an der Universität in Göttingen lehrende Historiker Johann David Köhler 1733 diese »Rare Medaille«, übrigens die einzige auf Albrecht von Brandenburg, die er behandelt.[12] Die Medaille von 1515 kommt gelegentlich vor, diejenige von Hans Schwarz von 1518 ist dagegen außerordentlich selten. Denkbar ist, daß das wenig ansprechende Porträt nicht die Billigung des kunstsinnigen Kardinals fand.

10 Daraus kann man nicht den Schluß ziehen, Dürer habe die Medaille auf Albrecht von 1515 gekannt, da Unterschiede zwischen den beiden Porträts augenfällig sind.

11 *Cahn*: Medaillenporträts (wie Anm. 2), S. 161f.

12 *Johann David Köhler*: Wöchentlich herausgegebene historische Münzbelustigung. Bd. 5, Nürnberg 1733, S. 137-144.

Funktion und Verwendung von Medaillen

Bislang weiß man wenig über Funktion und Verwendung von Medaillen. Wurden Medaillen anfänglich ausschließlich verschenkt, oder konnte man sie auch käuflich erwerben? Welche Überlegungen bestimmten einen Auftraggeber, seine äußere Erscheinung und seine Stellung durch eine Medaille seinen Zeitgenossen mitzuteilen und der Nachwelt zu überliefern? Systematische Untersuchungen zu dieser Frage gibt es bislang nicht. Sicherlich war für die Funktion von Medaillen die Frage nicht unerheblich, ob der Auftraggeber sie für fürstliche Repräsentation oder als privates Geschenk verwenden wollte. Einige Quellen hierzu haben sich erhalten, und für beide Funktionsarten gibt es Beispiele.

Propagandistische Absichten verfolgte beispielsweise Kurfürst Friedrich der Weise von Sachsen, als er in Nürnberg eine schwere Silbermedaille mit seinem Bildnis in Auftrag gab. Die Umschrift verweist auf das wichtige, ihm 1507 von Kaiser Maximilian übertragene Amt des »Locumtenens«, des Generalstatthalters des Reiches.[13] Kurfürst Friedrich konnte erwarten, daß man die kostbare, nach einem Modell von Lucas Cranach d. Ä. geprägte Medaille mit Interesse betrachtete und seine neue Stellung zur Kenntnis nahm. Als Kaiser Maximilian 1519 plötzlich verstarb, noch ehe er seine Nachfolge hatte regeln können, machte sich Friedrich Hoffnung, in Frankfurt zum Kaiser gewählt zu werden. Am 19. Mai 1519 beauftragte er – unmittelbar vor seiner Abreise nach Frankfurt am Main, wo er am 11. Juni eintraf – Anton Tucher, 150 dieser Medaillen prägen und die Jahreszahl 1519 einschlagen zu lassen. Tucher bat den Nürnberger Stempelschneider Hans Kraft, die Medaillen möglichst schnell nach Frankfurt zu schicken: »Der Münz halben bitt ich freuntlich, ir wellet ye Vleis haben und daran sein, damit sy fürderlich gemacht und meinem gnedigen Hern gen Frankfurt geschickt und verordnet werde«.[14] Als sich abzeichnete, daß Maximilians Enkel Karl zum Kaiser gewählt werden würde, verteilte Friedrich der Weise offenbar großzügig seine zunächst für andere Zwecke bestimmten Medaillen. Georg Spalatin teilt in seiner Lebensbeschreibung Friedrichs mit: »So weiß ich, daß er seinen herrlichen gülden und silbernen Contrafecten-Müntz, hin und wieder, unter und außer den Reichs-Tägen nur viel verschencket, gelahrten Leuten, auch

13 *Paul Grotemeyer*: Die Statthaltermedaillen des Kurfürsten Friedrich des Weisen von Sachsen, in: Münchner Jahrbuch der bildenden Kunst 21, 1970, S. 143-166.

14 *Grotemeyer*: Statthaltermedaillen (wie Anm. 13), S. 155.

über Land, zu viel Gülden schickte und schenckte.«[15] »Etliche Stück seiner Contrafecten gülden Münzen« erhielt 1519 sein Lehrmeister in den antiken Sprachen, der Domdechant Ulrich Kemmerlin[16], und auch Erasmus von Rotterdam berichtet seinem Freund Georg Spalatin 1520 in einem Brief, Friedrich der Weise habe ihm vom Wahltag in Frankfurt seine Medaille in Gold und Silber übersandt. »Ich werde das Bild des edlen Herzogs unter meinen liebsten Schätzen aufbewahren, es bei mir tragen und mich stets daran erfreuen.«[17] Erasmus schickte im Gegenzug Friedrich seine eigene Medaille in Bronze.[18] Auch wenn dieses Gegengeschenk dem materiellen Wert der Medaillen Friedrichs des Weisen nicht entsprach, so war Erasmus offensichtlich daran gelegen, ein gleichartiges Geschenk zur Verfügung zu haben. Und auch an Albrecht von Brandenburg hatte Erasmus seine Medaille geschickt und sich wohl auf diese Weise für einen silbernen Becher bedankt, wie aus einem Brief an den Kardinal vom Mai 1520 hervorgeht. Es heißt dort, Erasmus schicke dem Fürsten seinen »Schatten«.[19] Da Albrecht Dürer sein Erasmus-Porträt erst 1526 gestochen hat, kann wohl nur eine Medaille gemeint sein.

Auch im folgenden Beispiel eines Medaillentausches, dieses Mal im privaten Bereich, geht es um Erasmus von Rotterdam. 1517 ließ der Nürnberger Humanist Willibald Pirckheimer Medaillen mit seinem Bildnis in der in seiner Heimatstadt tätigen Vischer-Werkstatt gießen.[20] Eine dieser Medail-

15 Zitiert nach *Paul Grotemeyer*: »Da ich het die gestalt«. Deutsche Bildnismedaillen des 16. Jahrhunderts. München 1957, S. 6; *Grotemeyer*: Statthaltermedaillen (wie Anm. 13), S. 157.

16 Zitiert nach *Grotmeyer*: Gestalt (wie Anm. 15), S. 6; *Grotemeyer*: Statthaltermedaillen (wie Anm. 13), S. 157.

17 *Erasmus von Rotterdam*: Briefe. Verdeutscht und hrsg. von Walter Köhler. Wiesbaden 1947, Nr. 163.

18 *Habich*: Schaumünzen (wie Anm. 2), Bd. I,2, 1931, Fig. 47; *Grotemeyer*: Gestalt (wie Anm. 15), S. 5; *Grotemeyer*, Statthaltermedaillen (wie Anm. 13), S. 157; *Beatrice Schärli/ Elisabeth Landolt*: Medaille auf Erasmus. 1519, in: Erasmus von Rotterdam. Vorkämpfer von Frieden und Toleranz. (Ausstellungskatalog) Basel 1986, Nr. A 2.10.

19 *P. S. Allen*: Opvs Epistolarvm Des. Erasmi Roterodami, Bd. 4: 1519-1521. Oxford 1922, Nr. 1101 (Brief des Erasmus an Albrecht von Brandenburg vom 15. 5. 1520: »Interim vmbram Erasmi mitto; nam tuae celsitudinis effigies apud me est. Minimum igitur abfuerit quim totum habeas Erasmum. Potiorem imaginem mei, si quid tamen mei probum est, habes in libris expressam. Corporis effigiem insignis artifex expressit aere fusili«. Vgl. *Peter Walter*: Albrecht von Brandenburg und Erasmus von Rotterdam, in: *Jürgensmeier* (Hrsg.): Erzbischof (wie Anm. 1), S. 102-116, hier S. 111f.

20 *Habich*: Schaumünzen (wie Anm. 2), Bd. I,1, 1929, Nr. 17.

len schickte er 1524 zusammen mit seinem soeben von Albrecht Dürer gestochenen Bildnis und einer in einen Ring gefaßten Gemme nach Basel an Erasmus.[21] Erasmus und Pirckheimer verband eine tiefe Freundschaft, und schon 1515 schrieb Erasmus: »Sind wir auch getrennt, nichts hindert, uns in innigster Freundschaft zu verbünden. Wir wollen dafür sorgen, daß wir uns bald wirklich in die Arme schließen können.«[22] Für das Geschenk bedankt sich Erasmus und sagt, die aus Erz gegossene Medaille habe für ihn den Wert, »dass sie mir meinen Willibald selbst deutlicher veranschaulicht«. Erasmus fährt fort:

> »Die rechte Wand meines Zimmers trägt Deine Medaille, die linke das gestochene Bild von Dir. Mag ich schreiben oder auf und ab gehen, meinen Willibald habe ich vor Augen, so dass ich Dich gar nicht vergessen kann, selbst wenn ich es wollte. Freilich pflegt bei mir nichts fester zu haften als die Erinnerung an Freundschaft … Du hast den Erasmus in einer Medaille.«[23]

Die beiden in intensivem Schriftwechsel verbundenen Gelehrten haben also ihre jeweiligen Bildnismedaillen ausgetauscht, um eine Vorstellung vom Aussehen des Freundes zu haben.

Nürnberger Plaketten und Medaillen auf Albrecht von Brandenburg, 1523/1524 und 1526

1523 schuf Albrecht Dürer seinen zweiten Kupferstich mit dem Porträt Kardinal Albrechts von Brandenburg, bezeichnet auch als der »Große Kardinal« (Abb. 6).[24] Albrecht, damals 34 Jahre alt, war kurz vorher auf dem Reichstag in Nürnberg, der von November 1522 bis Februar 1523 dauerte, so daß Dürer Gelegenheit hatte, ihn erneut zu porträtieren. Bereits im Sommer 1523 konnte Dürer dem Kirchenfürsten 500 Abzüge und die Druckplatte

21 *Schoch/Mende/Scherbaum*: Dürer (wie Anm. 7), Nr. 99.

22 Die lateinisch abgefaßten Briefe hier in der Übersetzung von Walter Köhler, siehe *Erasmus von Rotterdam*: Briefe (wie Anm. 17), Nr. 78.

23 *Erasmus von Rotterdam*: Briefe (wie Anm. 17), Nr. 225. Die Pirckheimer-Medaille von 1517 bei *Habich*: Schaumünzen (wie Anm. 2), Bd. I,1, 1929, Nr. 17.

24 *Schoch/Mende/Scherbaum*: Dürer (wie Anm. 7), Nr. 97.

Abb. 6: Albrecht Dürer, Albrecht von Brandenburg, Kupferstich, Nürnberg, 1523, Nürnberg, Germanisches Nationalmuseum, Inv.Nr. StN 16572, H. 176 mm, Br. 129 mm.

schicken. Albrecht ist hier wiederum dargestellt als Geistlicher, dieses Mal jedoch wiedergegeben in reiner Profilansicht. Die Inschriften auf dem Kupferstich stimmen mit denjenigen von 1519 nahezu wörtlich überein, das Wappen hingegen tritt in seiner Bedeutung zurück. In das von Nicklas Glockendon 1524 vollendete »Missale Hallense« ließ Albrecht diesen Kupferstich einkleben und zugleich danach rechteckige Plaketten – vermutlich

Abb. 7: Nürnberger Meister (?), Albrecht von Brandenburg, Bronze vergoldet, 1523/1524, Aschaffenburg, Hofbibliothek, Inv.Nr. Ms. 10.

in Nürnberg – gießen. Zwei davon ließ er auf Vorder- und Rückseite des Buchdeckels für das genannte Missale anbringen (Abb. 7).[25]

Für die späteren Medaillen auf Albrecht von Brandenburg spielte dieser Kupferstich Albrecht Dürers – mit Ausnahme der danach gegossenen Plaket-

25 *Habich*: Schaumünzen (wie Anm. 2), Bd. I,1, 1929, S. XXI und Fig. 14; *Reber*: Albrecht (wie Anm. 8), S. 83-91.

Abb. 8: Nürnberger Meister, Albrecht von Brandenburg, Bronze, 1526, Nürnberg, Germanisches Nationalmuseum, Inv.Nr. Med 3871, Dm. 111 mm.

ten – eine nur untergeordnete Rolle.[26] Die bereits 1526 wiederum in Nürnberg gegossene, mit gut 10 cm im Durchmesser ungewöhnlich große Porträtmedaille vertritt eine gänzlich andere Auffassung als der Kupferstich Dürers

26 Allerdings ließ Albrecht bereits 1523 und in den folgenden Jahren in Magdeburg Taler und Guldiner prägen, die auf der Vorderseite sein Bildnis nach Dürers Kupferstich von 1523 und auf der Rückseite sein viergeteiltes Wappen mit Herzschild zeigen. Die Umschriften bilden das bereits bekannte Zitat aus Vergil und aus zwei Psalmen, wie auf der Medaille von 1526. Gleichzeitig ließ Albrecht auch in Halberstadt Taler prägen ohne sein Bildnis, jedoch mit der Psalmenumschrift; *Cahn*: Medaillenporträts (wie Anm. 2), S. 162-163.

(Abb. 8).[27] Während Dürer den Kardinal aus der Nähe und beinahe schonungslos naturalistisch wiedergibt, ist er auf der Medaille eher idealisiert und in repräsentativer Distanz abgebildet, auf Attribute seines kirchlichen Standes ist weitgehend verzichtet. Über einem Hemd, das um den Hals in dünne, nahezu parallel verlaufende Falten gelegt ist, trägt Albrecht einen Mantel aus Brokat mit umgelegtem Kragen und auf dem Kopf wiederum ein Birett, jedoch – anders als auf Dürers Kupferstich – sehr flach und modisch. Obwohl das Medaillenrelief nur wenig erhaben ist, ist dem Künstler ein ausdruckstarkes und erstaunlich plastisches Bildnis gelungen. Die Buchstaben sind in sehr sorgfältiger Antiqua-Kapitalis ausgeführt[28], die man auch Humanistenschrift nannte. Erneut verzichtet die Umschrift auf den Namen des Dargestellten, gibt nur sein Alter mit 37 Jahren an und nennt außerdem seine Devise: »DOMINVS MIHI ADIVTOR QVEM TIMEBO«.

Die Devise ist eine Verschmelzung zweier Psalmverse. Der erste Teil ist Psalm 117, Vers 6 entnommen, er heißt: »Dominus mihi adiutor; non timebo, quid faciat mihi homo« (Der Herr ist mit mir, darum fürchte ich mich nicht; was können mir Menschen tun?). Der zweite Teil der Devise geht auf Psalm 26, Vers 1 zurück: »Dominus ... salus mea, quem timebo« (Der Herr ist mein Heil. Wen sollte ich fürchten?). Naheliegend wäre nun die Übersetzung der Devise: Der Herr ist mit mir. Wen sollte ich fürchten? Grammatikalisch möglich ist aber auch: Der Herr ist mit mir, den ich fürchten soll.[29] Die Umschrift hält mehrere Lesarten, sogenannte Subtexte, bereit, die in einem Exkurs aufgezeigt werden.

Diese große Bronzemedaille auf Albrecht von Brandenburg, eine der schönsten aus den Anfangsjahren der Medaillenkunst überhaupt, hat sich nur in einem einzigen Exemplar erhalten, und man fragt sich, ob es je mehrere Güsse gegeben hat. Denkbar ist, daß sie ein Geschenk der Vischerhütte

27 *Habich*: Schaumünzen (wie Anm. 2), Bd. I,2, 1931, Nr. 922; *Grotemeyer*: Gestalt (wie Anm. 15), Nr. 46; *Heinrich Kohlhaussen*: Nürnberger Goldschmiedekunst des Mittelalters und der Dürerzeit 1240 bis 1540. Berlin 1968, Nr. 456. Kohlhaussen schlägt als Hersteller der Medaille Ludwig Krug vor, da sich im Halleschen Heiltum mindestens acht Ludwig Krug zuzuweisende Reliquiare fanden, alle jedoch Zuschreibungen; siehe *Hermann Maué* in Stephen K. Scher (Hrsg.): The Currency of Fame. Portrait Medals of the Renaissance. New York 1994, Nr. 108.

28 1525 veröffentlichte in Deutschland als erster Albrecht Dürer Buchstabenkonstruktionen in seiner »Unterweisung der Messung«; *Rudolf M. Kloos*: Einführung in die Epigraphik des Mittelalters und der Frühen Neuzeit. Darmstadt 1980, S. 153-160.

29 Sollte das Zeichen am Ende der Devise ein Fragezeichen sein, legt es die beabsichtigte Bedeutung fest.

Abb. 9: Nürnberger Meister, Albrecht von Brandenburg, Bronze vergoldet, 1526, Nürnberg, Germanisches Nationalmuseum, Inv.Nr. Med 1293, Dm. 45 mm.

oder eines namentlich nicht bekannten Nürnberger Medailleurs an den Erzbischof von Mainz war, hatte doch Albrecht soeben in Nürnberg seine Grabplatte gießen lassen und weitere Güsse für sein Grabmonument geplant.[30] Kleinere Ausführungen dieser Medaille wurden in mehreren Exemplaren gegossen, nun aber mit der schon bekannten Wappenrückseite und mit einem Bildnis in kräftigerem Relief (Abb. 9).[31] Die Umschrift der Vorderseite ist mit derjenigen des großen Exemplars identisch, diejenige der Rückseite, sie beginnt in diesem Fall unten, nennt Namen, Titel und die Jahreszahl 1526: »ALBERT. CARD. MOG. ARCHIEP. MAGD. HALB. ADM. MARCH. BRAND. ETC. MDXXVI«. Diese Medaille ist ohne jeden Zweifel in Nürnberg entstanden. Sie ist einer Gruppe zuzuordnen, der Georg Habich den Notnamen »Nürnberg 1525/1527« gegeben hat. In der Werkstatt, die zwei bis drei Jahre Bestand hatte, arbeiteten offenbar mehrere Medailleure, die jedoch – mit Ausnahme von Friedrich Hagenauer und Matthes Gebel – nicht namentlich zu identifizieren sind.[32] Mit dieser Medaille enden die Beziehungen Albrechts von Brandenburg zu Nürnberger Medailleuren.

30 *Sven Hauschke*: Ein Paragone um Grabdenkmäler der Vischer-Werkstatt. Kardinal Albrecht von Brandenburg und Kurfürst Friedrich der Weise von Sachsen, in: Anzeiger des Germanischen Nationalmuseums 2002, S. 231-240, hier S. 235-238.

31 *Cahn*: Medaillenporträts (wie Anm. 2), S. 163-164; *Habich*: Schaumünzen (wie Anm. 2), Bd. I,2, 1931, Nr. 923; *Reber*: Albrecht (wie Anm. 8), Kat.-Nr. 47; *Ralf-Torsten Speler* (Hrsg.): Melanchthon und die Universität. Zeitzeugnisse aus den Halleschen Sammlungen. Ausstellungskatalog Universitätsmuseum der Zentralen Kustodie. Halle (Saale) 1997, Nr. II.4.

32 Daß Ludwig Krug immer wieder als Hersteller dieser Medaillen in Erwägung gezogen wird – zuletzt *Reber*: Albrecht (wie Anm. 8), Kat.-Nr. 47, und *Speler* (Hrsg.):

Medaillen des Goldschmieds und Medailleurs Hans Reinhart auf Albrecht von Brandenburg, 1535 bis 1538

Nahezu zehn Jahre vergingen, bis Albrecht von Brandenburg erneut Medaillen mit seinem Bildnis fertigen ließ, und auch dieses Mal wandte er sich an einen der besten und renommiertesten Medailleure seiner Zeit, an Hans Reinhart, der erst 1539 urkundlich faßbar wird, als er das Leipziger Bürgerrecht erhielt. Es wurde vermutet, daß er zuvor in Sachsen, womöglich in Dresden oder auch in Halle, als Goldschmied und Medailleur gearbeitet hat. Reinharts Medaille von 1535 orientiert sich ganz offensichtlich an der zeitlich vorausgehenden Nürnberger Medaille, und im Vergleich dazu erscheint Albrecht nach fast zehn Jahren kaum gealtert (Abb. 10).[33] Während der Nürnberger Medailleur das Bildnis Albrechts knapp unterhalb der Schulter begrenzte, wählte Hans Reinhart einen größeren Ausschnitt, womit er eine gewisse Distanz zwischen dem Dargestellten und dem Betrachter schafft und zugleich den repräsentativen Charakter des Medaillenbildnisses unterstreicht. Die Umschrift der Vorderseite ist die bereits bekannte, nur die Altersangabe ist in 45 Jahre aktualisiert: »DOMINVS MIHI

Melanchthon (wie Anm. 31) –, geht auf eine Notiz Johann Neudörfers von 1547 zurück. Neudörfer berichtet, daß in dem Nürnberger Hause des Melchior Pfinzing, des Propstes von St. Sebald, der aus Augsburg stammende Medailleur Hans Schwarz mit dem einheimischen Künstler Ludwig Krug zusammengetroffen ist. Krug hat Schwarz zu einem Wettstreit aufgefordert, in dem Krug zeigen wollte, daß er in derselben Zeit, die Schwarz für die Herstellung eines positiven Holzmodells benötigt, ein Negativbildnis in einen eisernen Prägestempel schneiden könne. Diese Nachricht ist sicherlich als Topos eines Künstlerwettstreits zu bewerten. Gleichwohl bleibt festzuhalten, daß Ludwig Krug hier seine besonderen Fähigkeiten als Stempelschneider unter Beweis stellen will, während alle ihm bislang zugewiesenen Medaillen gegossen sind. Vermutlich hat Neudörfer den Goldschmied Ludwig Krug mit seinem älteren Bruder, dem Nürnberger Stempelschneider Hans Krug d. J., verwechselt, der von 1513-18 als Eisengraber oder Stempelschneider in Diensten der Stadt Nürnberg stand; *G. W. K. Lochner* (Hrsg.): Des Johann Neudörfer Schreib- und Rechenmeisters zu Nürnberg Nachrichten von Künstlern und Werkleuten daselbst aus dem Jahre 1547. Wien 1875, S. 124f. Der Vater der beiden Brüder, Hans Krug d. Ä. (um 1455-Ende 1518/Anfang 1519), war ebenfalls bei der Stadt Nürnberg angestellt, und zwar von 1494-1500 als »Goldstreicher, Goldwäger und in der Schau« und von 1505 bis 1508 als reichsstädtischer Münzmeister. Er war wohl schon zu alt, um den von Neudörfer berichteten Wettstreit anzubieten; *Ernst Scholler*: Der Reichsstadt Nürnberg Geld- und Münzwesen in älterer und neuerer Zeit. Nürnberg 1916, S. 246-253.

33 *Cahn*: Medaillenporträts (wie Anm. 2), S. 165; *Habich*: Schaumünzen (wie Anm. 2), Bd. II,1, 1932, Nr. 1941; *Paul Arnold*: Medaillenbildnisse der Reformationszeit. Berlin 1967, S. 68f.; *Reber*: Albrecht (wie Anm. 8), Kat.-Nr. 48.

Abb. 10: Hans Reinhart, Albrecht von Brandenburg, Silber vergoldet, 1535, Nürnberg, Germanisches Nationalmuseum, Inv.Nr. Med 2184, Dm. 61 mm.

ADIVTOR QVEM TIMEBO ANN AEAT 45«.[34] Die Rückseite zeigt wiederum das Wappen des Mainzer Erzbischofs, die Umschrift nennt Namen und Titel des Kardinals sowie das Jahr der Herstellung: »ALBERT. CARD. MOG. ARCHIEP. MAGD. HALB. ADM. MARC. BRAND. ETC. 1535«. Hinzugekommen sind zwei Assistenzfiguren, eine männliche und eine weibliche, die in ihrer Funktion an Wappenhalter denken lassen. In Anlehnung an eine Miniatur des Nicklas Glockendon im »Missale Hallense« sind es die Patrone des Neuen Stifts zu Halle, die Heiligen Magdalena und Mauritius.[35]

Auch der letzte Auftrag Albrechts für Bildnismedaillen ging 1537 wohl wieder an Hans Reinhart (Abb. 11).[36] Der 48jährige Erzbischof ist im Profil

34 An dem Medaillenbildnis des Hans Reinhart von 1535 orientierte sich der Stempelschneider für Magdeburger Taler, die Albrecht 1536 prägen ließ. Allerdings ist der Ausschnitt kleiner gewählt.

35 Die Heilige wird auch fälschlich als heilige Barbara identifiziert, so *Cahn*: Medaillenporträts (wie Anm. 2), S. 165; *Habich*: Schaumünzen (wie Anm. 2), Bd. II,1, 1932, Nr. 1941, und *Reber*: Albrecht (wie Anm. 8), S. 87, Abb. 31. Habich erwähnt eine Variante, auf der die heilige Magdalena durch den heiligen Erasmus ersetzt ist.

36 *Cahn*: Medaillenporträts (wie Anm. 2), S. 8; *Habich*: Schaumünzen (wie Anm. 2), Bd. II,1, 1932, Nr. 1858.

Abb. 11: Hans Reinhart, Albrecht von Brandenburg, Silber vergoldet, 1537, Nürnberg, Germanisches Nationalmuseum, Inv.Nr. Med 5700, Dm. 33 mm.

Abb. 12: Hans Reinhart, Albrecht von Brandenburg, Gold, 1538, Nürnberg, Germanisches Nationalmuseum, Inv.Nr. Med 5695, Dm. 20 mm.

dargestellt mit glattem, nur knapp über die Ohren fallendem Haar. Das Gesicht ist voller geworden, das Doppelkinn ausgeprägt, und die Wangen hängen ein wenig herab. Bekleidet ist Albrecht mit dem schon bekannten flachen Birett und einer Jacke mit hohem Kragen aus Brokat. Umschrift: »DNVS. MIHI ADIVTOR QVEM TIMEBO ANNO AETATIS XLVIII«. Die Medaille orientiert sich an der Nürnberger Medaille von 1526, jedoch bot der Durchmesser von lediglich 33 mm zuwenig Platz für ein Brustbild. Das Wappen auf der Medaillenrückseite umgibt die Umschrift: »ALBERTVS CARDINALIS ET ARCHIEPVS. MOGVNT. ANNO MDXXXVII«. Auffällig ist, daß Albrecht seine Bistümer Magdeburg und Halberstadt nicht mehr nennt, das liegt sicherlich nicht nur an dem geringen Durchmesser der Medaille, da auf Medaillen üblicherweise abgekürzte Titel hier nahezu ungekürzt wiedergegeben sind. Von dieser Medaille ließ Albrecht 1538 nahezu identische kleinere Wiederholungen von weniger als 2 cm Durchmesser gießen (Abb. 12).[37] Lediglich die Jahreszahl wurde in 1538 geändert. Außerdem gab er eine Medaille mit einer neuen Bildnisbüste im Dreiviertelprofil in Auftrag mit der

37 *Cahn*: Medaillenporträts (wie Anm. 2), S. 8; *Habich*: Schaumünzen (wie Anm. 2), Bd. II,1, 1932, Nr. 1859.

Abb. 13: Hans Reinhart, Albrecht von Brandenburg, Silber vergoldet, 1537, Mainz, Landesmuseum, Dm. 43 mm.

Umschrift »DOMINVS MIHI ADIVTOR QVEM TIMEBO AETAT XLVIII«. Für die Wappenrückseite benutzte man das vorhandene Modell und vergrößerte es, indem man einen umlaufenden Kranz herumlegte (Abb. 13).[38] Es ist nicht ungewöhnlich, daß ein Medailleur ursprünglich nicht zusammengehörige Vorder- und Rückseitenmodelle miteinander verbindet und Maßdifferenzen durch die Hinzufügung von Ornamenten oder Kränzen ausgleicht. Mit dem Motiv des Dreiviertelprofils greift Albrecht auf seine erste Medaille von 1515 zurück. Die Umschrift nennt, wie immer, seine Devise und gibt das Alter mit 48 Jahren an. Auf dieser Medaille nun erscheint Albrecht sichtlich gealtert.

Eine Medaille Albrechts von Brandenburg als Grabbeigabe

Die in Nürnberg entstandene Medaille von 1526 kam noch einmal zu späten Ehren, als Albrecht in seinem Testament von 1540 verfügte, daß eine gegossene Tafel, deren Text er selbst festgelegt hatte, in seinen Sarg gelegt werden

38 *Johann Hieronymus Lochner*: Samlung Merkwürdiger Medaillen. Bd. 4, Nürnberg 1740, S. 257-264 (»Eine seltene grose und sehr erhabene Medaille auf den berühmten Cardinal und Churfürsten zu Mainz Albertum von Brandenburg«); *Cahn*: Medaillenporträts (wie Anm. 2), S. 7-8; *Habich*: Schaumünzen (wie Anm. 2), Bd. II,1, 1932, Nr. 1857; *Reber*: Albrecht (wie Anm. 8), Kat.-Nr. 49; *Speler* (Hrsg.): Melanchthon (wie Anm. 31), Nr. II.7.

Abb. 14: Conrad Gobel, Sargplatte für Albrecht von Brandenburg, Bronze, vor 1540, Berlin, Staatliche Museen, Kunstgewerbemuseum, Inv.Nr. K 4277, H. 226 mm, Br. 363 mm.

sollte. Allerdings hatte Albrecht bereits vor seinem Tode diese Platte nicht in Blei, wie es im Testament steht, sondern von dem Frankfurter Glockengießer Conrad Gobel in Bronze gießen lassen, wobei er sie so weit vorbereitet hatte, daß nur die aktuellen Daten seines Todes und seines erreichten Alters eingesetzt werden mußten. Im Giebel dieser bronzenen Sargplatte ist an zentraler Stelle die Nürnberger Medaille von 1526 eingelassen (Abb. 14). Man darf wohl davon ausgehen, daß gerade diese Medaille Albrecht so zeigt, wie er selbst gesehen werden wollte. Die Sargplatte wurde während der französischen Besatzung von Mainz 1792/93 aus dem Grab entwendet und gelangte um 1815 über den Kunsthandel in die Berliner Kunstkammer. Heute gehört sie dem Berliner Kunstgewerbemuseum.[39]

39 *Klaus Pechstein*: Bronzen und Plaketten. Kataloge des Kunstgewerbemuseums Berlin. Bd. 3, Berlin 1968, Nr. 177.

Es gibt nur wenige Beispiele dafür, daß man einem Verstorbenen sein eigenes Bildnis mit ins Grab gab. Eine Parallele findet sich bei Erasmus von Rotterdam, dessen Kontakte zu Albrecht von Brandenburg in Medaillenfragen schon angesprochen wurden. 1928 glaubte man, im Baseler Münster das Grab des Erasmus gefunden zu haben, dessen Lage man aufgrund schriftlicher Quellen und Beschreibungen bestimmt hatte. 1974 kam man nach erneuter Auswertung der Quellen zu einem anderen Ergebnis und fand an anderem Ort wiederum ein Grab.[40] Dieses Mal konnte man sicher sein, Erasmus gefunden zu haben, da in diesem Grab seine Medaille lag. Die Unterarme des Verstorbenen waren über sein Becken gelegt, und offenbar hielt eine Hand seine eigene Bildnismedaille. Wir wissen nicht, ob es der Wunsch des Erasmus war, daß ihm diese Medaille mit ins Grab gegeben wurde, oder ob es auf Veranlassung eines seiner Freunde geschah.

Verstorbenen ihre Medaille ins Grab zu legen war zweifelsohne nicht deren ureigentliche Bestimmung. Vielmehr sollten sie sowohl die äußere Erscheinung des Dargestellten – und zwar in einem auf der Medaille durch die Altersangabe exakt festgelegten Lebensabschnitt – wie auch seinen Rang und seine Ämter den Zeitgenossen zur Kenntnis geben und den Nachkommenden ins Gedächtnis rufen, das heißt dazu beitragen, daß die im Medaillenbildnis festgehaltene Person nicht in Vergessenheit gerät. Medaillen hatten also eine doppelte Funktion: eine aktuelle und eine langfristige. In einem kurzen, überschaubaren Zeitraum dienten sie dem Porträtierten als Repräsentationsstück, langfristig sollten sie das »Gedächtnis« befördern. Kaum einer seiner Zeitgenossen hat wie Albrecht bereits in jungen Jahren Medaillen zu Repräsentationszwecken eingesetzt. Schon Kaiser Maximilian läßt seinen Weißkunig sagen: Wer zu seinen Lebzeiten nichts für sein Gedächtnis tut, dessen Andenken verlischt mit dem Klang der Totenglocke.[41] Albrecht von Brandenburg hat diesen Gedanken aufgegriffen und sehr ernst genommen. Dachte er womöglich schon an spätere Betrachter seiner Medaille, als er bereits 1537 darauf verzichtete, seine Titel als Erzbischof von Magdeburg und Administrator von Halberstadt zu nennen? Er konnte bereits absehen, daß er den Verlust dieser beiden Bistümer nicht würde verhindern können. Man darf wohl auch fragen, ob Albrecht auf seinen Medaillen wie auch auf seinen Kupferstichen bewußt das für seine Zwecke

40 *Bruno Kaufmann*: Das Grab des Erasmus im Basler Münster, in: Erasmus (wie Anm. 18), S. 66f.

41 Der Weiß Kunig. Eine Erzehlung von den Thaten Kaiser Maximilian des Ersten. Wien 1775 (Nachdruck: Weinheim 1985), Kap. 24.

modifizierte Vergil-Zitat unverändert im Imperfekt stehenließ, weil er auch nach seinem Tode den Betrachter ansprechen wollte.[42] Sehr unterschiedliche Medien setzte Albrecht zur Pflege seines Gedächtnisses ein, seinen Medaillen teilte er dabei eine wichtige Rolle zu.

An einmal gefundenen Lösungen hielt Albrecht über mehr als zwanzig Jahre fest. Auf allen Medaillen erscheint auf der Vorderseite sein Bildnis als Bischof, überwiegend im Profil und vereinzelt auch in Dreiviertelansicht, und auf der Rückseite sein Wappen, nur einmal ergänzt durch Assistenzfiguren. Die 1526 in Nürnberg gegossene Medaille wird vorbildlich für die in späteren Jahren gefertigten. Bildnis, Wappen, Devisen und Umschriften werden weitgehend beibehalten und nur wenig modifiziert. Wie bei allen seinen Aufträgen hat Albrecht mit sicherem Blick die besten Medailleure seiner Zeit für sich arbeiten lassen und die eben erst erblühte deutsche Medaillenkunst nachhaltig gefördert.

Exkurs: Subtexte auf der Nürnberger Medaille Albrechts von Brandenburg von 1526

Horst H. Figge hat kürzlich im »Anzeiger des Germanischen Nationalmuseums« seine Ergebnisse zu Subtexten auf Medaillen der Vischer-Werkstatt vorgestellt.[43] Figge betont, daß Medaillen nicht allein geschaffen wurden, um betrachtet, sondern auch, um gelesen zu werden. Er hat sich daher mit Medailleninschriften befaßt, und ich möchte weitgehend seine Ergebnisse zu der 1526 in der Nürnberger Vischer-Hütte gegossenen Medaille auf Albrecht von Brandenburg referieren. Figge geht davon aus, daß die recht komprimierten Umschriften auf Medaillen mitunter Inhalte vermitteln, die sich nicht allein durch Interpretation des Textes erschließen lassen, sondern durch Rekonstruktion entschlüsselt werden müssen. Auf der einen Seite bieten Texte und vor allem Subtexte Möglichkeiten einer zusätzlichen Informationsvermittlung, auf der anderen Seite sind sie eine reizvolle intellektuelle Herausforderung gleichermaßen für den Verfasser wie für den Betrachter einer Medailleninschrift. Die Beobachtung, daß Buchstaben- und Wortabstände der Umschrift der Medaille auf Albrecht von Brandenburg

42 Der Zusammenhang, aus dem das Zitat genommen ist, kann diese Interpretation unterstützen. Anchises verabschiedet sich von Andromache, die ihn mit reichen Geschenken entläßt, da Anchises sie an ihren verstorbenen Sohn Astyanax erinnert.

43 *Horst H. Figge*: Zur Text- und Bildgestaltung auf Medaillen der Nürnberger Vischer-Hütte, in: Anzeiger des Germanischen Nationalmuseums 2000, S. 7-24.

Abb. 15a: Nürnberger Meister, Albrecht von Brandenburg, 1526, mit Teilungen zur Identifizierung von Subtexten.

ungleichmäßig verteilt sind, legt die Vermutung nahe, daß sich dahinter eine Absicht verbirgt. Auf die unterschiedliche Lesart des zweiten Teils der Devise als Frage- oder Relativsatz wurde schon hingewiesen. Der Relativsatz könnte zugleich auch die Frage beantworten: Wen sollte ich fürchten? Gott soll ich fürchten. Gottesfurcht ist die Grundlage aller Weisheit. »Timor domini initium sapientiae«, kommt häufiger auf Medaillen vor, etwa auf der schon genannten auf Willibald Pirckheimer von 1517.[44]

Während in der Umschrift dieser Medaille in aller Regel einfache Punkte die einzelnen Worte voneinander absetzen, steht am Ende der Devise

44 *Habich*: Schaumünzen (wie Anm. 2), Bd. I,1, 1929, Nr. 17.

Abb. 15b.

ein kleines Ornament. Dieses Ornament markiert den Ausgangspunkt weiterer Überlegungen. Teilt man die Umschrift in drei gleich große Teile, dann nimmt die Datierung genau 1 Drittel ein (Abb. 15a). Die Trennung zwischen den beiden restlichen Dritteln gibt eine weitere mögliche Lesart an: »DO MINVS MIHI A DIV, TORQVEM TIMEBO« (Schon seit langem gebe ich mir [gestatte ich mir] weniger; ich habe Marter zu fürchten). Möglich ist außerdem im 2. Drittel: »DOMINVS MIHI A DIV« (Du bist mir Herr seit langem). Rechts und links des Ornaments, im Blick des Kardinals, stehen »A« und »O«, Alpha und Omega, Anfang und Ende oder auch Christus selbst. Drittelt man den Medaillendurchmesser (Abb. 15b), kann man lesen: »O MINVS TIMEBO« – das »O« als das Ende oder

Abb. 15c.

den Tod habe ich weniger zu fürchten, wobei zu ergänzen ist: als den Herrn beim Jüngsten Gericht. Rufen wir uns in Erinnerung, daß zur Zeit der Entstehung dieser Medaille der erst 35 Jahre alte Albrecht bereits sein Grabmal plante. 1525, nur ein Jahr zuvor, hatte Peter Vischer d. Ä. in seiner Nürnberger Werkstatt eine Bronzeplatte mit dem Bildnis des Erzbischofs in ganzer Figur gegossen, vorgesehen für sein aufwendiges Grabmal im »Neuen Stift« in Halle.[45] Gedanken an den eigenen Tod wie an sein Nachleben beschäftigten Albrecht in diesen Jahren.

45 Die Grabanlage Albrechts blieb unvollendet; die Bronzeplatte befindet sich heute in der Stiftskirche St. Peter und Alexander in Aschaffenburg. Siehe *Hauschke*: Paragone (wie Anm. 30), S. 235-238, sowie *Kerstin Merkel*: Jenseits-Sicherung. Kardinal Albrecht von Brandenburg und seine Grabdenkmäler. Regensburg 2004.

Abb. 15d.

Halbiert man die Medaille, wobei der Durchmesser wiederum durch das Ornament gelegt wird (Abb. 15c), kann man die Umschrift einem Unbekannten in den Mund legen, der sich bei Albrecht bedankt: »ANN AETAT XXXVII DOMINVS. MIHI ADIVTOR, QVEM TIMEBO« (Der Herr ist 37 Jahre alt. Er ist mir Helfer, den ich fürchten soll – oder auch: Wen habe ich zu fürchten!?) Die Halbierung der oberen Hälfte verläuft genau vor dem Wort »QVEM«, womit die beiden Möglichkeiten – wiederum als Frage – oder als Relativsatz – unterstrichen werden. Teilt man die Medaille senkrecht (Abb. 15d), was eine weitere Halbierungsmöglichkeit der linken Hälfte anbietet, bleibt: »DOMINVS MIHI ADIVTORQVE«. Es würde erneut der schon genannte Unbekannte über Albrecht sagen: Er ist für mich Herr und Helfer. Auch die Datierung der Medaille läßt sich in der Zusammenschau von Bild und Umschrift entschlüsseln (Abb. 15e).

Abb. 15e.

Verlängert man die markanten Linien des Bildnisses, die auf die Umschrift hinzielen, so werden die Buchstaben »AN MDXXVI« markiert, also: im Jahre 1526.

Die Anordnung der einzelnen Worte und Buchstaben der Umschrift wie auch die Zuordnung der Umschrift zum Bild legen es nahe, daß ein guter Lateiner eher spielerisch diese oder auch andere Möglichkeiten einer zusätzlichen oder erweiterten Textinterpretation mitbedacht hat. Chronogramme, Chronostichen, Chronodistichen oder Anagramme sind uns heute noch geläufig, aber die Möglichkeit von Subtexten ist weitgehend aus dem Blickfeld geraten. Das mag darin begründet sein, daß man diese Wort- und Witzspielereien abgetan hat – und das war nicht erst das aufgeklärte 19. Jahrhundert, sondern bereits die Zeitgenossen Albrechts von Brandenburg, etwa

Martin Luther in einem Tischgespräch, haben sich abfällig über diese intellektuellen Spitzfindigkeiten geäußert: »Als ich jung war, da war ich gelehrt ... da ging ich mit Allegorien, Tropologien, Anagogien um und machte lauter Kunst. ... Ich weiß [jetzt], daß es lauter Dreck ist. ... Denn der Wortsinn, der tuts; da ist Leben, Trost, Kraft, Lehre und Kunst drinnen daß andere ist Narrenwerk, obwohl es hochgleißt.«[46]

Abbildungsnachweis:
1: Wien, Kunsthistorisches Museum, Münzkabinett; 2, 3: Verfasser; 4-6, 8-12: Nürnberg, Germanisches Nationalmuseum; 7: Aschaffenburg, Hofbibliothek; 13: Mainz, Landesmuseum; 14: Berlin, Staatliche Museen – Preußischer Kulturbesitz, Kunstgewerbemuseum; 15: Freiburg, Horst H. Figge

46 Zitiert nach *Heinrich Fausel*: D. Martin Luther. Leben und Werk, Teil 2: 1522-1546. München 1966, S. 376.

MICHAEL WIEMERS

Sebald Behams Beicht- und Meßgebetbuch für Albrecht von Brandenburg

Wie ist es zu erklären, daß Albrecht von Brandenburg nicht nur den Luther-Freund Lucas Cranach, sondern in den 30er Jahren des 16. Jahrhunderts auch ausgerechnet einen Künstler für sich arbeiten ließ, den man wenige Jahre zuvor wegen »Gottlosigkeit« aus seiner Heimatstadt verwiesen hatte? Angesprochen ist Sebald Beham, der zusammen mit seinem Bruder Barthel und Georg Pencz als einer der »drei gottlosen Maler von Nürnberg« in die Kunstgeschichte eingegangen ist.[1] Den Prozeß hatte man ihm gemacht, nachdem sich herumgesprochen hatte, daß er in seiner Werkstatt mancherlei Zweifel am Christentum, aber auch an der Obrigkeit geäußert hatte. Den beiden anderen warf man ähnliches vor. Daß Sebald Beham, der um 1525 des öfteren via Graphik gegen den Papst und für Luther Partei ergriffen hatte, dann ausgerechnet für den »Primas Germaniae« arbeiten und dabei beachtliche Kunstwerke produzieren durfte, macht ihn hier für uns interessant.

Nach den Nürnberger Turbulenzen hatte sich Sebald Beham um 1530 in Frankfurt niedergelassen, das zu Albrechts Bistum Mainz gehörte. Und dort war er mindestens zweimal für den Kardinal tätig. Im Louvre befindet sich heute eine von Sebald Beham bemalte Tischplatte, auf der er sich unter anderem selbst zeigt.[2] Der Tisch könnte, wie zu vermuten ist, einmal in der Moritzburg zu Halle gestanden haben. Denn das inschriftlich bezeugte Entstehungsjahr des Werkes, 1534, fällt zusammen mit Albrechts längerem Aufenthalt in der Saalestadt. Die darauf gezeigten Historien kreisen um Davids

1 Zu Sebald Beham vgl. *Alison Stewart*, in: Jane Turner (Hrsg.): The Dictionary of Art. Bd. 3, London/New York 1996, S. 505-508; *I. Kalden/J. Rosenfeld*, in: Allgemeines Künstlerlexikon. Bd. 8, München/Leipzig 1994, S. 291-293; *Herbert Zschelletschky*: Die »drei gottlosen Maler« von Nürnberg. Sebald Beham, Barthel Beham und Georg Pencz. Historische Grundlagen und ikonologische Probleme ihrer Graphik zu Reformations- und Bauernkriegszeit. Leipzig 1975; *Robert A. Koch* (Hrsg.): The Illustrated Bartsch, Bd. 15 (ehemals Bd. 8, T. 2) Early German Masters. (...). New York 1978; *Gustav Pauli*: Hans Sebald Beham. Ein kritisches Verzeichnis seiner Kupferstiche, Radierungen und Holzschnitte. Mit Nachträgen sowie Ergänzungen und Berichtigungen. (Studien zur deutschen Kunstgeschichte, Bd. 134, 246, 333.) Baden-Baden 1974 (1. Aufl. 1901).

2 *Michael Wiemers*: Der Kardinal und die Weibermacht. Sebald Beham bemalt eine Tischplatte für Albrecht von Brandenburg, in: Wallraf-Richartz-Jahrbuch 63, 2002, S. 217-236.

Ehebruch mit der schönen Bathseba, ein berühmtes Sujet mit deutlich moralischem Unterton, das sich gemeinsam mit Vergleichbarem auch anderenorts in fürstlichen Privaträumen findet.[3]

Doch soll es hier um eine Arbeit gehen, mit der sich Sebald Beham erstmals als Künstler in Albrechts Diensten fassen läßt – und zwar im Jahre 1531. Es handelt sich um ein heute in der Hofbibliothek Aschaffenburg aufbewahrtes Beicht- und Meßgebetbuch.[4] Dürers berühmter »Kleiner Kardinal« schmückt die Innenseite des Buchdeckels. Das Gebetbuch scheint dem Kardinal am Herzen gelegen zu haben. Am 4. März 1531 signierte und datierte er es mit eigener Hand[5], genauso übrigens wie ein aufwendig ausgestaltetes Stundenbuch, das er am gleichen Tag erhielt.[6]

Gelegentlich wird die Handschrift, um die es hier geht, auch als Behamsches Gebetbuch bezeichnet, obwohl noch weitere Künstler an seiner Ausstattung teilnahmen. Das aus 73 Blättern bestehende Buch enthält neun ganzseitige Miniaturen, davon sechs von Sebald Beham. Der Nürnberger Georg Stierlein war demgegenüber für Initialen und Rankenornamente zuständig. Auch Stierlein erhielt mehrfach Aufträge des Kardinals, genauso wie Nikolaus Glockendon, der dritte Künstler, der einen Beitrag zu Albrechts Gebetbuch in Form von zwei Miniaturen leistete. Als vierter kommt schließlich der heute unbekannte Schreiber hinzu.

Zusammenfassend gesagt, kreist Albrechts Beicht- und Meßgebetbuch um Sünde, Reue, Vergebung und Eucharistie und bietet für all dies Gebete, die unterschiedlichen Quellen entnommen sind. Nur zum Teil schließt es sich in diesem Sinne an die recht heterogene Tradition von Buß- und Beichtbüchern sowie Beichtspiegeln an.[7] Gleichgewichtig stellt es seinem geist-

3 Vgl. z.B. Wiemers: Kardinal (wie Anm. 2), S. 228.

4 Vgl. dazu vor allem *Josef Hoffmann/Hans Thun*: Die Handschriften der Hofbibliothek. Aschaffenburg 1978, S. 93-95; weiterhin *Alfons W. Biermann*: Die Miniaturenhandschriften des Kardinals Albrecht von Brandenburg (1514-1545), in: Aachener Kunstblätter 46, 1975, S. 193f., 232-239, 250, 257; *Horst Reber*: Albrecht von Brandenburg. Kurfürst, Erzkanzler, Kardinal, 1490-1545. Hrsg. von Berthold Roland, mit Beiträgen von Friedhelm Jürgensmeier/Rolf Decot/Peter Walter. (Ausstellungskatalog) Mainz 1990, S. 198-200; *Thomas Labusiak*, in: Rainhard Riepertinger u.a. (Hrsg.): Das Rätsel Grünewald. Katalog zur Landesausstellung 2002/03 Schloß Johannisburg, Aschaffenburg. (Veröffentlichungen zur bayerischen Geschichte und Kultur, Bd. 45/02.) Augsburg 2002, S. 227f. Nr. 109.

5 Hofbibliothek Aschaffenburg: Ms. 8, Bl. 1r.

6 Hofbibliothek Aschaffenburg: Ms. 9. Vgl. dazu *Reber*: Albrecht (wie Anm. 4), S. 201ff.; *Labusiak* (wie Anm. 4), S. 231.

7 Zu Bußbüchern vgl. *A. J. Frantzen*: Bußbücher, in: Lexikon des Mittelalters. Bd. 2, München/Zürich 1983, Sp. 1118-1123.

lichen Leser auch verschiedene Gebete zur Vorbereitung auf die Messe vor Augen. Die Miniaturen markieren dabei den Anfang jedes Kapitels und schaffen ein bildliches Pendant zum Text, ohne ihn jedoch im strengeren Sinne zu illustrieren. Betrachten wir die Bilder, die Beham hier beisteuerte. Wie wird der »gottlose Maler aus Nürnberg« seiner Aufgabe gerecht? Wo bezieht er sich auf die Vorgaben anderer? In welcher Weise wird er zum Künstler, der zur Selbstdarstellung des Brandenburgers beiträgt?

Die Darstellung der Beichte macht in Albrechts Gebetbuch nach seinem Wappen den Anfang. Sie steht vor einem Textteil mit Beichtspiegeln und Beichtgebeten. Beham zeigt einen vornehm in Blau gekleideten Herrn mit dunklem Pelzkragen, Goldkette und Haube, dem der Priester auf einem prächtigen gotischen Beichtstuhl sein Ohr zuneigt. Isolierte bildliche Darstellungen der Beichte sind nicht häufig. Bemerkenswert ist deshalb die Nähe zu den Holzschnitten, die 1529 und 1530 in der Wittenberger und der Augsburger Ausgabe von Martin Luthers Großem Katechismus publiziert wurden.[8] Hier entspricht das Gegenüber von Beichtvater und kostbar gekleidetem Beichtling jeweils in etwa dem bei Beham Dargestellten, auch wenn es Unterschiede in der Auffassung des Beichtstuhls und des Innenraums gibt.[9]

Ähnliches gilt für die Darstellung der Kommunion.[10] Die entsprechenden Illustrationsholzschnitte in den erwähnten Ausgaben des Großen Katechismus lassen sich mit der abschließenden Miniatur des Behamschen Gebetbuches[11] parallelisieren, auf dem ein Adliger mit Hermelinkragen die Hostie empfängt, vielleicht sogar der gleiche, der anfangs beichtend gezeigt wurde. Wenn sich Behams Darstellung nun tatsächlich konkret von diesen Holzschnitten ableitet, dann wäre das ein wenig pikant und würde zur Wahl

8 Vgl. dazu *Gertrud Schiller*: Ikonographie der christlichen Kunst. Bd. 4,1: Die Kirche. 2. Aufl. Gütersloh 1988, S. 153, 330 für die Wittenberger Ausgabe des Großen Katechismus von 1529. Für den entsprechenden Illustrationsholzschnitt zur Beichte in der Augsburger Ausgabe des Großen Katechismus von 1530 vgl. *Schiller* (s.o.), S. 331, Abb. 395, hier Hans Weiditz zugeschrieben. Letzterer findet sich als Illustration bereits im »Taschen büchlin Auß ainem closter an dem Riess«, Augsburg 1514, und ist auch schon Hans Schäufelein zugeschrieben worden; *Karl Heinz Schreyl*: Hans Schäufelein. Das druckgraphische Werk. Bd. 1, Nördlingen 1990, S. 104f. Nr. 462.

9 Siehe *Martin Luther*: Deütsch Catechismus gemeret mit einer neüen unnderricht und vermanung zu der Beycht. Augsburg 1530.

10 Vgl. dazu *Schiller*: Ikonographie (wie Anm. 8), S. 153, 330. Vgl. ebenso einen Illustrationsholzschnitt von Hans Schäufelein, publiziert in *Heinrich Seuse*: Via felicitatis. Augsburg 1513; vgl. *Schreyl*: Schäufelein (wie Anm. 8), Bd. 1, S. 124 Nr. 693.

11 Hofbibliothek Aschaffenburg: Ms. 8, Bl. 65v.

des unbequemen Künstlers passen. Es ist gut möglich, daß Sebald Beham Luthers Katechismus besaß und auch als Ideenfundus für seine Kunst einsetzte.

In welcher Weise Beham das Reservoir der bereits von anderen erfundenen Bildformeln nutzte und welche Probleme dies für die inhaltliche Interpretierbarkeit mit sich bringt, zeigt sich in der Miniatur, die der Darstellung der Beichte folgt.[12] Die Forschung hat Schwierigkeiten mit der richtigen Identifikation des Themas gehabt: Unter anderem von einer »Darstellung der Bußstrafen« ist in der Literatur die Rede. Eine »körperliche Züchtigung«[13] wurde hier gesehen, weil man offenbar den Aspergill in der Hand des Priesters, also die Zweige zum Besprengen mit Weihwasser, für eine Rute zum Schlagen hielt. Alfons Bierman spricht – m.E. noch abwegiger – von einem Ritterschlag.[14]

Die Miniatur steht am Beginn eines Abschnitts mit den sieben Bußpsalmen. Von hier ergibt sich ein Schlüssel zum Verständnis der Darstellung. Das Beten der sieben Bußpsalmen war nämlich ein Teil der »poenitentia solemnis« oder kanonischen Buße, jenes öffentlichen und normalerweise nur vom Bischof zu zelebrierenden Bußritus für schwere Sünder, die durch ihr Vergehen die Kirchenmitgliedschaft verloren hatten.[15] Zum Bußeröffnungsritus einer kanonischen Buße gehörte neben dem Beten der 7 Bußpsalmen die Besprengung mit Weihwasser. Wichtig ist in diesem Zusammenhang der Bärtige im Hintergrund. Er trägt ein Gefäß für das Weihwasser, mit dem der Büßer gesegnet wird.

Dennoch ist Behams Darstellung nicht im strengen Sinne korrekt, sondern vor allem in einem Kunst-Kontext zu verstehen. Vergleicht man zum Beispiel die bildliche Darstellung der kanonischen Buße in der venezianischen Ausgabe des ›Pontificale Romanum‹ von 1520[16], dann sieht man, daß die Büßer natürlich nicht halbnackt in der Kirche erschienen – nackt waren nur ihre Füße! Nun wäre von Sebald Beham weder zu erwarten, daß er Besitzer eines Pontifikales war, noch daß er wußte, wie eine »poenitentia

12 Hofbibliothek Aschaffenburg: Ms. 8, Bl. 28v.

13 *Labusiak* (wie Anm. 4), S. 227; *Hofmann/Thun*: Handschriften (wie Anm. 4), S. 93.

14 *Biermann*: Miniaturenhandschriften (wie Anm. 4), S. 232.

15 Zur »poenitentia solemnis« vgl. *Reinhard Messner*: Bußriten, in: Lexikon für Theologie und Kirche. Bd. 2, Freiburg u.a. 1994, Sp. 841-843; siehe auch *Thomas N. Tentler*: Sin and Confession on the Eve of the Reformation. Princeton 1977, S. 4ff., 16ff.; *Reinhard Meßner*: Feiern der Umkehr und Versöhnung, in: Hans Bernhard Meyer (Hrsg.): Gottesdienst der Kirche. Handbuch der Liturgiewissenschaft. T. 7,2, Regensburg 1992, S. 84-186.

16 Pontificale romanum. Venedig 1520, Bl. 174r.

solemnis« im einzelnen ablief. Es ist anzunehmen, daß er hier eine etwas unpräzise Anweisung erhielt und im übrigen auf sich selbst gestellt war. Trotzdem gibt es eine bildliche Vorlage, wenngleich diese auch nichts mit der »poenitentia solemnis« zu tun hat.

Es handelt sich um einen um 1510 entstandenen Holzschnitt von Albrecht Dürer, dessen Thema in der Literatur mit »Der Büßer« oder »Buße des Königs David« umschrieben wird.[17] Auf Dürers Ikonographie einzugehen würde in unserem Zusammenhang zu weit führen. Es ist jedoch klar, daß Dürers bildliche Vorgabe inhaltlich nicht mit dem identisch ist, was Beham für Albrechts Gebetbuch auszuführen hatte. Offenkundig ist, daß Beham mit seiner Figur des Büßers einen Teil des Haltungsmotivs, die Nacktheit und die Auffassung des um die Hüften geschlungenen Gewandes von dem Dürer-Holzschnitt übernahm, sogar bis hin zu Einzelheiten wie dem Faltenwurf. Dürers Büßer geißelt sich, dies begründet seine Nacktheit am Altar. Für Beham ist Dürers Vorgabe jedoch schon zur allgemeinen Formel für öffentliche Selbstkasteiung und Buße geworden, die auch ohne Geißel eingesetzt werden konnte, wenn es nun um die Segnung des reuigen Sünders gehen sollte. So dürfte auch die Präsenz von Kreuz und Schwert am Altar weniger Ausdruck der Kenntnis von tatsächlich stattfindenden Riten sein. Vielleicht darf man darin einen Hinweis auf die Dualität von weltlicher Macht und dem Anspruch Christi lesen, der dem Büßer hier vor Augen gestellt wird.

Dürer ist als Vorbild für die Entstehung von Behams Miniaturen auch noch ein weiteres Mal entscheidend. So ist ohne Zweifel Behams Darstellung der Gregorsmesse, die in der Aschaffenburger Handschrift am Anfang eines Abschnitts mit Gebeten Gregors zur »imago pietatis« steht, von einem Dürer-Holzschnitt abgeleitet.[18] Dürers Graphik, auf 1511 datiert, mißt

17 Darauf ist bereits verschiedentlich aufmerksam gemacht worden; *Hofmann/Thun*: Handschriften (wie Anm. 4), S. 94. Bislang wurde jedoch nicht problematisiert, in welchem Verhältnis die Übernahme einer Dürerschen Bildidee zum hier intendierten Inhalt steht.

18 Hofbibliothek Aschaffenburg: Ms. 8, Bl. 63v. Zur Übernahme der Bildidee von Dürer *Hofmann/Thun*: Handschriften (wie Anm. 4), S. 94. Zur Gregorsmesse allgemein vgl. *Uwe Westfehling*: Die Messe Gregors des Großen. Vision, Kunst, Realität. (Ausstellungskatalog) Köln 1982; *Karsten Kelberg*: Die Darstellung der Gregorsmesse in Deutschland. Diss. Münster 1983; ein im Druck befindlicher Aufsatz von Susanne Wegmann (in: Thomas Lentes/Andreas Gormans: Das Bild der Erscheinung: Die Gregorsmesse im Mittelalter. Berlin 2005) und die von Frank Günther Zehnder betreute Diss. von Claudia Rutscheid werden zu diesem Punkt weitere Ergebnisse bringen. Mein besonderer Dank geht hier an Andrea Thiele (Halle/Saale) für viele Anregungen und einen fruchtbaren Gedankenaustausch in Sachen Gregorsmesse.

29,5 × 20,5 cm, ist also wesentlich größer als Behams Miniatur mit ihren 16,7 × 12 cm. Dementsprechend und natürlich wegen des recht dominanten Rahmens vereinfachte und verkleinerte sich hier manches Motiv, das bei Dürer noch wesentlich beeindruckender aussah, allem voran natürlich die Erscheinung des Schmerzensmannes. Doch wesentliche Motive von der Komposition über die Haltung vieler Figuren bis hin zu Details behielt Sebald Beham bei. Man beachte zum Beispiel den sich seinem Nachbarn zuwendenden Kardinal, der Gregors Tiara trägt. Er ist eine seitenverkehrte Wiederholung einer Figur im Hintergrund von Dürers Holzschnitt.

Die Veränderung eines Details sollte erläutert werden. In Behams Gregorsmesse liegt der Kelch auf dem Altartisch, bei Dürer steht er darauf. Auch wenn sich bei Beham zunächst Assoziationen mit einem »umgestoßenen Kelch« ergeben mögen, ist das Motiv weder ungewöhnlich noch anstößig. Karsten Kelberg macht auf Vergleichsbeispiele in Süddeutschland und auch auf Darstellungen der Gregorsmesse mit umgedrehtem Kelch aufmerksam.[19] Ein Vergleich mit einem Holzschnitt des Hans Schäufelein aus der 1513 in Augsburg publizierten Ausgabe von Seuses »Via felicitatis«, auf dem ein liegender Kelch bei der Vorbereitung auf eine Messe gezeigt wird, läßt wohl nur einen Schluß zu: der Kelch ist noch nicht benutzt. Im Kontext der Gregorsmesse muß dies bedeuten: Er wird bereitgehalten für das Blut Christi.[20]

Auch in einer weiteren Miniatur des Behamschen Gebetbuches liegt der Kelch auf dem Altar. Es handelt sich um ein Bild, auf dem ein Bischof sich dem Altar nähert und wohl gleich in Anwesenheit von geistlichen und weltlichen Würdenträgern mit der Messe beginnen wird. Es illustriert einen Textteil mit Gebeten zum Beginn und zum Abschluß der Messe, der dem oben erwähnten vorausgeht.[21] Schaut man sich das Bild genauer an, fällt auf, daß auch hier vieles aus dem Dürerschen Holzschnitt übernommen wurde. Das betrifft nicht nur die Komposition. Überraschend ist zum Beispiel die Übereinstimmung des links neben dem Bischof Knienden, der bis zu den Troddeln auf dem Rückenteil seines Meßgewands der entsprechenden Figur bei Dürer ähnelt. Ebenso gleicht sich der Bischof in Haltung und fromm weisender Gestik Dürers und damit auch Behams eigenem Papst Gregor an. Es ist wenig wahrscheinlich, daß Beham hier aus Phantasielosig-

19 *Kelberg*: Gregormesse (wie Anm. 18), S. 79. Kelberg weist auf die Interpretation des liegenden bzw. umgedrehten Kelches »als Zeichen für die beendete Messe« hin. Die von mir angeführten Vergleichsbeispiele sprechen gegen eine solche Interpretation.

20 *Schreyl*: Schäufelin (wie Anm. 8), Bd. 1, S. 123 Kat. 678.

21 Vgl. zu diesem Textteil *Hofmann/Thun*: Handschriften (wie Anm. 4), S. 94.

keit oder arbeitsökonomischen Gründen ein solches Motiv wiederholt. Der Bezug zur Gregorsmesse soll wohl hier auf die unsichtbare Präsenz Christi am Altar weisen – und an diesem Punkt müßte man nun von einer deutlichen »ikonographischen Anweisung« seines Auftraggebers ausgehen, die Beham umzusetzen hatte.

Wie die Bilderfindungen der Meister um Albrecht Dürer mit ihrem Vorbild und untereinander zusammenhängen, zeigt eine weitere von Schäufeleins Holzschnittillustrationen für die erwähnte Ausgabe der »Via felicitatis«. Auf dem darin abgedruckten Bild der Gregorsmesse stimmt manches Detail mit dem Entsprechenden sowohl bei Dürer als auch bei Beham überein. Bezüge ergeben sich zudem zwischen Schäufelins Figur eines Betenden vor einem Beinhaus und Behams Darstellung Albrechts von Brandenburg, der sich auf die Messe vorbereitet.[22]

Wir müssen, um hier die Zusammenhänge richtig zu erfassen, noch näher auf das Bild mit der Vorbereitung auf die Meßfeier eingehen. Es ist Texten zugeordnet, die sich auf das Anlegen des bischöflichen Ornats vor der Messe beziehen. Das Waschen der Hände, mit dem der Abschnitt beginnt, sowie jedes einzelne Kleidungsstück ist Anlaß für ein damit verbundenes Gebet.

Unbestreitbar handelt es sich bei dem auf der dazugehörigen Miniatur vor dem Altar Knienden um Albrecht selbst. Ein Blick auf Dürers ›Großen Kardinal‹ von 1523 zeigt, daß sich der Maler im begrenzten Rahmen des Mediums und seiner Dimensionen um Porträtähnlichkeit bemühte. Natürlich ist es in diesem Fall wichtig, daß sich der Auftraggeber auf der Miniatur selbst erkennt. Doch es gibt ein Indiz für die Vermutung, daß man Beham nicht nur bei der Einfügung des Kardinalsbildnisses auf die Finger schaute. Im Berliner Kupferstichkabinett hat sich eine Reihe von Zeichnungen aus der Hand von Sebald Beham erhalten, welche die Miniaturen des Gebetbuches schon recht genau vorplanen.[23] Darunter ist ein Entwurf für die Aschaffenburger Miniatur mit der Meßvorbereitung. Fast alle Bildelemente des später ausgeführten Bildes waren dem Zeichner offenbar hier schon so klar, daß er sie mit sicheren Strichen zu Papier bringen konnte. Nur ein – anscheinend wichtiges – Detail fehlt: der Geistliche mit Talar und Birett, der auf der Miniatur im Hintergrund zwischen einem nahezu identisch Gekleideten und dem Bärtigen steht. Durch die Einfügung dieser Figur hat

22 *Schreyl*: Schäufelin (wie Anm. 8), Bd. 1, S. 123 Kat. 679 (Gregorsmesse), S. 124 Kat. 689 (Betender).

23 *Biermann*: Miniaturenhandschriften (wie Anm. 2), S. 232-238; *Labusiak* (wie Anm. 4), S. 228.

sich für die Qualität der Komposition nichts verbessert; eher ist das Gegenteil der Fall. Doch offenbar war es für den Auftraggeber wichtig, daß die Figur hier eingefügt wurde.

Der Rahmen für die Suche nach dieser Persönlichkeit ist abgesteckt durch ihren geistlichen Stand und die Tatsache, daß es da offensichtlich ein Pendant in einer vergleichbaren Position gab. Es würde in den Zusammenhang passen, wenn die beiden Geistlichen hinter Kardinal Albrecht die beiden Mainzer Kanoniker wären, die das Domkapitel – wenn auch nicht allzugern – für Albrechts Rat zur Verfügung stellen mußte.[24]

Von besonderer Bedeutung scheint der unmittelbar hinter Albrecht stehende Fürst zu sein, der sich würdevoll auf sein Schwert abstützt, so als solle hier auf das Gegenüber von geistlicher und weltlicher Macht verwiesen werden. Möglicherweise wird so auf ein zeremonielles Detail verwiesen, denn normalerweise dürfte es wohl kaum üblich gewesen sein, am Altar derart demonstrativ seine Waffe zu zeigen. Das zeremonielle Schwert ist dem Amt des Marschalls zugeordnet, so wie es etwa in der Hand von Albrechts Erzmarschall Philipp von Hessen auf dem Frontispiz der Diettenberger-Bibel von 1534 zu sehen ist.[25] Daß dieser hier nicht gemeint sein kann, zeigt ein Vergleich der Köpfe. 1531 war Wolf von Möhrlein gen. Beheim Albrechts Hofmarschall, dessen Grabfigur in der Aschaffenburger Stiftskirche aber wahrscheinlich ebensowenig mit dem Bärtigen der Aschaffenburger Miniatur in Bezug gesetzt werden kann.[26] So bleibt die Frage, ob damit der Reichsmarschall oder

24 Diese Verpflichtung gab es seit 1459; vgl. dazu *Hans Goldschmidt*: Zentralbehörden und Beamtentum im Kurfürstentum Mainz vom 16. bis zum 18. Jahrhundert. (Abhandlungen zur Mittleren und Neueren Geschichte, Bd. 7.) Berlin/Leipzig 1908, S. 45; *Michael Hollmann*: Das Mainzer Domkapitel im späten Mittelalter. Mainz 1990, S. 204.

25 Für eine Abbildung des Frontispizes vgl. *Reber*: Albrecht (wie Anm. 4), S. 241 Kat.-Nr. 116.

26 Für das Grabdenkmal des im Jahre 1539 verstorbenen Wolf von Möhrlein, gen. Beheim vgl. *Felix Mader*: Die Kunstdenkmäler von Unterfranken und Aschaffenburg, H. 19: Stadt Aschaffenburg. (Die Kunstdenkmäler des Königreichs Bayern, Bd. 3: Regierungsbezirk Unterfranken und Aschaffenburg.) München 1918, S. 81, 83, Fig. 51. Meine ursprüngliche und bei der I. Moritzburg-Tagung noch vorgetragene These, es könne sich bei dem Schwertträger um Georg von Sachsen handeln, muß ich hier revidieren. Münz- und Medaillenporträts beweisen, daß Georg um 1531 noch nicht den Bart trug, den Lukas Cranach d. Ä. auf den späteren Bildnissen des Herzogs zeigt; vgl. *Walter Haupt*: Sächsische Münzkunde. Bd. 2, Berlin 1978, Taf. 58f.; *Wilhelm Ernst Tentzel*: Saxonia Numismatica oder Medaillen-Cabinett von Gedächtnismünzen und Schaupfennigen welche die Chur- und Fürsten der albertinischen Linie haben prägen und verfertigen lassen. Frankfurt/Leipzig/Gotha 1714 (Nachdruck 1981), S. 36-38. Dank an Ulf Dräger (Halle/Saale) und Matthias Donath (Berlin) für ihre freundlichen Hinweise während und nach der Tagungsdiskussion.

der Reichserzmarschall gemeint sein könnte, also der sächsische Kurfürst Johann der Beständige oder ein Mitglied des Hauses von Pappenheim.[27] Eine gewisse äußere Ähnlichkeit weist der Bärtige allerdings eher mit Markgraf Georg von Brandenburg-Ansbach, gen. der Fromme, auf, einem Vetter Albrechts, der sich für die evangelische Seite stark machte.[28] Wäre der Markgraf hier wirklich gemeint, hätte dies einige Brisanz.

Beham hat ebenso den Physiognomien derer, die der Pontifikalmesse auf seinem Bild beiwohnen, recht individuelle Züge gegeben. Auch sie fordern regelrecht dazu heraus, auf die Suche nach Zeitgenossen zu gehen, die hier dargestellt sein könnten. Besonders markant ist der knorrig wirkende Fürst in der Mitte, dessen breites bärtiges Gesicht mit zusammengezogenen Brauen und ausgeprägter Stirnfalte ins Auge sticht. Beham hat dieser Figur mit allergrößter Sorgfalt und feinstem Pinsel einen Orden vom Goldenen Vlies aufgemalt. Offenbar sind mit den Fürsten am Altar also auch solche gemeint, die sich in besonderer Weise kaiserlicher Gunst erfreuen. Dies würde natürlich zu Albrechts Status als Reichserzkanzler passen. Eine Identifikation ist allerdings auch hier schwierig.

Nun sollte man auch nicht davon ausgehen, daß Beham jederzeit Bildnisse der bedeutenden Persönlichkeiten im Reich zugänglich waren. Eindeutige Porträtähnlichkeit ist damit nicht zwingend zu erwarten. Doch genügt es wohl festzuhalten, daß hier sowohl bei der Darstellung der Meßvorbereitung als auch im Bild des Stufengebets exponierte Fürsten dem Geschehen beiwohnen, die es damit aufwerten und in einen politischen Zusammenhang setzen. Zu letzterem trägt sicherlich auch der geistliche Würdenträger bei, der unter den Beobachtern der Pontifikalmesse auszumachen ist. Er trägt eine rote Mozzetta und ein rotes Birett, damit die außerliturgische Amtstracht eines Kardinals.

Ein Jahr vor Vollendung der Aschaffenburger Handschrift hatte in Augsburg eine bedeutende Meßfeier stattgefunden, die Albrecht von Brandenburg persönlich zelebriert und an der geistliche und weltliche Fürsten und selbst der Kaiser teilgenommen hatten. Sie bildete den Auftakt des Augsburger Reichstags von 1530, am 20. Juni. Valentin von Tetleben schildert, daß

27 Für die verschiedenen Marschallämter vgl. *S. Kreiker*, Marschall, in: Lexikon des Mittelalters. Bd. 6, München/Zürich 1993, Sp. 324f.

28 Vgl. zu dessen posthumen Bildnissen von Lucas Cranach d. J., die sich heute in Schloß Charlottenburg (Berlin) befinden; *Werner Schade*: Die Malerfamilie Cranach. Dresden 1974, S. 104. Für Medaillenbildnisse des Fürsten vgl. *Dieter Fischer/Hermann Maué*: Die Medaillen der Hohenzollern in Franken. (Wissenschaftliche Beiträge zum Anzeiger des Germanischen Nationalmuseums, Bd. 15.) Nürnberg 2000, S. 71-78.

die Würdenträger der Kirche und des Staates links und rechts vom Altar plaziert waren – unter anderen der Kaiser, Erzherzog Ferdinand, der sächsische Kurfürst Johann der Beständige, Albrechts Bruder Kurfürst Joachim von Brandenburg, sein Vetter Markgraf Georg von Brandenburg-Ansbach, Kardinallegat Lorenzo Campegio, Kardinal Matthäus Lang von Wellenburg sowie Kardinal Bernhard von Cles. Laut Tetleben trat der Kaiser zur Opferung an den Altar, begleitet von allen Fürsten und geführt vom sächsischen Kurfürsten, der ihm mit entblößtem Schwert zum Altar voranschritt.[29] Unter den Fürsten waren neben dem Kaiser nur zwei in Augsburg anwesend, die damals zum Orden des Goldenen Vlieses gehörten: dessen Bruder Erzherzog Ferdinand sowie Hoyer von Mansfeld, den Tetleben zwar nicht speziell als Teilnehmer an der Messe erwähnt, doch von seiner Präsenz während des Augsburger Reichstags berichtet.[30]

Obwohl sich aus heutiger Sicht nicht mehr entscheiden läßt, ob Beham mit seinen Figuren überall auf bestimmte Persönlichkeiten seiner Zeit anspielt, ist offenkundig: Für den Zeugen der Ereignisse von 1530 dürften sich bei der Betrachtung von Behams Miniaturen diverse Reminiszenzen ergeben haben. Selbst für die anfangs erwähnten beiden Geistlichen mit Talar und Birett, die wir für die Vertreter des Mainzer Domkapitels in Albrechts Gefolge halten, ergibt sich so eine Assoziationsmöglichkeit: den Kantor Christoph von Gablenz und den Kapitular Simon von Cronberg hatte das Mainzer Domkapitel am 4. Mai 1530 auf Wunsch des Kardinals zum Reichstag delegiert.[31]

Bekanntlich brachte der Augsburger Reichstag von 1530 mit der Confessio Augustana die konfessionellen Differenzen deutlich zum Ausdruck. Doch strebten beide Seiten in Augsburg zunächst noch nach Einigung, und

29 *Valentin von Tetleben*: Protokoll des Augsburger Reichstages 1530. Hrsg. von Herbert Grundmann. (Schriftenreihe der historischen Kommission bei der bayerischen Akademie der Wissenschaften, Bd. 4.) Göttingen 1958, S. 67-70. Vgl. auch Die Chroniken der schwäbischen Städte vom 14. bis ins 16. Jahrhundert. Bd. 23, Leipzig 1894, S. 282.

30 Vgl. zu den Ordensmitgliedern des Goldenen Vlieses unter Karl V. die Internet-Seiten der Confrérie Amicale de la Toison d'Or (http://www.antiquesatoz.com/sgfleece/knights2.htm). Den speziellen Hinweis auf Hoyer von Mansfeld verdanke ich Irene Roch-Lemmer (Halle/Saale). Für dessen einziges Porträt siehe das 1541 vollendete Grabmal in Eisleben; vgl. dazu zuletzt *Klaus Niehr*: Das Grabmal Hoyers VI. in der Andreaskirche zu Eisleben, in: Rosemarie Knape (Hrsg.): Martin Luther und der Bergbau im Mansfelder Land. Eisleben 2000, S. 261-279. Georg von Sachsen, der auf Cranachs späteren Bildnissen mit dem Orden erscheint, trug das Goldene Vlies erst ab 1531/32.

31 *Fritz Herrmann*: Die Protokolle des Mainzer Domkapitels, Bd. 3: Die Protokolle aus der Zeit des Erzbischofs Albrecht von Brandenburg, 1514-1545. Paderborn 1932 (Nachdruck 1971), S. 438 (zur Identifizierung der Namen siehe S. XXVII, XXIX).

zu diesem Zeitpunkt war es Albrecht von Brandenburg, auf dessen Vermittlung selbst ein Philipp Melanchthon hoffte.[32] Obwohl diese Hoffnungen sich schnell verflüchtigten, darf man annehmen, daß Darstellungen wie die beschriebenen Szenen am Altar Erinnerungen an die Augsburger Meßfeier und ihr Versöhnungspotential weckte – wahrscheinlich auch wecken sollte.

Inmitten der fürstlichen Teilnehmer an der Meßfeier steht, wie ein Vergleich mit dem Selbstporträt auf dem Pariser Bildertisch zeigt, der Maler selbst. Daß man auf ihn zurückgriff, den Künstler, der auf seinen Holzschnitten die Mönche attackiert und die Höllenfahrt des römischen Klerus gezeigt hatte, mag etwas mit einer Strategie der freundlichen Vereinnahmung des Gegners zu tun haben, die phasenweise selbst Kardinal Albrechts Umgang mit Luther charakterisiert zu haben scheint.[33]

Noch 1534 darf Sebald Beham, als er den anfangs erwähnten Bildertisch konzipiert, das Porträt des Kardinals so plazieren, daß es exakt neben der Szene steht, in der König David lüsterne Blicke auf die schöne Bathseba wirft. Und als wäre das nicht genug, darf Beham sein eigenes Selbstbildnis neben das gegenüberstehende Bild setzen, in welchem der Prophet Nathan den König wegen seiner Schuld rügt. Der Tisch zeigt, wie leicht auch der Herrscher der Versuchung erliegt. Und der Auftraggeber demonstriert, daß er sich darüber und über seine eigene Sündhaftigkeit keine Illusionen macht – was natürlich nicht nur der erste Schritt zur Besserung, sondern auch ein Zeichen von Souveränität ist.[34] Wie schreibt Albrecht von Brandenburg 1521 an Martin Luther: »Denn ich von mir selbst nichts vermag, und bekenne mich, daß ich bin nötig der Gnaden Gottes, wie ich denn ein armer sündiger Mensch bin …«.[35]

32 Vgl. *Bernhard Lohse*: Albrecht von Brandenburg und Luther, in: Friedhelm Jürgensmeier (Hrsg.): Erzbischof Albrecht von Brandenburg (1490-1545). Ein Kirchen- und Reichsfürst der Frühen Neuzeit. (Beiträge zur Mainzer Kirchengeschichte, Bd. 3.) Frankfurt a.M. 1991, S. 81.

33 Dies zeigt sich unter anderem in dem bekannten Hochzeitsgeschenk, das der Kardinal Martin Luther anläßlich dessen Vermählung mit Katharina von Bora übersandte, oder auch in dem unten zitierten »Reuebrief« an den Reformator (siehe Anm. 35).

34 Vgl. Wiemers: Kardinal (wie Anm. 2).

35 WA Br 2, Nr. 448,5-10, zitiert nach *Lohse*: Albrecht (wie Anm. 32), S. 78.

MARTIN BRECHT

Erwerb und Finanzierung von Kunstwerken durch Erzbischof Albrecht von Mainz

Zur Problemkonstellation: Mit einer kohärenten Beurteilung des Erzbischofs Albrecht von Mainz und Magdeburg tut sich die Geschichtsschreibung eingestandenermaßen schwer, und es gibt auch kein festes historisches Bild von ihm. Von seiner Stellung her war er einer der bedeutendsten Reichsfürsten in der ersten Hälfte des 16. Jahrhunderts und damit der Epoche der Reformation. Der Aufsatzband zum Gedenken von Albrechts 500. Geburtstag[1] hat zutreffend vorweg Albrechts Zugehörigkeit zur Hohenzollern-Dynastie hervorgehoben. Tatsächlich sind faktisch durch ihn die magdeburgischen und halberstädtischen Territorien an Brandenburg gekommen. Der dynastische Bezug fällt einem in der Tat bei den Manifestationen Albrechts, beispielsweise bei den von ihm angeregten Kunstwerken, die dann immer wieder sein Wappen tragen, alsbald ins Auge.

Zweifellos haben Kunst, Kleinodien und Preziosen samt Reliquien wesentlich zum Bildungsbereich und zum Interessengebiet Albrechts gehört.[2] Dies war in gewissem Ausmaß schon bei seinem Vorgänger, Erzbischof Ernst von Magdeburg, der Fall. Aber Albrecht übertraf ihn an Kennerschaft und intensiver Sammlerleidenschaft weit. Bestimmte Objekte müssen eine unwiderstehliche Anziehungskraft auf ihn ausgeübt haben. Andere Stücke konnte er auch zugunsten von noch Begehrterem tauschen oder veräußern. Daß Albrecht auf einem Portrait aus der Cranach-Werkstatt über zwanzig Ringe trägt, ist schon exzeptionell und schwerlich mit der therapeutischen Funktion der Edelsteine zureichend zu begründen. Hierbei war es um Repräsentation, wenn nicht gar um Protzerei zu tun. Künstler von Format, darunter mit die größten jener Zeit, haben in Albrechts Auftrag gearbeitet. Die Freude am baulichen Gestalten, vor allem in Halle, kam hinzu.

Viele Darstellungen Albrechts haben einen religiösen Zusammenhang und zeigen ihn betend vor Gottvater oder vor dem Gekreuzigten. Nicht

1 *Friedhelm Jürgensmeier* (Hrsg.): Erzbischof Albrecht von Brandenburg. Ein Kirchen- und Reichsfürst der frühen Neuzeit. (Beiträge zur Mainzer Kirchengeschichte, Bd. 3.) Frankfurt a.M. 1991.

2 Vgl. den Ausstellungskatalog von *Horst Reber*: Albrecht von Brandenburg. Kurfürst, Erzkanzler, Kardinal, 1490-1545. Hrsg. von Berthold Roland, mit Beiträgen von Friedhelm Jürgensmeier/Rolf Decot/Peter Walter. Mainz 1990.

wenige Abbildungen von Bischöfen, Kirchenvätern, Heiligen und Patronen tragen seine Züge, als ob er sich immer wieder in neuen Rollen präsentiere oder ins Bild schiebe. Wie tief diese Identifikationen mit einzelnen heiligen Männern in Albrechts Frömmigkeit reichten, ist ebenso schwer auszumachen wie seine Patronage im Verhältnis zu manchen Humanisten. Es kann sich dabei auch um opportune Konventionen gehandelt haben.

Es liegt auf der Hand, daß Kunst und Bauen kostspielige Liebhabereien waren, und so fragt es sich, wie die Finanzierung gehandhabt wurde, zumal schon die Erlangung seiner verschiedenen kirchlichen Ämter Albrecht teuer zu stehen gekommen war. Darüber bestand schon früher eine Forschungslücke, die leider auch durch die neue Untersuchung von Michael Scholz[3] nicht eigentlich geschlossen worden ist, weil nicht gezielt auf das kritische Problem geachtet worden ist, wie sich Albrecht finanziert hat, obwohl es dabei um kirchenhistorisch relevant gewordene Sachverhalte geht. Von Anfang seiner Amtszeit an war Albrecht genötigt, Schulden aufzunehmen. Seine Leidenschaft für Kunst und Kleinodien kam hinzu. Die Organisation der Erwerbungen künstlerischer und sakraler Objekte einschließlich der Modalitäten von deren Bezahlung muß nach allem, was man sieht, einen beträchtlichen Teil der Aufmerksamkeit, Zeit und Kraft Albrechts in Anspruch genommen haben.[4] Ein Einblick in diese Zusammenhänge könnte auch für das Verständnis der Persönlichkeit Albrechts aufschlußreich sein, die bisher als nur schwer zugänglich galt.

Meine eigene Annäherung an Albrecht ist einigermaßen indirekt erfolgt: Albrecht hat 1534/1535 seinen »Kammerdiener« oder Kämmerer Hans Schenitz aus Halle wegen angeblicher Veruntreuungen festnehmen und dann hinrichten lassen. Anthon Schenitz, dessen Bruder, ist deswegen ins kursächsische Eilenburg geflohen unter Mitnahme der (heute noch erhaltenen) Papiere seines Bruders. In einer publizistischen Aktion versuchte Anthon Schenitz (unter anderem mit zwei Flugschriften) die Unschuld seines Bruders zu erweisen und Albrecht des Unrechts zu überführen. Dabei sprang ihm Martin Luther mit Briefen und einer Flugschrift bei. Mir war es ursprünglich um die Validität der furiosen, aber zugleich sachlich gewichtigen

3 *Michael Scholz*: Residenz, Hof und Verwaltung der Erzbischöfe von Magdeburg in Halle in der ersten Hälfte des 16. Jahrhunderts (Residenzenforschung, Bd. 7.) Sigmaringen 1998.

4 Diesen Eindruck erhält man insgesamt durch das wichtige Werk von *Paul Redlich*: Cardinal Albrecht von Brandenburg und das Neue Stift zu Halle. Mainz 1900, und die dort gebotenen Quellen.

Kritik Luthers an Albrecht gegangen.[5] Es liegt jedoch auf der Hand, daß der Fall Schenitz auch für die Beurteilung Albrechts selbst erhebliche Bedeutung hat. Dennoch gibt es darüber keine neue Untersuchung. Als Kämmerer war Schenitz in die Geschäfte Albrechts involviert. Die noch erhaltenen Papiere von Schenitz[6] ermöglichen einen unmittelbaren Einblick in diese Vorgänge.

Die Eigenart der Geschäftsbeziehungen von Hans Schenitz zum Erzbischof: Hans Schenitz (oder Schantz) gehörte von seinem Vater her zur vornehmen Gruppe der an der Salzgewinnung beteiligten Pfännerschaft in Halle. Seinen vornehmen Stand läßt auch das Portrait von ihm erkennen. Seit 1520 stand er in Handelsbeziehungen mit Albrecht, dem er – selbst offenkundig ein Kenner auf diesem Gebiet – hochwertige Luxuswaren und Kunstgegenstände von den Messen in Leipzig und Frankfurt am Main sowie aus den Niederlanden lieferte. Eine von Albrecht quittierte Abrechnung über die Jahre 1521 bis 1526 listet Zahlungen von verschiedenen Geldgebern an Schenitz in Höhe von 46.523 Gulden auf. Die Ausgaben wurden wohl absichtlich nicht spezifiziert, weil nicht publik werden sollte, was für den Erzbischof erworben worden war. Eine weitere derartige Quittung von 1529 belief sich auf 7.677 Gulden. Schon damals war Albrecht Schenitz 4.250 Gulden schuldig geblieben, ein erstes Indiz für die Zahlungsschwierigkeiten Albrechts. Unter diesen Umständen konnte er Schenitz, der nach dem späteren Bericht seines Bruders »bey den Kaufleuten hin und wider guten Glauben [= Kredit] gehabt und S.K.F.G. gelt auffzubringen gewust«, gut gebrauchen. Schon 1528 forderte Albrecht Schenitz darum auf, gegen eine ansehnliche Besoldung sein »hofdiener« zu werden. Auch das »Bauamt« übernahm Schenitz, wobei die Rechnung aber von einem eigenen Bauschreiber geführt wurde. Vom Mai 1530 bis zum September anerkannte Albrecht Geldaufnahmen durch Schenitz in der beträchtlichen Höhe von 83.589 Gulden, 8 halben Batzen und 13 Pfennigen in Gold und Münzen. Nach Anthon Schenitz habe es sich dabei auch um beschwerliche »heimliche gescheffte und practiken« gehandelt. Hans Schenitz befürchtete hell-

5 Vgl. *Martin Brecht/Hans Kiefner*: Albrecht von Mainz und die Hinrichtung seines Dieners Hans Schenitz, in: Lutherjahrbuch 70, 2003, S. 33-86, und *Martin Brecht*: Erzbischof Albrecht und die Verurteilung seines Kämmerers Hans Schenitz 1535, in: Michael Rockmann (Hrsg.): Ein »höchst stattliches Bauwerk«. Die Moritzburg in der hallischen Stadtgeschichte 1503-2003. (Forschungen zur hallischen Stadtgeschichte, Bd. 5.) Halle (Saale) 2004, S. 65-94.

6 Wichtige Teile davon sind bei *Redlich*: Cardinal (wie Anm. 4) in den Beilagen abgedruckt.

sichtig, daß dies einen bösen Ausgang nehmen und er verantwortlich gemacht werden würde, und bemühte sich, aus dem Dienstverhältnis zu Albrecht herauszukommen. Aber Albrecht ließ seinen Diener nicht los, sondern versicherte ihn seiner Deckung.

In die eigenartige Abwicklung der Geschäfte und das Verhältnis der Partner zueinander geben einige Briefe von Albrecht an den ganz informell als »lieber Schantz« angeredeten Hans Schenitz von 1532 und 1534 Einblick.[7] Der Brief vom 9. Januar 1532 kommt sogleich zur Sache:

> »Ich hab deine lamentationes und beschwerlich schreiben mit betrübtem, auch gantz unwilligem hertzen verlesen und vernomen, und solt es gewis dafür achten und haben, wo dir meiner halben etwas solt zustehen, das dir zu schmelerung deiner narung reichen, das es mir je so trewlich leid als dir selber.«

Weil bereits die (Leipziger?) Messe nahte, wußte Albrecht nur den üblichen Rat, sich zu behelfen, »es sey mit wechssel oder in andere Wege, auf das dein und mein glaube [= Kredit] erhalten werde ..., es wird dich nicht gerewen«. Es stand zu befürchten, daß der Ausschuß der magdeburgischen Stände nicht für alle oder auch nur für Teile der Forderungen einstehen würde, zumal der Landtag eine Stillegung des kostspieligen Neuen Baus forderte. Schenitz sollte darum anstelle Albrechts als Gläubiger auftreten und dafür vordatierte Quittungen erhalten. »Denn wir sind beide so tieff hinein, wir müssen mit einander hinaus oder zu spott werden.« Halten wir fest: Eine solide Abwicklung seiner Schulden war Albrecht nicht mehr möglich. Zur Aufrechterhaltung seines Kredits sollte Schenitz mit allerhand Praktiken einspringen. Albrecht hob wiederholt darauf ab, daß Fürst und Diener im gleichen Boot säßen. Dies war riskant, denn es setzte gegenseitige Loyalität voraus. Gleichzeitig mokierte sich Albrecht über den zahlungsunwilligen Ständeausschuß, der die Bediensteten des Landesherrn »auch auf das Affenseil gefürt. Het mich der handelung aller weniger als Himels fall versehen.« Offenbar hielt der Fürst nicht viel von den Ständen und ihrem Steuerbewilligungsrecht und wollte den Ernst der Finanzlage nicht erkennen. Jedenfalls sollte einmal mehr alles unternommen werden, um Albrechts Kredit zu erhalten. Auch seinen Cammermeister spornte Albrecht deswegen zu aller Anstrengung an und setzte ihn sogar unter Druck, andernfalls »hette ich

7 Ebd., Beilage 27, S. 118*f.

sorge, ich würde der Hacken einen andern stil finden etc.«, also ihn seines Amtes entsetzen.[8]

In einem weiteren Brief Albrechts an den »lieben Schantz« vom 7. April 1532 stellt sich die Finanzlage weiterhin verzweifelt dar. »Ich will Christen und unchristen, feinde und freunde ansprechen, auf das glaube [= Kredit], trew und ehre erhalten; dergleichen woltu auch tun.«[9] Der Brief vom 1. Mai 1532 läßt sich endlich einmal auch über die Verwendung der Gelder aus.[10] Er enthält zunächst Anordnungen, wie aufgenommene Gelder – »die 4.000 von dem jüden und die 3.000 von wegen graff Albrechts (von Mansfeld)« – eingesetzt werden sollten, und mahnte die Aufbringung von Geldern für den Bau (in Halle) an: Dies wird drastisch begründet:

> »Denn solt ich davon lassen müssen, gedenck doch, was schimpfflicher rede, hohn und spott herrn und knecht daraus erfolgen würde – wer viel besser, das es nie angefangen –, und würden die eigenwillischen [Evangelischen] frey das Evangelium wider uns allegiren von dem narren, der den baw anfieng und kund in nicht volbringen etc.« [vgl. Lk 14,28-30].

Ein Verzicht auf die Weiterführung des Baus kam für den fürstlichen Gestaltungswillen sowie aus Prestigegründen nicht in Frage. Albrecht erkundigte sich sodann, wie es mit dem Leipziger Jahrmarkt gegangen sei und wie es wegen der Arbeit und des Geldes des Meisters Hans Seidensticker (Hans Plock) stehe: »Ob er des zufrieden, mit sampt des ubrigen zeuges, von gold, perlen und seiden gestelt, wie er begert.« Ferner wollte der Erzbischof wissen, ob der Maler Simon (von Aschaffenburg) mit der Arbeit in Albrechts Haus fertig sei und an der Visirung (Planung) der Gemächer im Schloß arbeite. Weiter wird gefragt, »ob auch das bette aus dem Niderlande ankomen und der gestalt zugericht, das es sich fur solch gelt sehen lesst«. Mitteilung wird ebenfalls über die »tapezerey« verlangt. Anschließend erkundigt sich Albrecht, ob die Bäume des Labyrinths angewachsen seien und wie es mit dem Garten zum Neuen Werk[11] sowie mit den anderen Gebäuden, an denen Schenitz auftragsgemäß zu arbeiten hatte, stehe. Schließlich sollte dieser eine in Auftrag gegebene Haube nach Fertigstellung übersenden. Der Brief mündete aus in einer weiteren Einforderung von Loyalität und Soli-

8 *Anthon Schenitz*: Warhafftiger bericht. Wittenberg 1538, D4vf.

9 *Redlich*: Cardinal (wie Anm. 4), Beilage 27, S. 119*.

10 Ebd., S. 120*f.

11 Wie das Labyrinth befand sich der Garten auf einer Insel in einem Arm der Saale.

darität, die der Erzbischof auch seinerseits versprach: » Wolst … je das beste bey mir thun und mich nicht lasen. Was ich wieder inn leib und seel habe, sol dir auch zum besten sein.«

Ich halte diesen Brief für besonders bedeutsam als ein typisches Dokument des geschäftlichen Umgangs Albrechts mit seinen Dienern. Die Finanzen wurden mit Krediten bestritten, und der Geldbedarf überstieg wohl nur zu oft die zur Verfügung stehenden Mittel. Dann mußte laviert und jongliert werden. Albrechts Dienern erwuchsen daraus besondere, mit spezifischem Streß verbundene Anforderungen. Er appellierte deshalb an ihre spezielle Loyalität, die er auch seinerseits zusagte. Was aber, wenn dieses Band unter den Beanspruchungen riß? Die Geldnot hielt Albrecht nicht vom Erteilen von allerhand Aufträgen an Künstler und von neuen Bestellungen ab. Vermutlich gehörte dies für ihn einfach zu seinem fürstlichen Gehabe. Bei der Durchsicht der erhaltenen Korrespondenzen Albrechts mit Lieferanten und Bediensteten läßt sich immer wieder dieses Gefüge von Geldmangel, im Verhältnis dazu überdimensionierten Kaufwünschen und Bestellungen und dem Ansinnen an das Personal, Albrechts infolgedessen riskantes Spiel mitzumachen, beobachten. Die Bediensteten mußten sich dabei unter Umständen für ihren Herrn auch gegenüber dem Ausschuß der Stiftsstände exponieren, von dem die Steuern gezahlt wurden. In einem weiteren Schreiben Albrechts an »Schantz« vom 24. Februar 1534 hatte Albrecht zu registrieren, daß der Kämmerer wegen der Finanzen in Bedrängnis war. Forderungen waren fällig, und die Einkünfte, darunter die kaiserliche Pension als Kanzler des Reichs, sowie die Kreditmittel reichten nirgends hin. Albrecht war zwar wieder mit dem Versprechen bei der Hand: »Ich will aber meinem erbietten und zusage nach dich nitt stecken lassen, sonder erlich lossen; das es aber uff ein mhal und einen hauffen geschehen soltt ader kunt, das ist mir, wy du selbst weißt, unmuglichen.«[12] Albrecht war zumindest nicht in der Lage, seine Versprechen sogleich voll einzuhalten. Der Brief erweckt zudem den Eindruck, daß Albrecht zu diesem Zeitpunkt keinen genauen Überblick hatte, wie seine Verbindlichkeiten gegenüber Schenitz standen.

1532 gab Albrecht ein sehr kostbares goldenes, mit Edelsteinen besetztes Kreuz, das zunächst noch sein Wappen und Bildnis trug, als Sicherheit für einen Kredit von 32.000 Gulden bei Hans Ehinger, Memmingen und den Gebrüdern Furtenbach, Nürnberg. Die Rückzahlung sollte ein Jahr später erfolgen, wurde aber dann auf 1534 gestreckt. Möglicherweise stecken in

12 *Redlich*: Cardinal (wie Anm. 4), S. 121*-123*.

dem Kredit 12.000 Gulden von Hans Schenitz, wie er insgeheim nicht selten zum stillen Gläubiger seines Herrn geworden war. Er strich für diese riskanten Geschäfte auch beträchtliche Zinsen ein und berechnete bei diesen Gelegenheiten auch bereits bestehende Forderungen.[13] Nicht zuletzt die Durchsichtigkeit der finanziellen Verhältnisse mußte unter solchen Usancen leiden, so daß Albrecht manchmal nicht mehr wußte, wem er wie viel Geld schuldete. 1534 hätte Albrecht das Kreuz um 38.000 Gulden über den Augsburger Kaufmann Jacob Herbrot verkaufen können, wobei jedoch eine Schuld Albrechts in Höhe von 6.041 Gulden verrechnet werden sollte. Albrecht ließ sich darauf nicht ein, bestand aber darauf, daß Herbrot das Kreuz auf jeden Fall abnehme, was diesem in seinen Geldgeschäften sichtlich ungelegen kam. Ein weiterer Versuch, das Kreuz an den König von England zu veräußern, erreichte gleichfalls nicht sein Ziel.[14]

Am 6. September 1534 ließ Albrecht Schenitz festnehmen und auf der Burg Giebichenstein gefangensetzen. Möglicherweise gab es eine Denunziation wegen betrügerischer Geschäfte und Unterschlagungen von Schenitz. Die Problematik dieses Prozesses, der im Juni 1535 mit der Hinrichtung von Schenitz endete, mag hier auf sich beruhen. Als besonders anstößig kann man es heute empfinden, daß Albrechts frühere Solidaritätsbekundungen sich als nichtig erwiesen. Schenitz hat sich später darüber auch keinen Illusionen hingegeben. Daß sich wie der Diener auch der Herr im Netz dubioser Finanzmachenschaften gefangen hatte, wurde nicht eingeräumt. Albrecht hielt sich für berechtigt, den seiner Meinung nach zum Dieb gewordenen Schenitz hinrichten zu lassen und zur Wiedergutmachung auf dessen Vermögen zuzugreifen. Wahrscheinlich bewegte er sich damit noch auf dem Boden des damaligen Strafrechts. Möglicherweise wurde das Verfahren dadurch tragisch kompliziert, daß die Verwandtschaft von Schenitz – sein Schwiegervater war der Leipziger Kaufmann Hieronymus Walther – Gegenmaßnahmen gegen Albrecht ergriffen hatte, daß schließlich nur noch die ultima ratio blieb.

Im Prozeß gegen Schenitz spielten bestimmte Sachverhalte eine Rolle, die auch nochmals ein Licht auf Albrechts Kauf- und Geschäftsgebaren werfen. Da dieser ein unpünktlicher Zahler war, hatte Schenitz sehen müssen, wie er zu seinem Geld kam. Ob es dabei immer mit rechten Dingen zuging, läßt sich sowenig verifizieren wie der Vorwurf der gezielten Unterschlagung. Zudem beurteilten die beiden Parteien die Vorgänge unterschiedlich. Bei gewissen Geschäften hat Schenitz wohl Marder- und Zobel-

13 Ebd., Beilage 28, S. 123*f.

14 Ebd., S. 125-132 und Beilage 29, S. 133*-137*.

felle sowie goldene Tücher als Geschenke angenommen. Aber dies war einem Kaufmann an sich nicht verboten. Der Vorwurf von Manipulationen bei Zahlungen in Münzen oder Gold dürfte gegenstandslos gewesen sein. Unübersichtlich bleiben zum Teil die beträchtlichen Kreditgeschäfte, an denen Schenitz heimlich als Gläubiger und somit als Empfänger hoher Zins- und Tilgungszahlungen seines Herrn partizipierte. Das Grundproblem für Albrecht dürfte dabei darin bestanden haben, daß er bei seinem erheblichen Kreditbedarf an billiges Geld nur schwer herankam. Schenitz hat nach wie vor auch als Kaufmann gegenüber Albrecht agiert. Später legte man ihm zur Last, er habe wertvolle Waren wie Ringe überteuert abgegeben. Zu seiner Verteidigung gab Schenitz vor: Sein Herr sei ein unsicherer und zögerlicher Zahler gewesen. Er habe sich deswegen absichern müssen. Aber auch kaufmännische (an sich nicht einfach unerlaubte) Profitmacherei ist wohl von Schenitz praktiziert worden. Albrechts Begehren richtete sich gern auf bestimmte Waren wie Teppiche aus Antwerpen, die gar nicht an ihn, sondern anderweitig hatten verkauft werden sollen. Offenbar konnte er bei bestimmten Objekten einfach nicht widerstehen. Schenitz stand dann wiederum vor dem Problem, wie er zu seinem Geld kommen sollte. Der sichere Beweis, daß Schenitz sein eigenes Haus am kühlen Brunnen mit Materialien zusammen mit den Bauten Albrechts zu Lasten und auf Kosten seines Herrn errichtet habe, ist nicht erbracht worden. Die Aussagen darüber sind unter der Folter gemacht worden. Steine vom Abbruch anderer Baulichkeiten, unter anderem von einem Ölberg, hat Albrecht seinem Diener überlassen.

Fazit: Kunstwerke, Preziosen und Baulichkeiten haben für Albrecht wesentlich zu seinem fürstlichen Status gehört. Bis heute beeindruckt er als großer Mäzen, Sammler und Bauherr. Die Leidenschaft für den Besitz wertvoller und schöner Objekte ging jedoch über die Dimension einer Liebhaberei deutlich hinaus, indem sie, kostspielig wie sie war, Albrechts finanzielle Verhältnisse überstieg und zumindest zum Teil auch noch den Zeitgeist gegen sich hatte. Dies brachte permanent Hektik und Streß mit sich, und Geldmangel sowie Schulden dürften diesen Fürsten schlimmer noch als seine gleichfalls finanziell meist klammen Standesgenossen bedrängt haben. Auch seine Mitarbeiter wurden dadurch in Mitleidenschaft gezogen. Ein Opfer ist dabei der Kämmerer Hans Schenitz geworden, dem auf einmal all die vollmundigen Zusicherungen seines Herrn nicht mehr halfen. Albrechts Kredit, um den es ihm immer so sehr zu tun gewesen war und dessen er zur Aufrechterhaltung seiner Leidenschaft unbedingt bedurfte, ist im Zusammenhang mit dieser Affäre merklich beeinträchtigt worden. Das historische Urteil über ihn wird davon nicht absehen können.

Summaries

translated by Hedwig Hinzmann
(with thanks to Timothy S. Pursell for his comments and corrections)

BRIGITTE STREICH

Ernest of the House of Wettin, who later became Archbishop of Magdeburg, was born in 1464, in the same year when his grandfather, Elector Frederic »the Gentle« died. This year also marks a turning-point in Wettin dynastic history as the sons of the elector, Elector Ernest and Duke Albrecht, who initially shared the government, pursued a reorientation in the territorial policy of the House of Wettin. The alliances that had been effective so far – especially the close collaboration with the House of Hohenzollern – were relaxed, while other familial or political constellations became more important.

It was Frederic »the Gentle« who initiated a double marriage pact with the House of Wittelsbach. Contractual agreements between both houses followed, which destabilized the fragile system of mutual protection provided by contractual obligations. The relations to King Matthias Corvinius of Hungary also affected the relationship to the Holy Roman Empire and to Frederic III, the imperial uncle of the »young gentlemen.« On the other hand, service to the Empire was just the right field of activity for the young Duke Albrecht »the Bold« and it earned him honour and influence.

The endeavour to fill the Magdeburg archbishops' chair with a member of the House of Wettin lay in the course of a modified line of attack in pursuit of territorial expansion. Its aim was expansion to the north and the northeast and it was supported by matrimonial politics (marriage contracts with the Houses of Mecklenburg, Braunschweig-Lüneburg, the Crown of Denmark and the Kingdom of Poland). Following this logic, the other later-born sons Albrecht of Mainz, and Frederic, the master of the Teutonic Order, were likewise endowed with ministries. The paradigm shift executed by the »young men« had repercussions on the relationship to their uncle Duke Wilhelm of Saxony, the regent of the Thuringian part of the Wettin lands, who continued to support close reliance on Brandenburg. It soon became apparent that Wilhelm would die without leaving a legitimate male heir, but the aging sovereign delayed the conclusion of a testamentary contract with his nephews. Three years after his death, with Thuringia having fallen back to the Wettin main line, Elector Ernest and Duke Albrecht in 1485 agreed on a division of their lands, thus marking the beginning of a continuing decline. When Ernest died in 1513, the House of Wettin was already substantially weakened and had lost the race for predominance in the northeast of the German Reich.

MICHAEL SCHOLZ

»Court regulations are hidden decrees of frugality« (Ernst Schubert). Despite their normative character late medieval and early modern court regulations directly reacted to deplorable states and problems of the court – whether there were efforts to reduce the number of persons at court in order to prevent the waste of food or forage or interventions against improper behaviour of court members. Court systems around 1500 with their lack of organisation and casuistry do not convey so much of an ideal of the court but rather serve as an important source for the reconstruction of the imagined and real everyday life at court.

This notably applies to the court of the Magdeburg archbishops whose everyday life is scarcely reflected in the preserved source material. Thus, written records of orders by the archbishops Ernest of Saxony, Albrecht and Friedrich of Brandenburg, constitute important testimonials but their validity should not be overrated as, on the one hand, they did not depict all aspects of life at court but only some neuralgic areas, and on the other hand, alongside relevant information they contained traditional elements that were taken from older texts.

One of the main tasks of the state governments which emerged in the 15th and 16th centuries was the supply of the court. Thus, regulations about this issue can be found in the court rules – fainter evidence can be found in the Magdeburg records of regulations than in the contemporaneous regulations by the electors of Brandenburg.

The article on the one hand discusses the importance of the Magdeburg court rules as source material, on the other hand, it conveys an image of life at court by means of regulations and other sources; thirdly, it draws comparisons with court regulations in other territories, and finally, it takes a look at the development of source types in the late medieval and early modern times.

JÖRG ROGGE

The two clerical princes Ernest and Albrecht shared a preference for the Halle residency and the Moritzburg castle. This fact gave reason to question whether they also had similar ideas about the execution of their duties, especially their duties as sovereign princes. The main concern is how they wanted to be judged, not how their deeds, attitudes and performances were in fact judged by contemporaries. The investigation focuses on sources (laws, orders, letters) and aspects of political actions (representation of leadership, conflict management) that provide answers to the question of how Ernest and Albrecht expressed their understanding of leadership and power. Based on an analysis of the different ways and media of communication between the two princes and their political surrounding an outline of similarities and differences of their understanding of power is drawn.

WILHELM ERNST WINTERHAGER

The rise of the House of Hohenzollern in Brandenburg to great power status in politics began with the margrave brothers Joachim I and Albrecht. But the Brandenburg-Prussian historiography – so active in other respects – so far has not contributed historically critical biographies appropriate to their importance. This deficiency is especially lamentable in the case of Albrecht, who was especially important since he was archbishop of Mainz and Magdeburg for three decades and cardinal and arch-chancellor of the Reich during the turbulent times of the Reformation. Despite new approaches in recent times – namely since 1990, when Albrecht's 500 birthday was honoured by an exhibition and a great symposium – on the whole, research into Albrecht's image remains remarkably poorly defined and inconsistent: an indecisive weak character or an intelligent diplomat, a Renaissance ruler overwhelmed by his duties or a reformer of vision, a fearful opportunist or an Erasmian peaceful nature – just as before, opinions of him depend on the point of view of the beholder. Only a diversified research into archival sources (especially Albrecht's widely scattered correspondence) could produce correctives. Only on this basis a precise outline of Albrecht of Brandenburg's image, as man, bishop and sovereign could be drawn. The article tries to outline the development of politics and personality of the younger brother, the cardinal-archbishop, starting with the relationship between Joachim and Albrecht up to the 1520s and thus providing suggestions for a political biography of Albrecht as Reichsfürst (imperial prince) who, particularly through conflicts with his superior older brother matures and becomes an independent and self-consciously acting political mind who knows how to assert the ground of the endangered centres of power of the three Episcopal seats Mainz, Magdeburg and Halberstadt against all odds.

WERNER FREITAG

In contrast with the usual »rushing regular progression« the Reformation is presented as a series of gradual steps – the protestant movement, iconoclasm, radical and moderate committee besetting the council or making agreements with it, council introducing reformation by usurping the parishes, the regulation of charity and the poor, organisation of schools, closing-down of cloisters, etc. Previous studies focussing on Albrecht's restrictive measures neglected the view on mechanisms and motivations within the princely city itself: Until 1541, there was no broad protestant movement capable of acting on its own account; there was a lack of local Lutheran preachers because the clergy and the monks had remained orthodox. The council acted according to the tradition of late medieval church policy, because they wanted to abolish some conflicting issues of special interests in relation to the church. Albrecht lent a helping hand and the city profited by the disempowerment of the monastery Neuwerk. Independent from religious constellations in the council – majority relations between Papists and Lutherans are hardly determinable – the council's goal as authority was to sustain the city peace as well as to prevent a recurrence of the events of 1478. Thus municipal politics before and after 1541 attempted not to change the capital city's rural domiciles and to acknowledge the archbishop's superiority. Apart from some events in 1546/47, Reformation thus was no struggle for resurrection of late medieval autonomy. When the urge for a reformation became too strong in the civil social groups – which became apparent in »drop outs« and in the cooptation of non-papist councilmen and later on in the constitution of a committee – the council finally acknowledged that the new church system would be necessary for the best interests of the city. But the council's goal of avoiding conflicts within the capital and with the archbishop persisted. Thus we can reaffirm the results of Moerke's research on Hanseatic cities for the city of Halle, according to which the socially heterogeneous city regiment was juxtaposed to a similarly socially heterogeneous council of citizens, constituted by patricians, guild masters, and even council masters. However, both parties did not challenge their legitimacy, they negotiated and argued about pace and measures but not about the goal. Consequently, the Reformation in Halle was neither an expression of social change nor a revolt against its council.

The contribution closes with the attempt to sum up a typology of single phenomena by the generic term »reformation in princely capital cities.« First, it becomes obvious that a reorganisation of the church system as a result of the reformation of the structure of churches and the sacral topography was caused by the capitals themselves. After an intermediate stay at »Neues Stift,« the council accepted the inheritance of the Neuwerk monastery, and thus gained patronage, the schools and the ius circa sacra. Second, it can be stated in favour of the

»reformation of princely cities« that the arrangements with the sovereign, who, although Catholic, in 1546 nonetheless guaranteed the Reformation, were preserved in spite of the Reformation. Third, it is correct to speak of a »reformation of princely cities« insofar as no city group questioned the residence of the Catholic archbishops by the Reformation; because social and economic relationships as well as the city's benefits from the residence were far too important. Thus, the »reformation of princely cities« can be located in between »reformation of sovereigns« and »reformation of councils«.

MARKUS LEO MOCK

According to an article published in 1856 by Ferdinand von Quast, the first conservator of Prussian art monuments, the palace chapel at Wolmirstedt, situated north of the city of Magdeburg, is considered to be a direct model for the chapel of Maria Magdalena at the Halle Moritzburg castle as well as the Wittenberg Palace church. According to von Quast, the building completed in 1480 under the reign of Archbishop Ernest had a gallery that surrounded the whole interior. In terms of its history and reception, it could thus be classified as the oldest example of the doubled palace chapels frequently built by Saxon princes, which found their successors in Renaissance-era Protestant palace chapels.

The article focuses on the original form of the building in order to verify its classification in the history of architecture. Current research findings, in some cases contradicting von Quast's perceptions, are presented in terms of an inspection starting with the outer building structure then turning to the interior of the Wolmirstedt Palace chapel. They are supported and enriched by archival details concerning the history of the building and its restoration.

HANS-JOACHIM KRAUSE

The two most important major buildings of the transition period between late Gothic and early Renaissance in Halle, namely the Moritzburg castle, built by the Archbishop Ernst of Wettin between 1484 and 1510, and the »Neue Bau«, constructed for the Archbishop and Cardinal Albrecht of Brandenburg between 1531 and 1539, known as the »Residenz« from the 17th century on, are presented in terms of what can be reconstructed about their original forms. Their identifiable uses and functions are discussed. A comparison of the two different buildings shows that they had to fulfil different requirements: the Moritzburg castle, built by Ernest for the territory of the archmonastery as a new centre of power, was complemented collaterally by the »Neue Bau«, a city palace marked by the very personal ambitions of Ernest's successor Albrecht.

HANS LANGE

This is the first attempt to outline the traditional and innovative potential of the closely defined group of »Hochstift«-buildings, starting from concrete material findings concerning architecture and decorative elements of episcopal residencies and the presentation of specific criteria of structures that help to outline the profile of those castles in the context of strategies of baronial representation during a time of increasing extension of the countries' leadership and seen against the background of offensive as well as defensive reactions to the Reformation. The Halle Moritzburg castle and the »Neue Bau« are presented in a context that helps to differentiate between their general and their special characteristics. The decision for a special type of building like a castle, a chateau or a palace must be taken into account as well as the social setting and cultural conditioning of the building owners. In the end, what Ernest of Wettin and Albrecht of Brandenburg tried to accomplish in vain in Halle, at about the same time in Würzburg, Salzburg as well as in Trient led to a successful stabilization of clerical sovereignty during the age of reformation and the peasants' war in the long term. The relationship between residency and city turned out to be an important indicator of success or failure of such strategies.

SVEN HAUSCHKE

In 1476, Ernest of Saxony, son of the homonymous elector of Saxony, was elected administrator of the archbishopric of Magdeburg. Due to his juvenile age of only eleven years, Ernest could not be consecrated as archbishop until 1489, but with the help of the Wettin family and the emperor's support he was able to enlarge his influence and power. Thus, in 1479, he was also elected administrator of the diocese Halberstadt.

Obviously, the election had been coupled with important payments by which considerable building operations at the cathedral, like the completion of the western facade, could be accomplished. In 1494, Archbishop Ernest transformed the chapel situated behind the entrance portal of the western facade into his private grave chapel. While he was still alive, he succeeded in accomplishing his personal memorial chamber, centred by a »Tumba« manufactured at the Vischer workshop, by means of extensive donations.

KERSTIN MERKEL

Albrecht of Brandenburg for about 25 years intensively worked to complete his funerary monument. He started with a conservative brass that according to his times relied on the usual memoria and was supposed to remind the living of prayers for the deceased. But depending on the living for his soul's salvation did not sufficiently assure him so that he enlarged his sepulchre to be an »auto-dynamic« building, working all by itself. Medieval figurative magic, partly based on mystics, was supposed to be of help as well as the physical presence of Albrecht's collection of relics, which was included in his concept of provision for his afterlife.

In this respect, the bronze canopy is of particular importance as its shape associates with tombs of saints and at the same time as eternal »capella ardente« reminds of the most important moment during the burial ceremony, the absolution. The motif of the opened heart of Jesus, virtually invisible carved in underneath the canopy, once was meant to open for the deceased cardinal as symbolical gate to paradise.

STEFAN HEINZ

In 1526, the Archbishop and Cardinal of the city of Mainz, Albrecht of Brandenburg, had the decayed market well at the market square of Mainz replaced by a new construction that bears two inscriptions: one, giving account on the foundation, the other recording two historical events of the year of its construction: the Peasant War and the Battle of Pavia. Additionally, the monument is decorated with a rich programme of pictures. These illustrate the events mentioned but also use a symbolic language that propagates motifs of vanity (for example: a board with the inscription »O bedenck das End«) as well as the demand for virtue. In the crown of the well there are three statues depicting the bishops Martin, Bonifaz and Ulrich.

The market well was of far more importance than just a profane means of water supply. It was part of an urban building concept which amongst other projects comprised the conversion of the former mint into the municipal guildhall as well as the new pavement of the market place. The memorial as a monument serves as reminiscence of the archbishop's victory over the rebellious peasants but to a much greater extent it is a glorification of Albrecht of Brandenburg as a patron of the arts. The exceptional trilateral architecture of the canopy formulates high demands with manifold iconographic allusions. Thus the market well becomes a monument symbolizing the functioning political order headed by the archbishop. Furthermore it serves as substitute of the archbishop's memorial which originally had not been planned to be erected in Mainz. Thus, the market well of Mainz together with Archbishop Uriel von Gemmingen's memorial (died in 5149) not only is an excellent case study for the patronage of Cardinal Albrecht but also for the memorial culture of the beginning Renaissance north of the Alps.

HERMANN MAUÉ

Early in his career, Albrecht of Brandenburg recognized the opportunity to refer to his offices and his prominent position among the German prince electors by circulating his picture. He was not only interested in painted portraits, sometimes depicting him in surprising and unusual roles but also in reproducible portrayals such as copper engravings or medals. Both genres were in their early stages and Albrecht encouraged their further development, when in 1518 at the Reichstag he acted as model for a copper engraving by Albrecht Dürer as well as for a medal with his image by Hans Schwarz. Those medals with his image, created at the Reichstag, are usually taken as the beginning of German medal-making art. Some years later, in 1526 at Nuremberg, the most impressive and perfectly executed medal showing Albrecht of Brandenburg is cast in different sizes. The name of the artist for whom this medal was cast, presumably in the Vischer workshop at Nuremberg, is not known to this day. Later on, Albrecht of Brandenburg approached the Saxon goldsmith Hans Reinhard to have his portrait put on a medal. As in other genres of art, Albrecht assigned only the best »konterfetters« to produce medals with his effigy. Contemporary sources on the usage of these medals are scarce but some examples can be listed.

MICHAEL WIEMERS

Sebald Beham went down in history as one of the »three godless painters of Nuremberg.« In 1525, he was expelled from his hometown due to his criticism of religious and city authorities. Thus, it is remarkable that he of all people nonetheless worked for Albrecht later on. In 1534, he painted a table-top for the cardinal, nowadays kept in the Louvre, that depicts both a piquant courtly theme of the tales about David and Bathsheba but also a moralizing theme concerning feminine wiles. Three years earlier, Beham had been one of the artists involved in the extraordinary decoration of Albrecht's confessional and prayer book. He contributed six miniatures with representations of confession scenes and the celebration of high mass. The article mainly concentrates on the latter. It focuses on the relationship of text and picture, on iconography and the manifestations of contemporary history. The author raises issues of evidence for an overarching idea or concept that determined the choice of imagery and the realisation of the miniatures. Another topic is the question of why Sebald Beham was chosen: What predestined the »godless painter« for such an assignment?

MARTIN BRECHT

Albrecht of Mainz's elusive historical personality has often been lamented. Works of art, valuables, and buildings were essential parts of his baronial status. Although he still impresses as patron, collector and realty developer, his passion for the possession of beautiful and valuable objects clearly went beyond the dimension of a collector's enthusiasm because, – being costly and expensive, it exceeded his financial means, at least partly conflicted with the Zeitgeist, and thus generated permanent chaos and stress. Lack of financial resources as well as outstanding debts must have pressed even harder on this baron than on his similarly cash-strapped peers. A victim of this development was Hans Schenitz, Albrecht's treasurer, whom his lord's wholeheartedly expressed warranties could not help – he was taken to court. Albrecht's reputation, about which he was so anxious and on which he depended to further indulge in his passion, was substantially damaged in connection with this affair. Historical assessments cannot ignore these facts.

Résumés

traduits en français par Jacqueline Rainaud

BRIGITTE STREICH

Ernst, issu de la maison Wettin, qui sera plus tard archevêque de Magdebourg est né en 1464, l'année de la mort de son grand-père le prince électeur Friedrich le Doux. Cette année constitue une césure dans l'histoire wettinoise parce que les fils du prince-électeur, le prince-électeur Ernst et le Duc Albrecht ayant d'abord pris le pouvoir ont donné une nouvelle orientation à la politique territoriale de leur Maison. Les pactes existant auparavant et en particulier l'étroite alliance avec les Hohenzollern furent relâchés, par contre d'autres configurations familiales et politiques prirent davantage d'importance.

Déjà Friedrich le Doux avait ouvert la voie à une double alliance de mariage avec les Wittelsbacher. Des accords contractuels entre les deux Maisons suivirent qui ont ébranlé le système fragile de la protection réciproque par liaison contractuelle. Les relations avec le roi Matthias Corvinus de Hongrie affectèrent aussi les rapports avec l'Empire et l'oncle impérial des »jeunes Messieurs«, Friedrich III. D'autre part être au service de l'Empire représentait précisément un secteur d'activité pour le jeune duc Albrecht le Courageux qui lui procura gloire et influence.

Les efforts entrepris pour faire occuper le siège de l'archevêché de Magdebourg par un Wettinois ont pris place dans le cadre d'une nouvelle orientation dans l'aspiration à l'expansion: on se dirigeait vers le nord et le nord-est; la politique matrimoniale aida à parachever cette tendance (contrats de mariage avec Mecklembourg, Brunswick-Lunebourg, avec la couronne de Danemark et le royaume de Pologne). De même le fait de conférer les fonctions ecclésiastiques aux autres fils nés ultérieurement – Albrecht de Mayence et Friedrich, le maître de l'ordre teutonique – suivait cette logique. Le changement de paradigme effectué par les »jeunes hommes« eut des répercussions sur leurs relations avec leur oncle le Duc Wilhelm de Saxe, régent de la province de Thuringe qui continuait à entretenir d'étroites relations avec Brandebourg. Déjà très tôt il est prévisible que Wilhelm mourra sans héritier mâle légitime; pourtant le souverain vieillissant tarda à conclure l'acte de succession avec son neveu. Trois ans après sa mort et l'attribution consécutive de la Thuringe à la ligne principale wettinoise le prince électeur Ernst et le Duc Albrecht se mirent d'accord en 1485 pour diviser leurs pays et entamèrent ainsi un déclin qui durera longtemps.

Quand Ernst mourut en 1513, la Maison Wettin était déjà affaiblie de façon permanente, elle avait perdu la course à la suprématie du nord-est de l'Empire Allemand.

MICHAEL SCHOLZ

»Les règlements de Cour sont des décrets d'économie« (Ernst Schubert). Malgré leur caractère normatif les règlements de Cour de la fin du Moyen Age et du début des temps modernes ont constitué une réaction directe aux abus et problèmes de la Cour ne serait-ce qu'en s'efforçant de réduire le nombre de personnes à la Cour afin de pouvoir empêcher le gaspillage des denrées alimentaires ou du fourrage à chevaux ou bien ne serait-ce qu'en voulant intervenir contre le comportement incongru des membres de la Cour. Avec leur manque de systématique et leur casuistique les règlements de Cour vers 1500 fournissent moins une image idéale de la Cour qu'une importante source de renseignements sur le quotidien à la Cour comme on peut se l'imaginer et comme il se présente réellement.

Ceci s'applique en particulier (dans une certaine proportion) à la Cour archiépiscopale brandebourgeoise dont la vie quotidienne se reflète seulement très peu dans les sources reçues. Les règlements en cours à l'époque des archevêques Ernst de Saxe, Albrecht et Friedrich de Brandebourg constituent pour cette raison d'importants témoignages, cependant leur impact ne doit pas être surestimé puisque d'une part ils ne reproduisent pas la totalité de la vie à la Cour mais seulement quelques domaines névralgiques et d'autre part cependant ils comportent des éléments actuels à côté des éléments traditionnels émanant de documents plus anciens.

Le ravitaillement de la Cour faisait partie des tâches essentielles de l'administration du pays développée aux 15ème et 16ème siècles et ainsi on peut trouver des règlements à leur sujet dans les décrets de la Cour – bien sûr moins prononcé dans les décrets magdebourgeois transmis que par exemple dans les règlements des princes électeurs de Brandebourg à la même période.

Cet article explique d'abord la valeur des sources des décrets de Cour magdebourgeois puis esquisse le tableau de la vie à la Cour à l'aide des décrets et d'autres sources, pour faire ensuite une comparaison avec les autres décrets d'autres territoires et finalement jetter un regard sur l'évolution du genre des sources en fin de Moyen Age et au début des temps modernes.

JÖRG ROGGE

Les deux princes ecclésiastiques avaient la même prédilection pour la résidence de Halle et la Moritzburg. Ce point commun entre Ernst et Albrecht est une raison de se demander s'ils avaient également la même conception de leur fonction en particulier en ce qui concerne l'aspect de l'exercice du pouvoir allant de pair. Ce faisant il s'agit surtout non pas de faire juger leurs actions et leur comportement par leur contemporains mais de savoir comment ils voulaient être considérés.

Pour cette raison l'analyse des sources (lois, règlements, lettres) et des aspects de leur action politique (représentation du pouvoir, comportement conflictuel) ayant contribué à répondre à la question sur la compréhension de leur pouvoir et de leurs fonctions se trouve au centre du sujet. Les différentes formes de communication et de média des deux princes avec leur environnement politique sont la base d'une esquisse sur les points communs et les différences de leur conception du pouvoir.

WILHELM ERNST WINTERHAGER

Avec les margraves Joachim I. et Albrecht commence l'ascension des Hohenzollern brandebourgeois à l'apogée de la politique des grandes puissances. Cependant le récit historique sinon tellement dynamique sur la Prusse-Brandebourg n'a jusqu'ici présenté aucune biographie historico-critique appropriée ni sur le prince électeur Joachim ni sur l'archevêque Albrecht. Cette carence est particulièrement déplorable pour Albrecht qui pendant trois décennies en tant qu'archevêque de Mayence et de Magdebourg, de cardinal et d'archichancelier de l'Empire joua un rôle si central dans les tourmentes de la réformation. Il est étrange que malgré de nouvelles approches ces derniers temps – notamment depuis 1990, alors que le 500ème anniversaire a donné lieu à une exposition et un grand symposium – l'image que l'on se fait d'Albrecht soit dans le domaine de la recherche encore très floue et contradictoire: femmelette velléitaire ou bien diplomate intelligent, prince de la Renaissance dépassé ou esprit de réforme clairvoyant, opportuniste anxieux ou nature pacifiste érasmique – comme toujours le jugement sur sa personne diverge selon le point de vue de l'observateur. Seule une vaste enquête sur les sources des archives, en particulier la correspondance très dispersée d'Albrecht pourrait y remédier; ce n'est que sur cette base qu'un portrait aux contours plus précis de l'homme, de l'évêque et du prince Albrecht de Brandebourg pourrait être fait.

En partant des relations précoces des deux frères Joachim et Albrecht l'exposé veut essayer d'esquisser jusque dans les années 1520 l'évolution de la politique et de la personnalité du plus jeune, le cardinal-archevêque, et d'apporter ainsi des suggestions pour une biographie politique d'Albrecht en tant que prince de l'Empire. Ce dernier devait acquérir sa maturité justement par la polémique avec son frère aîné qui au départ lui était supérieur et devenir un esprit sûr de lui, actif en politique et sachant maintenir la base de pouvoir menacée des trois couvents: Mayence, Magdebourg et Halberstadt contre tous les contretemps.

WERNER FREITAG

On montre une réformation à petits pas qui ne correspond pas »au cours normal à toute vitesse«: mouvement protestant, assaut des monastères et iconoclasme, Commission radicale ou tempérée, harcelée ou pactisée avec le Conseil, Conseil qui introduit la réformation au moyen de l'usurpation des paroisses, régime des castes et des pauvres, construction d'écoles, fermeture des monastères etc.

La concentration sur les mesures restrictives d'Albrecht a dans la recherche actuelle supplanté celle portée jusqu'ici sur les mécanismes de l'intérieur de la ville et les circonstances de leurs motifs: jusqu'à 1541 il n'y a pas eu à Halle de large mouvement protestant prêt à l'action; les prédicateurs luthériens manquaient sur place car le clergé et les moines restaient conformistes. Le Conseil agissait dans la tradition de la politique de l'Eglise de la fin du Moyen Age car il voulait éliminer quelques uns des domaines de conflit (de la séparation) dans les rapports avec l'Eglise. Pour cela Albrecht lui proposa son aide et ainsi la ville profita du renversement du monastère de Neuwerk. Indépendamment des configurations au sein du Conseil – le rapport de majorité entre les papistes et les luthériens est très difficile à évaluer – c'était le but du Conseil en tant qu'autorité de conserver la paix urbaine pour justement ne pas renouveler les événements de 1478. C'est pourquoi avant et après 1541 l'effort de la politique urbaine consistait à ne pas remettre en question l'autonomie de la ville et de reconnaître la supériorité de l'archevêque – ainsi la réformation n'était pas un combat pour regagner l'autonomie de la fin du Moyen Age, mis à part quelques événements dans les années 1546/47. Lorsque dans les groupes sociaux bourgeois la volonté d'une réformation se fit trop forte – ce qui est visible dans »l'expiration du mandat« et la cooptation des conseillers municipaux non papistes et ensuite dans la constitution d'une commission – le Conseil reconnut que le nouveau régime de l'Eglise était nécessaire pour les bienfaits de la ville. Mais le but du Conseil resta d'éviter les conflits dans la ville et avec l'archevêque. Ainsi nous pouvons également confirmer pour Halle les faits constatés par Mörke dans les villes hanséatiques selon lesquels il y avait aussi face au régiment hétérogène de la ville un comité bourgeois socialement hétérogène dont faisaient partie les patriciens et même les maîtres de corporation et du Conseil. Cependant régiment et comité ne doutaient pas de leur légitimité réciproque; on discutait et se querellait sur la promptitude et les mesures mais pas sur le but. La réformation à Halle ne fut donc ni l'expression d'une mutation sociale ni une révolte contre le Conseil.

A la fin de l'article on tente de rattacher de manière typologique divers phénomènes à la notion de réformation de cité résidentielle. D'abord il devient clair que le reclassement du système de l'Eglise suite à la réformation de la structure de l'Eglise et de la topographie sacrale de la cité résidentielle était du; le Conseil pouvait prendre l'héritage du monastère de Neuwerk par l'intermédiaire du Nouveau Monastère et gagnait ainsi patronat, école et ius circa sacra. Deuxièmement c'est un plaidoyer pour la »réformation de la ville de résidence«: malgré la réformation l'accord avec le prince, qui en tant que catholique avait garanti la réformation, resta préservé.

Et troisièmement on peut parler de réformation de la ville de résidence parce qu'avec la réformation aucun groupe dans la ville n'a voulu remettre en question la résidence d'un archevêque catholique; les imbrications sociales et économiques étaient trop étroites, la ville profitait trop de la résidence. En conséquence la réformation de ville de résidence se situe entre la réformation princière et la réformation du Conseil.

MARKUS LEO MOCK

Depuis la publication d'un essai du premier conservateur des monuments, Ferdinand von Quast, en 1856 la chapelle du château de Wolmirstedt au nord de Magdebourg passe pour modèle direct de la chapelle Maria Magdalena de la Moritzburg à Halle ainsi que de l'Eglise du château de Wittenberg. Si l'on s'en tient à Quast, le bâtiment achevé vers 1480 sous le règne de l'archevêque Ernst possédait une galerie qui englobait presque tout l'intérieur. Du point de vue de la réception historique cette construction serait à classer comme le plus ancien exemple des chapelles de châteaux doubles favorites des princes saxons ayant été succédées par les chapelles protestantes de châteaux de la Renaissance.

Pour vérifier cette classification architecturale et historique le point central de l'exposé repose sur la question de la configuration initiale de la construction. Sous forme d'un »parcours« partant d'abord du bâtiment extérieur pour aller à l'intérieur de la chapelle du château de Wolmirstedt il présente les connaissances actuelles sur l'historique de la construction qui dans certains cas annulent les estimations de Quast. Celles-ci sont soutenues et enrichies par les données archivales sur l'histoire de l'architecture et de la restauration.

HANS-JOACHIM KRAUSE

Les deux grands bâtiments de la période de transition entre le gothique tardif et la renaissance à Halle : la Moritzburg construite par l'archevêque Ernst de Wettin de 1484 à environ 1510 et le »Nouveau Bâtiment« créé pour l'archevêque et cardinal Albrecht de Brandebourg entre 1531 et 1539 – appelé »résidence« depuis le 17ème siècle sont présentées dans leur aspect initial et restituable et leurs devoirs et fonctions réels, intentionnels et encore constatables sont élucidés. La comparaison des différents complexes montre qu'ils avaient aussi des revendications très différentes: à la Moritzburg construite par Ernst pour le compte de l'archevêché comme nouveau centre du pouvoir son successeur Albrecht a ajouté indirectement en complément le »Nouveau Bâtiment« devenant son palais citadin très marqué par ses ambitions personnelles.

HANS LANGE

Dans un premier essai une comparaison du potentiel traditionnel et innovateur de ce groupe de bâtiments bien défini est ébauchée à partir de résultats matériels concrets sur l'architecture et l'aménagement des résidences épiscopales et d'explications sur les caractéristiques structurales spécifiques qui aident à ébaucher le profil des domaines et châteaux appartenant à l'évêché. Ceci dans le cadre de stratégies de représentations princières à une époque de croissante expansion de la souveraineté du pays et sur l'arrière-plan de réactions à la réformation aussi bien offensives que défensives. Ainsi la Moritzburg et le Nouveau Bâtiment à Halle doivent être placés dans un contexte qui aide à mieux différencier l'universel du particulier. Ce faisant il faut tenir compte aussi bien de la décision concernant les différents types de bâtiments: château fort, château et palais que du milieu social et de l'empreinte culturelle des maîtres d'œuvre. Ce qui finalement a mis Ernst de Wettin et Albrecht de Brandebourg en vain au travail à Halle mène à longue échéance avec succès à une stabilisation de la suprématie cléricale à Wurzbourg, Salzbourg et Trient à l'époque de la réformation et de la guerre des paysans. La relation résidence – ville s'avère être un indicateur essentiel pour le succès ou l'échec de telles stratégies.

SVEN HAUSCHKE

En 1476 Ernst de Saxe, fils du Prince électeur du même nom a été élu administrateur de l'archevêché de Magdebourg. Certes étant donné son jeune âge – Ernst avait juste 11 ans – il reçut la consécration archiépiscopale seulement en 1489, cependant il a pu consolider son influence et renforcer son pouvoir grâce à l'aide de la famille de Wettin et au soutien de l'Empereur. Ainsi il fut élu également administrateur de l'Evêché d'Halberstadt en 1479.

Manifestement d'importantes sommes de la Maison Wettin furent liées à l'élection de l'archevêque magdebourgeois et avec elles de vastes mesures de construction ont été entreprises à la cathédrale – il s'agissait de l'achèvement de la façade ouest.

En 1494 l'archevêque Ernst fait de la chapelle située derrière le portail d'entrée de la façade ouest sa propre chapelle funéraire. Avec des dons importants il a pu étant encore en vie se créer un mémorial dont le centre est constitué par une tombe monumentale de l'atelier Vischer.

KERSTIN MERKEL

Albrecht de Brandebourg se préoccupa intensivement pendant 25 ans environ de l'achèvement de la construction de sa tombe. Il a commencé par une dalle funéraire traditionnelle qui se fiait à la memoria habituelle – elle devait rappeler aux vivants les prières pour le défunt selon l'esprit de l'époque. Cependant faire dépendre le salut de son âme des vivants ne lui semblait pas suffisamment sûr si bien qu'il fit de son monument funéraire un édifice »autodynamique« fonctionnant en soi. La magie picturale moyenâgeuse basée en partie sur la mystique devait l'aider exactement de la même façon que la proximité matérielle de sa collection de reliques qu'il intégra dans son projet de prévoyance pour l'au-delà.

Le baldaquin en bronze s'avère être d'une importance particulière, son tracé met en rapport les tombeaux saints et doit en même temps telle une éternelle »capella ardente« rappeler les moments les plus importants de l'inhumation – l'absolution –. Le motif du cœur ouvert de Jésus gravé de façon quasiment invisible sur la partie inférieure du baldaquin, devait autrefois s'ouvrir comme la porte symbolique du paradis au-dessus du cardinal défunt.

STEFAN HEINZ

En 1526 le cardinal et archevêque de Mayence Albrecht de Brandebourg fit remplacer la fontaine délabrée par une nouvelle construction sur la place du marché. Celle-ci porte deux inscriptions dont l'une concerne la fondation et la seconde rend compte de deux autres événements historiques de l'année d'origine, la guerre des paysans et la bataille de Pavie. Le monument est en outre paré d'opulents tableaux. Ils illustrent les événements cités mais utilisent aussi un langage symbolique, qui propage les motifs Vanitas (un petit tableau avec l'inscription ›Oh prends garde à la fin‹) ainsi que l'appel à l'amour de la vertu. Sur la couronne de la fontaine se trouvent des statuettes des trois saints évêques Martin, Boniface et Ulrich.

La fontaine sert à bien plus qu'au seul approvisionnement profane en eau. Elle fait partie d'un concept d'urbanisme qui comprend outre la transformation de l'ancienne Monnaie en Hôtel de ville le nouveau pavement de la place du marché. Le monument sert au souvenir de la victoire de l'archevêque sur les paysans rebelles mais il représente dans une large mesure un louange à l'égard du mécène Albrecht de Brandebourg. L'architecture exceptionnelle en baldaquin à 3 faces exprime des exigences de haut niveau avec des allusions iconographiques variées. Ainsi la fontaine devient un monument de l'ordre politique en fonction dont l'archevêque est le leader. Par ailleurs elle assume des fonctions substitutives et commémoratives pour un tombeau de l'archevêque qui initialement ne devait pas être érigé à Mayence. Avec la tombe de l'archevêque Uriel de Gemmingen (décédé en 1514) la fontaine de Mayence est ainsi non seulement un modèle exemplaire excellent pour le mécénat du cardinal Albrecht mais aussi pour la culture des monuments au début de la renaissance au nord des Alpes.

HERMANN MAUÉ

En divulgant son effigie Albrecht de Brandebourg a déjà vu très tôt les possibilités d'attirer l'attention sur ses fonctions et ainsi sur son rang au sein des princes électeurs allemands. Il ne s'intéressait pas uniquement aux portraits peints qui le montraient dans des rôles étonnants et inhabituels mais aussi aux gravures sur cuivre ou aux médailles. Les deux genres se trouvaient encore à leurs débuts et Albrecht favorisa leur développement quand en 1518 au Reichstag d'Augsbourg il servit de modèle à Albrecht Dürer pour une gravure sur cuivre et à Hans Schwarz pour une médaille à son effigie.

Les médailles émanant du Reichstag d'Augsbourg sont attribuées en général au début de l'art des médailles en Allemagne. Quelques années plus tard en 1526 la médaille la plus impressionnante et la mieux proportionnée à l'effigie d'Albrecht de Brandebourg est fondue dans différentes tailles. Le nom de l'artiste qui a sans doute fait fondre la médaille dans l'atelier Vischer à Nuremberg n'est pas connu jusqu'ici. Plus tard Albrecht de Brandebourg s'adressa à l'orfèvre Hans Reinhard, qui travaillait en Saxe et fit graver son effigie sur des médailles.

Albrecht de Brandebourg a confié la fabrication des médailles à son effigie – de même que dans d'autres domaines de l'art – aux meilleurs médailleurs de son époque. Les sources contemporaines concernant l'utilisation des médailles en particulier à des fins de représentation – sont extrêmement minimes cependant on trouve quelques exemples à citer.

MICHAEL WIEMERS

Sebald Beham (1500-1550) est entré dans l'histoire de l'art comme un des »trois peintres paiens« de Nuremberg. A cause de ses déclarations contre la religion et les pouvoirs publics on l'expulsa de sa ville natale en 1525. Malgré tout il est remarquable que plus tard il a pu travailler précisément pour Albrecht de Brandebourg. En 1534 il a peint pour le cardinal le dessus de table conservé aujourd'hui au Musée du Louvre qui reprend avec les histoires concernant David et Bathseba le sujet piquant mais aussi moralisant de la cour sur le pouvoir féminin. Trois années auparavant Beham faisait partie des artistes qui agrémentaient de précieuses enjolivures »le livre de confession et de messe« d'Albrecht. Il livra six miniatures avec des peintures sur la confession et l'office religieux. L'exposé va surtout se vouer à ces dernières. Il s'agit de la relation texte-image, de l'iconographie et des indications sur l'histoire contemporaine immanente. On cherche des indices pour une idée conductrice déterminant le choix des sujets figuratifs et de l'exécution des miniatures. Mais ma question concerne aussi le fait qu'ici le choix fut porté sur Sebald Beham. Qu'est-ce qui prédestinait le peintre païen à un tel travail?

MARTIN BRECHT

On déplore fréquemment qu'Albrecht de Mayence soit une personnalité historique difficilement saisissable. Pour Albrecht de Mayence œuvres d'art, objets précieux et édifices faisaient essentiellement partie de son statut princier. Comme mécène, collectionneur et maître d'ouvrage il impressionne jusqu'à nos jours. Toutefois sa passion pour les beaux objets de valeur a largement dépassé l'importance d'un violon d'Ingres. Etant donné son caractère onéreux cet engouement outre-passa les moyens financiers d'Albrecht et attira du moins en partie la contestation de l'esprit du temps. Voilà qui impliqua stress et agitation permanente. Le manque d'argent ainsi que les dettes ont dû tourmenter ce prince bien davantage que ses égaux qui étaient la plupart du temps aussi à court d'argent. Même ses domestiques en étaient affligés. Le camérier Hans Schenitz en fut la victime, tout d'un coup toutes les promesses pompeuses de son maître ne lui servirent plus à rien, on lui fit même un procès. L'influence d'Albrecht à laquelle il tenait énormément et dont il avait absolument besoin pour sauvegarder sa passion a été sensiblement dégradée par cette affaire. Le jugement historique ne pourra pas renoncer à en tenir compte.

Autorinnen, Autoren und Herausgeber

Prof. Dr. Martin Brecht (Münster), geboren 1932 in Nagold (Schwarzwald). Studium der evangelischen Theologie in Tübingen und Heidelberg, 1961 Promotion und 1965 Habilitation im Fach Kirchengeschichte. 1970 Ephorus des Evangelischen Stifts Tübingen. 1975 Professor für mittlere und neuere Kirchengeschichte in Münster, seit 1997 emeritiert.

Prof. Dr. Werner Freitag (Halle/Saale), geboren 1955. Ausbildung zum Textillaboranten. Studium der Geschichtswissenschaft in Bielefeld und der Wirtschaftswissenschaften in Hagen, 1985 Diplomprüfung in Hagen, 1986 Magisterprüfung in Bielefeld. 1986-88 Stadthistoriker in Spenge, 1989 Promotion in Bielefeld, dort (Ober-)Assistent im Bereich Frühe Neuzeit bis 1997, Habilitation 1995. Im Dezember 1996 Ruf auf die Professur für die Landesgeschichte Sachsen-Anhalt am Institut für Geschichte der Martin-Luther-Universität Halle. Mitherausgeber der Reihe »Forschungen zur hallischen Stadtgeschichte«; Mitglied der Historischen Kommission für Sachsen-Anhalt.

Dr. Sven Hauschke (Fürth), geboren 1967. Studium der Kunstgeschichte, der Klassischen Archäologie und der Psychologie in Augsburg und London. 2002 Promotion an der Universität Augsburg mit einer Arbeit über die Grabdenkmäler der Nürnberger Vischer-Werkstatt. 2000-02 Beteiligung an der Organisation und Konzeption der Ausstellung »Quasi Centrum Europae – Europa kauft in Nürnberg. 1400-1800« am Germanischen Nationalmuseum Nürnberg. Seit 1994 als Autor und Redakteur für das »Allgemeine Künstlerlexikon« Erstellung von Viten zu deutschen Künstlern und Kunsthandwerkern sowie zu englischen Bildhauern und Architekten. – Forschungsschwerpunkte sind nachmittelalterliche Skulptur und Kunsthandwerk des deutschen Sprachraums sowie wissenschaftliche Instrumente und Globen. Gegenwärtig Arbeit über den Goldschmied Wenzel Jamnitzer als Hersteller wissenschaftlicher Instrumente, geplante Edition von dessen Handschriften.

Stefan H. Heinz M.A. (Trier), geboren 1974. Ab Oktober 1993 Studium an der Universität Trier mit den Fächern Kunstgeschichte und Geschichte, Abschluß des Studiums 2002 mit der hier zusammengefaßten Magisterarbeit, Promotionsvorhaben: »Adelige und Bürger – Bischöfe und Kanoniker. Kunststiftungen der deutschen Frührenaissanceskulptur im Südwesten des Reiches«.

Dr. Hans-Joachim Krause (Leipzig), 1955-71 Mitarbeiter an der von Richard Hamann und Edgar Lehmann geleiteten Arbeitsstelle für Kunstgeschichte der Deutschen Akademie der Wissenschaften zu Berlin. Danach tätig am Institut für Denkmalpflege, Abteilung Forschung, in Berlin, von 1979 bis zum Eintritt in den Ruhestand 1995 in der Arbeitsstelle Halle des IfD, dem heutigen Landesamt für Denkmalpflege Sachsen-Anhalt. Seit 1985 Hauptkonservator, später Abteilungsleiter für Inventarisation, Dokumentation und Bauforschung. Mitglied der Historischen Kommission für Sachsen-Anhalt sowie der Kommission für Kunstgeschichte, Literatur- und Musikwissenschaft und der Inschriftenkommission an der sächsischen Akademie der Wissenschaften zu Leipzig, Mitglied der Dehio-Vereinigung. – Forschungsschwerpunkte im Bereich der Architektur- und Kunstgeschichte des Mittelalters und der Renaissance und zu Problemen der Ikonologie, vornehmlich in Mitteldeutschland.

Dr. Hans Lange (München), geboren 1949 in Bad Hersfeld. 1969-77 Studium der Kunstgeschichte, der Klassischen Archäologie und Geschichte an den Universitäten Marburg/Lahn, Heidelberg, Wien und Berlin (West). 1978 Promotion zum Dr. phil. an der Philipps-Universität Marburg (»Architektur und Geschichte, das deutsche Hoftheater zwischen Vormärz und Restauration«). 1979-86 wiss. Stipendiat und Assistent am Kunsthistorischen Institut Florenz. Seit 1987 Assistent und Akademischer Rat am Lehrstuhl für Kunstgeschichte der Technischen Universität München.

Dr. Hermann Maué (Nürnberg), Studium der Kunstgeschichte, Archäologie und der Historischen Hilfswissenschaften. 1974 Promotion. Seit 1979 am Germanischen Nationalmuseum in Nürnberg Leiter des Münzkabinetts und des museumseigenen Verlages. – Forschungsschwerpunkte: allgemeine Numismatik mit Schwerpunkt Medaillenkunde, auch Arbeiten zur Siegelkunde.

Dr. habil. Kerstin Merkel (Kassel/Nassenfels), Studium der Kunstgeschichte, Archäologie und Ägyptologie in Mainz, Promotion in Mainz 1989. Von 1990-99 wissenschaftliche Assistentin an der Universität Kassel. 2003 Habilitation zum Thema »Jenseits-Sicherung. Kardinal Albrecht von Brandenburg und sein Grabdenkmal aus der Vischer-Werkstatt«.

Markus Leo Mock M.A. (Berlin), 1993-2001 Studium der Kunstgeschichte, der Mittelalterlichen und Neueren Geschichte in Bamberg und Berlin. 2001 Magister (»Bürgerliche Stiftung und Repräsentation: Die Annenkapelle in Görlitz«). Seit 2002 Arbeit an der Dissertation: »Die Kunstpolitik Erzbischofs Ernst von Magdeburg. Kunstförderung an der Wende zur Neuzeit«, seit Februar 2003 Stipendiat der Gerda Henkel Stiftung.

Dr. habil. Jörg Rogge (Mainz/Dresden), geboren 1962. Studium der Geschichts-, Sozial- und Erziehungswissenschaften an der Universität Bielefeld. Staatsexamen 1988, Promotion 1993, Habilitation im Wintersemester 2000/01. 1989 wissenschaftlicher Mitarbeiter an der Fakultät für Geschichtswissenschaft und Philosophie der Universität Bielefeld. Von 1990-93 wissenschaftlicher Angestellter der Bayerischen Akademie der Wissenschaften in München. 1994-99 wissenschaftlicher Assistent für Geschichte des Mittelalters an der Martin-Luther-Universität Halle-Wittenberg. März 1999-2000 wissenschaftlicher Assistent und seit Januar 2001 Hochschuldozent für Geschichte des Mittelalters an der Johannes Gutenberg-Universität Mainz. Mitherausgeber der Reihe ›Quellen und Materialien zur Geschichte der Wettiner‹. Mitglied im Arbeitskreis Militär und Gesellschaft in der Frühen Neuzeit e. V. – Aktuelle Arbeitsschwerpunkte: Deutsche Könige und Kaiser im hohen und späten Mittelalter; Geschlechter-, Kultur- und Sozialgeschichte hochadeliger Frauen von 1300 bis 1600; die rituelle Herstellung und Inszenierung von politischer und sozialer Ordnung im fürstlichen und nichtfürstlichen Hochadel sowie in mittelalterlichen Städten; zum Wirkungszusammenhang von Krieg und Gesellschaft im Mittelalter; die Untersuchung der Funktion und Wirkung von Kommunikations- und Handlungszusammenhängen auf die Verfassungs- und Gesellschaftsentwicklung im Mittelalter.

Dr. Michael Scholz (Potsdam), geboren 1962 in Ebstorf, Lkr. Uelzen, Niedersachsen. Studium der Geschichte, Lateinischen Philologie und Evangelischen Theologie in Göttingen. Promotion 1994 (»Die Residenz der Erzbischöfe von Magdeburg in Halle in der ersten Hälfte des 16. Jahrhunderts«). Archivausbildung in Potsdam und Marburg. Seit 1996 wissenschaftlicher Archivar am Brandenburgischen Landeshauptarchiv in Potsdam. Publikationen zur Landesgeschichte Sachsen-Anhalts und Niedersachsens im Mittelalter und im 16. Jahrhundert.

Dr. Brigitte Streich (Wiesbaden), Studium der Geschichte, Romanistik und Historischen Hilfswissenschaften in Göttingen. Dissertation (1989) zum Thema: Zwischen Reiseherrschaft und Residenzbildung: Der wettinische Hof im späten Mittelalter. Es folgte eine zweijährige projektgebundene Tätigkeit im Niedersächsischen Hauptstaatsarchiv Hannover, an deren Ende 1993 die Publikation eines »Geschichtlichen Ortsverzeichnisses für die ehemaligen Grafschaften Hoya und Diepholz« stand. Seit 1991 Referendariat im Rahmen der Ausbildung für den Höheren Archivdienst im Landesarchiv/Landeshauptarchiv Magdeburg, in Marburg und Koblenz. Von 1993-94 Tätigkeit im LHA Magdeburg, 1994 Übernahme der Leitung des Stadtarchivs Celle. In der Reihe »Celler Beiträge zur Landes- und Kulturgeschichte« 1996 Herausgabe einer Aufsatzsammlung zum Thema »Juden in Celle. Biographische Skizzen aus drei Jahrhunderten« sowie im Jahr 2000 das Buch »Celle als Residenz«. Enge Zusammenarbeit mit der Residenzen-Kommission der Akademie der Wissenschaften zu Göttingen. Anregung der Ausrichtung der Kommissions-Tagung des Jahres 2000 in Celle unter dem Generalthema »Erziehung und Bildung bei Hofe«. Parallel dazu wurde eine Ausstellung im Celler Bomann-Museum gezeigt, die den Titel: »Stadt – Land – Schloss. Celle als Residenz« hatte. 2001 Wechsel in die hessische Landeshauptstadt, Übernahme der Leitung des dortigen Stadtarchivs.

Dr. Dr. habil. Andreas Tacke (Marburg/München), geboren 1954. Studium der Architektur (Dr.-Ing.) und Kunstgeschichte (Dr. phil.) in Münster, Bonn und Berlin. Nach der Berufstätigkeit als Architekt und längeren Auslandsaufenthalten Forschungsstipendiat der Paul-Getty-Stiftung (USA) am Germanischen Nationalmuseum Nürnberg. Im Anschluß wiss. Mitarbeiter am Lehrstuhl für Kunstgeschichte der Universität Augsburg und Habilitation in Kunstwissenschaft an der Technischen Universität Berlin sowie Gast- bzw. Vertretungsprofessuren an den Universitäten Kassel, Jena, Kiel, Graz und Marburg. – Forschungsschwerpunkt bildet die deutsche Kunst- und Kulturgeschichte der Frühen Neuzeit und Neuzeit mit ihren jeweiligen europäischen Implikationen sowie die Wissenschaftsgeschichte.

Prof. Dr. Michael Wiemers (Halle/Saale), geboren 1955 in Bonn. 1974-80 Studium der Kunstgeschichte, Anglistik und Philosophie in Bonn. 1980 Staatsexamen. 1980-81 in Oxford und London. 1983 Promotion. 1983-89 wiss. Mitarbeiter an der Universität Köln. 1989-91 Habilitationsstipendium der Deutschen Forschungsgemeinschaft, längere Forschungsaufenthalte in Florenz, London, Paris. 1992 Habilitation. 1993-95 Vertretungsprofessur in Tübingen. 1995 Berufung an die Martin-Luther-Universität Halle-Wittenberg. – Arbeits- und Forschungsschwerpunkte sind die europäische Malerei und Plastik des 15. bis 18. Jahrhunderts.

Prof. Dr. Wilhelm Ernst Winterhager (Marburg/Berlin), geboren 1949 in Hohennauen/Westhavelland (Mark Brandenburg). 1968-73 Studium der Geschichte und Anglistik in Berlin, Marburg und Philadelphia (USA). 1973-98 wiss. Mitarbeiter, Assistent und Oberassistent am Friedrich-Meinecke-Institut der Freien Universität Berlin sowie Zweitstudium der evangelischen Theologie in Berlin und Uppsala (Schweden). 1982 Promotion zum Dr. phil. an der FU Berlin. 1993 ebendort Habilitation. 1998 Lehrstuhlvertretung an der Technischen Universität Dresden. Seit 1998 Professor für Neuere Geschichte an der Philipps-Universität Marburg.

Redaktion: Dr. Christiane Häslein, Trier

Bibliografische Information Der Deutschen Bibliothek
Die Deutsche Bibliothek verzeichnet diese Publikation in der Deutschen Nationalbibliografie; detaillierte bibliografische Daten sind im Internet über http://dnb.ddb.de abrufbar.

www.wallstein-verlag.de
Vom Verlag gesetzt aus der Adobe Garamond
Umschlaggestaltung: Susanne Gerhards, Düsseldorf,
unter Verwendung eines Stichs von Lucas Cranach d.Ä. (s. auch Frontispiz)
Druck: Hubert & Co, Göttingen
ISBN 3-89244-955-4